法律学の森

不当利得法
〔全訂第2版〕

藤原正則

著

全訂第 2 版はしがき

　2002年に初版を公刊してから，実に20年以上の歳月が経過してしまった。10年以上前から相当以上に真剣には考えてはいたのだが，個別の問題を幾つかもう少し分かってからと考えて，なかなか本書を改訂することができなかった。この愚図さは，初版を執筆した当時と全く変わらない。その間に，ドイツでの債務法現代化法の施行，わが国でも債権法改正，物権法改正などの民法典の大改正もあり，不当利得法に関しては121条の2という重要な規定も新設された。さらに，多くの判例・学説が出現して，不当利得に関する新しい情報も蓄積されてきている。不当利得の個別の問題に関する論文は，初版の出版以後も意識して書き続けており，初版では十分に検討することができなかった問題に関して，初版の執筆当時より考え方の進展した部分も多々あると考えている。しかし，それによって，本書を改訂するという作業に代えることはできない。正直に白状すると，体系書の出版は，研究者としての社会に対する責務の履行でもあるが，厚かましい話だが，自分にとっての最も便利な研究成果の保存と検索手段であり，個別に考えたことに一貫性を持たせる強制的な手段であると考えている。つまり，読者にとって（と筆者は期待しているのだが）だけではなく，筆者にとっても極めて利便性の高いものである。そのゆえもあり，さらに，上記のような事情で追い詰められた結果ではあるが，本書の公刊を決意するに至った。

　本書の基本的な考え方は，初版と大きく異なったものではない。ただし，債権法改正，物権法改正，相続法改正などにあわせて記述内容を整理し，新しい判例，学説を考慮したことは当然として，幾つかの問題で，初版とは違った考え方を提示できたのではないかと考えている。初版と同様，今回も，多くの学説，判例の成果を十分に咀嚼して，それに十全に応えることができているのかに関しては，筆者の無能と怠惰が原因とはいえ，必ずしも十分な自信はない。しかし，今回も，本書は，できる限り，不当利得法に関する議論の叩き台となり得るような体系的な書物を目指している。今ひとつ，本書の末尾には，幾つかの外国法の翻訳の他書からの再録，および，18世紀末に公布されたプロイセン一般ラント法から始めて，ドイツ民法典の制定前の19世紀のドイツの諸邦の

iii

全訂第2版はしがき

不当利得法，事務管理法に関する草案・立法，ドイツ民法の準備草案，第1草案，第2草案の筆者による翻訳を付した。読者各位の参考になれば，極めて幸いだと期待している。

　最後に，本書のような書物では，蛇足にもならない余事記載かもしれないが，大学時代の恩師中村睦男先生，高見進先生，指導教員の山畠正男先生，藤岡康宏先生，さらに，瀬川信久先生，五十嵐清先生から始まって，加藤雅信先生をはじめとする先学，友人（特に，平田健治先生，川角由和先生）からは，わが国だけでなくドイツの先生方も含めて，個人的にも書物を通じても多くのご教示を賜り，多大なご恩を被ったことに衷心から感謝したい（こうして書いていくと，あげるべき名前のきりがなくなりそうである）。さらに，これまでに様々な出版社の編集者，営業の方々にも多くのご面倒とご迷惑をおかけした。深謝するとともに，心からお詫びを申し上げたい。

　2024年　仲秋

藤　原　正　則

初版はしがき

　本書の目的は，不当利得という法制度に，いわゆる「類型論」の視角から一定の輪廓を与え，かつ不当利得法以外の他の法制度との関連を明らかにすることにある。不当利得は「法律上の原因のない利得」の返還という共通の「消極的要件」だけで括られた法制度である。したがって，不当利得の一般的な要件・効果を定めた民法703条は，いわば公序良俗違反や信義則のような一般条項であり，その適用には法律上の原因の具体化と分析が必要である。しかも，この一般条項の性格規定は，法律上の原因の欠如という消極的な定義によってだけ与えられている。不当利得法も実定法上の制度の一部である以上，法律上の原因が存在しないという消極的要件の内容が，他の実定法上の法制度の与える法律上の原因の欠如という評価に依存するのは当然の理であろう。その意味で，法律上の原因の分析を通じてだけ，不当利得法の具体的な内容が明らかにされるという類型論の立場は，間違いなく正しい。加藤（雅信）説の，不当利得は「実定法の箱庭」ないしは「法体系を投影」したものだという主張も当然妥当である。

　さらに少なくともパンデクテン体系を採用する民法典の下では，こういった法律上の原因の分析が，民法ないしは私法の法制度の骨格となっている契約法・所有権法及び事務管理法に対応した形で，不当利得の類型の析出につながることも，また当然であろう。その結果として，その名称は様々ではあるが，不当利得法は給付利得・侵害利得・支出利得の類型に分類されることとなる。こういった分析を通して，各々の不当利得類型の補完する法制度の性格に則した要件・効果を，個々の不当利得返還請求権に与えようという試みが，不当利得法の類型論である。本書では，こういった認識に立って，給付利得・侵害利得・支出利得及び対第三者関係という順で，不当利得法を論ずることとした。対第三者関係を別枠で取り扱ったのは，そこでも給付利得・侵害利得・支出利得の問題が取り扱われていることに変わりはないのだが，他の場合とは異なり，そこでは分業化された取引社会での財貨の追及の制限のあり方が問題になっており，区別して論ずるのが相応しいと考えたからである。

　ところで，以上の限りでの類型論に関する認識・主張は，最近のわが国の学

初版はしがき

説にも共有されており，ことさら目新しいものではない。しかし，本書はこういった類型論の方向性を，不当利得法に関するわが国及びドイツの最近の研究成果に依拠して，さらに一貫して押し進めることを目的としている。その1つが，善意の利得者に現存利得の返還義務を課した703条の規定の意味である。不当利得という法制度の中心は，本来は非債弁済による不当利得の返還請求（condictio indebiti）であった。つまり，存在しない債務の弁済や相手方を間違えた債務の弁済である。そこでは，何といっても債務の存在に関する弁済者の錯誤が，利得移動の原因となっている。したがって，弁済を保有できるだろうという善意の弁済受領者の信頼は保護されなければならず，その結果として広い範囲での利得消滅の主張ないしは現存利得への返還義務の縮減も正当化できる。

　ところが，例えば双務契約の巻き戻しの場合は，契約が無効・取消となった原因は多種多様である。だから，制限能力者の返還義務（121条但書）にも見られるように，現存利得の返還義務の意味は，非債弁済の不当利得の場合とは全く異なっている。ここでは，給付物の物理的な滅失のみならず，受領者による費消・浪費に至るまで利得消滅となるのは，制限能力者の保護という規範の目的のゆえであろう。そう考えると，給付物が受領者の下で滅失した場合も，受領者の価値賠償義務の有無を決する際に，受領者の帰責事由の有無それ自体を論ずる必要はないということになる。すなわち，受領者の返還義務を縮減する根拠は，個別的に契約を無効・取消とした規範の保護目的に則して点検されなければならない。いわば，法律上の原因の欠如の根拠が，各々の不当利得の類型の性格を決定するに止まらず，個別の返還請求権の内容の具体化に際しても貫徹される必要がある。今ひとつ，不法原因給付による不当利得（708条本文）でも，一方で返還請求の拒絶というこの制度の存在自体に関する疑問がある反面で，他方では法的保護の拒絶という制度目的が正面に据えられて，同条の適用が語られることがある。しかし，私的自治への国家の介入が正当化される以上は，給付者の返還請求が拒絶されるか否かは，給付の基礎となる契約を無効とした禁止規範の保護目的により，個別的に決定される必要があるのではないか。従来の不法原因給付の不当利得に関する解釈論が，給付の意味を操作したり，不法の意味で議論していたのは，708条本文の一律の返還請求の拒絶を個別的に操作するためであったというのが，本書の主張である。つまり，本書の主張の骨格は，返還請求を発生させる根拠の返還請求の効果への連動である。

初版はしがき

侵害利得・支出利得でも以上のような，不当利得法の補完すべき個別的な法制度の性格の反映，あるいは，そこでの実定法上の準則・規定の類推という作業を，本書ではできる限り追究した。さらに，対第三者関係で主に問題となるのは，契約関係による財貨移動が無効・取消となった場合に，財貨の回復を初めから契約当事者間に制限するのか，あるいは第三者への追及を一旦は承認した上で，第三者の財貨取得事由（法律上の原因）で追及を切断するのかという，財貨追及の制限のための「範型（問題設定の仕方と解答の与え方）」の違いであるというのが，本書の認識の出発点である。しかも，やはり不当利得法の補完する財貨移動の追及に関する法制度の違いが，以上のような範型の差異をもたらすという方針で本書は叙述されている。したがって，対第三者関係も先の叙述方針の延長線上にあるということになる。

ところで，わが国の不当利得法は，現在でもドイツ法の強い影響下にある。かつての通説的見解であった衡平説を批判して類型論を支持しようという最近のわが国の学説の方向性も，かつて継受したドイツの学説を新たなドイツの学説の継受によって克服しようという試みに他ならない。もちろん，個別的な非債弁済に関する規定ではなく，一般条項を持つという比較法的に見たドイツ法とわが国の不当利得法との法体系の近似性，さらには不当利得に関するドイツ法学の理論的水準の高さゆえに，それ自体は歓迎すべきことではあろう。しかし，ドイツ法の理論，しかも特に不当利得法に関する理論は抽象度が高く，その理論的な抽象の行われてきた過程を捨象しては，先に述べた類型論の基本的な方針，つまり補完さるべき個々の法制度の具体的な性格の清算関係への反映という作業も十分には行うことができないほどではないかと考える。それゆえ，ドイツ法の影響を受けたわが国の学説を参照する際には，可能な限りドイツ法の理論の操作の背後にある歴史的経緯・目的も併せて明らかにするように努めた。対第三者関係での財貨追及に関する範型の違いの強調も，こういった試みの一環であるといえる。もちろん，こういった作業が十分に行うことができたとは，到底いえないことは十分に承知している。執筆過程で，基本的な問題に関しても，これから何を明らかにしていかなければならないのかを，再認識させられたというのが本当のところである。さらに，本来は，ドイツ法の文献を直接に引用することはせずに，それを紹介したわが国の文献を指示する予定であった。しかし，この方針もそれを貫徹することは，叙述内容との関係から不可能であった。但し，ドイツ法に言及する場合も，本文の記述の限りで必

初版はしがき

要なことは述べているつもりである。今ひとつ，叙述の方針及びそこでの方向性は，既に死去したドイツのデトレフ・ケーニッヒ（Detlef König）という比較法学者の著作に多く依拠していることは，ここで銘記しておく必要があろう。ケーニッヒは早く逝去した為に，その著作がドイツの文献で直接に言及されることは必ずしも多くはない（例外が，同じくケメラー学派のシュレヒトリームの教科書であろう）。しかし，抽象的な法理論（ドグマ）の多いドイツ法の通説的見解を比較法学者に特有の機能性，明晰さで叙述しているケーニッヒの著作は，常にアリアドネの糸（導きの糸）であった。

　叙述の方針と筆者自身が考える本書の性格の大要は，以上のようなものである。当然の理だが，これらはこれまでの多くの判例・学説の成果によっている。恐れるのは，従来の成果を十分に咀嚼し，その理解の上に記述されているかという点である。しかも，先に述べたことからも明らかなとおり，類型論といわれる学説の方針とことさら異なったことを主張しているわけではない。それでも，上梓する決心をしたのは，衡平説から類型論という流れの中にあり，かつ後者の立場に立った個別的な研究が次々と明らかにされ，不当利得法の研究が進展している現在，従来の成果に立脚して不当利得法に一応の方向性と位置づけを与えておきたいと考えたからである。お読みいただければすぐ分かるとおり，類型論が不当利得法を進歩させたことは間違いはないが，衡平説と類型論とは必ずしも矛盾するものではないと考えている。そういった意味でも，従来の成果を確認して，これからの研究の進展の基礎とはいえないまでも，少なくとも叩き台となる体系的な書物となることを目標としている。もちろん，それが成功しているか否かは，読者諸賢の判断を仰ぐ他ないのは当然ではあるが。

　2001年　初夏

藤 原 正 則

目　　次

全訂第 2 版はしがき（iii）

初版はしがき（v）

第 1 部　不当利得の基礎 ………………………………………………… 3

◆第 1 章◆　不当利得という法制度 ………………………………… 3

  Ⅰ　不当利得の一般条項 ………………………………………………… 3

  Ⅱ　ドイツ法の影響下のわが国の不当利得法 …………………………… 4

  Ⅲ　ローマ法のコンディクティオ(condictio)から不当利得法
     へ ………………………………………………………………………… 6

  Ⅳ　不当利得の一般条項の比較法 ………………………………………… 8

  Ⅴ　ドイツ民法(第 2 草案)の立法の方針 ……………………………… 9

  Ⅵ　わが国の不当利得の規定 …………………………………………… 11

◆第 2 章◆　衡平説から類型論へ ………………………………… 13

  Ⅰ　不当利得法の一元的な基礎づけ …………………………………… 13

  Ⅱ　類型論の登場 ………………………………………………………… 15

  Ⅲ　不当利得の類型化 …………………………………………………… 16

    1　類型化の視点（16）

    2　不当利得の類型（18）

      （ 1 ）給付利得（Leistungskondiktion）（18）

      （ 2 ）侵害利得（Eingriffskondiktion）（19）

      （ 3 ）支出利得（Aufwendungskondiktion）（20）

      （ 4 ）対第三者関係（Drittbeziehungen）ないしは多当事者関係
         （Mehrpersonenverhältnisse）（22）

◆第 3 章◆　わが国の不当利得の類型論 ………………………… 25

  Ⅰ　学説の評価の出発点 ………………………………………………… 25

  Ⅱ　類型論の受容と展開 ………………………………………………… 27

  Ⅲ　類型論の一般化 ……………………………………………………… 29

ix

目　次

IV　叙述の方針 ……………………………………………… 32

第2部　給付利得 …………………………………………… 41

◆第1章◆　給付利得の意義 …………………………… 41

I　給付利得の機能 ………………………………………… 41

II　給付利得(に共通)の要件 …………………………… 42

III　給付利得の分類 ……………………………………… 42

◆第2章◆　給付利得の要件 …………………………… 44

I　給　付 …………………………………………………… 44

1　給付の定義とその意味 (44)

2　給付と法律行為 (47)

3　給付利得の対象 (48)

（1）給付利得の対象となる財貨 (48)

（2）給付受領者が取得したもの (49)

II　法律上の原因 …………………………………………… 52

1　法律上の原因の欠如 (52)

2　法律上の原因の欠如の根拠による給付利得の分類 (53)

◆第3章◆　非債弁済の不当利得 …………………… 57

I　非債弁済の不当利得の意義 ………………………… 57

1　非債弁済の不当利得とは何か (57)

2　不当利得類型としての意味 (57)

II　非債弁済の不当利得の要件 ………………………… 58

1　非債弁済の不当利得の要件 (58)

2　弁済としての給付 (58)

（1）弁済と法律行為 (58)

（2）非債弁済の内容 (59)

（3）債権者ではない者への弁済 (59)

（4）他人の債務の弁済 (60)

3　債務の不存在 (60)

（1）債務の不存在 (60)

x

（2）停止条件付の債権，始期付債権（60）

（3）抗弁権付の債権（60）

（4）消滅時効にかかった債権（61）

（5）相殺の抗弁（62）

Ⅲ　債務の不存在による非債弁済の不当利得の返還請求の排除（705条） …………………………………… 62

1　705条の意味（62）

2　705条の適用範囲（64）

（1）非債弁済の不当利得（64）

（2）双務契約の清算（64）

（3）705条と708条の関係（65）

（4）目的消滅の不当利得（65）

（5）目的不到達の不当利得（65）

3　705条の要件（66）

（1）705条の要件と証明責任（66）

（2）債務の不存在を知ってした弁済（66）

（3）弁済の有効性（69）

Ⅳ　期限前の弁済（706条） ……………………………………… 70

1　706条の意味（70）

2　706条の適用範囲（70）

（1）始期付債権（70）

（2）停止条件付債権（70）

3　706条の要件（71）

（1）弁済期前の債務を債務者が弁済したこと（71）

（2）錯誤によって弁済したこと（71）

（3）以上の（1）（2）の要件の証明責任（71）

（4）他人の物による弁済（475条）への類推の可否（72）

4　706条の効果（72）

（1）中間利益の返還（72）

（2）第三者による期限前の債務の弁済（72）

Ⅴ　錯誤による他人の債務の弁済（707条） ………………………… 73

1　707条の意味（73）

2　707条1項の要件（74）

xi

目　次

　　　（1）他人の債務の存在（74）

　　　（2）自己の債務と錯誤して他人の債務を弁済したこと（74）

　　　（3）債権者が善意で証書を滅失・損傷させ，担保を放棄し，
　　　　　または時効により債権を失ったこと（76）

　　　（4）弁済の有効性（78）

　　　（5）707条の証明責任（78）

　　3　707条適用の効果（78）

◆第4章◆　目的消滅の不当利得 ……………………………… 80

◆第5章◆　目的不到達の不当利得 ……………………………… 81

Ⅰ　目的不到達の不当利得の意義 ……………………………… 81

Ⅱ　目的不到達の不当利得の由来と適用領域 …………………… 82

　　1　目的不到達の不当利得の由来（82）

　　2　目的不到達の不当利得の適用範囲（82）

　　　（1）目的不到達の不当利得の位置づけ（82）

　　　（2）事　案　類　型（83）

　　3　わが国での問題解決（85）

　　4　目的不到達の不当利得の要件（86）

◆第6章◆　不法原因による給付の不当利得 ……………………… 88

Ⅰ　不法原因による給付の不当利得の意義 ……………………… 88

　　1　不法原因による給付の不当利得（88）

　　2　不法原因による給付の不当利得返還請求権の排除（89）

　　3　判例・学説の準則（91）

Ⅱ　708条本文の適用の要件 …………………………………… 92

　　1　不　法（92）

　　　（1）学説の推移（92）

　　　（2）判例の変化（93）

　　　（3）禁止規範の保護目的（94）

　　　（4）不法性の比較（95）

　　2　給　付　原　因（95）

　　3　給　付（96）

　　　（1）給付の完了（96）

　　　（2）給付の制限的解釈（97）

xii

（3）暴利の消費貸借での給付（99）

 4 給付者の不法性の意識（100）

 5 708条本文の証明責任（101）

Ⅲ 708条本文の適用が問題とされた事例 ……………………………… 101

 1 総 説（101）

 2 政策的な目的のための強行法違反（101）

  （1）権利株の売買（102）

  （2）名板貸契約（102）

  （3）斤先堀契約（103）

  （4）外国人の土地取得（103）

  （5）恩給担保（103）

 3 経済統制法規への違反（104）

  （1）価格統制令違反（104）

  （2）物資統制令への違反（104）

  （3）無限連鎖講の防止に関する法律への違反（104）

 4 利息制限法違反（105）

  （1）暴利行為と利息制限法（105）

  （2）貸金業法と利息制限法（106）

  （3）ヤミ金と不法原因給付（106）

 5 公序に反する取引（107）

 6 性道徳に関する公序良俗違反（108）

 7 自由を制限する行為（109）

 8 射幸行為（109）

 9 正義の観念に反する場合（110）

Ⅳ 708条本文適用の効果 ………………………………………………… 111

 1 総 説（111）

 2 金銭消費貸借の場合（111）

 3 物の利用を目的とする契約の場合（112）

 4 物の所有権を移転する契約の場合（113）

Ⅴ 708条本文による返還請求の排除の及ぶ範囲 ………………………… 116

 1 総 説（116）

 2 所有物返還請求権（116）

 3 不法行為による損害賠償請求権（117）

目　次

  4　不法原因給付を返還する合意（*118*）

  5　第三者による請求，債権者代位権に基づく請求（*119*）

   （1）第三者による不法原因給付の返還請求（*119*）

   （2）債権者代位権に基づく請求（*121*）

  6　詐害行為取消権・否認権に基づく返還請求（*122*）

 Ⅵ　**708条ただし書の要件・効果** 122

  1　708条ただし書の意義（*122*）

  2　708条ただし書適用の要件（*122*）

  3　708条ただし書が適用された事例（*123*）

 Ⅶ　**708条（の趣旨）が類推された事例** 124

  1　不法行為による損害賠償請求権（*124*）

   （1）不法行為による損害賠償請求と708条本文（*124*）

   （2）学　説（*124*）

   （3）判　例（*124*）

  2　共同不法行為者間の求償請求（*125*）

◆第7章◆　給付利得の効果 126

 Ⅰ　**不当利得の効果論** 126

 Ⅱ　**給付利得の効果論** 131

 Ⅲ　**給付利得の効果・一方的な給付がされた場合** 132

  1　返還義務の内容の概観（*132*）

  2　原 物 返 還（*134*）

   （1）原物返還の意義（*134*）

   （2）原物返還の方法（*134*）

   （3）原物返還と所有物返還請求（*135*）

   （4）原物返還と不当利得の類型（*136*）

  3　代 償 請 求（*136*）

   （1）代償請求の意味（*136*）

   （2）代償請求の内容（*137*）

   （3）代償請求と価格返還の関係（*138*）

  4　価 格 返 還（*139*）

   （1）価格返還が指示される場合（*139*）

   （2）価格返還の決定される時点（*141*）

（3）価格返還の内容 *(141)*

（4）価格返還の算定基準時 *(142)*

5　果実・収益の返還 *(143)*

（1）果実の返還義務 *(143)*

（2）利息の返還義務 *(144)*

6　利得消滅の抗弁 *(146)*

（1）不当利得返還請求権の特色 *(146)*

（2）利得消滅の抗弁の制限 *(146)*

（3）給付目的物の費消・加工・売却 *(147)*

（4）給付目的物の減失・損傷 *(150)*

（5）給付と関連して支出した費用 *(151)*

（6）給付から被った損害 *(151)*

（7）返還の費用 *(152)*

（8）現存利得を判定する時点 *(152)*

（9）利得消滅の抗弁の主張・立証責任 *(152)*

Ⅳ　悪意の給付受領者の責任 ……………………………………… *153*

1　悪意の利得者の責任の根拠と704条の規定 *(153)*

2　悪意の不当利得に関するわが国の学説 *(154)*

3　悪意の利得者 *(155)*

（1）悪意の意味 *(155)*

（2）本人以外の悪意 *(162)*

（3）悪意の判定時期 *(162)*

（4）悪意の証明責任 *(163)*

4　悪意の利得者の返還義務 *(163)*

（1）「受けた利益」の返還義務 *(163)*

（2）利息の返還義務 *(166)*

（3）損害賠償義務 *(166)*

Ⅴ　不当利得返還義務の付遅滞 …………………………………… *168*

Ⅵ　給付利得の効果・双務契約の巻き戻しの場合を中心として

……………………………………………………………………… *169*

1　双務契約(交換型契約)の巻き戻しの問題性 ── 給付物が減失・損傷した場合 ── *(169)*

2　二請求権対立説（Zweikondiktionentheorie）と差額説（Saldotheorie）*(171)*

xv

目　次

　　　（1）二請求権対立説と差額説による問題の解決（*171*）

　　　（2）差額説の問題性（*172*）

　　　（3）事実上の双務関係（faktisches Synallagma）（*174*）

　　3　二請求権対立説への回帰（*175*）

　　　（1）ドイツの学説（*175*）

　　　（2）最近のわが国での解釈論（*176*）

　　4　121条の2（*178*）

　　5　無効・取消規範の保護目的，解除規定との調整（*179*）

　　　（1）基本的な考え方（*179*）

　　　（2）制限行為能力者の保護・消費者法による消費者の保護（*179*）

　　　（3）詐欺・強迫による取消し（*181*）

　　　（4）解除規定のルールとの関係（*183*）

　　6　その他の問題（*184*）

　　　（1）同時履行関係（*184*）

　　　（2）価格返還義務の縮減（善意の受領者の保護，または，不当利得法以外の法制度による調整）（*186*）

　　　（3）使用利益・果実と利息の返還（*191*）

　　　（4）給付と関連した費用，給付者の被った損害（*192*）

　　　（5）無償契約の無効・取消し（121条の2第2項）（*192*）

　　　（6）無形の財貨が給付された場合の清算（*193*）

　　　（7）付遅滞の責任（*194*）

第3部　侵 害 利 得 ……………………………………………… *227*

◆第1章◆　侵害利得の意義 ……………………………………… *227*

　Ⅰ　侵害利得の機能 …………………………………………………… *227*

　Ⅱ　侵害利得の要件 …………………………………………………… *228*

　Ⅲ　侵害利得の分類 …………………………………………………… *229*

　　1　侵害の態様（*229*）

　　2　侵害利得の対象（*230*）

◆第2章◆　侵害利得によって保護される権利・財産 ………… *232*

　Ⅰ　類型論の基本的な立場 …………………………………………… *232*

　Ⅱ　割当内容説と違法性説 …………………………………………… *233*

Ⅲ　類型論の定式と具体化 ……………………………………………… 235

　　　　1　問題となる権利（235）

　　　　2　割当内容の具体化（236）

◆第3章◆　侵害利得の効果 ………………………………………………… 238

　　　Ⅰ　侵害利得の効果の概観 ………………………………………………… 238

　　　Ⅱ　侵害利得の効果に関する従来の学説 ……………………………… 239

　　　　1　わが国の学説（239）

　　　　2　様々な実定法規の評価の複合（242）

　　　Ⅲ　侵害利得の効果 ………………………………………………………… 243

　　　　1　原　物　返　還（243）

　　　　2　価　格　返　還（243）

　　　　3　利　得　消　滅（244）

　　　　4　悪意の侵害者（244）

　　　　5　侵害利得の執行法上の優遇の可能性（245）

◆第4章◆　所有権および割当内容を持った権利 ……………… 247

　　　Ⅰ　所有権の侵害 …………………………………………………………… 247

　　　Ⅱ　他人の物の処分 ………………………………………………………… 247

　　　　1　直接の侵害者に対する請求（247）

　　　　（1）第三者が権利取得した場合（247）

　　　　（2）第三者が権利取得しない場合（248）

　　　　2　価格返還の対象（249）

　　　　3　中間処分者に対する請求（251）

　　　　4　最終占有者に対する請求（255）

　　　　5　処分が無償の場合（257）

　　　　6　第三者が処分者の無権利に善意・無過失で取引したが，
　　　　　　処分者との契約が無効・取り消された場合（258）

　　　　7　他人の物に有効に担保権を設定した場合（259）

　　　Ⅲ　所有者・占有者関係の規定 ………………………………………… 259

　　　　1　所有者・占有者関係（259）

　　　　（1）適法占有者の場合（260）

　　　　（2）不適法占有者の場合（261）

xvii

目　次

　　　2　悪意の占有者 *(261)*

　　　3　善意の占有者 *(262)*

　　　　（1）善意占有者の優遇 *(262)*

　　　　（2）無償取得者の場合 *(264)*

　　　　（3）目的物の費消 *(264)*

　　　　（4）取引によらない占有取得 *(264)*

　　　4　給付利得との関係 *(265)*

　　　5　占有者の費用償還請求権 *(266)*

　　　　（1）費用の分類 *(266)*

　　　　（2）必要費の償還 *(267)*

　　　　（3）有益費の償還 *(267)*

　Ⅳ　他人の物の費消 ……………………………………………… 268

　Ⅴ　他人の物の使用・収益 ……………………………………… 269

　　　1　直接の侵害者との関係 *(269)*

　　　　（1）他人物の使用・収益と不当利得 *(269)*

　　　　（2）他人の物の使用の特性 *(269)*

　　　　（3）財貨の商業化 *(271)*

　　　　（4）借地・借家関係での不当利得 *(272)*

　　　2　他人の物の賃貸借・転貸借 *(274)*

　　　　（1）他人の物の賃貸借 *(274)*

　　　　（2）他人の物の転貸借 *(274)*

　Ⅵ　添付による所有権の取得 …………………………………… 274

　　　1　利得が法律の規定によって生じる場合 *(274)*

　　　2　添付による所有権取得と侵害利得 *(275)*

　Ⅶ　制限物権の侵害 ……………………………………………… 277

◆第5章◆　他人の債権の回収による侵害 …………………… 279

　Ⅰ　弁済受領権限のない者への弁済 …………………………… 279

　Ⅱ　(旧)債権者の債権譲渡後の債務者の旧債権者への弁済 ……… 280

　Ⅲ　無権利者への弁済の追認 …………………………………… 280

◆第6章◆　知的財産権およびそれに類似した権利の侵害 … 282

　Ⅰ　知的財産権の侵害の特殊性とその保護 …………………… 282

　Ⅱ　類型論の立場と現行法の関係 ……………………………… 283

目　次

Ⅲ　知的財産権に類似した権利の保護 *286*

◆**第7章**◆　**執行行為による利得** *288*

Ⅰ　執行行為による利得の特殊性とその分類 *288*

Ⅱ　確定判決などの債務名義に基づいて債務者の財産に強制
　　執行された場合 *289*

Ⅲ　確定判決などの債務名義に基づいて第三者の財産に強制
　　執行が行われた場合 *291*

Ⅳ　債務者の財産への担保権が実行された場合 *292*

Ⅴ　債務者以外の第三者の財産への担保権が実行された場合 ... *294*

Ⅵ　過誤配当がされた場合 *294*

◆**第8章**◆　**準事務管理** *298*

Ⅰ　侵害者の利益の剥奪のための法制度 *298*

Ⅱ　準事務管理とは何か *299*

Ⅲ　準事務管理に関する学説 *300*

Ⅳ　準事務管理で保護される権利 *301*

Ⅴ　準事務管理の要件・効果 *302*

　　1　準事務管理の要件（*302*）

　　2　準事務管理の効果（*303*）

第4部　支 出 利 得 *317*

◆**第1章**◆　**支出利得の意義** *317*

Ⅰ　支出利得とは何か *317*

Ⅱ　給付利得との区別 *317*

Ⅲ　侵害利得との区別 *318*

Ⅳ　事務管理との区別 *319*

◆**第2章**◆　**求 償 利 得** *320*

Ⅰ　求償利得と費用利得との違い *320*

Ⅱ　他人の債務の弁済による求償権 *321*

　　1　他人の債務の弁済による求償権の発生の根拠（*321*）

xix

目　次

　　　　（1）弁済者は自身も債務を負うが，その負担が利得者と同順位な
　　　　　　いしは劣後する場合 *(321)*

　　　　（2）弁済者は債務を負わないが，自己の権利を保持するために弁
　　　　　　済する場合 *(321)*

　　　　（3）受任者の有益費用償還請求権 *(321)*

　　　　（4）事務管理者の有益費用償還請求権 *(321)*

　　2　他人の債務の弁済による求償権の内容 *(322)*

　　Ⅲ　求償利得の要件 ……………………………………………………… 322

　　Ⅳ　求償利得の効果 ……………………………………………………… 324

◆第3章◆　費 用 利 得 ……………………………………………………… 327

　Ⅰ　費用利得に関する規律 ………………………………………………… 327

　　1　契約による費用支出（給付）と事務管理による費用支出 *(327)*

　　2　費用償還請求権に関する規定 *(327)*

　Ⅱ　費用利得の要件 ………………………………………………………… 329

　Ⅲ　費用利得の効果 ………………………………………………………… 329

◆第4章◆　主観的価値と客観的価値 …………………………………… 332

第5部　対第三者関係 ……………………………………………………… 337

◆第1章◆　不当利得法における対第三者関係の意義 …………… 337

◆第2章◆　対第三者関係の規律の基本的視角 ………………… 342

　Ⅰ　ドイツ法での対第三者関係の規律 ………………………………… 342

　　1　因果関係の直接性・給付関係の意味とその限界 *(342)*

　　2　実質的な評価基準と給付概念の有用性 *(349)*

　Ⅱ　わが国での問題解決の方向性 ……………………………………… 353

◆第3章◆　給付利得の事例 ……………………………………………… 357

　Ⅰ　給付の連鎖 ……………………………………………………………… 357

　Ⅱ　振込取引（指図） …………………………………………………… 360

　　1　振込取引の意義 *(361)*

　　2　指図取引の構造（給付と出捐） *(362)*

　　3　原因関係（補償関係・対価関係）の瑕疵 *(363)*

（1）補償関係の瑕疵（*363*）

（2）対価関係の瑕疵（*364*）

（3）二重欠缺の場合（*365*）

4　指図の欠如（*367*）

（1）指図の欠如（*367*）

（2）指図の意思表示の瑕疵（*367*）

（3）直接請求に対する指図受益者の抗弁（*369*）

5　誤振込と関連する問題（*369*）

（1）誤振込による預金債権の成立（*369*）

（2）誤振込による預金債権の成立と金融機関からの相殺の効力（*370*）

Ⅲ　債 権 譲 渡 ……………………………………………………… *372*

1　補償関係の瑕疵（*372*）

2　債務者の弁済が譲渡人に帰責できない場合（*376*）

3　対価関係の瑕疵（*376*）

4　二重欠缺の場合（*376*）

Ⅳ　第三者のためにする契約 ……………………………………… *376*

1　第三者のためにする契約（*377*）

2　補償関係の瑕疵（*377*）

3　対価関係の瑕疵（*380*）

4　二重欠缺の場合（*381*）

Ⅴ　他人の債務の弁済 ……………………………………………… *381*

1　債務者の委託がある場合（*381*）

（1）対価関係の瑕疵（*381*）

（2）補償関係の瑕疵（*382*）

2　債務者の委託のない場合（*382*）

（1）対価関係の瑕疵（*382*）

（2）補償関係の瑕疵（*383*）

3　保証債務の弁済（*383*）

（1）保証契約が無効の場合（*383*）

（2）対価関係の瑕疵（*384*）

4　錯誤による他人の債務の弁済（*384*）

5　給付者に関する錯誤（給付者あるいは受領者の視角からの
給付関係の決定）（*386*）

xxi

目　次

◆第4章◆　侵害利得の事例 ···················· 388

Ⅰ　侵害利得での対第三者関係 ···················· 388

Ⅱ　侵害利得の補充性 ···················· 389

Ⅲ　わが国での類似する問題 ···················· 390

◆第5章◆　金銭騙取の不当利得 ···················· 394

Ⅰ　金銭騙取の不当利得の意義と大審院の判例 ···················· 394

Ⅱ　学説の批判と最高裁の判例 ···················· 395

Ⅲ　金銭騙取の不当利得に関する主な学説とその評価 ···················· 397

（1）川　村　説（397）

（2）清水（誠）説（398）

（3）四　宮　説（399）

（4）好　美　説（400）

（5）加藤（雅信）説（400）

（6）第三者受益型以外を不法行為による解決に委ねる
　　　学説（清水元説）（402）

◆第6章◆　転用物訴権 ···················· 406

Ⅰ　転用物訴権の意義 ···················· 406

Ⅱ　昭和45年最高裁判決と衡平説 ···················· 408

Ⅲ　昭和45年最判に対する類型論の学説の批判と平成7年最判

···················· 410

1　類型論による昭和45年最判の批判（410）

2　学説による転用物訴権の法律構成（410）

（1）三　宅　説（410）

（2）加藤（雅信）説（411）

（3）鈴　木　説（413）

（4）好　美　説（413）

（5）四　宮　説（414）

3　平成7年最判とその後の学説（415）

（1）平成7年最判（415）

（2）平成7年最判後の学説（416）

Ⅳ　実質的な問題と不当利得法の構造 ···················· 417

1　3つの転用物訴権（417）

目　次

　　2　請負人の債権担保という実質的な問題（*420*）

　　3　今後の課題（*424*）

◆第7章◆　対第三者関係の全体的構造 ………………………… 427

　Ⅰ　対第三者関係の規律の全体的な構造 ……………………… 427

　Ⅱ　無償取得者への請求の拡張 ………………………………… 429

第6部　不当利得の消滅時効 …………………………… 447

◆第1章◆　不当利得返還請求権の消滅時効 ……………… 447

　Ⅰ　不当利得の消滅時効の期間 ………………………………… 447

　Ⅱ　給付利得に関して …………………………………………… 447

　Ⅲ　侵害利得に関して …………………………………………… 448

　Ⅳ　支出利得に関して …………………………………………… 449

　　1　求　償　利　得（*449*）

　　2　費　用　利　得（*449*）

◆第2章◆　消滅時効の起算点 ………………………………… 450

◇付　録（*453*）

　　1　明治23年公布民法〔旧民法〕財産取得編（*453*）

　　2　フランス民法〔2016年改正前〕（*455*）

　　3　フランス民法〔2016年改正後〕（*457*）

　　4　スイス旧債務法（*460*）

　　5　スイス債務法（*461*）

　　6　オーストリア民法（*463*）

　　7　プロイセン一般ラント法（*466*）

　　8　バイエルン王国一般民法草案（1801年/1809年）（*474*）

　　9　ヘッセン大公国民法草案（1842年/1853年）（*476*）

　　10　バイエルン王国民法草案（1861年/1864年）（*482*）

　　11　ザクセン王国民法（*490*）

　　12　ドレスデン草案（*496*）

xxiii

目　次

　　　13　ドイツ民法準備草案 (503)

　　　14　ドイツ民法第 1 草案 (509)

　　　15　ドイツ民法第 2 草案 (513)

　　　16　現行ドイツ民法 (515)

　　　17　ケーニッヒの法律案 (519)

　　　18　共通参照枠案〔DCFR〕(522)

・事 項 索 引 (529)

・判 例 索 引 (533)

・条 文 索 引 (539)

〈凡　例〉

Ⅰ　文　献

磯村（論考）	磯村哲『不当利得論考』（新青出版・2006年）
内田	内田貴『民法Ⅱ・債権各論（第3版）』（東京大学出版会・2011年）
近江	近江幸治『民法講義Ⅵ　事務管理・不当利得・不法行為（第3版）』（成文堂・2018年）
大久保ほか	橋本佳幸・大久保邦彦・小池泰『民法Ⅴ　事務管理・不当利得・不法行為（第2版）』（有斐閣・2020年）
加藤（体系）	加藤雅信『財産法の体系と不当利得法の構造』（有斐閣・1986年）
加藤（事務）	加藤雅信『事務管理・不当利得』（三省堂・1999年）
加藤（大系）	加藤雅信『新民法大系Ⅴ　事務管理・不当利得・不法行為（第2版）』（有斐閣・2005年）
川角	川角由和『不当利得とはなにか』（日本評論社・2004年）
齋藤（諸法理）	齋藤哲志『フランス法における返還請求の諸法理・原状回復と不当利得』（有斐閣・2016年）
澤井	澤井裕『テキストブック事務管理・不当利得・不法行為（第3版）』（有斐閣・2001年）
潮見	潮見佳男『債権各論Ⅰ　契約法・事務管理・不当利得（第4版）』（新世社・2022年）
四宮	四宮和夫『事務管理・不当利得・不法行為（上巻）』（青林書院・1981年）
四宮（論集）	四宮和夫『四宮和夫民法論集』（弘文堂・1990年）
清水	清水元『プログレッシブ民法〔債権各論Ⅱ〕』（成文堂・2015年）
末弘	末弘嚴太郎『債権各論』（有斐閣・1932年）
鈴木	鈴木祿弥『債権法講義（4訂版）』（創文社・2001年）
総判研（13）	松坂佐一『総合判例研究叢書・民法(13)』（有斐閣・1959年）
滝澤（実務）	滝澤孝臣『不当利得法の実務』（新日本法規・2001年）
谷口（研究）	谷口知平『不当利得の研究』（有斐閣・再版1965年〔初版1949年〕）
谷口（不法原因）	谷口知平『不法原因給付の研究』（有斐閣・第3版1970年〔初版1949年〕）
谷口還暦（1）	谷口知平教授還暦記念論文集『不当利得・事務管理の研究（1）』（有斐閣・1970年）
谷口還暦（2）	谷口知平教授還暦記念論文集『不当利得・事務管理の研究（2）』

凡　例

	（有斐閣・1971年）
谷口還暦（3）	谷口知平教授還暦記念論文集『不当利得・事務管理の研究（3）』（有斐閣・1972年）
旧注民(18)	谷口知平編『注釈民法(18)』（有斐閣・1976年）
新版注民(18)	谷口知平・甲斐道太郎編『新版注釈民法(18)』（有斐閣・1991年）
新注民(15)	窪田充見編『新注釈民法(15)』（有斐閣・2017年）
鳩山	鳩山秀夫『増訂・日本債権法各論』（岩波書店・1924年）
判解（民）	法曹会編『最高裁判所判例解説・民事篇』（法曹会）
判解（刑）	法曹会編『最高裁判所判例解説・刑事篇』（法曹会）
平田	平田健治『不当利得法理の探究』（信山社・2019年）
平野	平野裕之『債権各論Ⅱ　事務管理・不当利得・不法行為』（日本評論社・2019年）
広中	広中俊雄『債権各論講義（第6版）』（有斐閣・1994年）
藤原（前版）	藤原正則『不当利得法』（信山社・2002年）
藤原（Schäfer）	藤原正則「フランク・L・シェファー『不当利得』（紹介）」高須順一・山田創一・今尾真・明石真昭編『民法学の伝統と新たな構想（宮本健蔵先生古稀記念）』（信山社・2022年）505頁以下
藤原（Gutachten）	藤原正則「西ドイツ不当利得の諸問題——デトレフ・ケーニッヒの法律案と鑑定意見の紹介を通じて」法政大学現代法研究所『西ドイツ債務法改正鑑定意見の研究』（日本評論社・1988年）391頁以下
松坂（利得論）	松坂佐一『不当利得論』（有斐閣・1953年）
松坂（全集）	松坂佐一『事務管理・不当利得・不法行為（新版）』（有斐閣・法律学全集・22Ⅰ・1973年）
百選Ⅰ	『民法判例百選Ⅰ（総則・物権)』（有斐閣）
百選Ⅱ	『民法判例百選Ⅱ（債権)』（有斐閣）
重判	『○○年度　重要判例解説』（有斐閣）
山田（研究）	山田幸二『現代不当利得法の研究』（創文社・1989年）
我妻（講義）	我妻栄『債権各論・下巻1（民法講義V4)』（岩波書店・1972年）
我妻（全集）	我妻栄『事務管理・不当利得・不法行為』（日本評論社・新法学全集・復刻版1988年・初版1937年）
好美	好美清光「不当利得法の新しい動向（上)（下)」判例タイムズ386号15頁以下，387号22頁以下

Ⅱ　判例・雑誌

慣例により，例えば次のように表示する。

最判令和○年○月○日民集○巻○号○頁

xxvi

判時（判例時報），判タ（判例タイムズ），金法（金融法務事情），法協（法学協会雑誌），法時（法律時報），民商（民商法雑誌），北法（北大法学論集），商討（商学討究），論叢（法学論叢）

Ⅲ　外国法文献

Caemmerer	Ernst von Caemmerer, Gesammelte Schriften Ⅰ, Mohr, 1969
Esser/Weyers	Josef Esser / Hans-Leo Weyers, Schuldrecht, Bd.2, 6.Aufl., Müller, 1984
König (Gutachten)	Detlef König, Ungerechtfertigte Bereicherung, Bundesminister der Justiz, Gutachten und Vorschläge zur Überarbeitung des Schuldrechts, Bd. Ⅱ, S.1515ff., Bundesanzeiger, 1981
König (Tatbestände)	Detlef König, Ungerechtfertigte Bereicherung, Tatbestände und Ordnungsprobleme in rechtsvergleichender Sicht, Carl Winter, 1985
Koppensteiner/Kramer	Hans-Georg Koppensteinr, Ernst A. Kramer, Ungerechtfertigte Bereicherung, 2.Aufl., Gruyter, 1988
Larenz/Canaris	Karl Larenz, Claus-Wilhelm Canaris, Lehrbuch des Schuldrechts, Bd. Ⅱ, Hb.2, Besonderer Teil, 13.Aufl., Beck,1994
Medicus	Dieter Medicus, Bürgerliches Recht, 20.Aufl., Karl Heymann, 2004
Medicus/Lorenz	Dieter Medidus, Stephan Lorenz, Schuldrecht II, Besonderer Teil, 8.Aufl., Beck, 2018
Münch	Münchener Kommentar zum BGB, Beck
Reuter/Martinek	Dieter Reuter, Michael Martinek, Ungerechtfertigte Bereicherung, Mohr, 1983
Reuter	Dieter Reuter, Michael Martinek, Ungerechtfertigte Bereicherung, 2.Teilband, 2.Aufl., Mohr, 2016
Schäfer	Frank L. Schäfer, Ungerechtfertigte Bereicherung, Mathias Schmoeckel, Joachim Rückert, Reinhard Zimmermann (Hrsg.), Histrisch-kritischer Kommentar zum BGB, Bd. Ⅲ/2, §§657-853, Mohr, 2013, S.2587ff.
Staudinger	Staudinger Kommentar zum BGB, Gruyter

xxvii

不当利得法
〔全訂第2版〕

第1部 不当利得の基礎

◆ 第1章 ◆ 不当利得という法制度

I 不当利得の一般条項

わが国の民法典は，事務管理・不法行為と並ぶ法定債権発生原因，つまり契約を基礎とすることなく債権が発生する「事件」の1つとして，民法第3編第4章に不当利得の規定（〔以下，民法の条文については，「民法」を省略する〕703条〜708条）をおき，かつその冒頭の703条に「法律上の原因なく他人の財産又は労務によって利益を受け，そのために他人に損失を及ぼした者（以下この章において，「受益者」という。）は，その利益の存する限度において，これを返還する義務を負う。」という不当利得の一般条項をおいている[1]。だから，民法は不当利得を「法律上の原因のない利得」という共通するメルクマールで括ることができる，独自の法制度だと考えていることになる。しかし，このように不当利得を1つの法制度ととらえることを可能にする，「法律上の原因の欠如」という共通の「消極的」要件の当てはまる場合は，実に多種多様なケースを含んでいる。例えば，非債弁済による給付の返還請求，双務契約が無効・取消しとなった場合の給付の巻き戻し，他人の物の無権限使用による使用利益の返還請求などである。しかも，不当利得法が適用となる場面は，その各々が契約・所有権といった不当利得法以外の法制度と関係しており，かつ不当利得法はこういった他の法制度を補完する役割を果たしている。例えば，上記の例で，無効な双務契約の巻き戻しでは契約法を，他人の物の無権限使用による使用利益の返還請求では所有権法を，不当利得法が補完している。

今ひとつ，一般条項である703条も含めて，民法は不当利得の項目に6箇条（703条，704条〜708条）の規定をおいているが，それ以外に，物権編には196条

3

（占有者の費用償還請求権），248条（添付による償金の請求権），債権編の総則には462条2項（債務者の意思に反する無委託保証人の求償権）などの不当利得に関する規定が存在するように，その補完する法制度との関係で，個別に具体的な規定がおかれているケースが多々ある。加えて，2017年の債権法改正では，703条が無効または取り消された法律行為（有償・無償契約）の効果には適用されないことを明確化するために121条の2第1項（原状回復の義務）が，法律行為に関する部分（第1編総則・第5章法律行為・第4節無効及び取消し）に新設された（同条2項，3項の「現に利益を受けている限度（現存利得）」は1項の例外）。つまり，不当利得返還請求権の発生する実質的根拠は様々であり，共通するのは，以上の総ての場合に利得移動を基礎づける法律上の原因が欠如しているという一事のみである。それゆえ，こういった消極的要件だけで共通する，一見すると種々雑多なケースのすべてを捕捉する法制度が承認され独自の法制度として構成されるというのは，契約法や所有権法のような法制度ができあがってくるのとは異なり，決して当然のこととはいえない。

　事実として，不当利得に「法律上の原因のない利得」つまり「利得の不当性」を要件として一般条項（703条）を与え，かつその効果を「利益の存する限度において」すなわち「現存利得」の返還義務とするというのは，歴史的にも比較法的にも決して自明の現象ではない。しかも，こういった立法の方針は，それ自体が，不当利得法が適用される法現象に一定の規律の方針を与えることになっている。また，そのことに由来して，不当利得法上のさまざまな問題が惹起されているといっても過言ではない。したがって，まずは冒頭で，この問題について論じておくべきであろう。

Ⅱ　ドイツ法の影響下のわが国の不当利得法

　わが国の民法典はいうまでもなく比較法の産物であり，しかも主に影響を与えたのはフランス法とドイツ法である。もちろん，不当利得法もその例外ではない。しかし，かつては返還請求権の要件として，債務の不存在と弁済者の錯誤が要求されていた非債弁済の不当利得（condictio indebiti）から弁済者の錯誤の要件を取り除き，不当利得に一般条項をおき，かつ現存利得の返還をその効果とするという規定のあり方が，わが国の民法の不当利得法の規律の方針の骨格だと考えるなら，そこで決定的な影響を与えたのは（立法者がそのことを明

Ⅱ　ドイツ法の影響下のわが国の不当利得法

言しているわけではなく，消極的に推測するしかないのだが）ドイツ民法の第2草案であろう[2]。（ボアソナードの）旧民法から現行民法との連続性を見て取ることは，確かに可能ではある。旧民法は財産編361条1項で（事務管理も含めた意味ではあるが）不当利得の一般条項のような規定（「何人ニテモ有意ト無意ト又錯誤ト故意トヲ問ハス正当ノ原因ナクシテ他人ノ財産ニ付キ利ヲ得タル者ハ其不当ノ利得ノ取戻ヲ受ク」）をおいているし，具体的な規定も（不当利得以外の部分に指示された規定も含めて）現行法に残されているものも多いからである。しかし，旧民法は事務管理・不当利得を併せて「不当ノ利得」の節で括っており（ここにはフランス民法の影響が見て取れる[3]），両者を分けて規定している（よりドイツ法に近い）現行法の規定の構造とは乖離がある。さらに，債権者ではない弁済受領者の非債弁済の不当利得の返還義務として，旧民法財産編364条は非債弁済の返還返還の訴えの提起時の現存利得を指示している。しかし，先にも言及した旧民法財産編361条1項は不当利得の効果として「不当ノ利得ノ取戻」を指示しており，この点でも一般条項（703条）で不当利得一般の効果として現存利得を指示する現行法とは決定的に異なっているからである（かえって，旧民法財産編361条2項では不当利得の生じる場合を列挙している）。今ひとつ，不当利得の一般条項を持ち，わが国の立法過程にも影響を与えたと考えられるスイス旧債務法は[4]，（現行スイス債務法も同様であるが）非債弁済の不当利得の要件で弁済者（損失者）に積極的に錯誤証明を求める点で，わが国の不当利得法および（準備草案から第1草案，第2草案，現行のドイツ民法で一貫する）ドイツ民法の考え方とは異なっている[5]（後述するように，これは不当利得の規律の方針として決定的な意味を持っている）。以上のような観察からは，わが国の703条は，一般条項を規定し，効果を現存利得の返還と定め，かつ非債弁済の不当利得の要件として弁済者の錯誤の証明を要求しないというドイツ民法（第2草案）の不当利得の規律の方針を採用しているといえよう。しかも，（詳しくは後述するが）わが国の立法者がそれを意識していなくとも，このことでドイツ民法が立法に際して下した一定の評価の枠組みに，わが国の民法も拘束されることにつながっているといえる。

　加えて，いうまでもなく法典継受の後に第2次世界大戦が終了するまで続いたドイツからの学説継受ゆえに，わが国の不当利得法の学説はドイツ法の強い影響下におかれた。しかも，わが国の民法典の定める不当利得法の規定の構造とドイツ法のそれとの比較法的に見た近似性（不当利得の一般条項の存在，効果

5

第1部　不当利得の基礎　第1章　不当利得という法制度

の現存利得への指示）のゆえもあって，第2次世界大戦後もわが国の不当利得法は常にドイツ法の動向に左右されてきた。最近の（判例は別として，学説上は）通説であるわが国の不当利得法に関する学説（類型論）も，ドイツの新しい学説によって，かつて継受したドイツの（衡平説に代表される）旧い学説を克服しようという試みに他ならない。そこで，以下ではまず，ドイツ法の不当利得法も含めた大陸法諸国の不当利得制度の由来するローマ法について一瞥した上で，その一般条項に焦点を当てて不当利得法を比較法的に鳥瞰し，わが国の民法の立法方針につながるドイツ民法の立法者の決断をみておくこととする。それによって，わが国の不当利得法の問題点を論じる出発点も，同時に明らかにされることになると考えるからである。

Ⅲ　ローマ法のコンディクティオ(condictio)から不当利得法へ

　わが国の不当利得法の母法であるドイツ法，フランス法などの大陸法の法制度は，ローマ法に由来するが，ローマ法では，不当利得は，個々の不当利得返還請求訴権，つまり，condictio（コンディクティオ〔ラテン語読み〕）が個別のケースで認められるにとどまり，それ自体が完結した法制度であるとは考えられていなかった。具体的には，「非債弁済の不当利得（condictio indebiti）」，「目的消滅の不当利得（condictio ob causam finitam）」，「目的不到達の不当利得（condictio ob rem）」「不法原因による給付の不当利得（condictio ob iniustam causam）」「恥ずべき原因による不当利得（condictio ob tupem causam）」「盗の不当利得（condictio furtiva）」「無原因の不当利得（condictio sine causa）」などである。その内容は，非債弁済の不当利得とは，弁済時から存在しなかった債務の弁済の返還請求，目的消滅の不当利得とは，給付時には存在した法律上の原因（債務）が後に消滅した場合の返還請求である。目的不到達の不当利得とは，将来の一定の結果の発生（反対給付）を期待して給付が行われたが，その結果が発生しなかった場合の給付の返還請求である。不法原因による不当利得は，不法原因（恥ずべき原因）による給付の返還請求またはその排除である。他方で，盗の不当利得とは，盗人に対する不当利得返還請求，かつ，所有物返還請求権を補完する債権的な不当利得返還請求であり，無原因の不当利得とは，例えば，添付による所有権取得に対する不当利得返還請求などだった。今ひとつコンディクティオとは別の訴権も実質的には不当利得返還請求訴権の一環だとされてい

Ⅲ　ローマ法のコンディクティオ（condictio）から不当利得法へ

る。それが，附加的性質の訴権（actio adiecticiae qualitatis）の１つの転用物訴権（actio de in rem verso）である。例えば，ローマの元老院議員は商売を禁止されていた。しかも，（直接）代理の制度もローマ法では認められていなかった。そこで，主人（元老院議員）Cではなく，その権力に服従する（家子，）奴隷Bが「自分（B）の名前」で第三者Aと取引した。その結果は，例えば，BがCのために物を購入したときでも，権利能力を欠く（家子，）奴隷Bは債務負担もできないし，訴訟の当事者にもなれないから，相手方AはBに対して代金の請求はできない。そこで，附加的な性質の訴権として，奴隷Bが主人CのためにAの給付を使用したことを要件として，利益が転用されたものに関する訴権，つまり，契約外の第三者である主人Cに対する転用物訴権が取引相手方Aに認められた。ただし，その返還請求の内容は，利益の存する限度であり，利得消滅の認められないコンディクティオとは違っていた。以上の不当利得に関する訴権の中でも，ローマ法では，例外を除いて，一定の類型の契約（有名契約）以外の契約類型（無名契約）では，反対給付の訴求が可能ではなかったから，その場合に，契約上の履行請求権に代わって，先履行した給付の返還請求としての目的不到達の不当利得が重要な役割を果たしていた。つまり，給付の目的（反対給付の履行）が達成できないことを原因とする不当利得返還請求である。

　ところが，原則としてすべての契約類型で反対給付の履行請求が可能となり，さらには，法定解除などの履行障害に対する契約法の制度が発展してからは，目的不到達の不当利得の適用領域は制限され，非債弁済の不当利得が（給付による）不当利得の中心的な制度となってきた。つまり，不当利得法は不当利得以外の契約法，所有権法，不法行為法などの法制度が整備されてくるとともに，その守備範囲が狭まり，次第に不当利得以外の法制度の権利保護の欠缺を補充する独自の法制度として形成されることになった(6)。ただし，例えば，コルプス・ユリスに見る後古典記のローマ法の一般化・抽象化，さらには自然法論の影響はあっても，18・19世紀のヨーロッパの私法の法典化においても，コンディクティオ（condictio）に共通の基礎を認め，その一般条項を規定するというのは永く行われることはなかった(7)。

第1部　不当利得の基礎　第1章　不当利得という法制度

Ⅳ　不当利得の一般条項の比較法

　わが国も含め台湾・東欧諸国のような法典継受国は別として，かつてから不当利得の一般条項を持っていたのは，ドイツ民法とスイス債務法くらいだった。他の国々，例えば（2016年の法改正前の）フランス民法は，不当利得の中でも非債弁済の不当利得に関して数箇条を持っているにすぎなかった。一般不当利得法はフランス法ではようやく判例によって形成されたものであり，しかも，その根拠は歴史的に不当利得訴権の淵源と考えられているコンディクツィオ（condictio〔ドイツ語読み〕）ではなく，いわゆる転用物訴権（actio de in rem verso）に求められていた。だから，不当利得に「法律上の原因の欠如」という共通の基礎があることは強調されていなかった。つまり，不当利得法が独自の法制度であることは，少なくともわが国やドイツ法ほどに承認を得ているとはいえなかった[8]。英米法では，不当利得は非債弁済の不当利得を中心とする準契約（quasi contract）上の法制度，擬制信託（constructive trust），衡平法上の先取特権（equitable lien）などの個別的な法制度に分かれており，統一的な法制度を構成しているとは言い難い[9]。しかしながら，どの国でも契約にも不法行為にも基礎をおかない債権発生原因があること自体は等しく承認を受けており，そこで共通するのは非債弁済の不当利得（condictio indebiti），つまり存在しない債務を弁済した場合の不当利得返還請求権がその中心的な適用領域だという点であった。

　ただし，2016年の法改正後は，フランス民法は，非債弁済，不当利得，（契約の清算に当てられた）原状回復に分けた不当利得に関する規定をおいている。その上で，事務管理，非債弁済，不当利得が準契約（quasi-contract）として括られ，判例の転用物訴権を立法化した不当利得の一般条項（フランス民法1303条）は，事務管理，非債弁済以外の場合に適用される「受け皿規定」とされている[10]。ただし，フランス法では，ドイツやわが国で不当利得法の適用領域とされている問題のすべてが不当利得で解決されているわけではない。さらに，現在では，イギリス法でもいくつかのテキスト（その嚆矢が，Robert Goff / Gareth Jones, The Law of Restitution, Sweet & Maxwell, 1966だとされている[11]），および，アメリカでは回復法リステイトメント（Restatement of Restitution）にみるように，不当利得（Unjust Enrichment）が，その効果として原状回復を目的とする「回復法（Law of Restitution）」の一環としての法制度であると承認されて

きている。加えて，最近のヨーロッパ法の統一の試みの一環として，不当利得法の法統一に向けたたたき台として「共通参照枠案（Draft Common Frame of Reference)」が提案されている。共通参照枠案は，イギリス法も含めたヨーロッパ各国の不当利得法制度の共通合意を探る試みで，確かに，その抽象度は低く，個別事例の列挙のような印象も受ける。しかし，他方で，不当利得以外の法制度を補完するという不当利得法の機能に則した分類がされており，各国で異なった機能を担っている不当利得法の将来の体系化の方向を示していると考えることもできる(12)。

V　ドイツ民法(第2草案)の立法の方針

　先述したように目的不到達の不当利得の適用範囲の縮減により非債弁済の不当利得が不当利得の中で重要な位置を占めるようになったことが，その大きな動因であるが，ドイツ民法の立法の際に，まずは念頭におかれた不当利得の返還請求権は「非債弁済の不当利得（condictio indebiti)」であり，かつ金銭の弁済による非債弁済の不当利得であった。しかも，今日でもフランス法，英米法がそうであるように，（各ラントの立法も含めて）普通法の学説の多数では，非債弁済の不当利得の要件として，「債務の不存在」と債務の存在に関する「弁済者の錯誤」の証明が要求されていた。また，返還請求の対象（金銭・物・労務など）によって，その効果が個別化されていた。例えば，非債弁済された特定物が滅失した場合は弁済受領者（利得者）は返還義務を免れるが，代替物の場合は同種・同量・同品質の物の返還義務を負うなどである。さらに，第1草案の段階では，不当利得の一般条項はおかれていなかった。すなわち，個別の不当利得返還請求権が規定されているにすぎなかった。そういった状態からドイツ民法の起草者は，（紆余曲折はあったが）結論として次のような立法的決断を下した。(i) 第1は，非債弁済の不当利得の返還請求の要件から，錯誤の証明を削除したことである（ドイツ民法準備草案1条)。今日でも（その証明は緩和されているとはいえ）フランス法・英米法がそうであるように，当時は非債弁済の不当利得の返還請求には，弁済者の（許されうる）錯誤の証明が要求されていた。しかし，錯誤の証明はしばしば困難で，そのことで返還請求権の行使が挫折することもあった。錯誤の要件の削除によって，弁済者は弁済に法律上の原因がなかったこと，すなわち，債務の不存在だけを証明すれば足りることに

9

第1部　不当利得の基礎　第1章　不当利得という法制度

なる。弁済者に錯誤がなかったことは，返還請求を排除するために弁済受領者
が証明しなければならない。つまり，弁済者の錯誤は，返還請求を基礎づける
積極的な要件から，その不存在が返還請求を排除する消極的な要件に変わった
（ドイツ民法814条）。その結果，弁済者は錯誤要件の証明でつまずくことなく，
不当利得の返還請求権の行使は容易となった。(ii) 他方で，弁済に法律上の原
因があり弁済（利得）を保持できるという善意の弁済受領者（利得者）の信頼
を保護するために，返還請求の範囲は現存利得に制限された（ドイツ民法準備
草案5条，ドイツ民法818条3項）。なんといっても，非債弁済の不当利得が発生
する原因は，弁済者（損失者）の債務の存在に関する錯誤である。したがっ
て，弁済受領者の受領した給付を保持できるという信頼は，何らかの形で保護
される必要がある。それゆえ，弁済受領者の保護は，要件（錯誤証明）から効
果（現存利得）に移されることになった。ただし，非債弁済の善意の弁済受領
者以外で，どのような場合に法律上の原因なく利得したものから「利得の消
滅」が控除されて，「現存利得」の返還が義務づけられるのかは，立法者は後
の判例・学説に委ねた。(iii) さらに，ドイツ民法第1草案の段階では，非債弁
済の不当利得が法案の冒頭におかれていた（ドイツ民法第1草案1条）。しか
し，（現在のドイツ民法典に直接つながる）ドイツ民法第2草案では，はじめて
不当利得の一般条項が規定されたスイス旧債務法70条に倣って，一連の不当利
得の規定の最初に一般条項が規定された（ドイツ民法第2草案1条）。つまり，
目的消滅の不当利得，目的不到達の不当利得，不法原因給付による不当利得，
無原因の不当利得などを含めた不当利得返還請求権のすべての一般条項が不当
利得の規定の冒頭におかれることとなった。(iv) さらに，非債弁済の不当利得
を念頭に，一般的に善意の利得者は「現存利得」の返還義務を負うという規定
がおかれたが（ドイツ民法第2草案742条3項，ドイツ民法818条3項），その効果
（現存利得の返還義務）を，立法者は他の不当利得の場合にも「類推」していく
意図だった。つまり，非債弁済の不当利得では現存利得への返還義務の縮減の
根拠ははっきりしているが，他の場合は必ずしも明らかではない。だから，個
別の不当利得類型で，利得消滅が認められるか否かはその毎に吟味される必要
がある。しかも，このことは第1草案にはなかった一般条項が（スイス旧債務
法に倣って）第2草案で新たに規定されても，変わらないはずだった[13]。

　以上のような立法によって，非債弁済の不当利得の返還請求は容易になり，
しかも，そこから「錯誤」の要件を除くことで，「債務の不存在」を抽象化し

た「法律上の原因のない利得」という「一般不当利得」の法制度が目に見える形で用意されることとなった。その具体化が，不当利得の一般条項であるドイツ民法812条の規定である。さらに，本来は非債弁済の不当利得に当てられた現存利得の返還義務の規定が，文言上は不当利得一般の効果とされることとなった（ドイツ民法818条3項）。そのことが，不当利得法上の様々な解釈論上の問題をひきおこすことにもつながった[14]。しかも，このようなドイツ法上の理論的な争いは，（その内容は，本書の具体的な記述で明らかにする他はないが）多少ともそのままの形でわが国にも持ち込まれている。そうはいっても，このように不当利得という法制度がはっきりと提示されることで，個別的な不当利得返還請求権（コンディクツィオ〔condictio〕）だけを問題にするのとは異なり，どのような権利保護の欠缺でも一般不当利得法が補充することが可能となった。かつ，そのことは，従前にはなかった多様な法的紛争が増加してきた19世紀から20世紀にかけての社会的変化に正しく反応していたともいえる。さらに，一般不当利得法の構想によって，不当利得という法制度の理論的な整理が大いに進んだことは間違いがない。いずれにせよ，わが国の不当利得法を考える際には，わが国の民法典が継受している，以上のドイツ民法の立法の事情を銘記しておくことは重要であろう。

VI　わが国の不当利得の規定

　これまで述べたことからも，とりあえず指摘できるのは，わが国の民法典も不当利得の一般条項を持ち，その効果は現存利得が指示されていることである（703条）。現存利得は，本来は非債弁済の不当利得の効果に当てられたドイツ民法（818条3項）の立法に由来する規定であり，同じく給付利得でも双務契約の清算（無効・取消し），さらには，他人の物の費消などの他人の権利の侵害による不当利得などの場合には，そのまま適用するわけにはいかない。弁済者の錯誤によって利得移動が生じた場合とは異なり，それ以外の場合は善意の利得者といえども，その利得保有の信頼を保護する根拠は自明とはいえず，個別的に利得消滅の成否が検討されなければならないはずだからである。その具体例が，2017年の債権法改正により新設された双務契約の無効・取消しに適用される121条の2第1項（原状回復義務）である。だから，不当利得の一般条項である703条の意味を考えるにあたっては，非債弁済の不当利得に錯誤の証明を要

第1部　不当利得の基礎　第1章　不当利得という法制度

求しなかったという立法の方針の他に，以上の事情を銘記すべきであろう。また，そのことからも，705条の規定が非債弁済の不当利得の錯誤の（不存在の）証明の責任を弁済受領者に転換したものであることも判然とする。その他の706条（期限前の弁済），707条（他人の債務の弁済）という広義の非債弁済の不当利得の規定では，弁済者に錯誤の証明が要求されているという事実は，特に703条の理解との関係で重要な意味を持っている。いずれにせよ，わが国の民法典は，不当利得の項目には，不当利得の一般条項（703条）の他に，これも本来は弁済者の錯誤に悪意で非債弁済を受領した弁済受領者（利得者）の不法行為責任を規定した704条，非債弁済の不当利得に関する規定（705条～707条），および，不法原因給付による不当利得の規定（708条）をおいていることになる。すなわち，一般条項を除けば，すべて伝統的な不当利得訴権を規定していることになる。さらに，わが国の不当利得法の規定は，その立法当時には最も新しく，不当利得の一般条項を規定して，不当利得の適用範囲を拡大し，権利保護の欠缺を不当利得法によって補充し，不当利得法を体系的に整理したドイツ民法の立法方針を継受していることになる（ただし，期限前の弁済〔706条〕に関しては，ドイツ民法では準備草案から中間利息の返還請求が排除されており，他人の債務の誤想弁済（707条）はドイツ民法に規定はなく，フランス法〔当時のフランス民法1377条〕を継受したものである）。

◆ 第2章 ◆ 衡平説から類型論へ

I 不当利得法の一元的な基礎づけ

ドイツ民法典の不当利得の一般条項によって，民法典成立後のドイツの学説は，非債弁済の不当利得の効果を他の不当利得に類推するという立法者意思から離れて，一般条項の文言にだけ依拠して不当利得を一元的に基礎づけようと試みた（ちなみに，これは法規の文言を重視して立法の事情を軽視するという，民法典の立法直後のドイツの法解釈の典型的な態度であるといえる[15]）。そのいくつかの試み，例えば，シュルツ（Fritz Schulz）の違法性説，シュタムラー（Rudolf Stammler）の正法説などをここで詳論する必要はないであろう。ただし，その中でわが国に主に我妻説をつうじて影響を与えたといわれているのが，同じく一元説の中でもいわゆる「衡平説」といわれる学説である[16][17]。つまり，「形式的・一般的には正当視される財産的価値の移動が，実質的・相対的には正当視されない場合に，公平の理念に従ってその調整を試みようとすることが不当利得の本質である」という不当利得法制度の理解である[18]。その上で，衡平説は，不当利得の一般条項である703条の文言に忠実に，不当利得の要件を，(i) 利得（「利益」），(ii) 損失，(iii) 法律上の原因の欠如（「法律上の原因なく」），(iv) 利得と損失の間の因果関係（「そのために」）と一元的に説明する。ただし，二当事者間で利得移動があったときは，誰が誰に対して不当利得返還請求権を行使できるのかという不当利得返還請求権の当事者（原告・被告）規定の問題は発生しないから，(iv) 因果関係を論じる必要はない。だから，(iv)は，三当事者以上の間で利得移動があったとき，つまり多当事者関係または対第三者関係でだけ意味を持つ要件である。効果論では，衡平説は，703条の「利益の存する限度」という文言から，不当利得の返還義務を「現存利益」と一般化する。例えば，典型的な衡平説の学説である松坂説は，利得を「取得せられたものが，すべてそのために支出させられた財産的価値およびそれに基づく負担を考慮に入れて，なお財産上の利益たることを示す場合でなければならない」と定義している[19]。つまり，法律上の原因なく利得移動した対象それ自体ではなく，利得移動の前後の利得債務者の財産状態の差額が利得だとする，いわ

第1部　不当利得の基礎　第2章　衡平説から類型論へ

ゆる「総体差額説」である[20]。他方で，我妻説は，利得を「純粋に客観的に考えるときは，不当利得となる事実がなかったと仮定した場合に推測される財産の総額と現在の現実に存する財産の総額を比較し，後者が前者より多い場合の差額，というべきであろう」と松坂説と同様の定義を与えた後に，「しかし，かように客観的・計量的に算出されるものを現存利得とすることは，不当利得制度の本質からみると，一面では大き過ぎ，他面では小さ過ぎるといわねばならない」と指摘した上で，「善意の不当利得者の返還義務を現存利得に限ることは，その者を保護するための特別の責任軽減」だとしている[21]。だから，同じく衡平説でも，総体差額説という考え方は，必ずしも純粋な形で貫徹されているわけではない[22]。しかし，利得者の財産の積極的な増加が現存しないときでも，利得の返還義務が現存利得に縮減するのが妥当ではない場合には，例えば，利得がなければ，利得者が自身の他の財産を支出したであろう出費を免れたとして「出費の節約」などの規範的評価で，利得の消滅が排除されることになる[23]。加えて，衡平説では，例えば，不当利得は受益者から利益を剥奪することを目的とはしないから，利得者の利得ではなく損失者の損失が不当利得返還請求権の上限を画するという形で，本来は利得移動の両面であるはずの「利得」「損失」の要件に解釈上の意味が与えられている[24]。

　もっとも，衡平説は，本来は物権変動の無因原則を採用するドイツ法を基礎とする不当利得制度の説明である。例えば，AがBに有体物（動産，不動産）を売却して引き渡した（登記を移転した）が，後にAの錯誤で契約が取り消されたとする。その場合には，売主A（給付者＝損失者）の債務負担行為（権利〔＝所有権〕移転を義務づける行為＝売買契約）は無効となるが，処分行為（直接に権利変動を発生させる〔＝所有権を移転させる〕行為＝物権行為）は有効だから，売買の目的物である有体物の所有権は依然として買主B（給付受領者＝利得者）に帰属している。その結果，A（給付者＝損失者）は債権的な不当利得返還請求権に基づいて，B（利得者）に対して有体物（動産，不動産）の所有権の返還を請求することになる。この例では，形式的には正当だが実質的には正当ではない財貨移動（所有権の移転）の矯正という衡平説の説明には説得力がある。しかし，例えば，Aが不存在の債務をBに弁済した場合，Bが他人Aの土地を不法占有して利用した場合には，AからBへの財貨移動（非債弁済，占有すべき権利を欠く占有による使用利益）は，形式的・一般的にも正当化されることはないと考えるべきであろう[25]。

14

しかし，そうではあっても，衡平説は，それまでは個別の不当利得訴権（condictio）の集積だった不当利得を，一般条項を前提に共通の基礎を持つ制度として説明する役割を果たした。その結果，不当利得法以外の法制度での権利保護の欠缺が生じたときに，その欠缺を補充する制度としての不当利得法の意味を明示的・包括的に明らかにしたのは，衡平説の功績であろう。さらに，衡平説は，不当利得法上の問題解決のための解釈論上の道具立てを一通り用意している。だから，わが国の判例も基本的には以上の衡平説の要件・効果論に依拠している。しかも，衡平説が公平を不当利得の制度趣旨だと考えることは，その要件・効果論が公平に直結するものではない。個々の不当利得返還請求権の内容を具体化させる際には，当然に具体的な請求権を発生させた「法律上の原因の欠如」の根拠が参照されることになる。例えば，鳩山は，「総ての不当利得に付て法律上の原因の統一的意義を定めんとすれば上に述べたる如く公平または正義というの他なし。然れども之のみを以ては漠然たることを免れざるが故に法律上の原因に付て解釈上の標準たり得べき意義を定めんとせば財産取得を適当に分類し其各種の財産取得に付て法律上の原因の意義を定めざるべからず」[26]としている（以下，旧仮名遣いの表記の場合も，読みやすさを考慮して，カタカナを平仮名で表記する）。

II　類型論の登場

以上のように，不当利得を一元的に説明し，その要件・効果も統一的に整理するという状況はドイツでも第2次世界大戦後まで続いていた。ただし，オーストリアのヴィルブルグ（Walter Wilburg）は，すでに1934年に，ドイツ民法の不当利得の一般条項であるドイツ民法812条1項の「法律上の原因なく『他人の給付』または『その他の方法によって』その他人の損失によりあるものを取得した者は，その他人に対して返還の義務を負う。」という規定の要件に依拠して，「給付による利得」と「その他の方法による利得」は全くその基礎を異にするという学説を提唱していた。つまり，同条によれば，不当利得は「法律上の原因のない利得」という消極的な要件によって規定された法制度である。さらに，給付に法律上の原因がないというのは，給付とは債務の弁済だから，債務のないことである。しかし，他方で，その他の方法による利得は，不当利得の規定自体からは法律上の原因の欠如の内容は明らかにはならない。だか

第1部　不当利得の基礎　第2章　衡平説から類型論へ

ら，その他の方法による利得では，法律上の原因の欠如した具体例の根拠の分析によって，不当利得返還請求権の内容を類型化し，その要件・効果を明らかにしようというのが，ヴィルブルグの主張である[27]。さらに，1954年にドイツの有力な比較法学者であるケメラー（Ernst von Caemmerer）がヴィルブルグの学説を評価して，不当利得の類型論（Typologie）を提唱した（例えば，衡平説のように不当利得を一元的に説明する学説である「一元論〔Einheitslehre〕」との対比で，類型論は「分離論〔Trennungslehre〕」と呼ばれることもある）。不法行為と同様に一般条項を有する不当利得も，その内容は「利得の不当性」を具体化することで類型的に整理され，各々の類型に相応しい問題の処理がされねばならない，というのである。その結果，「給付による不当利得（給付利得）」と「その他の方法による不当利得（非給付利得）」，および，後者の下位概念であるいくつかの不当利得類型が析出された[28]。このケメラーの学説は，ドイツでは通説的な学説の支持を受け現在では通説であり，判例も類型論に依拠し，具体的な類型化の方向に関しても共通の理解がある[29]。わが国でも，磯村哲のケメラーの学説の紹介を嚆矢とし，川村泰啓の一連の論文によって精緻化された後，有力な学説の賛同を得て，今日では学説上は通説的地位にあるといえる。以上のわが国の学説を中心とした類型論の内容については，具体的な不当利得の類型を紹介した後に紹介することとしたい。

Ⅲ　不当利得の類型化

1　類型化の視点

　不当利得の類型化の方法にも，もちろん複数の可能性があり得ないわけではない。特に，わが国の学説では独自の視点から類型化を企てるものもあり，また同じ視点で内容的に同一の類型化を行っていても，そのネーミングが異なっていたりすることもある[30]。しかし，ここでは過去の類型化（すなわち，現在に至るプロセスのそれ）ではなく現在の，しかもドイツ法のみならずわが国でも多くの学説によって採用されている視点に従った類型を提示することとしよう。

　その際の類型化の出発点とは，次のような認識である。すなわち，不当利得とは「法律上の原因のない利得」の返還ないし回復を命じる法制度である。したがって，法律上の原因の欠如の内容を分析することで，はじめて不当利得制

度の意味も具体的に明らかにされ，かつ個々の不当利得返還請求権の性格を考える際の解釈上の指針も与えられる。もちろん，法律上の原因のない利得が生じるケースは様々でありすべての法領域に及ぶが，要するに，不当利得法以外の法制度の目指す「財貨の交換」ないしは「財貨の帰属」の秩序が挫折した場合が，法律上の原因のない利得移動があったと評価される局面である。その際に，権利保護の欠缺を補充する機能を果たすのが，不当利得という法制度である。例えば，添付によって有体物所有権が失われたときの所有物返還請求権に代わる価格返還[31]，契約が無効・取消しとなったときの給付物の返還請求などがそれである（さらに，ドイツ法では物権変動で無因原則が採用されているから，不当利得の守備範囲はわが国より相当に広くなる。つまり，無因原則ゆえに売買契約が無効・取消しとなったときも，原則として所有権は買主にとどまる。したがって，その際には，売主は買主に対して所有物返還請求できず，債権的な不当利得返還請求権に基づいて売買目的物の所有権の返還請求をする他ないからである）。したがって，不当利得法は近代的な（私法の）法制度の骨格をなす，契約法，（有体物所有権には限られない，財貨の排他的帰属を保護するという意味での）所有権法，および，（契約・所有権のいずれにも属さない）事務管理という法制度を補完する法制度である（だから，財産権を債権法と物権法に分類するパンデクテン体系の下で，不当利得の体系が判然としてくるのは当然だ，といえないこともないであろう）。しかも，こういった不当利得によって補完される法制度の性格によって，それを補完する側の個々の不当利得返還請求権の性格もまた決まってくる，というのである[32]。

　したがって，不当利得の類型論とは一種の「還元論」であるということも可能であろう。不当利得法上の問題は，具体的な不当利得返還請求権がどの法制度を補完するのかを考えれば，その法制度の性格から当該の不当利得に対する解答も自ずから明らかになる，というのが類型論の立場である。だから，このことが反対に意味するのは，極論すると不当利得という法制度に固有の評価基準は存在しない，せいぜい不法行為・債務不履行のように債務者の故意・過失を前提としない財貨回復の手段であるという理である。しかしながら，不当利得をそのように位置づけることは，不当利得を契約なら履行請求権に，所有権では所有物返還請求権に引きつけて，つまりそれらの延長線上で理解することにつながる。したがって，不当利得は財貨移動（契約法）・財貨帰属（所有権法）・負担帰属（事務管理法）の違法性を矯正するための法制度であり，かつそ

れに尽きるということになり，この点に例えば故意・過失に基づいて他人の財貨を侵害した者に対するサンクションを目的とする他の法制度（例えば，不法行為，準事務管理）と不当利得との区別も見いだすことができることになる[33]。

2　不当利得の類型

以上のような認識から，類型論は不当利得を次のような類型に分かっている。

（1）給付利得（Leistungskondiktion）

給付利得は，大きく分けると，一方的な給付がされた場合と，双務契約の巻き戻しに大別できる。一方的な給付のされた場合とは，非債弁済の不当利得（condictio indebiti），目的消滅の不当利得（con. ob causam finitam），目的不到達の不当利得（con. ob rem），および，双務契約の巻き戻しにも適用される不法原因給付の不当利得（con. ob iniustam causam）である。

非債弁済の不当利得（705条）は，弁済時から債務が存在しなかった場合の給付の返還請求であり，狭義の非債弁済とネーミングされている（例えば，過払い，二重弁済）。広義の非債弁済が，期限前の債務の弁済（706条），他人の債務の誤想弁済（707条）である。つまり，客観的には債務は存在するが，弁済者に弁済の義務はないというケースである。広義の非債弁済には，かつては狭義の非債弁済でも要件として要求された弁済者の錯誤（「錯誤によって」）が残っている。錯誤なしで期限前に弁済すれば，期限の利益の放棄（136条2項）であり，錯誤なしで他人の債務を弁済すれば，原則として第三者弁済（474条1項）となるからである。

目的消滅の不当利得とは，給付時には債務が存在したが，後に債務が消滅したときの給付の返還請求である。例えば，衆議院議員が歳費を受領したが，任期の中途で辞職したときの，辞職後の期間の歳費の返還請求である。だから，目的消滅の不当利得には，返還請求を排除する705条の適用の余地はない。

目的不到達の不当利得とは，相手方の一定の行為を促すために，債務の履行ではない財産の意識的な支出（出捐）が行われたが，相手方の一定の行為に対する履行強制ができない場合の出捐の返還請求である。例えば，婚姻が成立しなかった場合の結納の返還請求である。だから，損失者の意思に基づく出捐ではあるが，債務の履行ではないということになる。そこで，類型論，ないし

は，わが国の学説でも，目的不到達の不当利得を給付利得に含めるために，「給付」を「債務の弁済」ではなく，「目的指向的な他人の財貨の増大」と定義するものがある[34]。ただし，結納も解除条件付きの贈与だと性質決定すれば，結納の交付も債務の履行であり，目的の不到達（婚姻の不成立）は解除条件の成就であり，結納の返還請求は目的消滅の不当利得だということになる。

不法原因給付の不当利得とは，当事者は債務の存在を合意しているが，法秩序が債務を無効とみなす場合の給付の返還請求（708条ただし書），または，返還請求の排除である（同条本文）。

今ひとつ双務契約の無効・取消しの際の双方の給付の返還請求も給付利得の一環である。ただし，例えば，非債弁済のような一方的な給付のケースとは異なり，双務契約では，契約当事者は自己の給付と引き換えに意識して相手方の反対給付を自己の財産（支配領域）に取り込んでいる。だから，給付受領者の下で給付が滅失・損傷した場合でも，非債弁済の不当利得のように容易に利得消滅が認められるべきではない。利得消滅が肯定されるには，例えば，制限行為能力者の返還義務を現存利得に制限する121条の2第3項のような無効・取消規範の保護目的が決定的である。さらに，給付と反対給付の返還には，同時履行の抗弁権（533条）の類推が問題になるなど，一方的な給付の場合とは利益状況は異なっている。現に，ドイツ民法典の立法の前の普通法の時代には，双務契約の無効・取消しは，無原因の不当利得（con. sine causa）または目的消滅の不当利得（con. ob causam finitam）の適用範囲であり，非債弁済の不当利得とは無縁だった[35]。

つまり，目的不到達の不当利得を除けば，給付利得での給付とは，債務の弁済である。だから，給付利得は挫折した債権関係の回復を目的とする法制度であり，債権法，契約法を補完する機能を有している。その意味で，給付利得は「財貨運動法（Recht der Güterbewegung）」と呼ばれている[36]。また，挫折した契約関係の補完という性格ゆえに，給付利得は，同じく契約の巻き戻しを目的とする解除と，一定の範囲では共通の基礎を有していると理解されている。

（2）侵害利得（Eingriffskondiktion）

侵害利得とは，「他人に排他的に割り当てられた財貨」の侵害があった場合の不当利得返還請求である。ただし，侵害者に故意・過失があれば，当然に不法行為による損害賠償請求（709条）が可能である。だから，侵害利得は侵害者に故意・過失がないときの財貨保護の欠缺を補充している。侵害利得の保護

の対象となるのは，以下の３つの財貨である。(i) 所有権または物権的権利の侵害。例えば，他人の物の無権限の使用・収益，および，消費，処分して所有権を失わせることである。つまり，物の所有者に帰属する有体物に対する排他的支配（使用・収益・処分権〔206条〕）の侵害，および，有体物所有権を物理的に消滅させる侵害（添付，消費）の回復である。(ii) 他人の債権の侵害。債権者ではない者が無権限で債務者から弁済を受けたが，債務者が債務から解放される場合（478条）の債権者の弁済受領者に対する不当利得返還請求権である。(iii) 知的財産権，および，それに類似した権利（例えば，パブリシティー）の侵害。ただし，知的財産権の侵害が不法行為を構成するときは，特別法による損害の推定の規定がおかれているが（特許法，著作権法など），不法行為の３年の短期時効（724条１号）が完成しても，５年（166条１項１号）または10年（166条１項２号）（債権法改正前は，10年〔改正前167条１項〕）は利得の返還請求が可能な点に，特に知的財産権の侵害では意味があると考えられている。だから，給付利得の財貨運動法というネーミングとの対比で，侵害利得は「財貨帰属法（Recht der Güterzuweisung）」と呼ばれている[37]。

（３）支出利得（Aufwendungskondiktion）

支出利得とは，他人の債務の弁済による「求償利得（Rückgriffskondiktion）」と他人の物に支出した費用の償還を求める「費用利得（Verwendungskondiktion）」である。ここでは，損失者は，債務履行の目的ではないが，意識して自己の財産を支出している（他人の債務の弁済効の発生，他人の物への費用の帰属）。そこで事務管理の要件が具備されれば，事務管理による有益費用償還請求権が成立し，不当利得は問題にならない。だから，他人の権利領域への干渉が事務管理とならなかったときに，支出された財産の清算を目的とするのが支出利得である。つまり，事務管理法を補完するのが支出利得である。ゆえに，一方では損失者の出捐した財貨の回復が，他方で利得者の「押しつけられた利得」からの保護が，支出利得の中心的な課題となる。例えば，（形式的には，保証債務の弁済であり他人の債務の弁済ではないが，最終的な負担帰属は他人である主債務者の債務の弁済だから）委託保証人による保証債務の弁済では，求償権の基礎は，主債務者と保証人の間の（準）委任契約による有益費用の償還請求権である（459条２項，442条２項，および，650条を参照。弁済時からの法定利息の請求が可能である）。無委託保証人の弁済では，債務者の意思に反しないときは，事務管理による有益費用の償還請求権が成立する（462条１項，459条の２第１項，お

よび，702条1項を参照。支出額）。しかし，債務者の意思に反した無委託保証人の弁済では，不当利得返還請求権が成立するにとどまる（462条2項，702条3項，703条を参照。求償請求時の現存利得）。費用利得でも，占有者の支出した有益費に関して，196条2項は，回復者（利得者）は占有者の支出額，または，増価額のいずれかを選択して償還に応じることができると規定している。さらに，悪意の占有者に対しては，回復者の請求で裁判所は償還に対して期限を付すことが可能だとされている。つまり，利得者（回復者）は，現存利得がある限りで，支出額，増価額の安価な方を選択でき，しかも，増価の効果が現実化するまで償還に応じる必要はない（608条2項も参照）。支出利得は，財貨運動法（給付利得），財貨帰属法（侵害利得）との対比で，負担帰属法（Recht der Lastenverteilung）と呼ばれている(38)。

　以上の侵害利得，支出利得をあわせて，給付利得と対比して「非給付利得（Nichtleistungskondiktion）」，「その他の方法による利得（Bereicherung in sonstiger Weise）」と命名されることもある。その理由の1つは，不当利得の一般条項を定めたドイツ民法812条1項が不当利得を給付による場合とその他の方法による場合に分類しており，類型論以前のドイツの学説も両者を区別しており，類型論もこの区別を類型化の出発点としたからである。いわゆる衡平説，例えば，我妻説も，ドイツの学説の影響を受けて給付による利得とその他の方法による利得を区別している。ただし，（典型的な）衡平説は不当利得を分類しても，一元的な要件論（利得，損失，法律上の原因の欠如，因果関係）と効果論（総体差額説）をとっているから，その分類が要件・効果の分類とは必ずしも結びつかない。したがって，衡平説の区分は不当利得を類型的に分類したものとはいえない。他方で，類型論は不当利得の要件を区別するのみならず，その区別に従った効果をそれぞれの不当利得類型に付与しようとしている。さらに，その際に，各類型の性格づけには，各々の不当利得類型が補完する不当利得以外の法制度によって明確な方向づけが与えられている。かつ，最も重要なのは，類型論が，現存利得への不当利得の返還義務の縮減は，善意の利得者への（さらに，本書の立場では，第一義的には非債弁済の善意の弁済受領者の利得保有への信頼を保護する目的を持つ）特別ないしは例外的な優遇であり，一般化して不当利得の効果とはできないことを明らかにしたことである。したがって，類型論によると，不当利得の返還請求の対象は，第一義的には利得者が法律上の原因なく「取得したもの」であり，利得移動が発生する前後での利得者の財産上

の差額ではない(39)。さらに、「取得したもの」の原物返還が不能なら、その（客観的価値の）価格返還が指示される。その後に、利得消滅の根拠が具体的に点検されてはじめて、現存利得への返還義務の縮減が認められることになる。ただし、誤解を避けるためにも、ここで付言しておくと、総体差額説をとる衡平説も利得債務者の財産上の不利益をすべて利得消滅とするのではなく、「出費の節約」などの理論によって返還義務の縮減について個別的に点検している。したがって、両者の差は、こういった理論操作の方向づけ、ないしは、体系的整理の違いにある、ともいえる。

（4）対第三者関係（Drittbeziehungen）ないしは多当事者関係（Mehrpersonenverhältnisse）

二当事者間とは異なり、利得移動に三当事者以上が関与する場合も、結局は給付利得、侵害利得あるいは支出利得の一局面にすぎない。しかし、そこでは、誰が不当利得返還請求権の当事者（原告・被告）となるのかが問題となる。ただし、求償利得では、必ず、債権者、債務者、弁済者の３人が利得移動に関与するが、債務の弁済効が発生すれば、求償利得の当事者は弁済者と債務者である。弁済効が発生しないときは、弁済者の弁済受領者（債権者）に対する非債弁済の不当利得返還請求権が成立する（707条を参照）。だから、求償利得では対第三者関係がシリアスな問題となることはない。その結果、不当利得での対第三者関係の重点は、給付利得と侵害利得にあり、特に、契約による財貨移動がAからB、BからCと移転したケースで、A・B間の契約関係の清算にAの不当利得返還請求を制限するのか、AからCへの直接請求が可能なのかが問題となる。このことは、実質的には、分業化された取引社会でどの程度で財貨追及が許されるのか、あるいは、どのようにして第三者の取引の安全が守られるのかが問われていることを意味する。そこで、これを多当事者関係、三当事者関係、三角関係という形で、別枠で論じることが多い。本書も同様である。衡平説は、対第三者関係での不当利得返還請求権の規律のために、利得と損失の因果関係という要件を用意している。しかし、類型論は、ここでも給付利得とそれ以外の利得とを区別して、因果関係が問題となるのは給付利得だけであり、しかも、因果関係の存否を問う意味は、不当利得返還請求権を（例えば、契約による）給付関係の当事者間に制限する目的であることを明らかにした。さらに、そのことから因果関係という漠とした概念に代えて、給付関係の確定による当事者（給付者・給付受領者）規定を、類型論は提唱している。

Ⅲ　不当利得の類型化

ただし，わが国ではドイツ法とは異なり，例えば物権変動で無因原則は採用されていないから，契約による給付の当事者であることだけを基準にして不当利得返還請求権の当事者を決定できるのか否かが，すでに1つの問題である。したがって，この問題は「対第三者関係」で改めて論じることとしたい。

　以上のように，類型論は不当利得の個々の類型に則した形で，不当利得返還請求権に要件・効果を与える。さらに，そのことで，法律上の原因の欠如という消極的なメルクマールでしか示されていない不当利得法の規定に代わって，個々の不当利得の類型の性格づけに応じて，具体的な問題解決の方針が，契約法，所有権法，事務管理法という（不当利得法以外の）他の法制度から目に見える形で与えられることになる。その意味で，類型論は間違いなく不当利得法を進歩させている。しかし，他方で類型論と衡平説，あるいはそれ以外の不当利得法を一元的に説明する学説とで，具体的な問題解決の結論にどれだけ違いが出てくるのかは，必ずしも定かではない。極論すれば，類型論は解釈方法の精緻化ではあるが，必ずしも実質的に新しい評価を不当利得法に持ち込んだわけではないからである。もっとも，そのことは裏返せば，衡平説が（「公平」，ないし「不当利得返還請求権の行使によって，利益移動がなかったときより利得債務者が貧しくなってはならない，というのは不当利得の最高の理念である」などの指導理念を説いてはいても）実は積極的には不当利得の制度目的を明らかにしてこなかった，ということに他ならない。加えて，そういった衡平説との対比では，不当利得を契約，所有権，事務管理に即して類型化したことで，類型論は不当利得法が不当利得以外の（私法上の）法制度を「補完」する機能を持つことを明らかにしたという意味では，不当利得法に実質的な評価基準を提示したと評することも可能であろう[40]。

　付言すると，ヨーロッパでは私法の統一への模索が試みられているが，その一環として，不当利得の一般条項を持つモデル法律案の他に[41]，不当利得法を分解して，各類型の機能に則して，例えば，侵害利得を責任法，利益の返還と併せた法制度として再構成する考え方も提案されている[42]。ただし，このような考え方も，類型論の基礎とする考え方を出発点として，不当利得類型が補完すべき不当利得以外の法制度と，それを補完する不当利得類型とを一体化するという提案である。したがって，これも不当利得の類型論の考え方の延長だと考えるのが妥当であろう。だから，このような動向は，必ずしも類型論の方向性と矛盾するものではないと考える。

23

第1部　不当利得の基礎　第2章　衡平説から類型論へ

　以下では，類型論の成果に依拠して，不当利得法上の個々の問題を検討して
いくことになるが，それ以前にまずはわが国の類型論に属する学説を一瞥して
おくのは，無駄ではないどころか当然に必要な作業であろう。

Ⅰ　学説の評価の出発点

◆　第3章　◆　わが国の不当利得の類型論

Ⅰ　学説の評価の出発点

　他人の学説をどのように紹介・評価するにしても，すべての学説を例えば時系列で羅列的に復元するのでもない限りは，（しかも，時系列の羅列でも，学説のどの部分が該当箇所に当たるかにも評価は入るから，）ダイジェスト版を作成するにしても，極論すれば，結局は紹介者の評価を明らかにしているにすぎない。したがって，わが国の類型論を紹介するにあたっても，当然に紹介者の，類型論，さらに，類型論は衡平説との対比で評価されるべきものであるから，衡平説に対する評価を明らかにしておくほうが，話がわかりやすいであろう。

　まず，出発点として確認しておきたいのは，不当利得を一元的に基礎づけようとした過去の学説の努力は，高く評価されるべきことである。「不当利得の一般条項」が規定され，「法律上の原因のない利得」という共通項で括られ，さらに，学説が不当利得を一元的な制度として位置づけるまでは，そこに存在したのは単なる個別のコンディクツィオ（condictio）の集積であり，しかも，その中心は非債弁済の不当利得（condictio indebiti）などであるにすぎなかった。そうなると，不当利得は，例えば，契約・不法行為以外の債権発生原因として，（準契約，または準不法行為という整理が考え得る）事務管理と準契約という視点で括っていくのがせいぜいであり，私法の法体系の中ではっきりした位置づけが与えられることはないとも考えられる。もちろん，現在の目から見れば，不当利得は契約の清算，（知的）財産権の保護といった個別の局面で具体的な問題解決を考えれば足り，一般不当利得という法制度自体を構想する必要はない，ということは可能であろう。しかし，そういった不当利得の認識自体が，まずは不当利得を財貨移動に法律上の原因のないことを根拠とする一元的な法制度と捉え，しかる後にこれを1つの法制度として他の法制度との対比で分析することで，すなわち類型論の視角があってはじめて無理なく出てくる考え方であろう。

　そういった角度から，不当利得の一元的な基礎づけを試みたドイツの学説を見てみると，決してそれらが不毛の努力をしていたわけではないことが読み取

25

第1部　不当利得の基礎　第3章　わが国の不当利得の類型論

れる。かえって，そこで主に念頭に置いて議論されていた対象は，実はコンディクツィオの保護の欠落していた部分である。例えば，今日でも支持者を見いだすことができるシュルツ（Fritz Schulz）の違法性説，つまり，他人の権利の違法な侵害に不当利得の根拠を見いだそうとする考え方は，侵害利得（無原因の不当利得），しかも，知的財産権の保護という課題に解答を与えようという試みだったといえる。それゆえ，ドイツの有力な学説は，シュルツを「侵害利得の発見者」と呼んでいる[43]。さらに，我妻説などの学説が依拠したがゆえに，一元論の代表としてわが国で取り上げられることの多い「衡平説」にも，同様の評価を与えることは不可能ではない。というのは，次の理由による。衡平説の典型的な立場として，類型論によりしばしば引用されるのは，その「形式的・一般的には正当視される財貨移動が，実質的・相対的には正当化されない場合に，これを公平の理念で調整するのが不当利得制度である」という表現である。その上で，この定式の由来が，ドイツの物権変動の無因原則，つまり債権行為（契約）が無効となっても（原則として）物権行為は有効だから，所有権を回復するには不当利得によるしかない，という特殊な事情にあることが説かれる。したがって，衡平説はドイツ法でも不当利得の一局面を説明しているにすぎず，わが国では全く通用力のない議論だとされている[44]。しかし，その基礎となる原因関係が無効・取り消された物権変動に限らず，双務契約の巻き戻しも，非債弁済の不当利得を中心とするコンディクツィオ体系の中心的な守備範囲以外の部分である[45]。したがって，第一義的には一方的な給付の返還請求である非債弁済の不当利得から一般不当利得法を構想していく過程では，しかも，給付利得を一般化するためには，このような不当利得の説明はある意味では避けて通れないプロセスだった，と評価することも可能ではなかろうか。

　したがって，不当利得の一元的な基礎づけは，（それぞれ部分的には）類型論の準備をしたというのが，本書の基本的な考え方である。このことは，今日でも英米法，フランス法での不当利得法の理論的水準とドイツ法のそれを比較してみれば，直ちに見て取れることである。すなわち，先にも述べたとおり，これらの国々は少なくともドイツ法と同じ意味では，不当利得法を統一的な制度だと捉えたことはない。したがって，実質的な問題解決の妥当性は別として，そこでの不当利得はドイツ法と同様の広い守備範囲を持ってはいない。かつ，不当利得法は類型論に見られるように，その機能が具体的な形で明らかにさ

26

れ，整理された法制度としては提示されてはいないのである。

II　類型論の受容と展開

　わが国での類型論を考えるに当たっては，まずは磯村哲により1957年にケメラーの類型論の紹介があったことに言及すべきであろう。しかも，そこでは従来のドイツおよびわが国の学説との対比の上で，類型論の骨格が明確に提示されている[46]。忘れてはならないのが，磯村がケメラーの類型論，特に法律上の原因の欠如の分析にいち早く共鳴できたのは，磯村自身の非常に高度な不当利得法に関する研究があったからだという事情である。磯村は，法律上の原因ないしはカウザ（causa）の欠如による不当利得の返還請求，すなわちコンディクツィオ体系と，それとは全く系譜を異にして発展してきた転用物訴権（actio de in rem verso）の一般化による不当利得の2つが軸となる，普通法を中心とする歴史研究を行っていた[47]（転用物訴権については，「第5部　対第三者関係」を参照）。だから，磯村にとっては，後者を否定して，前者のコンディクツィオから一般不当利得法を発展させてきたドイツ法から，法律上の原因の欠如の分析から不当利得を解明しようという類型論が登場するのは，ある意味では当然のことと受け止められたであろう。しかし，ドイツ法とは異なった展開を示すフランス法，および普通法をも視野に入れた磯村の研究のスタンスからは，即座に類型論に依拠してこれを展開していくという方向性は，ストレートには出てこなかったのではなかろうか。したがって，磯村自身によっては，類型論の具体的な成果をさらに紹介し，発展させていくという作業は，それ以上には行われることはなかった。しかし，以上に述べた磯村の研究から，類型論に至る不当利得法の系譜の研究も含めて，磯村をわが国の類型論の出発点と位置づけておきたい[48]。

　わが国ではじめて類型論の立場に立って，不当利得の本格的な研究，および，解釈論の展開を始めたのは，川村泰啓である。川村説は，ドイツの類型論に依拠しながらも，独自の「商品交換法の体系」という体系の下で類型論を構想している。その骨格は，商品交換法の下では人と人の関係は，「私的所有」（「所有」と「非所有」すなわち，all or nothing の関係）または，「契約」（交換当事者の関係すなわち，give and take の関係）として現れる。さらに，この2つの法的関係は，行為主体の過責を積極的な契機とする「主体的な」法的保護（不法

第1部　不当利得の基礎　第3章　わが国の不当利得の類型論

行為・債務不履行による損害賠償）と，消極的に主体的な責任を含まない，つまり故意・過失とは無縁の「没主体的な」法的保護（契約上の履行請求権・物権的請求権）という2つの権利保護によって担保されている。不当利得は，そのうちの後者の没主体的な（所有物返還請求権や契約の履行請求権と同様の）契約・私的所有に対する法的保護の一環である。そこから，契約の裏としての「給付利得制度」と私的所有の裏としての「他人の財貨からの利得」が析出され，さらに，後者の亜種としての「求償」と「費用」が提示されている[49]。その際に，川村説では，私的所有の反対形相としての契約の双務性と合意の契機が給付利得では決定的だと考えるから，非債弁済の不当利得（例えば，恩給の過払い）の返還請求は給付利得ではなく，私的所有の保護の問題だとされている。対価的・双務的関係に立たない債権は，債権の私的所有だとされているからである。その結果，非債弁済の不当利得での現存利得への返還義務の縮減は，没主体的な法的保護という位置づけの下で正当化されている。すなわち，私的所有の世界では私的所有の回復は，それが有体物または価値という形で現存していない限り，他人の私的所有と衝突する。だから，価値としても現存しない私的所有の回復は，主体的責任（損害賠償請求法）によらなくてはならないからである，というのが川村説の説明である[50]。

　いずれにせよ，川村説は，私的所有・契約の没主体的保護という性格づけの下で，利得の不当性に則した形で個々の不当利得返還請求権（給付利得，他人の財貨からの利得）に要件・効果を与えようとする。そこから，川村論文の多くは，衡平説による総体差額説，利得債務者の利得移動後の財産の総額と利得移動が生じなかった場合の財産の総額との差額，すなわち現存利得を「利得」と考える立場への批判へと向けられた。具体的には，他人の財産からの利得の返還請求に対しては，利得者は自分が契約相手方に支払った対価を（利得消滅として）その利得から控除することを主張できない（いわゆる「対価不控除説」）。給付利得は，第一義的には現存利得ではなく，当初「取得したもの」の返還に向けられるべきである。だから，双務契約の巻き戻しの際のいわゆる「差額説（Saldotheorie）」の理論は，総体差額説による弥縫策である，などなどである[51]。このような川村説の主張は，類型論の成果として現在に受け継がれているものが多々ある（その具体的内容については，本書の各論的な記述で明らかにするほかないが）。すなわち，川村不当利得理論は，（ドイツの類型論をたたき台として展開されているが，）ドイツの通説的な類型論とはある部分では性格

28

を異にするものであるが，わが国の不当利得法（の類型論）にはじめて全体的・体系的展望を与えたものと評することが可能であろう。

III　類型論の一般化

　以上のような先駆的業績の後に，かつドイツ法での類型論の立場に立った研究の進展とともに，わが国でも有力な学説（広中俊雄，四宮和夫，好美清光，澤井裕など[52]）が相次いで類型論を採用するに至った。その結果，類型論はわが国の学説でも通説的な地位を占めているといえる。現在の学説では，類型論によらない不当利得の記述は考えられないというのが現状である。これらの学説は，その学説の類型論の理解の仕方，さらにはその学説の依拠するドイツの文献の時代やニュアンスによって，その主張の細部は様々ではある。しかし，その基本的な骨格は先に紹介した類型論と変わらないといえる。もちろん，四宮説は，他の学説に対して折衷的で，かつドイツ法を参照する際にわが国とは異なった無因原則の意味を重視している[53]。さらに，好美説はドイツの通説的な学説に比較的忠実だ[54]などの違いはある。しかし，こういった偏差は，本書の各論的な記述で，具体的に明らかにしていく他ないであろう。さらに，最近の学説では，現在までに蓄積されたわが国での類型論の成果を基礎にしており，それ以前のドイツ法の類型論を直接に参照したのではないと考えられる記述も多くなっている[55]。要するに類型論は，学説上は定着している。そこで，ここでは一般的には類型論に属すとみられているが，類型論とは違った見解であると自らを位置づけている，加藤（雅信）説に言及しておくべきであり，かつ，それで足りよう。

　加藤説は，自ら自身の見解を「箱庭説」ないしは「法体系投影説」とネーミングして，類型論とは異なった見解であるとしている[56]。その骨子を，加藤説の説くところに従ってみていくと，次のようになる。加藤説は，不当利得を「矯正法的不当利得」と「帰属法的不当利得」とに，さらに，両者の交錯する不当利得を「両性的不当利得」と分類している。矯正法的不当利得とは，財貨移動を基礎づけるはずであった表見的法律関係が欠如していた場合に，利得の回復をはかる不当利得制度である。しかも，この表見的法律関係を規定するのは，私法のみならず行政法，民事訴訟法などの全ての法分野に及ぶ法律関係である。帰属法的不当利得とは，反対に財貨移動を基礎づける表見的法律関係が

第1部　不当利得の基礎　第3章　わが国の不当利得の類型論

存在せず利得移動した場合の利得の回復のための不当利得制度である。このような不当利得の法律上の原因の欠如に至る根拠は，全実定法の体系にまたがっており，したがって，不当利得法は「法体系」を反映したもの，ないしは法体系が「箱庭」になっている，ともいえる。さらに，矯正法的不当利得の効果は，利得者の善意・悪意とは関係なく，表見的法律関係の性格に従って決定される。帰属法的不当利得の効果は，物権的請求権が行使された場合の利得の返還義務，つまり，占有者の果実の返還義務・損害賠償義務の規定とパラレルであり，具体的には利得者の善意・悪意の区別により703条，704条を適用すべきだ，とされている[57]。ここまでだと，矯正法的不当利得は給付利得に，帰属法的不当利得は非給付利得にあたるかのようにも見える。しかし，加藤説は自身の立場を，類型論とは一線を画している。その理由は，私法のみならず行政法，民事訴訟法の分野にまでまたがる不当利得の全局面を包摂する加藤「法体系投影説」とは異なって，（ドイツの）類型論は不当利得の発生する全ての場合をカバーしていない。さらに，ケメラーなどでは，類型は単なる事案（事実）類型にすぎないが，矯正法的不当利得と帰属法的不当利得とは「法律上の原因なく」の立証責任，および法効果が異なる点を考慮した分類だからである，などとされている。さらに，以上の2つの不当利得は（その両者を合わせた両性的不当利得も含めて）訴訟の局面で交代して現れてくることもある，などとしている[58]。今ひとつ，加藤説では，通常は対第三者関係で取り扱われる，つまり，給付利得ないし侵害利得の一環とされる，いわゆる「金銭騙取の不当利得」および「転用物訴権」が不当利得の中から括り出されている点に，その特色がある[59]。

　以上のような加藤説をどう評価するのかは難しい問題であるが，次のように考える。まず，類型論は単なる事実類型ではなく，すでに見たように，各類型の性格づけの中に，その類型の問題解決の指針を含んでいる。例えば，無効・取り消された双務契約の巻き戻しとしての給付利得では，原則として，相互に回復を求める2つの請求権の間に双務契約に関する規定である同時履行の抗弁権（533条）が類推される。侵害利得では，その補完する所有権法の論理に従って侵害利得の要件・効果が決まってくるなどである。つまり，類型論の提唱する類型は，事実的な類型に止まらず法的な類型だといえる。確かに，加藤説の指摘するように，ケメラーのあげる不当利得の類型は多岐にわたり，完全には法的類型といえるほどに完成を見ていないものもあるかもしれないし，例

30

えば，詐害行為取消権（Acito Pauliana）のように現在では不当利得返還請求権とはみなされない法制度もケメラーは不当利得類型として例示している[60]。しかし，それはケメラーの分類が類型論の出発点であり，現在の類型論の成果と完全に一致しているわけではないというにすぎない。つまり，類型論の提唱する類型は，事実的な類型に止まらず，法的な類型である。さらに，類型論は不当利得の全局面を網羅する論理構造となっている。というのは，不当利得法は不当利得法以外の全ての法制度を補完する機能を持っているというのが，類型論の考え方だからである。だから，行政法上の不当利得，民事訴訟法上の不当利得が例示されていない場合があっても，それは具体例として示されていないだけで，それが類型論の類型に当てはまらないわけではない[61]。反対に，加藤説の特徴は，類型論のように不当利得の類型の内在的性格から当該の不当利得返還請求権の要件・効果が決定されるのではなく，個々の不当利得返還請求権と具体的に関係づけられた法規定から返還請求権の性質が決定される点にある。例えば，類型論では，非給付利得であり，支出利得，しかも，費用利得の一環だとされている占有者の費用償還請求権は，それを具体的に規定する表見的法律関係が存在するから（196条），加藤説では（双務契約の巻き戻しを含む）矯正法的不当利得の一環だとされている。もっとも，加藤説でも表見的法律関係が顧慮されて不当利得返還請求権の効果が決定される限りで，具体的な法規定から生じる法効果は，類型論とさほど異なったものにはならない。民法典の規定ないしは構造自体が，物権と債権の対比という形で，「所有権」と「債権」「契約」の分化に対応する類型的構造になっているからである。だから，不当利得の類型論ないしは類型が，法規定のあり方から直接に導かれるのは，財産法を債権法と物権法に大別するパンデクテン体系の民法典の下でであろう。その結果，加藤説の矯正法的不当利得と帰属法的不当利得も，パンデクテン体系の民法典の具体的な法規定のあり方を前提とするから，類型論の給付利得と侵害利得の分類とほとんど重複している。ただし，加藤説が箱庭説を類型論と違ったものと位置づけることはともかく，加藤説がわが国の民法の規定のあり方に則して，しかも，判例の分析から，不当利得の類型的な整理を企てたことは，その大きな功績である。さらに，具体的な解釈論では，特に，衡平説が全面的に肯定し，（ある意味では，ドイツ法のあり方に直結させた評価に基づいて）わが国の類型論が全面的に否定的に解していた転用物訴権を，具体的な評価基準を明らかにした上で，限定的に承認したなどの成果を示している。さ

31

第1部　不当利得の基礎　第3章　わが国の不当利得の類型論

らに，加藤不当利得論が，類型的な不当利得法の理解という方向づけを一般化
させたというのは，間違いない事実であろう[62][63]。

Ⅳ　叙述の方針

　先にも述べたとおり，本書は類型論の成果に依拠して，不当利得法を叙述す
ることを目的としている。しかしながら，衡平説ないしは伝統的な学説の要
件・効果に関しても，必要な限りで言及することとしたい。というのは，1つ
には，衡平説の要求する，利得，損失，法律上の原因の欠如，因果関係という
一元的な要件は，すべての不当利得のケースで常にその各々について判断して
おく必要があるというわけではないので，以上の要件にそのままに依拠しては
いないが，判例は伝統的な要件・効果論に則して判断している場合が多い。そ
れゆえ，少なくとも判例の理解のためには，このことにも言及しておくべきで
あろう。さらに，具体的な解釈論でも，伝統的な学説の成果を十分に理解する
ためには，その判断形式を尊重しておく必要があるからである。しかも，具体
的な解釈論でかつての学説を尊重しようというには，法解釈一般でその必要が
あるからというだけでなく，不当利得に特有の事情があるからである。

　というのは，次の理由による。確かに，類型論は，不当利得法の理論的解明
を押し進めた。しかし，類型論による再構成により，不当利得に関する理論的
検討が豊富になったドイツでは，同時にしばしば，その理論的な豊富さが批判
されている。つまり，不当利得は全く見通しのきかない法分野になったという
のである。不当利得で扱われる具体的な問題の種類は，かつてとほとんど変わ
りがなく，しかも，その解決にも変わりがないにもかかわらず，というのであ
る[64]。すなわち，よく比較されるのは不法行為だが，不法行為の分野では最
近100年間でとりあげられる問題は，大きな変化を遂げた。しかも，具体的な
問題解決の内容も，例えば，過失責任主義から危険責任への発展というよう
に，実質的な評価基準も大きく変わってきている。そうであるにもかかわら
ず，特別法の規定を除けば，民法典の不法行為の要件・効果は全く変わってい
ない。対照的なのが，不当利得法である。そこで問われる問題の種類，その結
論にはほとんど変化がないにもかかわらず，その要件・効果論も含め，理論的
組み替えだけが盛んに行われたのが，この法分野だからである。以上の理は，
わが国でもほとんど変わりなく当てはまる，というのが本書の立場である。そ

32

Ⅳ　叙述の方針

の意味からも，伝統的学説は十分に理解されなければならず，したがって，その判断形式も尊重されなければならない。

　今ひとつ指摘しておきたいのが，不当利得法は体系的なケース・ローという性格を持っているということである。703条は，法律上の原因の欠如という消極的な要件だけを契機として不当利得返還請求権が発生することを定めた一般条項である。したがって，当然その具体化は判例に委ねられていることになる。効果論でも，どのような場合に利得の消滅が認められて「現存利得」の返還が義務づけられるのかは，やはり判例によって具体化される他はない。加えて，不当利得法が補完する法制度は多岐にわたり，したがって，その解決はケース・ローという性格を持たざるを得ない。しかし，他方で，類型論の成果を持ち出すまでもなく，それ自体には積極的な意味を与えられていない，消極的な概念である利得の不当性の根拠は全ての法分野と関係している。だから，不当利得法の問題解明には，類型論が提示するような，不当利得を他の分野と関係づけ，それとの整合性を持たせるための体系的な視座が不可欠である(65)。さもなければ，不当利得法は単なる個別のケースの集積（私法の塵埃処理場）になってしまうであろう。

　最後に，敢えて付言すれば，わが国の不当利得法がはじめからドイツ法の影響下にあったのと同様に，わが国の類型論の学説は，ドイツ法での類型論の結論を類型論という方法の成果と同一視する傾向がないわけではない（具体的には，本書の各論の記述に委ねる）。つまり，類型論の考え方は，法律上の原因の欠如という評価の由来する不当利得以外の各々の法制度の構造ないしは評価を指針として，不当利得の各類型が他の法制度を補完するというものである。そうだとすると，他の法制度の制度趣旨が日本法とドイツ法とで異なっているときは，自ずから同じく類型論による不当利得返還請求権のあり方も，ドイツ法と日本法とで異なってしかるべきであろう。本書では，以上の点にも留意して，具体的な記述を進めていくこととする。

第1部　不当利得の基礎

第1部（注）

（1）2004年の民法の口語化以前は，「法律上ノ原因ナクシテ他人ノ財産又ハ労務ニ因リ利益ヲ受ケ之カ為ニ他人ニ損失ヲ及ホシタル者ハ其利益ノ存スル限度ニ於テ之ヲ返還スル義務ヲ負フ」だが，同趣旨。

（2）わが国の現行民法典の不当利得の規定と旧民法との直接の関連の薄さ，およびドイツ民法の第2草案の影響については，加藤（事務）51頁以下，加藤（体系）104頁，109頁以下の注（1）も指摘している。さらに，ドイツ民法第2草案のわが国の現行民法典への影響一般に関しては，岡孝「法典論争から明治民法成立・注釈時代」水本浩・平井一雄編『日本民法学史・通史』（信山社・1997年）83頁以下，85頁以下，および，同「民法起草とドイツ民法第2草案の影響」法時70巻7号53頁以下，岡孝『梅謙次郎日本民法の父』（法政大学出版局・2023年）440頁以下を参照（なお，旧民法，プロイセン一般ラント法以後のヘッセン草案，ザクセン民法などのドイツの地方法，ドレスデン草案，ドイツ民法準備草案などについては，「付録」を参照されたい）。さらに，わが国の民法での不当利得の起草過程に関する議論に関しては，川角由和「民法703条・704条・705条・708条（不当利得）」広中俊雄・星野英一編『民法典の100年Ⅱ・個別的観察（2）債権編』（有斐閣・1998年）469頁以下が法典調査会での議論を中心に詳細に検討している。

（3）2016年改正前のフランス民法については，「付録」を参照。

（4）わが国の不当利得の規定へのスイス旧債務法の影響に関しては，加藤（事務）52頁，加藤（体系）104頁，109頁以下の注（1）の指摘がある。スイス旧債務法に関しては，「付録」を参照。

（5）以上のドイツ法のわが国への影響，わが国での衡平説と類型論との関係を指摘するものとして，Toshiyuki Kono, Eine Skizze der Entwicklung des Bereicherungsrechts in Japan − anläßlich des hundertjährigen Bestehens des BGB, AcP200, S.518ff. を参照。この河野論文は，わが国の学説・判例が，物権変動での無因原則をとらないにもかかわらず，ドイツの衡平説を継受し，加えて，転用物訴権を排除しないにもかかわらず，財貨移動の直接性を継受したのは，皮相な法継受であると指摘している。しかし，その理由は，以下の本書の記述に委ねるが，後者は別として，前者の主張には賛同できない。なお，ドイツ法に関しては，磯村保「事務管理・不当利得法総論，B外国制度，Ⅰドイツの制度」新版注民(18) 8頁以下，及び，椿寿夫・右近健男編『注釈ドイツ不当利得・不法行為法』（三省堂・1990年）3頁以下を参照。

（6）ローマ法に関しては，原田慶吉『ローマ法（改訂版）』（有斐閣・1955年）206頁以下，船田享二『ローマ法・第3巻（改訂版）』（岩波書店・1970年）323頁以下，マックス・カーザー・柴田光蔵訳『ローマ私法概説』（創文社・1979年）379頁以下，Reinhard Zimmermann, The Law of Obligations, Oxford University Press, 1990, P.834sqq. などを参照。

ローマ法から近世のヨーロッパの諸法典につながる学説史に関しては，磯村哲「不当利得に就いての一考察──利得の不当性を中心として」磯村（論考）1頁以下を参照。

ローマ法から中世のローマ法，近世の地方法，普通法を経て現行のドイツ民法典，および，ヨーロッパ統一法の試みに至る不当利得法の歴史に関しては，藤原（Schäfer）

第 1 部 （注）

505頁以下を参照。さらに，より簡単な概説として，藤原正則「不当利得」小川浩三・松本尚子・宮坂渉編『キーコンセプト法学史 —— ローマ法・学識法から西洋法制史を拓く』（ミネルヴァ書房・2024年）283頁以下も参照。

（7）以上については，Konrad Zweigert/Hein Kötz, Einführung in die Rechtsvergleichung, 3.Aufl., Mohr, 1999, S.538ff. を参照。さらに，加藤（事務）50頁以下，松坂（利得論）1頁以下，松坂（全集）52頁以下を参照。

（8）2016年の法改正前のフランスの不当利得法に関しては，稲本洋之助「フランスにおける不当利得制度」谷口還暦（1）73頁以下，同「事務管理・不当利得法総論，B 外国制度，Ⅱフランスの制度」新版注民（18）30頁以下を参照。さらに，清水27頁以下，35頁以下もフランス法の概観として有益である。フランス法の比較法的な位置づけに関しては，前掲注（7）Zweigert/Kötz, S.546ff. を参照。

（9）英米法の不当利得に関しては，前掲注（7）Zweigert/Kötz, S.538ff. の記述を参照。および，土田哲也「事務管理・不当利得総論，B 外国制度，Ⅲ英米の制度」新版注民（18）49頁以下，松坂佐一『英米法における不当利得』（有斐閣・1976年）を参照。

（10）フランス法での不当利得法の形成に関しては，磯村哲「仏法理論に於ける不当利得法の形成 —— 続・不当利得・事務管理・転用物訴権の関連と分化」磯村（論考）161頁以下，および，齋藤（諸法理），2016年の法改正後のフランス法に関しても，特に，齋藤（諸法理）454頁以下を参照。

（11）前掲注（7）Zweigert/Kötz, S.553の指摘である。

（12）共通参照枠案（DCFR）の不当利得に関する規定については，「DCFR 不当利得法規定の暫定仮訳」不当利得法研究会〈訳〉，民商140巻4・5号546頁以下を参照（本書の「付録」に収録）。さらに，ヨーロッパ不当利得の統一に向けた動向に関しては，例えば，ラインハルト・ツィマーマン（油納健一・瀧久範・村田大樹訳）「ヨーロッパにおける不当利得法 —— 序論」民商140巻4・5号428頁以下，ヤン・M・スミッツ（笹川明道・吉永一行訳）「不当利得に関するヨーロッパ法？—— 共通参照枠草案における原状回復法の批判的考察」民商140巻4・5号470頁以下，さらに，Schäfer, S.2707ff.（Rn.225ff.），（Schäfer の紹介である）藤原（Schäfer）527頁以下も参照。

（13）以上については，König（Tatbestände），S.29ff. を参照。ドイツ民法第2草案での一般条項導入の事情に関しては，加藤（体系）98頁以下の注（1）も言及している。さらに，ドイツ民法典の立法時の不当利得の効果論に関する最も詳しい研究として，廣瀬克臣「利得および収益の返還について —— ドイツ民法典818条成立の経緯」新報97巻1・2号149頁以下がある。同論文には，ドイツ民法典の立法者が念頭においていたのが非債弁済の不当利得（condictio indebiti）であり，本来は無原因の不当利得（condictio sine causa）の守備範囲である双務契約の巻き戻しなどに関しては，ほとんど考慮されていなかったという事情が詳細に跡づけられている。

（14）以上については，König（Tatbestände），S.16ff.，および，König（Gutachten），S.1525ff. を参照。König（Gutachten）は，当時西ドイツで企てられていた（が，実現せず，不当利得に関しては立法の対象とはならなかったが，2001年の債務法現代化法の立法によって現実化した）債務法改正の準備として，連邦司法省の依頼に基づいて，ケーニッヒが提出した不当利得法に関する鑑定意見と法律案である。その内容は，通説的なドイツの判例・学説の到達点を，比較法的見地も併せて検討し，実務の基準線を提供しようというものである。その紹介が，藤原（Gutachten）である。ケーニッヒの法律案については，「付録」を参照されたい。ケーニッヒに関して言及すべきは，早逝

35

第1部　不当利得の基礎

したケーニッヒの追悼のシンポジウムが1983年に開催され，ドイツの不当利得法に関する代表的な研究者が講演を行っている。Ungerechtfertigte Bereicherung-Grundlagen, Tendenzen, Perspektiven, Symposium der Juristischen Fakultät der Universität Heidelberg zum Gedenken an Professor Dr. iur. Detlef König, Winter, 1984. これに関しては，松坂佐一『最近のドイツ不当利得法の概観』（有斐閣・1992年）の詳細な紹介がある（79頁～156頁，309頁～455頁）。

(15) こういったドイツ民法の立法直後の解釈態度については，広渡清吾「戦前の民法典の変化＝ドイツ民法典の50年」比較法研究58号21頁以下，23頁以下。さらに，より不当利得に即しては，加藤（体系）96頁，König (Tatbestände) S.16を参照。

(16) 以上のようなドイツの学説については，松坂（利得論）145頁以下，松坂（全集）57頁以下，谷口（研究）41頁以下，72頁以下を参照。

(17) 我妻説が登場する以前の，わが国の衡平説を中心とする学説，および我妻説に関しては，衣斐成司「不当利得学説史（明治期～昭和前期）」水本浩・平井一雄編『日本民法学・各論』（信山社・1997年）311頁以下が詳細である。

(18) 我妻（講義）938頁。我妻（全集）29頁以下も参照。同旨が，松坂（全集）58頁以下，鳩山793頁。

(19) 松坂（全集）69頁以下。ちなみに，松坂の不当利得理論の全体的評価に関しては，書評である，廣瀬克臣「松坂佐一『不当利得論』」編集代表・加藤雅信『民法学説百年史』（三省堂・1999年）542頁以下がある。

(20) 総体差額説とその批判は，四宮60頁注（1）を参照。

(21) 我妻（講義）1056頁。

(22) 加えて，谷口（研究）249頁以下も，利得の概念自体から現存利得の返還義務を基礎づけるドイツの学説を批判して，不当利得の返還義務は利得自体が全部的に返還されるべきものという点を強調している。だから，効果論では，典型的な衡平説の主張は，わが国の学説でははっきりした形では見ることはできないというべきであろう。

(23) 我妻（講義）951頁，松坂（全集）70頁。

(24) 例えば，松坂（全集）76頁。倉田延士「不当利得の要件としての受益と損失」谷口還暦（1）1頁以下，11頁以下も参照。

(25) 加藤（体系）118頁，好美（上）16頁。

(26) 鳩山799頁。

(27) Walter Wilburg, Die Lehre von der ungerechtfertigten Bereicherung nach österreichischem und deutschem Recht, Universitätsbuchhandlung Leuschner & Lubensky, 1934. ヴィルブルグに関しては，谷口（研究）53頁以下，松坂（利得論）167頁以下，来栖三郎「契約法と不当利得法」鈴木禄弥・五十嵐清・村上淳一編『概観ドイツ法（山田晟先生還暦記念）』（有斐閣・1971年）179頁以下。加藤（体系）150頁以下にその紹介がある。

(28) Caemmerer, Bereicherung und unerlaubte Handlung, Gesammelte Schriften, Caemmerer, S.209ff. ケメラーに関しては，いち早くこれを紹介した，磯村哲「《カェメラー》不当利得（紹介）」磯村（論考）211頁以下（初出は，論叢63巻3号124頁以下）をあげるべきであろう。さらに，加藤（体系）164頁以下にその批判的な紹介がある。

(29) 例えば，1960年代以後のドイツの代表的な教科書ないしは体系書である，Josef Esser, Schuldrecht, Bd. Ⅱ, BT, 2. Aufl., Müller, 1960; Karl Larenz, Lehrbuch des Schuldrechts, Bd. Ⅱ, BT, 10.Aufl., Beck, 1970などを参照。類型論を含めた1980年代までのドイツの代表的な学説については，山田48頁以下を参照。さらに，ハンス・G・レー

ザー「今日のドイツ不当利得法に関する覚書——中央大学を去るにあたり（上）（下）」判時1131号3頁以下，1132号3頁以下は，1980年代のドイツの不当利得法の状況を概観する便利な論考である。加えて，前掲注(14)松坂もケーニッヒの追悼シンポジウムでの議論も含めた当時のドイツの不当利得法上の議論を詳細に紹介・検討している。

(30) こういったネーミングに関しては，四宮54頁以下，56頁の表を参照。

(31) 不当利得の効果の「原物返還」（Herausgabe des erlangten Gegenstandes, Naturalrestitution）に関しては，「原物返還」とネーミングすることには一致がある。他方で，原物返還に代わる金銭による返還であるWertersatzは，財産の価値ないしは金銭上の価値である価格（Wert）を金銭で填補（ersetzen）することを意味するが，鳩山836頁「価格返還」，末弘991頁「価額返還」，松坂(全集)216頁「価格返還」，谷口(研究)288頁「価格返還」，我妻（講義）1081頁「価格返還」，広中410頁「価値」の返還，四宮185頁「価格償還」，好美(下)30頁「価値返還」，澤井35頁「価格返還」，近江54頁「利得の返還」，藤原(前版)131頁「価値賠償」，大久保ほか41頁「価格返還」，平野35頁「価格返還」「価格賠償」，潮見356頁「価額返還」，磯村保『事例でおさえる民法』（有斐閣・2021年）62頁「価額償還」と区々に分かれている。しかし，本書では，「価値賠償」を「価格返還」と改めることとした。その理由は3つであり，(i)Werersatzも不当利得の「返還」義務の一環であること。(ii)Ersatzを「賠償」とすることも可能だろうが，わが国では，「損害賠償（Schadensersatz）」を連想させる可能性が大きい。(iii)「価値」「価格」「価額」は，ほとんど同義だろうが，「価値」の方が抽象度の高い表現であり，しかも，「価値」を客観的価値，主観的価値のいずれの基準で算定すべきかという不当利得の効果論の多義性を考慮すると，結果としての金銭による価値の返還に対しては，「価格」または「価額」という言語が適切だと考えるからである。その上で，「価額」より「価格」のほうが一般的に使用されているという理由で，価格返還という言葉を選択した。

(32) 類型論の共通の主張の骨格であるが，例えば，好美(上)15頁以下，広中393頁以下，川村泰啓「不当利得返還請求権の諸類型——類型論の具体的展開（1）（2）（3）」判評76号83頁以下，77号59頁以下，78号150頁以下，四宮51頁以下など。藤原(König)393頁以下も参照。

(33) 以上のような不当利得の位置づけに対しては，特に，知的財産権の侵害では，単に利得（Bereicherung）の返還ではなく利益の剥奪（Gewinnabschöpfung）を侵害利得の機能に含める学説からの批判が考え得る。これに関しては，侵害利得の効果に関する箇所でコメントすることとしたい。

(34) 例えば，松坂(全集)123頁，「一定の目的をもって意識的に他人の財貨を増加すること」。

(35) König (Tatbestände) S.81，および，より具体的には，S.81ff. を参照。

(36) Caemmerer, Bereicherung, S.219および，四宮54頁を参照。

(37) Caemmerer, Bereicherung, S.230および，四宮54頁を参照。

(38) Caemmerer, Bereicherung, S.237および，四宮54頁を参照。ただし，ケメラーが負担帰属ないしは負担割当（Lastenverteilung）を補正するとしているのは，支出利得一般ではなく，求償利得に限ってである。なぜなら，今ひとつの支出利得である費用利得では常に押しつけ利得の防止という問題がシリアスであり，安直に負担帰属を語るわけにはいかないからであろう。他方で，四宮56頁注（1）は，求償利得，費用利得を「負担帰属法型」と分類している。ただし，負担帰属の割合に合致する範囲での償還

第1部　不当利得の基礎

だけが可能であると考えるなら，費用利得も負担帰属法であることに違いはないであ
ろう。

(39) 不当利得の返還請求の対象を，類型論の立場から「取得したもの（目的物）」と考
えるのか，衡平説から「利得債務者の財産上の差額」と考えるのかで，ドイツ法で
は，「目的物指向（Gegenstandsorientierug）」と「財産指向（Vermögensorientierug）」と
いう表現が使用されている。例えば，Reuter/Martinek, S.42を参照。

(40) 以上のような衡平説と類型論の関係の評価に関しては，谷口説への書評という形
ではあるが，藤原正則「谷口知平『不当利得の研究』」編集代表・加藤雅信『民法学
説百年史』（三省堂・1999年）537頁以下を参照。

(41) 前掲注(12)のDCFRを参照。

(42) ヤンセン（Jansen）の考え方である。例えば，Nils Jansen, Die gesetzliche Schuldver-
hältnisse, AcP 206, S.112ff., S.158ff. を参照。ヤンセンの分解論に関しては，村田大樹
「侵害利得の体系的位置づけ――あるいは侵害利得の解消論」中原太郎編『現代独仏
民事責任論法の諸相』（商事法務・2020年）307頁以下，310頁以下を参照。さらに，
不当利得全体の分解論に行き着く，例えば，Christiane Wendehorst, Die Leistungskon-
diktion und ihre Binnenstruktur in rechtsvergleichender Perspektive, Reinhard Zimmermann
(Hg.), Grundstrukturen eines Europäischen Bereicherungsrechts, Moh, 2006, S.47ff.; Un-
gerechtfertigte Bereicherung, Reiner Schulze, Christian von Bar, Hans Scholte-Nölke (Hrsg.),
Der akademische Entwurf für einen Gemeinsamen Referenzrahmen, S.215ff. などのヴェン
デホルスト（Wendehorst）の構想については，村田大樹「不当利得法における箱庭説
と分解説」加藤新太郎他編『21世紀民法学の挑戦（加藤雅信先生古稀記念）（下）』
（信山社・2018年）373頁以下，388頁以下の紹介と検討，クリスチアンネ・C・ヴェン
デホルスト（松岡久和訳）「不当利得」川角由和他編『ヨーロッパ私法の展望と日本
民法典の現代化』（日本評論社・2016年）151頁以下を参照。

(43) Medicus, S.496. シュルツの違法性説に関しては，谷口（研究）51頁以下，松坂（利得
論）157頁以下を参照。

(44) 例えば，加藤（体系）118頁以下，好美（上）16頁。

(45) König(Tatbestönde)S.81を参照。さらに，ドイツ民法の準備草案でも，契約の巻き
戻し，侵害利得に関しては，非債弁済の不当利得，目的不到達の不当利得，不法原因
給付の後に，無原因の不当利得の項目に幾つかの規定をおくだけであり，現行のドイ
ツ民法でも，双務契約の巻き戻しに関して特別な規定は存在しない（本書巻末の「付
録」を参照）。

(46) 前掲注(28)磯村。

(47) 磯村（論考）所収の論考を参照。初出は，磯村哲「不当利得に就いての一考察――
利得の不当性を中心として(1)(2)(3)」論叢45巻6号106頁以下，46巻1号80頁以
下，47巻1号119頁以下，「直接利得の要求について――利得の不当性への問題関連
性」論叢47巻5号64頁以下，「不当利得・事務管理・転用物訴権の関連と分化――不
当利得法の構造とその地位(1)(2)」論叢50巻4号38頁以下，50巻5・6号83頁以
下，「仏法理論に於ける不当利得法の形成――続・不当利得・事務管理・転用物訴権
の関連と分化」論叢52巻3号23頁以下，4号55頁以下，「バルンステット『不当利得
に於ける法原因欠缺の特質』（紹介）」論叢44巻1号174頁以下，「カェメラー『不当利
得』（紹介）」論叢63巻3号124頁以下，「不当利得」法セ23号18頁以下。

(48) 以上のわが国の類型論の学説の評価に関しては，それ以前の衡平説も含めて，土

第1部（注）

田哲也「不当利得の類型的考察方法」星野英一編『民法講座6』（有斐閣・1985年）
1頁以下がある。

(49) こういった川村説の民法体系全体への構想については、川村泰啓『商品交換法の
体系Ⅰ──私的所有と契約の法的保護のメカニズム（増補版）』（勁草書房・1982年）
を参照。同書（の前版）については、吉田豊「川村泰啓『商品交換法の体系（上）』
編集代表・加藤雅信『民法学説百年史』（三省堂・1995年）417頁以下の書評がある。

(50) ただし、例えば、商品交換法の体系の構想がドイツ法の物権・債権の対比、不当
利得の類型論に影響されたものであり限界があるとする、川村自身の後の評価と決算
に関しては、川村泰啓『個人史としての民法学』（中央大学出版部・1995年）37頁以
下も参照。

(51) 川村泰啓「返還さるべき利得の範囲（1）〜（5）」判評55号1頁以下、57号6頁以
下、64号1頁以下、65号1頁以下、67号10頁以下、「一の中間的考察」判評72号12頁
以下、「不当利得返還請求権の諸類型（1）〜（3）」判評76号1頁以下、77号1頁以
下、78号8頁以下、「『所有』関係の場で機能する不当利得制度（1）〜（13）」判評117
号1頁以下、120号2頁以下、123号2頁以下、124号2頁以下、125号2頁以下、126
号2頁以下、128号2頁以下、129号2頁以下、137号2頁以下、138号2頁以下、140
号2頁以下、142号2頁以下、144号2頁以下、「給付利得制度」判評143号、「契約の
無効・取消と不当利得」契約法大系刊行員会編『契約法大系Ⅶ』（有斐閣・1965年）
154頁以下、「不法原因給付制度と類型論──不法原因給付制度『序論』」片山金章先
生古稀記念論集刊行委員会編（代表・川村泰啓）『民事法学の諸相（片山金章先生古
稀記念）』（勁草書房・1970年）325頁以下などを参照。

(52) 広中俊雄『債権各論講義 下（初版）』（有斐閣・1967年）371頁以下、澤井裕『テ
キストブック事務管理・不当利得・不法行為（初版）』（有斐閣・1993年）23頁以下。

(53) 四宮47頁以下の不当利得制度の根拠づけ、および、様々な角度からの不当利得の
類型の整理を参照。

(54) 好美(上)18頁以下の類型の提示を参照。

(55) 例えば、松本恒雄「第6章 不当利得」藤岡康宏他『民法Ⅳ・債権各論（第5版）』
（有斐閣・2023年）460頁以下、内田563頁以下。平野46頁以下。ただし、平野は、原
状回復に双務的考慮が必要ではないという理由で、非債弁済の不当利得を侵害利得の
一環として整理し（54頁以下）、目的不到達の不当利得を黙示の解除条件付きの贈与
の回復として、不当利得から括りだしている（34頁）。その結果、給付利得は双務契
約の巻き戻しを中心とする原状回復（121条の2）に充てられている（72頁以下）。そ
の意味では、川村説と認識を共有するものであろう。

(56) 加藤(体系)279頁以下。さらに、よりはっきりしているのが、加藤(事務)59頁以下。

(57) 加藤(体系)331頁以下、加藤(事務)126頁以下。

(58) 加藤(体系)311頁以下、480頁以下、加藤(事務)159頁以下。

(59) 加藤(体系)653頁以下、加藤(事務)165頁以下、166頁以下、212頁以下。

(60) Caemmerer, Bereicherung, S.243ff. 無意味な饒舌の可能性はあるが、ドイツ民法典
の準備草案の起草者のキューベル（Kübel）は、その説明の中で、不当利得に類似す
るが区別されるべき法制度として、詐害行為取消権（paulianische Klage）を例示して
いる。Werner Schubert (Herausgeber), Die Vorlage der Redaktoren für die erste Kommission
zur Ausarbeitung des Entwurfs eines Bürgerlichen Gesetzbuches, Recht der Shuldverhält-
nisse, TEIL3, Besonderer Teil Ⅱ, Verfasser：Franz Phillip von Kübel und Hilfsarbeiter,

39

第 1 部　不当利得の基礎

Walter de Gruyter,1980, S.672.

（61）例えば，Staudinger (2007)§816 Rz.12f. [Stefan Lorenz]; Münch,§812, 6.Aufl., Rz.281ff.
[Martin Schwab] などでは，民事執行による不当利得が論じられている。

（62）書評という形式だが，加藤説の位置づけに関して，平田健治「加藤雅信『財産法
の体系と不当利得法の構造』〔1986年・有斐閣〕」編集代表・加藤雅信『民法学説百年
史』（三省堂・1995年）546頁以下がある。

（63）以上の箱庭説も含めた類型論の学説史に関しては，村田大樹「類型論の視点から
見る統一不当利得法の将来」田井義信編『民法学の現在と近未来』（法律文化社・
2012年）199頁以下を，不当利得の全体との関係では，松岡久和「不当利得法の全体
像——給付利得法の位置づけを中心に」ジュリ1428号 4 頁以下を参照。特に，類型論
と箱庭説の違いに関しては，前掲注(42)村田「不当利得法における箱庭説と分解説」
を参照。

　　今ひとつ，宮田浩史「日本不当利得論の展開と可能性——債権法の改正と今後の不
当利得論に関する一考察」道垣内弘人他編『社会の発展と民法学（近江幸司先生古稀
記念論文集）（下）』（成文堂・2019年）479頁以下は，わが国における不当利得理論，
特に，類型論のあり方，課題に関する評価である。ただし，同論文の説く「類型論の
硬直性」（例えば，486頁）に関しては支持できないと考える。例えば，どの類型に属
するのか不明という指摘は当然であり，類型は概念とは違って相互排斥的ではなく，
流動的だからである。さらに，問題解決に際しても，各類型が補完する法制度の用意
した法制度，法手段が利用されるべきことは類型論に内包された指向性だと考えるか
らである。

（64）König(Gutachten)S.1519，および，藤原(Gutachten)393頁を参照。

（65）以上のコンテクストとの関係で，不当利得の類型論が一般化した現在ではあまり
論じられることはないのだが，いわゆる「不当利得返還請求権の補充性」について言
及しておけば，以下のように考えられる。すなわち，不当利得返還請求権の補充性と
は，それが説かれている時代・国によって様々な内容が与えられているが，要するに
不当利得返還請求権は特定の請求権によって排除されるという主張（相対的補充性）
と，およそ他の請求権があれば不当利得返還請求権は発生しないという主張（絶対的
補充性）に帰結する。かつて，不当利得返還請求権の発生する場合が判然とせず，か
つ衡平説ないしは一元的な原理に不当利得の発生根拠を求めた時代には，後者の意味
での補充性が説かれたこともあった。しかし，例えば，他人の財貨が侵害され，侵害
利得の返還請求がされた場合に，同時に不法行為による損害賠償請求権が発生する例
はしばしば考えられるのであり，かつ両者は時効期間なども異なっているから，両者
の請求権競合を認めることは，かえって実益がある。したがって，およそ不当利得返
還請求権の絶対的補充性を承認することはできない。他方で，相対的補充性の意味で
の補充性は，例えば，事務管理が成立すれば，事務管理を補完する支出利得は成立し
ないという形で，個々の請求権と各々の不当利得類型との関係を検討する際に，両者
の調整を図れば足りる。しかも，類型論の立場からは，契約上の請求，物権的請求権
などと，個々の不当利得返還請求権との関係は体系的に整理されている。だから，結
論として，不当利得返還請求権の補充性を論じる意味はないということになる。以上
に関しては，四宮56頁注（1），同『請求権競合論』（一粒社・1978年）175頁以下，加
藤(事務)184頁以下，浜上則雄「不当利得返還請求権の『補充性』」谷口還暦（3）1 頁
以下を参照。

第2部　給付利得

◆ 第1章 ◆　給付利得の意義

I　給付利得の機能

　給付利得とは，財貨移動が給付に基づいて行われたが，給付に法律上の原因（causa）のない場合の不当利得である。（その内容は，後に詳述するが，）目的不到達の不当利得での「給付」を例外として，給付は債務の弁済を目的として行われる。だから，給付の目的たる債務が，はじめから存在しなかったり，後に欠落したり，あるいは法秩序が債務の原因が不法（無効）だと評価しているときに，給付は法律上の原因を欠くことになる。したがって，給付利得は，挫折した債権関係の回復を目的とする，つまり，不存在の債権関係（非債弁済の不当利得），後に欠落した債権関係（目的消滅の不当利得），不法で無効な債権関係（不法な原因による給付〔708条ただし書〕），あるいは，無効・取消しとなった契約関係（121条の2）に基づいてなされた給付の回復のための法制度である。さらに，後に詳述するが，目的不到達の不当利得も，不完全な交換契約の回復のための制度である。それゆえ，給付利得は，主に債権法ないしは契約法を補完する法制度であり，「財貨運動法」と呼ばれている。かつ，そういった給付利得の性格づけから，給付利得と同じく契約関係の清算を目的とする解除の制度との連続性，給付利得への契約法のルールの適用ないしは類推が帰結されることが，類型論による給付利得の析出の成果の1つである[1]。

第2部　給付利得　第1章　給付利得の意義

Ⅱ　給付利得(に共通)の要件

　伝統的な不当利得学説（衡平説）では，703条の文言ないし解釈から，①利得，②損失，③法律上の原因の欠如，④（利益を受け，「そのために」他人に損失を及ぼした〔703条〕）利得と損失との因果関係の4つが，給付利得のみならず，すべての不当利得に共通の要件として要求されている[2]。しかし，給付利得では，給付は「給付者」にとっては「損失」であり，「給付受領者」にとっては「利得」である。だから，利得と損失とはいわば1枚のコインの両面のような関係にあり，各々を独立の要件とする必要はない（ただし，衡平説が利得・損失の要件を，独立させて解釈上の操作に使用している局面も存在する[3]。しかし，これは主に侵害利得に関することなので，侵害利得の項目で取り上げるのが適当であろう）。また，利得と損失の因果関係も，多当事者間で利得移動が生じたときはじめて，不当利得返還請求権の当事者規定において意味を持つ。二当事者では給付者・給付受領者が不当利得返還請求権の当事者（原告・被告）となるにすぎない。したがって，少なくとも多当事者関係を別枠で取り扱うなら，（二当事者間での）給付利得の要件は，「給付」に「法律上の原因がないこと」に尽きる[4]。それゆえ，以下では，この2つの要件に即して給付利得の要件を分説することとする。

Ⅲ　給付利得の分類

　目的不到達の不当利得も含めて，給付利得の適用されるケースは，一定の目的のために自己の財産を意識して出捐（給付）したが，その目的と出捐の結果が対応しなかった（例えば，債務の履行のために弁済したが，債務は存在しなかった），という点で共通性を持っている。しかし，先にも述べたとおり，例えば，非債弁済の不当利得と双務契約の巻き戻しとでは，同じく給付がなされても，その効果は異なって取り扱われる必要がある。というのは，前者では，弁済者が債務の存在を錯誤して弁済したことが，利得移動の原因である。だから，そこでの回復のあり方を方向づけるのは，給付が保持できるだろうと考えた善意の弁済受領者の信頼の保護という考慮である。他方で，後者での原状回復のあり方で意味を持っているのは，各々の給付は相手方の反対給付を目的としてなされているという，給付と反対給付の牽連関係だが，決定的なのは，契

Ⅲ　給付利得の分類

約を無効・取消しとした規範の保護目的（例えば，制限行為能力者，意思無能力者の返還義務を「現に利益を受けている限度」に制限した121条の2第3項）である。つまり，いずれの場合でも重要なのは，法律上の原因の欠如に至る根拠が回復のあり方を規定する，ないしは要件と効果は相互依存的であるという認識である（その具体例は，非債弁済の不当利得の要件から弁済者の錯誤の証明を取り除くと同時に，善意の弁済受領者の返還義務を現存利得に制限したというドイツ民法の立法過程の歴史であり，すでに見たとおりである。第1部第1章Ⅴを参照）。そう考えることではじめて，不当利得による回復の効果は，個々の事態に相応しいものとなる。法律上の原因の欠如という要件の一般化によって，返還請求の効果も一般化されてはならない。もちろん，こういった視点は，類型論の類型化の方向性自体の中にすでに内包されていた。しかし，回復の原因の効果への反映という方針は，個別の不当利得類型の中でも貫かれる必要がある[5]。したがって，その具体化の方針は法律上の原因（の欠如の内容）の分析の中で明らかにされるべきものであり，本書では，給付利得を法律上の原因の欠如に則して，個別的に（非債弁済の不当利得，目的消滅の不当利得，目的不到達の不当利得，不法な原因による給付の不当利得，双務契約の巻き戻しなどに分けて）記述することとする。

第2部　給付利得　第2章　給付利得の要件

◆ 第2章 ◆　給付利得の要件

I　給　付

1　給付の定義とその意味

　給付利得は挫折した債権関係・契約関係の回復のための制度である。だから，給付を定義するなら，債務の履行のための出捐，とでもしておけば足るようにも思われる。しかし，ドイツの学説，特に，類型論の学説，およびその影響を受けたわが国の学説は，「給付」を「意識した目的指向的な他人の財貨の増大」であると，一見すると殊更に持って回ったような定義を与えている[6]。そこで，まずは給付の定義（給付概念）の意味，さらには，類型論が定義に与えている役割を，明らかにしておくべきであろう。

　第1に，給付が「債務の履行のための出捐」ないしは「弁済」と定義されないのは，いわゆる「目的不到達の不当利得」も給付利得の一環だからである。目的不到達の不当利得が問題となるのは，例えば，Aが将来Bから包括遺贈を受けるだろうと期待して，Bに年金を与えたが，Bから包括遺贈を受けられなかったという場合である。もちろん，BからAに包括遺贈が行われることは，Aの一方的な期待ではなく，A・B双方で共通の理解となっていなくてはならない。そうすると，確かにAはBに自分に包括遺贈せよと履行強制することはできないが，Aは支払った年金をBに対して返還請求できるはずである。しかし，Aは「意識して目的指向的にBの財産を増大」させてはいるが，Bに対する債務を履行したわけではない。仮にそうなら，Bの給付受領には法律上の原因（贈与）がある。Aは債務履行ではなく，Bにある行為（Aを包括受遺者とする遺言を作成すること）をなさしめる「目的」で給付している。こういった場合のAの給付の回復のための不当利得を目的不到達の不当利得といい，これを給付利得に包摂するためには，給付を債務の履行のための出捐（弁済）と定義するわけにはいかないのである。

　第2に，本来はこの定義が目的としていたのは，いうまでもなく給付利得と侵害利得・支出利得との区別である。侵害利得では，侵害によって（侵害者）

44

I　給　付

自身の財貨を増大させているから，「他人の財貨の増大」ではない。支出利得
では，他人の権利領域への干渉によって，他人の財貨の増大を意識して「目的
指向的」に出捐がされているわけではない。かえって，支出利得では自己の物
と錯誤して他人の物に費用支出したり，他人の物と分かった上で負担帰属割合
に従った費用償還が意図されている。

　ここで問題となり得る具体例をあげれば，例えば，マンションの管理人が，
マンションの暖房のために誤って自己の燃料を使用した場合は，意識して他人
の財貨を増大させたわけではないから，給付利得の問題は生じない。もちろ
ん，損失者が自身で利得移動を招いているのだから，侵害利得でもない。だか
ら，これは支出利得で，しかも求償利得の問題だということになる。もっと
も，ここでは給付利得か支出利得かという分類は，返還義務の範囲に関して必
ずしも決定的な意味を持っているとはいえない。なぜなら，例えば，管理人の
購入した燃料が，暖房時の燃料の時価より高額だったときも，管理人が購入し
た燃料代を請求したときは，支出利得での押しつけ利得の防止という要請は，
非債弁済の不当利得での利得消滅の操作（現存利得）によっても十分に対処で
きるからである。

　今ひとつ，限界事例を扱ったドイツの事件（「空の旅事件（Flugreisefall）」と
ネーミングされている）がある[7]。同事件では，未成年者がミュンヘンからハ
ンブルグまでの航空券だけを購入して，ハンブルグからニューヨーク行きの航
空機に忍び込み(無賃搭乗)，ニューヨークの入管で発見されてミュンヘンまで
送り返された。そこで，ハンブルグからの往復の航空運賃を請求した航空会社
に対して，未成年者の両親はその支払いを拒んだ。ただし，航空会社の復路の
運賃の請求は，事務管理を理由に簡単に認められた。しかし，不当利得を根拠
とする往路の運賃相当額の請求に関しては，それが給付利得か侵害利得か，無
賃搭乗者の利得とは何か，結論として航空会社の請求を認めることが未成年者
保護と折り合うのか，をめぐって激しく議論された。確かに，航空会社は，意
識して目的指向的に他人の財産を増加させたわけではないからである。しか
し，ここでも無賃搭乗を給付といおうと，侵害といおうと，結果的には大きな
違いはもたらされない。例えば，詐欺・強迫による契約の締結が場合によって
は不法行為と評価されたり，さらには給付利得でも詐欺・強迫の場合は他の給
付利得の回復とは違った回復のあり方が相応しいという見解も存在するよう
に[8]，給付利得でも侵害利得に近い問題処理がなされる場合がある。ここで

45

第2部　給付利得　第2章　給付利得の要件

の未成年者の不法行為による利得をどう考えるのかという問題の処理も，同じことである。したがって，限界事例では，給付と侵害の区別は曖昧になってくるが，その場合は両者の区別の意味も極小化してくるからである（この事件のその他の問題に関しては，各々の問題に該当する箇所で言及する。ただし，このような請求が不当利得で争われるのは，ハンブルグからニューヨーク行きの航空機には空席があり，したがって航空会社には「損害」がないという，ドイツ法に特有の損害論が背景となっているという点は指摘しておくべきであろう。さらに，この事件を契機として，いわゆる「事実的契約関係」の理論は，不当利得という明確な法制度で同一の目的が達成できるから，必要がなくなったと評価されていることも付言しておくべきであろう[9]。さらに，類型は概念とは異なり，一定の特徴を備えている集合の名称という意味で，各類型の間には，欠くことができない本質的要素で構成されている概念のように排他的区別がされるのではなく，一定の範囲では流動的な区分がされているにとどまる[10]。

　第3に指摘しておくべきは，かつての学説が因果関係に求めた役割，すなわち多当事者間での不当利得返還請求権の当事者規定を，類型論は以上の給付概念の定義の操作によって行おうとしていることである。だから，多当事者関係を別枠（対第三者関係）で取り扱うという本書の方針からは，これは対第三者関係で論ずべきことかもしれない。しかし，定義に必要な限りで，以下で説明しておこう。始めはドイツでも，給付には「目的指向的な」を含まず，「意識した他人の財貨の増大」と定義されていた。しかし，それが現在のような定義に変わった理由は，多当事者間での不当利得の当事者決定を，この「給付目的」によって規律するためである。例えば，物の売主Bが買主Aと，売買代金はBではなく，Bが債務を負っているCに弁済するように合意したとする。AはBとの合意に基づいてCに売買代金を支払ったが，後にB・C間には債務が存在しないことが判明した。結論として，以上のケースで，AからCに対してではなく，BからCに対して給付利得（非債弁済の不当利得）の返還請求がなされるべきことには，異論がないであろう。給付受領者Cの無資力の危険を，BではなくAに負担させるのは妥当ではないからである。しかし，意識して他人の財貨を増大させたというだけなら，AはCに給付しているということになりかねない。そこで，Aは確かにCに「出捐」はしているが，Aの出捐の「目的」はBに対する債務の弁済であり，Cの財貨を増大させることではない。Cに出捐することでAはBに「給付」しており，Aの出

46

捐によってＢはＣに「給付」している。したがって，BC 間の給付に法律上の原因がなければ，給付利得は「給付関係」の「当事者」であるＢ・Ｃ間に発生する，と類型論は以上の事態を説明する。つまり，類型論は，給付に目的を加えることで，出捐の効果帰属のあり方（給付関係）を決定し，それによって多当事者間での不当利得返還請求権の決定の機能を担わせている。ただし，後に詳述するように，給付概念の操作だけで類型論の期待がすべて満足させられるほど，話は簡単ではない（かえって，給付概念に対する批判すら生じている）。多当事者関係を単一の定式で規律しようというのは無理であり（かつての因果関係という定式も同じである），困難なケースでは具体的な評価基準に立ち戻って問題解決を検討する必要があるという理は，銘記する必要がある。しかし，多くのケースでは，給付関係は法的判断を単純化する役割を果たしている（詳しくは，「第5部 対第三者関係」を参照）。

　第4に，同義反復かもしれないが，「意識した目的指向的な他人の財貨の増大」すなわち「給付」が給付利得の対象となることも，以上の定義は示している。つまり，給付（財貨移動）によって給付受領者（利得者）の財産上に生じた差額ではなく，給付それ自体が返還請求の対象だということである。

　以上でみた給付の定義の機能・目的から，本書では給付を以下のように複線的に定義したい。すなわち，(i) 目的不到達の不当利得を除く給付利得では，給付とは「債務の履行のための出捐」つまり「弁済」であり，(ii) 目的不到達の不当利得では，給付は「債務の履行の目的ではなく，他人にある行為をなさしめる目的での出捐」である[11]。このように給付を定義することで，定義は単純化し，具体的な事実関係により関係づけられたものとなる。さらに，多当事者関係の問題を除けば，以上は給付利得の定義の目的を十分に満足させているといえるからである（しかも，類型論の定義も多当事者関係の局面では万能ではないし，かつ本書では多当事者関係は二当事者関係での給付利得とは分離して扱っているからである）。

2　給付と法律行為

　類型論の定義では，給付は「目的指向的な」行為であるから，それが法律行為なのか，つまり，例えば給付には行為能力を要するのかなども，一応は問題とする余地がある。しかし，制限行為能力者の給付は給付としての性質を失っ

てしまい，給付利得の範疇から括り出されるのは妥当とはいえない。給付が回復されるべきかどうかは，給付に法律上の原因があるか否かによって決定されるべきものである。したがって，法律上の原因と離れて給付の法的性質を論じることは，あまり意味がない。加えて，本書のように給付を債務の履行のための出捐と定義すると，要するに以上の議論が弁済の法的性質とパラレルであることも判然とするであろう。

　さらに，給付の目的は，給付者・給付受領者間の合意によって定められるのか，一方的な給付者の目的設定で足りるのか（つまり，契約か単独行為か，受領の必要な単独行為か）なども，ドイツでは議論されている。これも弁済とパラレルに考えるなら，弁済者がそれを決定しなければ弁済の効果帰属が決まらないのと同じに，給付も基本的には単独行為に近い性質を持っていることになる。しかし，これも多当事者関係での限界事例で意味のある議論である[12]。したがって，そこでの問題解決，およびその評価と併せて，当該箇所で扱われるべき問題であろう。さらに，目的不到達の不当利得では給付目的には当事者の共通の理解があることが前提だから，以上のような問題は生じない。

3　給付利得の対象

　給付利得の対象という項目で問題となりうることは，2つである。第1は，およそどのような種類の財貨が，給付利得の対象たり得るのかであり，第2には，給付受領者が取得したもの，つまり返還請求の対象とは何かである。ただし，本当はこういった問題設定自体が有意味であるかどうかは，相当に疑わしい。しかし，特に，後者は，伝統的には不当利得一般について利得と損失の要件で議論されてきたことでもあり，ここで一瞥しておくべきであろう。

（1）給付利得の対象となる財貨

　第1の問題，つまり，どのような財貨が給付利得の対象となるのかは，侵害利得の場合とは異なり，あまり重要な問題ではないはずである。というのは，侵害利得では不法行為と同様に（しかも，不法行為とは異なり，侵害者に故意・過失がない場合に），どのような財貨の侵害に法的サンクションによる保護が与えられるのかが問われている。しかし，給付利得では，当事者が給付の目的としたものが給付利得の対象となる。したがって，ここでは給付利得の保護の対象となる財貨を限定するという作業は必要ではないはずだからである。その結

果，給付利得の対象は，財産的価値を持っている必要すらない，と解すべきことになる。例えば，A・B間の和解によってAが名誉毀損による謝罪広告を義務づけられ，Aが新聞に謝罪広告を掲載した。ところが，後に，和解の無効が明らかになったときは，Aは謝罪広告の撤回に際して，給付利得によってBに協力を請求できるなどというような例が，ドイツでは示されている[13]。もっとも，これが問題となるのは，目的不到達の不当利得をそこに包摂するために，給付を「（意識した目的指向的な）他人の財貨の増大」と定義するからである。つまり，財貨の増大だから，給付には金銭的価値が必要であるかのような定義となっているからである。したがって，本書のように，給付を債務履行のための出捐と定義しておけば，財産的価値の有無にかかわらず，給付の回復は即座に認められるであろう。

（2）給付受領者が取得したもの

給付受領者の取得したものとは何か，つまり，返還請求の対象とは何か，という問題は，伝統的には給付利得に即してではなく，不当利得一般について議論されてきた。しかも，そこでは，利得債務者の財産の積極的増加と消極的増加（利得債務者が自己の「出費の節約」により財産の減少を防いだこと）について分説されることになる。しかし，これは利得移動の前後で利得者の財産状態に生じた差額（総体差額）が利得だという，衡平説の立場に立った説明である。類型論の視角からは，以上の考え方は，「取得したもの」と取得したものから利得消滅を控除した結果，つまり「現存利得」とを混同していることになる[14]。もっとも，衡平説がここで主に注目しているのは，利得移動したものがはじめから有体物ではない労務・物の利用の場合である。なぜなら，そういった場合は，利得移動したものそれ自体は有形的には発見できず，利得は利得者の財産の増加という形でしか認識できないからである。したがって，以上の点を考慮した上で，利得の確認の方法が違うということを意識しておけば，積極的増加・消極的増加という分類は，十分な意味を持っているといえよう。今ひとつ，わが国では物権変動に無因原則を採用していないから，例えば売買契約で有体物所有権が給付された場合にも，給付利得の対象は（ドイツ法のように）当然に所有権の返還ということにはならない。だから，ここでも給付利得の対象とは何かが問題とされる余地がある。そこで，以下ではこういった問題について，必要な限りで取り上げておくこととする。

第 2 部　給付利得　第 2 章　給付利得の要件

① 給付受領者の財産を積極的に増加させる給付がなされた場合

　所有権，制限物権，知的財産権のような排他的な権利はもとより，（それが独自に財産的な価値があると考えるか否かは別として）占有，さらには登記・登録の移転なども給付利得の対象となるのは当然である。期待権のような完全な権利とはいえない権利，抵当権の順位の上昇のような権利の強化も，もちろん給付利得の対象となりうる。さらに，雇用契約による他人の労務，賃貸借による他人の物の使用・収益も同様である[15]。もっとも，売買契約が無効または取り消されれば，所有権の移転も始めからまたは遡及的に無効だから，所有権を給付利得で返還請求する局面は存在しないのではないかというのは，もちろん問題ではある。しかし，例外的に契約の有効性と物権の変動を無因と合意することも可能であるから，やはり所有権・その他の物権が給付利得の対象となること自体は間違いないといえる。不作為の合意（例えば，競業避止義務）も，同様に給付利得の対象となりうる。

　ところで，わが国では物権変動で無因原則を採用していないから，有体物の売買契約が無効・取消しとなったときは，物の所有権は売主（給付者）に帰属する。そこで，その際には，所有権と切り離された契約の論理で清算関係を規律するために，給付利得だけが売主の給付の回復手段であるという考え方[16]と，売主が所有物返還請求権を行使できるのは当然であるという考え方[17]に，評価が分かれる。しかし，前者だと，対第三者関係（第三者異議の訴え〔民執38条〕・取戻権〔破産62条〕の行使の可能性）および返還請求権の消滅時効（所有物返還請求権は時効消滅しないが，債権的な給付利得の返還請求権は166条 1 項 1 号〔 5 年〕または 2 号〔10年〕に服すると考えられる）で，売主の地位が劣化する。したがって，売主（給付者）は買主（給付受領者）に対して，所有物返還請求権と給付利得の返還請求権の双方を行使でき，両者は請求権競合の関係にあると解すべきであろう（請求権競合に関しては諸説あるが，ここで深入りすることはできないし，かつその必要もないであろう）。ちなみに，売主が買主に対して所有物返還請求権を行使するにあたっては，物の果実（・使用利益），損害賠償に関して，不当利得の規定（703条・704条以下）と所有者・占有者関係の規定（189条〜191条）の適用の優劣が問題となる（我妻説のいう，いわゆる「占有の不当利得」[18]の問題である）。その詳細は給付利得の効果論のテーマだが，結論として（給付）不当利得のルールが所有者・占有者関係の規定を排除するというのが，現在の一致した見解である[19]。

I　給　付

　他人物売買が無効・取消しとなったときは，その所有権の有無と関わりなく
売主も買主に対して給付利得の返還請求が可能なのは当然である。しかし，他
人物売買では，他人物の所有権を取得できなかった売主が買主に対して移転で
きたはずの権利は何も存在しない（だから，強いていうなら，売主が買主に給付
したのは，他人物を取得して移転せよという買主の債権くらいであろう。しかし，
これも契約が無効・取り消されたときは，すでに消滅している）。したがって，物
の引渡し（・登記移転）がされていたときは，売主は給付利得により占有
（・登記名義）の回復の請求ができる，というくらいである。ここでは，占有
（・登記）の回復を物権的請求権で基礎づけるのは無理だからである。ただ
し，その場合でも，売主は買主に対して引き渡した物の使用利益・果実の返還
請求をすることが可能である。所有者から物の返還請求を受けた後に，他人物
の買主が追奪担保責任により売買契約を解除して代金返還を求めたのに対し
て，他人物の売主からの買主に対する物の使用利益の返還を認めた判例（最判
昭和51年2月13日民集30巻1号1頁）も存在する[20]。無効または取り消された
他人物売買の売主が給付利得の請求をした場合でも，その理は同じであろう。

　以上のような例をみると，給付利得は単に「給付したもの」あるいは「給付
により創出された法的・事実上の地位」の回復を目的とするとでもいっておく
他はなく，したがって，その対象を議論すること自体にあまり意味がないこと
が分かる。つまり，無因原則が採用されているのでもなければ，有体物所有権
の移転を目的とする契約がなされたときでも，給付利得の対象は給付の本体
（所有権）ではなく，付随的な利害調整（使用利益・果実の返還請求）だけが問
題として残されるにすぎないからである。

　無因原則と関連して今ひとつ問題となるのが，債務負担行為である。債務負
担行為が原因関係から無因でなければ，原因関係の無効・取消しとともに債務
負担行為も無効となり，不当利得による回復の必要はない。しかし，当事者が
原因関係と無因に債務負担するのは契約自由の原則の範囲内であり，また債務
負担行為が無因とされている場合も存在する（手形，小切手の振り出し）。その
際に，債務負担しただけで未履行のときは，不当利得は返還請求としてではな
く抗弁として主張されることになる。だから，（それが手形小切手法の理論でど
う説明されているのかは別として）手形・小切手の原因関係の抗弁の性質は，不
当利得の抗弁である[21]。

51

第2部　給付利得　第2章　給付利得の要件

② 給付受領者の財産の消極的増加

　給付受領者の積極財産の増加だけでなく，消極財産の減少も当然に給付利得の対象となる。例えば，債務の免除，担保権の放棄である。ただし，ここでも原因関係が無効・取消しとなれば，免除や担保権の放棄の意思表示も当然にその効力を失うから，具体的に給付利得の対象となるのは債権証書の返還，担保物の引渡し，登記の回復くらいであろう[22]。

③ 出費の節約

　衡平説は，利得債務者が自己の財産からの出費を免れた場合は，利得債務者の消極的な財産の増加があると説明してきた。具体的にそこで想定されているのは，例えば，無効な賃貸借，雇用契約によって物の利用，労務が給付された場合である。すなわち，利得債務者は他人の物の使用，労務により，同じものを取得するための自らの支出を免れている（出費の節約）からである。しかし，出費の節約は他人の物，労務の利用の反射的効果にすぎず，利得そのものではない。こういった反射的効果を利得と考えるのは，給付が利得債務者の財産状態にもたらした変化（差額）が「利得」であり，返還請求の対象だと考えるからである。それゆえ，類型論は給付された物の使用，労務それ自体が給付利得の対象であり，その客観的な価値の価格返還が減額されるか否かは利得消滅の問題だとする。そうなると，衡平説が要件論で行っていた，物の利用，労務をその客観的価値で返還させることが妥当かという評価は，類型論では効果論の方へ移されることになる[23]。

　先にあげた「空の旅事件」でも，ドイツの多くの学説は，無賃搭乗者は航空機による運送自体を利得しており，だから，原則としてその客観的価値（運賃相当額）が価格返還されるべきであって，それが減額されるか否かは，出費の節約ではなく，（未成年者の保護を根拠とする）利得消滅の抗弁の問題だとしている[24]。

II　法律上の原因

1　法律上の原因の欠如

　給付が法律上の原因を欠く場合は，給付は給付利得によって返還請求できる。だから，法律上の原因は，給付受領者の給付の保有を正当化する根拠であ

る。給付は多くは債務の履行の目的でなされるから，債務が客観的に有効に成立しているか否かで，法律上の原因の存否は決定できる。しかし，目的不到達の不当利得では，給付者は債務履行のために給付したわけではなく，給付受領者に特定の行為をなさしめる目的で給付している。しかも，その際に給付受領者の行為（例えば，給付者に包括遺贈すること）は，給付の反対給付とは構成できないのが，目的不到達の不当利得の特色である。

したがって，ここでも目的不到達の不当利得を考慮して，債務の履行あるいは給付受領者に特定の行為を行わせる目的という，給付者の主観的な目的設定に関係づけて，法律上の原因は分類されることが多い[25]。つまり，その主観的な目的の不達成が法律上の原因の欠如だということになる。

ただし，問題なのが，給付の基礎となる債権が強行法規，公序良俗に反して無効な場合である。ここでは，当事者が合意した目的は達成されているが，法秩序が債務の有効性を認めないがゆえに，給付は法律上の原因を欠いているからである。その結果，給付者の給付利得の返還請求が認められることになる（708条ただし書）。ただし，708条本文が適用されて，不当利得返還請求権が排除されるときも，給付受領者の給付の保持に法律上の原因が存在するというわけではない。

したがって，目的不到達の不当利得を例外として，法律上の原因は給付の基礎となる債務であり，客観的にその存在が確認できる。ただし，例外的に，目的不到達の不当利得では，給付者の期待した給付受領者の行為が法律上の原因だと，本書では，（給付の定義と符節をあわせて）複線的に法律上の原因を定義しておくこととする。

2　法律上の原因の欠如の根拠による給付利得の分類

以上で述べたように，法律上の原因の欠如の根拠に応じて，給付利得は以下のように分類できる。まずは，給付者が設定した主観的な給付目的が達成されなかった態様による分類である。

① 債務の弁済のために給付したが，弁済時に債務は存在していなかった場合

債務の過払い，二重弁済，債権者以外の者への弁済がこれにあたる。いわゆる「非債弁済の不当利得（condictio indebiti）」であり，歴史的にはこの類型の不

当利得を中心として，近代法の不当利得訴権（condictio）が発展してきたこと，かつ（ドイツおよびわが国での）不当利得の一般条項のモデルとなったことは，すでに述べたとおりである。不当利得返還請求権の消極的要件として，給付者（損失者）に錯誤がなかったことが要求されるのは，非債弁済の不当利得に限られる。わが国の民法の規定にも，錯誤と関係した非債弁済の不当利得の特則（705条〜707条）がおかれている。

② 給付の際には存在した目的が後に消滅した場合

例えば，解除条件付きの債務を弁済した後に条件が成就した場合の弁済の返還請求，債務の存在を確認するために債権証書を交付したが，弁済，免除などにより債務が消滅した場合の債権証書の返還請求がこれに当たる。伝統的には「目的消滅の不当利得（condictio ob causam finitam）」と呼ばれ，非債弁済の不当利得と区別されてきた。もっとも，非債弁済の不当利得から錯誤要件が削られ，錯誤のないことが返還請求を排除する消極的要件とされれば，目的消滅の不当利得を独自の不当利得類型としておく意味は，ほとんど失われているといえないこともない。要するに，法律上の原因のない給付は給付利得の対象となるにすぎないとも，考えられるからである。しかし，この類型は文字どおりには錯誤要件と関係しない（つまり，705条は適用されない）という点に注目すれば，非債弁済の不当利得とは別異の分類を与える意味がある。

③ 目的不到達の不当利得

例えば，AがBと将来に婚姻関係が成立すると期待して，（もちろん，A・B間の共通認識の下で）Bに金銭などの有価物を供与したが，（Aに非行はないにもかかわらず，）BはCと婚姻したという場合の，AのBに対する供与したものの返還請求である。すなわち，給付者Aは給付受領者Bに対する債務を履行するためではなく，給付受領者Bに「特定の行為をさせる目的」で出捐している。つまり，給付が債務履行を目的としないところに，この類型の特色がある。しかも，給付受領者Bに「特定の行為をさせること」は履行強制できない性質のものである。そこで，こういった場合の給付の返還請求は，伝統的に「目的不到達の不当利得（condictio ob rem, condictio causa data non secuta）」と呼ばれている。ただし，目的不到達の不当利得の適用されるべきケース，さらには，その存在意義それ自体に関してもさまざまな議論がある（後述，第5章を参照）。

以上は，給付者が主観的に設定した目的と，給付の結果が一致しなかった

（したがって，法律上の原因がない）という場合である。しかし，給付者の目的が主観的には達成されても，つまり主観的には法律上の原因が存在しても，法秩序がその法律上の原因を適法と認めない場合がある。すなわち，「不法原因による給付の不当利得（condictio ob turpem vel iniustam causam）」の場合である。

④ 不法原因による給付の不当利得

不法原因による給付の不当利得，またはより簡潔には不法原因給付（708条ただし書）の返還請求が独自に認められる場合を探すのは，今日では困難である。なぜなら，今日では強行法規はもとより公序良俗違反（90条）という一般条項が用意されており，それによって債務が無効とされれば，給付の返還請求は不当利得の一般条項（703条）によって即座に可能となるからである（かつての法状態に関しては，シェイクスピアの「ベニスの商人」でポーシャがシャイロックの請求を退けた理由，つまり胸の肉1ポンドの代物弁済予約を直截に無効とするルールが存在しないから，「肉は切って血は一滴も流すな」という契約の解釈による問題解決を与えたことを想起されたい）。そこで，しばしばドイツ法であげられる不法原因による給付の不当利得の具体例は，官吏に金品を与えることでそれ自体は官吏の正当な職務に属する行為を依頼した場合の金品の返還請求くらいである[26]。

したがって，より問題なのは，不法原因による給付ゆえに法律上の原因が欠如しているにもかかわらず，その返還請求が排除される708条本文の取り扱いであり，不法原因による給付の返還請求権の重点はその適用場面にある。

以下では，ここで記述した順序で，個別の給付利得の分類に則して，その要件を検討することとする。そこでの記述の方針は，あくまでも要件の違いに注目したものである。通常は不当利得の特則として別異に取り扱われる，非債弁済の不当利得に関する705条〜707条のルール，および，不法原因給付による不当利得（708条）は，ここで給付利得の要件として検討の対象となる。他方で，給付利得の効果では，2017年の債権法改正で121条の2が新設されたように，双務契約の巻き戻しは，そこでの給付と反対給付の牽連性の顧慮の必要性ゆえに，特別な考慮が必要となる。歴史的にも，双務契約の巻き戻しは「無原因の不当利得（condictio sine causa）」ないしは「目的消滅の不当利得（condictio ob causam finitam）」の適用範囲であり，不当利得の一般条項である703条の由来する非債弁済の不当利得（condictio indebiti）とは別のルールが適用されていた。それ以外の部分では，給付利得の要件に関しては，（双務契約にも適用され

第2部　給付利得　第2章　給付利得の要件

る不法原因給付の不当利得を含めた）非債弁済の不当利得を中心とした一方的給付があった場合の給付利得の要件一般についての記述で十分であろう。

I　非債弁済の不当利得の意義

◆ 第3章 ◆　非債弁済の不当利得

I　非債弁済の不当利得の意義

1　非債弁済の不当利得とは何か

　非債弁済の不当利得とは，弁済のために給付が行われたが，債務が存在しなかった場合の，給付の返還請求である。具体例をあげれば，分割払いのある回の領収書を忘れて最終回を二重に弁済した場合，特許権の保護期間の経過に気づかず支払い続けたライセンス料，保険会社が死亡生命保険金を支払ったが被保険者が生存していた場合，給与・年金の過払い，債務の利息の過払い，債権者を誤って債権者以外の者に弁済した場合などが，これに当たる。もちろん，非債弁済の不当利得が問題となる多くのケースは，金銭の弁済である。しかし，金銭のみならず，物，労務，手形・小切手など全てのものは，非債弁済の対象となりうる。しかも，そういった事例は，上記のように法生活の全ての局面に及んでいる。

2　不当利得類型としての意味

　前述したように，比較法的には今日でもそうであるが，かつては非債弁済の不当利得は不当利得訴権の中心であった。わが国の民法も705条〜707条に，非債弁済の不当利得（が排除される場合）に関して特則をおいている。すなわち，弁済者が債務の不存在を知って（錯誤なしに）弁済した場合の705条，期限前の弁済の返還請求を排除する706条，他人の債務の誤想弁済に関する707条である。かつ，以上の規定は，何らかの形で弁済者の錯誤と関係づけられている。さらに，705条は弁済者が債務の不存在を錯誤していない場合に，703条が善意の弁済受領者に与える現存利得の返還という具体的・個別的な信頼保護ではなく，返還請求それ自体を排除するというルールを定めている。その点に，かつては弁済者の錯誤の証明が非債弁済の不当利得の返還請求の積極的要件とされていたことの痕跡を見て取ることができる。

57

第2部　給付利得　第3章　非債弁済の不当利得

　もっとも，ドイツ法やわが国のように非債弁済の不当利得から錯誤要件が削られてしまえば，弁済時に債務が存在して後に欠落した場合も，弁済に法律上の原因がないという意味では，非債弁済の不当利得と変わりはない。さらには，無効・取消しとなった双務契約の巻き戻しの場合も，（取消しには遡及効があるから）非債弁済の不当利得と分類することも不可能ではない。しかし，弁済者が債務のないことを認識して弁済した場合の返還請求の排除を規定した705条が適用されるのは，非債弁済の不当利得の場合だけである。もし債務の存在を「知って」という同条の要件が広く適用されると，存在しない債務の弁済は返還請求が可能だという原則が危殆化することで，妥当ではない結果が発生する。例えば，被強迫者が契約の取消しの可能性を知って給付しても，そのことで705条が適用されるわけではないであろう。また，契約の相手方が錯誤して給付したことを知って反対給付した者にも，やはり同条は適用されるべきではない。ここでは，反対給付した者は，取り消しうる契約が，相手方の追認によって有効となることを期待していたと理解すべきであろう。さらに，例えば，地代家賃統制令違反の賃料だと知って弁済した賃借人に，常に705条が適用されるのも妥当とはいえない。こういった705条の適用に関する問題を考えると，非債弁済の不当利得を今日でも独自の不当利得類型として，それ以外の不当利得類型と区別しておくことには，十分な根拠があるといえよう。

　以下では，まず非債弁済の不当利得に共通の要件を整理した上で，705条〜707条の特則について分説することとする。

II　非債弁済の不当利得の要件

1　非債弁済の不当利得の要件

　非債弁済の不当利得の要件は，債務の弁済として給付が行われたが，弁済時に債務が存在しないことである。

2　弁済としての給付

（1）弁済と法律行為
　弁済は法律行為ではないから，一定の債務を消滅させようという弁済者の弁

済の効果意思（弁済意思）は必ずしも必要とはしない[27]。要するに，債務の本旨に従った履行であれば弁済となる，と解しておけば足ることになる。ただし，弁済の効力を決するのは，不当利得法ではなく弁済にする債権総則の規定である。

（2）非債弁済の内容

代物弁済は債権の消滅をもたらす点で弁済と同じであり，非債弁済の不当利得に関するルールが適用されると解すべきことになる[28]。

債権自体が存在しても，本旨弁済がなければ，弁済は非債弁済として返還請求できる。例えば，種類債権に中等以下の物を給付したときは，依然として債務者（弁済者）は給付義務を負うが，給付した物の返還請求は可能である[29]。

他人の物を給付したときも弁済は非債弁済であり，その返還請求が可能なはずである[30]。しかし，475条は有効な弁済との引換給付を条件とする弁済者の返還請求を規定している。すなわち，同条は非債弁済された給付物の留置を認める限りで，弁済受領者の保護を図ったものといえる。ちなみに，通説の説明では，弁済者は物の所有権を有さず，しかも任意に給付しているから，所有物返還請求権も占有訴権も行使できない。したがって，本来は他人の物を取り戻す権利は弁済者にはないから，弁済者に特別な請求権を与えたのが同条である，とされている[31]。もっとも，弁済受領者が弁済物の所有権を善意取得（192条）すれば弁済は有効となり，かつ物の所有者からの返還請求にさらされることもない。しかし，そうではない場合について，弁済受領者（債権者）が弁済として受領した物を善意で消費し又は譲渡したときは弁済は有効となり，つまり，弁済者からの非債弁済の不当利得返還請求を受けることはなく，かつ弁済受領者が第三者（例えば，物の所有者）から損害賠償請求を受けたときは弁済者に求償請求できる，という弁済受領者の保護のための476条がさらに用意されている。

以上をまとめると，本来は，本旨弁済がされていないときは，債権が存在しても給付は非債弁済による不当利得となり（本旨弁済ではない給付に対応する債権は存在しないから），給付は返還請求できるはずである。だから，475条，476条は，非債弁済の不当利得の例外を認めて，弁済受領者を保護した規定だということになる[32]。

（3）債権者ではない者への弁済

債権者ではない者に対する弁済は，当然に非債弁済として弁済受領者に対し

第2部　給付利得　第3章　非債弁済の不当利得

て弁済の返還請求ができる。もちろん，弁済者の保護のために無権利者への弁済が例外的に有効とされる場合もある（478条）。しかし，これはあくまでも弁済者の保護のためだから，無権利の弁済受領者に対する弁済者の非債弁済の不当利得を理由とする返還請求権が排除されるわけではない。したがって，弁済者は，弁済の有効性を主張することも，無権利者に対して非債弁済の不当利得の返還を請求することも可能である(33)。

（4）他人の債務の弁済

他人の債務を他人の債務として弁済したときは，第三者弁済の要件（474条）を具備すれば，弁済は有効となり，債務者に対する求償権を取得する。しかし，第三者弁済の要件を備えていなければ，非債弁済となり債権者に非債弁済の不当利得返還請求することになる。さらに，他人の債務を自己の債務と錯誤して弁済すれば，（第三者弁済の要件は備わらず）非債弁済ではあるが，707条に弁済受領者（債権者）の保護のために返還請求が排除される場合の特則がある。

3　債務の不存在

（1）債務の不存在

債権の不存在とは，(i) 始めから債権が存在しなかった場合，(ii) 債権関係が無効・取消しによって消滅していた場合，あるいは，(iii) 有効な債務が弁済の時点で，弁済，免除などによって消滅していた場合のすべてある(34)。要するに，弁済時に債務が存在しないことである。

（2）停止条件付の債権，始期付債権

停止条件付債権の条件成就前の弁済，始期付債権の期限未到来での弁済は，非債弁済である。しかし，期限付債権が期限前に弁済された場合に返還請求を排除する706条の特則があり，同条と併せて取り上げるべきであろう。

（3）抗弁権付の債権

抗弁権付の債権は，抗弁権の性質によって返還請求の成否が決まる。

① 延期的抗弁

延期的抗弁，例えば，同時履行の抗弁権（533条），催告・検索の抗弁（452条，453条）を見逃して弁済がされたときは，弁済の返還請求はできない。延期的抗弁は，債権の存在自体とは無関係だからである(35)。

60

② 永久的抗弁

反対に，永久的抗弁が見逃されたときは，弁済は非債弁済となり返還請求が可能である。例えば，原因関係の抗弁が付いた手形を支払ったときは，弁済した手形金の返還を請求できる（未履行のときは不当利得の抗弁が成立することは，すでに言及した）。永久的抗弁は権利の帰属自体を否定するものだからである[36]。

（4）消滅時効にかかった債権

周知のように消滅時効完成後の債権の性質に関しては，さまざまな議論がある。しかし，そういった議論とは別に，時効完成後に債務を弁済しても，原則として非債弁済の不当利得とはならないと解すべきであろう[37]。なぜなら，時効制度の目的は，法的平和と法的安定性の実現である。ところが，ここで返還請求を認めれば，一定の期間の経過後には債権に関する紛争を防止し法的平和と法的安定性をもたらそうという，時効制度の目的に反する結果となるからである。

ただし，以上の問題をより細かく見ていくと，次のように考えることができる。まず，時効完成を知った上で時効の援用をせず債務を弁済すれば，時効利益の放棄（146条）とみなされよう。時効完成を知らずに弁済しても，結論は変わらない。というのは，判例理論によれば，時効完成を知らずに債務を承認した場合ですら信義則上時効の援用権を喪失する（最判昭和41年4月20日民集20巻4号702頁）のだから，債権自体が弁済されればここで援用権を失うのは当然だと考えられるからである。

時効完成後に時効が援用された後に債権が弁済されたときも，結論として弁済は非債弁済とはならないと解すべきであろう。まず時効消滅した債務が自然債務だと考えれば，債権者には弁済を保持する権利（法律上の原因）があるから話は簡単である。反対に，時効援用によって実体的にも債権が消滅すると考えると，弁済者（債務者）は，債権の不存在ではなく，時効期間の経過と時効の援用の事実を証明すれば，弁済の返還請求は可能であると解する余地もないではない。しかし，時効の援用後も時効利益の放棄は自由なはずであり，かつ時効利益の放棄が認定できない場合にも（再度の）時効の主張が信義則に反するという評価は，時効を援用せずに弁済した場合以上に当てはまるだろうからである。

第2部　給付利得　第3章　非債弁済の不当利得

（5）相殺の抗弁

相殺の抗弁を見逃して弁済した場合には，学説は一致して弁済は非債弁済の不当利得で返還請求できないとしている。その理由は，(ア) 債務者は自働債権として相殺が可能であった債権を将来は行使できる。(イ) 相手方が受働債権たるべき債務を弁済してしまえば，相殺可能性は消滅してしまう点で，相殺は永久的抗弁よりも延期的抗弁に類似する。ないしは，(ウ) 相殺は意思表示によってはじめて効力を生じ，かつ，法律関係の簡明な決済を期したにすぎないものだから，と説明されている[38]。さらに，一回弁済してしまえば，受働債権となるはずであった債権に対する弁済を不当利得返還請求しようと，自働債権たるべき債権を履行請求しようと，結局は相手方の無資力を負担しなければならない点では同じである。それゆえに，相殺によらずとも自働債権の実現が可能な場合は，非債弁済の不当利得による独自の返還請求を認める実益はない（相手方が無資力なら，履行請求でも不当利得返還請求でも弁済が受けられないことに変わりはない）。

Ⅲ　債務の不存在による非債弁済の不当利得の返還請求の排除（705条）

1　705条の意味

債務が存在しないのに弁済として給付がされれば，給付は法律上の原因を欠くから，弁済者は非債弁済の不当利得で給付の返還を請求できるはずである。ところが，705条によると，弁済者が債務の不存在を知って弁済すれば，非債弁済の不当利得返還請求権は排除されることになる。しかし，弁済者が債務の不存在を認識しながら任意に弁済するという事態は，贈与の意思でもない限り通常は考えられない（もっとも，それなら贈与契約による債務の履行にすぎないが）。同条の制度趣旨を理解するためには，その歴史的沿革を理解することが不可欠であろう。前述したように，かつては非債弁済の不当利得返還請求権（condicto indebiti）の要件として，法律上の原因の欠如（債務の不存在）だけでなく，弁済に（許されうる）錯誤（〔entschuldbarer〕Irrtum）のあったことの証明が，弁済者に求められていた（しかも，古くは法律上の錯誤は許されうる錯誤ではないと考えられていた）。しかし，それでは錯誤証明の困難さゆえに，返還請求権が挫折することがままある[39]。そこで，703条にみるように，法律上の原

Ⅲ　債務の不存在による非債弁済の不当利得の返還請求の排除（705条）

因（債務）の欠如だけを非債弁済の不当利得の要件とし，弁済者に錯誤がないこと，すなわち弁済者が債務の不存在を知って弁済したことの証明責任を弁済受領者に課したのが，705条の規定である。しかも，このように要件で返還請求が容易とされたこととのバランスで，善意の弁済受領者の返還義務は現存利得（703条）とされた。すなわち，利得者（弁済受領者）の利得（給付）保有への信頼保護を，錯誤の証明の成否で返還請求を抽象的に退ける代わり，具体的な利得消滅の抗弁を認めるという形で実現したのが，703条の現存利得の意味である。以上のような経緯に鑑みれば，705条の「債務のないことを知っていたとき」という要件を弁済者の側に厳格に適用するのは，法律上の原因の欠如のみを非債弁済の不当利得の要件とし，しかも現存利得で弁済受領者を保護した，立法の方針に背馳することとなる。

　ただし，705条の制度趣旨としては，(i) 債務の不存在を知って弁済するのは，贈与の意思と解するもの[40]，(ii) 債務の不存在を知って弁済した弁済者には保護の必要がないとするもの（多数説）[41]，および，(iii) 同条の現在的意味は，弁済者に自己の先行行為に矛盾する主張を禁じるという信義則（禁反言）と解するものがある[42]。ただし，705条の立法の経緯は，非債弁済の不当利得から錯誤の要件を排除するために，弁済受領者に錯誤の不存在の証明責任を転嫁したものである。だから，本来は，債務の不存在に重点があり，知って弁済したという（消極的）要件には大きな意味がないと考えるべきであろう。しかも，債務の不存在を知って弁済したとしても，その理由は，債務の不存在の証明手段を欠いたから，ないしは，とりあえず紛争の回避のためだというケースも考えられる。だから，(i)の学説は，「知って」の要件を，債務がないにもかかわらず，弁済受領者が弁済を保持できる理由を消去法で理解するなら，一種の贈与といわざるを得ないと考えていることになる。さらに，(ii)(iii)の説明は，弁済受領者の利得保有を肯定する意思だった弁済者が，後に翻意したことが，保護に値しないとか，禁反言に当たるという評価である。そこで，結論として，(ii)の説く保護の必要性の欠如を具体化すれば禁反言への抵触だから，(iii)の禁反言を制度趣旨と解するのが適切だと考える[43]。

第2部　給付利得　第3章　非債弁済の不当利得

2　705条の適用範囲

（1）非債弁済の不当利得

　以上のような沿革と制度趣旨に照らせば，705条は原則として非債弁済の不当利得返還請求権（condictio indebiti）にだけ適用されるべきである。

（2）双務契約の清算

　双務契約の清算に705条を適用すれば，実際上も不都合な結果が招来される。例えば，売主の錯誤で売買契約が締結され，買主が売主の錯誤を知って（したがって，取消権が行使されれば自分にも債務はないことを知って）売買代金を支払ったとする。このような場合に文字どおり705条を適用すれば，売主は売買の目的物の回復が可能だが，買主の代金返還請求は排除されることになり，明らかに不当である。非債弁済の不当利得が問題となる一方的な給付のケースで，弁済者が錯誤なしで非債弁済の給付をするのは，債務が存在しないか，あるいは債務の存在が不確かでも，弁済受領者の利得保有を認めているからである。さらに，保険会社が保険事故の発生に疑念を持ちながらも保険給付するのは，事故の存否をめぐる紛争を回避するためである。他方で，契約の無効・取消しの可能性を知りながらあえて給付するのは，それにもかかわらず契約を成立させ，相手方の反対給付を促そうという意図による場合が多いであろう。したがって，ここでの給付は，反対給付の履行と離れて一方的に給付受領者（契約相手方）に利得保有の信頼を惹起するものではない。確かに，もちろん双務契約への705条の適用を肯定する見解もないではない。しかし，このような見解も，705条は契約の両当事者ともに契約の無効・取消しの可能性を知っている場合に限って適用される，そうでないと双務関係に立つ両当事者の衡平を害するからだとしている[44]。しかし，そういった無効・取消しの可能性にもかかわらず，あえてそれを知った上で両当事者が給付した場合というのは，所与の条件の下で新たに両当事者が契約の成立を望んだということに他ならないであろう。そうであるなら，はじめから双務契約には705条の適用はないと解するほうが，より簡明で事態適合的であろう。結論として，双務契約での清算のあり方を方向づけるのは，弁済者，弁済受領者の無効・取消しの可能性に対する善意・悪意ではなく，契約を無効・取消し可能とした規範の保護目的であるといえよう[45]。

Ⅲ　債務の不存在による非債弁済の不当利得の返還請求の排除（705 条）

（3）705条と708条の関係

以上のように，不当利得返還請求権のあり方を決定するのは，契約を無効とした規範，ないしは，禁止規範の保護目的によるという観点からは，705条と708条の関係についても次のように考えるべきであろう。ある禁止規範が法律行為の無効を命じる場合は，その法律行為に基づく弁済は法律上の原因を欠くから，708条ただし書ないしは703条で返還請求が可能である。非債弁済の不当利得の返還請求が705条によって排除されるか否かは，弁済者の矛盾行為の禁止という視点から，同条の解釈によって決定される。ただし，その際に，返還請求が矛盾行為の禁止に当たる否かの評価にあたっては，禁止規範の保護目的は当然に考慮される。だから，708条ただし書が適用される場合は，給付者が債務のないことを知っていたときでも，705条は適用されないと解すべきである(46)。例えば，判例（大判大正12年12月12日民集2巻668頁）では，祖父が孫娘の私通をやめさせるために，相手方に金銭を贈与したケースだが，ここでは705条が適用されるべきではないのは明らかであろう。

他方で，708条本文の適用は，ある禁止規範の目的達成のために，返還請求を排除するのが適切か否かという視点によって決定される。したがって，弁済者の矛盾行為の禁止には当たらない場合でも，708条本文が適用されるべき局面は存在する。しかし，そのようなケースでは，708条本文は適用されても，705条はそもそも適用の余地はない。だから，本書のように，弁済者の矛盾行為の禁止に関して，弁済を非債弁済と評価する禁止規範の保護目的を含めて評価すべきだと考えるなら，両者の競合の問題は生じないから，その適用の優劣を考える必要はない，ないしは，適用の優劣を議論する実益はないと考える。ただし，708条ただし書が705条の適用を排除するという意味からは，708条が705条に優先するということになる(47)。

（4）目的消滅の不当利得

目的消滅の不当利得には，705条の適用は観念できない。例えば，賃借人が賃料を前払いしたが，賃貸借契約が解除されたような場合である。ここでは，給付時には債務が存在したのだから，賃借人（弁済者）が解除の原因を知っていたときでも，同条を適用すべきではないであろう(48)。

（5）目的不到達の不当利得

目的不到達の不当利得での給付は，債務の弁済のためになされるわけではない。したがって，債務の不存在を知って給付するという事態は，確かに観念で

第2部　給付利得　第3章　非債弁済の不当利得

きない。しかし，弁済者の矛盾した行為を禁じ，そのことで弁済受領者の利得保有への信頼を保護するのが，705条の制度趣旨だと考えるなら，給付者が給付の時点で目的の達成が不能だと知っていた場合には，同条を類推適用することは可能であろう[(49)]。そのようなケースでは，禁反言という信義則のルールが適用される可能性があるからである。

3　705条の要件

（1）705条の要件と証明責任

705条の要件は，(i) 債務の不存在，(ii) 弁済として給付がされたこと，および，(iii) 弁済者が債務の不存在を知って弁済したことの3つである。以上の内，はじめの2つの要件の証明責任は，弁済者が負担する（債務の不存在について，大判昭和7年4月23日民集11巻689頁）[(50)]。反対に，債務の不存在を知って弁済したことは，弁済受領者が証明すべきである（大判明治40年2月8日民録13輯57頁，大判大正7年9月23日民録24輯1722頁）[(51)]。錯誤の証明責任を弁済者から弁済受領者に転換したという同条の立法目的からは，以上の証明責任の分配は当然の帰結であろう。

（2）債務の不存在を知ってした弁済

非債弁済の不当利得の要件を債務の不存在として，弁済者を錯誤証明の負担から解放するが，ただし，沿革上の理由から，知って弁済した場合には返還請求は排除されるとした（弁済者の禁反言）705条の立法の経緯からは，知って弁済したという要件は厳格に適用されるべきではない。事実として，判例で問題となったのは，ほとんどがこの要件（「知って弁済」）の例外に関する準則である。しかし，他方で弁済受領者の信頼を保護するという同条の趣旨からは，弁済者が債務の存在に疑念をもって弁済した場合にも同条が適用される契機は存在するであろう。錯誤要件が決定的な意味を持たない以上は，非債弁済による不当利得の返還請求の問題の中心は（確かに，弁済者に錯誤がないことが，その連結点として要求されるが）弁済受領者の信頼の保護だからである。

① 弁済者の過失

弁済者が債務の不存在を過失によって知らなかったときでも，705条は適用されず，返還請求権は排除されない（大判昭和16年4月19日新聞4707号11頁）[(52)]。錯誤が過失によるものであっても返還請求は妨げられない，というこ

Ⅲ 債務の不存在による非債弁済の不当利得の返還請求の排除（705条）

とになる。わが国の705条の立法方針につながるドイツ民法典の立法以前には，事実の錯誤は別として法律上の錯誤は「許されうる錯誤」ではないなどが議論されたが，そういった制限を除いたのが703条，705条の立法の方針だという経緯からは，知らないことの原因が事実の錯誤であろうと法律の錯誤であろうと，問題にならないはずである。錯誤が過失に基づくか否かも，同様である。だから，学説の中には，705条の適用には弁済者は債務の不存在を「積極的に知っていたこと」を要すると，定式化したりするものもある[53]。要するに，債務の不存在の錯誤という要件を，現存利得という効果に置き換えたという703条の方針からは，弁済受領者の信頼保護は，現存利得の認定で考慮されるべき問題となる。

② 任意の弁済

弁済が任意ではなく一種の強迫の下でなされたときも，弁済者には禁反言の非難は当てはまらないから，知って弁済したことにはならない[54]。例えば，自分の知らない公正証書によって強制執行されるのを逃れるために，債務のないことを知って弁済した場合に，判例（大判大正6年12月11日民録23輯2075頁）は給付に任意性がないから705条は適用されないとしている。

③ 留保を付した弁済

弁済者が弁済に留保を付したときも同様である[55]。例えば，地代家賃統制令に違反した賃料であることを知りながら，内容証明郵便などで督促されて債務不履行になることを恐れて，後日超過部分については返還請求をなすべき旨を留保して弁済した場合（最判昭和35年5月6日民集14巻7号1127頁），賃料支払い義務のない者が賃料不払いを理由に明渡し訴訟を提起され，防御方法としての支払いであることを明示して弁済した場合（最判昭和40年12月21日民集19巻9号2221頁）である。弁済に留保を付したことが弁済の不任意性にあたるというのが，以上の判例の考え方である。しかし，留保付きの弁済には禁反言の非難は当たらないから，留保自体が同条の適用を排除すると考えるべきであろう[56]。さらに，保険会社が火災保険金の支払いにあたって，被保険者に「後日保険金支払いの義務がないと判明したときは，一切の責任を負い，保険者に迷惑をかけない」という一札を入れされた場合に，これを不当利得返還義務の特約として有効とした判例（最判昭和46年4月9日民集25巻3号241頁）も，留保付き弁済の例だと考えることができる。

67

第 2 部　給付利得　第 3 章　非債弁済の不当利得

④　価格統制令違反の債務の弁済

　価格統制令などの経済法規・強行法規に違反した債務の弁済に関しては，さまざまな問題がある。例えば，判例は地代家賃統制令に違反していることを知って支払った権利金（最判昭和32年11月15日民集11巻12号1962頁），支払った賃料（最判昭和35年 4 月14日民集14巻 5 号849頁）に，705条を適用している。以上の判例からは，次のように考えることができる。地代家賃統制令違反の権利金・賃料の合意は無効である。しかし，判例は，同法がその合意を無効とすることの保護目的は，任意に弁済した場合の返還請求を認める意味ではないと理解していることになる。それゆえ，強圧状態でもなく，かつ，無留保で支払ったときは（反対が，③にあげた最判昭和35年 5 月 6 日民集14巻 7 号1127頁，最判昭和40年12月21日民集19巻 9 号2221頁），返還請求が排除されることになる（ただし，705条の適用を肯定した判例は，賃料不払いで賃貸借契約を解除された賃借人が，統制令に違反する権利金・既払い賃料で相殺すると抗弁した事案である。したがって，直接の争点は解除の有効性であり，かつ弁済者（賃借人）の主張が禁反言と評価されかねない，やや特殊なケースである。しかも，これらが借地借家の供給が極度に逼迫していた時代を背景としていることも考慮すべきであろう[57]）。

　反対に，利息制限法旧 1 条 2 項は，制限超過利息も任意に弁済すれば有効と規定していた。しかし，はじめに，判例（最判昭和39年11月18日民集18巻 9 号1868頁）は，制限超過利息が元本に充当され，元本が弁済された後に制限超過利息が支払われたときは，（元本に対応する利息は存在しないから，）制限超過利息の返還請求が可能だとしていた。さらに，その後に，判例（最判昭和44年11月25日民集23巻11号2137頁）は，利息制限法に違反する制限超過利息は元本・利息を一括弁済しても，非債弁済の不当利得として返還請求が可能だと解するにいたった。このことは，判例の理解による債務者保護という利息制限法の保護目的からは，弁済者が制限超過利息だと知って弁済したときでも変わらないと考えられる。なぜなら，705条の制度趣旨からは，制限超過利息と知って弁済した場合でも弁済者の禁反言を咎めるべきではないからである。判例も，制限超過利息の元本充当後に支払った制限超過利息の返還請求では，「債権の存在しないことを知らないで支払った金額」の返還請求が可能だとしていたが（最判昭和43年11月13日民集22巻12号2526頁），上記の昭和44年最判は，知らないで弁済したことを問題にしていない[58]。

　したがって，結論としていえることは，無効を命じる禁止規範の保護目的が

Ⅲ　債務の不存在による非債弁済の不当利得の返還請求の排除（705条）

弁済された債権をどう評価しているのかが，705条の適用の可否を決定すると解すべきであろう。

⑤　705条の（類推）適用

弁済者の禁反言をとがめるという705条の制度目的からは，反対に弁済者が債務の不存在を知って弁済したとはいえない事例でも，同条を（類推）適用すべき場合が存在すると考えられる。例えば，保険会社が保険事故に関する紛争を回避するために，留保なしで保険金を支払い数年が経過したような場合である。さらに，賃借人が家屋の修繕を長期にわたって行い，必要費を請求しなかった場合などは，同様に解する余地があろう⁽⁵⁹⁾。以上は，非債弁済の不当利得の要件に（許されうる）錯誤が要求されていれば，錯誤の解釈で請求の可否の操作が可能であろう。705条の解釈としては，「知って」の要件の操作が不可能なら，弁済者の返還請求権の放棄を擬制（認定）すべきことになろう⁽⁶⁰⁾。

ちなみに，ドイツ民法は，道義上の義務または儀礼のために給付したときは，非債弁済の不当利得の返還請求は排除される，と規定している（ドイツ民法814条）。例えば，法律上の扶養義務を負わない親族に対して扶養料を与えたような場合である。これを自然債務の履行と説明するか否かはともかく，わが国でも同様に解するのが妥当であろう⁽⁶¹⁾⁽⁶²⁾。

（3）弁済の有効性

705条の適用の前提は，債務の不存在以外は弁済が有効なことだから，例えば，他人の物による弁済（475条）（譲渡能力のない者の弁済〔改正前476条〕）には，同条は適用されないと解すべきであろう⁽⁶³⁾。さらに，本旨弁済ではない弁済，例えば，種類債権で中等以下の物を給付した場合（401条）も同様だと考えられる⁽⁶⁴⁾。確かに，他人の物による弁済は非債弁済だが，債務の過払い，二重払いなどの非債弁済の場合とは異なり債権の消滅効は発生しない。つまり，705条を適用すれば，弁済の返還請求ができない上に，本旨弁済の義務も存続することになる。しかし，475条が弁済受領者（債権者）の留置権を規定して弁済受領者の保護を図っているのだから，それ以上に弁済者の禁反言をとがめる必要はないと考えるべきであろう⁽⁶⁵⁾。

第2部 給付利得 第3章 非債弁済の不当利得

IV 期限前の弁済 (706条)

1 706条の意味

当然のことながら，債権者には期限前の弁済を請求する権利はない。しかし，弁済期が到来していなくても，債権は一応は存在する。しかも，弁済期が到来すれば，債務はいずれ弁済しなければならない。仮に，期限前に支払った弁済者に返還請求を認めても，弁済者は返還を受けたものを後に再び給付する義務を負っている。つまり，非債弁済の不当利得の返還請求を認めても，弁済者と弁済受領者の間の無用なやりとりを繰り返させるだけである。従って，給付されたもの自体の返還請求を認めず。弁済者に錯誤がある場合にだけ，期限前に弁済を受けたために弁済受領者に生じた利益（中間利益）の返還を命じているのが，706条の規定である[66]。

2 706条の適用範囲

（1）始期付債権

期限付債権とは異なり，始期付債権は始期開始までは存在しない。したがって，弁済期前の弁済は，非債弁済の不当利得として返還請求できる。例えば，未だ使用していない月の賃料を，賃借人が錯誤して支払ったような場合である。ただし，始期付債権であることを知って弁済した場合は，期限到来によって債権が発生したら弁済に充てるという意図で弁済したと解すべきことになる。その上で，期限到来前は，705条が類推されることになる[67]。

（2）停止条件付債権

弁済者が停止条件の到来を錯誤して弁済した場合は，条件成就前は停止条件付債権は存在しないから，条件成就までは弁済の返還請求が可能である。条件不成就が確定したときも，同様である。条件が成就した場合には，条件成就に遡及効があれば，はじめから債権は存在したことになり，弁済は非債弁済とはならない。条件成就に遡及効がないときは，706条が類推適用されるべきだと解されている[68]（つまり，中間利益の返還請求は可能である）。

弁済者が停止条件が成就していないことを知って弁済した場合は，弁済者は将来に条件が成就したら弁済に充てるという意図で給付したことになる。した

70

IV　期限前の弁済（706条）

がって，条件が成就しなかったときは，目的不到達の不当利得で返還請求によって返還請求できる。条件が成就した場合は，もちろん給付受領には法律上の原因が備わることになる。条件成就が未定の間に給付受領者が利得保有でき，中間利益の返還義務を免れる根拠は，705条の類推適用に求めるべきであろう。仮に，条件成就が不能なことを知って弁済したときも，705条の類推適用が可能であろう[69]。

3　706条の要件

（1）弁済期前の債務を債務者が弁済したこと

706条の文言上は債務者の弁済だが，保証人，連帯保証人（大判大正3年6月15日民録20輯476頁）の弁済のように，自ら債務を負担する場合，さらには，第三者弁済の場合にも同条は類推適用されると解されている[70]。

（2）錯誤によって弁済したこと

錯誤によって弁済したというのは，弁済期前であることを知らずに弁済したことである。弁済期前であることを知って弁済した場合には，期限の利益の放棄とみなされることになり，中間利益の返還を請求できない[71]。

判決の確定後に期限の猶予を得たが，判決に基づいて債務者の有する債権に対する転付命令が取得された場合には，もちろん債務者の錯誤による弁済があったとはいえない。しかし，猶予された弁済期と転付時との中間利息を，債務者は転付債権者に返還請求できるという点で，判例（大判昭和13年7月1日民集17巻1339頁）は706条を類推している[72]。

（3）以上の（1）（2）の要件の証明責任

以上の（1）（2）の要件ともに弁済者が証明責任を負担するという学説と，（2）のないこと，つまり，弁済者に錯誤のなかったことの証明責任は弁済受領者が負担するという学説に見解が分かれている。前者は，期限前の弁済が同条で非債弁済とされていないこと（したがって，中間利益の返還はその例外だとされる），および，規定の体裁（「返還を請求することができない。ただし，」）をその根拠としている[73]。後者は，706条の本文が返還請求の排除を定めたために，それとの対比で本来は非債弁済である中間利益の返還請求が例外として規定されたのであり，規定の体裁は意味を持たない。債務者が弁済期にないことを知りながら弁済するのは異例に属するから，異例を主張する弁済受領者が証

71

第2部　給付利得　第3章　非債弁済の不当利得

明責任を負うべきだ，としている[74]。以上の問題に関しては，次のように考えるべきであろう。本来は弁済期前の弁済も非債弁済なのであるから，その返還請求のためには，弁済者は法律上の原因の欠如（期限前の弁済）だけを証明すれば足りるはずである。しかも，弁済者の錯誤の不存在の証明を弁済受領者に課した705条の立法の方針が，706条で積極的に変更されたと考える契機はない。したがって，錯誤の不存在の証明は，ここでも弁済受領者が負担すべきであると考えるのが妥当であろう。つまり，錯誤の証明を弁済者に要求する学説は，無用のやりとりを回避するという政策的選択に基づく706条の規定の文言を，過大評価していることになる。結論として，後者の学説に左袒すべきであると考える。

（4）他人の物による弁済（475条）への類推の可否

期限前の弁済である他は，706条は弁済が有効なことを前提としている。したがって，他人の物による弁済など本旨弁済でない弁済には，706条は適用されないと解すべきであろう。弁済者に中間利益の返還が認められるとすれば，弁済の留置を規定して弁済受領者を保護した475条の趣旨に反することになると考えられるからである。

4　706条の効果

（1）中間利益の返還

弁済自体の返還請求は排除されるが，弁済者が錯誤なしに弁済した場合を除いて，給付されたものを弁済期まで利用できたことによる利益（中間利益）は返還すべきことになる。弁済された金銭の場合は，中間利息の支払いがこれにあたる。ただし，この場合に返還すべき中間利益とは，現実に弁済受領者が取得した利益であり，弁済受領者が使用収益の義務を負うわけではない[75]。ただし，弁済受領者が，弁済者が期限の利益を放棄したのではなく，期限を錯誤して弁済したことに悪意のときは，704条が適用されることになる[76]。

（2）第三者による期限前の債務の弁済

期限前に弁済したのが第三者だった場合は，中間利益は債権者から返還を受けるから，債務者に対する求償の対象は弁済額から中間利益を控除したものである。その際に，判例（大判大正3年6月15日民録20輯476頁）は，連帯保証人は主債務者の同意を得て弁済した場合に限って事前求償できる，としている。

V 錯誤による他人の債務の弁済（707条）

学説は，即座に求償できるという説[77]と，弁済期が到来してはじめて求償できるという説[78]に分かれている。以上は，給付利得ではなく求償利得の問題であるが，求償利得での押しつけ利得防止という観点からは，弁済期到来までは求償できないと考えるべきであろう。即座に求償請求できるという学説も，主債務者に不利益を負わすべきではないから702条3項によって求償権を制限するとしている[79]。したがって，本人の意思に反する事務管理者は現存利得の返還だけが可能という702条3項の規定に鑑みれば，（主債務者の同意がある場合は別として）主債務者の期限の利益も利得消滅の一環に含まれると解して，弁済期到来後の求償が現存利得の返還（703条）であり，したがって，即座の求償は認めるべきではないであろう。

V 錯誤による他人の債務の弁済（707条）

1 707条の意味

他人の債務をそれと知って弁済すれば，第三者弁済が有効な限りで債権は消滅し（474条），弁済者から債務者に対する求償権が発生する。したがって，弁済は非債弁済とはならず，問題は弁済者からの債務者に対する求償請求のあり方へと移行する（求償利得）。これに対して，自分の債務を弁済するつもりで他人の債務を弁済（誤想弁済）しても，その弁済は第三者弁済としての効力を有しない。それゆえ，弁済は非債弁済であり，誤想弁済者は弁済受領者（債権者）に対して給付（弁済）の返還を請求できるはずである。しかし，有効な弁済を受けたと信じた債権者が善意で証書を滅失させ若しくは損傷し，担保を放棄し，または時効が完成して債権が消滅した場合には，弁済者は債権者に対して非債弁済の不当利得の返還を請求することはできないと，707条1項は規定している。すなわち，誤想弁済を有効と信じたことで，債権者の債権の行使が困難または不可能となったからである。ただし，その結果として，第三者の非債弁済は第三者弁済と同一の効果を生じ，弁済者は債務者に対する求償権を行使できることになる（707条2項）。

以上のように，707条は誤想弁済者からの非債弁済の不当利得返還請求権を制限するという形で，弁済受領者（債権者）を保護している。しかし，他の選択肢としては，弁済受領者にその被った不利益（権利行使の困難または不可能）

73

を利得消滅の抗弁（703条）として主張させるという可能性もある。その結果
は，利得の代位物である債権は，誤想弁済者に移転することになる。そう考え
ると，同条は余計な規定だといえるかもしれない。ただし，同条はフランス法
に由来する規定であり[80]，同様の規定のないドイツ法では，誤想弁済者に
は，債権者に対する非債弁済の不当利得返還請求権と（自身の債務の弁済を第
三者弁済に転換して，）債務者に対する求償請求の選択が可能かが議論されてい
る[81]。だから，707条の存在は，誤想弁済者の選択権を封じていることにな
る。ただし，いずれにせよ，誤想弁済者の債権者に対する非債弁済の不当利得
返還請求が成立することには疑問の余地がない。しかも，弁済者が自身の債務
の存在を錯誤して弁済したときは，弁済受領者は給付されたものを返還すれば
足りる。しかし，ここでは，弁済受領者は第三者に対する権利行使が困難に
なったという不利益を被っている。だから，他人の債務の誤想弁済の局面に即
して利得消滅の抗弁（703条）を具体化し，かつ利得消滅した場合の代償請求
権の行使，つまり利得債権者（誤想弁済者）の利得債務者（債権者）を相手と
する真の債務者に対する債権（代償）の譲渡の請求を待たず，誤想弁済者（利
得債権者）への代位物の帰属を認めたのが，707条の規定だ，という評価も可
能であろう[82]（代償請求および代償請求と利得消滅の関係に関しては，第7章Ⅲ3
（3）を参照）。

2　707条1項の要件

（1）他人の債務の存在

自己の債務と誤信した他人の債務が存在することを，707条は前提としてい
る。したがって，他人が債務を負担していると誤信して第三者弁済した場合
は，同条は（類推）適用されない。通説であり[83]，判例（大判明治34年3月28
日民録7輯3巻88頁）も同様である。弁済受領者が弁済が有効だと信じる根拠
が存在せず，弁済受領者の信頼を保護する必要がないからである。

（2）自己の債務と錯誤して他人の債務を弁済したこと

(a)　保証人は保証債務を履行するのであり，他人の債務を履行するのではな
い。しかし，（保証債務の弁済で主債務は消滅し，求償権が発生するから，）実質的
には保証債務の履行も他人の債務の弁済であり，弁済受領者に弁済が有効だと
いう信頼を生じさせることでは，他人の債務の弁済と変わりはない。したがっ

V　錯誤による他人の債務の弁済（707条）

て，自分が保証人であると誤信して弁済したという場合には，707条が（類推）適用される。連帯保証人，連帯債務者，身元保証人（大判昭和6年4月22日民集10巻217頁）の場合も同様である[84]。以上のような場合に，仮に707条の（類推）適用が認められないとしても，債権者は誤想弁済者の非債弁済の不当利得の返還請求に対して利得消滅の抗弁を主張するであろう。もっとも，その場合は弁済受領者は利得（消滅）の代償として，第三者（債務者）に対する債権を誤想弁済者に譲渡すべきことになる。したがって，ここでの707条1項の類推適用の可否は，どちらのルートで弁済受領者を保護するのか，という問題に帰着することになる[85]。

（b）他人の債務を第三者として弁済したが，第三者弁済が債務者の意思に反して無効だということ（改正前474条2項）を知らなかった場合には，707条は類推適用されないというのが判例（大判昭和17年11月20日新聞4815号17頁）だった。債務者の意思を尊重するために改正前474条2項という規定（「利害関係を有しない第三者は，債務者の意思に反して弁済をすることができない」）がおかれており，無効な第三者弁済が707条のゆえに有効となってしまうのは不当だ，というのがその理由である。他方で，学説では，同条の類推を肯定するものが多かった。このような学説によると，ここでの問題は債務者の意思の尊重と善意の債権者の保護との衝突であり，取引の安全という観点からは後者を優先させるべきであり，債務者の意思を尊重するのは，取引の実情に合わない，というのである[86]。反対に，判例を支持する考え方の根拠は，債務者の意思の尊重だった[87]。しかし，債権法改正で，474条2項には，ただし書が加えられ，「ただし，債務者の意思に反することを債権者が知らなかったときは，この限りではない」として，善意の債権者の弁済受領を有効だとした。その結果，第三者弁済は有効となったので，第三者弁済は非債弁済ではなく，707条1項の類推の前提を欠くこととなった。したがって，このケースでは，707条が類推適用されるという学説の評価が，474条の改正で問題自体が消去されるという形で実現されたことになる。

（c）その他に，供託金取戻請求権に対する無効な転付命令を供託官が有効と誤信して支払った場合に，国から転付命令取得者への非債弁済の不当利得返還請求に707条が類推適用されるかが争われて，否定的に解した判例（最判昭和62年4月16日判時1242号43頁）がある。しかし，以上のケースでは，被転付債権の給付がされたために転付命令取得者の債権の権利行使が困難となったわけで

75

はない。つまり、他人の債務が弁済されたのではなく、はじめから707条の類推適用の根拠を欠いているといえる。しかし、ここでも同条の類推に仮託して、無効な転付命令により支払いを受けた者に利得消滅の抗弁が認められるのかが、問われているといえる。しかし、その結論は、否定的に解すべきであろう。

(d) 債務者の指図があったと誤信して、第三者が債権者に弁済した場合も、債権者がそのことで権利行使が困難になったときは、707条の類推があると解されている[88]。

(e) 錯誤による弁済が弁済受領者の信頼を惹起し、それが原因となって発生した損害を誤想弁済者に帰責するというのが、707条の制度趣旨である。したがって、このような帰責の契機がない場合には、同条は適用されない[89]。例えば、心神喪失者が債務がないのに他人の債務を弁済したときは、707条1項の錯誤は問題にならず、心神喪失者は債権者に対する非債弁済の不当利得返還請求権を有する（大判昭和11年11月21日新聞4080号10頁）。

（3）債権者が善意で証書を滅失・損傷させ、担保を放棄し、または時効により債権を失ったこと

(a) 債務者または第三者から有効な弁済を受けたと債権者が誤信していなければならないのは、707条の趣旨からは当然である。

(b) 証書とは、債権の存在を証明する書面である。しかし、債権者がそれを滅失または損傷することで権利行使が困難となったのを救済するのが707条の目的だから、その書類がないと債務者に対する債権の証明が困難になる文書であれば十分なはずである。つまり、借用証書などのように直接に債権の存在を証明する文書には限られないと解すべきであろう。しかし、判例（大判昭和8年10月24日民集12巻2580頁）には、債権証書とは債権を証明する目的で債務者または第三者が債権者のために発行した証書であると、これを制限的に解したものがある。判決の基礎となったのは、船主Aの運送船の全部傭船者BがCの貨物を運送する際に、船員の過失でCの貨物が滅失し、その結果、Bは自分が損害賠償義務を負うものと誤信して（本当は、Aが賠償義務者である。商法759条を参照）Cに損害賠償額の全額を支払い、Cから貨物引換証その他の書類の引渡しを受けて、これを毀滅した上で、707条を根拠としてAに求償した、という事案である。しかし、上記のとおり判例は、貨物引換証などは債権を証明する一資料であるが、債権を証明する書面ではないとして、BのAに対する

V　錯誤による他人の債務の弁済（707条）

求償請求を退けた。学説は，判例によれば，CはBに対して非債弁済として
受領したものを返還した上で，再度Aに対して損害賠償請求しなければなら
ない結果となり，C（債権者）に酷である，と判例を批判するものが多い[90]。
しかし，貨物引換証などのBによる毀滅をCの利得消滅と評価して，CはA
に対する損害賠償請求権をBに債権譲渡すれば足りると解するなら，Cの不
利益は除かれることになる（判例の立場では，BはCから債権譲渡を受けてお
くべきだった，ということになる）。

　ところで以上は，判例で争われた証書の意味とは別に，他人の債務の誤想弁
済者（B）からの債権者（C）への非債弁済の不当利得，または債務者（A）への求償
利得という不当利得返還請求権の選択を認めるのかという，より一般的な問題
と関連している。ただし，これは求償利得の問題の一環であり，そこでの誤想
弁済者の選択権の可否という形でとりあげるべきであろう。

　(c) 証書の滅失・損傷とは，証書自体が物理的に滅失する場合に限らず，債
権者が証書に横線を施し，債務者名下の印影に塗抹した場合，債権者から債務
者または弁済者に証書が返還されて債権者の立証方法に供することができなく
なった場合（大判明治37年9月27日民録10輯1181頁）を含んでいる。つまり，要
するに債権の立証が困難になることである[91]。したがって，債権者が弁済者
に証書を返還しただけで，債権者の権利行使に支障がない場合は，これにあた
らない。例えば，AがBに誤って手形金を弁済してBはAに手形を引き渡し
たが，AがBに手形金を不当利得返還請求するに際して，AがBに手形を返
還すると言っているときは，Aの返還の申出が時期に遅れているなどの事情が
なければ，証書の毀滅（滅失・損傷）ではないとした判例（最判昭和53年11月2
日判時913号87頁）がある。

　(d) 担保の放棄とは，物的担保，人的担保の放棄である。前者は，抵当権の
登記の抹消，質物の返還などである。後者，例えば，保証債務を免除したよう
な場合は，実際上は希である上に（全額弁済されれば，わざわざ保証人を免除な
どしない。せいぜい一部弁済の場合の免除くらいであろう），免除は錯誤で無効
（債権法改正後は，取消し可能）だから，担保放棄にはならない，という学説の
指摘がある[92]。しかし，こういった債権者の錯誤が，例えば保証人との関係
で常に要素の錯誤となるとは限らない。だから，保証人の免除も担保放棄にあ
たると解すべきであろう[93]。

　(e) 時効によって債権を失ったというのは，債権者が時効消滅した債権のみ

77

第2部 給付利得 第3章 非債弁済の不当利得

ならず，時効消滅した債権と請求権競合する他の債権の行使もできなくなった場合である[94]。他に債権の弁済を受ける方法があれば，債権者の権利実現の手段は劣化しておらず，707条を適用する必要はないからである。例えば，第三者が自分が身元保証人だと誤信して，被用者が使用者に対して負った不法行為による損害賠償の債務を弁済したため，使用者の不法行為の債権が短期消滅時効（724条〔3年〕）にかかった事例で，使用者は被用者に対して他にも不当利得返還請求権を持つから707条は適用されない，とした判例（大判昭和6年4月22日民集10巻217頁）がある。

（4）弁済の有効性

他人の債務の誤想弁済である点を除けば，弁済は有効なことが707条の適用の要件である。だから，他人物の弁済などには，同条は適用されない[95]。

（5）707条の証明責任

707条に関する証明責任は，次のように考えられる。他人の債務の誤想弁済も非債弁済だから，弁済者は弁済および債務の存在しないこと（自分が債務者ではないこと）を証明すれば足りる。これに対して，弁済受領者が弁済が錯誤に基づかないことを証明すれば，弁済は第三者弁済となり弁済受領者は返還義務を免れる。錯誤の不存在が証明できないときも，弁済された債務に対応する第三者に対する債権の存在，および証書の滅失・損傷などを弁済受領者が証明すれば，707条が適用される。したがって，原則として，707条に関する要件の証明責任は，弁済受領者が負担することになる。以上の他の，例えば，弁済者に意思無能力によって弁済が有効性を欠くなどの事実は，弁済者が証明すべきであろう。

ただし，通説的な民事訴訟法の学説は，自分が債務者ではないこと，および錯誤によって弁済したことの証明責任は，弁済者が負担し，それ以外の有効な弁済を受けたと誤信して証書を滅失・損傷したことなどは，弁済受領者が証明責任を負うと解している[96]。しかし，これは703条，705条が錯誤の証明責任を転換したことを顧慮せず，707条の文言を過大評価しているというべきであろう[97]。

3 707条適用の効果

弁済者（誤想弁済者）からの不当利得返還請求の消滅により，債権者の真の

V 錯誤による他人の債務の弁済（707条）

債務者に対する債権は消滅する（大判明治44年11月27日民録17輯719頁は，弁済が有効となることで債権が消滅するとしている）[98]。

　その結果，誤想弁済者は真の債務者に対して求償権を行使できる（707条2項）。ただし，これは非債弁済による不当利得ではなく，求償利得である[99]。その結果は，弁済が第三者弁済の要件を備えていた場合と同じことになる。他方で，善意の弁済受領者は利得消滅の抗弁を主張できるから，弁済受領者が利得の代位物を誤想弁済者に譲渡すれば足りると考えるなら，707条は債権譲渡を介さないで債権（代償請求）の移転を認めたことになる。

第2部　給付利得　第4章　目的消滅の不当利得

◆ 第4章 ◆　目的消滅の不当利得

　一旦は給付に有効な法律上の原因が存在したが，後にその原因が欠落した場合の不当利得返還請求を目的消滅の不当利得という。当初は有効な法律上の原因があっても後に欠落するというケースは，それほど多くはない。目的消滅の不当利得の例としてあげられているのは，消費貸借の成立により債権証書を交付したが，後に弁済によって債務が消滅したときの債権証書の返還請求（487条），解除条件付きでなされた給付の解除条件の成就後の返還請求などである。判例で取り上げられた例としては，衆議院議員が歳費を受領した後に任期途中で辞職した場合の辞任後の歳費の返還請求（大判大正5年4月21日民録22輯796頁），株式引受人が第1回の払い込みをした後に創立総会でその引き受け株が償却されたときの払込金の返還請求（大判大正11年6月14日民集1巻310頁）などがある。さらに，「無所有共用一体社会」の実現を目的とする団体に加入して全財産を出資（出捐）した者が，後に団体から脱退して出資の返還を請求したケースで，団体加入の際の契約には出資は「一切返還しない」という条項があったが，加入者の脱退により団体は出捐された財産を保有する法律上の原因がなくなったとして，団体加入の目的，所属した期間，所属した者の年齢・稼働能力など諸般の事情を考慮して，合理的かつ相当と認められる範囲で返還請求権を認めた判例（最判平成16年11月5日民集58巻8号1997頁）がある(100)。

　目的消滅の不当利得では，非債弁済の不当利得とは異なり，705条の適用で返還請求が排除されることはない。給付の時点では債務は存在しているから，債務の存在に関する錯誤は観念できないからである。取消しに遡及効がある場合は，非債弁済の不当利得の一環とも考えられるが，弁済者が取消原因の存在を知っていたことは，返還請求の排除につながらない。だから，705条の適用という観点から分類するなら，後に取り消された場合は目的消滅の不当利得だということになる(101)。

80

◆ 第 5 章 ◆　目的不到達の不当利得

I　目的不到達の不当利得の意義

　目的不到達の不当利得とは，例えば，「当事者が合意により将来の一定の結果の発生を期待して出捐した場合に，その目的とした結果が発生しないときは，給付者は給付したものの返還を請求できる」と定義されている(102)。すなわち，債務の履行のためではなく，債務の履行以外のある目的のために出捐がなされ，その目的が達成されなかった場合には給付は法律上の原因を失う，というのが目的不到達の不当利得である（ちなみに，先に述べたとおり，本書では，「給付」を「債務の履行のための出捐」および「債務履行のためではなく，他人にある行為をなさしめるための出捐」と，複線的な定義をしている。だから，ここでの給付は後者の意味である）。つまり，債務履行のためではなく給付が行われるところに，この（給付）不当利得返還請求権の特徴がある。ところが，目的不到達の不当利得に関しては，実にさまざまな問題がある。まず，この不当利得の適用範囲がはっきりしない。加えて，これを根拠に不当利得返還請求を認める判例があり，学説も体系書の中で取り上げている反面で，他方ではその適用範囲の曖昧さゆえに目的不到達の不当利得という法形式を認める必要はないと説く学説が有力である。さらに，ドイツ民法では目的不到達の不当利得に関して規定がおかれているが（ドイツ民法812条1項2文後段「法律行為の内容に従えば給付が目的とした結果が生じない場合」），わが国の民法典には具体的な規定は存在しない。そういった事情もあって，目的不到達の不当利得に関する議論は，わが国よりも圧倒的にドイツ法下でなされている。したがって，まずは目的不到達の不当利得の由来，および目的不到達の不当利得に関するドイツ法の状況について一瞥しておくのは，決して回り道ではないと考える。

第 2 部　給付利得　第 5 章　目的不到達の不当利得

Ⅱ　目的不到達の不当利得の由来と適用領域

1　目的不到達の不当利得の由来

　他の不当利得返還請求訴権（condictio）と同様に，目的不到達の不当利得（condictio ob rem, con. ob causam datorum, con. causa data causa non secuta）もその由来をローマ法に仰いでいる。ローマ法では，目的不到達の不当利得の主な機能は，相手方に対する履行請求権の欠如した無名契約での先履行の回復の手段だった。ローマ法では，一定の方式により成立した契約以外では，売買契約などの例外を除いては，履行請求権が認められなかった。さらに，法定解除の制度も存在しなかったから，先履行した供与（datio）を回復する手段が目的不到達の不当利得だった。ドイツ民法では，その制定時に目的不到達の不当利得を立法に取り込むか否かが議論されたが，（婚姻が不成立になった場合の持参金，金銭の貸与がされなかった場合の債権証書の交付に言及されているが，）あまりその適用範囲について厳密には考えず条文がおかれた。その結果，判例・学説はこれを前提にして目的不到達の不当利得を論じているが，今日でもその意義，適用範囲については争いがある[103]。わが国でも理論的にはそういった問題を共有しながらも，ドイツ法とは異なり目的不到達の不当利得を適用した判例も多くはなく（しかも，その守備範囲も結納の返還請求などの特定の問題に限られており），それほどにシリアスな問題とはなっていなかったといえよう。

2　目的不到達の不当利得の適用範囲

（1）目的不到達の不当利得の位置づけ

　上述したような理由で，ここでもわが国の判例ではなく，ドイツの判例・学説に依拠せざるをえないが，ドイツ法では目的不到達の不当利得に関して次のように考えられている。まず，目的不到達の不当利得での「目的」は，債務の履行ではなく，それ以上のものでなければならない。なぜなら，債務の履行が目的なら，目的の不達成は給付を非債弁済とするにすぎないからである。さらに，目的不到達の不当利得が適用されるのは，相手方の一定の行為の実現が履行強制できない場合でなければならない。仮に一定の行為実現（反対給付）の履行強制が可能なら，それは一般的な双務契約の履行請求によればよいので

82

あって，目的不到達の不当利得の意味はない。例えば，家政婦が相続人指定されることを期待して，長年にわたり無償で労務を給付したが，相続人指定されなかったときが，これにあたる。今ひとつ，反対給付の期待は一方的ではなく，双方が了解したものでなければならない。さもなければ，給付者の単なる動機が契約の挫折をもたらすことになり，法律行為，契約の原則（私的自治）の破綻につながるからである。さらに，この期待の実現が浮動的な間は，給付受領者には給付されたものを保持する法律上の原因が与えられている。したがって，ここでは法律行為による債務負担と動機の中間とでもいうべき「法律上の原因の合意」がなされ，これに基づいて給付が与えられているといえる。しかも，このような合意をすること自体は，契約自由の範囲内である[104]。以上の点までは，学説・判例でもおおかたの一致があり，その上で，判例では以下の3つの事案類型で目的不到達の不当利得が適用されてきた。

（2）事 案 類 型

（a）将来の債権関係の発生を目的として給付がなされたが，債権関係が発生しなかった場合

賃借人が将来に賃貸借契約が締結されることを期して保証金を支払ったが契約は締結されなかった場合，資金供与がされていない消費貸借に借用証文を差し入れたが資金供与されなかった場合などが，その具体例である。ここでは，給付の目的は相手方からの反対給付の履行だが，それが履行されないときも履行請求，損害賠償請求は不可能である。したがって，先履行した給付の返還を求めるのが，目的不到達の不当利得である。

（b）相手方の反対給付を誘引するために給付したが，反対給付がなされなかった場合

具体例は，家を出た妻が戻ってくれることを期待して夫が妻に不動産を贈与したが，妻は戻らなかった場合，親族に対する刑事告訴をやめさせるために，親族による不法行為の被害者に損害賠償したが，告訴が行われた場合，相続人指定されることを期待して家政婦（ないしは，同居人）が無償で長年働いたが相続人指定されなかった場合などである。すなわち，給付受領者に法的には強制できない行為を行わせるために給付がなされているのが，ここでの目的不到達の不当利得の例である。（a）の場合とは異なり，ここでは反対給付の法律行為による義務づけはそもそも不可能である。さらに，（a）のように将来は自分が履行すべき給付を先履行したのではなく，あくまでも反対給付を相手方が自

第2部　給付利得　第5章　目的不到達の不当利得

発的に履行してくれると期待して給付がなされたのが，この事例である。

(c) 交換契約や贈与契約の当事者間で，その契約に止まらない目的を義務づ
　　ける合意がなされた場合

　結納金，一定の研究目的のための研究補助の交付，或いは，要塞が建設され
ることを予定して（つまり，強制徴用を免れるために）土地が売買されたが，要
塞は建設されなかったときなどである。つまり，合意された目的でそれを利用
するという旨の出捐がなされたが，目的のとおりには利用されなかったという
ケースである。

　しかし，(a)に対しては，次のような評価がある。すなわち，ここでの給付
は将来発生する債権関係を基礎としてなされており，その債権関係が発生すれ
ば債務の履行となる。債権関係が発生しなければ，給付は非債弁済である。だ
から，その履行が特殊なだけで，結局はこのケースも給付が非債弁済であるに
すぎない。債務のないことを知って弁済すれば返還請求が排除されるという，
非債弁済の不当利得に関する特則（705条，ドイツ民法814条）は，確かにここで
は適用されない。しかし，目的が客観的に到達不可能なことを知って給付した
場合，目的の到達を信義に反するやり方で妨げた場合は，不当利得返還請求が
排除されるべきだという点では，両者に変わりはない。つまり，この事案類型
では目的不到達の不当利得という分類は意味がない，というのである。

　(c)に対しては，ドイツ法では「行為基礎の喪失（Wegfall der Geschäftsgrund-
lage)」の理論が発展してきており，これによって問題解決するのが適切である
とされている。行為基礎とは，契約当事者が契約締結に際して共通の前提とし
ており，その喪失・変更があれば契約関係をそのまま維持するのが信義則上も
不当だと考えられる事情である。行為基礎の理論によれば，契約改定，解除と
いったより肌理細かな契約の調整手段が用意されており，給付を取り戻すとい
う手段しか認められない目的不到達の不当利得よりも優れているとされている
からである（この点では学説上は一致がある）。さらに，行為基礎の喪失は，わ
が国の「事情変更の原則」の基礎となる理論であり[105]，2002年の債務法改正
で，ドイツ民法典には規定がおかれている[106]）

　(b)の事例はさまざまなケースを含んでいるが，いわば不完全な交換契約が
問題となっているということでは共通点がある。したがって，反対給付の履行
請求も損害賠償請求もできない場合に，給付の取戻しを認めればよいというの
が，この事例である。しかし，ここでも，例えば，無償の労務の給付では，事

実上の労働契約を認定するなど，法律行為の解釈ないしは一般的な契約法の理論（行為基礎の喪失，条件など）によって問題解決が可能だ，という見解もある[107]。

したがって，目的不到達の不当利得の意義およびその適用事例は，そこで取り上げられている債務の目的とならず反対給付として履行強制できない事例の解決が，他の法制度でどれだけ代替されるのか，という評価に依存しているといえよう。すなわち，それをより適切に事態に即して解決できる制度が用意されていれば，給付の返還だけを目的とする目的不到達の不当利得の補完機能はその役割を終えることになる。

3　わが国での問題解決

わが国の判例でこれまで目的不到達の不当利得を根拠に給付の返還請求が認められた例としては，就職斡旋の謝礼として消費貸借を締結したが，就職の斡旋はしてもらえなかったために，負担した消費貸借上の債務が目的不到達により不当利得となり，履行拒絶できるとした事例（大判大正 7 年 7 月16日民録24輯1488頁），互いに手形を振り出したが一方は目的を達成できなかったという事例（東京控判大正 9 年 7 月 1 日新聞1825号17頁）などがあるが，そのほとんどは結納金の返還請求である。例えば，婚姻が成立しなかったときは，結納金は返還請求が可能である（大判大正 6 年 2 月28日民録23輯292頁〔合意による婚約の解消〕）。挙式後 2 ヶ月同棲したが同棲が解消されたケース（大判昭和10年10月15日新聞3904号16頁）では，結納の返還が認められ，挙式後に婚姻届はなかったが 1 年の同棲があった事例（大判昭和 3 年11月24日新聞2938号 9 頁），挙式後に届出があり 8 ヶ月間夫婦生活が継続した後に協議離婚した事例（最判昭和39年 9 月 4 日民集18巻 7 号1394頁）では，返還請求は認められていない。つまり，相手方の一定の行為が目的の達成と評価されたか否かの具体例である。

ただし，学説では結納金の返還請求を目的不到達の不当利得ではなく，解除条件付贈与であると法律構成する考え方がある。もっとも，両者の違いは，贈与者の責任で婚姻関係が成立しなかった場合の結納（贈与）の返還請求の排除を，結納を目的贈与とする見解は信義則違反を根拠とし，他方で結納を解除条件付贈与とする見解では130条 1 項（条件成就の故意の妨害）を類推する，といったくらいである[108]。

第2部　給付利得　第5章　目的不到達の不当利得

　以上との関連で，目的不到達の不当利得に関して，最も批判的な見解を示しているのが，加藤雅信説である。加藤説は，目的不到達の不当利得は，未履行の債務の履行拒絶，および，既履行の債務の返還請求を基礎づけるという意味で，法律行為の無効と変わらない。だから，目的不到達の不当利得は，解除条件と構成すれば足りるのであり，かつ，そう考えれば，例えば，婚姻の不成立に有責な者からの結納の返還請求を認めなかった裁判例（例えば，神戸地判昭和27年5月26日下民集3巻5号686頁）も，解除条件の不成就に関する130条1項（改正前130条）の条件成就の妨害と考えることで妥当な結論を導くことができる。だから，目的不到達の不当利得は，法律関係の未純化ゆえに必要とされた概念にすぎず，独自の法制度とはいえないと評している[109]。加藤説は，上記の結納の返還請求以外で，目的不到達を認めた判例（例えば，前述した大判大正7年7月16日民録24輯1488頁。原審は，就職斡旋の成功が，消費貸借契約の成立の停止条件であるとしている）の説明には極めて説得力があると考えられる。しかし，他方で，好美説は，例えば，結納の返還請求のケースで，当事者の意思を尊重すれば，解除条件付の贈与であるという認定は簡単ではないと，目的不到達の不当利得を支持している[110]。確かに，結納が解除条件付の贈与だとする当事者の意思は，現実の意思ではなく補充的な意思解釈の結果であろう。だから，たとえ法律関係が未純化であるがゆえの目的不到達の不当利得だとしても，それを代替する法形式ないしは法律構成が確立していない以上は，一律に目的不到達の不当利得が不必要だと言い切ってしまうわけにはいかない。例えば，行為基礎の喪失は，少なくともわが国ではドイツ法でのようには一般的な承認を得ているとはいえない。ただし，わが国でも学説の傾向は，目的不到達の不当利得を解除条件と構成する方向性が支持されているといえる[111]。結論として，目的不到達の不当利得は，歴史上の遺産にすぎないと評価することも可能だが，他方で，そう言い切ることは，目的不到達の不当利得を代替する法制度の定着の程度に依存するとでもいう他はないと考える[112]。

4　目的不到達の不当利得の要件

　以上を前提として，その適用範囲を厳密に限界づけず，目的不到達の不当利得の要件を定義すると以下のようになる。

　すなわち，(ⅰ) 債務の履行ではない出捐（広義の「給付」），(ⅱ) 給付の目的は

Ⅱ　目的不到達の不当利得の由来と適用領域

給付の相手方に一定の行為（反対給付）を行わせること，(iii) 給付の目的に関する給付者と給付受領者の間の共通の合意の存在，(iv) 給付の目的となった相手方の一定の行為が行われないこと，(v) 給付受領者に対して一定の行為（反対給付）の履行を強制できないこと，である。以上のうちで，給付者は給付の返還請求を基礎づけるためには，(i)(ii)(iii)(iv)の要件の証明責任を負っていることになる。給付受領者が返還請求を拒むためには，(v)の要件を証明するのではなく，反対給付を提供すれば足りる，ということになるであろう。そう考えると，目的不到達の不当利得でも，要するに，給付者は給付に法律上の原因がないことを証明すれば足りるということに落ち着く結果となる。

　加えて，目的不到達の不当利得の排除事由として，ドイツ民法（ドイツ民法815条）は，給付者が給付目的の達成が客観的に不能であるのを知っていた場合，または給付者が信義に反して目的の達成を妨げたとき，をあげている。給付者が目的の客観的不能を知って給付した場合とは，目的が達成されずとも返還請求権を行使しない意思で給付したと評価できる場合である。さらに，禁反言が根拠だとすれば，わが国の解釈論としても，705条の類推によって同様の結論を導くことが可能であろう(113)。今ひとつ，給付者が信義に反して目的の達成を妨げたときは，130条1項（条件成就の妨害）の類推が可能であろう(114)（最判平成6年5月31日民集48巻4号1029頁〔条件の成就によって利益を受ける当事者が故意に条件を成就させた場合に，130条を類推した事例〕を参照）。以上の返還請求の排除の証明責任を給付受領者が負担するのは当然であろう。

第 2 部 給付利得 第 6 章 不法原因による給付の不当利得

◆ **第 6 章** ◆ 不法原因による給付の不当利得

I 不法原因による給付の不当利得の意義

1 不法原因による給付の不当利得

目的不到達の不当利得が問題となるケースも含めて，給付目的（債務の弁済ないしは，それ以上の目的）が達成されたときは，給付には法律上の原因があり，したがって，給付利得の返還請求権は発生しない。ところが，不法な原因に基づいて給付がなされたときには，その目的が達成されても，ないしは目的の達成ゆえに，給付は法律上の原因を欠くことになる。法秩序はそのような目的を，有効な法律上の原因とは認めないからである。これが，不法な原因による給付の不当利得返還請求訴権（condictio ob iniustam causam, condictio ex iniusta causa）である。かつては，一般的に契約自由を制限する公序良俗違反（90条）のようなルールは存在しなかった時代にも，殺人・窃盗などの犯罪を思いとどまらせるための給付，あるいは当然にその義務がある行為を行わせるためにした給付の返還が，この不当利得返還請求で認められていた。さらに，その際に，給付者にも不法の非難があてはまるような場合には，返還請求が拒絶された（卑しい原因による不当利得〔condictio ob turpem causam〕）。例えば，裁判官の買収のための給付，証人の口封じのための給付などである(115)。

ところが，国家が私人間の法律関係に一般的に介入することが可能となった現在では，強行法規・公序良俗に違反する法律行為は無効であり，契約による履行請求権は成立せず，当然に給付されたものの返還が請求できる。そこでは，給付に法律上の原因ははじめから存在しないのだから，（もちろん，705条の規定は適用されないが，）非債弁済の不当利得が成立すると考えることも可能である。その結果として，不法原因による給付の不当利得の返還請求（708条ただし書）はほとんどその意味を失ってしまい，かえって返還請求の拒絶を定めた例外規定（708条本文）の方が前面に現れるに至っている，というのが現在の状況である。だから，例えば，ドイツ法では不法原因による給付の不当利得の例としては，職務上は当然にそれを行う義務がある官吏に贈賄して，ある行

88

為を依頼した場合（ドイツ刑法331条〔単純収賄〕）の給付などがあげられている
くらいである[(116)]。わが国でも，708条ただし書は不法原因による給付の返還
請求を規定した原則というよりも，返還請求を排除する同条本文の例外といっ
た機能のほうがもっぱら注目されている，といえる。

2　不法原因による給付の不当利得返還請求権の排除

　いずれにせよ，不法の原因による給付には法律上の原因がないのだから，給
付は返還される必要がある。このこと自体は，自明である。しかし，問題は不
法原因による給付の不当利得の返還請求の排除を定めた規定（708条本文）であ
る（その由来は，卑しい原因ゆえの不当利得返還請求訴権〔condictio ob turpem
causam〕である）。同条の趣旨は，必ずしも自明とはいえない。例えば，賭博に
よる債務を弁済したが，後に，その弁済を非債弁済として返還請求すれば，
708条本文が適用されて返還請求は排除される。そこで，しばしば同条の根拠
として引用されるのが，英米法の法格言の「衡平法の救済を求める者は，汚れ
ていない手で訴えねばならない（He who comes into equity must come with clean
hands.）」（いわゆる，クリーンハンズの原則），あるいは，フランス法の「何人も
自己の恥ずべき行為を援用しては，その要求を容れられない（Nemo auditur pro-
priam turpitudinem allegans.）」という原則である[(117)]。すなわち，不法を犯した者
は自らを法の保護の外に置いた者であるから，法はこれを保護する必要はな
い。したがって，裁判所はこういった者の権利保護の訴えに，救済を与えるべ
きではない。法が是認しない給付をした者でも，例外的に自分自身には不法の
原因が存在しない場合には，不当利得の返還請求が認められる，というのであ
る。つまり，裁判所による法的保護の拒否という意味で，契約が未履行なら90
条により履行請求が拒否されるのと符節を合わせて，既履行の給付の返還請求
を拒むのが708条本文の意味だと説明されることが多い[(118)]。
　しかし，単純な権利保護の拒絶という説明だけでは，やはり同条の合理性を
根拠づけ，その妥当な適用範囲を限界づけるには十分ではない。というのは，
仮に同条を単純に不法な原因による給付のあった場合のすべてに適用するな
ら，返還請求を拒絶することで，却って法が禁じていたはずの不法な状態が是
認されたり，一方が先履行した場合は給付受領者の一方的な利得を容認してし
まう結果となる場合もあるからである[(119)]。実際にわが国でも同条の立法時に

第2部　給付利得　第6章　不法原因による給付の不当利得

は，自らの不法を根拠にした給付の返還請求を認めるのは不都合だという同条の合理性を説く提案の説明に対して，反対に自らの不法を理由に返還を拒むのは鉄面皮であり不当だという反対論もあった[120]。さらに，ドイツでも，返還請求排除の規定を（その歴史的な沿革に忠実に）不法な行為を誘発するための一方的給付にだけ限定し，双務契約には適用しないという学説もある[121]。このような批判は，不法原因による給付の不当利得返還請求権の排除というルールの妥当性自体にも疑義を挟むとともに，その適用範囲の制限づけが必要なことを示唆しているといえる。

　しかし，そうはいっても，やはり不法な原因による給付の返還請求を拒絶すべき場合も存在する。例えば，酌婦稼業をして消費貸借上の借金を弁済するという契約は，（現実には売春を行わせるための契約である）酌婦契約および消費貸借を無効とするだけではなく，消費貸借の無効を理由とする不当利得返還請求も排除しなければ，（売春防止のために）酌婦契約を無効とした公序良俗違反の禁止目的は達成されないであろう。近代法は，公序良俗（90条）という一般条項によって私人間の契約の自由（私的自治）に介入する余地を裁判官に与えている。それに止まらず，現代国家は，様々な取引の分野で強行法規を用意して私人間の経済取引に規制を及ぼしている。だから，かつては，（708条本文に当たる）ドイツ民法817条2文による不法原因による給付の返還請求の拒否の制度趣旨は，刑罰思想（Strafgedanke）に求められていたが（国家による給付の没収というルールも用意されていた[122]），その後は一般的には裁判所による権利保護の拒否（Rechtsschutzverweigerung）だと説明され，現在では，強行法規，良俗違反に抵触する行為の禁止の一般予防（Generalprävention）の効果だと説明するものもある。つまり，刑罰思想は民事法の課題ではなく，裁判拒否も現代の司法の機能とは合致せず，不法原因による給付の返還請求の排除は現代国家が用意する禁止規範の目的の実現のための側面支援だというのである[123]。本書では，基本的には，この禁止規範の目的実現のための一般予防が，不法原因給付による不当利得返還請求権の排除の制度目的だという考え方を支持したい。つまり，不法原因給付の返還請求の排除は，私人間の法取引への禁止規範による国家の介入の一般化，広範化の表現である。だから，こういった禁止規範の法目的を達成し，介入の可能性を確保するためには，不法原因給付による給付の不当利得返還請求権の排除を，双務契約による給付が行われた場合も含めて，広い範囲で認める可能性を残しておく必要がある。つまり，強行法規，90条違

反による国家の介入の側面支援をするのが，708条本文だということになる。ただし，90条と708条(本文)が対になってるからといっても，その適用に際して考慮すべき要素は異なっている。契約が未履行の場合に契約を無効として履行請求を拒むのは，それ自体が法の保護目的の実現に合致しているといえる。しかし，既履行の給付の回復を拒めば，場合によっては，却って法が禁止した取引の結果を追認し，先履行を受けた当事者に不当な利益を与えることになりかねない。したがって，708条本文による返還請求の拒否の際には，90条違反の場合とは異なり，複眼的な視点からその妥当性が判断されなくてはならない。具体的には，禁止規範の保護目的，すなわち，返還請求を排除するという手段によってまでその取引を禁圧する必要があるのか，さらに，給付者への抑止効果の実効性，言い換えれば，一般予防という観点からの有効性，加えて，給付受領者の利得保有の不当性といった視点である。しかも，こういった評価は，個別の事案の特殊性に即して決定されなければならない。ただし，その際に決定的な意味を持つのが，禁止規範の禁止ないしは保護目的であろう。その目的の達成に矛盾しない限りで，当事者間の公平などの他の要素も併せ考慮されることになる，といえるからである[124]。

　そういった個別のケースの事実関係に即した禁止規範の効果の決定という視点からは，ここでの問題は，91条でとりあげられた解釈上の論点（禁止規範に抵触した契約の有効性）に酷似している。すなわち，同じく食品衛生法違反でも，営業許可を得ていない食肉加工業者の食肉の売買契約は有効である（最判昭和35年3月18日民集14巻4号483頁）。他方で，アラレの製造業者が（販売業者から督促されたとはいえ，）それに有毒物質が含まれており，製品の食品衛生法違反を知った上でアラレを製造し，公衆の口に入ることを十分に承知して，販売業者に売り渡したケースでは，91条のみならず90条にも違反して売買契約は無効である（最判昭和39年1月23日民集18巻1号37頁），とされている。以上の判例は，食品衛生法違反の禁止規範の保護目的（食品に関する公衆の安全の確保）を，個別の事案に即して具体化した例だといえる。708条の適用に当たっても，同様の課題の解決が求められているといえよう。

3　判例・学説の準則

　そういった背景から，判例・学説がこれまで腐心してきたのは，708条本文

第2部　給付利得　第6章　不法原因による給付の不当利得

の機械的な適用を避けるための，同条の例外に関する準則，ないしは，同条の目的論的な制限解釈の形成だった。具体的には，同条にいう「給付」を他の場合（例えば，贈与での給付の解釈）よりも狭く解することでの同条の適用の回避，「不法」の意味を強行法規違反ではないことはもちろん，単なる公序良俗違反に止まらず非難可能性の強い醜悪な行為に制限すること，給付者・給付受領者の双方の不法性を比較して前者が後者を上回る場合にだけ708条本文を適用する，さらに，「不法に給付されたもの」を制限的に解するという解釈態度などである。しかし，こういった解釈技術からは，国家が私人間の契約自由に介入する際に定立した禁止規範の保護目的の探求という視点は，必ずしもストレートには明らかにならない。さらに，以上のような708条本文の適用を制限する準則（特に，非難可能性の高い不法という準則）は，それだけを取り出せば非常に操作可能性の高い，便利ではあるが無方向ともいえる道具立てである。つまり，具体的な適用の局面での禁止規範の目的という実質がなければ，それ自体としては無内容な道具になりかねない[125]。したがって，以下では，こういった判例・学説が作り上げた708条本文適用の例外に関する準則を禁止規範の保護目的との関係に留意して，708条本文適用の要件を見たうえで，幾つかの事案類型に分かって，同条の適用を論じた判例を概観する。708条ただし書きは同条本文の適用の例外と扱われていること，および，ただし書という規定の体裁を顧慮して，同条本文に関する問題を記述した後に取り上げることとする。

II　708条本文の適用の要件

1　不　法

（1）学説の推移

708条本文にいう不法については，(a) 初期の学説は，主に文言解釈と権利保護の拒絶という要請から，公序良俗違反の他に強行法規違反も含む，と解していた[126]。しかし，徐々に(b) 公序良俗違反ないし社会道徳違反[127]，(c) 公の秩序への違反を排除して，善良の風俗違反に限る[128]という学説が増えてきた。その理由は，いうまでもなく，返還請求の排除によりかえって不法な状態が追認されたり，一方当事者にだけ利益を与えるという不都合が生じるからで

ある。それゆえ，そのような不都合にもかかわらず返還請求が排除されるためには，給付者に対する強い非難（人格的非難に値する悪など）がなければならないと，給付者に対する主観的な非難可能性が強調されたりもする[129]。さらに，最近の学説では，明示的に708条の不法を90条の公序良俗違反より制限的に解するもの[130]，さらには，90条は契約の効力を否定するに止まるが，708条本文は既履行の給付の返還請求を排除するという強度の効果が認められるから，90条より狭い範囲で適用されるべきだとも指摘するものもある[131]。すなわち，学説の多くは返還請求排除の根拠を，主に給付者の権利保護の必要性の欠如に求めているといえる。

（2）判例の変化

判例は大審院の時代から，不法を強行法規違反ではなく公序良俗違反と解していた。例えば，会社設立前に株式（権利株）の売買を許すと，投機を助長して発起人の売り逃げを誘発するから，旧商法149条但書は権利株の売買を禁じていた。この権利株の売買代金の返還請求に対して，判例は，権利株の売買は公序良俗には違反せず単に法規に反し無効であるにすぎないから，708条の不法にはあたらない，としている（大判明治41年5月9日民録14輯546頁）。さらに，同様に強行法規違反でも，708条本文を適用するには，それが公序に違反している必要がある旨を判示していた。例えば，いわゆる「斤先堀契約」が，その例である。斤先堀契約とは，国の許可を得た鉱業権者以外は，鉱物の採掘事業を営むことはできなかったが，鉱業権者以外の者が鉱業権を賃借して採掘事業を行うための契約である，この斤先堀契約は，旧鉱業法に違反して無効なだけではなく，「鉱業権の盛衰は一国の経済上に多大な影響を及ぼすと同時に，人の生命身体財産などに関し種々なる危険を及ぼす虞あるを以て，経営者が何人なるやは，種々の点において重要なる関係を有するものと謂わざるをべからず」であって公序に反し，708条にいう不法にあたる，としている（大判大正8年9月15日民録25輯1633頁）（ただし，現行法上は，国の許可を要するが有効とされている）。

最高裁は，例えば，経済統制令違反の事例で，不法とは「その行為の実質が当時の国民生活並びに国民感情に照らし反道徳的な醜悪の行為としてひんしゅくすべき程度の反社会性を有する程度の違反行為」だとしたり，（最判昭和35年9月16日民集14巻11号2209頁），「その原因となる行為が，強行法規に反した不適法なものであるのみならず，更にそれが，その社会において要求せられる倫

第2部　給付利得　第6章　不法原因による給付の不当利得

理，道徳を無視した醜悪なものであることを必要とし，そして，その行為が不法原因給付に当たるかどうかは，その行為の実質に即し，当時の社会生活および社会感情に照らし，真に倫理，道徳に反する醜悪なものと認められるか否かによって決せられるべきもの」として（最判昭和37年3月8日民集16巻3号500頁），708条本文の適用を限界づけていく傾向にある。

（3）禁止規範の保護目的

　以上のように，確かに判例・学説は，708条にいう不法が強行法規への違反では足りないのはもちろん，単なる公序良俗違反から，さらには給付者に対する強い倫理的非難の可能性を要求する傾向にあるといえる。もちろん，その理由は708条本文の機械的適用を避けるためである。そういった方向性から，かつて強行法規違反で（公序に違反して，90条違反にもあたるとして）708条本文を適用した大審院の判例に対して，学説は批判的なものが多い[132]。しかし，不当利得の返還請求の排除による一般予防を狙って，私人間の契約自由への法の介入の余地を確保するのが，708条本文の本来の制度目的であろう。かつ，その際に介入の指針となるべきは，禁止規範の保護目的である。だから，そういった禁止規範の保護目的の実現のためには，介入の余地は広く確保しておく必要がある。例えば，弁護士法72条（非弁活動の防止）違反の契約は私法上も無効である。したがって，税理士が法律相談により報酬を受ける契約を結んでも，報酬請求はできない。支払った報酬も非債弁済の不当利得として，顧客は返還請求することが可能である（東京地判昭和61年2月24日判時1218号90頁を参照）。さらに，顧客が報酬支払いを拒絶した場合に，履行請求に代わって供与したサービス（法律相談）の価格返還という形での税理士からの不当利得返還請求が認容されてはならない。仮に，価格返還の請求が認められれば，それは契約が有効なのと変わらないことになってしまう。だから，こういった事態を防ぐためには，ここでも708条本文を適用する必要がある（さもなければ，信義則にでもよる他ないであろう）。しかし，弁護士法72条違反による税理士の給付が，公序に反しているとはいえても（上記の昭和61年東京地判を参照），善良の風俗に反するとか，人格的非難の可能性があるとまで評価するのは，困難であろう。したがって，不法を倫理的非難の可能性の高い公序良俗違反に制限するのは，常に妥当とはいえない。禁止規範の保護目的ないしは禁止目的が708条本文の適用の是非を決定すると考えるのが，不法の意味の妥当な解釈態度であろう。その禁止規範の目的達成のために，返還請求の拒否による一般予防的な

効果を伴った708条本文が適用されるからである。そう解することではじめて，弁護士法違反の契約に対して顧客が支払った報酬の返還請求は可能だが，税理士からの価格返還の請求は708条本文の不法原因給付になるという解釈が，無理なく導き出せることとなるであろう[133]。

（4）不法性の比較

　学説には，給付者と給付受領者の不法性を比較して，前者が後者より強い場合にはじめて708条本文を適用すべきだと，両当事者の不法性の比較を説くものが多い[134]。その理由は，返還請求の排除という一種の制裁を科すためには，給付者の不法性が給付受領者のそれより大でなければ不公平だからである（ないしは，708条ただし書の趣旨の類推により，同一の結論が導かれる）。しかし，不法性の程度の比較もそれだけでは決定的ではなく，708条本文の適用の制限の理論だと考えるべきであろう。もっとも，当該の事案での禁止規範の目的の実現・具体化を考える際には，不法性の程度が考慮すべき要素となるのも，また当然であろう。

　判例にも，密輸の資金提供を持ちかけられた者が，後に改心して（怖くなって）断ったが，強圧されて資金提供したというケースで，（提供された資金〔借金〕を密輸の資金ではなく遊興費に使用した）受領者と（密輸の分け前をもらう約束をしていたわけではない）給付者の不法性を比較して，90条も708条も適用されないとしたもの（最判昭和29年8月31日民集8巻8号1557頁），仮装の不動産売買でも登記移転が相手方の主導によって行われ，かつ当該不動産への強制執行の差し迫った可能性もなかったケースで，譲渡人の不法性は譲受人のそれに比して微弱で問題にならないから708条は適用されないとした判例（最判昭和37年6月12日民集16巻7号1305頁）がある。もっとも，前者の判例に対しては，90条違反でないなら708条の適用を論じるのは不可解[135]，後者では財産隠匿のための虚偽表示はそもそも不法原因給付ではないと考えるべきだ[136]という学説の批判もあった（なお，後述本章Ⅲ5（b）も参照）。

2　給付原因

　給付が不法の原因によるというのは，給付を目的とする原因行為それ自体が不法な場合（例えば，売春の契約，麻薬の売買）だけではなく，行為を取り巻く状況も評価してその不法性を決めることになる，と説かれている[137]。このこ

第2部 給付利得 第6章 不法原因による給付の不当利得

とはある意味では当然であり，90条違反を判断する際に，その取引自体は90条違反ではなくとも，関係する事情と併せて公序良俗違反となる場合があるのと同様である。例えば，娘が酌婦として働いて，親の借金を返済するという酌婦契約では，売春を目的とする酌婦契約と消費貸借契約は，後者が前者の履行を強制する機能を持っており，両者は一体となってその有効・無効を判断されるべきだから，消費貸借も90条違反で無効である。加えて，無効となった消費貸借の貸金の返還請求も，708条本文の適用で排除されることになる（最判昭和30年10月7日民集9巻11号1616頁）。

3 給 付

（1）給付の完了

708条の給付とは，708条本文の適用に関しては，およそ一定の財産的利益が給付者から受領者に交付されていれば足りるという見解[138]と，受領者に終極的な利益を帰属させるものでなければならないという見解[139]がある。後者の見解の根拠は，給付が完了していないときには不法はまだ行われておらず，未履行の状態にあるのと同様の処理がなされるべきだからであり，返還請求を認めることで不法を抑止することになるからである。例えば，贈与の解除（550条。債権法改正前は，撤回）が可能かというコンテクストで，贈与の履行が終わったのかを問題にする場合には，動産だけでなく不動産でも，引渡しで履行が完了したと解されている（大判明治43年10月10日民録16輯673頁，大判大正9年6月17日民録26輯911頁など）。つまり，ここでは，単に贈与意思の確認が問題となっており，契約の有効性それ自体は問題とされていないからである。そうすると，708条本文の適用に際しては，給付を贈与のケースよりも狭く解していることは間違いないのだから，やはりそれは「給付」の操作によって708条本文の適用を制限しようという企ての一環であろう。そこで，前者の見解をとって給付を広く解するものは，給付者と給付受領者の不法性の比較など，その他の708条本文適用の制限のための道具立てを用意しておく立場[140]と，反対に不法原因給付が権利保護の拒否であることを強調する立場[141]に分かれている。つまり，どのような考え方をとっても，権利保護拒否の機能を正面に出すのでなければ，どこかで708条本文の適用を制限しようとしており，そのために様々なアプローチが存在するにすぎない。こういった視角からは，給付の概

96

念操作による708条本文の適用制限それ自体には，はっきりした根拠はない，ということになる。

したがって，結論としては，給付の概念の操作ではなく，やはり禁止規範の保護目的を考慮して708条本文の適用を論じるべきであろう。ただし，その際に，不法がまだ完了していないという事実，給付者が後悔して履行を撤回しようとしたという事情は，保護目的の達成を考えるにあたって当然に顧慮されるべきであると考えられる。したがって，以下ではそういった観点から，判例も含めて給付の制限的な解釈について論じることとする。

（2）給付の制限的解釈

（a）不法な原因関係に基づいて無因の債務負担行為がされた場合，例えば，賭博の債務のために手形が振り出された場合は，振出人は手形債務は負担している。しかし，受取人からの履行請求があったときは，原因関係が無効であることを理由に抗弁できる（人的抗弁）。ただし，その際に，原因関係の無効は不法原因によるものだから，不法原因による原因関係上の債務履行のための給付があったのかが問題となる。それゆえ，手形債務の履行を認めないためには，給付がなかったと解する余地があろう[142]。判例（最判昭和46年4月9日民集25巻3号264頁）は，この点を論じたものではないが，手形金の請求ができないことを前提としている。その結果として，手形の振出人が手形を不当利得として返還請求できるのも当然である。手形が第三者に譲渡されたときに，第三者に対して支払いを拒めるのはどのような場合か，さらにその根拠づけ如何は，手形・小切手法の課題であろう[143]。

（b）不法の原因により抵当権（担保権）が設定され対抗要件も備えた場合に，抵当権の設定が708条本文にいう給付に当たるかを問題とする余地はある。このような場合に，抵当権が設定されても被担保債権は90条違反で無効，ゆえに抵当権者に利得はなく，したがって708条にいう給付ではない，とした判例（大判昭和8年3月29日民集12巻518頁）がある（これは，抵当権の設定登記で給付があったとした，大判明治39年12月24日民録12輯1708頁を判例変更したものである）。つまり，給付とは受領者に終局的な利益を帰属させるものだと，給付を制限的に解することで問題解決した例である。しかし，他方で，給付がないことを理由とするのではなく，抵当権を実行しようとしても，被担保債権が90条違反で存在しないことを理由に抵当権の実行は阻止されるから，抵当権の抹消請求に708条本文の適用はないとした判例（最判昭和40年12月17日民集19巻9

第2部　給付利得　第6章　不法原因による給付の不当利得

号2178頁）がある。学説では，抵当権の設定が給付に当たらないとし，加えて，被担保債権は無効ゆえ抵当権の抹消請求が認められるべきだとするもの（そうでないと，権利の表象と実体の間に齟齬を生じて取引の安全を害する）[144]と，抵当権の設定も給付だがその実行を許すと国家が不法な契約上の債権の実現に手を貸すことになるから抹消請求が許されるべきだという見解[145]が主張されている。もちろん，以上の理由づけは相互に排斥的なものではない。しかし，後者の理由づけが実質的な根拠を正面から明らかにしたものであろう。

　(c)　妾関係の維持を目的として建物が贈与された場合に，未登記建物では引渡しが給付であり（最大判判昭和45年10月21日民集24巻11号1560頁），既登記建物では引渡しだけでは給付があったとはいえない（最判昭和46年10月28日民集25巻7号1069頁）というのが判例である。前者の事例では，未登記建物を登記して明け渡し請求した贈与者（給付者）に対して，受贈者（給付受領者）が反訴して移転登記を求めている。判例は，未登記建物では引渡しによって給付があったとしたうえで，贈与者の返還請求が認められないことの反射的効果として，受贈者に建物所有権は帰属し移転登記も認められる（それによって，占有と登記の分裂も回避され，法律関係も安定する，という）としている。

　学説は，（かつての学説も含めてだが）登記などの対抗要件の具備で給付の有無を決するもの[146]，登記または引渡しのいずれかがあれば給付ありとするもの[147]，原則として登記と引渡しの双方を要求するもの[148]，何らかの形で給付があればよいとするもの[149]に分かれていた。他方で，贈与法が認める書面によらない贈与の解除での履行の完了（550条）の解釈では，贈与の履行の完了は比較的容易に認められている。例えば，書面によらない不動産の贈与で引渡しで履行が完了したとするのが，判例（最判昭和31年1月27日民集10巻1号1頁，最判昭和39年5月26日民集18巻4号667頁）である。だから，708条本文の解釈では，それ以上の権利が贈与者に与えられていることになる。その結果として，不法な原因による給付を抑止しようというのが，多くの学説の考え方である。最近の学説の多くは，(i) 既登記建物の引渡しだけで給付があったと解すると，受領者の移転登記請求が可能となり，不法の抑制という708条の趣旨に反するが，(ii) 未登記建物では可能な給付は済ませているから給付に当たると解して，判例を支持している[150]。以上の問題に関しては，所有権の帰属も含めて，708条本文適用の効果で今一度言及することとする。

　他方で，動産に関しては判例はないが，引渡しがあれば給付があったことに

98

なると解されている。現実の引渡し，簡易の引渡しが，708条本文での給付に含まれると考えることに異論はない。現実の支配と占有が一致するからである。他方で，占有改定，指図による占有移転では，占有改定だけ[151]，または，指図による占有移転も含めて，給付には当たらないと解する学説がある[152]。

(d) 債権者が債務者の財産に強制執行したときに，債務者が第三者と共謀して虚偽の債権証書を作成して，第三者に配当加入させ配当金を受領させたという事例で，債権者からの第三者に対する配当金の不当利得返還請求を認容した判例（大判大正4年6月12日民録21輯924頁）は，給付は給付者の意思に基づいてなされなければならず，配当は裁判所が行っており給付ではないから708条は適用されないとしている。学説は，その結論には賛成するが，配当がされたのは債務者が仮装の債権を作出したことの当然の帰結だから，やはり給付に当たるとして判例を批判している[153]。このケースも，708条本文の適用を排除するために，判例が給付概念を利用した例であろう。

（3）暴利の消費貸借での給付

例えば，暴利を約した消費貸借が締結された場合，給付されたのは金銭（所有権）そのものか，あるいは期間を定めた金銭の利用かが問題となる[154]。というのは，暴利行為は公序良俗違反かつ不法原因給付の典型だが，消費貸借契約それ自体を無効とし，給付されたのが金銭だと解すると，貸主は即座に貸金の返還請求が可能だが，反面で708条本文によって元本自体の返還請求も排除される可能性があるからである。しかし，その結果はいずれも，どのようなケースでも必ず望ましいものとはいえないであろう。したがって，暴利の消費貸借は，消費貸借自体ではなく，暴利を定めた金利の合意が90条違反で無効，708条の意味で給付されたのは，期間を定めた金銭の利用である，と考えることもできる。さらに，暴利の合意ではなく利息の合意自体は有効と解すると，法定利息（404条）も請求できることになる。基本的には，以上の解釈が妥当であろう。もっとも，わが国では利息制限法などの特別法があり，そこで与えられている解決は，金利の規制を除けば，以上の解釈の結果と変わらない（ドイツには利息制限法のような法律はなく，暴利行為だけで問題解決するほかないので，以上の論点が大いに議論された）。もっとも，ここでの解決は，給付の制限的解釈ではなく，契約の部分無効という契約解釈の問題であろう。つまり，金利の合意自体は有効で，暴利は無効，しかる後に具体的な金利に関して当事者

の意思を補充して契約を解釈したのが，利息制限法などの金利規制の法律であろう。ただし，暴利性が甚だしく，かつ債務者の窮迫につけ込んだというような事情があれば，元本の返還請求自体に708条本文が適用されるべき場合も存在するのは自明であろう。

以上と類似する問題が，物の使用が約された場合，例えば，売春宿の営業のための家屋の賃貸である。仮に，そういった賃貸借が公序良俗に反して無効，かつ賃貸借で給付されたのが家屋の引渡しだったと解するなら，その返還請求に708条本文が適用されかねないこととなる。もちろん，その結果は売春宿を営む給付受領者が不当な利益を得ることになり，極めて不当である。そのゆえに，かつてドイツ法では給付者（賃貸人）が不当利得返還請求ではなく，所有権に基づく返還請求権を行使した場合には，不当利得返還請求権を排除すべき不法原因給付の規定（ドイツ民法817条2文）は適用されない，という解釈論が唱えられた。したがって，ここでも給付されたのは，建物ではなく，期間を定めた物の使用にすぎない，と解するのが妥当であろう。その後に，賃貸借は即座に無効となるのか，権利金の返還，（例えば）暴利の賃料に代わって相場相当の賃料請求ができるのかは，こういった営業・取引をどう禁圧するのかという法政策的観点が決定することになると考えることができる。

4　給付者の不法性の意識

不法原因給付による不当利得返還請求権の排除の根拠は，給付者が自らを法の外においたことであり，その結果として法的保護が拒否される，というのが一般的な説明である。それゆえに，給付者には不法性の認識，不法を弁識する能力が必要だと解されている。もちろん，誰でも禁止規範をすべて知っているわけではないから，不法性の認識は違法性の認識ではなく不法を構成する事実を認識していれば足りるということになる。不法を弁識する能力すなわち不法原因能力とは，責任能力（712条，713条）だとか[155]，それより程度の高い刑法上の責任能力（刑法41条）だと説かれている[156]。しかし，不法原因給付による不当利得の返還請求が排除されるのは，その行為自体が法の外にあると法が評価し，その結果として保護を拒否することで，一般予防の見地から法目的を達成するのが妥当だと法が決定するからである。したがって，給付者が意識して不法の状態に到達したことではなく，その状態にあることを，法がどう評

価するかが，708条本文の適用の指針でなくてはならないはずである。もちろん，責任能力のない給付者の行為は，禁止規範の目的達成のために同条を適用する必要のない場合が多いであろう。しかし，上述の視点からは，708条本文の適用には，給付者の主観的態様・能力は考慮すべき重要な要素ではあるが，適用の要件ではないと解するのが妥当だと考える。

5　708条本文の証明責任

不法原因による給付がなされた場合は，それが禁止規範に違反していることが理由であっても，給付者は給付に法律上の原因がないことを主張・立証すれば，その返還請求は基礎づけられるはずである。したがって，給付が不法の原因によるものであり708条本文に該当し，返還請求が排除されるための要件は，給付受領者が抗弁として証明責任を負担すべきだということになる[(157)]。

Ⅲ　708条本文の適用が問題とされた事例

1　総　説

不法原因給付による不当利得返還請求の排除が問題となった事例は，公序良俗違反，強行法規違反の事例と同じく，非常に広い範囲にわたっている。しかし，先にも述べたとおり，個々の判例では，禁止規範の保護目的が事件との関係で具体化されるから，事案の特性によって結論が左右されるのは当然であろう。しかも，不法に関する考え方も，時代とともに変化している。だから，そこに一定の基準線を見いだすのは，なかなか困難である。しかし，経済的自由を制限する統制法規や禁止規定に違反した行為に対しては，傾向的には判例は寛容になりつつあるといえよう。しかし，それも公法が私法化し公序や取締法規に対する考え方が変化すれば，また変更を余儀なくされることになるであろう。したがって，以下は主に従来の判例の一応の整理にすぎない。

2　政策的な目的のための強行法違反

大審院の判例には，政策的な目的ゆえの強行法規に違反した契約による給付

第2部　給付利得　第6章　不法原因による給付の不当利得

を不法原因給付だとしたものと，そうでないものがある。反対に，強行法規違反の契約への給付に708条本文を適用しないのが最高裁の判例の傾向といえよう[158]。

（1）権利株の売買

判例は，権利株の売買は強行法規に違反して無効だが公序良俗違反ではないとして，権利株の売買代金の返還請求には708条本文を適用しない（大判明治41年5月9日民録14輯546頁など）。これに対しては，仮に売買代金の返還請求を認めなければ，結果的には権利株売買を是認するのと変わらなくなるがゆえに，返還請求は排除されなかったのだ，という評価がある[159]。つまり，権利株売買を禁圧しようという法目的のゆえに，売買契約は無効で不当利得の返還請求も可とされた，ということになる。

（2）名板貸契約

取引所の取引員が他人に名義を貸して営業させる，いわゆる名板貸契約は，取引所の取引員（仲買人）を政府の免許を受けた者に限り，かつ政府の監督に服させることで，取引を規制しようとした取引所法に違反する脱法行為であり無効だ，と判例・学説は解していた[160]。さらに，判例（大判大正15年4月21日民集5巻271頁）には，名義借人から名義貸人に与えた（名義借人の取引から生じるかもしれない将来の損害の担保のための）証拠代用証券の返還請求を退けたものがある。したがって，判例は，無効な名板貸契約に基づく証拠代用証券の交付は，不法原因給付であることを前提としていると考えられる。しかし，名板貸契約の当事者間ではなく名板貸契約に関連した給付では，名義借人と取引した委託者の証拠金の返還請求には708条本文は適用されないとする判例（大判昭和17年5月27日民集21巻604頁）がある。つまり，（判例は多数あり，かつ様々であるが，以上の限りでは）判例では，違法な名板貸契約の当事者間では，違法な契約の禁止のために，契約自体が無効となるのみならず，契約上の給付にも708条本文が適用される。他方で，名義借人と取引した者は，その違法とは関係しないから，契約は無効（大判大正10年9月20日民録27輯1583頁参照）だが708条本文は適用されない，ということになる。だから，判例は名板貸契約を禁止した禁止規範の法目的に則して，そこでの当事者に応じて異なった判断を与えているといえる。

ただし，以上のような名板貸契約に関する判例に対しては，学説の批判が多い。すなわち，㋐名板貸契約の当事者（名義貸人・名義借人）間では契約は無

効だが，既履行の取引は有効であるとするか，あるいは，708条本文の適用に
はさまざまな要素（公益保護の要請，当事者双方の不法性の強弱，当事者双方の利
益の衡平，委託関係での信任関係の維持など）が勘案されなければならず，そこ
での給付を容易に不法原因給付とすべきではない。(イ)名義借人と委託者との関
係では，契約はそもそも有効である，というのである(161)。すなわち，学説は
基本的に経済自由主義の立場に立っており，そういった観点から判例に対して
批判的だということになる。

（3）斤先堀契約

斤先堀業者が鉱業権者のために代納した税金は，不法原因給付で返還請求で
きないとした判例（大判大正8年9月15日民録25輯1633頁）がある。ここでも学
説は，既履行部分については斤先堀契約を無効とすることも含めて，708条本
文の適用には批判的である。そこで，学説は，斤先堀契約を禁止することは不
可能であったし，事実として後には許可を要件として適法と法改正された，な
どと評している(162)。しかし，鉱工業の発展と安全のためには経営者が誰かは
公序に属する問題だ，というのが判例の考え方である。つまり，判例と学説で
は，斤先堀契約を禁じた法規の保護目的の捉え方が違う上に，学説は経済自由
主義的な考え方を基礎にしているのだといえる。

（4）外国人の土地取得

外国人の土地取得が禁じられていた時代に，判例（大判大正15年4月20日民集
5巻262頁）は外国人の売買手付金の返還請求は公序に反するから708条本文に
当たると解していた。学説は，土地売買そのものを無効とするのは別として，
手付金の返還請求まで拒絶するのは，給付受領者に不当な利益を与えて公平で
はないとして，判例に批判的だった(163)。しかし，外国人の土地取得を徹底的
に禁圧しようとするなら，あながち判例の態度が誤りだとは言い難い。した
がって，ここでも斤先堀契約について述べたことが当てはまると考える。

（5）恩給担保

（かつては，恩給受給権への担保設定は禁止されており，）恩給担保は無効だか
ら，恩給受領権者は恩給証書の返還を請求でき，かつ担保設定・証書の交付は
不法原因給付に当たらない，というのが判例（大判昭和4年10月26日民集8巻
799頁）の立場である。ただし，理由づけとしては，担保設定の無効を前提に
恩給証書の所有権に基づく返還請求を認めたもの（大判大正5年2月3日民録22
輯35頁），不解除特約の効力を認めず受領委任の解約を認めたもの（大判明治36

第 2 部　給付利得　第 6 章　不法原因による給付の不当利得

年 1 月23日民録 9 輯53頁）などがある[164]。

3　経済統制法規への違反

（1）価格統制令違反

　経済統制令違反の契約では，統制価格内での契約の有効性を認めるのが判例
（最判昭和31年 5 月18日民集10巻 2 号532頁など）の立場である。統制価格を超え
て払った代金の返還請求が認められるか否かに関しては，最高裁の判例は存在
しない。ただし，判例は地代家賃統制令に違反して支払った権利金（最判昭和
32年11月15日民集11巻12号1962頁），賃料（最判昭和35年 4 月14日民集14巻 5 号849
頁）で，705条を適用している。仮に，家賃・地代の統制を徹底させるなら，
705条を適用せず，708条の適用を問題としないか，同条ただし書を適用して，
統制価格を超えて支払った過払分の返還請求を肯定すべきであろう。したがっ
て，少なくとも地代家賃統制令への違反では，判例は既履行の弁済の効力を奪
うのは禁止規範の保護目的ではないと解している，と考えることができる。そ
の理由ないしは背景は，第 2 次世界大戦後の極度の借地借家の供給不足にあっ
たと指摘されている[165]。

（2）物資統制令への違反

　物資統制令への違反では，臨時物資需要調整法に違反する藁製品の売買で，
代金を支払わない買主に対する売主の原物返還に代わる（公定価格によって計
算された）損害賠償の請求を認め，708条本文を適用しない判例（最判昭和35年
9 月16日民集14巻11号2209頁）がある。さらに，石油製品の販売業者配給割当公
文章と引換えでなければ石油製品を需要者に売り渡すことを禁じた，石油製品
配給規則違反の揮発油の売買でも，同旨の判例（最判昭和37年 3 月 8 日民集16巻
3 号500頁）がある。いずれの判決も統制令違反の売買契約は無効とするが，
前者では公定価格での原物返還に代わる損害賠償（価格返還），後者では売買
代金相当額の不当利得返還請求には，708条本文は適用されないとしている。
つまり，不当利得返還請求を排除してまで，統制令違反の取引を禁圧すること
は，禁止規範の保護目的ではないということであろう。

（3）無限連鎖講の防止に関する法律への違反

　無限連鎖講は，会員の射幸心をあおって新規の（下部）会員の出資金を先の
（上部）会員への配当に充てるものであり，早晩の破綻が予定されている事業

104

である。このような事業が破産して選任された破産管財人が，多額の配当を受けた上部会員に対して配当金を不当利得として返還請求した事件で，判例（最判平成26年10月28日民集68巻 8 号1325頁）は，会員と事業者の間の契約は90条違反で無効，配当金の給付は不法原因給付だが，708条本文を理由に返還を拒むことは信義則上許されないとしている。ここでは，正面から708条本文の適用の例外とは判示されていないが，無限連鎖講の被害者救済という無限連鎖講の防止に関する法律 2 条の保護目的からは，破産債権者への配当額を増やして被害者の保護を図るための破産管財人からの配当金の返還請求は許されると解したものと理解すべきであろう(166)。

　他方で，ダイアモンドを対象の商品としたマルチ商法で，会員からの出資金の損害賠償請求では，損害賠償額から，会員に給付されたダイアモンドの時価相当額が損益相殺として控除されている（名古屋地判平成 6 年 5 月27日判タ878号235頁）。ここで問題となるマルチ商法は，公序良俗に違反して無効，事業者からの反対給付（ダイアモンドの引渡し）も不法原因給付とされれば，出資金全額の不当利得返還請求が可能となるはずである。だから，不法行為による損害賠償請求で，事業者からの反対給付を損益相殺したことは，事業者の反対給付は不法原因給付に当たらないと判断されたことになる。

4　利息制限法違反

（ 1 ）暴利行為と利息制限法

　わが国では早くから利息制限法という特別法が用意され，一方で利息の制限を規定するとともに，制限超過利息も任意に支払えば返還請求はできないという規定が用意されていた。つまり，高利（暴利）の金銭消費貸借でも，消費貸借は有効であり，高利は無効だが，利息の合意は有効で，利息制限法の制限内利息が利息の合意を補充していることになる。そこで，高金利による消費貸借という暴利行為に対して，90条，708条本文の適用の可否が正面から論じられることは少なく，利息制限法の解釈に問題解決が委ねられてきた。明治10年公布の旧利息制限法（ 2 条， 4 条）では，制限超過利息は裁判上無効とされていたが，既払いの制限超過利息の返還請求に対して，708条本文を適用した判例（大判明治35年10月25日民録 8 輯 9 巻134頁）が，リーディングケースとされていた。その後の昭和29年公布の利息制限法（旧 1 条 2 項）では，制限超過利息を

105

第２部　給付利得　第６章　不法原因による給付の不当利得

任意に支払ったときは返還請求できない，とされた。しかし，最終的に判例は制限超過利息の返還請求を認容するに至った（最大判昭和43年11月13日民集22巻12号2526頁，最判昭和44年11月25日民集23巻11号2137頁）[167]。

（２）貸金業法と利息制限法

ところが，昭和58年（1983年）にいわゆるサラ金２法（貸金業法，出資法）が制定され，利息制限法の制限利息より高額で刑事罰の対象となる利息を出資法（５条２項）が規定し，平成18年改正（削除）前の貸金業法（43条）が利息制限法の規定する以上の制限超過利息も，（利息の支払いに対する書面交付義務などの）一定の要件の下で支払われたときは有効な利息債務の弁済とみなすと規定した（いわゆる「みなし弁済」規定）。しかし，その後，特に書面交付義務の厳格な解釈で，一連の判例（最判平成18年１月24日民集60巻１号319頁，最判平成19年７月13日民集61巻５号1980頁など）は制限超過利息の返還請求を認容するに至った[168]。以上の経緯を経て，貸金業法のみなし弁済規定は廃棄され，利息制限法１条２項は削除された。

（３）ヤミ金と不法原因給付

最近では，年利数百パーセントを超える高金利による金銭消費貸借を行う事業者（いわゆるヤミ金）に対して，返還した元本，利息を借主が損害賠償請求した事案で，貸主が元本相当額は損益相殺して損害賠償額から控除されるべきだと主張したが，反倫理的行為によって利益を得た貸主（加害者）からの貸金の元本の不当利得返還請求は708条本文の適用で許されないだけでなく，借主（被害者）の不法行為に基づく損害賠償請求に対して損益相殺を主張することも，708条の趣旨に反して許されない，とした判例（最判平成20年６月10日民集62巻６号1488頁）がある[169]。これは，利息制限法の予定しているような高金利の規制という範疇から外れた暴利行為には，元本の給付も不法原因給付として返還請求を拒絶することで，高金利の消費貸借による暴利行為を徹底的に禁圧しようという考え方によるものであろう。

利息制限法違反のケースではないが，事業者が米国債を購入すれば多額の配当が得られると宣伝し，米国債の購入にあてられると欺罔されて出資した被害者からの損害賠償請求に対して，被害者に支払われた配当金を損益相殺できるが争われた事件で，判例（最判平成20年６月24日判時2014号68頁）は，損益相殺を否定している。ここでは，配当金の交付は，被害者に米国債を購入していると誤信させる詐欺を発覚させないための手段であり，不当利得返還請求はでき

ないとされている[170]。つまり，損益相殺を認めれば，不法原因給付に当たる給付の返還請求を認める結果となる。だから，不法行為による損害賠償請求でも同じだということである[171]。

ちなみに，以上の(旧)利息制限法下での借主の任意の弁済が返還請求できない根拠として，不法原因給付に当たるのかが議論されたこともあったが，(旧)利息制限法が定めるとおり（「裁判上無効」「任意に支払ったときは，…返還を請求することができない」），利息制限法の保護目的がそれを要求していないからだと考えるべきであろう。ただし，利息制限法をめぐる判例・立法の変遷は，その時代の経済状況，金融政策によって，同様の法律の規定でも，その規範の禁止目的，保護目的について異なった解釈がされる実例であろう。

5 公序に反する取引

(a) 犯罪の資金の貸与に関して，AがBの米国密航を勧誘周旋してBの父親Cに密航資金を貸し付けた事例では，AのCに対する不当利得返還請求に708条本文が適用されている（大判大正5年6月1日民録22輯1121頁）。反対に，Aの勧誘でAに密輸の資金を提供することを約したBが，後に翻意して拒絶したが，Aに強圧されて資金を供与したという事例では（Aは資金を遊興で費消していた），90条も708条本文も適用されないとされた（最判昭和29年8月31日民集8巻8号1557頁）。これらの判例は，その事件の具体的な事情によって禁止規範の保護目的を具体化して，返還請求の是非を決したものであろう。特に，後者の判例は「後悔する権利」を保護したとも評価できる。

(b) 法定額を超える選挙費用を立て替え払いした場合も，行政犯にすぎず反道徳的な行為とはいえないとして，708条本文を適用しない，というのが判例（最判昭和40年3月25日民集19巻2号497頁）である。ただし，これも事案によるのであり，買収・供応の資金の立て替えでは不法原因給付となる可能性があると指摘されている[172]。禁止規範の保護目的という観点からは，そう解することになろう。

(c) 債権者を害するための財産隠匿行為

かつては，判例は，債権者を害するために財産隠匿行為（虚偽表示による不動産の所有権移転と移転登記）がなされた場合は，その回復のための返還請求を不法原因給付を理由に退けていた（大判明治32年2月14日民集5輯2巻56頁な

第2部　給付利得　第6章　不法原因による給付の不当利得

ど）。しかし，後には判例は変更され，虚偽表示によっては所有権は移転せず給付者は所有物返還請求が可能で，所有物返還請求には708条は適用されず，さらに，不当利得返還請求だとしても（犯罪行為にあたる場合は別として）90条違反ではないから，やはり同条は適用されない，とした（大判明治42年2月27日民録15輯171頁）。最高裁も同様に，刑法96条の2（強制執行免脱罪）ができる以前の財産隠匿行為は不法原因給付とはならない，とした（最判昭和27年3月18日民集6巻3号325頁）。さらに，その後も仮装譲渡が譲受人の主導の下で，しかも債権者からの強制執行の差し迫った危険がないにもかかわらず行われたケースで，返還請求を認めている（最判昭和37年6月12日民集16巻7号1305頁）。加えて，仮装譲渡の一事を以てしては不法原因給付には当たらないとした判例（最判昭和41年7月28日民集20巻6号1265頁）がある。要するに，財産隠匿のための虚偽表示による給付は不法原因給付にはあたらないというのが，現在の判例の立場であろう。学説も仮装譲渡は不法原因給付を構成しないというものが多い[173]。

　以上は禁止規範の保護目的という観点から見ると，次のように考えることができよう。すなわち，財産隠匿行為が犯罪を構成するなら，それはかえって刑事罰のサンクションに委ねるべきであり，民事的な手段による処罰は適切ではない。その適用に厳格さが必要とされる刑事罰とは違って，民事での処罰にはそういった要請は働かない。百歩譲って，仮に民事の刑罰が予防効果を狙って構想される場合も，それには給付受領者の不当な利益の取得とのバランスなども含めて，慎重な検討が必要となる。そういった観点からも，財産隠匿による給付に708条本文を適用する契機は見いだしにくい。

　(d)　家族が分家するために，財産を分与する契約を締結し地所を譲渡したが，分家はされなかったというケースで，分家の契約は無効だが，財産の譲渡は不法原因給付ではないとして，贈与された地所の返還請求を認めた判例（大判明治43年7月4日民録16輯501頁）がある。

6　性道徳に関する公序良俗違反

　不倫な関係を維持するための給付は不法原因給付であり，返還請求することはできない。妾関係を維持するための贈与は，これに当たる。ただし，未登記建物の贈与では，移転登記がなくとも引渡しで給付があったとされる（最大判

昭和45年10月21日民集24巻11号1560頁），既登記建物では移転登記が必要で，引渡しだけでは給付には当たらない（最判昭和46年10月28日民集25巻7号1069頁）。したがって，ここでは贈与法による解除（550条）よりも，贈与者の給付の回復の可能性が広く認められていることになる。これは，（軽率な贈与を防止するという）贈与の解除と不倫な関係の維持を禁圧しようという不法原因給付の制度目的からは，十分な理由のあることだといえよう。

他方で，不倫な関係の解消を目的とする手切れ金契約は有効であり，手切れ金が給付された後には返還請求はできないが，受領者にだけ不法性が認められる場合は返還請求が可能だとした判例（大判大正12年12月12日民集2巻668頁）がある。これも，判例の当時の社会感覚に依存する判断だろうが，返還請求の可否は個別のケースでの不法の評価に依存するのであろう。

7 自由を制限する行為

（実際には売淫行為を目的とする）酌婦契約は酌婦契約・消費貸借契約のいずれも無効であり，かつ消費貸借上の貸金の返還請求は不法原因給付で排除される，というのが現在の判例（最判昭和30年10月7日民集9巻11号1616頁）である。ただし，かつての判例（大判大正10年9月29日民録27輯1774頁）は，消費貸借は無効でも，借主は貸与された金銭を不当利得として返還すべきだとしていた。しかし，それでは弁済のために事実上は酌婦労働を強制する結果となり，それゆえ，酌婦労働を強制する契約と消費貸借を一体と捉え，契約を双方とも無効として，しかも消費貸借で交付した金銭も不法原因給付に当たる，としたのが現在の判例である[174]。

8 射 幸 行 為

賭博に負けても，その債務負担は無効だから，勝者（債権者）から敗者（債務者）への支払いの請求はできない（90条）。ただし，敗者が支払ってしまえば，不法原因給付として返還請求はできない（708条本文）[175]。一般予防の見地からは，賭博場には近づくなということになる。

さらに，賭博の資金だと知って金銭を貸与した場合は，消費貸借は無効である（大判昭和13年3月30日民集17巻578頁，賭博の前後を問わず無効である，として

第2部　給付利得　第6章　不法原因による給付の不当利得

いる）。さらに，賭博資金の供与で，単に消費貸借が90条違反で無効ゆえ返還請求できないとした判例（最判昭和47年4月25日判時669号60頁）もある。学説は，貸与者が賭博を勧誘したような場合は別として，原則として給付者（貸与者）よりも給付受領者（賭博者）の不法性が大きいから，不法原因給付にはならず，返還請求が可能だとしたり[176]（ただし，そのような学説の中でも我妻説は，借主が借り受けた金銭を賭博の借金の返済に充ててしまえば，利得消滅になる，つまり，現存利得はなく，その限りで貸主の返還請求を認めればよい，としている[177]），貸与者の不法性にも大小があり，種々の事情を勘案して決すべきだと指摘しており[178]，一律に返還請求を拒絶することには批判的である。

　ここでも，賭博を禁圧しようという禁止規範の目的に照らして，その実現に有益な限りで返還請求が拒絶されるべきであろう。だから，例えば，下級審では，賭博開帳を幇助し賭博開帳の利をはかる目的で貸与された貸金は708条本文の給付に当たるとして返還請求を拒否した裁判例（大阪高判昭和50年1月23日判時779号68頁），友人間の麻雀荘での賭博への貸金であることを理由に同条の適用を否定し返還請求を認めたもの（東京地判昭和55年7月17日判時989号69頁）がある。さらに，（訴訟手続上の理由で）賭博開帳者に資金提供した者からの返還請求を拒絶することになった裁判例（最判昭和61年9月4日判時1215号47頁）があるが，そこでは90条違反による消費貸借の無効だけが争われており（賭博を知って貸与されれば公序良俗違反としている），不当利得返還請求に対して708条本文が適用される趣旨ではない，と考えられる[179]。

9　正義の観念に反する場合

　大学などの教育機関への裏口入学を斡旋することの対価として給付された金銭は，不法原因給付に当たり返還請求できない。仮に，裏口入学の工作が成功しなければ資金を返還するという特約が結ばれていたとしても，特約も公序良俗違反で無効だから，同じである（東京地判昭和50年3月26日判時792号59頁など）。詐欺を理由に損害賠償請求しても，708条本文の趣旨から，やはり請求は認められない（東京地判昭和62年8月28日判時1277号135頁）。例外的に，受領者側が積極的に勧誘したなどの事情があり，しかも双方の不法性の程度を比較し，かつ返還の約束が不合格確定後になされ裏口入学を助長する機能も持たないと判断され，返還約束の有効性を認めた事例（東京地判平成5年1月25日判タ

110

876号206頁）があり，さらには90条，708条にふれず，依頼者との委任契約を根拠として返還請求を認めた事例（東京高判昭和55年1月30日判時957号43頁）もないわけではない。もっとも，前者のケース（東京地判平成5年1月25日判タ876号206頁）では，控訴審で，返還約束は不合格の前後を問わず裏口入学の斡旋を助長することになるとして，不法原因給付を理由に返還請求が拒絶される結果となっている（東京高判平成6年3月15日判タ876号204頁）。

　したがって，原則としては裏口入学の斡旋を目的に交付された資金は不法原因給付であり，その返還約束も公序良俗違反で無効である。しかし，個別の事情によっては，給付者の不法性が小さい場合は，返還請求を認めても，こういった契約を助長することはないから，不法原因給付には当たらない，ということになる。あたりまえのことながら，このケースでは，給付受領者の不法性に関しては，708条本文の適用にあたって，不法性は自明のこととしてほとんど考慮されないことになろう[180]。

IV　708条本文適用の効果

1　総　説

　給付が不法原因給付による給付だとされると，708条本文が適用され不当利得返還請求権は排除される。その際に，返還請求の排除が原物返還のみならず，それに代わる価格返還にも及ぶのは当然である。ただし，効果に関して，幾つか問題となる点がある。

2　金銭消費貸借の場合

　金銭の消費貸借に暴利が付されたとき，何が不法原因給付されたのかに関しては，わが国では利息制限法があるためほとんど議論されなかった。しかし，仮に金利の暴利性ゆえに消費貸借契約自体が公序良俗違反とされれば，消費貸借は無効で，貸主は即座に貸し金の返還請求ができるはずだが，反対に，不法原因給付で元本の返還請求も排除される可能性がある。このような結果を回避するためには，給付されたのは「金銭」ではなく，「期間を定めた金銭の利用」だ，という解釈をすることが必要となる。そうなると，貸主は約定期間内は貸

第2部 給付利得 第6章 不法原因による給付の不当利得

金の返還請求はできないが、約定期間の経過後には交付した金銭自体の返還請求は可能となる。もっとも、以上の不当利得での操作の結果は、消費貸借契約それ自体は有効、暴利の約定だけが公序良俗違反で、契約は一部無効となるにすぎないと、契約を解釈した場合と結果的には異ならない。しかも、金利の合意自体は有効だと解すると、法定利息（404条）は請求できることになる。利息制限法はこの場合に、制限内利息で法定利息の規定を補充したものだと考えることもできる。ただし、以上のような不当利得での操作、契約の解釈も、論理必然的なものではない。それ以上に、暴利行為を禁圧することを禁止規範の保護目的が命じる場合は、金銭の給付自体を不法原因給付として返還請求を排除することになろう。ヤミ金業者に元本と暴利を全て返済した後に、借主が返済額を損害賠償請求したケースで、ヤミ金が交付した元本を損益相殺しなかった判例（最判平成20年6月10日民集62巻6号1488頁）は、結果的にこのことを承認したことになる。

3 物の利用を目的とする契約の場合

　物（特に、不動産）を利用する契約（賃貸借、使用貸借）が公序良俗違反とされた場合の返還義務のあり方についても、幾つかの問題がある[181]。例えば、売春宿の営業のために建物を賃貸し、しかもそこでの営業利益の分け前に賃貸人も与る契約をし、賃貸借が公序良俗違反で無効とされた場合などである。その際に、不法に給付したものが建物だとされれば、建物の返還請求までもが排除される可能性がある。そうなると、建物の所有権に基づく所有物返還請求には（不当利得返還請求に関する規定である）708条本文は適用されない、というような解釈を用意しなければならないこととなる。それゆえ、近時の学説は、給付されたのは「期間を定めた物の利用」と解して、建物返還請求自体への708条本文の適用を回避している[182]。

　ただし、その際に貸主は即座に建物の返還請求ができるのか[183]、約定期間の利用が許されるのか[184]に関しては、学説が分かれている。かつ、そこで、学説は自説の根拠づけのために、所有権に基づく請求だからとか、給付は完了しているから、などというリーズニングを用意している。すなわち、賃借物の返還請求が可能なのは、賃貸人の請求は不当利得返還請求ではなく所有権に基づく請求だからだとか、給付が完了して不法原因給付の返還請求が排除される

112

といえるのは，すでに経過した物の利用にすぎず，将来の利用はそうではない，といった具合である。しかし，このようなリーズニングは恣意的であり，それによってどのような結論を導き出すことも可能である。反対に，例えば，所有権に基づく請求権にも708条本文は適用される，さもないと不法な給付をした者に対して権利保護を拒否した同条の趣旨が減却される，あるいは，賃貸人が所有者ではないケースも考え得る，さらには，賃貸人はすでに約定期間の物の利用を給付している，などという理由づけも，それだけを取り上げれば，以上と全く同程度の説得力を持っているともいえるからである。したがって，ここでも結論を実質的に決定することができるのは，禁止規範の保護目的であろう。すなわち，例えば，売春宿の経営の禁圧が賃貸借契約を無効としたことの目的なら，建物の返還請求は即座に認められてしかるべきであろう。暴利の賃料の禁止が目的なら，約定期間の利用自体は保障されるべきであろう。それ以上に，暴利とはいえない利用した期間の使用利益の返還請求まで拒まれるのかは，そこでの物の利用をどこまでの予防効果を伴って禁圧するのかという，禁止規範の禁止目的が決すると考える以外ないであろう。

　以上の理は，例えば，愛人関係を維持するために建物の所有権が贈与されて移転したのか，単に使用貸借したのかが不明だとか，金銭が贈与されたのか貸与されたのかが不明というケースにも当てはまる。その意味で，708条本文を適用して，（妾に対する贈与は認定されず，）妾に使用貸借した建物の（所有物）返還請求を退けた裁判例（東京地判昭和40年5月10日下民集16巻5号818頁）のリーズニングである，物の利用の契約では「所有利益」ではなく「占有利益」が給付であるという考え方には，十分な説得力があるといえよう（その上で，妾に対する所有物返還請求にも，社会的妥当性を欠く不法を犯した者に対する，非難の制裁として，助力を拒む私法の理想の規定だから，708条本文は適用されるとしている）。

4　物の所有権を移転する契約の場合

　以上とは異なり，物の所有権を移転する契約が公序良俗違反で無効となったときには，物の返還請求権に708条本文が適用され得るのは当然である。しかし，その結果として，物の所有権が受領者に移転するのか，給付者に止まるのかに関しては，学説の考え方は分かれている。判例（最大判昭和45年10月21日民

第2部　給付利得　第6章　不法原因による給付の不当利得

集24巻11号1560頁）は，妾に未登記建物を贈与して引き渡したが，後に自己名
義に登記して返還請求したという事例で，不当利得および所有物返還請求が不
法原因給付として認められないことの反射的効果として，所有権は受領者に帰
属する，としている。しかも，その上で登記名義と所有権の帰属との分裂を避
けるために，受領者からの移転登記請求も認めている。現在の学説の多くは，
判例と同様の立場である[185]（というよりも，学説の考え方が変わったことに応え
て判例は見解を改めたというのが，正確であろう[186]）。その根拠は，給付者に所
有権が残るのでは，法律関係が紛糾する，返還請求の排除は，法律上も受領者
が受益を保持できると判断されたことを意味する。90条と708条とを併せ考え
ると，復旧が許されない物権変動があったことになる，などである。

　ただし，これに対しては，有力な反対説がある[187]。すなわち，こういった
学説は，以上のケースでは，給付者が708条本文ゆえに受領者に物の返還を請
求できないのと同様に，受領者も90条に反するから移転登記請求ができない。
その結果，贈与された建物の所有権の帰属は一義的には決まらず，受領者も給
付者も不安定な地位におかれる。しかし，それは公序良俗違反の契約を締結
し，不法原因給付を受けたことの当然の帰結だ，というのである。さらに，以
上の学説のなかには，708条本文の給付に関して，判例とは異なった見解をと
るものがある。すなわち，贈与されたのが既登記の建物で引渡しだけがされた
ときは，いまだ給付は完了しておらず給付者の返還請求が認められる，という
のが判例の考え方である。しかし，こういった学説は，なんであれ受領者に交
付されたものはすべて給付であり，その給付の返還請求を排除するのが708条
本文の意味だと主張する[188]。したがって，ここでも給付者は建物の返還を請
求できないことになる。つまり，不法原因給付での権利保護拒否という制度趣
旨を全面に押し出そうというのが，このような学説の基本的な考え方である。

　仮に，708条本文の制度目的がもっぱら権利保護の拒否にあり，それに尽き
るというなら，近時の有力説の提案は相当以上の説得力を持っているといえ
る。しかし，このような学説には，次のような問題点があると考える。第1
に，以上の学説によると，不法原因給付がなされた後の給付物に関する権利関
係は非常に複雑化し，かつ，給付者からの返還請求は許されない反面，受領者
からの移転登記請求もできない当事者間では両すくみの状態が継続する[189]。
もっとも，そういった権利状態の不安定こそが，近時の学説の目的とする結果
ではあるが，しかし，そうすると，以上のような状態を解消するためには，不

法原因給付とは関係のない第三者が不動産の所有権を取得するしかない。しかし，それでは結局は登記を備えている側が，第三者に対抗要件を具備させることで，給付の経済的価値を実現させることになる。そうだとすれば，対抗要件を備えるのが給付の完了だと解するのと，実際上はさほど違った結果とはならないのではないのか，というのが以上の学説に対する疑問である。第2に，本書の立場では，不法原因給付の返還請求の拒否の制度目的は，返還請求を排除することにより一般予防的な効果を期待して，積極的に禁止規範の目的を達成することである。その点だけからも，偶然に給付されたものの返還を拒むという単純な権利保護拒否という要請だけでは，不法原因給付の制度を禁止規範と整合的に適用する指針としては不十分であると評価せざるを得ないと考える。かえって，不法な状態の解消に積極的に協力することを，禁止規範が命じている場合もある。例えば，賭博の債務の担保のために設定した抵当権の抹消請求などは，その例であろう。さらに，賭博の債務の担保のために債務者の土地に抵当権が設定され，その債権と抵当権が譲渡されたに止まらず，債務者が債権譲渡に異議を止めない承諾を与えた場合（改正前468条1項）も，原則として債務者は公序良俗違反を債権の譲受人に対しても主張できるという判例（最判平成9年11月11日民集51巻10号4077頁）もある。これも，不法の除去が強く命じられている例であろう。すなわち，ここでは判例は賭博による債務の担保を可及的に消滅させようとしており，しかも，それが賭博を公序良俗違反としたことの保護目的に合致すると考えられるからである（判例は，「けだし，賭博は公の秩序及び善良の風俗に反すること甚だしく，賭博債権が直接にせよ間接にせよ満足を受けることを禁止すべきことは法の強い要請であって，この要請は，債務者の異議なき承諾による抗弁喪失の制度の基礎にある債権譲受人の利益保護の要請を上回るものと解されるからである」〔前示平成9年最判〕と判示している）。つまり，不法原因給付がなされた後でも，それを前提として，その保護目的に則して望ましい権利状態の回復を禁止規範は命じている。返還請求の拒否も，結局はその具体化である。その結果（先の，昭和45年最判のように）たとえ消極的にではあっても，禁止規範の命じる権利状態に即して所有権の帰属も決定される，と考えるのが妥当な解釈だ，というのが本書の立場である。したがって，近時の有力説の見解には賛成できない。結論として，判例の考え方を支持したい。

第2部　給付利得　第6章　不法原因による給付の不当利得

V　708条本文による返還請求の排除の及ぶ範囲

1　総　説

　その規定の位置からは，708条は不当利得返還請求権に関してだけ適用されると考えることも可能である。しかし，それでは，例えば，裏口入学の斡旋を依頼して資金を与えた者が，その資金自体の不当利得返還請求はできなくても，詐欺を理由とする不法行為の損害賠償請求はできることになりかねない。ところが，その結果は，原因となる債権関係を無効とし，しかも，不当利得返還請求による回復も禁じて，一定の目的を達成しようとした禁止規範が空洞化することになる。そこで，708条本文は不当利得返還請求以外の請求権に対しても適用されるのかが，論じられている。

2　所有物返還請求権

　所有物返還請求権には708条本文の抗弁は主張できないという考え方は，元来は，不法な原因による給付が行われた場合に，単純に同条を適用すると不都合が生じるから，そのために同条の適用を制限するためのものであった。例えば，借主が売春宿の経営をするために建物を賃貸した貸主（もちろん，売春宿の営業という事実を熟知している場合）は，賃貸借期間が終了したときにも，契約は公序良俗違反で無効だから契約上の返還請求権は行使できない。しかも，不当利得を根拠として（給付した）建物の返還を請求すれば，708条本文の抗弁がされる。それゆえ，貸主は所有物返還請求権で建物の回復を請求できるが，不法原因給付の抗弁は物権的請求権には適用されない，といった議論である。

　しかし，同様のロジックだと，以上の例とは違って，物の所有権が給付の対象とされたとき，例えば，不倫な関係を維持する目的での妾へ建物が贈与されたときは，契約は無効となるから所有権は移転せず，したがって，所有権に基づく返還請求は常に認められることになってしまう。しかし，それでは不法原因給付を理由に，給付の回復を禁じた708条本文の制度目的は達成されない。そこで，学説は708条本文は所有物返還請求にも適用されると説き，判例（最大判昭和45年10月21日民集24巻11号1560頁）も現在は同様の見解に立っている。

その際の根拠づけとして，学説は次のような理由をあげている。最も古いのは，わが国は物権変動で有因主義をとっているから，所有物返還請求に708条本文が適用されないと，同条はほとんどその存在意義を失うことになる[190]。最近では，給付利得（不法な原因による給付の返還請求）には所有権の問題とは別に，給付利得に関する規定（708条本文）だけが適用されるべきだ[191]とか，さらに，独自の請求権競合に関する立場から，物権的請求権と不当利得返還請求権の規範統合を説き，その規範の性格から708条本文の適用を肯定するなどである[192]。しかし，本来は708条本文の適用を制限するために設けた例外が，過度に一般化されたのを今一度制限しようというのが，以上の議論の目的である。しかも，そこでの混乱がもたらされたのは，708条本文の制度目的を権利保護の拒絶だと単純化して，同条の適用の方針が判然としなかったからでもある。それゆえ，708条本文は禁止規範の保護目的を達成するために，返還請求の排除という一般予防的な手段で，禁止規範を側面支援するための制度の一環だと直截に考えるなら，所有物返還請求に対しても同条が適用されるのは当然だということになる[193]。

3　不法行為による損害賠償請求権

　不法原因給付の受領者が詐欺を行って利益を得たような場合に，708条本文によって給付者の給付の不当利得返還請求が認められないなら，受領者の詐欺を理由とする損害賠償請求も認められるべきではないであろう[194]。ここでの不法行為を理由とする損害賠償請求は，不法原因給付の返還請求と同じ機能を果たしているからである[195]。この点については，多数の学説にも異論はない。判例も，例えば，紙幣の偽造を持ちかけられ資金提供した者からの詐欺者に対する損害賠償請求を退けている（大刑連判明治36年12月22日刑録9輯1843頁）。先にあげた，裏口入学の斡旋のための資金交付でも，資金の返還が拒絶されれば詐欺による損害賠償請求も認められない（例えば，東京地判昭和62年8月28日判時1277号135頁）。返還請求を認めないことで禁止規範の目的を達成しようという結論は，708条本文の適用によって既に決定されているといえるからである。

　したがって，反対に財貨の回復を認める必要があるという場合，損害賠償を認めても問題がないという場合には，708条ただし書が適用されたり，その趣

第2部　給付利得　第6章　不法原因による給付の不当利得

旨から同条が準用されることになる。特に，不法原因給付の不当利得の当事者間ではなく，第三者による給付の返還が問題となるケースでは，その可能性があると考える（後述の，債権者代位権による給付の返還請求は認めなかったが，債権侵害の主張は認めた判例〔大判大正5年11月21日民録22輯2250頁〕も参照）。

　以上の理は，給付による財貨移動があったとはいえない場合にも，禁止規範の保護目的がそれを要請する場合には，同じような評価が妥当すると考えられる。例えば，708条本文の精神を理由に，男に妻子があることを知ったうえで関係を持った女からの慰謝料請求が認められない場合である（大判昭和15年7月6日民集19巻1142頁）。ここでは，婚姻秩序に抵触する性関係を禁止するという規範が，損害賠償請求を退けることで一般予防の効果を伴って実現されていると考えることもできる。ただし，他方で，男の積極的な誘惑で関係し，妊娠した後に関係を絶たれたというケースで，女の慰謝料請求を認容しても708条の趣旨に反しないとした判例（最判昭和44年9月26日民集23巻9号1727頁）がある[196]。もっとも，このようなケースに関しては，本来は，不法行為の成立要件としての「違法性」の問題が問われているのであって，不法行為による損害賠償請求に708条を類推適用するというのではなく，不法行為における「違法性」の判断に際して708条の趣旨を参考にすると考えるのが素直だという指摘[197]があり，極めて適切だと考える。

4　不法原因給付を返還する合意

　不法原因給付と同時に，給付の目的を達成できない場合は給付を返還すると約したときは，その合意の効力をそのまま認めれば，708条本文の適用を回避する結果を承認したことになる。例えば，裏口入学の斡旋が奏功しなかったときは運動資金を返還するという旨の約束は，かえって裏口入学の斡旋を助長する効果をもたらすであろう。したがって，こういった約束自体が，90条に反して無効だといえよう（東京地判昭和50年3月26日判時792号59頁）。

　しかし，不法原因給付の後に改めて任意に給付したものを返還する約束をしても，その契約は有効であるというのが学説の考え方である。その理由は，不法原因給付は既に行われているから，もはやそれを防止しようという要請は全面的には機能しない。両当事者が不法原因給付を後悔して悔い改めることに問題はないどころか，違法状態を是正することは望ましい。さらに，708条本文

による返還請求の拒絶は，受領者の給付保持をもたらすが，それは給付者・受領者間の不公平を伴っている。したがって，その不公平を除去する返還約束は有効と解すべきだ，というのである[198]。

　初期の判例（大判明治36年5月12日民録9輯589頁）は，住職の地位の売買契約の当事者間での代金を返還する合意に対して，708条は公益規定であるから，不法原因給付のために給付したものの返還を約する合意は無効であるが，給付対象となったものを新たな売買・贈与などの法律行為によってさらに給付するのは不法ではない，としていた。しかし，後に幾つかの判例で見解を変更して，給付者は新たな返還の合意に基づいて返還請求できるとしている。まず，判例（最判昭和28年1月22日民集7巻1号56頁）は，統制法規違反の売買契約による給付の事例で，708条本文では給付者が返還請求できないだけであって受領者に法律上の原因があるわけではないから，返還の合意も不法な契約を合意解除して給付を返還することも90条にはふれない，と判示した。さらに，統制法規違反の不法な売買代金の前渡しの返還に代えて不動産を代物弁済する合意（最判昭和28年5月8日民集7巻5号561頁），共同事業者が官庁に働きかけて換地指定を受けるための資金を提供した場合（最判昭和37年5月25日民集16巻5号1195頁）にも，給付が不法原因給付だったとしても，その給付の事後の返還を約すことは708条にはふれない，としている。

　しかし，判例で問題とされた統制令違反のケースは，強行法規違反であってもそもそも不法原因給付にはならないというのが現在の判例の立場である。さらに，官庁への運動のケースも不法原因給付にはならないという評価もある[199]。確かに一般的には給付がなされた後の返還約束は，不法原因給付を助長する効果をもたらすものではないであろう。しかし，そうではない場合ももちろん存在しうる。つまり，返還約束が有効なら，再度また不法な契約を締結する誘因となる可能性もないではない。したがって，基本的には，禁止規範の保護目的の達成のために，事後の返還約束がどのような機能を果たすことになるのかを，個別の事例に即して判断するほかないと考える[200]。

5　第三者による請求，債権者代位権に基づく請求

（1）第三者による不法原因給付の返還請求
不法原因給付を理由に708条本文が適用されて給付者の不当利得返還請求が

第2部 給付利得 第6章 不法原因による給付の不当利得

排除されたときは、給付者の代理人、一般承継人、特に、相続人の不当利得返還請求権に対しても同条が適用される。これらの者は、給付者の権利・義務を包括承継するからである[201]。ただし、第三者、特に、破産管財人が（否認権の行使ではなく）不法原因給付の返還請求を行った場合に関しては、考え方が分かれている。例えば、無限連鎖講の元営業担当従業員の報酬に対する破産管財人の不当利得返還請求では、不法原因給付でも不当利得返還請求権自体はその要件を具備して当然に発生しており、708条で返還請求が許されないにすぎないが、破産管財人は裁判所によって選任された総債権者に満足を与えるための固有の権限を持った独立した法主体だという理由で、破産管財人の請求を肯定する裁判例（大阪地判昭和62年4月30日判時1246号36頁）などがある。しかし、他方で、無限連鎖講の破産管財人から高配当を受けた上位会員に対する不当利得返還請求では、否認権は別として破産管財人は破産者の権利を行使すること、破産手続で犯罪被害者に優先的に配当する手続きは存在しないなどとして、請求を退けた裁判例（東京地判平成24年1月27日金法1981号103頁）、それと同旨の裁判例もある[202]。最近の判例（最判平成26年10月28日民集68巻8号1325頁）は、無限連鎖講の破産管財人からの上位会員に対する配当金の返還請求に関して、他の会員と上記会員との不公平などを理由に、上位会員が不法原因給付の抗弁を主張することは信義則に反するとしている。

　学説には、708条の制度趣旨を給付者への非難による返還請求の拒否と解した上で、破産管財人にはその趣旨が当てはまらないこと、および、破産管財人は独自の地位を有することを理由に、差押債権者、破産債権者の不当利得返還請求には708条本文の抗弁は主張できない旨を説くものもある[203]。他方で、破産債権者には被害者だけでなくそれ以外の一般債権者も存在するから、破産管財人の返還請求に708条本文が適用されないと一般化するのは危険で、「不当利得と被害者の破産債権者の間に密接不可分の関係がある場合に限定」すべきだという指摘もある[204]。さらに、破産管財人による不当利得返還請求に708条本文の抗弁が主張できないケースがあることは認めるが、破産管財人の第三者性を認めるのではなく、不法な行為の抑制、被害者の救済などの複合的な観点を考慮して不当利得返還請求の成否を決すべきだという方向性を示唆するものもある[205]。以上の破産管財人の第三者性に関しては、次のように考える。上記の平成26年最判が、破産管財人の第三者性ではなく信義則を理由に破産管財人からの不当利得返還請求に対する不法原因給付の抗弁を排除したように、

V 708条本文による返還請求の排除の及ぶ範囲

破産管財人の第三者性を前提に不法原因給付の抗弁が一律に排除されると考えるべきではないであろう。そうではなく，当該契約を無効とした禁止規範の保護目的と708条本文の抗弁が抵触するときは，前者が優先することになるが，その際には，禁止規範の保護目的が返還請求を排除するという方法によってまで，その取引を禁圧する必要があるのか，あるいは，返還請求の排除が，かえって保護目的に背馳するのではないかという考慮，および，返還請求の排除による給付者への抑止効果（一般予防の観点），給付受領者の利得保有の不当性といった複眼的視点で，具体的事案に即して判断されるべきであろう[206]。

（2）債権者代位権に基づく請求

債権者の強制執行を免れる目的で財産隠匿がされたケースで，判例（大判大正5年11月21日民録22輯2250頁）は，債権者代位権によって不法原因給付に基づく返還請求権を行使することはできないとしている。債権者代位権は債務者の権利を行使するのだから，債務者が行使できないことは代位権によってもできない，というのがその理由である（ただし，仮装譲渡による債務者からの譲受人に対する債権侵害を理由とする債権者からの不法行為の損害賠償請求は認めている[207]）。学説も，債権者代位権は債務者の権利の行使であって債権者独自の権利ではない，という理由で判例を支持するのが通説である[208]。しかし，他方で，債権者代位権を行使する債権者には，債務者（給付者）が返還請求を拒絶される理由である非難性は阻却される[209]，債権者代位権を金銭債権から特定債権の保全にも拡張した判例の傾向と符節を併せて債権回収の必要性がある[210]という理由で，かつてから708条本文の抗弁の主張を免れるとする学説が存在した。さらに，最近の学説でも，破産管財人の不法原因給付の返還請求を認めた（裁）判例を契機に，判例の見直しを示唆するものもある[211]。ただし，本書の立場では，給付者の非難性はそれだけでは708条本文の制度趣旨ではないから，以上の理由づけに安直に左袒することはできない。しかし，債権者代位権は債務者の財産を保全し，強制執行の準備をする権利であり，債権者代位権の行使を認めても，禁止規範の保護目的が常に損なわれるというわけではない。したがって，債権者代位権に関しては，破産管財人による不法原因給付の返還請求と類似した評価が適切ではないのかと考える[212]。

第 2 部　給付利得　第 6 章　不法原因による給付の不当利得

6　詐害行為取消権・否認権に基づく返還請求

　債権者代位権とは異なり，詐害行為取消権は債権者独自の地位に基づいて債務者の詐害行為を取り消す権利である。したがって，給付者（債務者）・受領者（受益者）間の不法原因給付の抗弁は，その権利行使には影響しないものと解されている。不法原因給付の基礎として給付者の非難可能性を重視する見解でも，当然のことながら結論は同じであり，学説にも異論はない。否認権に関しても同様である[213]。判例（大判昭和 6 年 5 月15日民集10巻327頁）も，名板貸契約の名義貸料の給付に関する事案で，不法原因給付の抗弁は破産管財人の否認権の行使の妨げにならないとしている。

VI　708条ただし書の要件・効果

1　708条ただし書の意義

　本来は不法原因給付による不当利得の返還請求は，公序良俗・強行法規違反といった私人間の契約自由に一般的に法秩序が介入する道具立てのなかった時代に，給付当事者がその給付目的を達成したにもかかわらず給付の返還が認められる制度であった。例えば，殺人を思いとどまらせるためにした給付の返還請求などがそれである。ところが，今日では私人間の取引に国家が介入するために公序良俗違反（90条），さまざまな強行規定といった広範な手段が存在するために，不法原因に基づく給付の返還請求が独自の意味を持つ局面を認めるのが困難になっている[214]。したがって，現在では708条ただし書は，もっぱら同条本文の適用の例外として機能している。さらに，708条本文の適用を排除するに当たって，給付者・受領者の双方の不法性を比較すべきだと主張する学説も，同条ただし書の精神を引き合いに出している[215]。

2　708条ただし書適用の要件

　その歴史的な沿革に忠実に，708条ただし書は不法原因給付による給付の返還請求を定めた規定にすぎないと考えるなら，同条の要件は非債弁済の不当利得と同じく，給付に法律上の原因がないことである。法律上の原因がないこと

122

の理由が，708条では給付原因が不法だから無効である点に違いがあるにすぎない。しかも，708条本文を適用する場合とは異なり，708条ただし書では，給付者と受領者の不法性の比較，給付の完了といった要件自体の制限的解釈も必要ではない。要するに，給付に法律上の原因がないから返還請求できるにすぎないからである。708条本文の適用のためには，受領者が抗弁としてその要件を証明する必要がある。

ちなみに，708条ただし書が適用される場合にも，文字どおり解すると，705条の適用が問題となる可能性がある。例えば，ある者に不道徳な行為をやめさせるために，金銭を給付したという事例では，本来は債務のないことを知って給付がされたとも評価できる。しかも，このようなケースでは，給付者には贈与の意思があったと考えられないでもない。しかし，自己の先行行為に矛盾する行為の禁止という705条の制度趣旨は，このような給付には妥当しない。さらに，給付受領者も不法を知っているから，その給付を保持できるという信頼を保護する必要はない。かえって，受領者は，返還義務の範囲に関しては悪意の受領者に準じた扱いがなされるべきだと考えられる。したがって，708条ただし書の適用される場合には，705条の適用の余地はなく，703条による現存利得の返還義務とも無縁であると解すべきであろう。

証明責任に関しても，この規定が不法原因による給付の返還請求を定めた原則規定にすぎないと考えると，非債弁済の不当利得と同様の証明責任の分配のルールに吸収されることになるはずである。つまり，給付と給付受領に法律上の原因を欠くことである。しかし，708条ただし書が同条本文の例外を定めるという規定の構造になっていることを顧慮すると，給付者に対して給付受領者が同条本文の要件（不法な原因により給付が行われたこと）を抗弁したのに対する再抗弁として，ただし書の要件につき給付者が証明責任を負うことになる。したがって，給付受領者（受益者）にだけ不法な原因があることを，給付者が証明する必要があると学説は解している[216]。

3　708条ただし書が適用された事例

不法な原因により給付がされたが，不法がもっぱら受領者の側にあるとされた場合としては，孫娘との私通関係をやめさせようとして，祖父が相手の男に贈与した金銭の返還請求（大判大正12年12月12日民集2巻668頁），芸妓が中途転

業したときは支払うと約した違約金の返還請求（大判大正13年4月1日新聞2272号19頁）がある。さらに，利息制限法違反の制限超過利息の返還を最高裁が認めていなかった時代に，暴利行為による金銭消費貸借の事例で既払いの制限超過利息の暴利部分の返還を認めた裁判例（札幌高判昭和27年5月21日高民集5巻5号194頁。昭和23年に元本5万円を月利3割，弁済期1ヶ月で貸与したケースで，月利1割5分以上は公序良俗違反であり，それを超えて支払った利息を借主は返還請求できるとした。不法性は貸主の側にだけある，としている）がある。

VII　708条（の趣旨）が類推された事例

1　不法行為による損害賠償請求権

（1）不法行為による損害賠償請求と708条本文

　不法な原因による給付の返還が拒絶されたにもかかわらず，不法行為による損害賠償請求によって給付に相当する経済的損害の回復が許されないのは，当然の理だと考えられる[217]。しかし，給付がされているとはいえない場合にも，損害賠償請求を認めることが，かえって不法な行為を助長するような場合には，708条本文の類推によって損害賠償請求を退けるべきことが説かれている。

（2）学　説

　学説がいうには，このような場合は不法行為の成立を主張するためには，原告は同時に自分自身の不法性を主張しなければならないから，そこでクリーンハンズの原則が働く。しかし，原告より被告の不法性が勝っていれば損害賠償請求が許されるのは，708条ただし書の精神の類推である，としている[218]。他方で，このような場合は，不法行為の成立要件の違法性の判断に際して，双方の不法性を比較して決定していることに他ならないと考えるべきだ，という学説もある[219]。いずれにせよ，不法行為による損害賠償を認めることが違法な行為を促進する場合には，それが許されないのはむしろ当然であって，本来はその評価は不法行為法に委ねるべきであろう。

（3）判　例

　判例は，旧くは男に妻があることを知りながら肉体関係を結んだ女からの慰謝料請求を708条本文の精神によって退けたものがある（大判昭和15年7月6日

民集19巻1142頁）。反対に，同様の事例で慰謝料請求を認めたもの（最判昭和44年9月26日民集23巻9号1727頁）は，男の側の不法性が大である点を認定して同条ただし書の精神を考慮するとしている。

　さらに，紙幣の偽造を持ちかけられて資金を騙取された者からの，騙取者に対する損害賠償請求で708条本文の趣旨は不法行為には及ばないとしたもの（大判明治34年4月5日刑録7輯4巻17頁）があったが，その後は不法行為による損害賠償請求にも同条を適用している（大刑連判明治36年12月22日刑録9輯1843頁，大判明治39年6月1日刑録12輯655頁など）。

　加えて，証券会社の従業員が顧客に法令で禁止されている利回り保証の約束をして，取引した顧客に損害を与えた事例で，従業員の不法性が顧客のそれよりも強いと評価できる場合には，顧客の会社に対する損害賠償請求を認めても708条の趣旨に反しないとした判例（最判平成9年4月24日判時1618号48頁）がある。これも，利回り保証の約束は不法ではあるが，その不法は主に証券会社に向けられたもので，そのことで顧客の損害賠償請求が排除されるわけではないという禁止規範の保護目的をはっきりさせるために，同条が引き合いに出されたものだと考えられる。

2　共同不法行為者間の求償請求

　学説には，共同不法行為者が自己の負担部分を超えて被害者に損害賠償して共同の免責を受けた場合に，他の共同不法行為者に対する求償権に708条が類推される，と説くものがある[220]。すなわち，このような学説は，708条本文を適用する要件として，給付者に不法性の認識があること，および，給付者の不法性が受領者のそれより大きいことを要求している。このこととパラレルに，求償を求める共同不法行為者に故意ではなく過失があるにすぎないこと，その不法性が求償相手方のそれよりも軽微であることを，以上の学説は求償の要件としている。学説は一般に，不法行為の抑制・不法の抑止という観点から，これに賛成している[221]。確かに，その説くところはもっともではあるが，これも本来は共同不法行為での責任割合（負担帰属割合）の考え方の問題であろう。この点を正面から批判する学説も存在する[222]。

第2部　給付利得　第7章　給付利得の効果

◆ 第7章 ◆ 給付利得の効果

I 不当利得の効果論

　類型論を採用するドイツおよびわが国の体系書・教科書は，不当利得の要件のみならず効果でも各類型による個別的な記述を与えるのが一般的である。なぜなら，効果の面での違いがないのなら，どのような場合に不当利得が発生するのかを明らかにする以外には，要件で不当利得を分類ないしは類型化したことの意味はほとんどなくなってしまう。そうなると，類型は単なる事実類型にすぎないものとなり，法的な意味での類型ではなくなってしまうからである。さらに，より重要なのは，類型論の基本的な考え方である。すなわち，個々の不当利得を発生させる根拠が異なっているのなら，その効果もまた異なってしかるべきである。それぞれの不当利得類型が補完する法制度の性格ないしは制度目的によって，そこでの不当利得返還請求権のあり方も決定されるというのが，不当利得の類型論の骨格ともいうべき主張ないしは不当利得法上の問題の解決の指針だからである。

　他方で，衡平説および（ドイツのそれだが）幾つかの学説の中には，不当利得の効果を一元的に説明するものもある。さらに，後者の学説には，衡平説とは異なり，類型論によって克服されたものではなく，かえって類型論の批判として登場してきたものもある。例えば，「利得債務者を利得移動がなかったときよりも貧しくしてはならないというのは，不当利得の最大の要請である」というドイツの判例でも引証される命題（衡平説以来の命題だが，他の学説，例えば，いわゆる「主観的価値説」〔後述〕も，この命題を立論の根拠の1つとしている）から，一元的に不当利得とは利得移動による利得債務者の財産状態の変化だとするもの，損害の填補が不法行為の目的であり，利得の剥奪が不当利得のそれであると，2つの法制度がシンメトリックであることを説き，そこから利得の剥奪が不当利得の制度目的だと説くもの（いわゆる「違法性説」〔後述〕がよく持ち出す立論である。ただし，この命題が相当以上の説得力を持つのは，ドイツ民法が，不当利得の効果として第一義的には原物返還，原物返還が不能なら価格返還を指示し，さらに，不法行為のみならず損害賠償一般の効果として原状回復が

126

原則，金銭賠償を例外としているという点で，両者の効果がパラレルだといえないこともない，という事情によるものであることに留意すべきであろう）などである[223]。しかし，そこで共通するのは，不当利得の対象を「利得移動によって利得債務者の財産状態に生じた差額」だと考える点にある。その意味で，これらの学説は，不当利得の対象を「利得移動した対象そのもの」だと考える類型論と対立している。それゆえ，ドイツの学説は，この対立をしばしば「財産（Vermögen）」に注目するのか，「対象（Gegenstand）」に注目するのかというキャッチフレーズで特徴づけている[224]。ただし，このような出発点の違いは，具体的な問題解決に必ずしも大きな違いをもたらすものではなく，単に説明の違いにすぎない場合も多い。もちろん，こういった効果論での違いのすべてにここで言及するのは不可能であり，具体的な記述の中で明らかにしていくほかはない。さらに，そういった学説の考え方の論拠に関しても，それぞれの局面で必要な限りで言及することとする。しかし，衡平説を除くそれらの学説は，ある特定の局面の説明にはより説得力があっても，すべての不当利得類型について一貫した態度を維持できるのかは疑わしい。それゆえ，類型論と対立する学説も多くは，不当利得の効果として利得移動した対象と利得債務者の財産上の差額の双方を場合によって使い分け，実際には折衷的な態度を示している（反対に類型論では，反対の学説の方がより説得力がある局面では，その類型に応じた例外を設けるということになる）。しかし，以上のような問題点を除いても，やはり類型論は優先されるべきだと考える。以下では，若干の例をあげてそのことを示そう。

（ⅰ）給付利得の例

Cに100万円の債務のあるBが，自分の売買契約の相手方である買主Aに対して，売買代金100万円を自分にではなくCに支払うよう指図したとする。AはBの指図に従って100万円をCに支払ったが，実はBはCに債務を負っておらず，さらに，A・B間の売買契約も無効でAもBに債務を負っていなかったことが，後に判明した。いわゆる二重欠缺の事例である。その際に，AがCへの出捐によってBに給付したのは100万円だから，その給付自体が返還請求の対象だと考えるなら，AはBに対して100万円の不当利得返還請求権を行使できる。これが，利得移動した対象自体が不当利得だと考える類型論の考え方である。ところが，（利得移動前と後の）利得債務者の財産状態の差額が不当利得だと考えると，（Bの取得した100万円は，Cへの弁済に充てられているが，

この弁済は効力がないから，）Bの利得はCに対する100万円の不当利得返還請求権だと解する余地がある。そうなると，AがBに対して不当利得返還請求できるのは，BのCに対する不当利得返還請求権の譲渡であるという結論を導き出すことも不可能ではない。これが，利得債務者の財産上の差額が不当利得であるという学説の，必然ではないがあり得る帰結の1つである。ただし，この結論は，AはBの指図によってCに出捐したにすぎないのに，自分とは無関係なCの無資力の危険を負担することになり，明らかに不当であろう。

（ⅱ）侵害利得の例

BがAの動産（種類物で，時価100万円）を窃取して善意・無過失のCに50万円で売却し，Cはさらに善意・無過失のDに150万円で動産を売却し，Dが動産を加工して所有権を取得したとする。その結果，AはDに対して所有物返還請求権の行使はできないから，Bに対して不法行為による損害賠償請求が可能なのは別として，Cに対してどのような不当利得返還請求が可能なのかが問題となる（善意・無過失のDに対する請求の可否は，ここでは扱わない。「第3部 侵害利得 第4章 所有権および割当内容を持った権利 Ⅱ 他人の物の処分」を参照）。具体的には，問題となることは2つであり，第1には，AはCに対してCが転売により取得した代金150万円を不当利得として返還請求できるのか，市場価格（客観的価値）100万円に止まるのかである。第2には，CはAの返還請求に対して，Bに支払った売買代金50万円を利得消滅として主張できるのか（対価抗弁の可否）である。第1の問題に関しては，流通性のある種類物では，市場価格100万円を返還請求の出発点とすることでは，概ね見解の一致がある。類型論では，目的物の客観的価値（市場価格100万円）が返還請求の対象だとされ，衡平説では，損失者の損失（市場価格100万円）が不当利得返還請求の上限だとされ，同様に返還請求の出発点は100万円だと解されている（ただし，主観的価値説では，Cの売却代金150万円が返還請求の対象だとされる）。第2の問題に関しては，一般に類型論の学説は，CがBに支払った50万円の対価の控除を否定し（対価不控除説），100万円の返還義務を指示する。他方で，衡平説は，対価控除を支持し，100万円－50万円＝50万円の返還義務を指示している（対価控除説）。その際の類型論の論拠は，AのCに対する不当利得返還請求は，有体物（動産）に対する所有物返還請求権を補完する機能を持つから，物権的請求権に対してはCが第三者(B)との債権関係上の抗弁が許されないのと同様に，CがBに支払った対価の抗弁は認められないというものであ

る。この考え方は，Ｃの下に動産が原物で存在した場合を考えると，その結論は妥当と考えられる。反対に，典型的な衡平説の思考図式である，現存利得（利得債務者の財産状態の差額）が不当利得であり，不当利得の制度目的である衡平の理念に従えば，対価控除も可能だということになる。

（ⅲ）支出利得の例

　Ａが第三者弁済の要件を具備して，ＢのＣに対する時効消滅した債務を弁済したとする。Ｂが時効にもかかわらずＣへの債務を弁済しようと考えていた場合でなければ，およそＢが利得しているとはいえない。したがって，利得債務者の財産上の差額を利得と考えるなら，はじめからＡのＢに対する求償利得の請求を排除することができる。しかし，利得移動した対象そのものが利得だと考える類型論の考え方では，今ひとつ理論的操作が必要となる。すなわち，ＢはＡに対して債権の消滅時効を利得消滅の抗弁ないしは現存利得（703条）として主張できるか，あるいは，ＢはＣに対する抗弁（債権の時効消滅）をＡに対しても主張できる（債権譲渡に関する468条１項の類推），と法律構成することになる。

　以上の（ⅰ）では，先述したように，ＡのＢに対する不当利得返還請求の対象がＢのＣに対する不当利得返還請求権の譲渡だというのでは，結果的にＡとは無関係のＣの無資力の危険をＡに負担させることになり，明らかに不当であろう。かつ，この結果が不当だという判断の根拠は，ＡのＢに対する給付利得はＡ・Ｂ間の不存在だった債権関係への給付の回復を目的としており，債権関係の第三者であるＣとＡとが関係させられるべきではない，という評価である。したがって，類型論の挫折した債権関係の回復という給付利得の性格づけは，間違いなく返還請求の効果の決定に規定的意味を持っているといえる（ただし，ＡのＢに対する債権関係の回復のための給付利得以外にも，それに加えて，Ｃに対して非債弁済の不当利得の返還請求も認められるかは，また別の問題である）。

　（ⅱ）では，ＣがＢに支払った売買代金を利得消滅として，Ａに対して抗弁（対価抗弁）できないことは，侵害利得が所有物返還請求権を補完する法制度だという類型論の侵害利得の性格づけから，十分な説得力を持って根拠づけることが可能であろう。もちろん，ここでＢに支払った代金をＣの利得消滅とすることも，考えられないわけではない。しかし，その場合には，物権的請求権が行使されたときには認められないことが，なぜ侵害利得では認められるの

第2部　給付利得　第7章　給付利得の効果

か，なぜ取引の安全をこの局面では拡大すべきなのかについて，十分な根拠づけが必要となるのであり，利得の操作だけでは不十分だということになる。ちなみに，第三者からの権利取得のための対価の利得からの控除の可否という以上の問題は，衡平説と類型論の違いを対比し，しかも，後者の優位性を示す好個の素材とされてきた(225)。もっとも，後に詳述するが，対価控除の可否に関しては，善意・無過失の中間処分者(C)の取引の安全を拡大するという方向性からは，決してあり得ない主張ではない。ただし，対価控除を正当化するためには，衡平説のようにA・Cの過責を衡量するとか，利得概念を操作することで論証できるものではない。だから，各々の不当利得類型が補完する法制度の性格を出発点にして，効果論を論じる類型論のほうがより正確な論証の手がかりになることは確かだと考える（この問題に関しては，本書の「第3部　侵害利得　第4章　所有権および割当内容を持った権利Ⅱ　他人の物の処分」で詳述する）。

　問題は(ⅲ)である。利得消滅の抗弁は，民法の規定（703条）からは，善意の利得者だけが主張できるとも考えられる。しかし，Aの弁済についてBが悪意の場合も（とはいっても，A・B間の利得移動に法律上の原因がないことに関するBの悪意ではなく，第三者弁済に関する悪意という意味での比喩的な表現にすぎないが，）Bが利得消滅の抗弁を主張できないのでは，求償利得では不都合である。そうなると，支出利得では利得者の善意・悪意は返還請求のあり方に決定的な意味を持たないことを，類型論は根拠づける必要がある。さらに，BのCに対する抗弁のAへの対抗という法律構成では，支出利得と債権譲渡との機能の同一性を論じておかなくてはならない。類型論は，以上の理を支出利得が事務管理の補完の制度だという性格づけから基礎づけている。もっとも，ここでは類型論は妥当な結論に至るために，かえって余計な迂路を回っているようにもみえる。しかし，類型論の妥当性は，実は個別的な結論に至るための根拠づけを不当利得以外の法制度から目に見える形で示しているという点にある。しかも，そこでの不当利得以外の具体的な法制度とは，各々の不当利得類型が補完する役割を果たしている不当利得以外の法制度である。その意味で，不当利得を例えば利得債務者の「利得」の剥奪のための制度だと考えるのではなく，他の法制度が挫折した場合の財貨移動の「回復」のための法制度であることを承認するなら，類型論の方向性は支持されるべきであろう。さらに，以上のような問題解決の実質的な基準を明らかにしているという点で，一元的に捉えた「利得」概念を操作する考え方よりも，類型論は明晰でかつ反論可能性

のある議論を行っているといえよう。つまり，利得移動の原因（の類型化）から，その効果を具体化させているからである。

Ⅱ　給付利得の効果論

　不当利得の効果論に関する類型論の方針は以上のようなものだが，それを個別的に具体化していく方針に関しては，必ずしも細部に至るまでの一致があるわけではない。しかし，給付利得の効果論では，非債弁済を中心とする「一方的な給付」がされた場合と，「双務契約の巻き戻し」とで別異の取り扱いが必要なことは，一般的に承認されていた。その理由は，同じく挫折した債権関係の回復でも，その両者で利得債務者の善意・悪意の意味，および，それと関連して利得消滅の抗弁ないしは現存利得の返還義務への縮減のあり方が違っているからである。もともと，ドイツ民法の立法者意思によっても，非債弁済の不当利得以外では，どのような場合に利得消滅の抗弁が許されるのかは，必ずしも判然とはしていなかった。非債弁済の不当利得が発生した原因は，なんといっても弁済者（損失者・利得債権者）が何らかの意味で債務に関して錯誤していたからである。したがって，善意の弁済受領者（利得者・利得債務者）を利得消滅の抗弁によって保護する根拠は，弁済者が惹起した弁済を保有できるという弁済受領者の信頼の保護という意味で，判然としている。さらに，それとは反対に，弁済者の錯誤に悪意で弁済受領した者の返還義務には，本来は非債弁済の不当利得（condictio indebiti）ではなく，盗の不当利得（condictio furtiva）が適用され，不法行為の一種だと考えられていた。その結果として，給付目的物が滅失しても返還義務は縮減せず，しかも，受領時から利息を付すべきものと考えられていた。したがって，ここでは給付受領者の善意・悪意は，不当利得返還請求権のあり方に対して決定的意味を持っている[(226)]。

　これに対して，双務契約が無効・取消しとなった場合には，その利益状況と法的意味は非債弁済の場合とは全く異なっている。契約を無効・取消しとした原因は様々であり，その回復に当たって決定的な意味を持つのは給付受領者の善意・悪意ではなく，契約を無効・取消しとした無効・取消規範の保護目的である。例えば，強迫により契約を締結させられた被強迫者は，はじめから契約の取消しの可能性を知っている。しかし契約を取り消す前，および，取消しの後も，被強迫者に悪意の不当利得の返還義務を課すなら，強迫による契約の取

第 2 部　給付利得　第 7 章　給付利得の効果

消しを認めて原状回復を指示した規範の保護目的に反するであろう(227)。今ひとつ，未成年者が自分がそれを取り消しうることを知って契約を締結しても，そのことで未成年者に悪意の利得返還義務が課されることはない。かえって，未成年者による取消しの効果は，現に利益を受けた限度での返還義務である（121条の 2 第 3 項〔改正前121条ただし書〕）。すなわち，双務契約の巻き戻しでの返還義務のあり方を方向づけるのは，その契約を無効・取消しが可能とした無効・取消規範の評価である。

　今ひとつ重要なのは，一方的な給付が行われた場合とは異なって，双務契約では相手方の反対給付がなされるがゆえに給付もなされていることである。したがって，そこでの双方の給付の間には対価的な牽連性が存在しているから，給付物の滅失・損傷の危険を一方的に給付者にだけ負担させるのは妥当ではない。具体的には，例えば売主の錯誤で取り消された売買契約に基づいて給付された物が買主の下で滅失した場合の，売主の代金返還義務のあり方である。非債弁済とは異なり，ここでは買主にだけ利得消滅の抗弁を認めたのでは，売買契約に基づいてなされた双方の給付の牽連性が無視されることになる。ないしは，自己の支配できない領域での危険を一方的に売主に負担させたことになる。それゆえ，たとえ利得消滅の抗弁が成立するとしても，そのためには非債弁済とは異なった評価の視点，すなわち，無効・取消規範の保護目的を示しておく必要がある。

　以上のような考慮は，2017年の債権法改正で新設された121条の 2 第 1 項で，「原状に復させる義務（原状回復義務）」という文言に表現されることとなった。本書では，給付利得の効果を，非債弁済を中心とする一方的な給付が行われた場合には，ほとんどそのままに当てはまる給付利得の効果，悪意の弁済受領者の責任（703条，704条），しかる後に双務契約の巻き戻し（121条の 2）の際の特別な問題という順序で記述することとする。

Ⅲ　給付利得の効果・一方的な給付がされた場合

1　返還義務の内容の概観

わが国の民法典には，本来は非債弁済にあてられた703条・704条以外には，直接に不当利得の効果について定めた規定は存在しなかった（債権法改正で新

Ⅲ　給付利得の効果・一方的な給付がされた場合

設された121条の２第１項も双務契約の巻き戻しの効果を原状回復義務と規定するだけで，原状回復義務の内容を具体化していない[228]。そこで，不当利得の効果に関して包括的な規定をおくドイツ民法を参照して，不当利得の効果論を記述するのが，わが国の学説の一般的態度である[229]。具体的には，ドイツ民法818条２項は，法律上の原因のない利得移動により「取得したもの（das Erlangte）」の原物返還が不能の場合の価格返還義務を定めている。言い換えると，第一義的には「取得したもの」自体の返還が不当利得の効果として指示されている。さらに，同条１項は，取得したものから得られた収益の返還義務，および，取得したものの滅失・損傷あるいは侵奪により得た代償（例えば，損害保険金請求権）への返還請求の拡大を，他方で，同条３項は利得が現存しない場合の現存利得への返還義務の縮減を定めている（その他に，同条４項は返還義務者が悪意の場合，819条は訴訟係属後の責任について規定している）。以上の効果は一応は不当利得のすべてにあてられたものだが，ドイツ民法の立法者が非債弁済の不当利得の効果をそれ以外の場合にも類推していく考え方だったように，実際には非債弁済の不当利得にもっともよく適合している。したがって，（ドイツおよび）わが国の類型論による学説も，給付利得では以上の分類に従って，①（給付）不当利得は取得したものの返還，「原物返還」を原則とする。②取得したもの自体の返還（原物返還）が不能の場合は，「代償請求」または「価格返還（Wertersatz）」義務が発生する。③以上の①②の返還義務の拡大ないしは，それに附随して収益の返還義務が課される。④返還義務の縮減（利得消滅）の項目で，(ア) 給付された物自体の滅失・損傷，(イ) 給付受領者が給付された物に費用を支出した場合の利害調整，(ウ) 給付物から給付受領者が損害を受けた場合の調整といった具合に，返還義務の内容を分析するのが普通である[230]。

　ただし，以上で注意を要するのは，原物返還といっても，そこで意味するのは有体物の返還のみならず，要するに原状回復だということである。だから，例えば，債権譲渡が無効となったときに，譲受人（利得者）が譲渡人（損失者）に債権を譲渡するという方法で返還し債務者に通知すれば，それは原物返還の一環である。今ひとつは，わが国の学説では代償請求と価格返還との関係について，必ずしも明確な態度が示されていないことが多い（もっとも，ドイツ法でも代償請求の内容に関しては様々な議論があるというのが現状であるが）。それゆえ，両者の関係を含め，代償請求を価格返還とは別異の項目で取り上げることとする。付言しておくと，衡平説は，以上の効果論を不当利得のすべてに共通

133

第 2 部　給付利得　第 7 章　給付利得の効果

するものとして提示するが，具体的な局面では類型的な差異を意識した効果を
与えている。さらに，衡平説は，利得債務者の財産状態の差額が利得だと考え
るから，以上の③と④とを現存利得の問題として一括して取り扱っている
が(231)，実際的な問題の処理がそのことで変わるわけではない。本書でも，以
上の①から④の効果論の分類に従って，まずは非債弁済の不当利得を中心とす
る一方的給付が行われた場合の給付利得に共通の効果を記述していくこととし
よう。

2　原 物 返 還

（1）原物返還の意義

　不当利得の返還義務は，それが可能なら原物を返還すべきだという点に関し
ては見解の一致がある。その根拠は，利得者は利得を保持する根拠を欠くか
ら，原物返還が可能なら利得したもの自体を返還すべきだという理由づけの他
に，先に見たドイツ民法などの立法例，歴史的な沿革も原物返還を命じている
からだとされる。さらに，非債弁済に関する705条，706条および708条が「給
付したもの」の返還を命じていることも，その根拠とされることがある(232)。
判例（大判昭和 8 年 3 月 3 日民集12巻309頁，大判昭和16年10月25日民集20巻1313
頁）も同様に，それが可能な場合は原物返還を指示している。給付利得に関し
ていうと，給付利得が挫折した債権関係の回復のための制度であることに鑑み
ると，例えば，特定物が非債弁済された場合を想定すれば，原物返還が指示さ
れるのはむしろ当然であろう。さらに，双務契約の巻き戻しと解除の機能的な
同一性を前提にすれば，解除の効果が原状回復であること（545条 1 項本文）
も，給付利得での原物返還の根拠とされている。この理は，債権法改正で，法
律行為の無効・取消しの効果として，121条の 2 第 1 項では，原状回復義務が
規定されたことで法規定の文言でも具体化された。これは，法律行為の無効・
取消しと解除との同質性を意識した規定だが，解除の効果と符節を併せて原物
返還の原則を規定していると理解できる。

（2）原物返還の方法

　原物返還の方法も，給付された対象によって様々である。

(a) 所有権・占有権

　給付されたものが，動産・不動産の所有権の場合は，所有権を移転して返還

134

すべきである。しかし，わが国は物権変動で有因主義を採っているから，所有権移転の基礎となる債権関係が無効・取消しとなれば所有権も初めから移転していなかったことになる。したがって，給付受領者が所有権移転義務を負うのは，当事者が例外的に所有権の移転を無因と合意した場合に限られる。だから，所有権が給付された場合でも，通常は占有の回復，登記・登録の抹消などが原物返還の方法となる[233]。

(b) 制 限 物 権

給付されたものが不動産・動産上の制限物権の移転・設定・消滅の場合は，反対に返還・消滅・復帰の意思表示を要することになる。ただし，ここでも物権変動の有因原則ゆえに，給付の法律上の原因である債権関係が無効なら，原則として制限物権の設定なども初めから効力を生じなかったことになる。したがって，占有の回復，登記・登録の抹消などが原物返還の方法である点では，所有権の移転の場合と変わらない[234]。

(c) 債 権

債権の譲渡・成立・消滅を目的とする行為が無効となったときは，債権自体も移転・成立・消滅しないから，通常は回復のための意思表示は必要ではない。ただし，ここでも債権証書の返還・破棄・再製などの行為，および，債権譲渡が無効の場合は債務者への再度の通知が，原物返還のためには必要である。債権が無因的に譲渡・消滅させられた場合には，回復のための意思表示が必要となる。債権が無因的に設定された場合は（例えば，手形の振り出し），債権関係の当事者間では不当利得の抗弁が成立するほか，債権自体の免除と債権証書の返還も請求できることになる（特に，手形・小切手なら，第三者に裏書・譲渡されないためである）[235]。

（3）原物返還と所有物返還請求

給付されたものが有体物で原物返還が可能なときは，同時に所有物返還請求権によっても給付物の回復が可能である。その際に，無効・取消しによる物の返還請求を給付利得に制限して，所有権に基づく請求を排除しようという見解も存在する[236]。しかし，給付利得だけを認めるのでは，所有物返還請求権が消滅時効にかからないにもかかわらず，債権的な権利は5年または10年で時効消滅する（166条1項）。さらに，債権的な給付利得では，転得者・差押債権者などの第三者に対して，給付者が優先する契機は全く排除される。その意味で，わが国の物権変動での有因主義を前提とし，特に後者の対第三者関係の規

第2部　給付利得　第7章　給付利得の効果

律という観点からは，所有権に基づく返還請求を排除しようというのはとても支持できる見解ではない。したがって，所有物返還請求と給付利得とは請求権競合の関係に立つと解すべきであろう。

（4）原物返還と不当利得の類型

わが国の類型論の学説の中には，原物返還が可能なのは給付利得に関してだけだとするものもある[237]（衡平説は，不当利得の効果を，要件と同様に一元的に考えるから，そういったことは視野の外にある）。というのは，支出利得では他人の債務の弁済でも費用償還でも，価格返還以上の効果は考えられない。弁済効が生じるからこそ求償が問題となるのであり，もし原物返還が可能なら費用償還請求権はそもそも発生しない。さらに，侵害利得では，侵害の対象が他人物，知的財産権の利用（使用・収益）の場合は，はじめから原物返還は考えられない。有体物所有権が侵害された場合でも，侵害利得が発生するのは，添付，第三者への有効な処分などのケースでは原物返還が不可能となり，所有物返還請求権が行使できなくなったときだからである。しかし，例外的な場合ではあるが，侵害利得でも原物返還が可能なケースがないわけではない。例えば，AがBを債務者とする公正証書に基づいて，BのCに対する債権の転付命令を取得すれば，BのCに対する債権はAに移転する。ところが，公正証書の作成後にBがAに債務を弁済していたときは，転付命令の取得によりAはBの債権を侵害したことになる。もちろん，AがCから債務の弁済を受ければ，（原物返還は不可能だから）AはBに対して価格返還義務を負う。しかし，Aが債権を未回収の場合は，債権を不当利得としてBに譲渡し，かつCに譲渡の通知をすべきことになる（大判昭和15年12月20日民集19巻2215頁）。以上のAのBへの債権の譲渡・通知は，原物返還の一環であるといえる。したがって，極めて希な場合ではあるが，侵害利得でも原物返還は観念しうることになる。

3　代 償 請 求

（1）代償請求の意味

給付されたものが滅失・損傷すれば，原物返還は不能となる。例えば，AからBに非債弁済で給付された動産が，Bの下で倉庫に保管されていたが，倉庫への放火による火災で焼失したような場合である。その際に，善意のBは

136

利得消滅の抗弁を主張して返還義務を免れることができる。しかし，Bが動産の滅失によって，同時に，代償，例えば，倉庫に放火したCに対する損害賠償請求権，損害保険金請求権（代償）などを取得する可能性もある。このような場合には，給付受領者Bは，代償を給付者Aに返還すべきものと解されている。ただし，保険金請求権に関しては，債権者はBであるが，動産の所有権は非債弁済によってはAからBに移転していないと考えるなら，最初からAはCに対する損害賠償請求権を取得していることになる。さらに，無効な譲渡契約によって債権を取得し，利得債務者が弁済を受けたときは，弁済額を利得債権者に返還すべきことになる。ドイツ民法には不当利得に関して明文の規定（ドイツ民法818条1項後段「利得した権利に基づいて受領者が取得したもの，又は利得したものの滅失，損傷若しくは侵奪の代償〔Ersatz〕として受領者が取得したもの」）がおかれている。つまり，このような場合には，（不当利得返還）債務の履行が不能となったのと同一の事情により取得したもの（代償）を，（利得）債務者は（利得）債権者に対して返還する必要がある。契約上の給付が履行不能となったときの代償請求に関しては，ドイツ民法には債権総則に規定があるが（ドイツ民法285条〔2001年の債務法改正前，281条〕），わが国でも，学説・判例（最判昭和41年12月23日民集20巻10号2211頁）はかつてからこれを認めており，債権法改正で422条の2に規定がおかれた。同条の規定する代償請求権は，契約上の履行義務の延長線上の請求権であり，不当利得返還義務の内容としての代償とは性質を異にするが，いずれも代位思想（Surrogationsgedanke）の表現という意味では共通性を有するといえる。

（2）代償請求の内容

代償は，事実による代償（commodum ex re）と法律行為による代償（commodum ex negatiotione）に区別されている。(i) 事実による代償とは，(ア) 物の滅失・損傷・徴収による代償，例えば，第三者に対する損害賠償請求権，保険金請求権，公用徴収の補償金など，(イ) 権利取得によって得られた代償，例えば，取得した債権からの弁済，取得した担保権の実行による換価金などである。(ii) 法律行為による代償とは，例えば，受領した物を第三者に売却して得た売得金である。すなわち，受領者の法律行為によって代償を取得したのか否かによる分類である。ドイツの代償請求（ドイツ民法285条）は，法律行為による代償，例えば，売却代金を含むと解されている(238)。しかし，他方で，不当利得返還義務の代償（ドイツ民法818条1項）は，事実による代償を意味し，法

第2部　給付利得　第7章　給付利得の効果

律行為による代償を含まないと解するのが通説である。その理由は，ドイツ民法の立法者は，給付利得の効果として，法律行為による代償を排除する意思だったこと，さらに，ドイツ民法818条1項の文言「利得したものの滅失，損傷若しくは侵奪の代償〔Ersatz〕として受領者が取得したもの」は，法律行為による代償を含まないと解するのが文理上は自然なことである[239]。だから，通説の考え方では，両者のルールが抵触することはない。他方で，わが国の422条の2では，債権者の請求権の範囲は「その受けた損害の限度」に制限されている。だから，目的物の市場価格（客観的価値）に制限されていることになり，同様に法律行為による代償を含まないと解されている不当利得返還請求権による代償の返還義務と抵触することはない。

（3）代償請求と価格返還の関係

　上記したように，ドイツの通説もわが国の衡平説も含めた学説も，法律行為による代償は不当利得返還義務には含まれないと考えている。その理由は，法律行為による代償は原物返還の代わりではなく，例えば，転売の契約を締結した利得者の才覚ないしは僥倖に由来するものであり，これを剥奪するのは不当利得による財貨の回復の守備範囲を超えるという評価である。衡平説は，これを損失が不当利得返還請求権の上限を画すという根拠で正当化している[240]。類型論では，原物返還に代わる価格返還の内容として，（給付利得に限らず，侵害利得でも）利得移動したものの客観的価値（市場価格）の返還を指示しており，転売代金の返還請求を認めない。もちろん，公開市場のある不特定物は別として，特定物では売却価格を少なくとも客観的価値と推定するしかない。しかし，理論上は，利得者の才覚による利益，転売のための費用などは，売却代金から控除されるべきだと考えられている。したがって，価格返還で実現できないことが代償の返還の名の下で実現されるのは，類型論の構想する不当利得の財貨の回復の機能とは折り合わないからである。類型論の考え方では，利得移動したものの客観的価値を超える転売代金を利得者から剥奪するのは，故意に他人の財貨を侵害した者に対する一種のサンクション（準事務管理）である。反対に，不当利得は利得者の故意・過失を前提とせず，単に挫折した財貨移動の回復を目的とする，いわばニュートラルな法制度である。したがって，利益の剥奪のためには，不当利得以外の法制度，具体的には準事務管理の制度によるべきだということになる[241]。準事務管理は，他人の権利を故意に侵害した場合の法的サンクションであり，侵害利得ではなく給付利得のケースで

138

は，それが適用される余地はないと考えられる。この理は，不当利得の返還義務に，契約上の履行請求の代位物である代償請求権（422条の2）が適用されても，その限度は損害賠償の範囲内だから，結論は変わらないことになる[242]。

　そうだとすれば，不当利得による代償請求に関しては，以下のように考えるべきであろう。原物返還が不能なら，原則として価格返還の義務が発生する。しかし，善意の非債弁済の受領者は，利得消滅により返還義務を免れる可能性がある（例えば，非債弁済された特定物の動産が善意の利得者の下で第三者の放火で焼失した場合）。しかし，その場合でも，原物返還の延長として事実による代償（保険金請求権など）は返還請求の対象となる。これに対して，法律行為による代償，例えば，物の客観的価値を超える転売代金は，不当利得の効果としては返還請求の対象とはならない。だから，代償請求は，不当利得の局面では，いわば現存利得の一種だと理解すべきであろう[243]。

4　価格返還

（1）価格返還が指示される場合

　価格返還は，給付受領者の故意・過失の有無とは無関係に，原物返還の不能によって発生する。善意の弁済受領者は，給付を自己に属するものと信じているから，給付の保管に関しての注意義務の懈怠は観念できない。さらに，不当利得は利得者の過責とは無関係の制度であり，原物返還と同様に，損害賠償の一環ではないからである。その上で，取得したものの客観的な価値の価格返還義務を最終的に利得債務者（給付受領者）に課すのが妥当か否かという判断は，利得消滅の抗弁の成否の問題である，というのが類型論の考え方である[244]。取得した対象（利得）が以下のような場合には，原物返還は不能であり，価格返還が指示されることになる。

　① 利得の性質から利得自体を返還することが不可能な場合

　例えば，他人の労務の給付により利得した場合，他人の物の使用による利得などは，その性質上も原物返還はそもそも不可能であるから，はじめから価格返還の請求だけが成立する。その際に，類型論はまずは労務・使用利益などの市場価格（客観的価値）を価格返還の出発点とし，利得者の財産に労務の効果が生じていないという事情は利得消滅の抗弁として考慮する。衡平説は，利得債務者の財産上の差額を利得と考えるから，利得者が他人の労務を利用したこ

とで自己の財産の支出を免れたこと，すなわち「出費の節約」が利得だとする[245]。

② 原物返還が不能となった場合

（ア）給付された有体物が給付受領者（利得者）の下で滅失・損傷した場合は，価格返還が指示されることになる。給付受領者が給付目的物を第三者に譲渡して原物返還が不能となったとき，消費した場合，添付で法律により分離が禁止された場合も同様である。さらに，譲渡された債権の弁済を受けたときも，原物返還は不能となる[246]。

（イ）原物返還が不能となったか否かは，結局は社会通念によって決定される。したがって，客観的・主観的な不能があることなど，問題の性質は債務の履行不能の場合一般と変わらない。

問題となった具体例をあげれば，無効な収用手続で取得した不動産が道路・公園・鉄道の敷地となった場合には，原物返還は不能となる（大判大正5年2月16日民録22輯134頁）。

数口の債務の代物弁済として数筆の土地が給付されたが，債務の一部が存在しなかった場合には，どの土地が不当利得となるかが特定し得ないから，価格返還が指示される（大判昭和16年2月19日新聞4690号6頁）。

代替物が給付された場合も同種・同量の代替物の返還ではなく価格返還となる。代替物の調達は可能だが，給付受領者に利得の返還以上の（調達）義務を課すべきではないからである。かつての判例は，給付利得ではなく侵害利得のケースだが，担保供与された特定の株式の処分では売却代金相当額の返還請求を指示したが（大判昭和16年10月25日民集20巻1313頁），名義貸主の取引員に証拠金として交付した株式が処分された場合には同種の株式の返還を命じていた（大判昭和18年12月22日新聞4890号3頁）。学説には，判例を支持するものもあったが[247]，多数説は価格返還の義務を負うに止まると解していた[248]。しかし，最近の判例（最判平成19年3月8日民集61巻2号479頁）は，名義書換を怠った株式の譲受人が，株式分割で株式の交付を受けた名義株主に対して，株式の売却代金の返還を請求した事例で，代替物を利得したときも，原則として売却代金の返還義務を負うとした。その理由は，損失者にとっては，売却後の代替物の価格が上昇すれば代替物の返還を請求するのが有利であり，下落すれば売却代金相当額の価格返還を請求するのが有利になる。しかし，その結果は，損失者が受益者のリスクで投資するのと同視でき，受益者が善意の場合には公平

を失するからだとされている。加えて，不当利得の返還義務は，契約上の履行請求とは異なり調達義務を含むものではないから，以上の考え方が妥当であろう。さらに，平成19年最判のケースは，侵害利得に関するものであろうが，そこで判例が価格返還を指示する理由は，給付利得にもそのまま妥当する。だから，代替物を処分した場合の返還義務は，価格返還義務だということになる。現在は，学説上も異論はない[249]。

（ウ）金銭は動産だが，高度の流通・支払い手段であり，単なる価値表象物にすぎない。したがって，古銭などの特定物の金銭の返還を求めるとき以外は，どの金銭で返還しても変わることはないから，そもそも原物返還を命じる意味がない。だから，金銭は，原則として価格返還の請求だけが可能だということになる。ただし，類型論の学説の中には，有体物に所有物返還請求権が成立するのと同様に，金銭にも価値の返還請求権（価値のヴィンディカチオ）が成立すると説くものもある。そうすると，あたかも金銭の（価値の）原物返還が問題となりそうにも見えるが，そうではない。金銭の価値返還請求権を観念する実益は，金銭を交付，占有離脱した者の第三者（転得者，差押債権者）に対する追及・優先を基礎づけることである。それゆえ，この問題は対第三者関係の一環として論じられるべきものであろう。

（2）価格返還の決定される時点

原物返還か価格返還かは，返還の時点で決定される[250]。したがって，訴訟なら口頭弁論終結時である。不当利得は原物返還が第一義的な効果であり，可能な限り原物返還が認められるべきものだからである。

（3）価格返還の内容

ドイツ法では，価格返還での「価値」とは客観的価値（市場価格）か主観的価値かという形で，価格返還の内容に関して争いがある（「客観的価値説」と「主観的価値説」の対立，後述）。主観的価値説とは，利得移動したものの市場価格ではなく，利得債務者の主観的な財産計画に照らして，利得がどれだけの価値を有しているのかに則して決定された価格返還の額である。もっとも，この対立が熾烈なのは侵害利得・支出利得の局面であり（後述），給付利得に関してではない。ただし，ここでの主要な論点は，給付目的物を給付受領者が処分したときに，返還すべきは目的物の市場価格か（それより高額な）売却価格かということである。

他方で，類型論は，すでに何度も述べたように，客観的価値の返還を支持し

141

ている。ドイツ法でその根拠とされるのは、客観的価値を指示する立法者意思と証明責任の分配に関する考慮である。証明責任の分配とは、通例では損失者には利得者の主観的な財産計画、転売代金額を知りようがないから、価格返還として利得移動したものの市場価格を請求するほかない。したがって、主観的価値が価格返還の効果だというのは、しばしば非現実的な主張である。主観的価値が考慮されるとすれば、それは利得債務者が利得消滅の抗弁として主張・立証責任を負担すべきだ、というのが類型論の考え方である[251]。衡平説は、利得自体の価値ではなく利得債務者の出費の節約が利得だとするから、主観的価値説を支持しているようにも見える。しかし、例えば、給付された物を受領者が第三者に市場価格より高額で転売したときは、衡平説は損失者の損失が返還請求の限度だとしている。反対に、市場価格よりも安価に転売し、かつ利得債務者の利得消滅の抗弁が成立するケースでは、衡平説は転売価格を利得だとし、類型論は利得消滅を控除して同様の結論に至ることになる。以上の限りで、衡平説は客観的価値説であるが、類型論のように明示的に価値概念が客観的か主観的かを意識して議論しているわけではない（というより、価値概念をめぐって主観的か客観的かという形で議論され始めたのは、衡平説より大分後になってからである）[252]。わが国ではドイツ法の紹介以外では、価値概念自体をめぐって議論されたことはなく、少なくとも給付利得で主観的価値説を支持するものも見当たらない。ただし、価格返還義務の内容が、売却代金か市場価格かに関しては、判例には、山林の共有者Bが他の共有者Aから、詐欺によってAの持分の4分の1を買い受けて、他に処分したという事例で、AのBに対する不当利得返還請求は客観的価値を基準とするとしたもの（大判昭和11年7月8日民集15巻1350頁）がある。市場価格か売却価格という問題に関しては、結論として、売却価格は市場価格の推定だと考えるが、詳しくは他人物の処分の効果（侵害利得）で検討する。

（4）価格返還の算定基準時

価格返還は客観的価値（市場価格）によって算定されるべきだとして、その算定基準時は何時かが問題となる。支出利得は別として（例えば、196条1項〔支出額〕、2項〔返還請求時の現存利益〕）、侵害利得では、（価格）返還請求の成立時と価格返還義務の発生時は一致する。他方で、給付利得では、有体物の給付では不当利得の発生時と価格返還義務の発生時が分裂するのが通例である。そこで、学説では、(i) 不当利得の成立時とするものと[253]、(ii) 価格返還義務

Ⅲ　給付利得の効果・一方的な給付がされた場合

の発生時と解するもの[254]，さらに，(iii) 不当利得の成立時を基準としながら，受益者が現存利得の返還義務を負うときは，現存利得の判定時と解するものがある[255]。ただし，給付されたものが労務・使用利益のように始めから原物返還が不能なときは，給付時から価格返還義務が発生するから，いずれの立場でも結論は変わらない。それゆえ，有体物が給付されたときに，価格返還義務の発生までの物の価格の上昇・下落が給付者・受領者のいずれに帰属すべきかという評価が，以上の見解の分岐点である。(i)(ii)に関しては，価格返還を原物返還の効果に可及的に近いものにしようと考えるなら，それまでは原物返還が可能だったのだから，価格返還義務の発生時が算定の基準とされると解すべきであろう。さらに，価格返還義務が発生した後には，給付の価値の変動は給付受領者の財産状態に変更をもたらさない。だから，その後の給付物の価格の変動が給付者に帰属することの根拠は不明であると考える。結論として，(ii) 価格返還義務の発生時を算定の基準時と解するのが妥当と考える[256]。判例では，売却代金（相当額）の返還を命じたもの（大判明治38年11月30日民録11輯1730頁，大判大正4年3月13日民録21輯371頁，〔事務管理を根拠とするが〕大判昭和11年7月8日民集15巻1350頁）は，価格返還義務の発生時を基準としたと考えるべきであろう。

5　果実・収益の返還

(1) 果実の返還義務

　先に述べたようにドイツ民法には，不当利得の効果に果実・収益の返還義務を命ずる規定がある（ドイツ民法818条1項）。わが国の民法の不当利得には，悪意の利得者に関する利息返還義務を規定した704条は別として，果実・収益に関する規定は存在しない。しかし，学説は受領した給付から当然に得られる利益だから，果実・使用利益は返還請求に含まれると解している[257]。もちろん，善意の給付受領者は現実に取得した果実・使用利益の返還義務を負うに止まる。給付物の収益義務を負うわけではないからである。ただし，立証責任を考えるなら，給付者（損失者）は通常の用法によれば収取できた果実・使用利益の返還を請求し，受領者（利得者）は現実には果実を収取しなかったことを利得消滅の抗弁として主張することになる。他方で，我妻説は，原物返還の場合は，善意の利得者の返還義務には，189条，190条が（類推）適用され，使用

第2部　給付利得　第7章　給付利得の効果

利益・果実の返還義務を負わないと解している。その理由は，たとえ法律上の原因を欠くとしても所有権を取得した者の責任が，（189条以下の適用される）単に占有だけを取得した者より重いのは衡平を失するからだとしている[258]。

しかし，現在では，189条～191条，196条の規定は，例えば，Aの動産をBが窃取してCに売却し，AがCに対して所有物返還請求権（ないしは，回復請求権〔193条〕）を行使したときに，Aと善意の占有取得者Cの間に適用されると解されている（189条以下の「所有者・占有者関係」に関しては，侵害利得の項目で詳説する）。だから，189条以下は給付（・契約関係）の当事者間，つまり，給付利得ではなく，侵害利得，しかも，その対第三者関係に適用される規定である。他方で，給付の当事者間では，給付受領者（例えば，買主）が目的物の果実・使用利益の返還義務を免れることはない（他方で，売主は受領した金銭の利息を支払う義務を負うことになる）。判例も給付受領者が使用利益・果実の返還義務を負うことは，当然の前提としている（双務契約の解除に関するものだが，例えば，他人物の買主の売主に対する使用利益の返還義務を肯定した，最判昭和51年2月13日民集30巻1号1頁を参照）。

（2）利息の返還義務

悪意の非債弁済の受領者（利得者）は，受領時から金銭に利息を付して返還する必要がある。ここでの利息は，本来は不法行為者とみなされていた悪意の弁済受領者に対する遅延損害金の性質を有すると考えられる。他方で，善意の弁済受領者に関しては，遅滞に陥るのは，請求時からと解されている（大判昭和2年12月26日新聞2806号15頁，大判大正7年2月21日民録24輯272頁）[259]。だから，善意の利得者の利息の返還義務は，法律上の原因なく取得した金銭の収益だということになる[260]。この問題に関するリーディングケースの判例（最判昭和38年12月24日民集17巻12号1720頁）は，（無効の債務引受による非債弁済のケースで）受益者が価格返還義務を負う場合には，189条1項は適用されず，善意の利得者といえども収益権はないとした上で，703条の解釈として「社会観念上受益者の行為の介入がなくても不当利得された財産から損失者が当然取得したであろうと考えられる範囲においては，損失者の損失があるものと解すべきであり，したがって，それが現存する限り同条にいう『利益の存する限度』に含まれるものであって，その返還を要するものと解するのが相当である」としている。だから，判例は，取得した物の収益の返還と同様に金銭に関しても収益の返還を指示しており[261]，さらに，受益を損失によって限定した上で，利

144

得者が運用利益（収益）を得ていると考えられる場合には，その限度で損失者の損失が推認されるという手法で利息の返還義務を肯定している。つまり，まず利息は消費貸借などの法律行為によって運用しなければ取得できないから，使用利益などのように目的物から当然に生じる「事実による利得」ではなく，「法律行為による利得」である。しかし，利得者が金融機関などの場合は，当然に利息を収益として取得できたであろうから，利息の取得が肯定される（昭和38年のケースでは，利得者が商事法定利率による運用利益を得ていたときは，損失者の逸失利益と推認される1年定期の預金相当額の利息相当額の返還義務があるとされた）。反対に，利得者が金融機関などではなく，利得者の運用利益の主張・立証がされていないケースでは，善意の利得者の利息の返還義務は認められない（例えば，最判平成17年7月11日判時1911号97頁〔侵害利得の事例〕）。さらに，悪意の貸金業者が制限超過利息を弁済受領した場合でも，弁済者が非商人（消費者）の場合は，利率は商事法定利得（改正前商法514条，年利6％）ではなく民事法定利息（改正前404条，年利5％）だとされる（長崎地島原支判平成18年7月21日判タ1220号211頁）。

　他方で，近時の有力な学説は，金銭が給付された場合には，利息は金銭の使用利益だとして，原物返還の場合の果実・使用利益の返還と同様に考えている(262)。さらに，かねてから松坂説は，上記昭和38年最判を「損失」の部分の記述で引用し，「当該の事実なかりせば確実に財産の増加したことが証明されることを要せず，その事実なかりせば財産の増加することが普通なりと認められる場合には，なお損失ありと解せられるべきである。例えば，或る人が権限なくして他人の家を利用した場合には，果たして家屋の所有者が自らこれを利用し，または他人に賃貸し得たか，またこれを欲したかを問う必要なく，常に家賃相当額の損失があると解してよい。すなわち，ここに財産とは金銭的価値を有する権利の総和にとどまらず，これを利用してその内容たる利益を享受し得る可能性もまた潜在的価値として財産の構成部分をなすと見られるべき」としている(263)。だから，松坂説も物の使用利益の延長として，金銭の収益の利息を捉えていると考えられる。さらに，通常の利息の範囲では返還を認めるべきであり，その範囲に関しては，事案類型に即して，当事者の職業・返還までの期間を考慮して利息を決定すべきだとするものもある(264)。そうすると，善意の金銭の利得者も通例では取得したであろう利息（収益）の返還義務を負い，利息を得なかったことは，利得債務者の利得消滅の抗弁の成否の問題とい

第2部　給付利得　第7章　給付利得の効果

うことになる[265]。

　以上の判例と近時の学説に関しては，以下のように考える。金銭の利得は現存すると推定される（大判明治39年10月11日民録12輯1236頁）。だから，受領した金銭には原則として収益（利息）が発生すると考えるなら，いったん受領した金銭は，利得者の財産と混同するのが原則だから，利息の発生しなかったという利得者の証明は困難である。しかも，善意の非債弁済の受領者は，現実に取得した収益（利息）の返還義務を負うに止まり，たとえ，金銭に高度の収益性があっても，金銭で収益をあげる義務はない。その結果，判例は，通常は利得者の下で収益（利息）が発生することを推定できる事情を要求していると考えられる。結論として，判例は妥当だと考える[266][267]。

6　利得消滅の抗弁

（1）不当利得返還請求権の特色

　不当利得以外の返還請求の効果と比べると，不当利得返還請求権（703条）の特色は判然としてくる。例えば，消費貸借の借主は期間が終了した後は，理由の如何を問わず同種・同量の物の返還義務を負う。受寄者・賃借人は，偶然に物が滅失すれば返還義務を免れるが，過失があれば損害賠償義務を負う[268]。ところが，不当利得では文言どおりに解すると，返還の不能の原因の如何を問わず，善意の利得者は取得したものから利得消滅を控除して現存利得を返還するだけで足りる（703条）。しかも，以上の責任は，返還請求の対象が特定物か不特定物か，あるいは金銭なのかも区別していない。それゆえ，このように非常に広範囲の利得債務者の優遇が妥当か否かが，かつてから疑問視され，それを制限する試みがなされてきた[269]。

（2）利得消滅の抗弁の制限

　しかし，かつては衡平説は利得を利得債務者の財産上の差額，つまり，現存利得を不当利得返還請求の対象だと考えていた。その結果，具体的な返還義務を定めるにあたっては，「出費の節約」などの理論により個別的な調整は行われても，利得消滅の抗弁の制限に関して必ずしも明確な基準を用意することができなかった（例えば，谷口，我妻，松坂説が，しばしば両当事者の過責を衡量して公平の見地から返還義務を定めるべきだと説いているのを想起されたい）。これに対して，類型論は不当利得が法秩序に合致しない財貨移動の回復のための制度

であることを明らかにし、第一義的には財貨移動した目的物の回復が不当利得の目的であり、それゆえ現存利得への返還義務の制限は善意者の特別な優遇だと説いた。その当然の帰結として、現存利得の返還、ないしは、利得消滅の抗弁の成立に関しては制限的な解釈がとられることになる。つまり、具体的な財貨移動に即した利得消滅の理由を明確に説明する必要があると考えるからである。しかし、そうはいっても、個々の局面でどのような場合に利得消滅を認めるのかに関しては、ドイツ法でも必ずしも学説の一致があるわけではない。一方で、ドイツ民法の立法者の考え方に忠実であり、利得債務者の財産状態の差額が不当利得返還請求権の目的だとした上で、特に、双務契約の清算で、利得者の自己の財産上の決定による支出がされたときは、利得消滅の危険を利得者に負担させようという考え方がある[270]。他方で、現存利得の返還義務を極めて制限的に解して、目的物の偶然の物理的な滅失以外では。信頼損害の賠償請求権が成立する場合に利得消滅の抗弁を制限しようという考え方がある[271]。つまり、利得債務者の財産上の差額が利得だというドイツ民法典の立法者の考え方から、財貨移動した目的物自体の返還が不当利得制度だと考える方向に変化してきているというのが、全体的なドイツ法での不当利得の返還義務の理解である。その結果として、通説では、現存利得への返還義務の縮減は善意の利得者（弁済受領者）の特別な優遇だということを前提とした上で、利得移動と利得消滅の間の因果関係を問題とし、それが存在すれば利得消滅を肯定するという思考図式が共通の理解である[272]。しかし、様々な試みはあっても、それが全ての局面を十分に説明することはできないというのが、ドイツ法の現状である[273]。ただし、いずれにせよ、個々の不当利得返還請求権が補完する法制度の趣旨から利得消滅の成否を基礎づけていくのが、類型論のあるべき方向性であろう。もっとも、非債弁済の不当利得に関しては、弁済者の錯誤に基づく弁済受領者の利得保有の信頼を保護するのが、利得消滅の抗弁ないしは現存利得の機能であり、したがって、他の不当利得の場合よりも利得消滅の抗弁は広い範囲で認められることになる。以下では、まずは非債弁済の不当利得を中心とする一方的な給付がされた場合について、利得消滅の抗弁に関する問題を見ていくこととする。

（3）給付目的物の費消・加工・売却

　例えば、BがAに価格2万円のワインを注文したが、Aは誤って（錯誤して）、2,000円のワインを注文したCに、Bに配達すべき2万円のワインを配達

第2部　給付利得　第7章　給付利得の効果

して，Cはこれを自分が注文した2,000円のワインと勘違いして（善意で）飲んでしまったとする。以上は，非債弁済による給付が善意の受領者によって費消されたというケースである。ここでは，法律上の原因のない利得移動と利得消滅の間には因果関係がある。Aの錯誤による給付があったがゆえに，Cはワインを費消してしまったからである。さらに，善意のCは非債弁済されたワインを自己に対する給付であり，利得保有できると信頼して給付を費消した。そういった観点からは，給付が費消されたことのリスクを，受領者（利得者）Cではなく給付者（損失者）Aに負担させることは決して不合理ではない，というのが，善意の利得者の返還義務を現存利得に制限した703条の制度目的である。したがって，以上のケースでは，Cの利得消滅の抗弁が成立し，CはBの注文したワインの客観的価格2万円ではなく，現存利得2,000円の返還義務を負うことになる（703条）[274]。

　つまり，利得消滅は利得移動と因果関係にあるものでなければならない。だから，仮に利得移動がなくても利得者が同様の物を費消していたであろう場合には，利得消滅は成立しない。衡平説のロジックだと，その場合は利得債務者は自己の財産からの出捐を免れているから，その限りで出費の節約があり，利得が現存することになる。さらに，利得債務者は利得保有できるという信頼に基づいて，目的物を費消していなければならない。結局のところ，利得移動は損失者の錯誤によるものだから，損失者に費消のリスクを負わせる根拠が存在するといえる。以上が非債弁済の不当利得に関する利得消滅の基本的な考え方である。費消と同様に，給付目的物が時価以下で売却された場合も，利得移動と売却の間に因果関係があれば，同様に利得消滅が成立する。例えば，売却なら客観的価値（市場価格）を返還する必要はなく，それが市場価格より低い場合は売却価格を返還すれば足りる。確認しておくと，以上の理は，給付物が特定物ではなく不特定物でも変わりはないというのが，703条の規定をおいた立法者の決断である。他方で，給付目的物が加工された場合は，加工物が滅失したようなケースは別として，価格返還は客観的価値によるほかないと考えられる。

　ちなみに，703条が非債弁済の善意の受領者の返還義務を現存利得に制限したのと同様の評価は，476条にも表現されている。同条は，他人物による弁済（475条）の規定を受けて，善意の弁済受領者が非債弁済された他人物を消費・売却したときは弁済を有効とし，かつ弁済受領者が弁済物の所有者から損害賠

Ⅲ　給付利得の効果・一方的な給付がされた場合

償請求されたときは，弁済受領者は弁済者に対して求償請求できるとしている。すなわち，ここでは限られた局面ででではあるが，弁済受領者の弁済の保有への信頼を全面的に保護しようという評価が見て取れるといえるからである。

　問題は，金銭を費消した場合である。しかも，実際に問題となる非債弁済の不当利得は，ほとんどが金銭が非債弁済されたケースである。しかし，金銭債務には履行不能は本来は存在しないはずである。それゆえ，非債弁済された金銭に利得消滅が認められるのかは，相当に困難な問題である。しかし，703条を文言どおり解する限りでは，金銭についても利得消滅の抗弁が成立する。ただし，例えば，非債弁済された金銭で自己の債務を弁済したとか，本来必要な生活費を支弁したというような場合は，非債弁済と費消の間には因果関係がないから，利得は消滅しないと解されている。衡平説の表現では，利得者の出費の節約があった点に現存利得が存在することになる[275]。反対に，弁済を受けたがゆえに誤った投資を試みて金銭を失ったような場合，浪費したときは，その事実と利得移動の間に因果関係があれば，利得消滅が成立すると解されている[276]。もっとも，このような場合に利得移動と投資・浪費との間に因果関係が存在することを証明するのは，相当に困難なケースが多いであろう。さらに，投資や浪費も受領者が自己の財産計画上の判断に基づいて行ったのだと考えれば，その危険は受領者が負担すべきことになる。その例として，しばしば例示されているのが，利得した金銭を贈与した場合である[277]。因果関係という観点からは，投資や浪費よりも利得消滅が認められやすい場合も存在する。例えば，銀行ＡがＢから取立委任を受けた手形の不渡りを見過ごして手形金を支払い，受領者Ｂが手形の取立委任を受けたＣに手形金を支払った場合は，銀行ＡのＢに対する手形金の返還請求に対してはＢの利得消滅の抗弁が成立すると解されている（最判平成３年11月19日民集45巻８号1209頁，ただし，判決はＢが善意の間に手形金を交付したという証明，つまり，利得消滅の抗弁の立証責任を弁済受領者Ｂが果たしていないとしてＢを敗訴させている。学説は，善意のＢのＣへの手形金の交付が証明された場合には一致して利得消滅を肯定している[278]）。その場合には，（ＡのＣに対する〔金銭〕所有権の主張は観念できず，さらに，ＡのＣに対する損害賠償請求権は成立しないから，）ＢはＣに対する不当利得返還請求権を代償として銀行Ａに譲渡すれば足りることになる。ちなみに，以上の最判平成３年の事例で，Ｂの利得消滅を認めず，銀行Ａと取立委任した顧客Ｂとの委任契約上のＡの義務違反を理由に，ＢはＡからの不当利

149

得返還請求権に対してＡに対する債務不履行による損害賠償請求権で相殺できるという法律構成を提案する山田（誠一）説は，先に述べた（目的物の物理的な滅失などを別として）利得消滅の抗弁を信頼損害の賠償として再構成するドイツの学説と軌を一にするものと評価することも可能であろう[279]。以上で述べたように，一定の評価基準はあっても，金銭の非債弁済に限らず非債弁済一般で結論として利得消滅の抗弁が成立するのかは，これを列挙していけば無限のカズイスティーク（個別事例の集積）に陥る。そこで，ドイツの学説の中には，利得消滅の規定（ドイツ民法818条3項）は，「開かれた規定（不法行為の一般条項による不法行為の成否の判断のように，法律の評価以外の社会観念から評価基準を探すほかにはない規定）」だと評しているものもある[280]。

　他方で，比較法的に見てもどこの法圏でも利得消滅が肯定されているのが，恩給・遺族年金などが過払いされたケースである。しかも，弁済受領者（利得者）が非債弁済を生活費に充てたときでも利得消滅するというのが，そこでの共通する評価である（例えば，大判昭和8年2月23日新聞3531号8頁。ただし，利得者がわずかな財産しか有していないことも認定している）。ただし，このケースでは，単に利得と費消の間に因果関係があるというよりも，恩給などの社会保険上の給付は受給者の生活保障を目的としており，かつ年金水準が生活様式を決定するのは当然であるという政策的な評価が背後にあることは，疑問の余地がない[281]。したがって，この場合も，不当利得法が補完する法制度の評価によって，不当利得法のあり方が決定されている事例だということが可能であろう。総じていうと，利得消滅の抗弁の成否にかんする議論が収束しないのは，類型論の方向性は不当利得法上の問題の（不当利得法が補完する）他の法制度への還元だが，還元すべき法制度の制度趣旨の発見，ないしは，その複合の解析が必ずしも十分ではないことに起因していると考えられる。

（4）給付目的物の滅失・損傷

　給付された目的物が物理的に滅失・損傷した場合も，利得移動と因果関係があり，受領者が給付の有効性を信頼しているときは，利得消滅を抗弁できる[282]。ないしは，これが利得消滅の抗弁の典型例だともいえる。滅失・損傷では，利得債務者の財産上の判断とは無関係だから，利得消滅を否定する余地はない。もちろん，例えば，滅失によって受領者が付保していた損害保険の保険金請求権を取得したときは，これを利得者は現存利得（代償物）として損失者に譲渡する必要がある。利得債務者がすでに加害者である第三者から損害賠

償の弁済を受けているときは，債務者の一定額の金銭の返還義務に変わることになる。さらに，以上の理は，給付物が特定物か不特定物かで違いはない。もっとも，不特定物の場合は，利得消滅が因果関係でつまずく場合も，しばしばあると考えられる。ただし，非債弁済された金銭が窃取された場合も，利得消滅となると解されている[283]。例外が，無効な消費貸借によって貸金の交付を受けたが，金銭が窃取されたような場合である。消費貸借では，はじめから借主（利得者）は返還を覚悟していたのだから，善意の弁済受領者に対する信頼保護の要請は働かず，悪意の利得者と同視されるべきだからである[284]。

（5）給付と関連して支出した費用

（a）給付に対して支出した費用

給付が保持できると信頼して支出した費用を，給付受領者は利得消滅として抗弁できる。例えば，給付された物に支出した費用である[285]。非債弁済による不当利得の場合は，必要費・有益費に限らず冗費も返還されると解すべきであろう。冗費といえども，利得者が給付の取得を信頼して出捐した費用だからである。わが国の学説には，必要費と有益費で区別したり，原物返還の場合には196条の規定が適用されるべきだと説くものもある[286]。しかし，このような学説は，給付利得で，双務契約の巻き戻しと非債弁済の不当利得とを明示的に区別していない。したがって，そこでの議論が，一方的な給付が行われた場合，特に，非債弁済を念頭においているのかは疑問であろう。

（b）給付受領者が給付の取得に際して支払った出費

給付受領者が給付の取得に関連して支払った費用，例えば，運賃，関税，所得税，手数料なども，利得移動と因果関係がある限りで，利得消滅となる[287]。以上の出捐は，給付を原物返還する場合は，その返還と同時履行関係ないしは給付物に留置権が成立すると解すべきであろう。

（6）給付から被った損害

給付されたものから受領者が損害を被った場合には，どのような損害が利得消滅となるのかも問題となる。ドイツ法およびわが国の体系書でよくあげられる教室設例は，給付された犬が利得債務者の絨毯を傷つけたというケースである。こういった損害は，給付受領者が給付の有効性を信頼したこととは因果関係がないから利得消滅にはならないという見解が有力である[288]。他方で，例えば，病気の犬が給付されたため，受領者の他の犬が感染したという場合には，給付者は事実上の積極的債権侵害による損害賠償の義務を負う。だから，

第 2 部　給付利得　第 7 章　給付利得の効果

事実上の積極的債権侵害による損害賠償を利得消滅の項目として考慮するのか否かが，ここでの問題であろう[289]。

（7）返還の費用

非債弁済などの一方的な給付がなされた場合は，以上の利得消滅の抗弁の成否と同様に考えれば，返還の費用は債務者たる給付受領者ではなく債権者である給付者が負担すべきことになる[290]。

（8）現存利得を判定する時点

現存利得を評価する時期は，最終的には返還時，ないしは，訴訟なら最終口頭弁論の終結時とするほかないであろう。なぜなら，利得債務者の財産状態に発生した効果を可能な限り考慮して返還請求の範囲を決定するには，可能な限り後の時点を算定の基準にするしかないからである[291]。

　　ただし，学説では，どの時点で利得消滅の抗弁の主張を制限するのかという問題との関連で，その基準として幾つかの考え方が提唱されている。具体的には，(i) 返還時の他に，(ii) 受益者が善意から悪意に変わった時点[292]，(iii) 返還請求時[293]，(iv) 訴提起時[294]である。しかし，以上は，「最終的な」算定の基準時ではなく，利得消滅の抗弁の制限される事情にすぎないと考えるべきであろう。

（9）利得消滅の抗弁の主張・立証責任

利得消滅に関する証明責任の所在は，基本的には不当利得返還請求権の対象が，利得債務者の財産上の差額つまり「現存利得」か，それとも法律上の原因なく利得移動したものか，によって決定されるはずである。すなわち，前者（利得債務者の財産上の差額）なら，現存利得は利得債権者が主張・立証する必要がある[295]，後者（利得移動した対象）なら利得消滅ひいては現存利得は利得債務者が証明責任を負う。類型論ないしは現存利得への返還義務の縮減は善意の利得者の特別な優遇だという考え方からは，当然に後者が支持されるべきである[296]。判例（最判平成 3 年11月19日民集45巻 8 号1209頁）も（金銭の）不当利得の利益が存しないことについては利得債務者が主張・立証責任を負うとしている。以上の実体法的な観点に加えて，証拠との距離という証明責任の分配の一般論からも，同様の結論が導き出せる。ただし，金銭の利得に関しては，判例（大判明治39年10月11日民録12輯1236頁など）および前者の学説も利得の現存が事実上推定されるとしている。したがって，前者の学説の考え方でも，利得債務者は利得消滅を間接反証しなければならないから，結果的に後者の考え方

との違いはない[297]。

IV 悪意の給付受領者の責任

1 悪意の利得者の責任の根拠と704条の規定

以上のような善意の給付受領者に与えられる優遇（現存利得への返還義務の縮減）は，悪意の給付受領者には与えられない。悪意の給付受領者（利得者）は，給付を最終的に保持できると信頼しているわけではないから，利得したものの返還を計算しておくべきだからである。704条前段は，「悪意の受益者は，その受けた利益に利息を付して返還しなければならない」と規定して，703条の善意の利得者の現存利得の返還義務とは異なり，受領したもの返還を命じている。すなわち，その限りで，同条は，善意の利得者への優遇は悪意の利得者には与えられないことを明らかにするとともに，受けた利益の返還義務の他に「利息」の返還義務を規定している。これは，法典調査会議事速記録で参照されている（当時の）2016年改正前フランス民法1378条が，悪意の非債弁済の受領者は元本だけでなく受領時からの利息（または果実）の返還義務を定めたのと同一の規定である。

問題は，続けて同条後段が「この場合において，なお損害があるときは，その賠償の責任を負う」と規定していることである。わが国の学説の多くは，これを不法行為の規定だと理解している。立法者もこれを不法行為の規定だと説明するが，そこで想定していたのは，悪意で非債弁済を受領した者の責任である。というのは，704条（原案714条）は，旧民法財産編368条，361条2項2号を受けたものだが，それらの主な適用局面は悪意の非債弁済の不当利得返還請求である[298]。他方で，法典調査会議事速記録の原案714条では直接に参照条文としては指示されていないが，起草者が参照したドイツ民法第1草案741条1項では，債務の不存在と弁済者の錯誤に悪意の非債弁済の受領者は，不法行為による損害賠償の基準で給付者に損害賠償の義務を負うとされていた。だから，後に悪意となった者および訴訟係属によって擬制悪意となった者に一般的な返還義務が課されるのとは異なり，悪意の非債弁済の受領者は不法行為者だということになる。もっとも，ドイツ民法の起草過程では，悪意の非債弁済の受領者には当然に不法行為の規定が適用されるという理由で，最終的には第1

153

第2部　給付利得　第7章　給付利得の効果

草案741条1項は削除されている[299]。他方で，わが国の民法の立法者は，法典調査会での原案714条に関する議論で，悪意で弁済受領した者は不法行為者であると例示しており，その場合には不可抗力で受領した物が滅失しても，利得者は責任を免れないと説明している。つまり，不法行為者は始めから付遅滞の責任を負うということである[300]。さらに，立法者の1人の梅は，債務者ではないと知っていた者から米を受領したときは，米の価格に法定利息を加えて返還するほかに，実損害の賠償が必要だとして，利息の返還義務も含めて不法行為の規定だと説明している[301]。この方針は，民法の立法者が，不法行為については債務不履行に関する416条の制限賠償主義を採用せず，損害賠償の範囲を裁判官の裁量に委ねていたことと合致している[302]。だから，704条は，悪意の利得者の返還義務は703条の現存利得に制限されず，受けた利益を返還すべきこととともに，悪意の非債弁済の受領が不法行為となる余地を認めたものだといえる。

2　悪意の不当利得に関するわが国の学説

以上の悪意の利得者の責任に関する704条の適用範囲については，わが国の学説は相当に錯綜している。例えば，加藤（雅信）説は，（主に給付利得に当たる）矯正法的不当利得では703条，704条は適用されず，その効果は表見的法律関係が決定するが，他方で，（主に侵害利得に当たる）帰属法的不当利得では，所有者・占有者関係（189条～191条，196条）の類推から703条，704条が適用されるとしている[303]。さらに，類型論の学説も，703条，704条は給付利得には適用されないとしたり，双務契約の解消には適合しないとしている[304]。以上のような学説の態度は，給付利得で非債弁済の不当利得を想定せず（非債弁済に関しては，もっぱら705条以下の適用の問題としてだけ論じている），双務契約の巻き戻しを主にその前提とすることに原因がある[305]。反対に，受領者の善意・悪意を給付利得でも重視しようという学説（主に，衡平説とされる学説）は，悪意の利得者の責任について考え方が分かれている。例えば，松坂説は悪意の利得者は原物が責めに帰すべからざる事由によって滅失した場合にも，原物の価格の返還義務を負うとしている（その際に，例証として持ち出すのが，悪意の非債弁済の受領者の責任に関する改正前フランス民法1379条の規定である[306]）。反対に，我妻説は，悪意の利得者の責任をドイツ民法の規定（ドイツ民法818条4

項，819条1項）に倣って，一般的な給付義務を負った債務者の責任と捉えている。したがって，悪意の利得者も付遅滞に陥るまでは，帰責事由のない物の滅失・損傷の責任を負わない[307]（だから，我妻説は，704条の規定する悪意の利得者の損害賠償義務は不当利得の枠外の規定だと説明している[308]）。

　非債弁済の受領者が弁済受領時から悪意であり不法行為責任を負うような場合は別として，後に悪意となった者が目的物の帰責事由のない滅失・損傷の責任まで負担するというのは妥当ではない。だから，始めから悪意の利得者が不法行為による損害賠償義務を負い，付遅滞となったような場合は別として，704条は善意者に与えられる責任の軽減に関して悪意者は排除されることを規定したに止まると解すべきである。他方で，侵害利得では利得者が他人の権利への侵害時から悪意の場合は，不法行為が成立するから，悪意の受益者の意味は限られている。支出利得では損失者の利得者に対する利得の押しつけが問題であり，利得者の善意・悪意は基本的に返還請求のあり方に影響を及ぼすことはない。加えて，以上の学説も指摘するように，給付利得でも双務契約の巻き戻しでは，受領者の善意・悪意ではなく無効・取消規範の保護目的が回復のあり方に決定的な意味を持っている（121条の2第2項に関しては，後述）。したがって，やはり703条，704条は，非債弁済の不当利得で中心的な意味を有していることになる。

　本書では，上述した悪意の利得者の責任の考え方に基づいて，以下では非債弁済の不当利得を中心として，悪意の利得者の責任について叙述することとする。

3　悪意の利得者

（1）悪意の意味

（i）悪意の利得者

　悪意の利得者とは，法律上の原因のないことを知りながら利益を得た者である[309]。言い換えなら，「利得移動を基礎づける事実」と「利得に法律上の原因が欠如すること」を知っていることである。利得移動の事実を知るだけでは足りないのは，事実を知っただけでは，必ずしも法律上の原因のないことが推論できるわけではないからである。

　判例（最判昭和37年6月19日裁判集民61号251頁）は，抵当権が抹消されると錯

誤して被担保債権を第三者弁済したが，抹消の対象である物件が違っており，抵当権の抹消はなかったというケースで，抵当権者の悪意を否定して，悪意の受益者とは「法律上の原因のないことを知りながら利得した者」と定義している[310]。さらに，破産者の締結していた建物の賃貸借契約を合意解除して敷金を未払い賃料に充てた破産管財人に対する，敷金返還請求権の質権者からの不当利得返還請求権に関して，1審（横浜地判平成16年1月29日判時1870号72頁），および，原審（東京高判平成16年10月19日判時1882号33頁）は，不当利得が成立する事実経緯を認識していたというべきだから悪意の利得者に当たるとした。しかし，最高裁（最判平成18年12月21日判時1961号53頁）は，「民法704条の『悪意の受益者』とは，法律上の原因のないことを知りながら利得した者をいうと解するのが相当である」と判示した上で，破産債権者のために破産財団の財産の減少を防ぐという破産管財人の職務上の義務と質権設定者が質権者に対して負う義務との関係をどのように解するかという論点を論じる学説や判例も乏しかったこと，および，破産裁判所の許可を得ていたから，悪意の受益者とはいえないとしている[311]。だから，悪意と評価されるには，法律上の原因の欠如を積極的に知っていることが必要だと解されていることになる。

（ⅱ）過失のある善意者

ただし，法律上の原因がないことを知らないことについて（重）過失があるときは，善意か悪意かで学説は分かれている。

（ａ）無過失を要求しない説

立法者の梅は，不当弁済（非債弁済）取戻しのケースで，全く自分の過失で債権者が弁済を強要したときは，不法行為に当たるが，それ以外は非債弁済では双方に過失があることが多いが，債務者が自分に債務があるか否かを知っているのが本当であると指摘している。つまり，少なくとも非債弁済の不当利得では，立法者は善意の利得者（弁済受領者）の過失の有無は問題にしていなかった[312]。非債弁済の原因は，弁済者（損失者）の錯誤だからである。かつての通説的な学説（鳩山，末弘，我妻）も，過失のある善意者は悪意の受益者ではないと解していた[313]。ただし，その中で，我妻説は，後には，一応は善意者は無過失である必要はないとしながら，同時に，公平の原則に基づいて，不当利得の発生の事実への損失者の関与の程度と態様を斟酌して返還の範囲を決めるなら，利得者の過失の有無も自ずから考慮されることになるとも指摘している[314]。

Ⅳ　悪意の給付受領者の責任

(b)　過失者は悪意と解する説

　他方で，谷口説は，当時の通説的学説はドイツの通説の影響を受けており，ドイツ法では非債弁済について過失の有無が争われたから，客観的な要素に基づく解決を指向し過失の問題を不当利得から駆逐したと指摘した上で，ドイツ法，スイス法，フランス法，英米法を検討して，受益者の過失も返還義務の範囲に影響を与えていると指摘する。加えて，善意が内心的な事実状態なら，無経験な者，愚鈍な者などが，経験のある者，用意周到な者より善意であることが多くなり，道徳上尊重に値する者に責任が加重され，道徳上非難される者の責任が軽減されるという逆説的な結果となると批判する。さらに，善意者の責任軽減は，いわば権利取得したのと同じ結果となるが，善意取得，時効取得では占有者の善意・無過失が要求されていることとの均衡も指摘する。その結果，過失のある善意者は悪意とみなすべきだと解している。ただし，谷口説で注意すべきは，以上に続いて，善意悪意，知不知のような内心的な意思過程が裁判上問題になれば，徴表である間接事実によってそれを推断する他なく，悪意を推認するに足る事実が立証されれば，一応の推定によって悪意とする判断は妨げられないから，知り得べかりしとき（すなわち，善意が過失に基づく場合）は，悪意が推定される場合が多いであろうし，受益者の善意の立証を許すとしても，知不知の立証は困難だから，その立証はほとんど不可能であり，結果的には過失による善意者の責任は加重されることになるから，以上のような議論は無意味かもしれないとしていることである[315]。松坂説も，谷口説と同じく，（谷口説も引証しているが，）ドイツの通説とは異なり重過失を悪意と同視するレオンハルト（Franz Leonhard）に依拠して，有過失の善意者を悪意者と同視すべきだとしている[316]。以上の谷口説，松坂説が，共通の論拠として持ち出すのが，ドイツ民法とスイス債務法の規定である。具体的には，ドイツ民法では，将来の発生の不確実な目的，または，消滅する可能性のある目的のために給付されたときは，給付者は目的の不到達または法律上の原因消滅を知らないときでも，悪意の利得者と同様の責任を負うと規定するドイツ民法820条である。スイス法では，スイス債務法64条，3条である。スイス債務法64条は，利得者が返還を予期すべきだったときは，利得したものを返還すべきことを規定しており，ドイツ民法820条と同趣旨の規定である。さらに，スイス債務法3条1項は，法律が法的効果の発生を人の善意と結びつけたときは，善意の存在が推定される，2項は，当該の状況が注意を要するような方法で注意を払っ

第2部　給付利得　第7章　給付利得の効果

たときは，善意となることができない者は，善意であることを主張することができない，という規定である。加えて，松坂説は，法律上の禁止または善良の風俗に反して給付受領した者に，受領時から悪意の責任を課すドイツ民法819条2項を参照している[317]。つまり，谷口，松坂説は，(ア) 善意者に与えられる利得消滅の抗弁は，権利取得（善意取得）と同じだという均衡，(イ) 善意の認定に関する一般的な考察，加えて，松坂説は，(ウ) 返還義務を予期すべき者は，利得消滅の主張はできないというドイツ法，スイス法の規定の趣旨から，善意者に無過失を要求している。四宮説も，過失のある者の返還義務を現存利得に制限するのは不当であり，利息支払・損害賠償義務に関しては，それを過失ある者に認めないのは不法行為責任との均衡から不当であるという理由で，有過失の善意者は悪意と同視すべきだと解している[318]。松岡説も，不法行為責任との権衡から，過失のある善意者は悪意者に含まれると解している[319]。さらに，貸金業法，利息制限法に関する判例についてのコメントだが，判例では，平成18年改正（削除）前貸金業法43条1項に違反すれば，貸金業者は悪意の利得者と推定され，善意とされるには特段の事情を主張・立証する必要があり，特段の事情の認定には合理的根拠が必要だとされるから，悪意の認定には貸金業者の過失も含まれるという指摘もある[320]。

　(c)　重過失を悪意と同視する説

　福地説は，有過失の善意者を悪意者と考えるかは論理解釈ではなく法政策的な問題だとするが，過失者を一律に保護するのは不当だが，いささかでも過失があれば悪意者と同一視するのも問題で，重過失を悪意と同一視すべきだとしている。さらに，その際に，金銭騙取の不当利得に関する判例（最判昭和49年9月26日民集28巻6号1243頁）が，悪意・重過失ある騙取金銭の弁済受領者は法律上の原因を欠くとしたことは，確かに，不当利得の成立要件の問題だが，効果に関しても悪意と重過失を同視する見解を前提とするものと推測されるとしている[321]。

　(d)　法律上の原因のない事実を知れば悪意と解する説

　今ひとつ，近時の利息制限法1条に違反する過払金返還請求訴訟をきっかけに，貸金業者は利息制限法違反の事実を知れば悪意の受益者だと解したり，過失のある貸金業者は悪意の受益者と解するものがある。茆原説は，悪意には法律上の原因の有無という法的認識は不要であり，法的認識の基礎となった事実の認識で足りるとする。その理由は，悪意が法的評価，法的判断を意味すると

解すると，利得者は法律上の原因があると認識していたなどと主張して，悪意の受益者の意味がなくなるからである。その結果，貸金業者には利息制限法違反の認識も必要なく，利率を知っていれば悪意だとしている[322]。河内説も，（利息制限法１条違反の制限超過利息の不当利得返還請求を排除する）平成18年改正（削除）前の貸金業法43条１項が適用されると誤信した貸金業者も利息制限法違反については悪意だから，過失のある者を善意の受益者とするのは疑問だと指摘する[323]。

(e) 判例の考え方

他方で，（裁）判例は，直接に事実から悪意を認定できる場合は別として，そうではないケースでは，一定の事実から受益者の悪意を推定し，反証のない限りは悪意を肯定するという手法をとっている。前者の例としては，例えば，売買契約が合意解除された場合には，前金の受領者は合意解除の時から，前金の返還義務を負うことを知っていたと考えることができ，合意解除時から悪意の受益者として704条の利息の支払義務を負うとしたもの（大阪地判昭和29年３月25日下民集５巻３号419頁），優先する抵当権の存在を知りながら，その抵当権者の債権届出のないことを奇貨として，第三者に競売代金を融資して競落させた上で配当金の交付を受けた者は，優先権のある抵当権の存在を認識していたとして悪意を認定し，704条の利息支払義務を負うとした裁判例（仙台高判平成３年２月21日判時1404号85頁。ただし，民事執行法の手続に基づいて配当を受けたから不法行為には当たらないとしている）などがある。

しかし，直接に悪意を認定できないケースでは，一定の事実から受益者の悪意を推定し，反証のない限りは，悪意を認定するのが（裁）判例の考え方である。例えば，「株式会社の取締役たる地位に存る者は所謂権利株の売買は法律上禁止せられ居るものなりと云うが如きことは反対の事情の認む可きもの無き限り之を知了せるものと認むるを以て相当とする」という判例（大判大正10年11月８日新聞1932号10頁）は，「取引行為が強行法規に反するために無効な場合の給付利得などに関しては，〔法律上の原因の欠缺に関する受益者の悪意の〕事実上強力な推定がなされるであろう」[324]場合の一例である。

加えて，特許権侵害に過失があったが善意の侵害者は悪意の受益者ではないとした裁判例（大阪地判昭和50年３月28日判タ328号364頁。〔債権法改正前の〕724条前段〔３年〕ではなく〔債権法改正前の〕167条１項の時効期間〔10年〕ゆえに不法行為ではなく不当利得の返還請求を主張したと考えられるケース）がある。つま

り，法律上の原因の欠缺の認識に過失があっても，悪意とはみなされないということである。

さらに，最近の過払金返還訴訟でも，判例の考え方は同じである。具体的には，貸金業者が利息制限法1条1項違反の制限超過利息を受領したが，その受領について平成18年改正（削除）前の貸金業法43条1項が適用されないときは，貸金業者が同条同項の適用があると認識し，しかも，そのような認識に至ったやむを得ないといえる特段の事情がなければ，704条の悪意の受益者と推定されると解している。その上で，例えば，貸金業法18条の要件を具備する書面の交付がなかったときに，特段の事情があるというには，「貸金業者の認識に一致する裁判例が相当数あったとか，同様の学説が有力だったという合理的根拠が必要」だなどと，特段の事情を具体化している（最判平成19年7月13日民集61巻5号1980頁）。さらに，期限の利益の喪失約款の下で利息制限法所定の制限超過利息の支払の任意性を否定した最高裁判決（最判平成18年1月13日民集60巻1号1頁）の言渡日以前に支払われた制限超過利息に関しては，貸金業者が期限の利益喪失約款の下で制限超過利息を受領したというだけでは，貸金業者を704条の悪意の受益者と推定することはできないと判示した（最判平成21年7月10日民集63巻6号1170頁）。つまり，特段の事情があったと評価した判例である。以上のような貸金業者の悪意の判断は，強行法規違反の給付受領に関しては，悪意の強力な推定がされるという典型例の1つであろう。つまり，貸金業法の具体的な規定の制度趣旨，保護目的から，受益者の悪意が推定されることが決定的だと考えられる。だから，悪意の認定に一定の規範的評価が働くことは間違いないが，受益者の過失を正面から問題にはしないというのが，判例の立場であろう[325]。

　(f)　有過失は悪意と同視できるか

以上から考えると，悪意は受益者の内面の事実（心象）だから，それが直接に認定できる場合は別として，通例では外面に現れた間接事実から悪意を認定することになるのは避けがたい。だから，判例は，一定の事実が認定されれば悪意を推定して，それを覆す証明がなければ悪意を肯定している。しかも，その際には，例えば，貸金業法違反などで弁済受領が強行法規（・取締法規）に抵触する場合，ないしは，取引上の注意義務に違反したと評価できる場合には，悪意の推定が働く。その結果として，悪意の認定では，悪意という「事実の擬制」，ないしは，「知っていたはずだ」という擬制の程度が高まれば，受益

者は法律上の原因の欠缺を「知るべきだった」という「規範的な評価」に接近することになる。そうすると，知るべきだったという評価は，受益者の注意義務を前提とするから，注意義務違反を過失と捉えるか，あるいは，悪意の推定を推し進めていけば，一定の事実を知っていれば，通常人ないしは，（特に，取引上の強行法域違反では）当該の取引に関与する者ならそれ以外に考える余地はないから，法律上の原因の欠缺の根拠となる事実を知っていたことが悪意だと考えるべきことになる。しかし，悪意の受益者の責任の根拠は，受益者が取得したものを返還すべきことを知っていたから，利得保有の信頼を保護する必要はないからである。だから，受益者が法律上の原因の欠缺を基礎づける事実を知っていたというだけでは，悪意者の責任を負わせるには不十分である。一般的には，法律上の原因の欠缺を基礎づける事実から，取得したものに法律上の原因の欠如していたことを必ず推論できるわけではないからである。しかし，他方で，一定の事実を前提とすれば，取得したものに法律上の原因が欠如していたことは推論できるはずだという評価的視点は不可欠である。かつ，その評価的始点の基準となるのは，具体的な利得移動を基礎づける法律関係を規律する規定，特に，禁止規範の制度目的と考えるほかないであろう。だから，「知っていたはずだ」という評価の基準は，当該の規定の保護目的である。以上の意味で，悪意の認定には評価的視点は不可欠であるが，受益者の過失は悪意とは別の問題だと考える[326]。

　ただし，給付利得，特に，少なくとも非債弁済の不当利得に関しては，その原因は弁済者の錯誤である。さらに，松坂・谷口説の指摘するように，ドイツ法，スイス法では，例えば，給付受領者が当然に返還義務を予測すべきケースでは（ドイツ民法820条），あるいは，法律の禁止・良俗違反の給付の受領者は受領時から訴訟係属と同様の責任を負う（ドイツ民法819条2項）と規定されているが，それは，あくまでも返還義務を計算しておくべきだったからである。つまり，給付利得に関しては，有過失を悪意と同視する契機はないと考える。他方で，侵害利得では，直接の侵害者に過失があれば，当然に不法行為が成立する。だから，それとのバランスからは，有過失を悪意の受益者（704条）と同視する契機がないではない。しかし，これも両者の制度目的の違いと考えるなら，侵害利得でも有過失を悪意者とみなす必要はないと考える（支出利得に関しては，受益者の善意・悪意も原則として問題にはならない）。だから，結論として，過失は善意の認定とは無関係だと解したい。今ひとつ付言しておくと，

第2部　給付利得　第7章　給付利得の効果

ドイツでは，少数説の解釈論，立法論として，重過失を悪意と同視する考え方がある[327]。ただし，それは主に侵害利得に関してであり，その根拠は，悪意の占有者の責任を規定しているドイツ民法990条の解釈では，重過失のある占有者は悪意者とみなされるというのが通説・判例であり，これとのバランスが根拠とされている。しかし，通説・判例は，悪意の受益者は法律上の原因の欠如を積極的に知っていることを要求している[328]。今ひとつ指摘すると，わが国の学説の多くは，重過失ではなく過失を悪意と同視するという見解が多い。その理由は，（利得消滅の主張の抗弁は，無権限者からの権利取得に類似すると考えるなら，）わが国では善意取得は善意・無過失が要件だが（192条），ドイツ法では善意・無重過失であることが（ドイツ民法932条2項），その違いの根拠ではないかと推測する[329]。

（2）本人以外の悪意

　給付の受領が代理行為による場合は，悪意は代理人を基準とする（101条1項を参照）[330]。代理人が善意で本人が悪意の場合も，本人は悪意の受益者と解すべきであろう。包括的な代理権を有する者（法人の機関，未成年者・制限行為能力者の法定代理人）が存在する場合は，その者の善意・悪意が704条の適用を決定することになる[331]。法人の使用人が悪意の場合でも，法人の代表者の善意・悪意が法人の善意・悪意を決定するというのが判例（最判昭和30年5月13日民集9巻6号679頁）だが，学説は批判的である。法人の内部的な職務分担のために，被用者の悪意が法人の悪意とはみなされないのは不当だというのである[332]。

（3）悪意の判定時期

　給付を受領した時点から受領者が給付に法律上の原因のないことを知っていれば，もちろん悪意である。しかし，後に法律上の原因のないことを知ったときも，同様に悪意となる[333]。したがって，その時点から善意者の保護のための利得消滅の抗弁は主張できないことになる。さらに，訴訟係属があったときは，その時点から悪意とみなされるべきであろう（擬制悪意。もちろん，敗訴を前提としてであるが）。ドイツ民法819条にはその旨の規定があるが，わが国でも我妻説は所有者・占有者関係の規定（189条2項）の類推で同一の結論に至っており，学説の多くはこれを支持している[334]。判例（最判平成17年7月11日判時1911号97頁など）も訴状送達日以後は悪意を認定している。ただし，四宮説は，起訴は過失を推定させるにすぎないとして，訴訟継続による擬制悪意に反

162

対している[335]。

（4） 悪意の証明責任

利得者が悪意であることの主張・立証責任は，損失者が負担するというのが通説である[336]。善意の立証は困難であるし，悪意によって責任が加重されることがその理由である。ただし，ある財貨移動が法律上の禁止・公序良俗に違反し，受領者が違法状態を認識しているときは，受領者の悪意が推定されることになろう[337]（ドイツ民法819条2項は，その旨を規定している）。

4　悪意の利得者の返還義務

（1）「受けた利益」の返還義務

（i）原物返還・価格返還

悪意の利得者も原物返還が可能なときは原物返還の義務を，不能なら価格返還義務を負うことでは，善意の利得者と変わりはない。しかし，悪意者は給付に法律上の原因のないことを知っているのだから，他人の物を保管しているのと同様の責任を負担すべきであろう。同様の責任を，民法は悪意の占有者に関して規定しており（190条，191条），我妻説は所有者・占有者関係の規定の類推を以上の解釈論の根拠としている[338]。

（ii）目的物の滅失・損傷

悪意の利得者は給付受領した物の保管義務に関して善良なる管理者の注意義務を負う。したがって，善管注意義務を怠ったことで目的物が滅失・損傷した場合には，利得者はその損害賠償義務を負う。ただし，悪意者の責任といえども過失責任であるから，不可抗力などによる物の滅失・損傷の責任は負わない。損失者から利得者に催告がされて利得者が遅滞に陥ったときは，注意義務違反によらない損害に対しても利得者が賠償の責任を負うのは，履行遅滞の効果によると解すべきであろう[339]。したがって，先述した判例（最判平成3年11月19日民集45巻8号1209頁）の傍論の判示，すなわち悪意となった後の利益の消滅は返還義務の範囲を変えないというのは，少々ミスリーディングな言い方ではないかと考える[340]。

以上とは異なり，四宮説は，悪意の利得者（ただし，訴訟係属によっても悪意者とはならず，擬制悪意を肯定しない）は不法行為の場合に準じて受益の時から遅滞に陥ると解している[341]。しかし，善意の利得者が悪意となったという場

第2部　給付利得　第7章　給付利得の効果

合に，注意義務違反のない損害までも賠償の責任を負うというのは，妥当とは
いえない。不法行為に準じて付遅滞の責任を負うべき場合とは，利得の始めか
ら悪意のケースであろう。そこでは，給付受領者は給付に法律上の原因にない
ことを知って給付受領しているから，それを不法行為と評価できないわけでは
ないからである。

　他方で，非債弁済以外の一方的な給付が行われたとき，例えば，贈与契約が
受贈者の詐欺・強迫を理由に取り消された場合には，給付の始めから悪意の受
益者（給付受領者）は，不可抗力による給付物の滅失・損傷の場合も価格返還
義務を負うというのが，磯村保説である。詐欺者・強迫者は自己に帰属すべき
ではない物を意識して自己の財産に取り込んだのであるから，給付物の滅失・
損傷の責めを負うべきだというのである(342)。つまり，ここで磯村説は給付の
回復のあり方に，法律上の原因の欠缺の原因（詐欺・強迫）を反映させてお
り，しかも，それを利得消滅の抗弁のレベルで考慮していることになる。確か
に，非債弁済のように弁済者の錯誤が原因で利得移動した場合と，詐欺・強迫
の場合とを同列に扱うというのは，決して妥当とは言い難いであろう。しか
し，このような場合に，詐欺・強迫に対する評価を，どのレベルで返還義務の
内容に反映させていくのかに関しては，見解が分かれうるであろう。すなわ
ち，㋐詐欺・強迫者に対するこのようなリスクの負担を，利得消滅のレベル
で考慮するのが，上記の磯村説である。これに対して，㋑問題を不当利得法
の枠から外して，不法行為に委ねていく考え方も，当然にありうると考える。
具体的には，双務契約の場合を例としているが（詐欺による取消しのケースで，
詐欺者からの同時履行の抗弁は排除されるという見解を批判したくだりで，被詐欺
者の損害は不法行為で救済されるべきだ，としている），好美説はこの立場だと考
えられる(343)。以上の評価に関しては，当然に見解は分かれうると考える。し
かし，悪意の受益者の責任の効果として損害賠償を規定した704条の規定を，
以上のようなケースにも適用すべきことを前提に，本書では，不法行為による
損害賠償請求という構成を支持したい（後述「（3）損害賠償義務」を参照）。さ
らに，詐欺の場合はともかく，強迫による贈与契約というのは，（観念的にはあ
り得ても，実際には，要するに「ただでくれ」と強要することだから）ほとんど強
盗と変わらないのではないか，と考えることもできるからである。つまり，始
めから不法行為者として付遅滞の責任を負うことになる。

　(ⅲ)　給付目的物の費消・加工・売却

164

悪意の受益者は給付物に関して善管注意義務を負うから，目的物を費消・加工・売却したときは，悪意の利得者が損害賠償責任を負うのは当然である。受領した金銭を浪費した場合，誤った投資をしたときも，利得消滅が成立しないこともいうまでもない[344]。ただし，利得者が目的物を客観的価値（市場価値）より高額で売却したときも，売却代金の返還請求はできないと解すべきである[345]。それを代償請求と構成しても，売却代金は（事実による代償ではなく，）不当利得返還請求の対象とはならない法律行為による代償である。ただし，利得者が目的物を客観的価値以下で売却したときも，客観的価値の返還請求が可能である。さらに，利得者に対して不法行為による客観的価値（市場価格）の損害賠償請求が可能なことは当然である[346]。

（iv）果実・収益の返還

　果実・収益について，悪意の占有者の責任に関する190条1項は，果実の原物での返還義務の他に，消費した場合，過失で損傷した，または，収取を怠った果実の代価を償還すべき旨を定めている。悪意の利得者も同様の義務を負うと解すべきであろう[347]。以上の責任は，いわば他人の物を管理すべき者の責任であるが，その義務が課される根拠は契約ではない。だから，現在ではそういった法制度は存在しないが，いわば「準契約」による義務と説明できれば，もっともわかりやすいであろう（かつては，事務管理は「準契約」または「準不法行為」として説明・根拠づけられていた）。以上の理は，金銭の果実である利息についても同じである。

（v）給付と関連する支出・給付物に支出した費用

（a）給付と関連した支出

　給付受領者が給付の取得に対して支払った支出は，利得移動と因果関係がある限りでは，悪意の利得者といえども控除されることになろう[348]。もちろん，悪意の受領者が始めから悪意であり不法行為者と評価されるときは別であろう。

（b）給付物に支出した費用

　悪意の利得者が給付物に支出した費用は，いわば損失者に「押しつけられた利得」という性格も有する。費用償還が認められれば，損失者は利得者から取引強制されたことになる。だから，その償還を一切認めないという考え方が成立する余地もないではない。しかし，196条は悪意の不適法占有者にも必要費・有益費の償還を認めている（ただし，有益費の償還には，期限を付すことを

第2部 給付利得 第7章 給付利得の効果

認めている）。だから，以上の問題は，費用償還という支出利得での「押しつけ利得」防止の一環として考慮されるべき課題であろう[349]。

（vi）給付から被った損害

善意の利得者は，給付に法律上の原因があると信じたことと因果関係にある損害を，利得消滅として主張できる。しかし，悪意の利得者がその控除を主張できないのは当然である[350]。

（vii）返還の費用

始めから悪意で給付受領した利得者は，返還の費用を負担すべきである。ただし，善意の利得者が後に悪意に変わった場合は，返還の費用は給付者（損失者）が負担することになる。

（2）利息の返還義務

悪意者は他人の財産の管理者と同一の地位にあるから，果実・収益の返還義務を負うのと同様に，金銭の使用利益である（法定）利息の返還義務を負う。だから，我妻説は，原物返還の場合は果実・使用利益の返還で足りるが，価格返還では利息の支払義務を負うとしている[351]。他方で，四宮説は，利息は最低限度の損害賠償だから，価格償還（価格返還）の場合に限らず，原物・代位物を返還する場合にも利息の支払義務を負うと解している。つまり，原物・代位物の価格を算定して，それに利息を付すべきだというのである。ただし，（金銭を含む）原物，代位物からの果実・使用利益・利息的収益を填補する場合には，利息の額を控除すべきだとしている[352][353]。

つまり，以上の学説は，704条の規定する利息の支払・損害賠償の義務を，不法行為責任の一環と考えていることになる。他方で，悪意者の利息の返還義務を損害賠償義務と併せて債務不履行責任として構成するのが松岡説である。この考え方では，利息の支払義務は，悪意とともに遅滞に陥った利得債務者の債務不履行責任だということになる[354]。

（3）損害賠償義務

確かに，立法者は，利得移動の始めから悪意の利得者は不法行為者であり，最低限は法定利息の支払義務を，加えて，それ以上の損害の証明が可能なら実損害の賠償義務を負うことになると理解していた[355]。ただし，これに当たるのは，弁済が非債弁済であり，しかも，弁済者の錯誤を知っていた弁済受領者は，不法行為者とされていた「盗の不当利得（condictio furtiva）」のケースであろう。弁済受領後に悪意となった，ないしは，訴訟係属となった利得債務者を

不法行為者と同視することはできないであろう[356]。しかし，704条後段が損害賠償義務を規定していることで，学説の損害賠償責任に関する根拠づけは，相当に錯綜している。

（ⅰ）特別な不当利得説

民法の立法者の理解とは別に，後に，末弘説は，悪意の受益者が利益の全部を返還しても，損失者の損失を償うに足りない場合に不足分の賠償をさせることが704条後段の損害賠償の目的だと指摘し，その性質は同条後段に基づく特別の賠償義務だから，不法行為によるものではない。だから，損失者の損失があれば，権利侵害の要件を必要としないと説明している。つまり，不当利得の特別な責任だとしている[357]。さらに，我妻説は，同条後段の損害賠償は，利得者の利得ではない損害を填補することを命じているから，不当利得の制度の外の責任だが，しかし，不当利得制度の公平の原理を貫くために認められたものだから，時効期間には（改正前）724条ではなく，一般の時効期間（改正前167条1項〔10年〕）が適用されるとしている[358]。

（ⅱ）不法行為説

これに対して，立法者と同様に，損害賠償義務を不法行為責任だとする考え方がある。その嚆矢が玉田説であり，704条後段は，悪意の受益者が受益の返還をしても損失者に損失が生じているときに，709条以下の不法行為の要件を充足する限りで，不法行為による損害賠償義務を負うことを規定したものであり，不法行為と不当利得の請求権競合を認めた規定だと説明している[359]。さらに，現在は多くの学説は不法行為説である[360]。

（ⅲ）債務不履行説

他方で，704条の損害賠償請求は債務不履行の性質を有するという考え方がある。すなわち，福地説は，悪意の利得とは，(i) 不確定期限のある債務の遅滞責任と同様であり，(ii)「受けた利益」と利息，損害賠償の連続性を容易に理解できる，(iii) 特に，給付利得で善意から悪意に変わったときに，主観的態様の変化だけで不法行為責任が発生するのは理解できない（ただし，不法行為の要件を具備すれば，債務不履行と請求権競合となる）として，債務不履行責任説を説いていた[361]。最近では，（後述する，704条の損害賠償義務が不法行為責任だとする平成21年最判を検討した上で，）松岡説は，債務不履行責任説を再評価して，(i) 発生した債権に関しては，債権総論の規定が適用され，不当利得の返還債務も例外ではないこと，(ii) 民法の起草過程では，旧民法財産編368条3号

第2部　給付利得　第7章　給付利得の効果

を，1号，2号とあわせて読むと，悪意の非債弁済の受領者は受領時から不当利得返還義務の遅滞の責任を負うことを規定しており，給付物の帰責事由のない滅失・損傷に対しても損害賠償責任を負い，民法の起草者の説明のように不法行為責任の問題ではなかったこと，(iii) 従来の判例・学説は，金銭債務の不履行では，損害賠償として約定・法定利息を損害の証明を要せず請求できるが，それ以上の損害が発生したときでも賠償は請求できないとしてきたが，それは契約上の債権に当てはまるものであり，法定債権に関してはそうではないなどを理由として，債務不履行責任説を提唱している(362)。

(iv) 判例の立場（不法行為説）

以上の問題に関しては，具体的な事件で争われたことがなく，(裁)判例も存在しなかった。しかし，最近の貸金業者に対する過払金返還請求訴訟で，借主が過払金返還請求訴訟で，過払金の返還とともに，704条後段に基づいて，貸金業者の不法行為を証明しないときでも訴訟追行に要した弁護士費用の請求が可能かが問題となっていた。これに関しては，下級審裁判例では見解が分かれていたが，最高裁（最判平成21年11月9日民集63巻9号1987頁）は，704条後段の趣旨は，悪意の受益者が不法行為の要件を充足する限りで不法行為責任を負うことを注意的に規定したものであり，不法行為とは別の特別な損害賠償責任を負わせたものではないとしている。つまり，不法行為説を確認したものである。

結論として，704条の規定する利息は金銭の使用利益であり，損害賠償義務は給付受領が不法行為にあたる場合もあることを注意的に規定したと考える。ちなみに，判例（最判平成21年9月4日民集63巻7号1445頁）は，貸金業者の借主に対する支払請求と弁済受領が不法行為を構成するのは，704条の悪意の受益者と推定されるだけでは足りず，貸金業者の行為態様が社会通念に照らして著しく相当性を欠く場合に限られると解している。だから，貸金業者が，債務の不存在と弁済者の錯誤について悪意でも，それだけでは不法行為にはならないということになる。

V　不当利得返還義務の付遅滞

不当利得の返還義務は，原則として期限の定めのない債務であり，したがって，利得債権者からの請求によって債務者は遅滞に陥り（412条3項），遅滞の

168

責任（413条の2第1項）を負うと解すべきであろう[363]。その効果として，遅延利息の支払義務を負い[364]，不可抗力による目的物の滅失・損傷に関しても（遅滞がなくても損害が発生したという証明がなされた場合を除いて），債務者は損害賠償義務を負うことになる。ただし，例えば，侵害利得のケース，あるいは，詐欺・強迫による利得移動が不法行為と評価され，侵害時（利得移動時）から付遅滞と評価される可能性もあると考える。

　さらに，悪意者は不法行為に準じて催告なしで遅滞に陥ると解するのが，四宮説である[365]。他方で，大久保説は，善意の受益者は，裁判上の請求などの履行の請求を受けたときでも，利益が自己の確定的に帰属したと信じている限りは，返還しないことを非難できないから遅滞責任を負わないと解している[366]。

VI　給付利得の効果・双務契約の巻き戻しの場合を中心として

1　双務契約（交換型契約）の巻き戻しの問題性 —— 給付物が滅失・損傷した場合

　売買契約などの双務契約が無効・取り消された場合でも，給付された物の原物返還が可能なら，特に困難な問題は生じない。例えば，売買契約に基づいて売主Aが買主Bに土地・建物を引き渡し登記も移転し，買主Bも代金を支払ったとする。Aの錯誤で売買契約が取り消されたときも，AはBに代金返還義務を，BはAに土地・建物の引渡し，および，移転登記の抹消の義務を負うにすぎない。その際に，Bの代金返還請求とAの土地・建物の返還，移転登記の抹消を求める債権は，いずれも同一の契約関係に基づく双務的な給付の巻き戻しのための債権だから，そこで両者の関係に同時履行の抗弁権（533条）が類推されるというのは，そう分かりにくい話ではない。契約の巻き戻しを目的とする給付利得と解除の機能の同質性を想起するなら，債務不履行による解除の規定（546条）が同時履行の抗弁を準用していることも，以上の類推を正当化するであろう（ただし，契約の無効原因によっては，同時履行の抗弁の類推を否定する学説もある。後述）。さらに，Aは受領した代金の利息を返還すべきこと，反対に，Bは土地・建物の使用利益・果実の返還義務を負うべきことも，一方的給付がなされた場合と変わりはない（ただし，その際に，契約が未履

第 2 部　給付利得　第 7 章　給付利得の効果

行の際の575条を契約が無効・取消しの場合に類推できるかに関しては，問題がある。後述）。

　ところが，以上の例で，給付された家屋が買主 B の下で落雷が原因で滅失した場合には，話が変わってくる。というのは，703条を文言どおりに適用すれば，A の代金返還義務は不能ではないが，家屋の返還義務の不能で（売主 A の錯誤に）善意の買主 B には現存利得がなくなり，買主 B は利得消滅の抗弁を主張できる可能性があるからである。しかし，そうなると，給付物の滅失の危険は自働的に売主 A に負担させられることとなり，例えば，買主 B の錯誤で契約が取り消された場合などを考えると，その結果の妥当性は非常に疑わしい。もっとも，わが国の判例は，契約の回復では703条の現存利得の返還という文言を全く考慮することはなかったから，このような問題は現実化したことはなかった[367]。他方で，ドイツでは現存利得の返還が善意の利得者の不当利得の効果だという文言（ドイツ民法818条 3 項）ゆえに，給付物が受領者の下で滅失した場合の返還義務のあり方をめぐって議論が積み重ねられてきた。しかし，以上のような議論は，本来は非債弁済の不当利得に当てられた現存利得の規定の誤解ないしは不当な一般化の帰結であるというのが，本書の立場である（現に，ドイツでも民法典の成立以前〔普通法で〕は，無効・取り消された契約の巻き戻しは，非債弁済の不当利得〔condictio indebiti〕ではなく，無原因の不当利得〔condictio sine causa〕または目的消滅の不当利得〔condictio ob causam finitam〕の守備範囲だった[368]）。さらに，利得消滅の前提である利得者の善意・悪意による返還義務の決定は，契約を無効・取消可能とした規範の保護目的に背馳する可能性すらある。例えば，被強迫者は法律上の原因の欠缺に関して悪意であろうが，悪意の利得者として扱われるのが妥当とはいえないなどである。その結果が，ドイツ法では，判例・学説によるいわゆる差額説（Saldotheorie）の採用であり，わが国では，債権法改正で新設された121条の 2 の規定である。さらに，2001年のドイツの債務法改正では，不当利得の改正は現実化しなかったが，契約の巻き戻しに関する給付利得とは機能を共通する部分の多い解除法に関しては改正されている（さらに，その際に立法者は，解除と不当利得の調和を説いていた[369]）。ただし，わが国の学説は，特に債権法改正以前は，当時のドイツの議論を参照して，給付物が受領者の下で滅失・損傷した場合の問題を考えてきた。その多くはわが国でも紹介されているが，以下では，まずはドイツ[370]，および，債権法改正前のわが国での議論をトレースして問題の所在を

Ⅵ　給付利得の効果・双務契約の巻き戻しの場合を中心として

見た上で，121条の2に関する問題を取り上げることとしたい。

2　二請求権対立説（Zweikondiktionentheorie）と差額説（Saldotheorie）

（1）二請求権対立説と差額説による問題の解決

　1の冒頭でも指摘したように，すでに双方の債務が履行された双務契約が無効・取消しとなっても，原物返還が可能な限りで特に困難な問題は生じない。不都合が生じるのは，一方の原物返還が不能となって，しかも利得消滅が主張されるケースである。以下では具体例をあげて，その解決を示そう。

　【ケース1】　AはBに市場価格100万円の動産（例えば，自動車）を120万円で売却し，Bは代金を支払い，Aは動産を引き渡した。ところが，その後に，この売買契約は無効で，しかも動産はBの家屋に隣接するCの家屋の火災が原因でBの下で焼失（滅失）していた。

　【ケース1】で，Bが契約の無効・取消しの可能性に善意で，しかも，訴訟係属していない間に，（Bが自動車に付保していれば，保険金請求権が代償として返還請求されることになるが，）動産が代償もなく滅失したときに，ドイツ民法818条3項（現存利得）を文言どおりに適用すれば，Bの利得は消滅して価格返還の義務も免れることになる。他方で，Aは代金120万円の返還義務を負う。したがって，動産の滅失の危険は，売主Aが負担したことになる。このように，2つの不当利得返還請求権の成立を先ず認め，その各々について独立して利得消滅を判断する考え方は，二請求権対立説（Zweikondiktionentheorie）と呼ばれている。現実に，ドイツで民法典の施行後には有力な学説が支持していた立場である[371]。

　これに対して，ドイツの判例が採用したのが，差額説（Saldotheorie）という考え方であった。差額説の前提は，（金銭債務という）同種の2つの不当利得返還請求権が対立するときは，単一の不当利得返還請求権だけが成立し，2つの請求権は独立していない1つの請求権の計算の項目にすぎないという考え方である。だから，買主Bの120万円の代金返還請求に対して，売主Aは100万円の価格返還の請求が可能だが，この2つの計算項目を差額計算（saldieren）すると，買主Bの20万円の1つの不当利得返還請求権だけが認められることに

171

第2部　給付利得　第7章　給付利得の効果

なる。

以上のように差額説は，利得債権者（買主B）からの給付の返還請求に対して，利得債務者（売主A）が自己の反対給付（売買目的物）を利得消滅（差額計算の項目）として主張することを承認する。そのことで，給付物の滅失の危険を，結果的には給付物を受領した買主（利得債務者）Bに負担させることになる。ただし，差額説が買主Bの返還請求に対して売主Aに自己の反対給付の控除を認める前提は，代金返還義務の利得債務者Aの利得を，その財産状態の差額（代金返還義務からの給付物の価格の控除）であると考えることである。したがって，川村教授の言葉を借りれば，差額説とは衡平説の総体差額説をいわば利得消滅に縫合した弥縫策にすぎない，と評することも可能であろう(372)。しかし，結果的には，差額説は本来は非債弁済の不当利得にだけ適合する利得消滅の抗弁を，双務契約の局面では制限する機能を果たしている（差額計算に際しては，利得債務者の善意・悪意は無関係である）。ただし，以上の例では，物の支配と物の滅失の危険とを結合させていることになる。だから，物を占有・支配する者は，物の滅失の危険を（例えば，付保することで）少なくとも物を支配していない者よりも回避できる可能性があり，したがって，滅失の危険に近いのは物の占有・支配をする者である，という命題が正しいのなら，その限りでは差額説は支持されるべきであろう（ドイツの判例は，現在でも例外は認めるが，原則として差額説によっている）。

付言すると，2つの請求権の内容が異なるとき，例えば，原物返還が可能なときは，当然だが差額計算はできない。しかし，判例では，差額説の帰結は，債務者は反対給付の弁済提供を受けなければ，給付の返還義務を負わないことであり，債務者は留置権（ドイツ民法273条）を主張する必要はない。その結果，原物返還が可能な場合でも，2つの請求権の同時履行関係が実現されることになる(373)。

（2）差額説の問題性

しかし，差額説には問題があり，その例外が認められている。

【ケース2】　AはBに市場価格100万円の動産を80万円で売却し，お互いに代金支払も引渡しも完了した。しかし，A・B間の契約は無効だったが，動産は【ケース1】と同様の事情でBの下で滅失していた。

【ケース2】では，買主Bが売買代金80万円の返還を求めたときは，売主A

172

は給付物の滅失による100万円の利得消滅を主張できるから，確かにAはBに対して不当利得返還義務を負わない。しかし，買主Bの下での動産の滅失の危険は，20万円の限りで売主Aが負担している。したがって，反対給付の控除による返還義務の縮減が可能でない場合には，やはり物を支配していない売主Aが滅失の危険を負担することになり，この結果は不当だと考えられる。

【ケース3】【ケース2】で，AはBから代金を受領せず，先履行して動産を引き渡したが，同様の事情で動産はBの下で滅失していた。

先履行のケースでは，契約は無効だから，買主Bに代金支払義務はなく，かつ，Bの利得は消滅するから，AはBに不当利得返還請求権を行使できない。しかも，代金を受領していない売主Aには，動産の滅失という自己の損失と差額計算する項目が存在しない。したがって，反対給付を自己の返還義務から控除することで，物を支配した者に物の滅失・損傷の危険を負担させるという差額説の狙いは，ここでは挫折せざるを得ない。つまり，動産の滅失の危険は，物を支配しない売主Aが全面的に負担することになる。もちろん，売主があえて先履行したということは，買主の下での滅失・損傷の危険を引き受けた，と強弁することはできないわけではない。しかし，先履行によって引き受けたのは，契約相手方（買主）の無資力の危険であって，給付物の滅失・損傷の危険ではない，というのが通常の当事者の意思であろう。したがって，以上の【ケース3】および，以下の【ケース4】のような場合には差額説の問題性がさらに明らかになり，ドイツ法では差額説の批判とともに，その克服ないしは改善策が唱えられていた。

【ケース4】　例えば，未成年者Aが両親C_1，C_2の意思に反して，BにA所有の動産をその市場価格で売却して，受領した代金を浪費してしまった。

【ケース4】で，Aの法定代理人の両親C_1，C_2が契約を取り消して動産の返還を求めた際に，Bが代金とBの下で滅失した動産の価格を差額計算して返還義務を免れることができるなら，差額説の適用は未成年者保護を目的とする規範（わが国では，121条の2第3項）に背反することになる[374]。すなわち，未成年者は法定代理人の同意のない行為の危険を引き受けさせられているからである。したがって，ここでも返還請求からの反対給付の控除という差額説の操作は限界に突き当たることになる[375]。

173

第2部　給付利得　第7章　給付利得の効果

（3）事実上の双務関係（faktisches Synallagma）

　以上のような難点を克服するために，ドイツの学説，および，それを受けてわが国でも，（そのニュアンスは，学説により様々だが，）契約が無効・取消しとなっても，契約に基づいてなされた給付と反対給付の双務的関係は消滅するのではなく，「事実上の双務関係（faktisches Synallagma）」として存続する。だから，契約の履行・消滅上の牽連関係，すなわち同時履行の抗弁，危険負担などに関するルールは，無効・取り消された契約の巻き戻し（Rückabwicklung）にも適用される，という主張がされるに至った[(376)]。わが国の学説は，主にこの時点からのドイツの学説を継受している。このような学説の代表例が，加藤雅信説と四宮説である。

　加藤説によると，給付物が受領者の下で滅失した場合の問題解決は，以下のようになる。

　【ケース5】　AがBに動産を売却し，AはBに動産を引き渡し，Bも代金を支払った。その後，動産はBの下で滅失したが，売買契約は無効だった。

　以上の例で，加藤説は問題を3つの局面に分けて考える。すなわち，売買の目的物の動産の滅失・損傷について，(i) 買主Bに帰責事由がある場合，(ii)売主Aに帰責事由がある場合，(iii) A・Bの双方ともに帰責事由がない場合，である。(i)では，売主Aの給付物の返還を目的とする不当利得返還請求権は不能で消滅するが，買主Bに帰責事由があるから，Bは給付物の返還義務の債務不履行責任を問われて損害賠償義務を負う。(ii)(iii) では，買主Bに帰責事由がないので，売主Aの給付物の返還を目的とする不当利得返還請求権は履行不能によって消滅する。しかし，その際に，Bからの代金返還請求だけを認めれば，その結果は不当である。そこで，Aの不当利得返還請求権とBの代金返還請求権との対価的牽連性の顧慮が必要となり，かつ危険負担に関する，（債権法改正前の債権者主義をとっていた）改正前534条ではなく，（改正後も同じだが）改正前536条が適用される。したがって，(ii)では債権者A（売主）の帰責事由によって履行が不能となったのであるから，買主Bは反対債権である代金の不当利得返還請求権を失うことはない（〔改正後も同じだが〕改正前536条2項）。(iii)では，双方ともに帰責事由がないのであるから，反対債権である買主Bの不当利得返還請求権は消滅する（改正前536条1項）。

　さらに，【ケース5】で売主Aだけが先履行した場合も，(i)では帰責事由が

174

ある買主Bが損害賠償義務を負うことに変わりはない。(ii)では，売主Aに帰責事由があるのだから，危険負担のルールからからも売主Aの不当利得返還請求権は消滅する。(iii)でも，双方履行済みの場合は場合は目的物の滅失・損傷の危険は買主Bが負担すべきものであったがゆえに，履行不能の一般原則の例外として，買主Bは金銭債務に転化した形で債務を負担すべきである，としている(377)。加藤説と類似したアプローチをする四宮説は，(iii)では善意の買主といえども反対給付の責任はあったはずだから，給付物の価格返還の義務を負うとしている(378)。

　したがって，以上のような学説によれば，例えば，未成年者による契約の取消しなどの無効・取消規範がそれとは違った清算を要求している場合を除き，双方の給付履行が完了していても，一方だけが履行済みであろうと，契約の双務性が顧慮されることになる。つまり，このような学説は，契約の双務性を清算の局面に持ち込むことで，利得消滅の規定の適用範囲を制限する試みである。

3　二請求権対立説への回帰

　ドイツでの議論およびわが国の学説も，以上のように展開してきたが，現在ではドイツでも新たな提案が現れている。さらに，わが国でも双務契約の清算には，利得者の善意・悪意は無関係であるとして，利得消滅の抗弁を制限する考え方が優勢になってきていた。その結果が，債権法改正で新設された121条の2の規定である。つまり，ドイツ法に関していえば，差額説から事実上の双務関係，さらに，新しい二請求権対立説への回帰という方向性である。わが国では，事実上の双務関係から，二請求権対立説への移行ということになる。

（1）ドイツの学説

　ドイツに関しては，その代表的な学説として言及されるのは，フルーメ（Flume）とカナーリス（Canaris）の学説である。

（a）財産上の決定

　フルーメは，不当利得とは利得債務者が取得したものではなく，利得債務者の財産状態に注目して返還義務の範囲を決定するという，類型論とは違った立場に立つ。ただし，差額説を批判して，双務契約での「財産上の決定」に利得消滅の抗弁を制限する契機を見いだしている。すなわち，買主は，売買代金に

第 2 部　給付利得　第 7 章　給付利得の効果

代わって売買の目的物を保有するという「財産上の決定（vermögensmäßige Entscheidung）」を下している。だから，この決定によって，目的物の劣化・消滅が買主に帰責されるべきときには，買主は利得の消滅を主張できないというのである。財産上の決定は，意思表示ではないから，売買契約の無効とは無関係である。だから，意思の不合致，方式違背は，財産上の決定に影響を及ぼさない。しかし，制限行為能力では，財産上の決定は帰責されず，錯誤，詐欺による取消しでも同様である。ただし，錯誤では，錯誤者は相手方に対して信頼損害の賠償義務を負うことで，利得消滅の危険を負担する，とされている[(379)]。

　(b)　反対給付不当利得（Gegenleistungskondiktion）

　カナーリスは，フルーメの財産上の決定の理論を評価した上で，給付目的物の滅失・損傷をドイツ民法818条 3 項の利得消滅の抗弁の問題だと考えている。その上で，今ひとつ同条の趣旨は，取得の有効性を信頼した者の保護だとする。反対に，このことは，利得債務者は自己の給付を最終的に失ったと考えていることも意味する。そこで，利得債務者は，受領した物を破損，贈与，売却する権限があると信じている。だから，その場合には，利得債務者はドイツ民法818条 3 項の信頼保護を受けるに値しない。さらに，そう解してはじめて，（わが国の改正前548条と同旨の債務法改正前の）ドイツ民法旧351条は，解除権者の行為または過失で目的物が滅失したときは，解除権は排除されると規定していたこととの評価矛盾が回避できるというのである。その上で，カナーリスは，二請求権対立説を支持し，目的物の滅失が買主に帰責性があるか否かで，利得消滅の成否が決定されるとしている（だから，例えば，詐欺の被害者では，欺罔行為と給付受領に因果関係がある限りで，滅失・損傷のリスクを免れることになる）。今ひとつ，カナーリスの説の骨子は，信頼法上の犠牲の限界（vertrauensrechtliche Opfergrenze），つまり，自己の給付の価値がその価格返還義務の限界となるという考え方である。だから，買主の下で滅失した目的物の価格が代金額を上回るときでも，善意の利得者（買主）の価格返還義務は代金額に限られることになる。これをカナーリスは，（反対給付の額が，価格返還義務の範囲を表現するという意味で）反対給付不当利得（Gegenleistungskondiktion）とネーミングしている[(380)]。

（2）最近のわが国での解釈論

　同様に，わが国の学説でも，債権法改正前から，双務契約での利得消滅の抗弁の主張を制限して，二請求権対立説を出発点とするものがあった。

176

Ⅵ　給付利得の効果・双務契約の巻き戻しの場合を中心として

（a）磯 村 説[381]

磯村説は，事実上の双務関係を批判して，双務（売買）契約の清算に（債務者主義の）改正前536条を類推適用すれば，目的物の価格が代金額を上回る場合には，（価格返還義務は発生せず，）両当事者の返還義務が消滅する結果として，売主Ａは目的物と代金額の差額の限りで目的物の滅失の危険を負担することになり不当だとする。その上で，価格返還（価額償還）義務を一般化して，目的物の滅失では原則として価格返還義務を承認する。ただし，善意の利得者の返還義務の現存利得への縮減という703条の趣旨を考慮して，例えば，代金額60万円，目的物の市場価格100万円の場合は，代金額60万円と善意の買主Ｂが信頼した限度で，価格返還は60万円に減額されるとしている。つまり，無効・取消しによる契約の巻き戻しの基準として，給付受領者が善意の場合には，その信頼を保護するために，客観的等価性ではなく主観的等価性を優先するという考え方である（磯村説は，これを川村説から示唆を受けたとしている[382]）。さらに，磯村説は，詐欺・強迫では，詐欺者，強迫者は受領した目的物の滅失・損傷のリスクを常に負担すべきであるとする。同時に，詐欺者，強迫者からの同時履行関係の主張を制限すべきだと解している[383]。

（b）本書の考え方[384]

703条の利得消滅の抗弁は，同条が継受したドイツ民法818条３項の沿革からも非債弁済の不当利得に当てられた規定であり，本来は弁済者の錯誤に基づく非債弁済の善意の弁済受領者に対する信頼保護がその目的である（しかも，本来は弁済者に要求されていた錯誤の証明責任を削除したことが，善意の弁済受領者の弁済を保持できるという信頼保護，つまり，利得消滅の抗弁を認めることの契機だった）。他方で，（フルーメの説くように，）双務契約では当事者は自分の財産上の決定に基づいて給付し反対給付を受領しているから，703条の趣旨はそのままには妥当しない。だから，給付者（売主）に目的物の滅失・損傷に帰責性がある場合を除いて，原則として給付受領者（買主）に目的物の客観的価値（市場価格）の価格返還義務を認めることが妥当である。ただし，この原則的な方針は，契約の無効・取消しの可能性を規定した個々の法規定（例えば，121条の２第３項，および，消費者契約法６条の２など）の保護目的によって修正される。だから，契約の清算での保護目的が明確でない場合は，相互の給付の回復は価値中立的に行われるべきである。ただし，その場合でも，不当利得以外の法制度（例えば，契約締結上の過失など）が清算の局面で適用される可能性があると

177

第2部　給付利得　第7章　給付利得の効果

いうのが，その主張の骨格である。以上の主張と同趣旨であるが，詐欺・強迫
による取消しでも，同時履行関係は認められるべきだと解している[385]。

　以上の2つの考え方に代表される方向性の根拠は，契約の巻き戻しの基準
を，(a)「不当利得法の中にあると考えられる評価」を基準にして具体化して
いくのか，それとも，それを(b)「不当利得に関して具体的に修正する規定」
がある場合を除いて，「不当利得法以外の法制度」を適用して問題解決するの
かという考え方の違いである。この違いは，債権法改正による121条の2の新
設以前から個々の問題に対する解釈論に（必ずしも一貫した形でではないが，個
別に）反映されている。以上の考え方の特徴づけとして（具体的には，同時履行
の抗弁を肯定するか否かという文脈で使用されているが，）「調整的『巻き戻し』
論」((a)の考え方)，「純粋『巻き戻し』論」((b)の考え方)とネーミングされる
ことがあるが，極めて適切な表現だと考える[386]。

4　121条の2

　債権法改正の出発点とされた基本方針では，善意の買主の返還義務を代金額
に制限するという規定[387]が提案されるなど，出発点では，特に，磯村説の影
響が大きかったと考えられる。しかし，この提案は，善意の利得者（買主 B）
の返還義務が必ず代金額に制限されるべきかに関しては断定できないという理
由で立法化は見送られた。その結果，法律行為の無効・取消しの効果は，有償
行為では「原状回復義務」(121条の2第1項)，無償行為では（無効・取消しの
可能性に）善意の利得者の返還義務を現存利得（同条第2項），意思無能力者，
制限行為能力者の返還義務も現存利得とすることが規定された（同条第3
項）[388]。

　だから，善意の給付受領者の自身の反対給付と結合した給付保有の有効性へ
の信頼の保護という考え方は，無償契約の場合に限って立法化されたことにな
る。ただし，ここでの信頼保護の考え方は，本来は有償契約でも同様に当ては
まる可能性がある。さらに，121条の2第1項の「原状回復」という文言は，
解除の規定(545条1項本文)の「原状に復させる義務」と同趣旨の規定であ
り，第一義的には，原物返還，それが不能なときには，価格返還の義務を規定
したものである。その結果として，給付者（売主）に帰責事由があって目的物
が滅失したときを除いて，給付受領者（買主）は価格返還義務を負うと解され

ている。これは従来から異論のない結論を立法化したものである（ただし，買主が目的物を使用したときは，悪意なら客観的価値の返還義務を，善意なら代金額を限度として価格返還義務を負うが，買主の目的物の保管中の不可抗力による滅失では，買主は返還義務を負わないと解する学説も存在する(389)）。

　他方で，解除に関しては規定があるが，例えば，売買契約が無効・取消しとなったときの，(i) 両債務の返還に関する同時履行関係（533条の準用）は，詐欺・強迫による取消しの場合には否定説・肯定説があることも考慮して規定がおかれなかった。(ii) 返還義務に附随する代金の返還への利息，目的物の（使用利益・）果実の返還についても同様である（他方で，解除に関しては，従来から規定のあった同時履行関係の準用〔546条〕，利息の返還義務〔545条2項〕のみならず果実の返還義務にも規定〔545条3項〕が新設されている）。以下では，特に，以上の(i)(ii)を中心として，幾つかの問題を分説することとしたい。

5　無効・取消規範の保護目的，解除規定との調整

（1）基本的な考え方

　双務契約（交換型契約）の巻き戻しの原則的な方針は，121条の2の規定によって示されているといえる。しかし，契約の巻き戻しを指示する規範の保護目的は多様である。しかも，その際に，清算のあり方では，規範の保護目的が実現されるべきことには疑問の余地がない。しかし，無効・取消しを規定した法規定の保護目的が，当該の規定で具体化されている場合（121条の2第3項，消費者契約法6条の2，特商法9条の3第5項など。いずれも取消権者の返還義務を「現存利得」としている）を除いては，その保護目的が条文で具体化されているわけではない。これを具体的な判例・学説の蓄積なしに，分類・整理しようとすれば，不正確であるのみならず，場合によっては無限のカズイスティーク（個別事例の集積）に陥ることになる。したがって，以下では，これまでによく取り上げられた典型的な問題に絞ってそこでの議論を紹介した上で，一定の見通しを提示しておくこととしたい。

（2）制限行為能力者の保護・消費者法による消費者の保護

① 意思無能力者，制限行為能力者

　無効・取消しを規定した規範の保護目的が，価値中立的な清算を修正している場合がある。その典型は，意思無能力者の行為の無効，および，制限行為能

第 2 部　給付利得　第 7 章　給付利得の効果

力者による取消しの効果である（121条の 2 第 3 項）。つまり，制限行為能力者は，判断能力が不十分だから取消しが可能であり，しかも，取消しの効果も現存利得の返還義務に制限されるということである。その理は，意思無能力者の法律行為の無効には，それ以上に当てはまる。確かに，未成年者による契約の取消しでも，未成年者からの返還請求に対して，相手方は自己の反対給付の返還との同時履行関係を主張できる（最判昭和28年 6 月16日民集 7 巻 6 号629頁）。しかし，成年後見制度の施行以前の禁治産者制度の下でだが，浪費者の準禁治産者が受領した金銭は，反証のない限り無益なことに浪費され現存利得はないと推測するのが常理であるとする判例（大判昭和14年10月26日民集18巻1157頁），禁治産者が借り入れた金銭を賭博に浪費したときは返還義務を負わないという判例（最判昭和50年 6 月27日金判485号20頁）がある。ただし，浪費者なら格別として，それ以外の制限行為能力者は利得消滅の証明責任を負担する（札幌地判昭和56年 3 月18日金判639号40頁）。さらに，生活費や債務の弁済に充てたときは，それだけ他の財産の出費を節約しているから，利得は現存する（大判昭和 7 年10月26日民集11巻1920号，大判昭和 5 年10月23日民集 9 巻993頁，大判大正 5 年 6 月10日民録22輯1149頁）。以上は，制限行為能力者の取消しに関して，改正前121条ただし書の評価（保護目的）を判例が具体化したものである[(390)]。付言すると，債権法改正前は具体的な規定がなかった意思無能力者（借主）の消費貸借の無効の効果に関しても，改正前121条ただし書が類推適用され現存利得の主張・立証責任は利得者が負うが，具体的な事情から現存利得はないとした裁判例（仙台高判平成 5 年12月16日判タ864号225頁）がある[(391)]。

　② 消費者保護の規定

　消費者契約法 4 条は，民法上の詐欺・強迫に当たらないケースでも，事業者による不実告知，断定的判断の提供などの事由によって，消費者が消費者契約を取り消すことを認めている。ただし，その場合に，消費者が給付された商品を消費していたり，サービスが提供された場合に，その客観的価値の価格返還義務を負うのでは，本来は不要な物・サービスを購入させられた消費者の取消権の行使はその意味を失うことになる[(392)]。そこで，同法 6 条の 2 は，給付を受けた当時意思表示の取消しが可能なことを消費者が知らなかったときは，現存利得（「現に利益を受けている限度において」）の返還義務を負うと規定している。同条は，「民法第121条の 2 第 1 項の規定にかかわらず」という文言によって，121条の 2 第 1 項の「原状回復義務」を明示的に排除している。さらに，

180

訪問販売などに関する消費者保護を目的とする特商法（「特定商取引に関する法律」）9条の3第5項にも同趣旨の規定がある。以上は、消費者保護を目的とする取消権を与えたという保護目的を、取消権の行使の効果ないしは返還義務の範囲で具体化したものである[393]。

（3）詐欺・強迫による取消し

詐欺、強迫による契約の取消しでは、詐欺・強迫という取消原因が、原状回復義務のあり方に直接に影響を与えるのかが、議論されてきた。大別すれば、(a)清算のあり方は違ってしかるべきだという考え方（「調整的『巻き戻し』論」）と(b)契約の巻き戻しはニュートラルに行い、違法行為（詐欺・強迫）に対するサンクションは、不法行為などによる委ねるべきだという考え方（「純粋『巻き戻し』論」）がある。詐欺・強迫に関して問題となるのは、(i)詐欺者・強迫者からの同時履行の抗弁の主張の可否、および、(ii)返還義務の内容である。ただし、(ii)に関しては、詐欺・強迫による取消しの保護目的を重視するが、同時履行の主張は認めるという考え方もあり[394]。そこで、(i)は、後述することとし（「6 その他の問題 （1）同時履行関係」）、ここでは、(ii)について整理しておくこととする。

(a)の典型的な立場は、川村説であり、詐欺者・強迫者による給付受領は給付利得ではなく侵害利得と分類される[395]。そうなると、詐欺者・強迫者は悪意の侵害利得の返還請求に服することになる。澤井説は、公平を理由に、売主の詐欺・強迫では、帰責事由のない滅失では買主（被害者）は価格返還義務は負わず、売主（詐欺・強迫者）は代金全額の返還義務を負い、買主の帰責事由（自己のための注意の懈怠）で目的物が滅失したときは、目的物の価格相当額の損害賠償義務を負うが、過失相殺の類推で賠償義務は減額されるべきだとする[396]。他方で、四宮説は、目的物の滅失・損傷に関しては双務性が維持されるが、善意者は自己のためにする注意義務を負うにすぎないが、詐欺者は常に悪意とされると指摘している[397]。磯村説も、詐欺・強迫による意思形成の妨害という要素を重視する。だから、詐欺者・強迫者は詐欺・強迫によって敢えて目的物を自己の財産に取り込んだのだから、目的物の滅失・損傷の危険は常に負担すべきであり、（同時履行の抗弁権の行使は認められないから）被害者の取消しの意思表示以後は遅滞責任を免れない。他方で、強迫を脱していない被害者は、（いわば違法行為による目的物の保管を押しつけられたから）故意または重過失の場合に限って帰責事由があると解すべきだとしている[398]。さらに、最

第2部　給付利得　第7章　給付利得の効果

近では，潮見説は，消費者契約法6条の2の勿論解釈で，詐欺・強迫の被害者（買主）は現存利得の返還義務を負うと解する余地があると指摘し[399]，大久保説は，詐欺・強迫者による「利得の押しつけ」だという理由で，その善意・悪意にかかわらず，被害者である買主の現存利得の返還義務を断言的に肯定している[400]。

　他方で，(b)を支持する典型的な学説が，加藤説[401]，好美説[402]である。つまり，このような学説の基礎にあるのは，具体的な規定がそれを指示する場合（例えば，121条の2第3項）以外は，不当利得という制度内に，無効・取消規範の保護目的を発見するのではなく，不当利得法以外の具体的な制度にその調整を委ねようという考え方である。（前版と同じく）本書では，この考え方を支持したい。というのは，確かに，詐欺・強迫による帰責性を強調して，詐欺・強迫による契約締結があったがゆえに目的物が被害者の占有下におかれ，そのために目的物が偶然に滅失したのだと考えるなら，被害者には現存利得はないと評価できる可能性もある。しかし，それなら売主Aの錯誤で契約が取り消された場合も，Aの錯誤ゆえに買主Bの下での占有が生じた，したがって，給付物の偶然の滅失ではBに現存利得はないという論理も成立しかねない。ところが，それは，非債弁済の不当利得で給付受領者に利得消滅を認めたのと同様の評価であり，自己の決定により契約上の給付として買主Bが物を受領した，つまり，反対給付の出捐を予定していたという双務契約の対価的契機が無視されてしまう。売主Aの錯誤で締結された契約に基づく給付を受領した買主Bも，原則として価格返還の義務を負うと考えるべきである。そう解しても，詐欺・強迫によって締結された契約上の給付と反対給付の不等価性は，価格返還によって回復可能である。さらに，詐欺・強迫が不法行為にあたる限りで，詐欺者，強迫者に対しては損害賠償請求も可能である。加えて，(6(1)で後述するように，)原物返還のときに同時履行関係が認められるなら，この局面でも代金の返還と価格返還に関しては，詐欺者の側からの相殺も許されてしかるべきであろう[403]。今ひとつ，消費者契約法6条の2では，不実告知，断定的な判断の提供等の詐欺・強迫の証明が困難なケースでも，消費者による契約の取消しの効果として現存利得の返還義務を規定している。だから，詐欺・強迫に至らないケースでも取消権者の消費者は現存利得の返還義務で足りるなら，詐欺・強迫の被害者は当然に現存利得の返還義務に制限されるというのは，あり得ない考え方ではない。しかし，消費者法での消費者の取消権は，知

182

識・経験，交渉力の劣弱な消費者を保護するという保護目的ゆえに付与された
ものである。しかし，詐欺・強迫の被害者は，すべて等しく事業者対消費者の
取引という類型的な状況下におかれていると断定することはできない。した
がって，消費者法の規定も決定的な理由にはならないと考える。

（4）解除規定のルールとの関係

① 債権法改正前

【ケース6】 Aは走行距離を偽って，Bに中古の自動車を売却した。その後
に，自動車はBの過失によらず（例えば，隣家から火災の延焼で）滅失した。

以上のケースでは，BはAの詐欺（，錯誤）による契約の取消しの他に，
（走行距離の齟齬が契約不適合に当たるとして）契約を解除できる。債権法改正前
の548条1項は，「解除権を有する者が自己の行為若しくは過失によって契約の
目的物を著しく損傷し，若しくは返還することができなくなったとき，又は加
工若しくは改造によってこれを他の種類の物に変えたときは，解除権は消滅す
る。」，同条2項は，「契約の目的物が解除権を有する者の行為又は過失によら
ないで滅失し，又は損傷したときは，解除権は，消滅しない。」と規定してい
た。だから，改正前548条2項を文言どおり解すると，解除権者（買主）の占
有する売買目的物が，偶然に滅失したときは，解除権者は解除して代金の返還
を請求できるが，価格返還義務を負わないことになる。特に，それが顕在化す
るのは，売買契約が目的物の瑕疵（契約不適合）を理由に解除されたが，売主
が瑕疵を偽っていたため詐欺による買主の取消しも可能であるが，売買目的物
が解除権者（買主）の過失によらず滅失していたケースである。しかも，ドイ
ツ法でよく議論された問題だが，走行距離を偽って売却された自動車の買主
は，売買契約を詐欺により取り消すことも，瑕疵を理由に解除することも可能
である。だから，給付利得の効果と解除の原状回復義務は競合することがあ
る。そこで，同じく契約の巻き戻しを目的とする解除の効果と双務契約が無
効・取消しとなったときの価格返還義務のあり方との抵触が発生し，その解決
が問題となっていた(404)。ただし，結論としては，以下のように考えられてい
た。つまり，改正前548条は，元来は瑕疵担保にあてられたルールである。給
付物が受領者（解除権者）の下で滅失・損傷したとき，（受領者の行為または過
失による場合は別として）それが物の瑕疵に起因するのか，それとも偶然の事
情によるのかは容易に判明しない。そこで，少なくとも給付に瑕疵があった場

第2部　給付利得　第7章　給付利得の効果

合は解除権は失われないという形で，解除権者を保護したのが，同条の目的である。だから，給付物の瑕疵が原因で目的物が滅失・損傷したのでないときは，解除権者も価格返還義務を負うが，代金の返還は請求できる。そのように解すると，解除規定と不当利得の準則との間に抵触は生じないことになる[405]。

② 債権法改正後

債権法改正で，548条は，「解除権を有する者が故意若しくは過失によって契約の目的物を著しく損傷し，若しくは返還することができなくなったとき，又は加工若しくは改造によってこれを他の種類の物に変えたときは，解除権は消滅する。ただし，解除権を有する者がその解除権を有することを知らなかったときは，この限りでない。」とされた。その結果，同条による解除権の消滅は，解除権者による解除権の放棄とでも解すべき規定となった[406]。もちろん，給付物の瑕疵が原因で目的物が滅失・損傷したときは，解除権者は価格返還義務を免れるが，それ以外のケースでは，解除権者は価格返還の義務を負うことになり，評価矛盾は生じないこととなる。

6　その他の問題

双務契約の巻き戻しに関しても，以上で述べた（給付物が滅失・損傷したときも，給付者の支配領域にその原因がある，つまり，給付者に帰責性が認められるとき，無効・取消規範がそれを指示するとき以外は，利得消滅しないという）利得消滅に関する問題を除けば，基本的には一方的な給付がなされた場合と効果は変わらない。

（1）同時履行関係

例えば，売買契約が無効・取消しとなったときは，買主の代金返還請求と売主の目的物の返還（引渡し，移転登記の抹消）請求が，原則として同時履行の関係に立つことでは，判例・学説は一致している[407]。（約定解除権の行使のケースのみならず，相手方の債務不履行を理由とする法定解除にも適用される）解除の効果に関する546条も，同時履行の抗弁権を準用しており，無効・取消しでも同様に解することに問題はないとも考えられる。

旧い判例には，（球根の売買での）詐欺の被害者の売買代金の返還請求に対して，詐欺者が給付物の価格返還請求との相殺を主張したケースで，原状回復義務は相互に条件関係にはなく，各独立して履行されるべきであり，さらに，不

184

VI 給付利得の効果・双務契約の巻き戻しの場合を中心として

法行為者（詐欺者）は損害賠償債務から被害者の目的物の処分の対価を控除できないとしたもの（大刑判大正 3 年 4 月11日刑録20輯525頁），詐欺・強迫の事例ではないが絵画の売買の錯誤無効（改正前95条本文）でも買主の代金返還請求に対して，契約の解除とは異なるから売主は目的物の返還との同時履行関係を主張できないとしたもの（大判昭和 2 年12月26日新聞2806号15頁）があった。しかし，最高裁は，未成年者の取消しで同時履行関係を肯定し（最判昭和28年 6 月16日民集 7 巻 6 号629頁），第三者の詐欺でも同時履行の主張を認めている（最判昭和47年 9 月 7 日民集26巻 7 号1327頁）。例外的に，錯誤無効（改正前95条本文）で，自動車の買主からの売買代金返還請求に対して，買主への自動車の移転登録手続との同時履行を主張した売主の抗弁が信義則に反するとした判例（最判平成21年 7 月17日判時2056号61頁）が存在する。しかし，これは，売買の目的物が 2 台の自動車の車台を切断し， 2 つの車体番号を有する自動車（接合自動車）で，移転登録手続が困難だという特別な事情があったケースである。裁判例でも，詐欺者の同時履行関係の主張は認めても，詐欺者の代金返還義務は契約成立時からの法定利息の返還義務を負うとしたり（東京地判昭和61年10月30日判タ648号198頁），例外的に同時履行関係を否定して，詐欺者に対する不法行為による損害賠償請求に関して同時履行関係を認めなかったもの（福岡高宮崎支判昭和59年11月28日判タ549号205頁）は，詐欺者の返還義務への（法定利息相当額の）遅延損害金の返還を認めることに重点があったと考えられる。だから，（裁）判例は，詐欺取消しでも，同時履行関係を肯定している。

　他方で，学説では，肯定説と否定説があり，肯定説の論拠は，(i) 不当利得による清算は，利得者の故意・過失とは無関係のニュートラルな性格を有すること[408]，(ii) 同時履行を認めなくても，詐欺者・強迫者からの反訴を考慮すると，結果は変わらないという訴訟経済の考慮，および，本訴で敗訴する被害者が訴訟費用を負担する不合理[409]，(iii) 債務不履行による解除でも同時履行の抗弁が認められることとのバランス[410]である。否定説の論拠は，(i) 詐欺・強迫は相手方の意思決定の自由を奪っているから給付利得ではなく双務性の要請は妥当ではなく，被害者の返還請求は侵害利得である[411]，(ii) 占有が不法行為によって始まった場合に留置権の成立を否定する295条 2 項の類推[412]，(iii) 同時履行の抗弁を主張できない詐欺者は，被害者から返還請求を受けると同時に遅滞に陥り，それ以後の目的物の減失・損傷の危険を負担するのが妥当[413]，(iv) 訴訟経済は正義の要請に席を譲るべきだ[414]である。だか

第2部　給付利得　第7章　給付利得の効果

ら，最終的には詐欺・強迫による取消しを認める規定（96条1項）の保護目的
が，詐欺などに対する制裁，しかも，それが詐欺者などからの同時履行関係の
主張を否定することまで含んでいるのかという判断に係っていることになる。
しかし，相手方の意思決定の自由を全く奪ってしまうケースというのは，交換
の契機は全く欠如しており，（侵害者の故意・過失の存否と無縁の）侵害利得ど
ころか単なる故意の不法行為にすぎない。だから，このようなケースは別とし
て，意思表示に瑕疵があったとはいえ，清算の双務性を全く否定する必要はな
いと考える。例えば，ドイツ法でも，詐欺取消しでは，（川村説も指摘するよう
に，）原物返還が不能となったケースでは，判例は差額説を適用しない[415]。
しかし，他方で，原物返還が可能な場合は，差額説を適用して同時履行関係を
認めている[416]。わが国の（裁）判例でも，上記したように，詐欺者に対する
懲罰目的で同時履行関係を否定したものは見当たらない。債権法改正での立法
担当者の121条の2に関する説明でも，詐欺等の犯罪行為による給付が不法原
因給付に当たる場合は，被害者は給付の返還義務を負わないと指摘されるに止
まる[417]。結論として，詐欺・強迫でも，同時履行関係は肯定されるべきだと
考える。

**（2）価格返還義務の縮減（善意の受領者の保護，または，不当利得法以外
の法制度による調整）**

　先述したように，磯村説は，有償双務契約の巻き戻しでも，善意の給付受領
者の価格返還義務の範囲を合意した価格に制限すべきことを主張している（後
述【ケース7】）。その理由は，善意の受領者が自身で決定した対価合意は保護
されてしかるべきであり，善意の利得者の返還義務を現存利得に制限した703
条の規定の趣旨はこのケースでも当てはまるからだ，とされている[418]。しか
も，無償契約の清算に関してだが，善意の給付受領者の弁済受領への信頼を保
護して現存利得の返還義務を規定する121条の2第2項は，このような考え方
を支持する論拠になり得るとも考えられる。ドイツ法でも，カナーリスは不当
利得による契約の清算で，対価の合意を「犠牲の限界」として，善意の受領者
の返還義務をその合意した対価に制限すべきだと解している。さらに，野中説
は，契約の巻き戻しでは「客観的等価性」ではなく「主観的等価性（合意した
対価関係）」を尊重すべきだという，解除に関してカナーリスが例証したドイ
ツ民法の瑕疵担保での代金減額請求，解除の価格返還義務などで法規定が定め
る対価合意の尊重を説き，同様の結論を支持している[419]。しかも，ドイツ法

では，債務法の改正による解除での契約の巻き戻しの方向性を無効・取消しにも類推しようという考え方も有力である。

　ただし，以上に関しては，2つの問題があると考える。1つは，契約の清算での善意者の保護を，703条の現存利得，ないしは，121条の2第1項の原状回復の解釈として考慮することが適切かであり，今ひとつは，契約の無効・取消しと解除の効果を同一に考えることの妥当性である。以下では，その各々について分説することとしたい。

　【ケース7】　骨董商Aは，著名な画家の描いた絵画の贋作だが，よくできた模写であるとして，Bに絵画を100万円で売却した。代金支払・引渡しも終わって，売主Aの錯誤に善意のBは自宅の蔵に絵画を保管していたが，隣家の火災の延焼で絵画も滅失した。ところが，後に絵画は贋作ではなく真作（市場価格1000万円）だと判明し，Aは錯誤による取消しを理由にBに絵画の（価格）返還を請求した。

　【ケース8】　⑴　AはBに錯誤で金銭100万円を贈与した。Aの錯誤に善意のBは，100万円を浪費してしまった。後に，Aは錯誤を理由に贈与契約を取り消して，Bに対して100万円の返還を請求した。

　⑵　意思無能力のAが，Bに100万円を贈与し，Aの意思無能力に善意のBは100万円を浪費した。

　まず，【ケース7】では，原物返還に代わる価格返還は客観的価値の返還だと解すると，買主Bは1000万円の価格返還義務，売主Aは100万円の代金返還義務を負うはずである。そうすると，Bは差し引き900万円の価格返還に応じる必要があることになる。だから，善意の利得者B（買主）の返還義務の限度を合意した対価（100万円）と解する磯村説には極めて説得力があると考える。しかし，問題の解決を不当利得内の準則ではなく，不当利得以外の法制度によって解決することも可能である。つまり，Bが絵画を自宅の蔵に保管し，付保していなかったのは，Aが模写の贋作だと告げたからである。したがって，ここでは，Aの契約締結上の過失，ないしは，Aの説明義務の過誤を問題にすることが可能であり，AはBの信頼損害（900万円）の賠償の責めを負うと解するという選択肢も存在する。ドイツ法でも，カナーリスは，犠牲の限度によって，合意した対価まで現存利得として返還義務を限界づけることで，磯

第 2 部　給付利得　第 7 章　給付利得の効果

村説と同様の見解を提示している。しかし，例えば，カナーリスと同様に（，しかも，カナーリスがその立論の出発点とした）給付受領者の財産上の決定を重視するフルーメは，このケースでは，錯誤者 A に（真意の欠如〔ドイツ民法118条〕，錯誤〔同119条〕，および，〔表示の錯誤と同一視される〕誤った意思表示の伝達〔同120条〕に関して，）相手方 B に対する信頼利益の賠償義務を規定するドイツ民法122条による信頼利益の賠償を指示するという問題解決を提案している[(420)(421)]。だから，善意の利得者の信頼保護は，価格返還義務の解釈によってだけ達成されるわけではない。

　さらに，【ケース 8】(1) は，121条の 2 第 2 項の適用例である。給付受領者 B は，返還義務を負わないことになる。確かに，このケースでは，受贈者 B の返還義務が消滅すると解することには合理性があり，それが法規定（121条の 2 第 2 項）の評価である。しかし，【ケース 8】(2) でも同様に考えるべきかは大いに疑問であろう。一方で，121条の 2 第 2 項は，善意の受領者の信頼を保護している。しかし，他方で，同条 3 項は，意思無能力者，制限行為能力者の保護を目的としている。確かに，同条 3 項は，意思無能力者，制限行為能力者の返還義務を現存利得と規定しているにすぎない。しかし，制限行為能力者が売買契約を取り消したときも，（例えば，対価合意を信頼して，第三者から消費貸借を受けて利息の支払いを約した）相手方は損害を被る可能性がある。しかし，制限行為能力に善意であっても，相手方はその損害の賠償を請求することはできない。つまり，相手方は制限行為能力者の取消しによって被った損害を甘受するほかない。これが，制限行為能力者の取消しを認めた規定の保護目的である。しかも，相手方に対して対価なしで給付物（贈与物）を利得保有できるという信頼を惹起したことを，制限行為能力者に帰責することはできないであろう。そうすると，(2) では，受贈者 B は，100万円の価格返還義務を負うと解するのが妥当であろう。だから，【ケース 8】(2) では，121条の 2 第 2 項と第 3 項の保護目的が抵触していることになる。つまり，善意の受領者の信頼保護にも自ずから限界がある[(422)]。

　加えて，契約の無効・取消しを規定した規範は，原状回復を求めており，当該の合意自体を無効だと評価している。つまり，契約が存在しなかった状態の回復が，原状回復義務と解するのが妥当であろう。契約上の合意から対価合意だけを切り離して，その有効性だけを独立して保護するという思考図式を支持するのは困難ではないかと考える。今ひとつ，磯村説，カナーリスも，対価合

188

意による限界づけに，703条（ドイツ民法818条3項）の善意の利得者の返還義務の「現存利得」への制限を根拠としている。しかし，現存利得への返還義務の制限は，本来は非債弁済の善意の受領者の信頼保護を制度目的としている。ここでは，債務の（不）存在を錯誤して弁済が行われたがゆえに，弁済受領者の現存利得の返還が指示されている。つまり，弁済者（損失者）の一方的な意思決定によって利得移動が発生している。これに対して，有償双務契約はもとより無償契約でも，利得移動を発生させたのは，契約当事者の双方の意思決定である。しかも，この意思決定の効力を意思決定の時点から無効（遡及的無効，121条）とするのが，無効・取消しを認めた規範の保護目的である。だから，703条の保護目的が，契約の無効・取消しのケースに直ちに及ぶのかは疑問であり，不当利得法以外の法制度による解決が可能な以上は，当該の法制度の適用を考慮することが，安全ではないかと考える(423)。

【ケース9】　Aは甲（時価40万円）の売買契約を代金70万円でBと締結したが，Aが引き渡したのは，甲ではなく乙（時価90万円）だった。そこで，Bは契約を解除したが，乙は滅失していた（異種物給付の事例）。
【ケース10】　AはBから絵画（100万円）を代金150万円で購入したが合意解除した。ところが，その後に絵画が窃取された。

解除に関しては，ドイツ法では債務法改正で，解除での原物返還に代わる価格返還に関して，「契約で反対給付が合意されていたときは，価格返還の基礎となる」（ドイツ民法346条2項2文）と規定された。これは，改正前のドイツ民法旧346条が「給付された労務及び物の利用の供与に関しては，価値を返還し，又は契約で反対給付を金銭で合意していたときは，それを支払う必要がある」と，労務，物の使用が給付されたときに合意価格を基準としていたのを，物の給付にも拡大したものである。だから，同条は，原状回復での合意価格の優先，ないしは，「客観的等価性」ではなく「主観的等価性」を優先した立法方針の表現だと理解されている(424)。わが国でも，契約不適合の効果である代金減額請求は，契約に適合した物の客観的価値（市場価格）と給付された物の価値との差額ではなく，契約で合意された価格との割合に従って減額されると解する考え方が学説上は有力である(425)。さらに，わが国の解除での価格返還（価額償還）義務に関しては，客観的価値（市場価格）を基準とすると解されて

第 2 部　給付利得　第 7 章　給付利得の効果

いるが[426]，上記の【ケース 9】では，B は乙の客観的価値（90万円）ではなく，合意した価格（70万円）を返還すべきだと解する考え方がある[427]。磯村説は解除と不当利得の清算の均衡を説いてはいないが，野中説は，（ドイツ法での）解除での主観的等価性の考え方を一般化して，無効・取消しのケースでも同様の解決が妥当であるとして，磯村説を支持している。解除での主観的等価性の優先に関しては，本書でコメントすべき限りではないが，不当利得との関係に関しては，以下のように考える。

　第 1 に，ドイツでも有体物と同様には市場価格の観念しがたい労務の給付，物の利用の対価の合意は別として，合意価格を価格返還の基礎とする新規定（ドイツ民法346条 2 項 2 文）に関しては，立法論上は賛成できないという考え方も有力である。その例示が【ケース10】であり，原物返還なら A は150万円の回復が可能だったのに，価格返還では100万円に止まることの合理性への疑問である[428]。だから，契約の清算で主観的等価性が常に優先されるべきかは疑問であろう。第 2 に，解除の効果に関しては，(i) 契約のなかった状態の回復と(ii) 将来に向かっての契約の清算という考え方がある[429]。主観的等価性の優先は，後者の考え方の延長線上にあり，契約による合意の効力自体は否定されておらず，それゆえに合意価格による清算が優先される。しかし，不当利得の清算では，契約の合意自体に問題があるがゆえに，契約の無効・取消し可能性が規定されているのであり，解除と同一視することはできない。第 3 に，ドイツ法では，債務法改正の際に，解除と不当利得による巻き戻しの調整を立法者は希望していたが，不当利得法の規定は改正されておらず，しかも，解除の新規定を不当利得に類推する解釈論は多々あるが，その中でも，価格返還に関しても合意価格を基準とするのは妥当ではないという見解もある[430]。第 4 に，不当利得での対価合意の優先の根拠は，善意の弁済受領者の保護（703条，ドイツ民法818条 3 項の評価）であり，解除では合意の優先である。だから，不当利得では合意自体が保護に価するのではなく，善意の弁済受領者の保護は，あくまでも現存利得への返還義務の縮減であり，合意価格はその際の基準として参照されるにすぎないとも考えられる。だから，解除の効果として，客観的価値を基準とするわが国の解釈論の下では，解除を参照しての対価合意の優先を121条の 2 第 1 項の解釈に持ち込むことには必ずしも十分な説得力はないと考える。

190

（3）使用利益・果実と利息の返還

　原物返還の場合は，使用利益・果実を返還すべきであり，価格返還，受領した金銭を返還するときは，利息が付されるべきである。債権法改正で121条の2が新設される以前から，売主の代金の返還への利息と，買主の目的物の果実・使用利益の返還に関して，売買契約が未履行の際の575条を類推して，両者を相殺すべきだとする学説がある[431]。しかし，多くの学説は，同条の類推には反対している。その理由は，契約の履行過程とは異なり，無効・取消しでは，給付と反対給付の間の等価性は期待されないこと，加えて，物は使用により価値低下するから，代金の元本と給付物を返還するだけでは適切ではないというのである[432]。このような学説の考え方では，使用利益と利息の返還義務を存続させ，その対等額で相殺することになると考えられる。以上の論拠からは，575条の類推に否定的な学説に理があると考えるべきであろう。

　果実・使用利益，および，利息に関しても，悪意の給付受領者は他人の財産を管理する者と同様の責任を負うべきだから，収益義務があることになる。だから，詐欺者，強迫者は，受領時から生ずべきであった果実，法定利息の返還義務を負うことになる。他方で，善意の給付受領者には，収益義務があるわけではないから，通常は生ずべき果実・使用利益，および，利息の返還義務を負う。ただし，利得消滅の抗弁が可能だと解すべきであろう。つまり，現実に収取していない果実，利息の返還義務は負担しない[433]。ただし，交換契約の目的物によっては，使用による損耗の著しい物も存在する。使用利益をどう評価するのかにも関係する問題だが，損耗の場合は，目的物の一部の滅失，損傷と同様に解するのが妥当ではないかと考える[434]。

　以上と関連して，学説上の議論があるのが，所有者からの追奪を受けて売買目的物を所有者に返還した他人物の買主が，売買契約を解除して売主に代金返還を求めたケースで，他人物の売主から買主に対する物の使用利益の返還を認めた判例（最判昭和51年2月13日民集30巻1号1頁）の当否である。これは，不当利得でも共通の議論が可能であろう。判例を批判する学説の根拠は，(i) 他人物の売主には物の使用利益に関して損失がない，(ii) さらに，解除による原物返還を売主の有責と無責で分けて，有責の売主には使用利益の返還請求を認める必要はない，(iii) 575条が類推されて使用利益は支払い済み代金の利息と相殺されるべきであったなどである[435]。しかし，判例に賛成する学説がすでに指摘するように，他人物の売主に使用利益の損失がないというなら，同様に売

第 2 部　給付利得　第 7 章　給付利得の効果

主は売買目的物の返還も請求できない，ということになる。さらに，使用利益の返還義務を負っても，買主は売買代金の利息の返還請求が可能である。加えて，物の損耗を考慮して使用利益が代金の利息より高額となるような場合には，他人物に善意の買主は損害賠償請求（564条）も可能だから，そういった手段によって買主に負担を負わせないという調整も可能である（その結果が，575条を類推した場合と結果的に変わらないものとなるか否かは，不明である）。したがって，ここでも双務契約の回復という視点が，給付物の所有権の有無に優先されるべきだというのが，類型論の考え方である[436]。

　以上のように収取した果実・使用利益，利息は給付とともに返還されるのが原則である。しかし，無効・取消規範の保護目的が，原則とは異なる清算にあり方を指示している場合もある。例えば，特定商取引法によって販売契約，役務提供契約が取り消されたときは，販売業者，役務提供事業者からの（契約時に取消しの可能性に）善意の消費者に対する不当利得返還請求は現存利得に制限されている（特商法 9 条の 3 第 5 項）。これは，同法の目的が消費者保護であり，消費者の取消権を保障しようという趣旨から利得消滅が認められていると理解できる。したがって，給付の目的（物）に限らず，使用利益・果実に関しても同様に解するのは当然である。消費者契約法 6 条の 2 の規定する取消しの効果である「現存利得」に関しても同様であろう[437]。他方で，取消しを主張された事業者が消費者の支払った代金を返還する場合には，一般的な不当利得の原則に従って，その利息の返還義務を負うことも当然であろう。

（4）給付と関連した費用，給付者の被った損害

　給付に関連した費用，給付から受けた損害に関しても，一方的な給付の場合と基本的な考え方は変わらない。ただし，費用償還に関しては，善意の非債弁済の受領者とは異なり，196条が適用されて冗費は償還されない他にも，費用利得の一般的な効果に従うべきであろう[438]。

（5）無償契約の無効・取消し（121条の 2 第 2 項）

　債権法改正によって新設された121条の 2 第 2 項は，無償契約の無効・取消しでの善意の給付受領者の返還義務の現存利得への縮減を規定している。これは，（磯村説の影響を受けて）有償契約でも善意の受領者の返還義務を合意した対価に制限するという規定と対になった提案であり，無償契約に関してだけ残されて立法が実現したという経緯がある。だから，同条の趣旨は，有償契約での給付目的物の善意の受領者の価格返還義務をその合意した対価に制限すると

いう解釈論の根拠ともなりうる規定である。しかし，同条は，受贈物の原物返還が不能となったときに客観的価値の価格返還義務を認めれば，贈与者は市場価格で目的物を受贈者に売却したのと変わらない結果となることの防止だとも説明できる。つまり，取引強制ないしは押しつけ利得の防止である。

具体例として考え得るのは，贈与者の心裡留保（93条），錯誤（95条）による贈与契約だと考えられるが，心裡留保でも履行されれば，通例では，相手方には真意を知ることは困難であろうと考えられる。錯誤に関しても，多く問題になるのは，基礎事情に関する錯誤であろう。確かに，無償契約では，対価関係が存在しないから，動機，ないしは，基礎事情に関する錯誤は重要な意味を持つであろう。しかし，典型例として，どのようなケースが考えられるのかは，必ずしも明らかではない[439]。だから，その具体化は将来の判例を待つほかないと考える。

（6）無形の財貨が給付された場合の清算

以上の記述は，贈与も含めて財貨の所有権が移転する契約に関する問題である。他方で，無形の財貨が給付され原物返還が最初から問題外の契約も存在する。賃貸借，労務供給契約などである。ただし，有体物の交換型契約での利得とは，債務者の財産状態の差額ではなく，移転した財貨そのものであり，しかも，それが給付者の財産上の決定に基づくことという考え方を基礎にすると，無形の財貨が移転したときも，同様に考えることが可能である。その結果，無形の財貨の給付でも，給付された財貨そのものが利得であり，しかも，その給付が利得債務者の財産上の決定に基づいていることから，価格返還は客観的価値を目的とし，その後に利得消滅が根拠づけられるべきことになる。

（a）賃　貸　借

有体物の賃貸借でも，給付されたのは物の所有権ではなく，物の利用ないしは利用の可能性である。したがって，賃借人は善管注意義務に違反していないが，引き渡された目的物が滅失・損傷したときは，原則として賃貸人が危険を負担することになる（「所有者は危険を負う」）。給付対象は，引き渡された物の占有ではなく，使用可能性だから，現実に賃借人がどのように賃借物を利用したのとは無関係に，原則として客観的価値（市場価格）相当の果実・使用利益を返還すべきことになる[440]。

（b）労務供給契約

無形の労務が給付される雇用，請負契約でも，給付されたのは有償での労務

第 2 部 給付利得 第 7 章 給付利得の効果

の利用可能性だということになる。したがって，原則として，使用者，注文者は，労務の成果とは無関係に客観的価値を返還すべきことになる[441]。

　(c) 消 費 貸 借

　消費貸借では，借主（利得債務者）が誤った投資で金銭を失ったときも，利得消滅の抗弁を主張することはできない。利息に関しても同様だが，それは法律上の原因なく給付された金銭の利息ではなく，金銭の使用可能性に対する価格返還である。だから，消費貸借での借主は，悪意の利得者と同視されるべきことになる。したがって，その額は市場の通常の金利だということになる[442]。

（7）付遅滞の責任

　双務契約の巻き戻しでも，契約相手方からの弁済提供により返還義務の遅滞が生じた場合の責任については，一方的な給付があった場合と同様に付遅滞の責任を負うことになる。

　ただし，以上とは別に，双務契約の巻き戻しでも，契約の無効・取消しの原因に関する給付受領者の善意・悪意と返還義務の付遅滞を連結させて（例えば，詐欺者，強迫者には同時履行関係を否定して，直ちに，弁済提供しないと付遅滞の責任が発生すると解して），給付物の滅失・損傷の危険を分配するという磯村説がある[443]。つまり，磯村説は，契約の無効・取消原因によって，清算関係のあり方を個別に形成していこうという提案であるといえる。このような磯村説の考え方，個別の解釈論に関しては傾聴に値するところは多いが，実定法規の評価基準が判然としているとはいえない部分でのいわば「法形成」の提案であり，その具体化に関しては，判例・学説による将来の検討に委ねる他はない，と考える。

第2部（注）

（1）例えば，給付障害の補完としての給付利得と解除法の共通性を指摘する，Caemmer-
er, Bereicherung, S.219を参照。

（2）例えば，鳩山782頁以下，末弘926頁以下，我妻(全集)41頁以下，我妻(講義)947頁
以下，松坂(全集)69頁以下。

（3）例えば，我妻(全集)44頁以下，86頁以下，松坂(全集)75頁以下，215頁以下。主に
は2つの局面であり，1つは，新たに敷設された鉄道の沿線の地価の値上がり分を，
沿線住民は鉄道会社に返還する必要はない，つまり，いわゆる外部経済は返還する必
要はないということ，2つには，他人の物を無権限で処分したときに（侵害利得），
損失者（原所有者）の損失を超える利得者（処分者）の利益（市場価格以上の売却代
金）の返還義務を排除する場合である。

（4）例えば，四宮108頁，

（5）例えば，König (Tatbestände) S.81ff. を参照。

（6）例えば，Medicus, S.465，「意識した目的指向的な他人の財貨の増大（die bewußte,
zweckgerichtete Mehrung fremden Vermögens)」，Eckpfeiler des Zivilrechts (Staudinger
BGB), 6.Aufl., 2018, Marietta Auer, Das Recht der ungerechtfertigten Bereicherung und der
Geschäftsführung ohne Auftrag, S.1105ff., S.1115 (Rz.19)。松坂(全集)123頁，四宮11頁。
藤原(Gutachten)400頁も参照。ただし，四宮115頁以下は，以上のように給付を給付当
事者の主観的な目的によって定義するのは妥当ではないとして，出捐と基礎的法律関
係との関係づけは客観的に判断すべきものとしている。しかし，本書のように給付を
目的不到達の不当利得を除いて，債務の履行のための出捐（弁済）と定義すれば（後
述），弁済の効果帰属は客観的に評価されるから，債務の履行の有無は客観的に判定
すべきだという四宮説の批判は，その限りで免れていると考える。

（7）同判決および不当利得の効果論での意義，他人の財貨の無権限利用の際の不当利
得返還請求権のあり方に関する批判的な考察については，なかんずく，川角120頁以
下が詳細である。

（8）例えば，詐欺・強迫による契約の締結を給付利得ではなく他人の財貨の侵害によ
る不当利得であるとする川村泰啓「『所有』関係の場で機能する不当利得制度(13)」
判評144号108頁以下，および，詐欺・強迫による取消しに関しては，それ以外の契約
の無効・取消しの場合とは異なった回復の提案をしている，磯村保「契約の無効・取
消の清算──各論的考察」私法48号45頁以下などを参照。

（9）ドイツの不法行為法，および，以上の判決での不当利得理論の比較法的な観点か
らの特異性に関しては，Hein Kötz, Rechtsvergleichung und Rechtsdogmatik, Rabels-
zeitschrift für ausländisches und internationales Privatrecht, Bd.54, S.202ff., S.221ff. を参
照。事実的契約関係に関しては，五十川直行「いわゆる『事実的契約関係理論』につ
いて」法協100巻6号88頁以下。事実的契約関係理論の3つの主な適用領域の中で
も，本事件のような最も重要な，社会的給付義務による事実的契約関係に関して不当
利得法による解決を指摘しているのが，上記の五十川論文の書評であるが，磯村保
「民法学の歩み」法時56巻6号121頁以下，123頁も参照。さらに，以上の事件の解決
に含まれる未成年者の保護という課題に関しては，川角306頁以下を参照。ちなみ

195

第 2 部　給付利得

に，右近健男「事実上の契約関係と不当利得」谷口還暦（2）109頁以下，122頁は，以前から不当利得による問題解決を説き，（一部の問題を除いては）事実上の契約関係の理論は不要だと指摘していた。

(10) 特に，ドイツ法学での類型ないしは類型論の意味については，例えば，青井秀夫『法理学概説』（有斐閣・2007年）330頁以下を参照。さらに，鈴木774頁以下の不当利得法の類型論ないしは類型化についての評価は極めて示唆に富む記述だと考える。ただし，778頁以下の類型論による分類も限界事例では区別が困難であるという指摘は，類型は概念ではなく二律背反の区分ではないということに尽きると考える。

(11) König (Gutachten) S.1522ff. の提出した法律案では，給付を給付利得一般と目的不到達の不当利得とで，このように複線的に定義している。ケーニッヒの法律案については，本書の末尾の「付録」を参照。

(12) 例えば，Reuter / Martinek, S.91ff. を参照。

(13) BGH, NJW1952,417. 例えば Reuter/Martnek, S.528ff. を参照。

(14) このような問題は，主に侵害利得の局面で生じるが，労務・物の利用と不当利得に関しては，川角175頁以下，長谷川隆「無断の使用における権利侵害と不当利得的視点（1）（2）」富山大学経済論集35巻2号96頁以下，3号303頁以下，油納健一「いわゆる『使用利益』返還義務についての考察——無効な利用契約における『使用利益』を中心に」神戸48巻3号673頁以下を参照。

(15) 例えば，鳩山784頁以下，末弘927頁以下，我妻（全集）42頁，我妻（講義）1419頁以下，松坂（全集）70頁以下，四宮123頁以下も同様の例をあげている。

(16) 広中409頁は，「給付利得返還請求権によって買主に対する所有物返還請求権は排除されると解さなければならない」としている。

(17) 例えば，完全な請求権競合を認めないまでも，所有物返還請求権の存在意義を説く，鈴木禄弥「法律行為の無効・取消・解除の場合の給付物返還請求権はどんな性質を持つか」鈴木禄弥・広中俊雄・幾代通『民法の基礎知識（1）』（有斐閣・1964年）150頁以下を参照。

(18) 我妻栄「法律行為の無効取消に関する一考察」『民法研究Ⅱ総則』（有斐閣・1966年）165頁以下。我妻説の占有の不当利得とは，例えば，売買契約が無効・取消しとなった場合にも，売主の買主に対する返還請求権には，所有者・占有者関係の規定（189条～191条）が適用されるという見解である。その意味で，我妻説の「占有の不当利得」は，給付利得の効果として使用利益・果実の返還も認められるという，現在の通説，特に，類型論の見解とは全く反対の結論に至っている。ただし，我妻説は，当時の学説の主流の見解，物権変動が無因の場合は，売主は不当利得によって売買目的物を返還請求し，有因の場合は，売主は所有物返還請求によって物の返還請求する，したがって，前者の場合だけは，使用利益・果実の返還が認められるという主張を克服するためのものであった。しかし，我妻説は，非債弁済の不当利得の効果（現存利得）を引き合いに出して，善意の買主の返還義務を所有者・占有者関係の規定に服せしめるという思考過程によって，以上の結論に到達している。その意味で，我妻説も，善意の利得者の現存利得の返還義務という一般条項の規定（703条）を，その歴史的経緯を離れて過大評価しているといえる。なお，所有者・占有者関係の規定の意味については，第3部第4章Ⅲを参照。

(19) 例えば，好美（上）20頁以下，広中俊雄『債権各論講義（第5版）』（有斐閣・1979年）390頁，広中409頁を参照。

第2部（注）

(20) 同判例および判例に対する学説の評価に関しては，川角363頁以下，375頁以下を参照。

(21) 大塚龍児「手形利得償還請求権——特にその利得について」北法31巻2号1頁以下，8頁。

(22) 四宮123頁。

(23) 例えば，鳩山786頁以下，末弘929頁以下，松坂（全集）70頁以下，我妻（全集）43頁，我妻（講義）950頁以下を参照。さらに，類型論の立場からの出費の節約に関する評価については，川角175頁以下，前掲注(14)油納を参照。

(24) 川角120頁以下，306頁以下を参照。

(25) 例えば，我妻（全集）54頁以下，松坂（全集）129頁以下，さらに目的を主観的に理解することには反対しているが，四宮111頁以下も参照。

(26) 例えば，Peter Schlechtriem, Schuldrecht, Besonderer Teil, 5.Aufl., Mohr, 1998, Rdnr.655を参照。

(27) 例えば，我妻（講義）1116頁，1125頁，松坂（全集）180頁，新注民(15)川角由和185頁。

(28) 我妻（講義）1125頁，旧注民(18)石田喜久夫・谷口知平616頁以下，新版注民(18)667頁［石田喜久夫・谷口知平］，松坂（全集）181頁など。

(29) 松坂（利得論）348頁，松坂（全集）181頁，183頁の注(10)。

(30) ただし，潮見佳男『新債権総論II』（信山社・2017年）91頁注(3)は，種類物の給付を目的とする債権において，種類物を給付したときは，給付者の処分権限の有無とは無関係に，弁済としての効力が否定されるいわれはない，とする。だから，給付は非債弁済ではなく有効な弁済であり，それにもかかわらず物を取り戻して再度の弁済をする機会を弁済者に特別に与えた規定だと説明する（法律による特権の付与）。そうすると，475条は非債弁済に関する規定ではないということになる。しかし，他人の物を給付しても物の所有権は移転しないから有効な弁済とはならず，しかも，弁済者には占有訴権（200条）も所有物返還請求権も行使できないから，非債弁済の不当利得として返還請求できると考える。なお，475条はフランス法（2016年改正前フランス民法1283条1項）に由来し，ドイツ民法には同様の規定は存在しない。旧注民(12)66頁以下［奥田昌道］も参照。

(31) 例えば，平井宜雄『債権総論（第2版）』（弘文堂・1994年）178頁以下，旧注民(12)66頁以下［奥田昌道］，68頁，於保不二雄『債権総論（新版）』（有斐閣・1972年）362頁。これらの通説は，弁済は無効であると解している。前田達明『口述・債権総論（第3版）』（成文堂・1993年）453頁も参照。

(32) 2017年の債権法改正前は，改正前476条は譲渡能力のない所有者が物を引き渡して，弁済を取り消した場合も，有効な弁済をしなければ給付したものを取り戻せないと規定していた。しかし，制限行為能力者が法律行為を取り消したときは，原因関係も無効となり（したがって，給付には法律上の原因はなくなるから），有効な弁済は観念できないはずである。だから，同条は給付行為だけを取り消した場合に弁済受領者を保護する規定だと，通説は説明していた。例えば，旧注民(12)70頁以下［奥田昌道］。他方で，前掲注(31)平井180頁は，法律行為を取り消した場合を意味すると解していた。しかし，いずれにせよ非債弁済の不当利得の特則であることに変わりはない。ただし，債権法改正では，いったんは譲渡された物と同じ種類の物を給付するのは無意味であり，同条が意味を持つのは代物弁済の場合に限られるし，しかも，有効

197

第 2 部　給付利得

な弁済がなければ譲渡した物の取戻ができないのでは，売買の取消しの場合には売買
代金と目的物の返還とが同時履行の関係に立つのと比して不均衡などと批判され削除
された。能見善久・加藤新太郎編『論点体系・判例民法 5 ・債権総論 II （第 3 版）』
（第一法規・2019年）91頁〔北井功〕などを参照。

(33) ただし，大判大正 7 年12月 7 日民録24輯2310頁，大判昭和16年11月 5 日評論30巻
民法133頁は，債務者の準占有者（表見弁済受領権者）に対する非債弁済の不当利得
を否定している。反対に，我妻栄『新版・債権総論（民法講義 IV）』（岩波書店・1964
年）281頁は，債務者の選択権を支持している。それ以外の学説に関しては，中田裕
康『債権総論（第 3 版）』（岩波書店・2013年）337頁を参照。

(34) 我妻(講義)1119頁以下，松坂(全集)178頁，四宮143頁以下，新注民(15)185頁［川
角由和］。

(35) 四宮144頁，松坂(全集)179頁注（ 6 ）。

(36) 四宮144頁，松坂(全集)179頁注（ 6 ），我妻(講義)1121頁。

(37) 四宮145頁，松坂(全集)178頁，我妻(講義)1122頁。

(38) 四宮145頁，松坂(全集)178頁以下，我妻(講義)1123頁，前掲注(33)我妻350頁以下。

(39) König(Gutachten) S.1529，藤原(Gutachten)401頁を参照。さらに，非債弁済の不当利
得の要件として弁済者の錯誤証明を要求するフランス法でも，近時は錯誤の要件を不
要とする考え方が強くなってきていることについては，吉井啓子「フランスにおける
非債弁済をめぐる近時の理論的状況 —— 錯誤要件を中心として」磯村保他編『民法学
の課題と展望（石田喜久夫先生古稀記念）』（成文堂・2000年）749頁以下が詳細であ
る。
さらに，フランス法での他人の債務の誤想弁済なども含めた債務の不存在の場合の非
債弁済の不当利得については，齋藤(諸法理)462頁以下が詳細である。そこでのルス
アルン（Loussouars, Yvon）の引証，特に，「弁済者が，いかなる債務も存在しない
のに弁済を行ったと考えるならば，それは奇妙なことのように思われる。…弁済者は，
自然債務の履行，または，恵与の意図を有していたと考えることができる。…こうし
て，錯誤の必要性が登場する。ここでの錯誤は，弁済者によって追求された目的が，
存在しない債務の弁済のためであったことを明らかにする役割を担う。」（467頁）お
よび，「錯誤の立証は，自然債務の履行・恵与の意図等の他の原因の不存在の立証を
代替する」という齋藤の記述（468頁）は，非債弁済の不当利得の要件に弁済者の錯
誤の証明が課されていたことの説明として極めて有益だと考える。

(40) 梅謙次郎『民法要義（巻之三債権編)）』（有斐閣・1984年（1912年版復刻版）872
頁，内田612頁。民法の起草者の穂積陳重の考え方も参照して，705条を禁反言だけで
は説明できず，「知って弁済」は一種の贈与意思を伴い，贈与と限りなく接近すると
指摘する，新注民(15)183頁以下［川角由和］も参照。

(41) 松坂(全集)177頁，183頁，我妻(講義)1119頁，澤井51頁，加藤(事務)190頁，加藤
(大系)93頁，徳本鎮「非債弁済と不当利得の成否」谷口還暦（ 3 ）195頁以下，195頁以
下。

(42) 四宮146頁，大久保ほか53頁，平野56頁，潮見361頁。

(43) 新注民(15)183頁以下［川角由和］が穂積を引証して指摘するように，ドイツの地
方特別法の草案では，知って弁済したときを，「贈与とみされる」と規定した立法例
もある（例えば，バイエルン王国民法典草案〔1861年/1864年〕908条，ヘッセン大公
国民法草案（1842年/1853年）645条）。ヘッセンの草案の理由書では，「弁済者が，弁

済すべき法的義務が全くないと知って弁済したときは，合理的に考えれば，弁済をもっぱら気前の良さから受領者に譲渡することを望んだ可能性がある。」と説明されている。Bürgerliches Gesetzbuch für das Großherzogthum Hessen, Entwürfe und Motive (1842-1853), Bd.54. Abteilung (Schuldrecht, Entwürfe und Motive von 1853, Hg., Werner Schubert, Keip, 1986). Zweites Buch. Von den Verbindligkeiten im Besonderen,S.246. 反対に，このような贈与の推定の規定をおかなかったドイツ民法の準備草案では，草案の起草者のキューベル（Kübel）は，「現実には，贈与を債務の弁済という衣で包む者は，めったにはいないし，例外的にそういうことがあったなら，多くの場合に気前の良さを周囲の事情から推測するのは，さして困難ではない」と指摘している。Werner Schubert (Hg,), Die Vorlage der Redaktoren für die erste Kommission zur Ausarbeitung des Entwurfs eines Bürgerlichen Gesetzbuches, Recht der Shuldverhältnisse, TEIL3, Besonderer Teil Ⅱ, Verfasser：Franz Phillip von Kübel und Hilfsarbeiter, Walter de Gruyter,1980, S.697.

他方で，ドイツの判例と多くの学説は，(iii) 信義則（矛盾行為の禁止）だと説明している。例えば，Reuter/Martinek, S.183; Larenz / Canaris, S.162; Esser/ Weyers, S.391; Münch, 8.Aufl., §814, Rn. 2 [Martin Schwab]。(ii) 救済の不要性と (iii) 信義則をあげるのが，Staudinger (2007), §814, Rn. 2 [Stephan Lorenz] だが，救済の不要性と信義則を説くヘック（Heck）の記述は示唆に富むと考える。すなわち，「第2の規定（814条〔筆者付加〕）の根拠は保護の必要性がないことである。給付者が債務のないことを知っていたときは，実際には給付者は債務の弁済を望んでいたのではなく，贈与，和解，礼儀上の債務の弁済のため，または，隠れた反対給付のために支払っている。ところが，このような結果が十分に達成できないと後に弁済者が考えても，給付者の翻意を保護することに法秩序は関心を持たない。だから，242条（信義則〔筆者付加〕）の適用も相応しい」。Philipp Heck, Grundriß des Schuldrechts, Mohr, 1924, S.424 [Scientia 1994].

(44) 四宮148頁以下。さらに，705条が双務契約の無効・取消しの場合にも適用される可能性を示唆する，加藤(事務)190頁以下も参照。

(45) König（Tatbestände）S.81ff. および，藤原(Gutachten)402頁も参照。

(46) 四宮148頁。ただし，返還請求が認められる理由を，受領者に対する制裁だとしている。

(47) 708条ただし書が705条に優先して適用されるとする，四宮148頁以下，石外克喜「民法708条と705条」谷口還暦(2)41頁以下，および，基本的な方向としては，同旨と考えられる新注民(15)222頁以下［川角由和］も参照。ただし，両者を選択的に主張できるとする，中川毅『不法原因給付と信義衡平則』（有斐閣・1968年）45頁以下も参照。

(48) 四宮148頁。松坂(全集)184頁も参照。

(49) 四宮148頁，松坂(全集)137頁，清水65頁。ドイツ民法815条にも同趣旨の規定のあることにも言及されている。

(50) 我妻(講義)1126頁，松坂(全集)184頁，四宮147頁，加藤(事務)190頁以下，新版注民(18)667頁［石田喜久夫］，村上博已『証明責任の研究（新版）』（有斐閣・1986年）272頁。

(51) 我妻(講義)1127頁，松坂(全集)184頁，四宮147頁，加藤(事務)190頁以下，新注民(15)185頁［川角由和］。前掲注(50)村上272頁以下は，通説も同旨だが，その理由づ

第 2 部　給付利得

けがはっきりしないとして，㋐ 債務がないのに弁済するのは債務の存在に関する錯
誤によるのが通例，㋑ 知って弁済するのは異例，㋒ 705条が債務の不存在への善意
を積極的要件とはしていないこと，㋓ 705条が弁済者の錯誤を積極的要件とはせず弁
済者の悪意を要件としていることを根拠としてあげている。以上の村上説の根拠づけ
は，同条の立法の経緯に照らせば，非常に正確な理解であることは驚くべきである。
新注民(15)253頁以下［竹内努］も参照。

(52) 我妻(講義)1126頁，四宮146頁，松坂(全集)184頁，新版注民(18)667頁［石田喜久
夫］，大久保ほか53頁，新注民(15)185頁［川角由和］。

(53) 四宮146頁，大久保ほか53頁。

(54) 我妻(講義)1125頁，四宮146頁以下，松坂(全集)180頁，183頁以下，新注民(15)
186頁［川角由和］。ただし，もちろん，弁済者が債務の不存在を知って弁済した後で
あるが，それでも返還請求を認めるにたる事情については，弁済者が証明責任を負担
することになる。松坂(全集)185頁，四宮147頁。なお，705条の適用に関しては，
知って弁済したことを厳格に解する必要はないという角度から，同条適用の例外を検
討し，「合理的意味のある弁済」では同条は適用されないとして，弁済に関する客観
的事情を検討する，前掲注(41)徳本200頁以下も参照。

(55) 松坂(全集)184頁，四宮147頁，前掲注(41)徳本203頁以下，新注民(15)186頁［川
角由和］。

(56) 四宮147頁注(1)，特に148頁は，判例は留保つき弁済でも不任意弁済を認定する
重要ではあるが，1つの資料とみているように思われるが，705条の立法趣旨から
は，それだけでも同条の適用を排除するに足りるのではなかろうか，と指摘している。

(57) 中川毅『不法原因給付と信義衡平則』(有斐閣・1968年)46頁の注(2)は，地代家
賃統制令違反の不法で，不法の原因が貸主についてのみ存在するとされていた時代
に，「なお事件を穏便に運ぶため，」非債弁済説を採る判例(最判昭和35年4月14日民
集14巻5号849頁)などの少なくなかったことは，周知だとしている。この指摘は，
任意に弁済したときは制限超過利息の返還請求はできないと規定していた利息制限法
旧1条2項の立法方針と共通すると考えられる。

(58) 四宮146頁以下，147頁注(2)。148頁以下も参照。

(59) König(Tatbestände)S.42ff.,藤原(Gutachten)402頁を参照。

(60) König(Tatbestände)S.42ff.

(61) 我妻(講義)1126頁，松坂(全集)179頁注(7)。

(62) 自然債務と705条に関しては，石田喜久夫「非債弁済と自然債務」谷口還暦(3)
209頁以下，高梨公之「社会的債務について」谷口還暦(1)31頁以下，新注民(15)188
頁以下［川角由和］を参照。

(63) 四宮147頁。

(64) Medicus, S.484.

(65) 475条(の類推)に関しては，藤原正則「判批(東京地判平成13年2月16日判タ
1108号198頁)」リマークス28号62頁以下，64頁以下を参照。

(66) 四宮155頁，加藤(事務)192頁以下，加藤(大系)94頁以下。他方で，松坂(全集)186
頁，我妻(講義)1123頁，新注民(15)191頁以下［川角由和］は，期限前でも債権は存
在するから非債弁済にはならないが，中間利益の返還を認めたものと説明している。
なお，706条の立法過程については，新注民(15)192頁以下［川角由和］が詳細である。

(67) 四宮144頁注(2)を参照。

第 2 部（注）

(68) 我妻(講義)1120頁以下，四宮144頁注(1)。

(69) 我妻(講義)1120頁以下，四宮144頁注(1)。

(70) 我妻(講義)1123頁，松坂(全集)186頁注(1)，四宮155頁，新注民(15)193頁以下
　　　[川角由和]。

(71) 我妻(講義)1124頁，松坂(全集)186頁，四宮155頁，新注民(15)194頁[川角由和]。

(72) 我妻(講義)1124頁，松坂(全集)186頁注(1)，四宮155頁以下，新注民(15)194頁
　　　[川角由和] もこの結果を肯定している。

(73) 鳩山822頁，小室直人「不当利得請求権の主張・立証責任」谷口還暦(2)177頁以
　　　下，193頁以下（『訴訟物と既判力』民事訴訟法論集(上)〔信山社・1999年〕311頁以
　　　下，329頁以下），四宮156頁。松本博之『証明責任の分配（新版）』(信山社・1996年)
　　　424頁は，債務者は期限の利益を放棄することができるから，中間利益を狭義の非債
　　　弁済と扱う合理性を欠くという根拠を付加している。

(74) 松坂(利得論)351頁以下，末弘977頁以下。

(75) 四宮156頁，新版注民(18)678頁[石田喜久夫]，新注民(15)194頁[川角由和]。

(76) 四宮156頁，新版注民(18)678頁[石田喜久夫]，新注民(15)194頁以下[川角由和]。

(77) 我妻(講義)1123頁以下。

(78) 四宮156頁注(1)。

(79) 我妻(講義)1124頁。

(80) 2016年の改正前のフランス民法1377条，現行1302条の2。707条の立法時の事情に
　　　関しては，新注民(15)196頁[川角由和] を参照。

(81) この問題に関しては，渡邊力『求償権の基本構造』(関西学院大学出版会・2006
　　　年)193頁以下が詳細に紹介・検討している。

(82) 一般的には学説は，707条を利得消滅との連続性では説明していない。しかし，弁
　　　済を受けた債権者の信頼保護が同条の目的だとするなら，結局は同じことになる。例
　　　えば，四宮150頁，松坂187頁を参照。他方で，（金銭の非債弁済に利得消滅を認めな
　　　い）フランス民法との対比から，積極的に707条1項を利得消滅の抗弁であると指摘
　　　するのが，笹川明道「他人の債務の誤想弁済における弁済受領者の利得消滅──民法
　　　707条1項と民法703条との関係について」法政研究72巻3号853頁以下，859頁。ただ
　　　し，それ以外の問題に関する，笹川論文の批判的検討も参照。

(83) 松坂(全集)188頁，四宮150頁，新版注民(18)681頁[石田喜久夫]，我妻(講義)
　　　1129頁。

(84) 我妻(講義)1128頁，松坂(全集)187頁，四宮150頁以下，広中415頁以下，新版注民
　　　(18)680頁[石田喜久夫]，新版注民(15)197頁[川角由和]。

(85) この意味で，松坂(全集)189頁注(4)の記述を参照。

(86) 我妻(講義)1130頁以下，四宮151頁，松坂(全集)187頁以下。

(87) 新版注民(18)681頁[石田喜久夫] は，もともと無効な弁済が，無効であることを
　　　知るべき債権者の証書毀滅等の処置がなされたとたんに有効化するというのは理解し
　　　がたい，という理由で，判例に賛成していた。藤原(前版)72頁は，債務者の意思の尊
　　　重を優先する改正前474条2項の評価を根拠に，判例を支持していた。しかし，法改
　　　正による法政策の変更で，以上の論拠は存在の基礎がなくなった。

(88) 松坂(全集)188頁，四宮151頁。

(89) 四宮151頁。

(90) 我妻(講義)1129頁，四宮152頁注(1)，新版注民(18)682頁以下[石田喜久夫]。新

第2部　給付利得

　　注民(15)197頁［川角］も，立法者意思も同趣旨だと指摘している。

(91)　我妻(講義)1129頁，松坂(全集)187頁，四宮153頁，新注民(15)197頁以下［川角由
　　　和］。

(92)　我妻(講義)1129頁，四宮153頁注(2)。新注民(15)198頁［川角由和］も参照。

(93)　新版注民(18)684頁［石田喜久夫］を参照。

(94)　我妻(講義)1129頁以下，松坂(全集)188頁，四宮153頁注(3)，新注民(15)198頁
　　　［川角由和］。

(95)　四宮152頁。

(96)　前掲注(73)小室192頁，前掲注(73)松本422頁以下。四宮151頁以下も同旨か。

(97)　他の学説には，707条の証明責任に関する積極的な記述はない。しかし，705条で
　　　は錯誤（の不存在）の証明責任は弁済受領者が負担するというのが通説であり，か
　　　つ，規定の文言上は錯誤の証明責任は弁済者が負担するかに見える706条でも，錯誤
　　　（の不存在）の証明責任は弁済者が負担するという学説が存在する（前掲注(74)を参
　　　照）。したがって，以上から推測すれば，706条での錯誤（の不存在）の証明責任は弁
　　　済受領者が負担するという学説は，707条でも同様に解していると考える余地はあろ
　　　う。

(98)　我妻(講義)1130頁，松坂(全集)188頁，四宮154頁，新注民(15)198頁［川角由
　　　和］。新版注民(18)685頁［石田喜久夫］も参照。

(99)　四宮154頁，潮見364頁。我妻(講義)1130頁，新版注民(18)685頁［石田喜久夫］も
　　　参照。

(100)　同判例に関しては，藤原正則「判批」民商133巻3号頁以下，「判批」判評560号
　　　217頁以下，後藤元伸「判批」消費百選（第2版）250頁以下を参照。

(101)　四宮138頁。松坂(全集)139頁，および，139頁注(3)も参照。

(102)　例えば，四宮113頁注(4)を参照。

(103)　以上については，土田哲也「給付不当利得返還請求――目的不到達の場合につい
　　　て」谷口還暦(2)319頁以下，同「A 目的不到達，原因欠落」新注民(18)379頁以下
　　　を参照。なお，ローマ法での目的不到達の不当利得に関しては，吉野悟「Datio ob
　　　rem における不当利得返還請求訴権の位置について」谷口還暦(1)48頁以下がある。

(104)　例えば，Reuter/Martinek, S.146ff.; König (Gutachten), S.1533ff., および，藤原
　　　(Gutachten)407頁以下を参照，

(105)　事情変更の原則，行為基礎と目的不到達の不当利得の関係に関しては，五十嵐清
　　　「事情変更の原則と不当利得」谷口還暦(3)87頁以下を参照。

(106)　ドイツ民法313条（行為基礎の障害）

　　（1）契約の基礎となった事情が，契約締結後に著しく変化し，かつ，契約の当事者
　　　　がその変化を予見していれば，契約を締結しないか，または，異なった内容の契
　　　　約を締結しただろうときは，個別の事案の全ての事情，特に，契約上又は法律上
　　　　の危険の分配を考慮した上で，契約を変更せずそのままで維持することが，一方
　　　　の当事者にとって要求することができないときは，契約の調整を請求できる。

　　（2）契約の基礎となった重要な心像が誤りであると判明したときも，事情の変化と
　　　　みなされる。

　　（3）契約の調整が不可能，又は，一方の当事者には期待できないときは，不利益を
　　　　受ける当事者は契約の解除が可能である。継続的契約関係では，解除権に代わっ
　　　　て告知権が発生する。

第 2 部（注）

(107) Reuter/Martinek, S.151ff. および，前掲注(103) 土田320頁以下，新版注民(18)379
頁以下［土田哲也］，松坂（全集）135頁以下，四宮113頁注（4），藤原(Gutachten)407頁
以下を参照。さらに，以上のうちの(b)の類型に関しては，土田哲也「目的不到達と
なった労務の給付と報酬請求権」香川大学経済論叢44巻4・5・6号27頁以下がある。

(108) 以上の学説については，前掲注(103) 土田（谷口還暦）330頁以下，新版注民
(18)348頁以下［土田哲也］，太田武男「結納の法的性質」加藤一郎・米倉明編『民法
の争点Ⅰ』（ジュリ増刊・1985年）194頁以下，太田武男「結納の法的性質」内田貴・
大村敦志編『民法の争点（新・法律学の争点）』（ジュリ増刊・2007年）264頁以下を参照。

(109) 加藤（体系）679頁以下，690頁，加藤（事務）176頁以下。

(110) 好美（上）23頁。

(111) 加藤（体系）679頁以下の他に，鈴木742頁，内田581頁，大久保ほか36頁，平野34
頁。さらに，実現はしなかったがドイツでの1980年代の債権法改正でのケーニッヒ
(König) の法律案では，目的不到達の不当利得に1条（1条の2）が用意されていた
が，例えば，シェファー(Schäfer) は，契約に原則として訴求可能性が与えられた現
在では，契約法の補完という目的不到達の不当利得の機能は失われており，契約上の
ルールによる解決が妥当だと指摘している。Schäfer, S.2615ff. (Rn.57ff.)，および，藤
原(Schäfer)512頁を参照。

(112) 潮見352頁は，目的消滅の不当利得と目的不到達の不当利得を一体的に取り上げ
た上で，「他の法理，たとえば，解除条件付き契約，事情変更による解除などに依存
できるのであれば，それによるのも差し支えありません」とする。澤井30頁は，「も
し，不到達によって契約は消滅するという明確な合意があれば，解除条件に他ならな
い。この場合の返還請求権の発生は，『合意』の効果であって，目的不到達という事
実の効果ではない」としている。

(113) 鳩山806頁，末弘956頁，松坂（全集）137頁，四宮140頁注（1），148頁。

(114) 鳩山806頁，末弘956頁以下，松坂（全集）137頁。

(115) König (Gutachten), S.1531ff.，藤原(Gutachten)402頁以下も参照。

(116) それ以外に，強迫で受領した金銭，強迫されたのではなく自発的に，刑事告訴を
止めることを条件として受領した金銭。例えば，Esser/Weyers, S.395を参照。

(117) 各国の不法原因給付の制度に関しては，有泉亨「不法原因給付について（1）（2）
（3）」法協53巻2号232頁以下，3号461頁以下，4号656頁以下，新版注民(18)690頁
以下［谷口知平・土田哲也］，さらに，ヨーロッパ統一法との関係も考慮してのヨー
ロッパ各国の不法原因給付に関しては，瀧久範「ヨーロッパ契約法原則及び共通参照
枠草案（ヨーロッパ不当利得法原則）における不法原因給付規定」香川法学35巻1・
2号109頁以下を参照。

(118) 我妻（講義）1116頁以下，我妻（全集）73頁以下，松坂（全集）190頁以下，四宮157頁
以下，加藤（事務）196頁以下，内田614頁，澤井55頁以下，潮見351頁，平野80頁，近
江85頁。新注民(15)199頁以下［川角由和］も同旨であろうが，返還請求権の排除の
根拠であるクリーンハンズの原則を「信義則の一つの具体的な発現」とも説明してい
る。鈴木749頁も同旨だが，権利保護の拒否だけでなく「一種の民事罰の意味」とも
説明している。

　　他方で，大久保ほか56頁は，クリーンハンズの原則だけでは受領者に給付を取得さ
せる理由が説明できないが，（本書の考え方である）禁止規範の保護目的を重視して
返還請求の可否を決するという立場（「規範目的説」）でも，例えば，賭博債務支払を

203

第 2 部　給付利得

　　　返還させるほうが賭博が無意味になり賭博禁止の趣旨に合致するから，賭博債務支払
　　　の返還請求の排除は，規範目的説で説明するのは困難だとして，どの説も「私法の意
　　　味で正当化することにはまだ成功していない」と指摘している。
　　　　今 1 つ付言しておくと，前掲注（117）有泉（ 3 ）680頁以下は，708条本文を「刑罰
　　　的」な制度として人格への非難の契機を強調している。さらに，中川毅『不法原因給
　　　付と信義衡平則』（有斐閣・1968年） 2 頁以下は，権利保護拒否という通説の説明を
　　　批判して，708条の目的は，良俗の中枢部分の破壊を防止し，給付・受領両者の反規
　　　範性の剔抉，遷善改過，世人の覚醒にあるから，不法原因給付の根底にあるのは信義
　　　誠実の原則の実現だとしている。

（119）例えば，我妻（講義）1117頁，四宮162頁を参照。

（120）『法典調査会・民法議事速記録 5 』（商事法務研究会・1984年）251頁以下の第718
　　　条（現行708条）の同条を削除するという別案，および，前掲注（40）梅879頁以下の同
　　　条への反対も参照。法典調査会での議論に関しては，特に，新注民（15）201頁以下
　　　［川角由和］を参照。

（121）Heinrich Honsell, Die Rückabwicklung sittenwidriger oder verbotener Geschäfte, Beck,
　　　1974. 以上のホンゼルの見解の紹介が，磯村保「不法原因給付に関する一つの覚書
　　　──賃貸借契約無効の場合を中心として」神戸 2 号97頁以下，124頁以下。

（122）例えば，プロイセン一般ラント法・第 1 部第16章・第211条，ヘッセン大公国民
　　　法草案（1842年・1853年）第683条。本書末の「付録」を参照。

（123）Larenz/Canaris, S.162f. を参照。同旨の Claus-Wilhelm Canaris, Gesamtunwirksamkeit
　　　und Teilgültigkeit rechtsgeschäftlicher Regelungen, Festschrift für Ernst Steindorff zum 70.
　　　Geburtstag am 13. März 1990, Gruyter, 1990, S.517ff., S.523ff. は，ドイツ民法817条 2 文
　　　の制度趣旨に関しては，刑罰の性格と，現在は支配的な，自らを法の外においた者に
　　　対する法的保護の拒否が説かれているが，いずれも不適切ないし不十分だとしてい
　　　る。つまり，前者に関しては，特に，（i）同じく法規・良俗違反を犯しながら，先履
　　　行した給付者だけが処罰され，履行を控えた者はそうではないのは納得がいかない，
　　　（ii）有責性と処罰の程度のバランスがとれていないことが決定的な問題だと指摘す
　　　る。後者に関しては，なぜ法的保護が拒否されるのかという理由を示せず，それ以上
　　　の正義の観点を提示できないから不適切である。そこで，結論として，刑罰の性格と
　　　いう説明は，翻案すれば，刑罰の一般予防として妥当な説明だと指摘している。さら
　　　に，これは，立法資料では，直接に刑罰とはいっていないが，「国民生活で，良俗お
　　　よび公序の利益という意味を強化する」とされているから，これは刑罰でも説かれる
　　　一般予防（Generalprävention）に他ならないとしている。

（124）König (Gutachten), S.1531ff., 1533, 藤原（Gutachten）404頁以下も参照。以上の本書
　　　の立場に，大久保ほか57頁以下は，賭博債務支払の返還請求を認めるほうが，賭博が
　　　無意味になるから，返還請求の排除を規範目的で説明するのは困難だと指摘してい
　　　る。確かに，そう考えることも可能だが，他方で，賭博で財貨を失っても回復はでき
　　　ないという意味での禁止規範の目的達成のための一般予防的な効果も否定できないと
　　　考えることも可能であろう。

（125）以上のような708条本文（ドイツ民法817条 2 文）の適用の例外を作り出すための
　　　解釈論上の操作の道具立てのドイツ法での評価に関しては，König (Tatbestände),
　　　S.129f., S.140ff. を参照。もちろん，そのような解釈上の道具立ては，わが国も共有し
　　　ている。

第2部（注）

(126) 例えば，鳩山828頁以下，末弘982頁以下。

(127) 我妻（講義）1132頁，松坂（全集）192頁以下，加藤（事務）198頁以下，内田615頁。

(128) 前掲注(117) 有泉亨（3）88頁以下。

(129) 例えば，四宮159頁，162頁。前掲注(118) 中川7頁は，708条にいう不法とは，「(イ)人間本然の根本悪で，その犯罪を構成すると否とを問わず，当然，法道一如の精神に抵触するもの，例えば，性道徳に違反するもの（法以前，既に人間の最もひんしゅくすべき醜悪行為とされている）と，(ロ)成文法上の，自然犯，または，これに近い犯罪を構成するものを含む」と，不法を最も狭く解している。

(130) 澤井56頁，新注民(15)203頁［川角由和］，平野81頁。

(131) 山本敬三『公序良俗論の再構成』（有斐閣・2000年）84頁以下，潮見366頁。

(132) 例えば，総判研(13)133頁以下，135頁，松坂（全集）193頁，我妻（講義）1143頁以下，四宮162頁以下を参照。

(133) その意味では，ほぼ同旨を説く，谷口（不法原因）190頁以下，三島宗彦「708条適用の要件」谷口還暦（2）1頁以下，5頁以下，7頁以下，水本浩「不法原因給付と所有権の帰属」谷口還暦（3）225頁以下，237頁以下，山田幸二「不法原因給付」星野英一編『民法講座6』（有斐閣・1985年）69頁以下，91頁以下も参照。さらに，難波譲治「公序良俗と不法原因給付」椿寿夫・伊藤進編『公序良俗違反の研究――民法における総合的検討』（日本評論社・1995年）340頁以下，350頁以下は，強行法規違反も不法に含まれるとする点では適切だと考えるが，公序良俗違反を708条の不法と同視する点では支持しがたい。その意味では，前掲注(131) 山本98頁注(110)の批判は妥当だと考える。ただし，これに対して，難波354頁注(31)は，「最終的に返還請求を認めるかどうかは708条但書，給付，主観的要素などによってしぼりをかける」と反論している。

(134) 我妻（講義）1133頁以下，谷口（不法原因）216頁，四宮160頁，165頁，172頁など。

(135) 谷口（不法原因）371頁以下。

(136) 川井健「執行免脱のための仮装売買と708条――虚偽表示の『無効』の一考察を兼ねて」谷口還暦（1）291頁以下，308頁。

(137) 例えば，我妻（講義）1154頁以下，四宮165頁以下，特に165頁注（1），内田616頁以下。

(138) 谷口（不法原因）196頁以下，好美（上）25頁以下。

(139) 我妻（講義）1156頁以下，松坂（全集）200頁以下，四宮166頁，内田617頁以下，平野83頁，潮見386頁，大久保ほか58頁。

(140) 谷口（不法原因）211頁以下，216頁。

(141) 好美（上）25頁以下。

(142) 四宮166頁以下。「受領者はまだ終局的利益を受けたとはいえない」としている。

(143) この問題を詳しく論じている，我妻（講義）1178頁以下，四宮168頁注（1）を参照。

(144) 我妻（講義）1156頁，四宮167頁，松坂（利得論）370頁以下，松坂（全集）200頁以下，新注民(15)218頁［川角由和］。

(145) 谷口（不法原因）53頁以下。

(146) 我妻（全集）81頁注(15)，前掲注(117) 有泉（3）696頁。ただし，以上の学説は，未登記建物が妾に贈与されたという昭和45年最判の事実を想定してのものではなく，既登記建物を前提としたものである。それゆえ，我妻説も同判例を契機に改説している。我妻（講義）1164頁以下を参照。

205

第 2 部　給付利得

(147) 我妻(講義)1168頁, 谷口「判批」民商67巻 1 号151頁以下。対抗要件としての登記の意味, 不法の抑制という708条の趣旨からは疑問が残るとしながらも, 松坂(全集)202頁以下。

(148) 四宮169頁注(3), 170頁注(1)。ただし, 事情によっては引渡しと登記のいずれかで給付があったと評価すべき場合もあるとして, 708条本文の適用を柔軟に解そうとしている。その上で, 給付が完了していなくても, 不法が完了している場合には,「不法」如何によっては, 708条本文の適用を肯定すべきだという。しかし, 昭和45年最判のケースでは不倫な関係が終了しているから, 男性からの請求に708条本文が適用されたと指摘している。

(149) 好美(上)25頁以下。ただし, 好美説の重点は, (後述するが)権利保護拒否の要請を徹底させて, 受贈者(受領者)からの移転登記請求, 贈与者(給付者)からの明渡し請求のいずれも拒否することにある。

(150) 広中246頁以下, 鈴木755頁, 756頁, 澤井57頁, 内田618頁, 潮見369頁, 大久保ほか59頁。新注民(15)219頁［川角由和］も同旨と考える。

(151) 前掲注(117) 有泉(3)698頁, 前掲注(133) 水本244頁, 松坂(全集)201頁。新注民(15)219頁［川角由和］は, この考え方に注目しておきたい, とする。

(152) 平野83頁。占有改定では, 事実上の占有は移転しておらず, 給付者は受領者に対して返還請求をする必要はなく, 指図による占有移転では, 給付者が指図の無効を主張して占有者に返還請求が可能であり, 給付受領者に対する返還請求は問題外だから, 給付はないと解すべきだとしている。

(153) 我妻(講義)1155頁以下, 四宮171頁注(1), 谷口(不法原因)196頁以下。ただし, 松坂(全集)200頁は判例を支持している。

(154) 以上の問題については, ドイツ法の状況も含めて, 前掲注(121) 磯村を参照。さらに, König (Tatbestände), S.126ff. も参照。

(155) 松坂(全集)194頁。

(156) 四宮172頁以下, 174頁。なお, 前掲注(118) 中川29頁以下は, 自然犯の責任能力(刑法41条, 14歳)に類似し, これよりやや高いとしている。

(157) 前掲注(50)村上274頁以下, 前掲注(73)小室196頁以下 (333頁以下), 故定塚孝司判事遺稿論集刊行委員会編『故定塚孝司判事遺稿論集・主張立証責任論の構造に関する一試論』(判例タイムズ社・1992年) 196頁以下, 松坂(全集)198頁注(18)。四宮174頁以下も, 原告が公序良俗違反に基づく給付を主張・立証して返還請求してきたときは, 被告が返還義務なきことを立証しなければならないとする。判例 (大判大正 7 年 9 月23日民録24輯1722頁) も抽象論ではあるが, 同旨。前掲注(73)松本424頁以下は, 不法原因給付による返還の請求の中にすでに返還を妨げる事情が含まれているはずであり, 被告が立証責任を負う契機はないとする。しかし, 公序良俗違反イコール708条本文の適用ではないから, 通説的な学説を妥当と考える。新注民(15)256頁［竹内努］は, 返還請求の請求原因の中に不法原因が現れているときと, そうではないときを区別し, 前者では主張自体が失当だが, 後者では被告が不法の原因に基づくことを抗弁して返還請求を拒むことができる, としている。

(158) 田中実「民法708条における不法原因 —— 近時の判例を中心に」谷口還暦(2)19頁以下などを参照。

(159) 我妻(講義)1142頁以下, 谷口(不法原因)24頁は, 権利株の売買は売買の当事者間では不法という認識はなく, 制裁を科すのは妥当ではないためであるとしている。

第2部 (注)

(160) 我妻(講義)1145頁以下，総判研(13)140頁を参照。

(161) 谷口(不法原因)27頁以下，我妻(講義)1145頁以下，総判研(13)140頁以下。

(162) 谷口(不法原因)40頁以下，我妻(講義)1144頁以下，総判研(13)135頁以下。

(163) 谷口(不法原因)96頁以下，我妻(講義)1143頁以下，総判研(13)150頁以下。

(164) 我妻(講義)1148頁以下，前掲注(118) 中川114頁以下など参照。

(165) 前掲注(118) 中川46頁注(2)の「地代家賃統制令違反が，借地借家が極度に払底のため，自然犯的傾向を帯び，超過額支払約款が，不法で，不法の原因が貸主についてのみ存するとされていた時代に，なお事件を穏便に運ぶため，非債弁済説を採る判例〔最判昭和35・4・14民849頁等〕の少なくなかったことは，人の知るところである。」は重要な指摘だと考える。

(166) この問題に関しては多数の文献があるが，大澤彩「判批」平成26年度重判79頁以下，平田健治「判批」現代消費者法26号87頁以下（平田427頁以下），および，瀧久範「民法708条本文の目的論的縮減 —— ドイツにおける贈与サークル（Schenkkreis）に関する諸判決を素材に」民研695号1頁以下，藤原正則「破産管財人の不当利得返還請求と不法原因給付の抗弁 —— 民法708条本文の制限解釈」加藤新太郎・太田勝造・大塚直・田高寛貴編『21世紀民事法学の挑戦（加藤雅信先生古稀記念）（下）』（信山社・2018年）491頁以下を参照。

(167) 以上に関しては，森泉章「利息制限法違反利息と不法原因給付」谷口還暦(1)314頁以下，新版注民(18)712頁以下「B 制限超過利息の支払と帰属」〔石外克喜・甲斐道太郎〕，金山直樹『現代における契約と給付』（有斐閣・2013年）313頁以下を参照。

(168) これに関する文献は枚挙のいとまがないほど存在するが，例えば，新注民(15)209頁以下〔川角由和〕，小野秀誠『利息制限法と公序良俗』（信山社・1999年），同『利息制限の理論』（勁草書房・2010年），茆原正道・茆原洋子『利息制限法の潜脱克服の実務（第2版）』（勁草書房・2010年）を参照。

(169) 前掲注(167) 金山335頁以下，363頁以下，久須本かおり「不法原因給付と損益相殺」名法227号647頁以下，672頁，潮見佳男「差額説と損益相殺」論叢164巻1-6号105頁以下，前田陽一「判批」判タ1298号69頁以下，76頁以下，藤原正則「判批」平成20年度重判88頁以下，島川勝「判批」リマークス9号54頁以下を参照。

(170) 難波譲治「判批」金判1336号218頁以下，岡林伸幸「判批」法時83巻3号118頁以下を参照。

(171) 以上の問題に関しては，藤原正則「不法行為の被害者の損害賠償請求に対する不法原因給付の損益相殺の可否」能見善久・加藤新太郎編『論点体系・判例民法7（第3版）』（第一法規・2019年）501頁以下を参照。

(172) 我妻(講義)1140頁以下。ただし，返還請求をより広く認めようという，谷口(不法原因)456頁以下も参照。

(173) 前掲注(136) 川井308頁，星野英一「判評」星野英一『民事判例研究第2巻・2 債権』（有斐閣・1982年）530頁以下，537頁，四宮162頁注(1) など。内田616頁も参照。

(174) 我妻(講義)1136頁以下を参照。

(175) 我妻(講義)1137頁，谷口(不法原因)136頁など。

(176) 我妻(講義)1137頁以下，四宮162頁注(1)164頁(c)。

(177) 我妻(講義)1138頁。

第2部　給付利得

(178) 谷口(不法原因)135頁以下。

(179) 磯村保「賭博開帳者の保護──権利保護拒否のパラドックス・最高裁昭61・9・
4を契機として」法セ384号28頁以下を参照。

(180) 以上については、松本克美「裏口入学の工作資金の返還約束と不法原因給付」
ジュリ1028号197頁以下を参照。

(181) 以上の問題についても、前掲注(121)磯村、前掲注(179)磯村を参照。

(182) 例えば、前掲注(117)有泉(3)98頁、松坂(全集)204頁、我妻(講義)1161頁を参
照。さらに、前掲注(121)磯村130頁以下。

(183) 我妻(講義)1161頁、四宮175頁は、賃貸人は即座に返還請求できるとする。

(184) 松坂(全集)204頁、206頁注(3)は、原則的には約定期間の使用が許されるが、
例外的に受領者(賃借人)の一時的保有が既に公序良俗違反の場合には、即時の返還
請求が認められるとする。

(185) 広中245頁以下、鈴木754頁以下、澤井57頁、大久保ほか58頁、潮見269頁以下
(ただし、贈与契約の有効性を民法90条で吟味し、贈与契約に基づく所有権移転手続
請求の可否という観点から処理すべきではなかったのかという根本的な疑問が残りま
す、とも付言している)。松坂202頁以下は、今ひとつ明確ではないが、既登記不動産
の引渡しだけでも給付にあたるとする我妻説に対して、「登記が不動産物権変動の対
抗要件として不動産取引において有する意義、ならびに不法な目的の達成をできるだ
け抑制しようとする第708条の趣旨を考慮するときは、なお疑問が残る」とも指摘し
ている。新注民(15)219頁［川角由和］も同旨だと考えられる。

(186) かつての学説は、不法原因給付によっては給付された所有権は移転せず、かつ所
有権に基づく訴えには、708条本文は適用されないと解していた(例えば、鳩山832頁
以下、末弘986頁以下)。これに対して、我妻(全集)82頁以下、谷口(不法原因)160頁
以下、166頁などは、権利状態と使用・収益などの分裂が生じて不都合であり、所有
権も移転すべきであると批判した。

(187) 川井健「判批」判タ275号71頁以下、能見善久「判評」法協90巻9号197頁以下、
好美(上)24頁以下。安達三季生「不法原因給付と所有権の帰属」谷口知平・加藤一郎
編『新版・判例演習民法4債権各論』(有斐閣・1984年)199頁以下、内田620頁な
ど。平野84頁は、反射的な所有権の帰属という考え方を否定し、債権者代位権による
不当利得返還請求権の行使には708条本文は適用されないと解するという立場から、
以上の学説に与するとした上で、最終的には取得時効で解決されると指摘している。

(188) 典型的には、好美(上)25頁以下。前掲注(187)川井、能見も参照。

(189) こういった当事者間の関係、および対第三者関係をめぐる問題について、村田彰
［不法原因給付と所有権の帰属」安達三季生編『債権法重要論点研究』(酒井書店・
1988年)177頁以下を参照。もちろん、両すくみを肯定する学説も、例えば、賭博に
よる債務の担保のために抵当権が設定された場合にまで、抵当権の抹消請求を否定す
るものではないであろう。仮にそうであるとするなら、その結果は一層の権利関係の
複雑化につながらざるをえないことになる。

(190) こういった理由づけに関しては、松坂(全集)207頁以下を参照。

(191) 好美(上)25頁、広中426頁。

(192) 四宮178頁。

(193) 新注民(15)225頁以下［川角由和］も参照。

(194) 谷口(不法原因)173頁以下、我妻(講義)1178頁以下、広中428頁、澤井59頁、近江

第 2 部（注）

89頁など。好美（上）25頁以下を除く一致した見解である。

(195) これに対して，好美（上）26頁は，「ドイツでは一般に，わが国の学説とは反対に，不当利得返還請求が不法原因給付として否定される場合でも，加害者の有責性と主体的違法性を要求する不法行為としての損害賠償請求権は，両制度はその目的を異にするから，認められても一向にかまわない，と考えられています」と指摘する。この指摘はその通りではあるが，ここでも禁止規範の保護目的による区別が必要だと考える。同旨の指摘として，例えば，Staudinger (2007), §817 Rn.14 [Stephan Lorenz] を参照。

(196) ただし，このように両者の不法性の大小を比較して慰謝料請求の成否を決めるのは，偶然性によって損害賠償を免れる者が出てくるから不当であるというのが，明山和夫「婚姻関係における不当利得」谷口還暦（2）163頁以下，171頁。

(197) 最初は，好美（上）25頁以下の指摘だが，引用部分は四宮181頁。新注民(15)235頁［川角由和］も，このような見解には十分に留意しておく必要がある，としている。

(198) 谷口（不法原因）426頁以下，松坂（全集）213頁以下，我妻（講義）1162頁以下，四宮179頁，内田620頁以下，近江88頁など。

(199) 四宮179頁注（1）を参照。

(200) 例えば，裏口入学の斡旋の対価の返還約束が，不合格確定後にされたこと，裏口入学の助長の機能も有しないことなどを理由にその効力を否定しなかった原審（東京地判平成5年1月25日判タ876号206頁）に対して，控訴審（東京高判平成6年3月15日判タ876号204頁）が不法原因給付を理由に返還請求を拒絶した例がある。つまり，後者の裁判例は返還約束に裏口入学の斡旋を助長する効果があると判断していると考えられる。

(201) 大判明治32年2月14日民録5輯2巻56頁。松坂（全集）194頁，我妻（講義）1162頁，谷口（不法原因）13頁，新版注民(18)695頁［谷口知平・土田哲也］。藤原（前版）97頁は，例えば，我妻1162頁の相続人は「給付者の非難される心情を承継するというべき」，谷口13頁のドイツ民法「第817条後段による被相続人の法律上の不利な地位が純刑罰性を有するものとしても，相続人もこれを担うべきものと考へらるる」という記述に対して，非難の契機は必ずしも相続人には妥当しない，708条本文の趣旨は（谷口の紹介するドイツの判例の当時の通説だった）刑罰思想ではないと考えて，配偶者，相続人の第三者性を肯定して，708条本文の適用を一律に肯定する判例・通説に反対したが，見解を改める。その理由は，本書の考え方では，同条の趣旨である一般予防による禁止規範の目的の達成からは，相続人の返還請求も排除すべきであり，しかも，そうでなければ，非常な法的不安定を惹起する結果となるからである。

(202) 以上の返還請求の肯定・否定の裁判例に関しては，前掲注(166)藤原492頁以下，藤原正則「第三者（特に，破産管財人）による不当利得返還請求と不法原因給付の抗弁」能見善久・加藤新太郎編『論点体系・判例民法7（第3版）』（第一法規・2019年）494頁以下，495頁以下を参照。

(203) 伊藤眞『破産法』（有斐閣・1988年）170頁以下。

(204) 松本恒雄「豊田商事事件大阪地裁判決とその波紋」法セ329号18頁以下，21頁。

(205) 片山直也「判批」民事判例X 2014年後期82頁以下，85頁，大澤彩「判批」平成26年度重判79頁以下，80頁，前掲注(166)平田90頁，前掲注(166)瀧13頁以下。

(206) 以上に関しては，ドイツ法では，かつては破産管財人の第三者性を認めていた判例が変更されたことなどドイツの判例・学説も含め，前掲注(166)藤原，前掲注(202)

209

第2部　給付利得

藤原を参照。

(207) ちなみに，ドイツの判例（RGZ 111, 151）は，肉体関係のあった女子に自己所有の不動産を無償で譲渡した夫の妻からの女子に対する不動産の返還請求は退けたが，同時にドイツ民法826条（故意の良俗違反による不法行為）の損害賠償請求は認容している。

(208) 我妻（講義）1162頁，松坂（全集）194頁，四宮179頁以下，山田幸二「不法原因給付」星野英一編『民法講座6』（有斐閣・1985年）69頁以下，129頁，新注民(15)229頁〔川角由和〕。

(209) 谷口（不法原因）18頁，新版注民(18)695頁〔谷口知平・土田哲也〕。

(210) 前掲注(118)中川59頁以下。

(211) 上原敏夫「判批」倒産判例百選（第4版）183頁以下，184頁。本田純一「判批」判評390号194頁以下，194頁以下も参照。

(212) 平野87頁以下は，「将来的には代位行使を認める判例が出されるかもしれない」として代位行使の可能性を支持している。

(213) 我妻（講義）1162頁，松坂（全集）194頁，四宮180頁，前掲注(208)山田129頁以下，新注民(15)229頁以下〔川角由和〕，平野88頁など。

(214) 非債弁済の不当利得（703条）の存在にもかかわらず不法な原因による給付の返還請求（708条ただし書）の存在意義があるのかに関しては，（ドイツ民法807条1文の）立法の経緯も含めて，Reuter/Martinek, S.175ff.。

(215) 例えば，我妻（講義）1133頁以下，谷口（不法原因）216頁。

(216) 前掲注(50)村上275頁，前掲注(73)小室297頁，前掲注(157)定塚遺稿論集196頁。

(217) 谷口（不法原因）173頁以下，松坂（全集）210頁，我妻（講義）1178頁以下，広中438頁など。内田622頁も参照。

(218) 谷口（不法原因）173頁，松坂（全集）210頁，我妻（講義）1179頁以下など。

(219) 好美（上）25頁以下，四宮181頁。

(220) 谷口（不法原因）219頁以下，228頁。

(221) 例えば，我妻（講義）1181頁以下，四宮181頁以下，前掲注(208)山田127頁以下，前掲注(118)中川126頁。不法行為の側からの記述でも，幾代通『不法行為』（筑摩書房・1977年）228頁注（9），青野博之「不法行為における複数関与者間の求償権」法時60巻5号39頁以下がある。不真正連帯債務の負担部分という視角からの，鈴木478頁も参照。

(222) 川村泰啓「不法原因給付制度と類型論 —— 不法原因給付制度『序説』」片山金章先生古稀記念論集刊行委員会編（代表・川村泰啓）『民事法学の諸相（片山金章先生古稀記念）』（勁草書房・1970年）325頁以下，368頁。慎重に考えるべきだと指摘する，新注民(15)236頁〔川角由和〕も参照。

(223) 以上のようなドイツの学説に関しては，藤原正則「侵害不当利得法の現状 —— 代償請求と利益の返還（Gewinnherausgabe）」北法44巻6号170頁以下。さらに，川角63頁以下を参照。

(224) 例えば，Reuter/Martinek, S.516ff.。両者を財産基準（Vermögensorientierung）と対象基準（Gegenstandsorientierung）という用語で対比している。他方で，Reuter, S.185ff. では，以上のキャッチフレーズよりも，利得移動の原因に即して分析するという方向性を正面に押し出している。Larenz/Canaris, S.263f. も参照。

(225) 例えば，川村泰啓「返還さるべき利得の範囲(3)」判評64号1頁以下，34頁以

第2部（注）

下，好美（下）30頁以下を参照。

(226) König (Tatbestände) S.70f., S.82ff. を参照。

(227) König (Tatbestände) S.81ff. を参照。さらに，鈴木743頁以下，加藤（体系）438頁以下，加藤（事務）143頁以下，内田601頁も参照。

(228) ただし，例えば，潮見佳男『民法（債権関係）改正法の概要』（きんざい・2017年）30頁では，121条の2第1項は，原状回復義務を規定し，かつ，文言上は明示されていないが，現（原）物返還が不能なときは価額償還（価格返還）義務となることが含意されている，と解説されている。

(229) 例えば，旧くは，鳩山835頁以下，末弘989頁以下。その後は，我妻（全集）86頁以下，我妻（講義）1054頁以下，松坂（全集）215頁以下など。

(230) 例えば，四宮72頁以下，123頁以下を参照。

(231) 典型的には，松坂（全集）220頁以下を参照。

(232) 鳩山825頁以下，末弘990頁，我妻（全集）86頁，我妻（講義）1054頁以下，松坂（全集）216頁，四宮74頁。

(233) 我妻（講義）1065頁以下，四宮123頁。

(234) 我妻（講義）1066頁，四宮123頁。

(235) 我妻（講義）1066頁以下，四宮123頁。

(236) 例えば，広中409頁。

(237) 川村泰啓「『所有』関係の場で機能する不当利得制度（4）」判評124号100頁以下，103頁，四宮75頁注（2），185頁。

(238) ドイツ法での代償請求（ドイツ民法285条〔改正前281条〕）に関しては，磯村保「二重売買と債権侵害——『自由競争』論の神話（1）（2）（3）」神戸35巻2号385頁以下，36巻1号26頁以下，36巻2号289頁以下を参照。ただし，不当利得との関係については，問題を指摘するに止まっている。同様に，ドイツ民法281条（285条）に関しては，遠山純弘「法律行為による利益（lucrum ex negotiatione）と代償請求権——ドイツにおける議論状況とその問題点（1）」北園36巻1号1頁以下。代償請求の包括的な研究が，田中宏治『代償請求権と履行不能』（信山社・2018年）。ただし，不当利得との関係については，両者を関係づけることは十分な根拠がないと指摘する（458頁以下，459頁）。しかし，他方で，422条の2の文理解釈からは，不当利得返還債務を含むと解釈すべきであるとしている（460頁）。

　　代償請求と不当利得返還請求との関係に関して正面から論じた最も旧い文献は，甲斐道太郎「代償請求権と不当利得」谷口還暦（3）159頁であろう。さらに，わが国での代償請求（422条の2）に関しては，中田裕康『債権総論（第4版）』（岩波書店・2020年）226頁以下，奥田昌道・佐々木茂美『新版債権総論（上）』（判例タイムズ社・2020年）203頁以下，潮見佳男『新債権総論I』（信山社・2017年）292頁以下を参照。

(239) 例えば，Reuter/Martinek, S.275ff. を参照。

(240) 我妻（全集）86頁以下，我妻（講義）1010頁以下，1087頁以下，松坂（全集）223頁を参照。

(241) 四宮43頁，82頁，潮見345頁以下（侵害利得），356頁（給付利得），広中387頁以下，好美清光「準事務管理の再評価——不当利得法等の検討を通じて」谷口還暦（3）371頁以下，川村泰啓「返還さるべき利得の範囲（4）」評論65号27頁以下，前掲第1部注(49)川村『商品交換法の体系I』114頁など。

(242) 前掲注(238)田中460頁は，ドイツでは不当利得返還義務の範囲が法律行為によ

211

第2部　給付利得

る代償（例えば，転売代金）を含まず，代償請求権（ドイツ民法285条）では，これが認められるから，不当利得の局面で代償請求を論じる実益がある。しかし，わが国では，不当利得の返還義務として売却代金の全額の返還を認めた判例（大判昭和11年6月30日判決全集3輯7号17頁〔不動産〕，最判平成19年3月8日民集61巻2号479頁〔失念株〕をあげている）があり，不当利得返還義務の範囲が広いから，代償請求権の規定（422条の2）を適用する実益がないとしている。ただし，売却代金の返還を認めたことが，客観的価値（市場価格）の返還以上の不当利得返還義務を認めたと理解することはできないというのが本書の考え方である（後述）。

(243) 代償を不当利得返還義務の一環として言及するのが，松坂223頁，澤井35頁，大久保ほか28頁，四宮82頁，潮見345頁，346頁。潮見を例外として，客観的価格の限度での返還請求を肯定している。他方で，潮見説は，売却代金の返還を認めた判例（大判昭和11年6月30日判決全集3輯7号17頁〔不動産〕，最判平成19年3月8日民集61巻2号479頁〔失念株〕）を指示して，代位物があるときは，客観的価値相当額の返還のルールが排除されると指摘している（343頁以下）。さらに，侵害利得の局面では，判例（最判平成19年3月8日民集61巻2号479頁）は受益者の転売代金を返還請求の対象としているという，前掲注(238)潮見297頁の記述も参照。他方で，大久保ほか28頁は，判例は法律行為による代償の返還を認めず（大判昭和12年7月3日民集16巻1089頁），客観的価値以上の価格返還を否定している（大判昭和11年7月8日民集15巻1350頁）としている。以上に関しては，価格返還に関する記述で本書の考え方を示すこととしたい。

(244) ドイツ法に関しては，例えば，Staudinger (1999), §818 Rn.24 [Werner Lorenz]; Staudinger (2007), §818 Rn.24 [Stephan Lorenz] を参照。我妻（全集）86頁，我妻（講義）1067頁以下，大久保ほか41頁，（双務契約の無効・取消しのケースに即してだが）潮見356頁。付言すると，121条の2が新設される前であるが，澤井35頁では，帰責事由の存否を問題にして，価格返還を損害賠償義務の一環として記述している。その理由は，後に詳述するように，当時のわが国の学説は，双務契約の巻き戻しで，原物返還に代わる価格返還義務を給付受領者の帰責事由によって区別するというアプローチをとっていたからであろう。

(245) 松坂（全集）70頁。ただし，同じく衡平説でも，我妻（講義）950頁は，財産の消極的増加とは利得を生じる状態であり，現存利得は利得したもののその後の運命だと指摘し，1067頁は，「労務，使用の価値を算定し，しかる後に，その価値が利得者の許でどのような利益を与えたのかを追究して現存利得を判定すべきである」としている。だから，現存利得が善意の受益者の特別な優遇であることを強調する我妻説は，取得したものと現存利得を区別していることになる。

(246) 我妻（講義）1067頁以下。四宮74頁以下も参照。

(247) 末弘991頁，谷口（研究）296頁。

(248) 鳩山836頁，我妻（講義）1068頁（処分時の価格が標準とする），四宮75頁注（1），澤井33頁，藤原（前版）136頁。

(249) 平野55頁以下，大久保ほか41頁など。平成19年最判については，原絵美「判批」百選Ⅱ（第9版）140頁以下を参照。

(250) 四宮75頁。鳩山836頁，末弘991頁も同旨と考えられる。ただし，我妻（講義）1070頁は，請求時とする（我妻説に対する四宮75頁注（3）の反論も参照）。

(251) 例えば，四宮76頁，77頁注（2），大久保ほか41頁。潮見356頁は，給付目的物の

第 2 部（注）

　減失のケースに関して，客観的価値の返還を支持している。

(252)　衡平説では，現存利得と価格返還が区別されていないので，判然としないが，例えば，我妻1081頁以下参照。さらに，鳩山840頁以下，末弘993頁，松坂223頁も参照。

(253)　我妻（講義）1081頁。

(254)　藤原（前版）138頁，大久保ほか42頁。

(255)　四宮76頁注（2）77頁。潮見佳男「売買契約の無効・取消しと不当利得（その1）」法教455号94頁以下，98頁。

(256)　以上の問題に関しては，本文では言及しなかったが，給付利得では返還請求時を基準とする谷口（研究）298頁以下，および，ドイツの判例・学説を含めて，藤原正則「不当利得における価値賠償の算定基準時」松久三四彦他編『民法学における古典と革新（藤岡康宏先生古稀記念）』（成文堂・2011年）321頁以下を参照。ドイツでは，かつては利得移動時（不当利得の発生時）が通説・判例だったが，現在は価格返還義務の発生時が通説である。

(257)　松坂238頁以下，四宮130頁，新版注民(18)447頁以下［田中整爾］，潮見358頁以下，大久保ほか40頁。

(258)　我妻（講義）1072頁，1092頁。我妻説の評価に関しては，四宮129頁注（1），本書第2部注(18)を参照。

(259)　四宮96頁，磯村保「判批」リマークス5号70頁以下，73頁。

(260)　尾島茂樹「金銭の不当利得と返還義務の範囲 —— 法定利息・運用利益・遅延損害金と重利」名法227号617頁以下を参照。

(261)　同判決の調査官解説は，松坂佐一『事務管理・不当利得（初版）』（有斐閣・1957年）101頁を引証して，一般的な不当利得の効果としての収益返還義務と金銭への利息を位置づけている。最判解民昭和38年418頁［高津環］。

(262)　四宮130頁，好美（下）33頁以下。

(263)　松坂（全集）75頁。

(264)　星野英一「判批」『民事判例研究　第2巻　2債権』（有斐閣・1972年）520頁以下，527頁以下。

(265)　藤原（前版）139頁，大久保邦彦「判批」百選Ⅱ（第6版）146頁以下，147頁。

(266)　平野42頁以下，大久保ほか40頁。大久保邦彦「判批」百選Ⅱ（第9版）138頁以下，139頁。

(267)　本書で，藤原（前版）139頁の考え方を改める。詳しくは，藤原正則「非債弁済の善意の受領者の利息の返還義務 —— ドイツ法を参照して」道垣内弘人他編『社会の発展と民法学（近江幸治先生古稀記念論文集）（下）』（成文堂・2019年）501頁以下を参照。

(268)　解除に関しては，双務契約の清算の箇所で取り上げる。

(269)　König (Tatbestände), S.51ff.; Staudinger (1999), §818 Rn. 1 f.[Werner Lorenz]; Staudinger (2007), §818 Rn. 1 f.[Stephan Lorenz]; Münch, 3.Aufl., §818 Rn.47ff. [Manfred Lieb]，さらに，前掲第1部注（5）磯村21頁を参照。以下で引用する学説，特に，わが国の学説は，非債弁済の不当利得のような一方的な給付がなされた場合と，双務契約の巻き戻しの場合とを必ずしも明確に区別しているとは言い難い場合もあった。そこで，以下では，その記述内容から，具体的なコンテクストを考慮して引用することとしたい。

(270)　特に，双務契約の清算の場合には，利得債務者自身の「財産上の決定（vermögens-mäßige Entscheidung）」が下された否かによって，利得消滅の抗弁の成否を決定しよ

213

第2部　給付利得

うというのが，Werner Flume, Der Wegfall der Bereicherung in der Entwicklung vom rö-
mischen zum geltenden Recht. Festschrift für Hans Niedermeyer zum 70. Geburtstag, Otto
Schwarz, 1953; ders., Die Entreicherungsgefahr und die Gefahrtragung bei Rücktritt und
Wandlung, NJW1970, S.1161ff.; ders., Die Saldotheorie und Rechtsfigur der ungerechtfer-
tigten Bereicherung, AcP194, S.427ff. など。以上は，Werner Flume, Studie zur Lehre von
der ungerechtfertigten Bereicherung, Mohr Siebeck, 2003に収録されている。上記の最初
のフルーメの論文は，ローマ法と現行法に関する記述から成り立っているが，ローマ
法に関する部分の紹介と検討をしているのが，芹沢悟「『利得の消滅』とローマ法源
──W．フルーメ『利得の消滅』論文前半部分の紹介」亜大29巻2号175頁以下。山
田160頁以下の紹介，松坂（全集）229頁以下。さらに，川角242頁以下は，フルーメの
論考の包括的な紹介と検討である。

(271) 目的物の偶然の滅失以外は，利得消滅の抗弁を損害賠償の法理に解消してしまお
うというのが，Bernhard Rengier, Wegfall der Bereicherung, AcP177, S.418ff.。レンギー
ル（Rengier）の学説に関しては，山田182頁以下を参照。さらに，給付利得に限って
だが，利得消滅を主に給付者の財貨出捐のリスク，つまり，利得法ではなく損失法と
いう角度から検討するのが，Lutz-Christian Wolff, Zuwendungsrisiko und Restitutionsinte-
resse, Duncker, 1998のアプローチである。

(272) このような通説に関する評価は，Staudinger (2007), §818 Rn.2.[Stephan Lorenz];
Reuter/Martinek, S.354f., S.348f. を参照。

(273) 以上のようなドイツの学説に関しては，Münch, 3.Aufl., §818 Rn.54ff. [Manfred
Lieb]; Münch, 6.Aufl., §818 Rn.111ff. [Martin Schwab] を参照。

(274) 前掲第1部注（5）磯村21頁を参照。

(275) 鳩山838頁以下，我妻（講義）1098頁以下，1099頁。

(276) 鳩山839頁，我妻1100頁以下，四宮88頁注（1）89頁。

(277) 我妻1100頁，四宮88頁注（1）89頁。

(278) 例えば，磯村保「金銭の不当利得返還請求権と利得消滅の主張・立証責任ほか」
リマークス5号70頁以下，72頁，下森定「不当利得の現存利益について」金法1331号
11頁以下，14頁を参照。

(279) 山田誠一「誤った預金の払戻しと不当利得──現存利益の存否が問題となる一事
例」金法1165号6頁以下，13頁以下。

(280) Axel Flessner, Wegfall der Bereicherung, Gruyter, 1970, S.103. フレスナー（Flessner）
に関しては，松坂（全集）232頁以下，山田（研究）177頁以下の紹介がある。

(281) 我妻（講義）1099頁以下，1110頁，好美（上）22頁。König (Tatbestände), S.61ff. を参
照。

(282) 例えば，Staudinger (1999), §818 Rn.34 [Werner Lorenz]; Saudinger, §818 Rn.34
[Stephan Lorenz]。我妻（講義）1070頁は，ドイツ法を参照してそのように記述してい
る。ただし，自己のためにする注意義務を欠いたときは，利得者は賠償義務を負うと
する。しかし，他方で，不可抗力による滅失（強奪）では，具体的には金銭の貸与を
受けた事例であるが，利得者は返還義務を免じられるとしている。ただし，同じ箇所
で，消費貸借が有効なら金銭を強奪されても返還義務を免れないから，消費貸借が無
効となった理由を勘案してある程度の返還義務を認めるべきだと指摘している，1101
頁。以上の我妻説の記述は，非債弁済と消費貸借の無効を同一視しており適切ではな
いと考える。非債弁済の受領とは異なり，消費貸借では借主は金銭を返還することを

第2部（注）

予定して受領しているからである。

(283) 我妻（講義）1101頁。

(284) 新注民(15)113頁［藤原正則］。

(285) 鳩山839頁，松坂（全集）225頁，松坂（利得論）411頁。

(286) 我妻（講義）1073頁以下は，ドイツの学説は一般に冗費も返還を請求できると解しているようだがと断った上で，自己の財産の管理を誤って余計な費用を支出したのだから，196条を適用して冗費は請求できないとしている。四宮130頁以下は，さらに制限的で，有益費に関して善意の占有者の償還請求に対しても期限を付与する299条の準則に従うのが妥当だとする。過責の衡量によって決するという，谷口（研究）365頁以下，368頁以下も参照。

　　　以上の谷口説，我妻説，四宮説の考え方の原因は，非債弁済の不当利得という局面に絞り込んで問題を考えていないからであろうと推測する。

(287) 谷口（研究）387頁以下，松坂（全集）225頁。

(288) 例えば，Staudinger (2007), §818 Rn.40. [Stephan Lorenz]，松坂235頁，広中412頁。

(289) 谷口（研究）361頁以下も参照。

(290) ただし，松坂（全集）235頁は弁済の一般的問題と考えて債務者（受益者）が負担するとする。谷口（研究）388頁以下も同様と考えているようである。

(291) 我妻（全集）88頁は，基準時は返還時だが，訴提起によって悪意の受益者として責任を負う（から，利得消滅は考慮されないだろう）と指摘している［現存利得の決定時期］。四宮89頁注（2）の90頁［現存利得の決定時期］は，返還請求時（訴訟では最終口頭弁論時）を指示するが，現実にはこの時点まで善意は継続しないだろうとしている。新版注民(18)445頁以下［田中整爾］も参照。Bamberger-Kommentar (2003), §818 Rn.39 [Christiane Wendehorst] は，本書の本文に記述した理由から，返還時（口頭弁論終結時）とするしかないとする。

(292) 四宮89頁注（2），我妻1104頁。

(293) 鳩山839頁（現存利得の決定時期），および，注（5）で引証する当時の通説。

(294) 末弘995頁以下（現存利得の決定時期），我妻1104頁（善意・悪意の決定時期），松坂220頁（現存利得の決定時期）。注民(18)600頁以下［福地俊雄］（悪意の有無の決定時期）。

(295) 前掲注(73)小室187頁。

(296) 四宮90頁以下の注（3），前掲注(50)村上270頁以下，前掲注(73)松本414頁以下，吉川慎一「不当利得法と要件事実」ジュリ1428号38頁以下，40頁，新注民(15)246頁以下［竹内努］など。

(297) 金銭の利得に関しては，通説は利得の現存を推定している。例えば，我妻（講義）1096頁以下，四宮90頁以下の注（3）。さらに，大判大正8年5月12日民録25輯855頁も参照。

(298) 以上に関しては，松岡久和「不当利得と不法行為 —— 悪意の不当利得者の責任に関する一考察」小野秀誠他編『民事法の現代的課題（松本恒雄先生還暦記念）』（商事法務・2012年）491頁以下，496頁以下。さらに，立法と関係するフランス法，ドイツ法に関しては，平田健治「判批」現代消費者法9号86頁以下，89頁以下を参照。

(299) これに関しては，藤原正則「受益者の悪意（民法704条）の認定」出口正義他編『企業法の現在（青竹正一先生古稀記念）』（信山社・2014年）51頁以下，60頁以下を参照。

215

第 2 部　給付利得

(300) 前掲注(120)『法典調査会議事速記録 5 』172頁，175頁，184頁，196頁以下，206頁，210頁以下。

(301) 前掲注(40)梅870頁以下。

(302) 前田達明『不法行為帰責論』（創文社・1978年）230頁以下，前掲注(120)『法典調査会議事速記録 5 』304頁以下。

(303) 加藤(体系)438頁以下，加藤(事務)137頁以下。

(304) 内田601頁は，給付利得類型では返還請求の範囲・内容は基本的に表見的法律関係のあり方で決まるから，善意・悪意は問題にすべきではないとする。鈴木742頁以下は，双務契約の清算のケースを前提に，703条，704条が事態に不適切であると説いている。

(305) 例外が，水本浩『債権各論（下）（民法セミナー 7 ）』（一粒社・1985年）であり，46頁で双務契約の回復の場合に703条，704条を適用しては不都合としながら，54頁以下では非債弁済に関して給付利得の主要な例であるとして，703条，704条，705条の適用について詳細に論じている。

(306) 松坂(全集)252頁，253頁注(6)。

(307) 我妻(講義)1106頁。

(308) 我妻(講義)1105頁以下，1108頁。

(309) 我妻(講義)1102頁，新版注民(18)637頁［福地俊雄］，四宮80頁，大久保ほか45頁。潮見350頁。

(310) ただし，大澤逸平「判批」法協127巻 1 号168頁以下，178頁は，同判決は，上告理由が悪意が立証されていると主張したのに答えて，悪意を否定したことが採証法則に反しないと応答して一般論を述べたものだから，傍論にすぎないと指摘している。確かに，我妻(講義)，松坂(全集)，四宮も同判決を引証していない。他方で，新版注民(18)637頁［福地俊雄］は，先例として引用している。

(311) 同判例は，先例として，先述した最判昭和37年 6 月19日裁判集民61号251頁を参照している。

(312) 前掲注(120)『法典調査会・民法議事速記録 5 』190頁以下。

(313) 鳩山837頁以下，末弘992頁，我妻(全集)87頁。

(314) 我妻(講義)1102頁。

(315) 谷口知平「不当利得返還義務と受益者の善意悪意について」大阪商科大学経済研究年報 3 号215頁以下，234頁，239頁。

(316) 松坂(利得論)424頁以下，松坂(全集)220頁。

(317) 前掲注(315) 谷口217頁以下，松坂(利得論)405頁。

(318) 四宮93頁。

(319) 篠塚昭次・前田達明編『新・判例コンメンタール民法（ 8 ）』（三省堂・1992年）290頁［松岡久和］。

(320) 平田健治「判批」平19年重判解87頁以下，88頁。

(321) 旧注民(18)596頁［福地俊雄］，新版注民(18)640頁以下［福地俊雄］。

(322) 茆原正道・茆原洋子『利息制限法潜脱克服の実務（第 2 版）』（勁草書房・2010年）567頁以下。

(323) 川地宏行「不当利得返還請求権のおける利息の法定利率」平野裕之他編『現代民事法の課題（新美育文先生古稀記念)』（信山社・2009年）285頁以下，302頁以下。

(324) 新版注民(18)648頁以下［福地俊雄］。

第2部（注）

(325) 中村也寸志「貸金業法43条の要件論等についての最高裁の判断」別冊判タ33号60
頁以下，64頁。

(326) 藤原（前版）155頁以下では，「給付利得では悪意者とされるべき前提は，給付受領
者の軽過失では足りず，少なくとも重過失を要求すべきであろう」としたが，改める
こととする。新注民(15)176頁［藤原正則］も参照。

(327) 例えば，Koppensteiner/Kramer, S.143ff.; Jan Wilhelm, Rechtsverletzung und Vermö-
gensverschiebung als Grunglagen und Grenzen des Anspruchs aus ungerechtfertigte Berei-
cherung, Ludwig Röhrschied, 1973, S.188, Fn.421. さらに，立法論として，給付利得に
関して，重過失を悪意と同視する提案があるが，これは，例えば，行政手続法
（VwVfG=Verwaltungsverfahrensgestz）48条2項は，違法な行政行為に基づく給付に関
しても，受領者の信頼保護を規定するが，同項3号で，行政行為の違法性を重過失で
知らなかったときには例外を設けているなどの公法規定を参照した上で，それを転用
したものであり，軽過失のある給付受領者は信頼保護に価することを前提として，利
得消滅の抗弁を制限するためだと説明されている。König (Gutachten) S.1549，およ
び，「付録」17. ケーニッヒの法律案，1条の6第1項を参照。

(328) 例えば，Staudinger (2007), §819 Rn. 8〔Stephan Lorenz〕を参照。

(329) 以上に関しては，前掲注(299) 藤原を参照。

(330) ただし，旧注民(18)596頁以下［福地俊雄］，新版注民(18)645頁以下［福地俊
雄］，四宮94頁は，単なる代理人の悪意が本人の悪意とみなされることに反対してい
る。

(331) 大判明治44年2月16日民録17輯59頁。我妻（講義）1103頁，四宮94頁，新注民(15)
176頁［藤原正則］。

(332) 菅原勝伴「判批」北法7巻2号105頁以下，福地俊雄「法人の不当利得と悪意」
谷口還暦（3）123頁以下，135頁。旧注民(18)597頁以下［福地俊雄］，新版注民(18)
642頁以下［福地俊雄］，我妻（講義）1103頁以下，四宮94頁。その根拠は，715条の類
推による。

(333) 我妻（講義）1104頁，旧注民(18)600頁［福地敏雄］，新版注民(18)646頁［福地俊
雄］，四宮94頁，新注民(15)177頁［藤原正則］，大久保ほか43頁。

(334) 我妻（全集）88頁，我妻（講義）1104頁，松坂（全集）220頁，旧注民(18)601頁以下，
［福地俊雄］新版注民(18)646頁以下［福地俊雄］。

(335) 四宮89頁以下の注（2）90頁(d)，94頁。

(336) 我妻（講義）1104頁，松坂（全集）252頁，四宮93頁，前掲注(73)小室189頁，前掲注
(50)村上272頁，吉川慎一「不当利得」藤原弘道・松山恒昭編『民事要件事実講座
4・民法Ⅱ』（青林書院・2007年）129頁（「民法704条の悪意は，利得消滅の抗弁に関
する再抗弁となる」としている），新注民(15)177頁［藤原正則］，大久保ほか46頁。

(337) 四宮180頁，新注民(15)177頁［藤原正則］。

(338) 我妻（講義）1106頁。

(339) 我妻（全集）92頁，我妻（講義）1105頁以下，前掲注(278)磯村73頁。

(340) ただし，富越和厚「判批」平成3年度判解（民）443頁以下では，四宮説と我妻説
の違いを意識した上で（452頁以下），最判平成3年のケースでは，損失者（給付者）
の責めに帰すべき事由，または，不可抗力による利得消滅の主張がないことも指摘さ
れている。

(341) 四宮94頁，96頁注（1），131頁。松坂252頁も同旨。新版注民(18) 649頁［福地俊

第 2 部　給付利得

雄〕，鳩山842頁も同旨。

(342) 前掲注（8）磯村48頁。

(343) 好美（下）32頁。

(344) 我妻（講義）1110頁，1019頁。

(345) 我妻（講義）1019頁以下，1111頁。

(346) 我妻（講義）1110頁，1111頁。

(347) 我妻（講義）1106頁以下，松坂（全集）252頁。

(348) 我妻（講義）1107頁以下。ただし，有益費に関する規定を類推して，裁判所が期限を許与できると解すのが妥当としている，1110頁以下。

(349) 松坂（全集）252頁以下は，704条に従えば，悪意の利得者の費用償還は認めがたいが，原物の回復によって損失者が却って利得者の損失において利得することは，不当利得の趣旨に反すると指摘している。我妻（講義）1107頁。

(350) 我妻（講義）1107頁。

(351) 我妻（講義）1108頁，1113頁。

(352) 四宮94頁。

(353) 2017年の債権法改正前は，商事法定利息（商514条〔削除〕，年利 6 ％）と民事法定利息（改正前404条，年利 5 ％）とされていた。そこで，学説は，受益者が商人の場合は，利息は商事法定利息の利率（年利 6 ％）と解していた。我妻（講義）1110頁，四宮94頁，新版注民(18)656頁〔福地俊雄〕。ただし，判例（最判平成19年 2 月13日民集61巻 1 号182頁）は，利息制限法違反の制限超過利息の支払による過払金の返還訴訟では，悪意の受益者である貸金業者の過払金に対する利息は，不法行為債権だから，民事法定利率が適用されると解していた。現在では実際的な意味がなくなった論点だが，不当利得返還請求への利息の性質という視点からは有意味な議論であろう。

(354) 松岡久和「不当利得と不法行為 —— 悪意の利得者責任に関する一考察」小野秀誠他編『民事法の現代的課題（松本恒雄先生還暦記念）』（商事法務・2012年）491頁以下，504頁以下。利息を使用利益と考えることに対しては，(i) 善意者にも利息返還義務は発生するから悪意の効果と位置づけることができない，(ii) 使用利益相当額を元本とする遅延損害金が発生するから不都合だと指摘している。ただし，(i) に関しては，使用利益が発生するのは，不当利得責任の原則であり，善意の利得者は現存利得に制限されるにすぎない，(ii) は，論理必然的な結論ではないと考える。

(355) 前掲注(40)梅870頁以下。

(356) ちなみに，ドイツ民法の立法過程では，非債弁済の法律上の原因の欠缺（債務の不存在）と弁済者の錯誤に悪意の受領者（悪意の利得者）を不法行為者とみなす規定（ドイツ民法第 1 草案741条 1 項）を，後発的な悪意者と併せた規定をおく際に，削除している。その上で，悪意の受益者は訴訟係属による責任を負うとされた（ドイツ民法819条 1 項〔訴訟係属と同様の責任〕，818条 4 項〔訴訟係属の一般原則〕）。具体的には，ドイツ民法291条，292条である。「ドイツ民法291条　債務者は遅滞でないときであっても，金銭債務に訴訟係属の発生後は利息を付す義務を負う。後に債務の弁済期が到来するときは，弁済期以後の利息を支払う必要がある。288条 1 項および289条 1 文の規定が準用される。」「292条（ 1 ）債務者が特定物の返還義務を負うときは，債務関係または債務者の遅滞によって債権者に有利な効果が発生しない限りで，損傷，滅失またはそれ以外の原因による返還の不能による債権者の損害賠償請求権は，所有物返還請求権の訴訟係属以後に適用される所有者・占有者関係の規定によって規律さ

れる。（2）債権者の収益の返還又は償還請求，および，債務者の費用償還請求権に関
　　　しても同様である。」以上に関しては，前掲注(299)藤原60頁以下を参照。

(357)　末弘998頁。

(358)　我妻(講義)1108頁。ただし，我妻説を，末弘説と同様に不当利得説と理解する
　　　か，不法行為説なのかに関しては，学説の評価は分かれている。これに関しては，新
　　　注民(15)180頁［藤原正則］を参照。松坂説は，不当利得の返還を超えて，不法行為
　　　の責任を課すものである，と指摘するに止まる。松坂(全集)252頁。

(359)　玉田弘毅「不当利得における悪意受益者の『責任』について」明治大学法制研究
　　　所紀要 2 号41頁以下，65頁）。

(360)　四宮93頁，95頁注（1），加藤(体系)387頁以下，広中413頁，新注民(15)180頁以
　　　下［藤原正則］，滝澤(実務)426頁，潮見350頁など。

(361)　旧注民(18)609頁以下［福地俊雄］。ただし，新版注民(18)657頁では，不法行為
　　　説と不当利得説について解説するが，債務不履行説には全く言及していない。

(362)　前掲注(354)松岡，特に，501頁以下，松岡久和「不当利得と不法行為」民法研
　　　究・第 2 集〔東アジア編 1 〕（信山社・2016年）47頁以下，56頁以下。

(363)　四宮96頁，前掲注(278)磯村73頁を参照。

(364)　大判昭和 2 年12月26日新聞2806号15頁を参照。

(365)　四宮96頁。

(366)　大久保ほか47頁。

(367)　例えば，須永醇「契約の無効・取消と不当利得」安達三季生編『債権法重要論点
　　　研究』（酒井書店・1988年）166頁以下，171頁以下の指摘。ちなみに，同論文は，特
　　　に詐欺による取消しに関する（その執筆時点での）わが国の判例・学説を包括的に整
　　　理したものである。

(368)　König (Tatbestände), S.81を参照。さらに，普通法の時代の契約の巻き戻しを規定
　　　するラントの法典の条文が，この場合には錯誤の要件を前提としていなかったことも
　　　指摘されている。

(369)　BT-Drucks 14/6041, S.194f. 藤原正則「解除と不当利得による双務契約の清算
　　　——最近のドイツの議論の紹介」名城法学69巻 1 ・ 2 合併号169頁以下，181頁を参
　　　照。さらに，2001年のドイツの債務法改正とドイツの解除法の効果に関しては，花本
　　　広志「第 4 節 解除の効果」下森定・岡孝編『ドイツ債務法改正委員会案の研究』（法
　　　政大学出版局・1996年）90頁以下を参照。

(370)　以下 2 .で言及する学説に関しては，古くから，川村泰啓「返還さるべき利得の
　　　範囲（1）～（5）」判評55号，57号，64号，65号，67号など，松坂(全集)225頁以下に
　　　も紹介がある。さらに，山田106頁以下，本田純一「給付利得と解除規定——西ド
　　　イツにおける近時の理論展開を中心として（1）（2）（3）」成城 1 号293頁以下， 4 号75
　　　頁以下， 6 号71頁以下，同「給付利得と解除規定」私法41号21頁以下，同「無効な双
　　　務契約の清算と不当利得（上）」判タ558号19頁以下を参照。債権法改正前の契約の無
　　　効・取消しの効果，および，改正前121条に関する無効・取消しの効果としての不当利
　　　得の返還義務に関する詳細な検討として，新版注民（4）495頁以下［奥田昌道・平
　　　田健治］も参照。

(371)　例えば，Andreas von Tuhl, Der 86. Band der Entscheidungen des Reichsgerichts in
　　　Zivilsachen, DJZ1916, S.582ff.; Paul Oertmann, Bereicherungsansprüche bei nichtigen Ge-
　　　schäften, DJZ1915, S.1063. ここで（S.1064），エルトマン（Oertmann）は，例えば，馬

第 2 部　給付利得

を売却した精神病者（行為無能力者）は所有物返還請求が可能だったはずだが，買主が善意の第三者に馬を転売すれば，代金額の分だけ買主の利得が減少するという奇妙な結果となるという例をあげて，ライヒ裁判所(RG)の判例の差額説を批判している。確かに，このケースでは，差額計算によって，制限行為能力者の保護が劣化するという不当な結果となる。

(372) 川村泰啓「返還さるべき利得の範囲（5）」判評67号36頁以下。例えば，Staudinger (2007), §818 Rn.41〔Stephan Lorenz〕の差額説の出発点とする利得とは利得移動の前後の利得債務者の財産上の差額，つまり，総体差額の原則（Prinzip der Gesamt-berechnung）は，ドイツ民法が利得を目的物に即して理解していることと折り合わないという批判も参照。

(373) 例えば，Medicus/Lorenz, S.443; Staudinger (2007), §818 Rn.47 [Stephan lorenz] を参照。

(374) ドイツ民法には，わが国の民法121条の2第3項のような規定はないが，制限行為能力者の取消権を規定したドイツ民法104条以下の規定の保護目的から，制限行為能力者が利得消滅を主張できると解されている。例えば，Koppensteiner/Kramer, S.189を参照。

(375) 差額説に関する批判については，例えば，Münch, 6.Aufl., §818 Rn. 230ff.〔Dieter Schwab〕を参照。

(376) これに関しては，前掲注(370) の文献を参照。

(377) 加藤（体系)449頁以下，加藤（事務)145頁以下。

(378) 四宮132頁以下。さらに，わが国の判例・学説についての二請求権対立説から事実的契約関係説への推移に関しては，四宮125頁以下を参照。

(379) 幾つかの論考があるが，最新の見解を記述したものとして，Wernr Flume, Die Saldo-theorie und Rechtsfigür der ungerechtfertigten Bereicherung, AcP194, S.427ff. フルーメに関しては，特に，前掲注(370) 本田「給付利得と解除規定（3）」，川角242頁以下を参照。本文の記述との関係では，藤原正則「消費者契約の解消と不当利得」消費者法研究4号（信山社・2017年）57頁以下，65頁以下の紹介を参照。

(380) Larenz/Canaris, S.321ff.; Claus-Wilhelm Canaris, Gegenleistungskondiktion, FS für Werner Lorenz zum 70. Geburtstag, Mohr, 1991, S.19ff. 前掲注(379) 藤原67頁以下の紹介を参照。

(381) 磯村保「契約の無効・取消の清算──各論的考察」私法47号45頁以下（以下，磯村(i)），「法律行為の無効・取消と原状回復義務」Law & Practice12号1頁以下（磯村(ii)），「法律行為の無効・取消と原状回復義務」磯村保『事例でおさえる民法・改正債権法』（有斐閣・2021年）41頁以下（磯村(iii)）。

(382) 前掲注(381) 磯村(i)51頁，52頁。磯村自身は具体的に引証していないが，川村泰啓「不当利得返還請求権の諸類型（2）判評77号63頁「要するに，民法703条の免責効果の結びつく『取得の法的有効性』についての信頼──『善意』──は，所有権の移転を媒介する交換型契約のもとでは，『反対給付』の支出についての諒解をふくんだ所有権取得の法的有効性についての信頼として，『利得の消滅』による免責効果を初めから『反対給付』の価値分だけ減殺させているものである。」など。

(383) 前掲注(381) 磯村(i)磯村50頁。

(384) 藤原（前版)167頁以下，新注民(15)115頁以下 [藤原正則]。

(385) 藤原（前版)169頁以下，新注民(15)120頁以下 [藤原正則]。

第 2 部（注）

(386) 「純粋『巻き戻し』論」，「調整的『巻き戻し』論」という言葉は，澤井37頁（最初のこのネーミングの命名者であろう），平野76頁以下。

(387) 債権法改正の最初のたたき台となった「債権法改正の基本方針」の「【1.5.51】（無効な法律行為の効果）〈2〉法律行為の当事者が，無効な法律行為に基づいて履行したときは，相手方に対して履行した給付の返還を求めることができる。〈3〉〈2〉の場合において。相手方が受領した利益そのものを返還することができないときは，相手方はその価額を返還する義務を負う。〈4〉〈2〉〈3〉の場合において，相手方が法律行為が無効であることを知らずに給付を受領したときは，相手方は利益が存する限度において返還する義務を負う。〈5〉〈4〉の規定は，法律行為が双務契約または有償契約であった場合には適用しない。ただし，法律行為が無効であることを知らずに給付を受領した者は，当該法律行為に基づいて相手方に給付し，または給付すべきであった価値を限度として〈3〉の返還義務を負う。」では，〈5〉でその旨の規定が提案されていた。

(388) 121条の2に関する立法過程の経緯，残された問題点などに関しては，山本敬三「民法の改正と不当利得法の見直し」山本敬三『契約法の現代化Ⅲ──債権法改正へ』（商事法務・2022年）343頁以下を参照。さらに，松岡久和他編『改正債権法コンメンタール』（法律文化社・2020年）99頁以下［大仲有信］には，債権法改正前の学説状況，審議過程，121条の2の趣旨，今後の課題などの簡にして要を得た解説およびコメントが付されている。

(389) 大久保ほか49頁以下，50頁以下。

(390) 改正前121条ただし書と703条，704条の関係についての債権法改正前の検討として，遠藤浩「無能力者保護と不当利得」谷口還暦（3）109頁以下に判例・学説の整理がある。四宮80頁注（1）81頁，澤井38頁以下も参照。

(391) この裁判例に関しては，藤原正則「判批」実践成年後見63号111頁以下がある。

(392) この問題に関しては，例えば，後藤巻則『消費者契約と民法改正』（弘文堂・2013年）196頁以下を参照。

(393) 消費者契約法6条の2に関しては，消費者庁・消費者制度課編『逐条解説・消費者契約法（第4版）』（商事法務・2019年）227頁以下を参照。例えば，消費者がサプリメント（5箱）を購入したが，一部（2箱）を消費した後で，不実表示で取り消したときは，3箱（現存利得）を原物返還すれば足りるとしている（228頁）。さらに，債権法改正による121条の2第1項（原状回復）と消費者契約法6条の2などの現存利得の関係については，前掲注(379)藤原77頁以下を参照。

(394) 澤井38頁。

(395) 例えば，川村泰啓「『所有』関係の場で機能する不当利得制度(13)」判評144号2頁以下，15頁，前掲第1部注(51)川村「契約の無効・取消と不当利得」179頁以下など。

(396) 澤井37頁以下，38頁。

(397) 四宮100頁注（1）101頁，134頁。

(398) 前掲注(381)磯村(ⅰ)54頁。ただし，債権法改正前は，703条，704条の適用によるが，改正後の121条の2第1項の適用を前提とするなら，同項の原状回復義務を制限解釈して利得消滅の抗弁を認めることになる，と指摘している。磯村(ⅲ)71頁。

(399) 潮見358頁。

(400) 大久保ほか51頁。消費者契約法6条の2も参照とする。

(401) 加藤(体系)444頁以下，対価危険に関しては，特に，449頁以下。

221

第2部　給付利得

(402) 好美(下)32頁。詐欺者の有責を理由に損害賠償請求が可能だ，さらに，契約法と同じ手法できめ細かい検討が要請されるべきだ，と指摘している。

(403) 好美(下)32頁，山田幸二「給付物の毀損とその危険分配」私法47号147頁以下，155頁以下。前掲注(367)須永172頁以下も参照。

(404) しかも，通説は「行為」又は過失を，「故意」又は過失と読み替えていた。例えば，我妻栄『債権各論・上巻（民法講義Ⅴ1）』（岩波書店・1974年）206頁。このように解すると，解除権者の下で給付物が滅失した場合の危険は解除の相手方である給付者に負担させられることになる。改正前548条に関するそれ以外の学説などに関しては，旧注民(13)430頁以下［山下末人］，新版注民(13)743頁以下［山下末人］を参照。

(405) 例えば，前掲注(370) 本田純一「給付利得と解除規定──西ドイツにおける近時の理論展開を中心として(1)(2)(3)」，および，「給付利得と解除規定」私法41号21頁以下を参照。この間の事情に関して，若干詳しい記述は，藤原(前版)172頁以下を参照。さらに，ドイツでの債務法改正前の論考だが，半田吉信「売買の解除，無効，取消と危険負担」『現代契約法の展開（好美清光先生古稀記念論文集）』（経済法令研究会・2000年）155頁以下も参照。

(406) 例えば，潮見佳男『新債権総論Ⅰ』（信山社・2017年）592頁以下。

(407) 例えば，我妻(講義)1076頁，四宮125頁以下など。

(408) 好美(下)32頁。

(409) 加藤(体系)446頁以下，新版注民(18)454頁以下［田中整爾］。

(410) 清水元『同時履行の抗弁権の判例総合解説』（一粒社・2004年）24頁，清水51頁。

(411) 川村泰啓「不法原因給付制度と類型論」片山金章先生古稀記念論集刊行委員会編（代表・川村泰啓）『民事法学の諸相（片山金章先生古稀記念）』（頸草書房・1970年）325頁以下，328頁。

(412) 星野英一「判批」法協91巻3号534頁以下。

(413) 前掲注(381) 磯村(ⅰ)50頁。ただし，磯村(ⅱ)(ⅲ)では，この問題に直接には言及していない。

(414) 四宮127頁。

(415) 川村泰啓「『所有』関係の場で機能する不当利得制度(13)」判評144号108頁以下，121頁。だから，双務契約の論理が適用されず，差額説が適用されないから，詐欺者は同時履行関係を主張できないということになりそうである。しかし，価格返還の場合に差額説を適用しないことと，原物返還の場合に同時履行関係を認めないこととは別の問題であろう。

(416) 以上の問題に関しては，藤原正則「契約の無効・取消と同時履行の抗弁」村田彰先生還暦記念論文集編集委員会編『現代法と法システム（村田彰先生還暦記念論文集）』（酒井書店・2014年）257頁以下を参照。ドイツ法に関しては，フルーメは危険負担の分配の基準としての差額説を「実体法的差額説」，同時履行関係の意味での差額説を「手続法的差額説」とネーミングして，後者は留保なしで支持されるべきだとしている，268頁。さらに，詐欺取り消しでの原物返還のケースで同時履行関係を肯定したドイツの判例についても，265頁以下を参照。

(417) 筒井健夫・村松秀樹『一問一答・民法（債権関係）改正』（商事法務・2018年）36頁注(4)。

(418) 前掲注(381) 磯村(ⅰ)52頁，(ⅱ)18頁，(ⅲ)73頁以下。

第 2 部（注）

　磯村説を支持するものとして，大久保ほか51頁。野中貴弘「原状回復義務における
対価的合意の意義 ── 原物返還不能により償還すべき価額の算定をめぐって」日本法
学85巻 2 号371頁以下，特に，402頁以下。潮見佳男「売買契約の無効・取消しと不当
利得（その 1 ）」法教455号99頁以下は，客観的価値の返還と合意価格による返還義務
の制限を対比して，いずれが妥当かと問題提起している。瀧久範「不当利得の一般規
定と類型論」法教478号13頁以下，15頁以下。伊藤栄寿「無効・取消しの効果」法教
486号81頁以下，88頁は，現存利得と合意価格の高額の額を限度として返還義務を負
うとする。松岡久和「不当利得法の全体像 ── 給付利得法の位置づけを中心に」ジュ
リ1428号 4 頁以下，8 頁以下は，基本的には，約定対価を基準とする磯村説を支持す
る。ただし，対価の約定自体に無効原因が及んでいる場合には約常対価は基準とはな
らない可能性があるなど留保も付している。さらに，英米法での契約の清算に関する
ルールを詳細に紹介・検討し，磯村説と英米法での双務契約の清算での考え方の共通
点を指摘した上で，善意ではなく善意・無過失の受領者の返還義務を約定対価または
現存利得の限度とすることを提唱するのが，笹川明道「無効な契約を清算する際に受
益者の主観的な価値を考慮して価額償還義務の範囲を制限しうるか ── 民法（債権関
係）改正中間試案および英米法を参考にして」神院43巻 3 号73頁以下。

(419)　Claus-Wilhelm Canaris, Äquivalenzvermutung und Äquivalenzwahrung im Lei-
stungsstörungsrecht des BGB, Rolf Wank, Heribert Hirte, Kasper Frey, Holger Freischer,
Gregor Thüsing (Hrsg,), Festschrift für Herbert Wiedemann zum 70. Geburtstag, Beck,
2002, S.3ff. 特に，前掲注(418)野中394頁以下を参照。野中説は，解除のケースでの契
約責任に関するリスク負担を検討した論考の成果に基づいている。具体的には，野中
貴弘「ドイツ法における買主による解除前の使用行為 ── 解除原因の認識の有無と物
使用の目的・方法・結果に着目して」日本法学84巻 1 号103頁以下，「契約不適合認識
前の加工・改造と解除 ── 買主の故意行為による原物返還不能が買主負担となる余
地」日本法学87巻 1 号 1 頁以下，「契約不適合認識前の受領物の譲渡と解除 ── リス
ク負担範囲の主観的拡張と二当事者問題への収斂」日本法学87巻 4 号195頁以下，「法
定追認と取消権の認識 ── 各種の矛盾挙動禁止原則適用場面との比較を通じて」日本
法学88巻 1 号 1 頁以下の極めて緻密な論考である。

(420)　Wernr Flume, Studien zur Lehre von der ungerechtfertigten Bereicherung, Mohr, 2003,
S.128（同書は，フルーメの論考を集めたもので，115頁以下は，前掲注(379)の論考
を再録したもの）。

(421)　ドイツ民法118条［真意の欠如］真意でないことを誤解されないと期待して表示
された真意ではない意思表示は無効である。
　　119条［錯誤取消し］（ 1 ）表意者が意思表示の内容を錯誤していたとき，または，
およそその内容の意思表示をする意図がなかったときは，表意者が事態を知っていた
か状況を合理的に評価していれば，当該の意思表示をしなかったであろうと推認でき
るときは，意思表示は取り消すことができる。
　　（ 2 ）取引上重要だとみなされる人または物の性質に関する錯誤も，意思表示の内容
の錯誤である。
　　120条［誤った意思表示の伝達］伝達のために用いられた人または設備の伝達した
誤った意思表示は，119条の錯誤による意思表示と同一の要件で取り消すことができ
る。
　　122条［取消権者の損害賠償義務］（ 1 ）意思表示が118条によって無効，または，

第2部　給付利得

119条，120条によって取り消されたときは，相手方に意思表示したときは相手方に対して，それ以外の場合は，第三者に対して，相手方または第三者が意思表示の有効性を信じたことで被った損害を賠償する義務を負う。ただし，その損害賠償額は，相手方または第三者が意思表示の有効性を信頼した利益の額を超えることはできない。

　（2）被害者が無効若しくは取消可能な原因を知っていたか，または，過失で知らなかった（知り得べきだった）ときは，損害賠償義務は発生しない。

(422) 前掲注(381)磯村(iii)51頁には，意思無能力者AがBに100万円を贈与し，Bが60万円を浪費したというケースをあげ（[事例1]），BがAの意思無能力に善意であったときは，債権法改正以前は703条，現在は121条の2第2項の適用で現存利益の返還義務を負うに止まることを前提とする記述がある。しかしながら，本文に記述した理由でこの考え方に左袒することはできない。

(423) 債権法改正前の論考だが，須永醇「契約の無効・取消と不当利得」安達三季生編『債権法重要論点研究』（酒井書店・1988年）166頁以下，174頁以下も参照。

(424) 例えば，Münch, 5.Aufl., Vor §346 Rn.1; §346 Rn.44f. [Gaier] を参照。

(425) 例えば，潮見佳男『新契約各論 I』（信山社・2021年）146頁以下，石川博康「売買」，潮見佳男他編『詳解・改正民法』（商事法務・2018年）426頁以下，432頁以下を参照。

(426) 我妻栄『債権各論・上巻（民法講義 V 1）』（岩波書店・1954年）195頁以下，新版注民（13〔補訂版〕）[山下末人]892頁以下，潮見佳男『新債権総論 I』（信山社・2017年）601頁。

(427) 前掲注(426)潮見604頁。

(428) 例えば，Hans Brox/Wolf-Dietrich Walker, Allgemeines Schuldrecht, Beck, 30.Aufl., 2004, S.160など。前掲注(419)Canaris, S.22f. は，原則として，主観的等価性の優先を主張するが，例えば，客観的価値1万ユーロの目的物が8000ユーロで売却され，買主の遅滞で解除されたが，目的物が滅失していたときは，8000ユーロの価格返還では不当であり，客観的価値（1万ユーロ）の返還が妥当だとしている。さらに，わが国での債権法改正の中間試案などに関しても，前掲注(418)野中383頁以下，428頁注(109)を参照。

(429) 例えば，前掲注(426)潮見595頁以下，「直接効果説」「間接効果説」から「原契約変容説」という用語で整理されている「原契約変容説」である。

(430) 例えば，Münch, 6.Aufl, §818 Rn.252ff. [Martin Schwab]。ドイツ法の債務法改正以後の解除の規定を不当利得による清算に類推する学説とそれに対する反対説に関しては，藤原正則「解除と不当利得による双務契約の清算」名城法学69巻1・2合併号169頁以下，187頁以下を参照。

(431) 四宮132頁，鈴木738頁，広中410頁。

(432) 好美清光「契約の解除の効力」遠藤浩他編『現代契約法大系・第2巻』（有斐閣・1984年）175頁以下，184頁，加藤(体系)455頁，加藤(事務)149頁以下。澤井40頁注(5)，潮見359頁，大久保ほか49頁，平野74頁注(65)など。

(433) 澤井34頁，四宮131頁，前掲注(381)磯村(i)58頁以下，大久保ほか49頁，近江66頁，潮見佳男「売買契約の無効・取消しと不当利得（その2）」法教456号92頁以下，98頁以下，前掲注(418)伊藤85頁，瀧16頁。

(434) 果実，使用利益などの概念に関する検討として，油納健一「不当利得における『使用利益』の範囲（1）～（8・完）」広島法学37巻2号288頁以下，38巻2号116頁以

下，39巻1号230頁以下，2号320頁以下，40巻1号266頁以下，2号236頁以下，41巻
1号316頁以下，2号102頁以下，「不当利得における『使用利益』の意義」加藤新太
郎他編『21世紀民事法学の挑戦（加藤雅信先生古稀記念）・下巻』（信山社・2018年）
425頁以下がある。

(435) 加藤雅信・昭和51年重判（ジュリ増刊642号）66頁以下，瀬川信久「判批」法協
94巻11号106頁以下，内田604頁以下。さらなる検討が必要だと指摘する，田中教雄
「判批」百選Ⅱ（第8版）92頁以下，93頁も参照。

(436) 前掲注(432)好美184頁以下，澤井34頁，大久保ほか42頁以下。潮見359頁以下も
参照。

(437) ただし，具体的に利得消滅ないしは現存利益を，どう解するのかは，消費者法，
特に，個別の特別法の保護目的に従って具体化されることになる。以上の問題と具体
的な解釈の例示に関しては，例えば，大澤彩『消費者法』（商事法務・2023年）86
頁，消費者庁・消費者制度課編『逐条解説・消費者契約法（第4版）』（商事法務・
2019年）227頁以下などを参照。

(438) こういった考え方は，例えば，四宮133頁。ただし，四宮130頁以下は，給付が一
方的な場合，特に，非債弁済の場合にも，費用償還に関して299条を類推する。しか
し，本書は先にも記述したとおり，費用の償還に関しては，善意の非債弁済の受領者
と双務契約の回復の場合とでは，問題が別に処理されるべきだと考える。すなわち，
前者では，給付者の錯誤が利得移動の原因だから，（給付の浪費が利得消滅だと解さ
れるなら，）冗費も償還されてしかるべきだと考える。

(439) 牽強付会による論難の可能性もあるが，例えば，前掲注(381)磯村(ⅲ)は，121条の
2第2項の具体例として，(ⅰ)意思無能力者の金銭の贈与（51頁），(ⅱ)中古車の贈与
の錯誤（55頁）を例示している。しかし，意思無能力者には，財産上の決定による帰
責性は観念できないはずだから，相手方の利得消滅の例としては不適切であると考え
る。さらに，錯誤では，主に問題となるのは基礎事情に関する錯誤であろうが，基礎
事情に関する錯誤の具体例をイメージするのは困難である。恐らく，しばしば説かれ
る忘恩行為による贈与契約の解除の可能性などが，これに近い例であろう。ただし，
忘恩行為を犯すような受贈者を，善意の受贈者として扱って良いのかは既に問題であ
ると考える。例えば，実質的には忘恩行為による贈与の解除を認めた判例（最判昭和
53年2月17日判タ360号143頁）では，負担付贈与の解除と法律構成されている。この
場合には，利得消滅の抗弁と同様の主張は，受贈者にはできないと考えるのが適切で
あろう。

(440) 例えば，前掲注(381)磯村(ⅰ)55頁以下。ただし，給付者（賃貸人）の錯誤に善意
の受領者（賃借人）は，合意した賃料（5万円）が市場価格（8万円）より低額のと
きは，賃料の返還義務を負担すると指摘している。これは，磯村説の反対給付による
制限の一例であるが，本書の考え方では，信頼損害の賠償によることになる。

(441) 例えば，Münch, 3.Aufl., §818 Rn.106a [Manfred Lieb]。

(442) 前掲注(267)藤原532頁を参照。

(443) 前掲注(381)磯村(ⅰ)45頁以下，特に，例えば，54頁。

第3部　侵害利得

◆ 第1章 ◆　侵害利得の意義

I　侵害利得の機能

　他人の権利・財貨を故意・過失により侵害して損害を与えたときは，侵害者は不法行為による損害賠償の義務を負う（709条以下）。しかし，侵害者に故意・過失がなければ不法行為による損害賠償請求は成立しない。例えば，ある雑誌の出版社Aが著名な俳優Cの写真を雑誌の宣伝広告に使用するために，カメラマンBにCの同意を得た上で写真を撮影することを依頼したとする。ところが，BはCの同意なしで無断撮影した写真をAに使用させた。ここでは，AもBもCの肖像権を侵害することで利益をあげている。その結果，CがBに対して不法行為による損害賠償請求できることは間違いない。しかし，Aに対する不法行為に基づく請求が可能かは，必ずしも明らかではない。だから，CがAに対する自己の肖像権の使用の価値を請求するとすれば，その根拠は不当利得である（ただし，被害者が一般人Dで，著名な俳優Cでないときは，肖像権には財産的価値がないから，精神的損害の賠償だけが可能であろう）。今ひとつ，侵害者に故意・過失がないときでも，例えば他人の有体物所有権（などの絶対権）の利用を妨げれば，その救済には所有物返還請求権，妨害排除請求権などの法的手段が用意されている。Aの動産をBが窃取して，善意・無過失のCに売却したような場合である。ここでは，AはCに対して所有物返還請求権（ないしは，回復請求権，193条）を行使しうる。しかし，有体物所有権が費消・添付などで消滅したときは，Aの所有権に基づく訴えは成立しない。例えば，Cが動産を消費したような場合である。この場合に，善意・無過

227

第3部　侵害利得　第1章　侵害利得の意義

失のCに対しては，Aは不法行為による損害賠償の請求はできない。それゆえに，AがCに対して動産の価値の返還を請求できるとすれば，その根拠は不当利得返還請求である。だから，侵害利得は，権利の継続的効果（Rechtsfortwirkung）だといわれている[1]。

つまり，侵害者に故意・過失がなく，しかも，有体物所有権（ないしは，絶対権）による侵害の排除が成立しない局面でも，侵害利得は他人の権利領域への侵害に対して救済を与える。だから，侵害の違法性にだけ注目して，侵害に対する権利保護が与えられるのが侵害利得の制度である。上記の例だと，俳優CはA社に対して，自分が宣伝広告に同意を与えた場合に支払われるであろう価格での，侵害利得の価格返還の請求ができる。したがって，他人の財貨への故意・過失のない侵害にも救済を与えるという意味で，侵害利得は不法行為法を補完する法制度である。さらに，所有権に基づく請求権が成立しない局面でも，所有権に割り当てられた権利内容（有体物の使用・収益・処分，206条）を保護するという意味では，侵害利得は有体物所有権を補完する法制度である。つまり，上記した今ひとつの例だと，AはCに対しても動産の市場価格相当額（客観的価値）の価格返還を請求できる。以上をあわせると，侵害利得は，侵害者の故意・過失の存否や侵害された財貨が原状回復になじむものであるか否かを問わず，権利者に排他的に割り当てられた財貨の回復を保護する機能を有しており，したがって，侵害利得は財貨帰属法の一環である。

Ⅱ　侵害利得の要件

伝統的な不当利得の学説（衡平説）では，703条の解釈から，(i) 利得，(ii) 損失，(iii) 法律上の原因の欠如，(iv) 利得と損失の因果関係の4つをすべての不当利得の共通の要件としてきた。もちろん，侵害利得もその例外ではない。しかし，例えば，他人の物を無権限で使用・収益した場合を考えれば，その所有権の侵害（正確には，所有者に割り当てられた所有物に対する排他的な使用・収益権能の侵害）が，侵害者の側からは「利得」，損失者の側からは「損失」と表現されているにすぎない。さらに，侵害利得には二当事者だけでなく，しばしば多数の者が関与することがあるが，（後に，「第5部　対第三者関係」で詳述するように，本来は因果関係は第三者に対する給付利得の請求を遮断するための道具立てであり）因果関係は侵害利得では不当利得の当事者規定に重要な

228

意味を持たない。だから，侵害利得の要件は，他人の財貨の侵害に法律上の原因のないことである[2]。侵害とは，給付によらず，しかも，損失者自身の行為によって利得移動が引き起こされたのでもないことである。だから，侵害利得は，利得移動が給付によらないことで給付利得と区別され，損失者自身の行為で利得移動したのではない点で支出利得と区別されている。

給付利得では，給付に法律上の原因のないこと（例えば，債権の不存在）は給付者が主張・立証する必要がある。しかし，侵害利得では，侵害に法律上の原因があることは，利得者である侵害者が証明する必要がある[3]。もちろん，いうまでもなく，法律上の原因となるのは，有効な債権（・契約）関係または法律上の規定である。しかし，前者なら，債権が存在しないか，契約が無効・取消しとなれば，給付利得が発生するだけだから，侵害利得で重要なのは法律上の規定である。例えば，善意取得（192条），取得時効（162条，163条）などは，財貨移動を終局的に基礎づける規定である。他方で，添付は，所有権の帰属を基礎づけても，同時に所有権を失った者（損失者）からの償金請求（248条）が定められているから，一般的には利得者の利得保有を正当化する法律上の原因とはならない。

Ⅲ　侵害利得の分類

1　侵害の態様

例えば，他人の土地の無権限利用のように，侵害利得での利得移動は，通例では侵害者の行為によって引き起こされる。しかし，洪水で河の上流のAの土地の土壌が流出して，下流のBの土地に砂州を作った場合（付合によって，土壌がBの土地の所有権の一部となっているとき）は，やはり侵害利得の一例である。しかし，ここでは，利得移動は損失者Aの支配領域内での原因，あるいは不可抗力によって生じている。したがって，侵害利得の一般的な効果は当てはまらないが，しかし，侵害利得であることに変わりはない。さらに，Bの牧場に隣接するAの牧場の牧草からBの牛が給餌したときも，同様にBによるAの牧草所有権の侵害による侵害利得の例である[4]。

今ひとつ問題なのが，執行行為による侵害利得である。例えば，債務者Aが第三者Bを無権代理してB所有の甲土地に自身の債権者Cのために抵当権

第3部 侵害利得 第1章 侵害利得の意義

を設定し，抵当権が実行されれば，甲土地の所有権は買受人Ｄが取得する（民執184条）。その場合は，債権者Ｃは法律上の原因なくＢの土地の競売代金から配当を受けており，（ないしは，債務者Ａが債務の消滅によって利得しており），執行行為により侵害利得が生じていることになる。以上のように執行行為による侵害利得も，その侵害の対象は有体物（動産・不動産）所有権ないしは債権などの権利であり，その意味では他の侵害利得の場合と異なっているわけではない。しかし，執行行為により侵害利得が生じた点で，このケースでは他にはない特殊な考慮が必要となる。

2 侵害利得の対象

　給付利得では，およそ当事者が給付したものが，すべて不当利得返還請求の対象となる。給付利得の目的は（目的不到達の不当利得も含めて，広い意味では）挫折した債権関係の回復であるから，債権の対象は法規または当事者の合意によって決定されており，その対象が何であるのかを問題にする必要はない。しかし，侵害利得では，この点がしばしばシリアスな問題となる。というのは，たとえ適法な行為でも，ある行為（例えば，市場での競争行為）によって他人の利益を損ない損失を与える場合は数限りなく存在する。さらに，例えば，Ｂが同業者Ａの営業を誹謗し，その結果，Ａの売上げが減少し，Ｂが利益をあげたとする。ＡがＢに対して営業利益の減少を不法行為によって損害賠償請求できるのは自明である。しかし，Ａは売上げの減少による営業利益の損失を，Ｂに対して不当利得返還請求することはできない。営業による利益は競争下で取得されるべきもので，権利者に排他的に割り当てられているわけではないからである[5]。つまり，営業利益は割当内容のある権利ではないからである（ただし，不正競争防止法との関係は，後述する）。他方で，例えば，所有権は，有体物の使用・収益・処分の権能を所有者に排他的に割り当てている（206条）。つまり，財貨の排他的な帰属秩序に反することが，侵害利得の積極的な内容だとされている[6]。だから，侵害利得によるサンクションの対象は，（少なくとも，わが国では，）不法行為のそれよりも限られている[7]。その結果，現在までで侵害利得の対象として承認されているのは，(i) 所有権をはじめとする物権，(ii) 他人の債権の回収（例えば，受領権者としての外観を有する者に対する弁済〔478条〕による債権者の弁済受領者に対する不当利得返還請求），(iii) 知的財産

230

権，または，それに類似した権利（例えば，財産的価値を有する肖像権など）という3つの財産の領域である[8]。

第3部　侵害利得　第2章　侵害利得によって保護される権利・財産

◆ 第2章 ◆　侵害利得によって保護される権利・財産

I　類型論の基本的な立場

　上述したように，他人の財貨の侵害に対して不当利得返還請求権という法的サンクションが認められてきたのは，所有権を典型とする物権の侵害，知的財産権ないしはそれに類似する権利の侵害，および，他人の債権の無権限の回収による侵害のケースであった。したがって，債権を別とすれば，基本的にはいわゆる「絶対権」の侵害が侵害利得の対象である。こういった絶対権の権利内容が権利者に排他的に帰属していることを，法秩序は当然に承認している。したがって，絶対権の反動的ないし継続的効果として，その侵害に対して不当利得によるサンクションが発生することになる(9)。もちろん，所有権が典型だが，絶対権には他人の侵害を排除するという妨害排除請求が可能だが，それが可能ではないときには，不当利得によるサンクションが承認されることになる。例えば，有体物所有権が消費，添付などで失われたとき，有体物の使用では，侵害利得によるサンクションが権利保護の手段となる。さらに，他人の債権の回収のケースでも，そこで問題となるのは，例えば，一定額の金銭の給付義務を債務者が債権者に対して負担しているような債権である。使用者が被用者に就業を請求する労働契約上の債権でもなければ，債務者が特定物の所有権を債権者に移転（して対抗要件を具備）させるべき債権，つまり，他の債権者と競合する余地のある債権でもない。具体的には，（特約がない限り）譲渡し，質入れなどの担保設定も可能な債権である。したがって，その限りで，こういった債権は債権者（権利者）に排他的に帰属することが，法技術的に承認されている（だから，川村説に倣った比喩的な表現を与えるなら，いわば債権者の「債権の私的所有」が存在する債権である(10)）。このように権利者に排他的な帰属が配分された財貨，ないしは，権利者に割り当てられた財貨，つまり，「割当内容（Zuweisungsgehalt）」を持った権利が，侵害利得によるサンクションの対象となる，というのが通説的な類型論の見解である(11)。

　ちなみに，例えば，鉄道が敷設されて沿線の地価が上昇した場合に，鉄道会社から沿線の土地所有者に不当利得返還請求権が行使できない理由を，衡平説

232

は鉄道会社に「損失」がないからだと，損失の要件で根拠づけてきた[12]。しかし，以上のケースでの類型論の説明は，鉄道敷設による近隣の土地の値上がりという利益は，鉄道会社の割当内容を持った権利には当たらないからだ，ということになる。要するに，経済学でいう「外部経済」であり，外部経済は原則として自由に取り込んでよいというのが，経済学の説明である[13]。

今ひとつ，自作農創設特別措置法によって農地を失った旧地主から，農地の売渡を受けた者（旧小作農）に対して，農地を宅地として転売して取得した利益の返還を求めた訴えを退けた判例（最判昭和43年4月2日民集22巻4号733頁）は，地主の損失によって利得したのではないとしている（自作農創設特別措置法が法律上の原因になるといっても，同じである）[14]。

II　割当内容説と違法性説

以上のような割当内容を持った権利の侵害に対して侵害利得によるサンクションが成立するという類型論に対して，ドイツでは異なった立場からの批判がある。すなわち，いわゆる違法性説（Eingriffstheorie）は，侵害者が違法な侵害行為によって取得した利益（類型論の説くように侵害された権利の客観的価値〔市場価格〕ではなく，例えば，売得金）を剥奪するのが不当利得ないしは侵害利得であると，一般的に不当利得ないしは侵害利得を基礎づけている。違法性説の最初の提唱者のシュルツ（Fritz Schulz）は，侵害者の「違法な行為」による利得移動が不当利得であるとして，すべての不当利得を侵害行為に還元していた[15]。しかし，例えば，無効な契約に基づいて給付を受領した受領者が返還義務を負うのは当然であり，給付受領者の給付保持は違法とはいえても，給付受領の行為が違法な侵害行為であるとはとても評価できないであろう。さらに，損失者の行為によって利得移動が生じる支出利得や自然力によって利得移動が生じたときは，そもそも違法な行為は観念できない[16]。したがって，違法性説は給付利得以外の局面，特に侵害利得にその説明の対象を絞って，かつ違法な利益の剥奪が侵害利得の目的だとするか，利得の「保持が違法」であるという具合に説明を変更してきている。しかし，後者の考え方は，明らかに割当内容説（Zuweisungstheorie）への接近だし，前者でも違法な行為によって取得した利益を誰に帰属させるのかを説明できない場合がある（後述）。ただし，違法性説が割当内容説と異なるのは，侵害利得の成立を違法性規範への違反と

第3部　侵害利得　第2章　侵害利得によって保護される権利・財産

接近させる点である。したがって，例えば，競争秩序に違反した行為によって取得した売上げ増加，例えば，不正競争に基づいて取得した利益の返還は請求できるというのが，違法性説の考え方である。

　これに対して，割当内容説では，不法行為の成否に関しては別として，不当利得では侵害行為の違法性は視野の外である。侵害によって権利者に割り当てられた法的地位が損なわれたのか，つまり，現在の権利状態が違法か否か，という点だけが不当利得の成否にとって重要だということになる。例えば，他人の物を使用したり収益したりすれば，これによって他人（所有者）に独占的に帰属している所有権という法的地位（206条）を侵害したことになる。そこで，本来は合意（契約）を通して取得できたであろう対価を回復する機会を権利者に与えるのが，侵害利得に他ならない。所有権といえども単に排他的な財貨を所有者に保障するだけではなく，原状回復が不能なときは，金銭による賠償を認める必要がある（これを，「準契約」という現在では比喩的表現だとでもいうべき用語で表現することも不可能ではない）。したがって，違法な行為によって利益を得ても，それだけで侵害利得によるサンクションが成立するものではなく，割当内容を持った権利の侵害がその前提となる。

　ただし，以上のような割当内容説の説明が問題なく説得力を持っているのは，それが絶対権であることを誰も疑わない，物権および知的財産権の侵害のケースである。それ以外の場合には，侵害利得の成否の限界は必ずしもはっきりとはしない。例えば，他人Aの営業を誹謗する宣伝でBが営業利益をあげたときは，Aの営業利益には割当内容がないから，不法行為による損害賠償請求は別として，不当利得返還請求権は成立しないといっても，必ずしも十分な説得力があるわけではないであろう。だから，類型論が依拠する「割当内容」は結局は結論から解答を引き出す「空虚な定式」であると，違法性説は批判している。しかし，違法性説といえども，違法な行為により取得した利益がすべて返還の対象となることを認めているわけではないから（ドイツで例示されているのが，商人が道路交通法違反を犯して他の車両の運行を危殆化させながら追い越して，重要な商談に間に合って利益を収めた場合に，その利益は誰にも返還されないだろうというケースである[17]），侵害利得による権利保護の限界に関して，必ずしも説得力のある基準を提示できているわけではない。したがって，（他人の債権の無権限の回収のケースを例外として）伝統的には絶対権に限られていた割当内容を持った権利か否かが限界線上で問題となっていた権利に侵害利得

による権利保護を拡大しながら，内容的には割当内容説に接近することで，実は割当内容説を補完してきたのが，違法性説だといえよう[18]。

Ⅲ　類型論の定式と具体化

1　問題となる権利

　伝統的な考え方がとりあえず想定していた侵害利得による法的サンクションの対象となる割当内容を持った権利とは，権利者にその権利の保障する利益が排他的に帰属することが確実な，いわゆる絶対権だった（ただし，他人の債権の無権限の回収は，その例外であるが，当該の債権自体は債権者に排他的に帰属している）。絶対権の典型は，所有権，所有権の権能から派生する物権，および，知的財産権，知的財産権に類似した権利である。例えば，商標権も本来は自己の営業と他者の営業とを識別するための権利であろうが，譲渡・利用権の設定・担保化も可能となれば，やはり割当内容のある権利だということになる。さらに，知的財産権とはいえないが，人格権も例えば著名な芸能人の氏名権・肖像権などは，その商業的利用・金銭化が可能だから，その限りで割当内容を持った権利だと考えられている（他方で，無名の人の氏名権・肖像権の侵害は，不法行為による保護，特に，慰謝料請求に委ねられることになる）。反対に，営業権は自由な競争の下で営業により克ち取るべき利益を保護しているにすぎず，権利者に利用・処分の可能性のある排他的利益を与えているわけではない。したがって，原則として，営業権は割当内容を持った権利とは認められていない[19]。要するに，所有権・知的財産権のような権利は，その権利内容を独占的に利用し，他人を排除する権利である。他方で，営業権は市場における競争下ではじめて得られる利益を保障している。だから，後者では，具体的な営業活動と離れて，権利者に排他的に帰属する利益は存在しない。その結果，市場のルールに違反する営業権の侵害があった場合でも，不法行為による損害賠償は可能でも，侵害利得による請求は成立しないと考えられている。ただし，例えば，営業秘密などに関しては，排他的に保護される営業上の権利の侵害による法的利益に対する不当利得返還請求が認められないのかなどのグレーゾーンは存在する。これは，割当内容のある権利を決定するメルクマールは，経済取引，一定の財貨の商業化の進展による保護の要否だからである[20][21]。

235

第3部　侵害利得　第2章　侵害利得によって保護される権利・財産

2　割当内容の具体化

　その結果，割当内容を持った権利の成否は，結局は侵害された法的地位の商業的な利用可能性にかかっている。だから，割当内容があるか否かは，一般的にはその権利の譲渡・利用権の設定・担保化の可能性に依存しているといえる。ただし，市場経済の下で，ある法的利益に対して独占的な利用可能性を認めるか否かは，その利益に関して他人との競合の余地を認めたほうが良いのか否か，という評価に依存している。したがって，単に市場のルールに違反した，違法に他人の権利を侵害したというだけでは，侵害利得によるサンクションが科されるには十分ではない。競争の余地の認められた権利であれば，そこでのサンクションは市場経済の行為規範に反して他人に与えた損害の賠償を命ずる不法行為が相応しい。ある利益に関して排他的な利用可能性の認められた権利を侵害してはじめて，侵害利得による利得の返還が基礎づけられることになる（そうでなければ，法取引は萎縮してしまう恐れもある）。

　以上からの帰結は，次のようになる。第1は，「割当内容」という類型論の定義それ自体は空虚ではあるが，これをある法的地位の商業的利用の可能性と言い換えることで，具体化していくことが可能である。第2に，法的地位の商業的な利用可能性が承認されるか否かは，不当利得法の決めうることではなく，社会現象から帰納的に決定していく他はない。だから，不法行為法で保護される法的な利益が変化・拡大し，これを捕捉するためには開かれた規範が必要なのと同様に，侵害利得での割当内容も開かれた規範でなければならない。だから，割当内容とは，侵害利得がどのような場合に認められるのかという問題の規範的ではなく記述的な指標である。第3に，不法行為が違法な行為（の結果）の是正を目的とするのに対し，不当利得ではある財貨に法的な排他的帰属が認められているのかどうか，それを回復させるのが妥当かが問題にされている。つまり，侵害利得の保護するのは，金銭的価値のある財貨すべてではなく，侵害された法的地位の不可侵性を前提としている。他方で，先に見た違法性説を一貫させると，違法性のメルクマールは不当利得を認めるに相応しくない場合も捕捉してしまうことになる。反対に，不当利得では利得移動の過程は重要な意味を持たず，利得の保有の不当性だけが問題となる。そこで，不当利得で問題にするのは「状態違法」であり，「行態違法」ではない，という定式化をするものもある[22]。第4に，付言しておくなら，法秩序がある財貨の排

236

III　類型論の定式と具体化

他的帰属を権利者に認めたというのは，その財貨の移転・利用は権利者との合
意・承認に基づいてだけ許される，つまり，契約を介在させて可能となること
を意味する。したがって，合意なしで財貨を侵害したときは，本来は存在すべ
きだった契約上の請求権に代わって，不当利得の返還請求権が財貨を回復させ
る機能を果たしている（いわば，準契約的な説明）。だから，割当内容を具体化
して，「金銭化の独占」[23]とか他人からの財貨の「侵害に対して有償で同意を
与える権限」[24]と定義するものも存在する[25]。

第3部　侵害利得　第3章　侵害利得の効果

◆ 第3章 ◆ 侵害利得の効果

I　侵害利得の効果の概観

　侵害利得でも返還請求の対象は，法律上の原因なく侵害者が「取得したもの」である。類型論を採用するわが国の学説の中には，侵害利得の効果ははじめから価格返還だと説くものもある[26]。しかし，（確かに，その例は多くはないが）侵害利得の効果として原物返還の可能な場合も存在する。例えば，AがBを債務者とする公正証書に基づいて，BのCに対する債権を差し押さえて転付命令を取得すれば，BのCに対する債権はAに移転する。しかし，BがAの公正証書の作成後にAに債務を弁済していれば，転付命令の取得でAはBの債権を侵害したことになる。したがって，Aの債権の取得は法律上の原因を欠くから，AがBに当該の債権を譲渡してCに通知するという形で，BはAに対して不当利得返還請求することが可能である（大判昭和15年12月20日民集19巻2215頁）。以上のAのBへの債権譲渡，Cへの通知は，原物返還の一種であろう。もちろん，それ以前にCがAに債務を弁済していれば，BはAに価格返還の請求をするほかない。したがって，以上の例では，第一義的には原物返還が，原物返還が不能な場合は価格返還が指示されていることになる[27]。

　もちろん，侵害利得が問題となる多くの事例では，その効果は価格返還である。例えば，知的財産権が侵害されたときは，原物返還は始めから考えられない。有体物所有権が侵害されたときでも，原物返還が可能なら所有物返還請求権が成立するから，侵害利得は問題外である。ただし，有体物の使用・収益では，利得の返還は価格返還以外の方法では不可能である。その際に，類型論は，侵害利得の効果として，侵害された対象自体に注目して，侵害対象の客観的価値（市場価格）の返還を指示し，利得債務者の財産状態の変化にはとりあえず注目しない。利得移動したものが利得債務者の財産にどのような影響をもたらしたのかというのは，利得の返還義務の範囲ではじめて顧慮されることになる（利得消滅の抗弁）のは，侵害利得でも同様である。

　ただし，703条の本来の適用範囲である非債弁済の不当利得とは異なり，どのような場合に善意の侵害者に対して利得消滅の抗弁が認められるのかは必ず

しも明らかではない。弁済者（損失者）の錯誤が原因で利得移動した非債弁済の不当利得とは異なり，侵害者に故意・過失はなくとも，侵害利得では侵害者（利得者）の行為によって利得移動が生じているからである。つまり，たとえ善意の利得者といえども，利得移動はその行為に基づいて発生しており，利得者の利得保有の信頼を損失者に帰責できる契機は，必ずしも判然とはしないからである。したがって，侵害利得でも現存利得の返還を指示する703条の規定は，せいぜい類推されるに止まり，個々のケースごとに利得消滅の成否が問われるべきであろう。

　以上のように，侵害された財貨の客観的価値が侵害利得の効果だとする類型論の立場からは，侵害者の利益の剥奪は不当利得制度の目的を超えたものである。しかし，他人の財貨をあえて侵害した悪意の利得者に対しては，侵害者に対する制裁・懲罰ないしは予防効果を狙って，類型論は準事務管理という法制度によって侵害者が取得した利益の返還を認めている。ただし，ドイツ民法では準事務管理（unberchtigte Geschäftsführung ohne Auftrag）は民法に規定がおかれているが，わが国の民法典には具体的な規定が存在しないので，わが国の学説では準事務管理の制度の要否およびその構成をめぐって対立がある（後述）。

II　侵害利得の効果に関する従来の学説

1　わが国の学説

　これまでも繰り返し述べてきたとおり，いわゆる衡平説は（要件では，効果には連動しない不当利得の分類を与えてはいるが）個々の問題を扱う際に実際上は違った扱いをしているとしても，侵害利得の効果論という問題視角は，衡平説には存在しない。

　しかし，（自身を類型論ではないと分類する加藤雅信説も含めて）類型論に属する学説は，侵害利得の効果を給付利得とは区別している。そういった学説の中でも，給付利得とはっきりと異なった形で，侵害利得の効果論に具体的な記述を与えているのは，四宮説と加藤雅信説である。その際の方向性は，侵害利得では（四宮説では，財貨帰属法型不当利得）の効果は所有物返還請求権の効果に準じる（四宮）[28]，あるいは，侵害利得（加藤説では，帰属法的不当利得）の効果は物権的請求権の行使の付随的効果（189条〜191条）とパラレルだ（加藤）[29]

第3部　侵害利得　第3章　侵害利得の効果

とされている。

　すなわち，四宮説は，財貨帰属法型不当利得（侵害利得）は財貨の割当内容の代償という性質を持ち，したがって，所有物返還請求権の法理に準じてその返還義務の範囲を定めるべきだからである，と説く。つまり，「受けたる利益」が消滅した場合は，原則として「現存利益」を返還すれば足りる。例えば，他人の物を浪費した場合は，利得消滅の例である。しかし，他方で侵害の始めから価格返還義務を負う場合は（他人の物の使用），価格返還義務が発生する時点で返還義務の範囲は固定されるから（つまり，利得消滅は生じないから），現存利得と「受けたる利益」の区別は実益がない，とされている(30)。

　加藤説も，Xが寮においた2000円相当の米を，Yが誤って調理して食べてしまったという具体例を示して，帰属法的不当利得（侵害利得）の効果は，(ア)原則的には，受益者は受けた利益そのものを返還するのが本則である。(イ)しかし，返還義務者が善意であって，受けた利益が縮減した場合は，受益者は「その利益の存する限度において」（703条）返還義務を負う。(ウ)返還義務者が悪意の場合は，受益者は「その受けた利益に利息を付して」返還し，さらに，「なお損害があるときは，その賠償の責任を負う」（704条），としている。つまり，給付利得では利得債務者の善意・悪意は返還義務の範囲に意味を持たないとする加藤説も，侵害利得には703条，704条の規定がそのままに適用されるとしている(31)。さらに，加藤説は，物権的請求権の付随的効果でも，(ア)物権的請求権でも目的物がそのまま返還されることが，原則である。(イ)しかし，目的物が損傷すれば損傷した状態で物を引き渡せばよく，物が滅失した場合は物権的請求権自体も消滅する。その際に，返還義務者が善意であれば，目的物の滅失・損傷による損害賠償は「現に利益を受けている限度において…義務を負う」に止まる（191条）。(ウ)不当利得における受益に対する利息の付与は，有体物での果実の返還と同様の問題である。したがって，善意占有者には果実の返還義務がなく，悪意占有者だけが過失を要件として果実の返還義務を負う（189条〜191条）。さらに，返還義務者が悪意の場合は，帰責事由を前提として目的物の滅失・損傷につき「その損害の全部を賠償する義務を負」う（191条）という形で，703条・704条と189条〜191条の規定の評価がパラレルであると説いている(32)。

　以上のような四宮説，加藤説は，確かに侵害利得の効果論の重要な側面を指摘していると考えられる。すなわち，侵害利得の前提は他人の権利の侵害では

Ⅱ　侵害利得の効果に関する従来の学説

あるが，不法行為とは異なり，侵害者の故意・過失を要件とはせず，侵害者の
利得保有の違法性にだけ注目して，権利者に最低限の権利保護を与える法制度
が侵害利得である。したがって，その意味で違法性だけを要件とする所有権に
基づく請求権と侵害利得の効果が（ある程度は）パラレルなのは，むしろ当然
ともいえよう。しかし，そうはいっても，以上の学説の説く侵害利得の効果に
も幾つかの問題と不十分な点があると考える。第1は，所有権に基づく請求権
の付随的効果，ないしは，所有者・占有者関係の規定（189条〜191条）の位置
づけである。後述（「第4章　所有権および割当内容を持った権利　Ⅲ　所有者・占有
者関係の規定」）するが，本書の考え方では，そこで善意の占有者が果実の返還
義務を免れ，かつ物の滅失・損傷について損害賠償義務を負わないのは，善
意・有償の権利取得に対する「縮減された取引の安全」が与えられているから
である。だから，例えば，取引を介在せずに占有を取得した者および無償取得
者には，果実収取，損害賠償での優遇は与えられず，かつ以上の規定が適用さ
れるケースでも物自体の費消には信頼保護は及ばない。したがって，善意の利
得者は利得消滅を主張できるといっておいただけでは，十分ではない。利得消
滅を認めるためには，利得債務者の信頼保護，取引の安全を利得債権者の権利
保護よりも優先する根拠が個々のケースで具体的に精査される必要がある。そ
ういった観点からは，四宮説，加藤説の示す基準は十分なものとは言い難いで
あろう。第2に，例えば四宮説のあげる利得消滅の具体例の結論にも賛成しが
たい。すなわち，単に他人の物を自分の物と誤信して浪費してしまった侵害者
には，たとえ善意といえども利得消滅の認められる契機は存在しないであろ
う。より正確には，ここでの善意の根拠が問題である。他人の所有権を侵害し
た者に，善意を根拠として信頼保護を与えるとすれば，その連結点となるの
は，とりあえず侵害者が前主から有効に権利取得したという信頼以外には考え
られないであろう。ところが，動産を前主から善意・有償で取得した者であっ
ても，善意取得の成立する場合以外は，他人の所有権を取得するという効果を
認めないのが実定法規の評価である（193条）。だから，四宮説のあげる利得消
滅の例は，少なくとも不正確ではないかと考える（ちなみに，加藤説も，先に示
したYがXの米を誤って食べてしまった例で，いずれにせよ，Yは不法行為による
損害賠償の請求にはさらされると考えられるが，どのような場合にYは現存利得の
返還で足りるのかは定かではない）。要するに，侵害の対象となった個々の権利
に即して，かつ実定法規の評価と矛盾しないように，侵害者の信頼保護を具体

241

第3部　侵害利得　第3章　侵害利得の効果

化することが，侵害利得での利得消滅ないしは返還義務を決定する際の課題であると考えられる。第3には，侵害利得によってサンクションされる権利は様々であり，そこでの効果が有体物を対象とする所有者・占有者関係の規定の評価と必ずしも一致するとは限らない点である。例えば，特許権などの知的財産権には文字どおりの善意取得は観念できない。他方で，手形・小切手の善意取得の要件は，悪意・重過失のなかったこと（手形16条2項・77条，小切手21条）と動産よりも緩和され，かつ動産とは異なり手形・小切手が盗品・遺失物の場合にも適用される。したがって，所有者・占有者関係を指示するだけでは足りず，個々の権利について侵害者の信頼保護の根拠が精査されるべきであろう。

2　様々な実定法規の評価の複合

以上のような視角からは，（侵害利得に限ってではなく，不当利得のすべてについて主張されているのだが）利得消滅を，損害賠償のあり方を決定する要素の組み合わせ，ないしは信頼損害の賠償として説明するドイツの学説の方向性は，示唆に富んでいる。こういった学説は，利得移動の原因，利得債務者の過責，いずれの支配領域で損害が発生したのか，損害の種類などを総合的に考慮して，利得消滅の成否を決定すべきだと主張している。その結果，例えば非債弁済の不当利得での利得消滅は，非債弁済した弁済者（損失者）の錯誤によって発生した弁済受領者（利得者）の信頼利益の賠償請求であると説明されている[33]。確かに，利得消滅の内容を個別的に分析していけば，以上のような様々な要素の集積に立ち戻って個々の事例を正当化することも可能であろう。しかし，不当利得は損害賠償とは異なり，一応は利得債務者の過責とは無縁の責任の体系として構想されていること，損害賠償の要素が不当利得法の補完する個々の実定法規の具体的な評価と必ず一致しているという保証はないことから，以上のようなアプローチを一般化することは危険であると考える[34]。しかし，非債弁済の不当利得は別して，不当利得に関する法規定自体が利得消滅に関して明確な方針を提示しているとはいえない領域，特に侵害利得では，利得消滅のあり方を考える上では，補完される法制度の様々な実定法規の評価を複眼的に考慮する，つまり，柔軟に組み合わせて評価するという作業（これをドイツ法学にいう，いわゆる「動的システム（bewegliches System）」と称するか否か

242

は，趣味の問題であろう）が特に重要であろう[35]。すなわち，侵害利得では利得消滅の規定は「開かれた規定」であるという評価は，給付利得の場合よりも一層当てはまると考える。

ただし，そういった作業は，未だその緒に就いたにすぎないというのが現状であろう。したがって，以下では，これまでに議論された幾つかの論点について，個々の権利に即して検討しておく他ないであろう。

III　侵害利得の効果

すでに幾つかの点には触れたが，侵害利得の効果をまとめて記述すると以下のようになる。

1　原物返還

先述したように（I　侵害利得の効果の概観），例外的だが，侵害利得でも第一義的には，原物返還，つまり，法律上の原因なく「取得したもの」の返還が指示される。

2　価格返還

原物返還が不能なときは，価格返還が指示される。類型論の考え方では，侵害利得でも給付利得と同じく，利得債務者の「財産上の差額」ではなく取得した「対象（目的物）」自体の価値が返還の対象である。

価格返還の内容は，侵害された財貨の客観的価値（市場価格）だというのが，通説的な類型論の考え方である[36]。例えば，BがAの動産を無権限で処分して第三者Cに善意取得（192条）させたときも，無権限処分者Bは（市場価格より高額な）売得金ではなく，客観的価値（市場価格）をAに返還すれば足りる。売却代金は，Aの動産自体から発生したのではなく，Bの締結した動産の売買契約から発生したものだと考えることも可能である。この理が判然とするのは，BがA所有の動産を加工して所有権を取得した場合と比較したときである。ここでは，価格返還の内容は，動産の市場価格と考えるほかない。つまり，法秩序が排他的に権利者に帰属することを認めているのは，権利の客

243

第 3 部　侵害利得　第 3 章　侵害利得の効果

観的価値（市場価格）であり，処分（法律行為）によって取得された利益では
ないということになる（もっとも，公開市場で取引される株式などは別として，市
場価格をどう理解するのかは問題であり，これに関しては，後述する）。

　例えば，A 所有の動産を B が処分して C に善意取得させたときは，処分時
の価格が価格返還の算定基準時となる。給付利得では，基準時を，利得移動
時，あるいは，価格返還義務の発生時と解するかで学説の考え方は分かれてい
た。しかし，侵害利得では，例外を除いては，他人の財貨を失わせることで財
貨移動が発生するから，利得移動時と価格返還義務の発生時（返還不能時）と
が一致する。だから，価格返還の価格の算定基準時は，侵害時と解すべきであ
ろう[37]。

3　利得消滅

　上記したように，侵害利得ではどのよう場合に利得消滅の抗弁が成立するの
かは，必ずしも明らかではない。それゆえ，利得消滅を認める場合は，それが
不当利得以外の実定法上の具体的な規定の評価との整合性を保っているのかと
いう点が点検されるべきであろう（もちろん，例えば，189条 1 項の善意の占有者
の果実の返還義務の免除を利得消滅と説明することは可能である。しかし，これは
実定法の評価である上に，後述するように，それには十分な理由がある）。

4　悪意の侵害者

　侵害利得での悪意の利得者とは，不法行為者に他ならない。だから，給付利
得での悪意の弁済受領者の負担する返還義務と同様の責任を負うことになる。
つまり，利得消滅を主張できず，利得移動時から利息を支払う義務を負う。た
だし，ここでの侵害利得の実益は，損害賠償請求権が 3 年で時効消滅したが
（724条 1 号），不法行為者が侵害によって利益を受けているときの利得の返還
請求であろう（166条 1 項 1 号〔 5 年〕・ 2 号〔10年〕）[38]。

　さらに，侵害者が故意に他人の財産を侵害したときは，侵害者に対する制
裁，懲罰ないしは予防効果を狙って利益の返還を認める余地も類型論は認めて
いる。しかし，それは財貨の回復という不当利得制度以上のものであり，準事
務管理に委ねるというのが，通説的な類型論の考え方である。

244

5　侵害利得の執行法上の優遇の可能性

　学説の一部には，侵害利得は所有物返還請求権が金銭債権に転化したものであることを根拠として，侵害利得に基づく不当利得返還請求権に執行法上の優遇を与えようとする見解がある。具体的には，川村説は，(i) A が B から不動産を買い受け，未登記だが代金支払い・引渡しを終えていたが，B が第2買主 C に同一不動産を売却して移転登記した後に破産したという事例，(ii) B が A の物を無権限処分，無権限で使用・収益，さらに，添付で所有権を取得した後に破産したという事例，(iii) B の破産後に破産管財人により A の所有物が換価され，破産管財人が代金も受領したというケースをあげる。その上で，現行法の通説的な解釈をいずれのケースでも批判して，(i) では，C の支払った代金は，A の財貨の姿態転換したものであるから，これに対して A は代償的取戻権を有する。(ii) では，A は B の破産財団に対して代償的取戻権を有する。(iii) では，A は財団債権ではなく代償的取戻権を持つ，としている(39)。

　四宮説は，(a) 破産法上の代償的取戻権（破産64条1項〔旧91条〕）の例をあげる他に，(b) 侵害利得の返還請求権が特定性のある代位物となっている場合，例えば無権利者 B が A の動産を無効な売買契約に基づいて C に処分したときには，A の侵害利得の対象は B の C に対する不当利得返還請求権だとする例で，A の侵害利得には代償的取戻権に準じて取戻権が与えられるべきであるとしている。さらに，(c) 以上のような特定された代位物が生じた場合に，侵害利得の返還義務の債務者の債権者が代位物を差し押さえた場合にも，第三者異議の訴え（民執38条）によって執行を排除できる。加えて，(d) 価値のレイ・ヴィンディカチオ（r.v.）に服する金銭が占有者の金銭と混和したときは，それぞれの共有持分が確定できる場合には，権利者の価値の r.v. が及び，取戻権を保持できるとしている。ただし，四宮説では，川村説のあげる具体例は，物権的権利の一般的特性（対象の特定性，権利と対象との物権的関数関係）を欠くところに物権的権利を与えることになるので不可能だとしている(40)。

　以上の川村説の提案には，例えば，(i) では，第2買主への売却代金が第1買主に代位物として帰属するというのは，本書の立場からは支持できない（「第2部　給付利得　第7章III 3」を参照）。加えて，債権法改正後の422条の2が代償請求を「損害の額の限度」に制限する立法方針と抵触する。さらに，こういった執行法上の優遇を貫徹していけば，比較法の例としてはアメリカ法上の

245

第3部　侵害利得　第3章　侵害利得の効果

擬制信託（constructive trust）の考え方，つまり無権利者による処分の効果をできうる限り権利者に帰属させ，しかも執行法上の優先権を認めるという方向性に到達することとなる。しかし，英米法でも擬制信託の成立する局面を限界づける説得的な分類は示されていない上に，物権的権利の特定性・公示の要請は英米法（特に，アメリカ法）とは異なり，わが国ではより厳格である[41]。したがって，四宮説が川村説を批判するのと同様の理由で，川村説に左袒することはできない。他方で，特定性を要件として代位物に対する執行法上の優先を提案する四宮説を評価するに当たっても，慎重な検討が必要であると考える。すなわち，(b)は破産法64条1項が規定する代償的取戻権の類推が考えうる場合であろう[42]。(c)ではAがBに動産を売却した場合でも，代金未払いの買主Bが動産をCに処分した場合には，Aは動産売買の先取特権（321条）でBのCに対する売買代金債権に物上代位できることからは（304条），無権利者Bが処分した場合にもAの優先権を承認することも可能であるとも考えられる。しかし，これは動産売買先取特権の類推であり，一種の法創造である。したがって，このような法創造を承認するためには，わが国の法体系でのより高次の法原則や他の場合との整合性がきちんと精査される必要がある。だから，結論として，現状ではこのような提案ににわかに賛成することはできない[43]。

Ⅱ　他人の物の処分

◆ 第4章 ◆　所有権および割当内容を持った権利

Ⅰ　所有権の侵害

　所有権は割当内容を有する権利の典型である。「物理的・空間的に限界づけられた有体物（物）」に対する「排他的な支配権」だからである。民法も所有者は自由に物の使用・収益・処分権を行使できると規定している（206条）。さらに，所有権の割当内容（使用・収益・処分）の一部の排他的帰属が認められている限りで，制限物権も割当内容を有する権利である。知的財産権などの絶対権が登場する以前は，所有権の侵害は「無原因の不当利得（condictio sine causa）」の主な守備範囲だった。以下では所有権の侵害の態様に応じて，侵害利得が成立する局面を見ていくこととしよう。

Ⅱ　他人の物の処分

1　直接の侵害者に対する請求

（1）第三者が権利取得した場合

　Aから動産を寄託されたBが，動産を善意・無過失の第三者Cに売却すれば，Cは動産の所有権を取得する（192条）。したがって，BはAの動産の所有権を喪失させることで利得しているから，AはBに対して動産の価格返還を請求できる。もちろん，AはBの不法行為を理由に損害賠償請求することも可能であり，両者は請求権競合の関係となる。以上のように他人の物の処分による侵害利得が成立する前提は，(ア) 無権利者による処分と，(イ) その処分が権利者に対して有効になることである[44]。処分を有効とする根拠としては，32条1項後段，93条2項，94条2項（の類推適用），95条4項などが考えられるが，その典型は192条（善意取得）である。判例での具体例としては，動産の処分（大判明治38年11月30日民録11輯1730頁。破産管財人による寄託物の動産の処分），不動産の処分（大判大正4年3月13日民録21輯371頁）が存在する。いずれの判例も処分の有効・無効に言及していないが，前者は192条，後者は94条2

第3部 侵害利得 第4章 所有権および割当内容を持った権利

項の適用で処分が有効となると考えられるケースである。

（2）第三者が権利取得しない場合

他方で，Bが動産を窃取したような場合は，善意・無過失のCといえども（最終的には）動産の所有権を取得できない（193条，194条）。そこで，直接の侵害者Bに対する権利者Aの不法行為，不当利得に基づく請求，および，CがDに動産を転売した場合には，中間処分者Cと最終占有者Dに対する請求のあり方が問題となる。

無権限のBがAの動産または不動産を第三者Cに処分したが，第三者Cが権利取得せず，しかも，Cが動産または不動産を占有しているときは，AはCに対して所有権に基づく返還請求が可能である。このケースで，初期の判例は，AのBに対する損害賠償請求を認めており（大判明治43年6月9日刑録16輯1125頁〔土地〕），Aには，Bに対する損害賠償請求とCに対する所有物返還請求の選択肢があるとしていた。しかし，その後の判例は，Aは所有権を失っていないから，Aには損害がないとして，不法行為の成立を認めていない。しかも，それは所在が不明とはならない不動産（大判大正15年5月28日民集5巻587頁）だけでなく，動産でも同じである（大判大正8年10月3日民録25輯1737頁〔立木の伐採〕，大判昭和13年7月11日判決全集5輯19号6頁〔動産〕）。

他方で，不法行為とは異なり，事務管理・不当利得に関する判例は，原所有者Aが所有権を失ったか否か，つまり，無権利者の処分の有効・無効を区別していない。直接の侵害者Bに関しては，判例は，無権利者Bの処分の有効・無効に言及せず，AのBに対する不当利得返還請求を認容している（大判明治38年11月30日民録11輯1730頁〔動産〕，大判大正4年3月13日民録21輯371頁〔不動産〕，大判昭和11年7月8日民集15巻1350頁〔山林〕）。さらに，船舶の共有者の1人Bが船舶を処分したときに，事務管理の規定（701条，645条）を適用して，侵害者Bの処分を追認した今1人の共有者AのBに対する売却代金の請求を認めた判例（大判大正7年12月19日民録24輯2367頁）[45]も存在する。つまり，一方で，不法行為に関する判例は，直接の侵害者Bに対する請求でも，原物返還が可能なら「損害」がないとして損害賠償請求を認めない。他方で，不当利得返還請求では，多くは故意，少なくとも過失のある侵害者Bに対しては，原物返還の可否にかかわらず，請求を認容している。そうすると，判例では，不当利得（侵害利得）が，不法行為の「損害」の要件の欠如を補完していることになる。

248

Ⅱ 他人の物の処分

学説も，不法行為に関しては，他人の物を処分しても，それが不法行為を構成するのは，第三者の善意取得，添付などで原所有者Aが所有権を失った場合に限られ，所有権が失われないときは，直接の侵害者Bに対しても，用益の阻害分，登記回復の費用を損害賠償請求できるにすぎないと解している[46]。これに対して，不当利得に関しては，権利者Aは直接の侵害者（無権限処分者）Bの処分を追認して（無権代理の追認に関する116条の類推）処分を有効とした上で，Bに対して不当利得返還請求が可能だと解している（ただし，具体的に言及しているのは，直接の侵害者Bの処分であり，Bからの転得者Cの処分の追認ではない）[47]。もちろん，AがBの処分を追認しても，（無権代理人Bが本人Aの名前で契約している）無権代理の追認とは異なり，自分の名前で処分しているBのCに対する契約上の権利がAに帰属するわけではない（最判平成23年10月18日民集65巻7号2899頁[48]）。しかし，AがBの（無権限）処分行為を追認することで，所有権はAからCへと移転し，（処分が有効な場合と同様に）Aの損失とBの利得の要件が具備されることになるというのである。

2　価格返還の対象

問題は，無権利者の処分が有効となったときの価格返還の内容である。ドイツ民法816条1項は，無権利者の処分がなされた場合について，権利者は無権利者が「処分によって取得したもの（das durch die Verfügung Erlangte）」の返還を請求できると規定している。だから，同条の文言を卒然と解すれば，売得金がその対象となると考えるのが素直であり，またそのように解する学説も多い。しかし，類型論の多くは，所有権の割当内容は客観的価値（市場価格）の返還であるとして，売得金の返還を認めていない。もちろん，この対立が意味を持つのは，無権限処分者が市場価格よりも高額な売得金を得た場合である。前者の学説だと権利者は売得金を請求でき，後者だと売得金が請求できるのは，（ドイツ民法には規定のある準事務管理を根拠として，）処分者が悪意（故意）の場合に限られることになる。反対に，市場価格より安価に売却したときは，ドイツではいずれの学説でも結果に変わりはない。（その結果の当否は別として）前者だと処分者は安価な売得金を返還すれば足りるが，後者だと，侵害利得の効果では処分者は同様に市場価格の返還義務を負うが，善意の処分者は利得消滅を主張して売得金を返還すれば足りるからである（ただし，この結論に疑義を

249

第3部　侵害利得　第4章　所有権および割当内容を持った権利

呈して，市場価格が価格返還の下限だとするものも存在する)(49)。

　わが国の判例では無権限者による処分のケースで，処分者の取得した売得金の返還を命じたものも多い。例えば，受寄者の破産管財人が寄託物を処分した場合に，寄託者からの売得金の返還請求を認めた判例（大判明治38年11月30日民録11輯1730頁，ただし，代償的取戻権〔破産法64条〕の法理と考えることも可能なケース），A製紙会社の職工Bがパルプを窃取してCに売却し，CがDに転売したケースで，AのCに対する転売代金の不当利得返還請求を認めた判例（大判昭和12年7月3日民集16巻1089頁。ただし，判決の重点は，CがBに支払った売買代金を，Cは利得から控除できるのかである〔否定〕）がある。他方で，詐欺で取得された山林の価格返還のケースだが，売却価格は客観的価格とは必ずしも一致しないとして，客観的価値の返還を指示した判例（大判昭和11年7月8日民集15巻1350頁）も存在する。ただし，以上の売得金の返還を指示した判例は，例外（上記大判昭和11年判例）を除いて，売却代金か客観的価値（市場価格）かが争点となったものではなく，それが判明し，市場価格よりも高額なら，損失者は通常は売却代金の返還を請求するだろうから，必ずしも積極的に売却代金の返還を支持したものといえるかは疑わしい(50)。

　他方で，わが国にはドイツ民法816条1項のような規定がないためか，多くの学説は客観的価値の返還を支持している(51)。その主な理由は，客観的価値（市場価格）より高額に売却したのは，処分者の才覚・努力によるものであり，これを損失者に帰属させる必要はないからである。衡平説の学説では，損失が不当利得返還請求の上限だと指摘するものもある(52)。さらに，幾つかの学説は，売却代金は客観的価値の推定だとした上で，処分者が自身の費用・技能を証明すれば，売却代金から控除されると指摘している(53)。例外が，売却代金の返還を支持する三宅説と澤井説だが，三宅説は，無権利者の処分は権利者の事務管理であり，権利者は追認して売却代金を請求できるとしている(54)。澤井説は，無権限者の取得した売却代金に対する権利者の返還請求を代償請求と位置づけて，代償請求という構成で売却代金の返還を支持している(55)。最近では，潮見説は，他人の物の処分では判例（最判平成19年3月8日民集61巻2号479頁〔失念株の売却での売却代金の返還〕）は代位物として売却代金の返還を指示していると理解するが，権利者は代位物と客観的価値の請求の選択が可能であり，受益者の保護は利得消滅の抗弁に委ねるとしている(56)。

　ただし，客観的価値か売却代金かという対立は理論的にはともかく，実務的

250

にはどこまで重要かは疑わしいとも考えられる[57]。というのは、まず、少なくとも市場を介在させる限りで、通例では売却代金と客観的価値は一致する。その極例が、公開市場で売却される公開株式の処分である。ここでは、市場価格と客観的価値が完全に一致する（だから、例えば、失念株の処分などでは価格算定の基準時がいつかが紛争の中心となる）。もちろん、種類物でも、市場は段階的で複線的だが（つまり、販売段階、販売ルートは複数だが）、一応は市場価格を観念することは可能である。どのような市場かはともかく、同種の物が反復的に取引されるから、少なくとも平均的な価格は判明する。だから、特別な事情のない限り売却価格は客観的価値である。他方で、不代替的な物、例えば、美術品などが処分されたときは、客観的価値は事後的にしか算定できない。しかも、不代替的な物の処分は、その処分の時点では一回生起的である。つまり、価格の算定は、事後的に具体的に（eine ex-post Btrachtung konkret）行われるしかなく[58]、少なくとも市場・競売を介した処分では、特別な事情がない限り、処分価格は客観的価値と看做すほかない。だから、他人物を無権限で処分したときは（および、無効・取り消された契約に基づいて給付された物を処分したときも）、売却代金は客観的価値と推定され、客観的価値が売却代金より低額だと処分者（利得者）が考えるなら、その事情を主張・立証するほかない。つまり、売却価格は反証可能な客観的価値の推定だということになる[59]。

3　中間処分者に対する請求

　以上に対して、中間処分者に対する不当利得返還請求の可否とその内容に関しては問題は複雑である。というのも、例えば、BがAから窃取した動産をCに売却し、さらにCがその動産を D_1, D_2, D_n に転売したとする。これらのすべての売買は、権利者Aに対しては効力がなく、Aは動産を占有する D_1, D_2, D_n に対して所有物返還請求権の行使が可能である。しかも、Aは直接の侵害者Bに対しては不当利得返還請求も可能である。したがって、ここでは、侵害利得に基づくAのCに対する請求は出番がないようにも見える。しかし、Bが無資力の場合は、AのBに対する不当利得返還請求は事実上は無意味である。さらに、所有権に基づく追及も、相手方（D_1, D_2, D_n）を発見できなければ行使は困難である。加えて、このようなプロセスで発見された動産自体を、Aは回復したいと考えない可能性もある。転々譲渡された動産は、そ

第3部　侵害利得　第4章　所有権および割当内容を持った権利

の過程で劣化して価値低下している可能性もある（しかも，D₁，D₂，Dₙ が善意の場合は，動産の劣化に対する損害賠償請求はできない。191条本文）。そうなると，C が善意取得して所有権が失われる場合と比較して，A は格別に有利になるわけではない。したがって，C に資力があれば，A は C の処分を追認して，C の処分による損失の要件を具備することで，C に対して侵害利得による価格返還を請求するという可能性も考え得る。しかも，上記したように，判例は，第三者 C に対する所有物返還請求が可能な場合でも，A の B に対する不当利得返還請求を認容していた。

　判例（大判昭和12年7月3日民集15巻1089頁）のケースでは，A 会社の職工 B が A のパルプを窃取して同種の物の販売業者 C に売却し，C が D に転売して D が消費したが，A が C に対して D への売却代金を不当利得として返還請求した。これに対して，C は D への売却代金から B に支払った代価を控除した差額が利得だと抗弁した（「いわゆる対価抗弁」）。判例は，この抗弁を認めず，C は D への転売代金相当額の利得を得て，A に損失を与えたと判示している。ただし，このケースでは，C にはパルプを B 所有と信じることについて過失があった。今ひとつの裁判例（高松高判昭和37年6月21日高民集15巻4号296頁）では，A 社の従業員 B が材木を窃取して，善意・無過失の C に売却し，C が材木を転売したというケースで，A の C に対する不当利得返還請求に対して，C は B に支払った対価の控除を主張できるとしている。

　このような中間処分者 C の原所有者 A に対する対価抗弁が可能かに関して，学説は，控除説と非控除説に分かれている。しかも，傾向としては，衡平説の学説は，控除説[60]を，類型論の学説は，基本的に非控除説[61]を支持している。不控除説の論拠は，A の回復請求（193条）に対しては，善意・無過失の C も動産を返還する必要があり，その際には B に支払った代金の返還を A に主張できないからである。つまり，194条を反対解釈すれば，対価控除は194条の与える代価弁償としてだけ認められると解するのが当然だということになる。ここでの A の侵害利得の（価格）返還請求権は，A の所有物返還請求権の代償の機能を有しており，所有物返還請求権が行使されたときと異なった判断がされるべきではない。つまり，A の C に対する（侵害）不当利得返還請求は物権的性質を有しており，C の対価抗弁は B・C 間の契約関係の清算に関する債権的（対人的）性質を持っているにすぎないということになる。他方で，衡平説は，特に，上記の2判決は，A の従業員 B が A の動産を窃取して第三者

252

Ⅱ　他人の物の処分

Ｃに売却したケースだったことにも注目して，Ａの過責を考慮し，Ｃの被る信頼損害の負担などを顧慮して，対価控除を認めるべきだと解している。

　以上の問題を考えるに当たっては，わが国と対照的なドイツ法との比較は有益だと考える。ドイツ民法では，善意取得の要件は善意・無重過失だが（ドイツ民法932条2項），占有離脱物でも金銭・有価証券には善意取得の規定が適用され，それ以外の動産でも競売で取得すれば善意取得が可能だが（ドイツ民法935条2項），（フランス民法から継受したわが国の）193条，194条のような規定は存在しない。だから，それ以外の場合は，所有者は占有離脱した動産を取得時効が完成するまでは追及可能である。さらに，現在では，所有者Ａは，盗人Ｂから動産が，Ｃへ，ＣからＤへと売却されたときは，現占有者Ｄに対して所有物返還請求するか，善意・無（重）過失の中間処分者ＣのＤへの処分を追認して，Ｃに対して価格返還（売却代金）の請求が可能だと解されている（Ｃが動産を市場価格より安価に売却したときは，Ｃは利得消滅を主張して，売却代金を返還すれば足りる）。確かに，ドイツ民法の施行（1900年）直後は，権利者Ａが無権限処分者，特に，善意・無（重）過失の中間処分者Ｃの処分を追認して，不当利得返還請求ができるのかに関しては理論的な疑念も呈されていた。しかし，ドイツの通説・判例が，中間処分者Ｃに対する（わが国の不控除説と同じ理由で，対価控除は認められない）不当利得返還請求と現占有者Ｄに対する所有物返還請求の選択を認めたのは，その実益が決定的だと考えられる。というのも，占有離脱物が所在不明の人間に処分されるか，複数の人間に処分されたときは，動産が発見できるか否かは不確実である。さらに，回復した動産が損耗しており，価格返還が物の回復より経済的に意味のある場合もある。しかも，中間処分者（Ｃ），最終占有者（Ｄ）が善意の場合は，所有者は損耗に対する損害賠償請求はできない。そうなると，動産を回復することが，中間処分者に対する（売却代金の）価格返還の請求よりも不利益となる可能性がある。しかも，所有者Ａが現占有者Ｄから動産を回復すれば，現占有者Ｄは自己の前主Ｃに対して追奪担保責任を追及し，その場合には，代金の返還請求に加えて損害賠償請求も可能だから，中間処分者Ｃは前主Ｂに支払った売買代金以上の返還義務を負うことになる。その結果，ドイツの判例では，所有権の保護を徐々に拡大し，無権限の売買が連鎖したときは，所有者は任意の処分者，つまり，最も高価に売却した者を選択して，その処分を追認して売得金を返還請求することが可能と解されている。さらに，所有者が物の一部を回復したときも，処分

第3部　侵害利得　第4章　所有権および割当内容を持った権利

を追認できる。つまり，所有者の物の回復は，追認権の放棄とはみなされず，追認は処分を適法とするのではなく，不当利得返還請求の前提の具備のための擬制だと考えられている。さらに，処分を追認した後でも，盗人(B)に売却代金を超える損害の賠償を請求することも可能であり，その結果は，処分者と盗人は連帯して返還義務を負うことになる。さらに，第三者の下で動産が加工されて所有権を失った後でも，つまり，追認する時点では所有権は消滅してもはや所有者ではなくなった後でも，(原)所有者は処分を追認することが可能である。結局のところ，物の処分によって所有者が取得可能なすべての経済的価値を所有者に与えることが，追認の機能である。言い換えると，債権的請求権（不当利得返還請求権）による所有権の保護の完全化が，ドイツの判例・通説の考え方である(62)。

　他方で，わが国の193条，194条の母法であるフランス法の中間処分者に関する現在の法状況は，中間処分者（商人）が動産を占有しているか否かで分かれ，(i) 中間処分者が動産を占有しているときは，所有者保護が優先し，中間処分者は動産を返還する必要がある。(ii) 中間処分者が善意・無過失ですでに動産を処分しているときは，中間処分者の処分は適法となり，転得者が支払った代価（弁償）について責任を負うのは所有者であり，中間処分者ではなく，所有者は直接の侵害者に対して責任を追及できるに止まる。(iii) 中間処分者が悪意・有過失だったときは，中間処分者は（不法行為または不当利得による）価格返還義務を負う，とされている(63)。つまり，フランス法の状況は，ドイツ法との対比でだが，所有権の保護より取引の安全を重視していることになる。

　以上のドイツ法とフランス法の対比からは，わが国の状況に関しては，2つの可能性を考えることも可能であろう。第1は，上記の高松高判は対価抗弁を認めたことで間違っており，大判昭和12年判決は，中間処分者Cの過失を重視せず，単に対価抗弁を退けたとする考え方である。第2は，善意・無過失の中間取得者Cには対価抗弁が可能だという考え方である。そうすると，わが国の(裁)判例の考え方は，ドイツ法とは異なり，しかも，善意・無過失の中間処分者は不当利得返還義務を免れるのではなく，対価抗弁を主張できるに止まる点で，フランス法とも異なっていることになる。確かに，193条と194条の対比からは，193条が適用されたときは，原物返還に対して代価弁償は認められないことを重視するなら，対価抗弁は認められないことになる。しかし，原物返還ではなく，価格返還（不当利得返還請求）だけが問題となったときには，

II　他人の物の処分

取引の安全を拡大するという考え方は，判例による法形成として理由のないことではない（同様の思考図式が，民事売買では動産の善意取得を認めていなかった19世紀のドイツの普通法にも発見できる[64]）。しかも，以下で見るように，最終占有者が動産を消費したとき（最判昭和26年11月27日民集5巻13号775頁），および，最終占有者の使用利益の返還義務に関する判例（最判平成12年6月27日民集54巻5号1737頁）からは，第2の考え方が示唆されていると考えることも可能であろう。

4　最終占有者に対する請求

AからBが窃取した電気銅が，B→C→D→E→Fと転売され，Fは金属販売商人であり，GがFから電気銅を買い受け工事に使用して費消したというケースで，AがGに対して主位的に原物返還を，予備的に電気銅の客観的価値と代価弁償の差額を請求した。判例（最判昭和26年11月27日民集5巻13号775頁）は，194条の回復請求権は，動産の現存を前提とし，回復請求に代わる不当利得返還請求も同様だとして，請求をすべて棄却した。学説はこの判例を支持するものが多数である。しかも，回復請求が動産の現存を前提とするなら，194条の適用されるケースだけでなく，193条が適用される場合でも同様だと解している[65]。ただし，鈴木（禄弥）説は，Gから動産がHに転売されて現存すれば，転売者Gは転買者Hから追奪担保責任の追及を受けるのと比較すると疑問の余地もあると指摘している[66]。そう考えると，動産を費消したGは客観的価値（市場価格）と代価弁償の差額を不当利得として返還すべきことになる。だから，この判例は，原物返還が不能となった，つまり，不当利得返還請求だけが問題となるケースでは，原物返還の場合より取引の安全を推し進めていることになる[67]。

今ひとつ，最近の判例（最判平成12年6月27日民集54巻5号1737頁）は，Aから窃取した土木機械を盗人Bが中古機械の販売業者Cに売却し，Cから土木機械を買い受けた善意・無過失の占有者Dに対して，Aから回復請求と使用利益の返還請求がされたケースで，194条の解釈として，原所有者Aの代価弁償までは訴訟係属後もDには使用利益の返還義務はないと判示している。確かに，善意の占有者Dには189条1項が適用され，果実（・使用利益）の返還義務を負わないが，訴訟係属後は（敗訴した場合は，訴えの提起時から）悪意の

第3部　侵害利得　第4章　所有権および割当内容を持った権利

占有者とみなされる（189条2項）。だから，この判決は，189条2項の文言に反している。したがって，学説は同判決を批判するものも多かった[68]。判決の理由は，(i) 被害者Aは盗品の回復を請求するか否かを選択できるが，回復を断念すれば占有者Dは使用利益を享受でき，回復を請求すればDは使用利益の返還義務を負い，占有者Dの地位が不安定となり，被害者と占有者の保護の均衡を図った194条の趣旨に反すること，(ii) 占有者の被害者に対する代価弁償の請求には利息が付されないが，被害者の回復請求には使用利益の返還も認めるなら，両者の均衡を欠くというのである。(i)に関しては，例えば，占有者の使用・収益が長期に及び動産が劣化すれば，代価弁償が現在の物件価格より高価となって被害者は回復を諦め，占有が短期なら回復請求するということになりそうだが，これは被害者に選択権がある以上は当然の帰結である。だから，重点は(ii)であり，Dの代価弁償の請求とAの使用利益の請求に（売買契約の履行前の代金債権の利息と目的物の果実に関する）575条を類推したのと同様の考え方を提示している。だから，(ii)と併せると(i)を含めた判例の理由づけには説得力があると考える。つまり，Dの契約相手方Cに対する契約の解除による代金返還請求を代価弁償という形式で，原所有者に主張できるなら，擬制的にADを売買契約の当事者になぞらえることもできるということであろう[69]。

　以上から，（動産を中心とする）所有権の保護に関しては，次のように考える。第三者に対する所有物返還請求が可能な場合でも，所有者は（所有権は失われず，損害がないから，不法行為による損害賠償請求はできないが，）通例では故意であり，少なくとも過失はある直接の侵害者に対しては不当利得返還請求が可能である。他方で，中間処分者に対しては，（裁）判例では，所有者の不当利得返還請求は可能だが，有過失の中間処分者の対価抗弁を否定した判例と，善意・無過失の中間処分者の対価抗弁を認めた裁判例がある。対価抗弁の可否に関しては学説は評価が分かれている。さらに，最終占有者に関しては，194条が適用されたケースだが，善意・無過失の占有者が動産を費消したときは，動産の客観的価値と代価弁償の差額すら不当利得返還請求はできないとした判例がある。そうすると，判例は，194条の解釈を通じて，取引の安全を拡大していると考えることができる。他方で，ドイツ法の構造を基礎とした類型論を支持する学説の批判はあるが，193条，194条の母法であるフランス法との対比からは，以上は所有権の保護と取引の安全に関する判例の法形成であり，十分な理由があると評価することも可能であろう。ただし，この方向性の帰趨は，将

来の判例・学説の課題というべきである。

5　処分が無償の場合

　無権利者Bの処分によって第三者Cが原所有者Aの所有物を有効に権利取得したが，その取得が無償だった（例えば，贈与された）ときは，第三者Cは原所有者Aに対して取得したものを引き渡す義務がある，とドイツ民法816条1項2文は規定している。

　わが国でも傍論だが無償取得者の返還義務を説く判例（大判昭和11年1月17日民集15巻101頁）がある。すなわち，「例ば買主が之に依りて当該動産（所有権）を取得したるときは其の所有者は売主に対し其の代金を不当利得として請求するを得べく，若し贈与なりしならば所有者は受贈者即ち即時取得に因り所有権を取得した者に対し不当利得として当該動産（所有権）そのものの返還を請求するを得べし（旧仮名遣いは同じだが，読みやすさを考慮して，カタカナを平仮名に改めた。以下同じ）」と判示している（事案は，騙取金による第三者に対する弁済で，金銭の善意取得を理由に被騙取者の請求を棄却した原審を破棄差戻しした判決）。

　他方で，学説は不当利得返還請求を肯定する説と否定説に分かれている。肯定説の論拠は，善意取得の与える取引の安全は無償取得とは無縁だからである[70]。他方で，否定説の論拠は，（i）取引の安全は無償取得者にも与えられるべきであり，無償処分者に対する不法行為・不当利得返還請求で原所有者は満足すべきだからである[71]。加えて，四宮説は，ドイツ民法（816条1項2文）が無償取得者に返還義務を課すのは，無権限処分者が無償の処分によって利得消滅して返還義務を免れるがゆえに，無償取得者に返還義務を免じたからである。しかし，贈与によっては利得消滅しないと考えるべきであり，加えて無権限処分者は通常は悪意だから返還請求の相手方が存在しなくなるという事態も考えにくい。ただし，例外的に，Bの利得消滅によってAがBに対して返還請求できないときは原所有者Aは無償取得者Cに対して返還請求が可能であると説いている[72]。

　確かに，四宮説のいうとおり，通常は悪意の最初の無権限処分者Bではなく，（例えば，BがAから動産を窃取した場合に，）Bから譲渡を受けたが所有権を取得できなかったCが，Dに無償譲渡したようなケースでは，Cの利得消滅を認め得るのかは評価が分かれるであろう。したがって，このようなケース

第3部 侵害利得 第4章 所有権および割当内容を持った権利

に限って，Ｃの利得消滅を前提として，Ｄに対するＡの返還請求を認めるという考え方も十分に考慮に値するであろう。しかし，転用物訴権に関するわが国の判例（最判平成7年9月19日民集49巻8号2805頁）は，給付の連鎖するケースでも，無償取得者Ｃに対する給付者Ａの直接請求を肯定している。だから，契約相手方Ｂに対して給付したＡですら，無償の取得者Ｃに対しては契約上の給付の返還請求が可能なことを考慮すると，Ｂの無権限処分による無償取得者Ｃに取引の安全を与える契機はないと解するべきであろう（以上に関しては，後述の転用物訴権に関する記述も参照）。したがって，肯定説を支持したいと考える。

6 第三者が処分者の無権利に善意・無過失で取引したが，処分者との契約が無効・取り消された場合

例えば，善意取得（192条）は第三者が有効に所有権を取得することが，その前提だと解されている[73]。したがって，第三者Ｃが善意・無過失で動産を買い受けても，例えば，処分者Ｂの錯誤で契約を取り消しうるときは，原所有者Ａからの所有物返還請求が可能となる。もちろん，その前提は，処分者Ｂが契約の無効・取消しを自ら主張するか，原所有者Ａが処分の無効・取消しを主張できることである（例えば，債権法改正前は，錯誤は無効だったが，相対的無効と解されていた。それを前提に，第三者による錯誤無効の主張を認容した最判昭和45年3月26日民集24巻3号151頁を参照）。善意取得は一種の承継取得であり，処分者の処分権の瑕疵を補完する制度にすぎないと考えると，原因関係が無効の場合には善意取得は成立せず，第三者Ｃは原所有者Ａに無条件で動産を返還すべきだと解することになる[74]。しかし，無償取得者でも善意取得できるという解釈を前提とすると，処分者Ｂとの契約が無効の場合に，第三者ＣのＢに対する（例えば，同時履行の）抗弁をＡに主張することを認めないのなら，両者のアンバランスは否定しがたいと考える。無償取得者とは異なり，ここでは第三者Ｃは対価を支払っているからである。したがって，善意取得を単なる所有権取得事由ではなく，取引の安全の保護の制度だと考えるなら，契約の有効性以外は善意取得の要件を具備した第三者Ｃは契約相手方Ｂに対する抗弁を所有者Ａに対して主張できると解すべきであろう[75]。

258

7　他人の物に有効に担保権を設定した場合

　例えば，Aの動産を寄託されたBが，Cから融資を受けるに当たって自身の債務の担保の目的で，CのためにAの動産に質権を設定して質権を善意取得させた場合も，他人の物の処分による侵害利得の一環であろう。ただし，他人の物の有効な処分の場合とは異なり，侵害は部分的かつ一時的である。したがって，Aは物権的請求権に基づいてBに対して自己の物の担保からの解放を請求できるとともに，侵害された権利の客観的価値，すなわち，無担保融資の利率と有担保融資の利率の差額の返還を請求できると解すべきであろう。ただし，担保権が実行されて担保物の所有権が失われれば，他人の物の処分の一例だが，実行前は他人物への担保設定は他人の物の使用による利得だというべきであろう[76]。

　この問題に関して，裁判例で取り上げられたのは，以下のようなケースである。（事案を簡略化すると）XとYが業務提携契約を締結した際にYが第三者Aから融資を受けるに当たってXが自己所有の不動産に抵当権を設定させた。その後にXY間の業務提携契約は合意解除されたが，Yは即座に抵当権を抹消しなかった。そこで，XがYに対して，抵当権の設定を不当利得として価格返還を請求した。原審（東京地裁）は，信用保証協会の延滞保証料（年利3％）の限度で請求を認容したが，東京高判昭和54年11月26日（下民集30巻9-11号640頁）は，YはAに対して借入金を弁済して抵当権を抹消する義務はあるが，Xに損失がないとして請求を棄却している。学説はこの東京高判を疑問視して，具体的な事情下での保証料を不当利得返還請求できると解している[77]。債務の保証には保証料が対価として要求されるのが通例であり，物上保証も金銭評価は可能だから，上記の東京高判の考え方は一般論としては疑問だと考える[78]。

III　所有者・占有者関係の規定

1　所有者・占有者関係

　わが国の民法の占有権の項目には，占有者の（i）占有権の取得と消滅（占有権の取得180条～187条，占有権の消滅203条・204条），（ii）所有者から所有物返還

第3部　侵害利得　第4章　所有権および割当内容を持った権利

請求を受けたときに，どのような抗弁が可能か（188条〜196条），(iii) 占有を侵害されたときは，どのような請求が可能か（197条〜202条）に関する規定がおかれている。その中で，(iii) は占有妨害に対する占有者からの積極的な請求を規定しているが，(ii) は所有者から所有物返還請求を受けたときの占有者の消極的な抗弁を規定していると考えることもできる。ただし，188条〜196条には，192条〜194（善意取得とその例外），および，195条（動物占有者の権利取得）の規定もおかれており，前者は，占有の公信力，後者は，家畜外動物の取得として，所有権取得事由として整理され，所有者・占有者関係の規定（188条〜191条，196条）とは違った分類がされるのが普通である。しかし，189条〜191条，196条，192条〜194条，195条も，所有物返還請求に対する抗弁であり，192条，193条（2年の期間制限），195条は所有権取得の永続的な抗弁であり，189条〜191条，196条，194条（代価弁償）は（所有権の取得には至らない）部分的な抗弁だと考えると，所有物返還請求権に対する抗弁事由を列挙したという意味では，以上の規定には一貫性があるということになる。

　その中で，189条〜191条，196条（所有者・占有者関係の規定）は，所有者の視角からは所有物返還請求権の付随的効果，占有者からは返還請求に関する部分的な抗弁（果実収取権，損害賠償責任の免除，費用償還請求）を規定している。ただし，かつては，議論があったのは，所有者・占有者関係の規定と不当利得法のルールとの関係だった。というのは，前者の規定では善意の占有者は果実の返還義務と損害賠償義務を免れるが，不当利得（特に，給付利得）の準則では善意の占有者といえども果実・収益の返還義務を負うことになり，両者の効果が抵触するからである。しかし，類型論による学説の考え方によれば，所有物返還請求権の付随的効果を定めた所有者・占有者関係の規定は侵害利得の特則であり，給付利得には適用されない。しかも，それは，所有者と直接の侵害者の間ではなく，対第三者関係に関する規定である。だから，両者は適用領域を異にし，したがって，抵触は生じない[79]。そうすると所有者・占有者関係は，侵害利得に関する対第三者関係（189条〜191条），および，費用利得（196条）に関する規定だということになる。以下では，不当利得しかも，侵害利得に限定せず，費用利得および損害賠償も含めた所有者・占有者関係の規定について概説することとしたい[80]。

（1）適法占有者の場合

　例えば，AがBに自己所有の建物を賃料月額10万円，期間3年で賃貸し

た。賃借期間中はBは賃借権に基づいて建物を「占有すべき権利」があるから，Bは適法占有者である。賃貸借の期間内にAがBに所有物返還請求すれば，Bは賃借権を占有すべき権利として抗弁できる。だから，所有者・占有者関係の規定（189条〜191条）もAB間には適用されない。Bの建物の使用利益は賃貸借契約の内容そのものであり，果実収取権（例えば，転貸の可否）もAB間の賃貸借契約で規定されている。さらに，Bが建物を損傷すれば，Bの賃貸借契約上の義務違反である。反対に，Bが賃貸借期間中に建物を修繕するなどして支出した費用の償還に関しても，賃貸借契約に規定がおかれている（608条）。つまり，所有物返還請求権の行使を受けない適法占有者と所有者の間の関係は，すべて占有者の占有すべき権利を基礎づける具体的な契約関係のルールによって規律されている。したがって，適法占有者には189条以下の規定の適用の余地はない。

（2）不適法占有者の場合

他方で，BがA所有の建物にAの許諾なく居住している場合は，Aが所有権に基づく妨害排除請求権を行使すれば，不適法占有者のBは建物を明け渡す必要がある。建物の滅失・損傷に関しては不法行為による損害賠償義務を負い（709条），建物の使用利益を返還する必要がある（侵害利得）。AB間の二当事者間には，所有者・占有者関係の規定が適用される余地はない。以上の理は，BがCに建物を売却，Dに建物を賃貸した場合でも同様のはずである。CおよびDは，（原則として）占有すべき権利を有しない不適法占有者だからである。ところが，189条以下は，（使用利益・）果実収取・損害賠償に関して，善意の不適法占有者C・Dを優遇する内容を規定している。以下では，まず特別な優遇の与えられない悪意の占有者について見ていくことにしよう。

2　悪意の占有者

【ケース1】⑴ Aの農園とその附属建物を，Bは自分に所有権その他の本権がないと知った上で，占有・使用し，農園の果実を収取し，さらに建物を損傷した。

⑵ ⑴で，Bは農園と建物を勝手に自己名義に登記し，Bに所有権がないことに悪意のCに売却して引き渡した。Cは⑴でのBと同じように果実を収取し，建物を損傷した。

第3部　侵害利得　第4章　所有権および割当内容を持った権利

(3) (1) で，B は B に賃貸権限がないことに悪意の D に農園と建物を賃貸して引き渡し，D は果実収取して建物を損傷した。

(1) の B は，上記した不適法占有者 B と事態は変わらず，しかも，B は悪意である。したがって，所有者 A は不適法占有者 B に土地・建物の返還とともに，農園の使用利益・果実の返還（703条，704条），および，建物の損傷による損害賠償を請求できる（709条）。以上の使用利益，果実の返還義務の根拠は，他人の物の無権限の使用・収益による侵害利得である（もっとも，使用利益は果実の返還義務に解消されることになると考えられる）。加えて，悪意の B は，他人の物を管理しているのだから，通常の用法で収取した収益（果実）の返還義務を負うと解すべきである。190条1項は，悪意の占有者に「収取を怠った果実の代価」の償還義務を負うと規定している。AB 間は侵害の当事者ではあるが，悪意の利得者として同様の理が当てはまる。(2)(3) の C・D に関しても，以上の理は全く変わらない。こういったケースで B，C が A からの使用利益・果実の返還義務，損害賠償義務を免れるのは，B，C が土地・建物を時効取得（162条1項）したときだけである。D の場合は，賃借権の時効取得（163条）である（時効の効果は遡及するから，不適法な占有期間についても所有権または賃借権という占有すべき権利があったことになるからである。144条）。

3　善意の占有者

（1）善意占有者の優遇

【ケース2】(1) B は A の農園と附属建物を勝手に自己名義で登記して，善意の C に売却した。C は B に代金を支払って農園・附属建物を使用・収益してきた。ところが，A から農園と附属建物の明け渡し，および，占有期間中の（使用利益・）果実の返還請求を受けた。

(2) (1)で B は善意の D に農園・附属建物を賃貸し，D は使用・収益してきたが，A から(1)と同様の請求を受けた。

【ケース2】(1)でも，C は不適法占有者であり，A が所有物返還請求権を行使すれば，農園・建物の占有を失う。しかも，本来は C は農園・建物の使用利益・果実を不当利得として A に返還し，建物の損傷については不法行為による損害賠償義務を負うはずである。しかし，189条1項は善意の占有者に収取した果実の返還義務を免じ，191条は滅失・損傷により利益が現存する限り

262

でしか損害賠償義務を負わないと規定している。また，果実ですら返還義務は
ないのだから，使用利益も同様と解されている。かつての学説は，同条の根拠
を，善意の占有者は自己に使用・収益権があると信じて占有物を利用する，か
つ，その場合には所有者も怠慢であったことが多いから，果実の返還，損害賠
償は善意の占有者に酷であるなどという，必ずしもはっきりしない理由で説明
してきた(81)。しかし，類型論は，以上の規定の意味をより具体化して，次の
ように説明している(82)。すなわち，善意の自主占有者Cは Bを所有者と信じ
て（善意），しかも対価を払って（有償），農園を使用・収益してきた。もちろ
ん，だからといって農園・建物の所有権自体を取得することはできない。しか
し，使用・収益の範囲では，Bから所有権を取得したというCの信頼を，使
用利益，果実の限りで免れしめ，かつ損害賠償義務も免じるという形で，同条
は保護している。つまり，所有権の取得にまでは至らないが，使用・収益の限
りでの「限定された」取引の安全が与えられていることになる。だから，以上
の規定は，いわば善意・有償の権利取得に対して「縮減された善意取得」が認
められたのと同じ機能を持っている，というのである(83)。したがって，【ケー
ス2】(1)の自主占有者Cとは異なり，(2)の賃借人D，つまり，他主占有者は
損害賠償義務を免れない（191条ただし書）。他主占有者Dは占有物を自己の物
と誤信して利用していたのではなく，賃貸人Bという他人の物として使用・
収益している。ゆえに，賃借人Dは帰責事由があって物を滅失・損傷すれ
ば，賃貸人Bに対して損害賠償義務を負うはずである（594条，616条，415
条）。だから，Aから損害賠償請求されても，Dは債務不履行にせよ不法行為
にせよ，いずれは負担すべき損害賠償義務を履行するにすぎないからである。
以上からは，所有者・占有者関係の規定は，善意・有償で権利取得した占有者
の取引の安全を部分的に保護する侵害利得の特則だということになる。

　ちなみに，Aから所有物返還請求を受けた買主Cは，BC間の売買契約を解
除して売買代金の返還（および，その利息）と損害賠償を請求するであろう
（561条，565条）。ただし，その際は，反対に，Cは農園・建物の使用利益・果
実はBに返還する必要がある（最判昭和51年2月13日民集30巻1号1頁）。もち
ろん，Aの土地所有権を侵害したBは，（Cから使用利益の返還を受けても，）A
に対しては使用利益・果実の返還はもちろん，損傷による損害賠償義務も負う
ことになる。だから，所有者Aからの所有物返還請求に対して善意の自主占
有者Cの使用利益・果実の返還義務を免じた189条1項の規定は，Cに契約相

第3部　侵害利得　第4章　所有権および割当内容を持った権利

手方Bとの契約の清算を部分的に保障した規定だと考えることもできる。

（2）無償取得者の場合

【ケース3】【ケース2】(1)で，BがCに農園・付属建物を贈与した場合，(2)でBがDに使用貸借したときはどうなるのか。

以上のように，189条1項の制度趣旨を，善意・有償取得者に与えられた部分的な取引の安全，ないしは，縮減された善意取得だと理解すると，無償取得者である【ケース3】(1) 受贈者，(2) 使用借人には，同項は適用されないことになる。ただし，この点は，192条に関しても学説は分かれており，それとパラレルな問題であると考える[84]。

（3）目的物の費消

以上のような所有者・占有者関係の規定の位置づけからは，善意の自主占有者といえども，占有物自体を費消した場合は，191条のルールとは別に，不当利得（侵害利得）の準則によって価格返還の義務を負う。例えば，BがAの牛を窃取して善意（・無過失）のCに売却し，Cが牛を費消して（食べて）しまった場合である。189条，191条は，物の使用・収益の限りで善意の自主占有者の責任を問わないとしているが，物の所有権自体を占有者に帰属させているわけではないからである。191条が物の滅失・損傷の後に現存利得があれば返還を命じているのも，その理を明らかにしたものである。

（4）取引によらない占有取得

今ひとつは，占有者が取引によらず占有を取得した場合に，189条以下の適用がないのは当然ではある（そもそも対第三者関係ではなく，所有権侵害の当事者である）。例えば，Aの所有する甲土地と隣接するBの乙土地の芝草をAが刈り取ったときは，善意のAにも善意取得の規定（192条）は適用されず，費消した芝草の損害賠償義務を負うとした判例（大判大正4年5月20日民録21輯730頁。同じく善意取得を否定した，大判昭和7年5月18日民集11巻1963頁も参照）も存在する。有過失を前提として不法行為責任を負うなら，不当利得（侵害利得）の返還義務を負うのは当然だからである。

ちなみに，以上の所有者・占有者関係の規定のルールは，動産の善意取得（192条），不動産の取引の安全を守る制度（わが国なら，94条2項，96条3項，545条1項ただし書，対抗要件法理による177条の準用など，および，債権法改正後の93条2項，95条4項など）よりも古くから存在した。かつて無権利者からの権

利取得がおよそ不可能だった時代は，時効取得，添付（例えば，BがAから寄託された小麦をCに売却しても，Cは権利取得しないが，Bが小麦を加工してパンにして所有権を取得すれば，Cはパン〔新物〕の所有権を有効に承継取得する）などの法制度が取引の安全を守っていた。さらに，かつてはドイツの普通法の時代には（ドイツ法で民事売買で動産の善意取得が認められたのは，ドイツ民法典ではじめてである），Aの動産を無権限でBがCに売却したが，Cが動産所有権を添付で取得したときは，AのCに対する不当利得返還請求は排除されるのかが議論されていた。このような問題視角も，善意取得のない時代に取引の安全をどのように保護するのかという試みの1つである。したがって，善意取得が民法典に規定された後は，以上の議論はAのCに対する不当利得返還請求を認めるという方向で収束している[(85)]（もっとも，同じ問題が，現在では「侵害利得の補充性（Subsidiarität der Eingriffskondiktion）」という形で，今一度ドイツでは繰り返されている。後述の「第5部 対第三者関係」を参照）。

4　給付利得との関係

以上のような所有者・占有者関係の規定の意味からは，189条～191条の規定は給付利得には適用されないことが判然とする。給付当事者間では，契約の巻き戻しでは無効・取消原因が，非債弁済でも現存利得の規定（703条）が利得者ないしは給付受領者の返還義務を決定するのであり，189条以下の規定の適用を観念する余地はない。特に，双務契約の巻き戻しでは，債権法改正で121条の2の規定が新設されてからは，この理は法規定のあり方からも明らかである。だから，所有権の移転を目的とする契約が無効・取消しとなったときに，不当利得と所有者・占有者関係のルールの齟齬を，占有者（買主）の果実の返還義務を免れさせる方向で解決する，我妻説のいわゆる「占有の不当利得」はすでに克服された議論である[(86)]。189条が適用される侵害者（不適法占有者）は果実の返還義務を免れるのに対し，契約の清算では給付受領者（占有者）が収益の返還義務を負うことの不均衡を理由に，同条の与える善意占有者の果実返還義務の免除を果実を消費・処分した場合に限定し，原物が現存すれば善意占有者もその返還義務を負うという一部の学説の制限解釈も合理性がないといえる。なぜなら，給付された目的物（占有物）の反対給付である代金に利息を付して相手方から返還を受けうる給付受領者とは異なり，189条の適用される

265

第3部　侵害利得　第4章　所有権および割当内容を持った権利

不適法占有者は，所有者に対して契約相手方に対する抗弁を主張できない。そういった意味で，不適法占有者の果実返還義務の免除と契約上の給付の受領者の果実返還義務の違った扱いは，すでにバランスがとれているからである(87)。

　ただし，親族会の同意なしで後見人Bが未成年者Aを代理してCに不動産を売却し，後にAが契約を取り消したケース（旧887条）で，善意の占有者C（買主）には使用利益・果実（他人から取得した賃料）の返還義務はないとした判例（大判大正14年1月20日民集4巻1頁）がある。もっとも，この事件では，買主Cは自分が支払った代金の利息を請求しておらず，売主Aに（法定）果実の返還請求を認めた上で，買主Cからの代金の利息の請求に対して，575条を類推適用したのと変わらない結果となっている(88)。

5　占有者の費用償還請求権

【ケース4】(1) BはA所有の農園の登記を勝手に自分名義にして，農園に植えられていた樹木の果実を収取したが，農園の固定資産税（必要費）を支払い，農園の排水工事も施していた。

　(2) (1)で，Bが農園をCに売却して移転登記も了した後に，Cは農園の果実を収取し，固定資産税を支払い，農園の排水工事も行っていた。

　(3) (1)で，Bが農園をDに賃貸して，Dが農園の排水工事を施していた。

　以上の(1)(2)(3)で，AからBないしはC，Dに対して所有物返還請求がされた。

（1）費用の分類

　費用ないしは費用利得に関して，民法は幾つか規定を定めているが（299条〔留置権者〕，391条〔抵当権の第三取得者〕，583条2項〔買戻し〕，595条〔使用借人〕，608条〔賃借人〕，993条〔遺贈義務者〕），196条は不適法占有者と所有者の関係について規定しており，そこでの費用の分類は他の規定でも196条と共通しており（299条，608条），同条の効果は他の規定でも準用されている（391条，583条2項，〔595条2項〕）。だから，196条は，費用利得に関する民法の基本的な考え方を表現していると考えることも可能であろう。

　費用とは，占有者が物を保存したり改良するために「物に支出した任意の，つまり，債務の履行のための給付ではない出捐」である。196条は，必要費と

有益費を区別している。必要費とは，物の現状を維持するための保存や管理のための費用である。建物の修繕費や租税の支払いなどがこれに当たる。有益費とは，土地の改良・利用のために支出した物の価値を増加させるための支出であり，土地の排水工事，道路の舗装などである。さらに，民法に規定はないが，冗費という分類がある。例えば，塗装の全く傷んでいない自動車に新たに違った色でメッキしたような場合である。これは費用支出者にとっては意味を持っていても，それ以外の人間にとっては無価値，場合によっては有害である。だから，冗費は費用償還請求権の対象ではなく，反対に，まずは収去義務が問題となる。冗費に関しては，当然に費用償還請求は問題外であることを民法は前提としている。

（2）必要費の償還

196条1項は，占有者の善意・悪意にかかわらず，所有者に対して必要費の償還を請求できると定めている（196条1項本文）。ただし，善意の占有者も果実を収取していたときは，通常の必要費は占有者が負担するとされている（196条1項ただし書）。善意の自主占有者が所有権の取得を信頼しているから果実を収取できるのなら，反対に，その信頼を基礎とするなら，通常の必要費を負担すべきことになる。だから，【ケース4】(2)で，悪意のCは果実の返還義務を負うが，Aに租税の償還を請求できる。善意の占有者Cは一方で果実の返還義務を免れるが，租税の償還を請求できない。Cが償還請求できるのは，通常ではない必要費，例えば，土地が崩落したときの工事費用などに限られる。さらに，必要費の償還が認められれば，占有者は償還を受けるまで占有物を留置できる（295条〔留置権〕）。だから，経済合理性のある使用収益をしていれば，果実は通常の必要費よりも高額だろうから，善意の占有者は悪意の占有者より経済的には有利な地位を取得していることになる。

（3）有益費の償還

他方で，(2)でCの支出した排水工事の費用は有益費である。ところが，必要費は物の現状を維持するための費用だが，有益費はそうではない。「いつ」「どのような」有益費を支出するのかは，物の所有者が決定すべきものである（私的自治）。だから，占有者が所有者に有益費の償還を請求するのは，「利得の押しつけ（＝取引強制）」になりかねない。そこで，196条2項は，有益費に2つの制限を設けている。第1に，有益費は増価が現存する限りで，かつ，回復者（所有者）の選択で「支出額」または「増価額」が償還される。当然に，

第3部　侵害利得　第4章　所有権および割当内容を持った権利

回復者は，その安価な方を選択するであろう。第2に，悪意の占有者に対しては，回復者の請求で，裁判所は相当の期限を付すことができる。つまり，悪意の占有者は，物を留置できず，回復者が増価を現実化させるまで，例えば，【ケース4】(2)では，排水溝の効果で，収穫が増え，有益費が回収できた時まで，その償還には猶予が与えられることになる。以上のルールは，【ケース4】(3)の他主占有者Dにも当てはまる。(2)の自主占有者とは異なり，Dは自分の賃貸人Bに対しても費用償還請求が可能である（608条）。しかし，196条は，所有者Aの利得に注目して，自主占有者と他主占有者を区別していない。だから，Dは費用償還に関して，債務者を2人（A，B）を持つことになり，特に，契約相手方Bの無資力の危険を免れることになる。

　付言すると，【ケース4】(1)では，Bは直接の侵害者であり，所有者・占有者関係の規定（189条〜191条，196条）の適用は本来は予定されていないと考えられる。しかし，まずは収去請求が問題となろうが，費用償還請求に関しては，196条の類推適用される余地も否定できないであろう。

Ⅳ　他人の物の費消

　他人の物を費消（燃料の消費，食料の消費など）すれば，有体物は消滅して，他人はその所有権を失う。だから，他人の物を処分して第三者に所有権を取得させた場合と同様に，侵害者は侵害利得による価格返還義務を負う[89]。だから，他人の物を消費した侵害者は，物（他人の所有権）を利得しているのであり，衡平説が説くように，利得債務者の「出費の節約」が利得ではない。したがって，侵害者は物の客観的価値の返還義務を負う。もちろん，侵害者に故意・過失があれば，不法行為による損害賠償の義務も負担する[90]。

　侵害者が善意の占有者であったとしても，物の費消には所有者・占有者関係の規定（189条〜191条）の与える取引の安全の保護は及ばないことは，前述したとおりである。具体例として，隣接する山林の雑草木を採取した者に対する山林の所有者からの雑草木の価格相当額の価格返還の請求を認めた判例がある（大判大正4年5月20日民録21輯730頁。雑草木は事実行為によって動産となったのであり，本来は不動産の一部で192条は適用されないと判示して善意取得の主張を退け，かつ不当利得の返還義務を認めたケースである。当時は，192条には，「取引行為によって」の文言はなかった）。

268

他人の物の費消のケースで利得消滅が認められる局面があるのかに関しては，例えば，四宮説は（代位物が生じた場合を除いて）侵害利得一般に関して，「返還義務者は，通常，価格償還義務を負担し，そして，価格償還義務を負う場合は，それが成立する時点で返還義務の範囲は確定するのを原則とする（『利得の消滅』が生じないから）ので，通常は，現存利得と『受けた利益（受ケタル利益）』との区別は実際的意味を持たない」と指摘している[91]。これは，二当事者間の侵害利得の事例では全く適切な指摘である。ただし，先述したように，窃取され転々売買された電線銅を商人から買い受けた者が，電気銅を費消したケースで，194条の回復請求権は原物返還が不能の場合は成立せず，しかも，電気銅の価格返還と代価弁償の差額の返還義務も認めなかった判例（最判昭和26年11月27日民集5巻13号775頁）からは，多数当事者の侵害利得では取引の安全が利得消滅の効果を与えていることになる。しかし，前述したように，これは判例による法形成の結果としての取引の安全の拡大であろう。

V　他人の物の使用・収益

1　直接の侵害者との関係

（1）他人物の使用・収益と不当利得

他人の物を無権限で使用・収益することも，所有権の割当内容を侵害することになるのは当然である。物の所有権には物の使用・収益・処分の権限が割り当てられており（206条），無権限での他人の物を使用・収益すれば，この割当内容に反しているからである。だから，他人の土地を無権限で使用・収益すれば，通常の賃料相当額（客観的価値）の不当利得返還義務を負うことになる。もちろん，侵害者に故意・過失があれば，同時に不法行為による損害賠償義務を負うのも当然である[92]。判例では，共有者の1人がその共有持分の割合を超えて共有物の全部の使用・収益をしたときは，（故意・過失があるときは，不法行為による損害賠償または）不当利得の返還義務を負うとしたものがある（大判明治41年10月1日民集14輯937頁，最判平成12年4月7日判時1713号50頁）。この理は，2021年の物権法改正で，249条2項で明文の規定がおかれた[93]。

（2）他人の物の使用の特性

ただし，（使用による損耗が問題となる動産・建物は別として）他人の土地の使

第3部 侵害利得 第4章 所有権および割当内容を持った権利

用では，他人の物の費消のように（例えば，土壌汚染などの例外的なケースを除いては，）有形的な損害を土地の所有者が被るわけではない。したがって，他人の土地の使用では，利得債務者の出費の節約が利得であるという衡平説の説明は一見説得力を持っているようにもみえる。しかし，そう考えると，例えば，BがAの土地に無権限で引湯管を設置して泉源から湯を引いたような場合（大判昭和10年10月5日民集14巻1965頁〔宇奈月温泉事件〕のようなケース）では，Bの利得は通常の地役権料（土地利用の客観的価値）ではなく，BがAの土地を使用せずに（大きくAの土地を迂回して）他の土地を経由して引湯管を設置したときに要したであろう支出が，Bの利得だと考える余地がある。仮にそうだとすれば，例えば，宇奈月温泉事件のようなケースでは，侵害者Bには非常に高額の不当利得の返還義務が課される可能性がある。そこで，衡平説は，「損失」の要件によって，Aの損失が不当利得返還請求の上限をなすと説明する。しかし，反対に，出費の節約が，通常の使用料よりも低額だったときは，Bの利得消滅を認めたのと同じ結果となりかねず妥当ではない。無権限で他人の物の所有権を侵害した結果が，通常の利得をもたらさないというリスクを，侵害者Bではなく権利者Aに帰責することになるからである。したがって，出費の節約という理論は，侵害対象の使用を利得と考えるのではなく，侵害の結果を利得と理解することで，余計な迂路を通っているのみならず，場合によってはミスリーディングでもある。土地所有者Aは侵害者に対して，通常の使用料相当額を侵害利得の効果として請求できるという，類型論の説明の方が妥当であろう[94]。

　ただし，所有者・占有者の規定（189条〜191条）は，善意の占有者に使用利益・果実の返還義務を免じることで部分的な取引の安全を与えている。したがって，善意の利得者の利得消滅は，以上の規定が適用される限りで，つまり，自分の契約の相手方から取得した占有すべき権利が契約外の第三者である所有者に対して効力がない場合に限って，他人の物の使用・収益に関して善意の利得債務者（占有者）に与えられていると考えるべきであろう。

　今ひとつ付言しておくと，いわゆる「事実上の契約関係（faktische Vertragsverhältnisse）というドイツの理論は（もちろん，その理論の射程は，他人の物・労務の利用に限られないが）他人の物の使用による侵害利得の請求が認められる限りでは，不要となったとドイツでも理解されている。具体的には，（ハンブルグの）公営駐車場に無断で駐車した者に対して，駐車場が駐車料金相当

額の支払いを求めたケースで，社会定型的な行為（駐車場への駐車）によって駐車料金表に応じた代金の支払い義務を生じさせる契約上の法律関係が発生した（事実的契約関係）という理由で，請求を認めたドイツの判例である[95]。もっとも，以上のようなケースで，不法行為による損害賠償請求が成立しないのは，駐車場は満車でなかったから（料金を支払って駐車しようという人間による駐車を妨げたわけではなく）損害がないという主張が認められるという，ドイツ法に特有の損害論が背景となっている。さらに，不当利得が根拠とされなかったのも，無断駐車した者が他の無料駐車場を探すのにどの程度の出費を要したのか，つまり「出費の節約」を基準とすることで，問題が複雑となったからである[96]。したがって，他人の物の使用でも，使用自体が利得であり，使用の価格返還は客観的価値（市場価格）であると考えるなら，その射程どころか妥当性自体にも疑義のある事実的契約関係の理論を持ち出す必要はなくなる。

（3）財貨の商業化

ただし，他人の物の無権限の利用のケースで，使用利益の返還に関する法的な理論が変化してきたのは，単に不当利得の理論が発展してきたからではない。他人の物の「収益」ではなく単なる「使用」に対して，侵害者の「出費の節約」ではなく，物の使用の「客観的価値（市場価格）」の返還というサンクションを科すことの妥当性を誰も疑わなくなったのは，取引社会の進展による全ての財貨の「経済財化」ないしは「商品化」のゆえである。つまり，たとえ権利者が使用しておらず，しかも，使用する可能性もなかったときでも，物の使用ないしは使用可能性を利得しているとされるのは，全てのものを商品化・金銭化する可能性が承認されているからであろう。割当内容を持った権利を，類型論が法的地位・財貨の「金銭化の独占」とか「侵害に対して有償で同意を与える権限」と定義するのは，このような事情を反映していると考えられる。だから，ある権利，法財産がそのような性格を有していると認められれば，使用による侵害の場合でも損失の要件が具備されないとはいえないことになる。要するに，そういった排他的地位が侵害された場合の反動的請求が，侵害利得だからである。その際に，利得に関しては，他人の割当内容を持った法的地位を直接に侵害した者は，侵害による利得はないと主張することはできない，と考えるべきであろう。

さらに，割当内容を持つ権利が徐々に拡大して，人格権の商業的利用の可能性までが人格権の主体に割り当てられていると考えられるに至れば，物の使用

第3部　侵害利得　第4章　所有権および割当内容を持った権利

（可能性）が侵害利得の対象となるのは当然である。そう考えると，社会類型的に契約関係を成立させる行為（公共交通機関の利用，駐車場の利用など）に限って使用の対価を事実的契約があると説明したり（事実上の契約関係の理論），他人の物の使用による利得を「使用」自体ではなく，権利者の「使用可能性」を利得していると説明するのは，商業化・金銭化に至るプロセスとしての根拠づけであろう。以上のように考えると，類型論と衡平説は，理論的には整理の仕方の違いにすぎないという側面もあるが，財貨の商品化が進展した状況に即応しているのは類型論だということも可能だと考える。

（4）借地・借家関係での不当利得

　他人の物の使用による侵害利得では，借地・借家の返還義務に関して同時履行関係が主張されたときに問題となった事例が多い(97)。

　(a) 判例は，借地借家法の建物買取請求権を行使して，賃借人が建物の引渡しと敷地の返還の同時履行関係を主張したとき（大判昭和11年5月26日民集15巻998頁，最判昭和35年9月20日民集14巻11号2227頁，借地法10条による建物買取請求権），あるいは，留置権を行使したときも（大判昭和18年2月18日民集22巻91頁，借地法4条の建物買取請求権），敷地の占有は同時履行の抗弁権または留置権の行使の反射的効果にすぎず，占有者はその敷地の使用・収益をする権限，占有を適法ならしめる権利を持っていないとして，賃料（地代）相当額の使用利益の返還を命じている。

　(b) 建物の賃貸借が終了したときに，賃借人が必要費・有益費の償還請求によって建物を留置した場合でも，判例は留置権の298条2項ただし書の「物の保存に必要な使用」だとして建物の使用を認めながら（大判昭和10年5月13日民集14巻876頁），同時に積極的に利益を享受できるわけではないとして，賃料相当額の不当利得の返還義務を認めている（大判昭和13年12月17日新聞4377号14頁）。

　(c) 以上をどう考えるのかだが，例えば，双務契約による契約当事者双方の履行請求権の間で同時履行の抗弁権（・留置権）が主張されるときは，互いに対価的なバランスがとれた双方の給付が未履行の状態にある。だから，そういった状況には，575条が用意されている。さらに，例えば，他人の物を修理した者が留置権を主張するときは，留置権者は留置物の保存に必要な使用（298条2項ただし書）を行っており，物の占有に関して不当利得は問題にならない。しかし，反対に，留置物を継続使用したときは，使用利益・収益を不当利得として返還する必要があると解されている（ただし，使用利益・収益を自己

272

V　他人の物の使用・収益

の債権の優先弁済に充てることができる。297条1項)(98)。

　ところが，建物買取請求権を行使する場合は，買取請求権と対価的関係に立つのは敷地の利用権ではなく，建物使用である。また，必要費・有益費の償還請求と建物の使用とは対価関係にあるわけではない。つまり，以上のいずれでも，「その物に関して生じた債権」（295条1項本文）の要件の充足が，そもそも問題となるケースである。したがって，敷地の利用および建物の利用に関しては，買取請求権者，賃借人は不当利得返還義務を負うと考えられる。問題は，その際の価格返還の算定基準である。判例・通説は，賃料相当額が不当利得の対象であると解している(99)。しかし，買取請求権および必要費・有益費の償還請求権が行使される局面は，賃借人の占有が不適法ではないにせよ賃貸借契約はすでに終了している。その際に，敷地・建物の客観的な使用料相当額が，具体的な賃料の額と必ずしも一致するとは限らない。しかも，賃貸人が建物買取代金，費用の提供をすれば，買取請求権者，賃借人はいつでも土地・建物を引き渡さなければならないのであり，確実な賃借権に基づいて敷地・建物を利用している場合と等価の使用利益を得ているとはいえない。したがって，買取請求権者，賃借人が返還すべきは，敷地・建物の客観的な使用料相当額だとする見解もある(100)。以上で主張されている論拠だけを取り上げれば，賃料相当額ではなく客観的な使用料相当額が不当利得返還請求の対象だという見解には，大いに説得力があるといえる。しかし，建物買取請求権，費用償還請求権を主張して敷地・建物を留置する場合は，多くは従前の賃貸借契約が継続しているのと同様の状況で，買取請求権者，賃借人は敷地・建物を利用している。加えて，その請求権と対価関係にはない物を，請求権者は利用している。借地の無断譲渡・転貸による建物買取請求権（借地10条，借地借家14条）の場合は，利用状況については必ずしも従前と同様とはいえないが，ここでも留置権の主張によって本来は賃貸人に対抗できない敷地の利用が行われている。そういった観点からは，対価的関係が存在しない物に対して留置権を認める代償として（もちろん，物の処分価格が客観的価値と推定されるのと同様に，合意した賃料は客観的な使用料相当額の推定という意味でも），いわば賃貸借契約の存続を擬制して賃料相当額の使用利益を認めたのが，以上の判例であると理解することも可能であろう。ちなみに，以上は賃料相当額が客観的使用料相当額と同一な場合であり，賃料相当額が安価な場合には，客観的な使用料相当額が返還されるべきであろう。

273

第 3 部　侵害利得　第 4 章　所有権および割当内容を持った権利

2　他人の物の賃貸借・転貸借

（1）他人の物の賃貸借

　他人の物の無権限での賃貸借は，所有者に属する使用価値を侵害しているか
ら，当然に不当利得の返還義務を負う[101]。裁判例も同様の理を認めている
（例えば，広島地判昭和52年5月30日判時883号74頁。土地所有者の賃貸の追認で
〔116条の類推〕，無権限の賃貸人ではなく，土地所有者・賃借人間に賃貸借が成立す
るとしている）。ただし，不当利得返還請求の対象は，客観的な賃料相当額か，
合意した賃料かという問題が存在する。しかし，ここでも，他人の物の処分と
同様であり，具体的に合意した賃料が市場価格と推定されるものと考える[102]。

（2）他人の物の転貸借

　賃借人（B）が賃借した不動産を賃貸人（A）の許諾なしで第三者（C）に転貸して
転貸賃料を収取した場合，AはBに対して，賃料以上の転貸賃料を請求でき
るのか，あるいは，差止めまたは賃貸借契約を解除できるに止まるのかという
問題がある。ドイツ法では判例・学説上の議論があるが，わが国では未だ取り
上げられたことはない。ドイツの判例は，一貫して転貸賃料の請求を認めない
が，学説には肯定説と否定説がある。ただし，肯定説でも，多くの学説は，賃
貸人が請求できるのは，賃貸料と転貸賃料の差額ではなく，賃貸人が転貸に同
意を与えたとすれば，賃借人から支払われるであっただろう転貸割増の請求が
可能だとしている[103]。つまり，ここでも，賃借人があげた利益の返還ではな
く，賃貸人（所有者）には，他人の侵害に対して有償で同意を与える権利が帰
属すると考えていることになる。

Ⅵ　添付による所有権の取得

1　利得が法律の規定によって生じる場合

　一定の法律事実の発生によって財貨の得喪が生じることを，法律が定めてい
る場合が存在する。すなわち，消滅時効，取得時効，添付，善意取得（192
条），遺失物拾得（240条），受領権者としての外観を有する者に対する弁済
（478条）などの規定である。このような場合に，損失者から利得者への利得移
動が不当利得を発生させるのか否かは，法律の規定が権利移動により終局的な

274

財貨の帰属を権利取得者に認める趣旨か否かによって決定されることになる。具体的には，(ア) 取得時効，消滅時効，善意取得（ただし，無償取得の場合には見解が分かれている）では，法規定が終局的な財貨帰属・消滅を定めたものだから，不当利得を発生させない。遺失物に関しては，所有者が不明の場合に，拾得者への財貨帰属が定められている（240条，遺失物法14条）。(イ) これに対して，受領権者としての外観を有する者への弁済（478条）が有効な弁済となるのは，善意・無過失の債務者の二重弁済の防止（という取引の安全）のためであり，債権者と弁済受領者の間での債権の帰属自体を変更するものではない。したがって，債権者から弁済受領者への不当利得返還請求が可能となる。ただし，これは他人の債権の侵害による利得であり，次章（第5章）で取り上げることとする。(ウ) 添付による所有権の取得では，所有権を喪失した者の不当利得返還請求権を，法規が明文で規定している（248条）。したがって，法律上の規定による所有権の原始取得で，侵害利得の対象となるのは添付による所有権の取得だけだということになる[104]。

2　添付による所有権取得と侵害利得

付合・加工・混和による所有権の取得は，所有者の異なる有体物の物理的な結合により，分離が不可能ないしは分離による経済的損失のゆえに，あるいは，取引の安全のために，結合した有体物の一方の所有者の所有権が失われる結果であって，財貨の終局的な帰属を意味するものではない。だから，法規定自体も，所有権を喪失した者からの不当利得返還請求権を定めている（248条）。ただし，添付によって不当利得が生じる局面には，様々な位相がある。すなわち，(ア) 例えば，売買契約は無効だったが，契約に基づいて給付された有体物の所有権を添付により買主が取得した場合は，給付利得で原物返還が不能となり価格返還が指示されているにすぎない。以上とは異なり，(イ) 所有権を失った者が添付させた場合と，(ウ) 所有権を取得した者が添付させた場合とでは，異なった扱いがされる必要がある。なぜなら，前者(イ)は，いわゆる「利得の押しつけ」のケースであり，支出利得（費用利得）の一環だからである。したがって，侵害利得の成立するのは，最後の(ウ)のケースである。同じく有体物所有権の侵害でも，費消と同様に添付では，その効果が物の客観的価値であることは疑問視する余地がない。他人物の処分，他人物の賃貸など（「法律行

第3部　侵害利得　第4章　所有権および割当内容を持った権利

為による利得」）とは異なり，「事実による利得」だからである。

　ちなみに，ローマ法の時代には，第三者の取引の安全を守る法制度として
は，今日の取得時効に当たる使用取得（usucapio）と添付は重要な意味を有し
ていた。例えば，Aが小麦を寄託したBが，小麦をCに売却したとき，Cは
所有権を取得できない（善意取得は存在しない）。しかし，Bが小麦を加工して
パンにして，Bが新物（パン）の所有権を取得すれば，Cは加工でBに帰属し
た「新物」の所有権を取得する。したがって，善意取得，第三者保護の規定
（わが国では，93条2項，94条2項，95条4項，96条3項，545条1項ただし書など
の規定，および，第三者を保護する法理）ができてからは，添付が取引の安全の
ために果たす役割は非常に小さくなった（所有者・占有者関係に関する規定も参
照）。

　もちろん，現代でも添付による所有権の原始取得での侵害利得がシリアスな
問題となるのは，対第三者関係である。その例が，添付による他人物の所有権
の侵害が，同時に侵害者に対する第三者の給付となっている場合である。具体
的には（現実にはドイツで争われた事例だが），(ア) 請負人Bが建築資材商Aか
ら（延長された）所有権留保で買い受けた建築資材を，注文者Cの建築物に付
合させたケース，(イ) 請負人Bが注文者Cを無権代理して建築資材商Aから
配管材料を購入して，Cの家屋に付合させたというケースである。以上のケー
スでは，建築資材，配管材料が注文者(C)の建築物に付合していなければ，給
付者(A)は，注文者(C)から自己の所有物の返還を請求できたはずである。さ
らに，中間者の請負人(B)に資力があれば，給付者AはBに対する代金請求ま
たは無権代理人の責任を追及して売買代金の弁済を受けられたはずである。し
かし，中間者Bが無資力だったため，Aは付合によって所有権を取得した注
文者Cに対して不当利得（侵害利得）の返還を請求した。だから，単純化して
しまえば，添付によって所有権を取得した第三者Cが，自己の契約相手方B
に対する対価支払いを，損失者Aに対して利得消滅の抗弁として主張できる
のかが問われている事案だと考えることもできる。しかしながら，Cの対価支
払いは，契約の相手方Bに対する契約上の抗弁だから，Aの物権的請求権に
代わる侵害利得に対しては主張できないはずである。そこで，ドイツでの法律
構成としては，(ア)は「侵害利得の補充性（Subsidiarität der Eingriffskondiktion）」
（その意味は必ずしも一義的ではないが，AのCに対する侵害利得の請求は，AB間
の給付関係に対して「補充的」だという理論である）という形で議論されてお

276

り，(イ)では，給付関係を給付者 A の視角から（A・C 間の給付関係と）決定するのか，給付受領者 C の視角から（B・C 間の給付関係）と決定するのかという形で議論されている。したがって，ここでは添付での償金請求の規定（わが国の248条に当たる，ドイツ民法951条）は，添付による利得移動の当事者間（A・C 間）で即座に請求権を基礎づける規定（ドイツ法では，これを「法効果の指示（Rechtsfolgeverweisung）」という）なのか，単に請求が可能な場合の根拠規定（これを「権利の根拠の指示（Rechtsgrundverweisung）」という）にすぎないと考えるのかという点を確認して，具体的な検討は「第5部 対第三者関係」に委ねることとする。

　ただし，わが国での類似した問題に言及しておくと，注文者 C から建物の建築を請け負った元請人 B が，中途で工事を中止して注文者 C と請負契約を合意解除し，未完成建物の所有権は注文者 C に帰属すると合意した。ところが，現実には建物の建築は下請人 A が中途まで工事を進めていて，（元請人 B からの請負代金の支払いがないので）自分に所有権の帰属した未完成建物（不動産にはなっていない動産である建前）を留置していた。それにもかかわらず，注文者 C が他の請負人 D に残工事を完成させて，加工の法理で完成建物の所有権を取得した（最判昭和54年1月25日民集33巻1号26頁）。その結果，下請人 A からの注文者 C に対する不当利得返還請求の成否が問われることになる（ただし，上記の最判では，建前への残工事がなされた場合は，完成建物の所有権の帰属は付合ではなく，加工の法理〔246条2項〕で決されるという点が問題にされたにすぎない），という形でほぼパラレルな問題が発生する[105]。ここでの下請人 A の注文者 C に対する請求がいわゆる転用物訴権と異なるのは，転用物訴権では給付者 A の契約外の第三者 C に対する侵害利得による追及ではなく，給付者 A の第三者 C への物権的ではない追及が問題となっていることである。これも，「第5部 対第三者関係」での課題である。

VII　制限物権の侵害

　制限物権には，所有権の割当内容のうちの使用・収益権（用益物権）または処分権（担保物権）が排他的に帰属している。ただし，制限物権，特に，担保物権の侵害は，例えば，優先弁済権のある抵当権者に配当がされなかったときに，抵当権者から弁済受領者に対する不当利得返還請求という形で（例えば，

第3部　侵害利得　第4章　所有権および割当内容を持った権利

最判平成3年3月22日民集45巻3号322頁），執行法上の不当利得として問題になることが普通である。そこで，「第7章　執行行為による利得」で取り上げることとする[106]。

I　弁済受領権限のない者への弁済

◆ 第5章 ◆　他人の債権の回収による侵害

I　弁済受領権限のない者への弁済

　無権利者が他人の債権の弁済を受けても，弁済は原則として有効にはならない。したがって，弁済者は無権利者に弁済しても債権者への弁済の義務を免れず，かつ無権利者に対しては弁済を非債弁済の不当利得として返還請求できる（最判平成17年7月11日判タ1192号253頁）。もっとも，例えば，無権利者が受領した弁済を真実の債権者に交付したような場合は，債権者がこれによって利益を受けたときに限り，弁済は有効となる（479条）。なぜなら，弁済者（債務者）Aが無権利者Bに不当利得返還の請求をして，しかる後に弁済者Aが債権者Cに弁済するのでは，「無用ノ煩雑ヲ招ク」からである[107]。479条のルールは，フランス民法旧1239条（現行1342条の2）を継受したものであるが（ドイツ法でも普通法の時代から同様に解されてきた[108]），この場合には不当利得の問題は発生しない。目的到達による債権の消滅の一例である。

　ただし，善意の債務者の取引の安全のために例外的に弁済が有効とされている場合がある。表見弁済受領権者に対する弁済である（478条）。478条の要件が満足されれば，表見受領権者に対する弁済は有効となり，債権は消滅すると解されている。しかし，ここで弁済が有効とされるのは，あくまでも弁済者（債務者）の二重弁済の防止のためであるから，それによって債権の帰属それ自体が変更されたわけでない。つまり，弁済受領者は他人の債権を回収することで，債権の帰属を侵害していることになる。だから，弁済者が弁済受領者（表見受領権者）に対して弁済を非債弁済として返還請求することは可能であるし，かつ債権者に弁済しても非債弁済とはならないと解すべきであろう[109]。判例（大判大正7年12月7日民録24輯2310頁）では，表見弁済受領権者（改正前478条の準占有者）への弁済は有効な弁済であるとして，債務者からの弁済受領者に対する不当利得返還請求を退けたものがある。しかし，善意の弁済者に債権者に対して弁済を拒絶する抗弁権を与えたのが478条であり，弁済者は弁済受領者に対して非債弁済の不当利得返還請求が可能だと解すべきである[110]。

第3部　侵害利得　第5章　他人の債権の回収による侵害

Ⅱ （旧）債権者の債権譲渡後の債務者の旧債権者への弁済

　無権利者に対する弁済ではないが，債権者が債権を譲渡して，譲受人が対抗要件を備えない間に債務者が（旧）債権者に弁済したときは，譲受人（新債権者）は債務者に対して弁済の有効性を争えない。しかし，譲渡人（旧債権者）が債務者から弁済を受けることは，譲受人（新債権者）に対する債権の侵害であるから，譲受人は譲渡人に対して弁済を不当利得として返還請求できる（大判明治37年5月31日民録10輯781頁）[111]。債権譲渡の登記を具備したが（動産債権譲渡特例法4条1項），債務者に対する通知または債務者の承諾のない間に（同法4条2項），債務者が譲渡人に弁済した場合も同様である。

Ⅲ　無権利者への弁済の追認

　弁済受領権限のない無権利者に弁済しても，当然のことながら，債務は消滅しない。債権者は，債務者に対して債務の履行請求が可能である。ただし，この場合でも，表見弁済受領権者に対する弁済の場合と同様に，債権者は弁済受領した無権利者に対して，不当利得返還請求できないのかが問題となる。

　19世紀のドイツの普通法では，事務管理は，(i) 利他的意思で他人の事務を処理する「真正事務管理」，(ii) 他人の事務を自分の事務と誤信して事務処理する「誤想事務管理」，(iii) 他人の事務をそれと知って故意に自分の事務として事務処理する「不真正事務管理」に分かれていた。しかし，利他的意思を事務管理の要件とし，真正事務管理だけを事務管理として承認し，誤想事務管理を不当利得の問題とした上で，（始めは廃止した）不真正事務管理を準事務管理として残したのが，現行のドイツ民法である。つまり，かつては，他人の債権を無権限で回収した者（事務管理者）に対しては，本人（債権者）の無権利者に対する弁済の引渡請求が可能だった。ところが，現行法では，事務管理は成立せず，債権が消滅しないために，損失の要件は具備されず，不当利得も発生しないとも考えられる。さらに，準事務管理で保護される権利は，ドイツの不法行為法によるサンクションの対象となる権利に限られると解されている（「第8章　準事務管理」を参照）。その結果，他人の債権を無権限で回収した場合の債権者の保護には法の欠缺が発生することになった。そこで，ドイツ法では，債権者が弁済を追認すれば有効な弁済となり，債権者の損失が発生するから，弁

280

済受領者に対する不当利得返還請求権（ドイツ民法816条2項）が成立すると解して，債権者の弁済受領者に対する不当利得返還請求が認められている[112]。

　わが国でも，債権者の弁済受領者に対する不当利得，不法行為による請求に対して，弁済受領者が（損害・）損失はないと抗弁したのに対して，判例（最判平成16年10月26日判タ1169号115頁）は，自分で債権者として弁済を受けながら，債権は消滅していないから，債権者に損失はないと主張することは，信義則（矛盾行為の禁止）に反するとして，債権者の弁済受領者に対する不当利得返還請求を認容している。無権利者への弁済によってますます無資力となった債務者ではなく，弁済受領した資力のある無権利者に対して返還請求したいという債権者の選択権が認められてしかるべきだから，判例は妥当であろう。さらに，損失の要件を充足させるためには，債権者の追認を観念することは有益だと考えられる[113]。ただし，このような債権者から弁済受領者への不当利得返還請求に不都合があるとすれば，債務者の弁済受領者に対する不当利得返還請求権を差し押さえた債務者の他の債権者の利益との抵触である。しかし，ここでの差押えの対象は無権利者への弁済の結果という偶然の産物であり，差押債権者の利益は債務者の他の財産に執行することで十分に保護されていると考えるべきであろう。さらに，479条は，弁済受領者の債権者への弁済で債権は消滅すると規定しているから，その限りで差押債権者の利益に対する債権者の利益が優先されていると考えることも可能であろう。

　同様に債権者の弁済受領者に対する不法行為を根拠とする損害賠償請求も可能である（最判平成16年4月20日家月56巻10号48頁，最判平成23年2月18日判時2109号50頁）。

第3部　侵害利得　第6章　知的財産権およびそれに類似した権利の侵害

◆ 第6章 ◆　知的財産権およびそれに類似した権利の侵害

I　知的財産権の侵害の特殊性とその保護

　特許権，著作権を始めとするいわゆる無体財産権ないしは知的財産権は，その侵害が侵害利得の返還請求権によるサンクションを基礎づける割当内容を持った権利だと考えられている。もちろん，物理的に限界づけられた支配領域が排他的な権利の対象とされている有体物所有権とは異なり，知的財産権は発明・発見の促進のために人工的に認められた権利である。したがって，知的財産権に有体物と同様の排他的な権利保護を与えることは，必ずしも自明の理ではない。事実として，かつてドイツ法では無体財産権（知的財産権），例えば，特許権の侵害では，特許権の侵害者といえども侵害者は自己の生産活動によって利益を実現した，特許権者は侵害がなくても侵害者が獲得したであろうような利益は上げ得なかったであろうから損失はないなどの理由で，不当利得によるサンクションが否定されていた時代も存在した。しかし，先にも述べたとおり，利得を利得債権者の財産上の差額と考える立場（総体差額説）から，割当内容を持った権利の侵害が不当利得であると考える類型論（割当内容説）への転換により，知的財産権の侵害が不当利得を発生させることは，もはや今日では疑われることがなくなった。もちろん，そういった事情の変化の背後には，著作権ではそのことはすぐに見て取れるように，有体物としての製品より製品の中の無形の著作内容（知的財産権）のほうが重要であるという製品・生産様式の変化，および全てのものを金銭化して評価するという社会の商業化の進展が存在することはいうまでもないであろう。さらに，翻って考えれば，有体物にも自由財が存在するように，有体物といえどもそこに排他的権利が認められるのは，そのことで市場経済を促進し生産の発展，ひいては社会全体の富の増加を促進しようという，人為的な目的のゆえだといえないこともない（その限りでは，自然権とインセンティブのための権利だという考え方との違いは相対的である）。

　ところで，同じく権利者に排他的な帰属が認められているといっても，知的財産権と有体物所有権とではその権利保護が可能となる形態は相当に異なって

282

いる。というのは，知的財産権は有体物とは違って，有体物の存在するところ以外でも侵害が可能である。つまり，侵害の場所的な限界がないから，侵害に対する完全な防御措置を講じることは不可能であり，かつ侵害が発生してもそもそも発見がしばしば困難で，差止めも困難である。したがって，知的財産権の保護のためには，妨害排除よりも損害賠償に比重がかからざるを得ない。しかも，不特定物では反復的に処分される市場価格が存在し，特定物でも市場で一回売却すれば価値実現が可能で，客観的価値の算定が比較的容易な有体物とは異なり，知的財産権はそれを継続的に使用した製品の市場での販売ではじめて価値実現できる権利だから，その利用形態によって財産的価値は一定しない。その結果として，損害賠償額の算定は困難であり，かつ客観的価値の算定の方法によっては，かえって侵害を助長する結果となる。知的財産権を侵害しても，単にその客観的価値の返還を指示されるにすぎないのであれば，優れた製造設備・販売網を持つ侵害者は侵害により利益を得ることになるからである。したがって，知的財産権の客観的価値の算定の仕方にもよるが，単にライセンス料相当額の返還を指示しただけでは，こういった権利の十分な保護にはならない[114]。先に紹介した（知的財産権の侵害を主な考察の対象としている）いわゆる違法性説が侵害利得の効果として，客観的価値の返還ではなく利得者の利益の剥奪を指示しているのも，このような事情が関係していると考えられる。以上の問題に対する通説的な類型論の解答が，故意・過失のない侵害に対しては客観的価値の返還を対象とする不当利得の返還義務，過失のある侵害者には不法行為による損害賠償，加えて，悪意（故意）の侵害者には準事務管理による利益の剥奪を指示するという3種類のサンクションの分類である（ただし，以上のサンクションは，知的財産権の侵害のみならず，他人の物の処分による侵害の場合でも，共通に認められている）。他方で，知的財産権の侵害に対しては，特許法などでは，不法行為による損害賠償として，損害の賠償，実施料相当額の賠償，利益の返還というサンクションが認められている[115]。

II　類型論の立場と現行法の関係

1　以上の知的財産権の侵害に対する不法行為による損害の賠償，実施料相当額の賠償，利益の返還という3種類のサンクションは，知的財産権の故意・過失に基づく侵害に対して不法行為による損害賠償の3つの計算方式としてド

第3部　侵害利得　第6章　知的財産権およびそれに類似した権利の侵害

イツ法で承認されてきたものである。さらに，ドイツの判例は，こういった保護を著作権，特許権に始まって，それ以外の商標権などの権利に拡大してきた。さらに，その際に，わが国でも実施料相当額の損害賠償は損害として説明されるべきものではなく，実は不当利得であると理解されることがある(116)。

　　2　わが国では，例えば，特許法102条は1998年の改正前には，その1項で侵害者が侵害行為により得た利益は権利者の損害額と推定する，2項は侵害者に対して特許権の「実施に対し通常受けるべき金銭の額に相当する額の金額」を自己が受けた損害額として損害賠償できる，3項では2項の損害を超える賠償は妨げないが，侵害者が軽過失である場合には（実施料相当額を下回らない範囲では）賠償額を定める際にそのことを考慮できる，と規定していた（同様の規定が，著作権法114条，商標法38条，実用新案法29条，意匠法39条等にも存在した）。以上の規定は，元来は（1959年の改正の際に）上記のドイツ法の影響を受けて，侵害者の利益の返還を説く提案とともに審議されたものだった。しかし，なぜ民法の不法行為の準則では認められない侵害者の利益の返還が容認されるのかが問題とされ，立法者は当時の通説であった我妻説に倣って，特許権侵害は権利者が利益を上げ得たのかどうかを問題とすることなく，侵害者の利益を権利者の損害とするのが妥当だが，その際に侵害者の特殊な才能や機会に恵まれて上げた利益は侵害者に保持させるのが適切だとされた。このような妥協の結果として成立したのが，旧102条1項の規定である。したがって，以上は不法行為による損害賠償の規定だということになる(117)。

　　3　他方で，わが国の類型論に属する学説には，以上のような立法に対して批判的なものもあった。その理由は，実施料相当額は本来は故意・過失によることなく，不当利得として返還請求が認められるべきだというのである。もっとも，特許法103条は過失を推定するから，その違いは相対化されている。さらに，侵害者の利益の返還には，侵害者が悪意の場合に限って（準事務管理）根拠づけることが可能であり，過失では足りない，などである(118)。しかし，立法の経緯，過失の推定規定が存在するとはいえども，以上の規定が侵害者の故意・過失を前提としていることからは，特許法102条は侵害が容易な権利である特許権の侵害に即して，損害賠償の準則を規定したものであると考えるべきであろう(119)。準事務管理をどう構成し，どのような効果を付与するのかは

別として（後述），不当利得は侵害者に故意・過失がない場合でも，権利者への権利の帰属割当を回復させるミニマムの請求である。もちろん，使用料相当額の算定は，侵害が行われる以前ではなく，具体的な事情も含めて侵害後に事後的に算定されるべきであろう。したがって，そこでは特許権侵害の防止・サンクションという側面は基本的には考慮されていないと考える。その結果，特許権侵害では（も）不法行為と不当利得とは請求権競合の関係に立つことになる。もちろん，侵害者の利益を権利者の損害とみなすという考え方は，伝統的な損害賠償に関する差額説（Differenztheorie）とは別の規範的な損害概念に依拠しているといえる[120]。したがって，その限りでは不法行為の効果が変質することで，知的財産権の侵害では結果的に不法行為と不当利得の効果が重なり合う可能性は十分にありうる。ただし，特許権侵害では，裁判例のほとんどは特許権の実施料額を返還すべき額としているから，侵害利得による請求の実益はないようにもみえる[121]。しかし，そうだとしても，例外的に侵害者の過失の推定が覆されたとき，および，不法行為による損害賠償請求は3年で時効消滅する場合があるから（724条1号），不当利得はそういった場合に権利者の請求を基礎づけるという意味を持つことになる[122]。

4　以上の1998年改正前の特許法の規定は，権利者の逸失利益の賠償請求での因果関係の推定が困難（他に代替品があれば，侵害と損害の間の因果関係が破られるなど），侵害者の利益の推定は権利者が特許の不実施の場合には機能しない，そのために多くの事例でライセンス料の返還を求めたのと変わらない結果となり，特許権の侵害を助長する結果となっていると，裁判実務では批判されていた。そこで，（特許法以外の法律でも同様に，）1998年の法改正で特許法102条1項が付加され，特許権の侵害者が侵害の行為を組成した物を譲渡したときは，その譲渡した物の数量に，特許権者がその侵害がなければ販売することができた物の単位数量当たりの利益の額を乗じた額を，特許権者が受けた損害の額とすることができるとされ，加えて，3項（改正前の2項）から「実施に対し通常受けるべき金銭の額」から「通常の」が削られた。ただし，1項には，「特許権者が譲渡数量のすべてを販売することができなかっただろう事情のあるときは，その数量を控除する」というただし書が付されていた[123]。しかし，2019年には，侵害者が侵害によって製作した物を譲渡したときには，特許権者の生産能力を超えるとして控除されていた部分について，その数量に応じ

第 3 部　侵害利得　第 6 章　知的財産権およびそれに類似した権利の侵害

た実施料相当額の賠償を認めることを明文で規定する法改正がされた（102条
1 項 1 号・2 号）。加えて，実施料相当額の損害賠償額の算定では，特許権侵害
があったことを前提に交渉した場合に決定されるであろうライセンス料を考慮
して，裁判所は実施料相当額の賠償額を決定できることとされた（同条 4
項）[124][125]。

Ⅲ　知的財産権に類似した権利の保護

1　一般に知的財産権として承認された権利以外でも，その侵害に対して侵
害利得による法的サンクションが与えられる権利も存在する。例えば，芸能
人，タレントなどの商業的価値を持った有名人の肖像権などであり，それを宣
伝・広告などに利用するときは，有償・無償にかかわらず本人の許諾を受けて
いることからも，その権利性は社会的に承認されている。したがって，このよ
うな者の肖像権，氏名権が侵害された場合には，単に人格権侵害を理由に不法
行為による慰謝料請求ができるに止まらず，侵害者に故意・過失がない場合で
も，肖像・氏名の使用による客観的価値を不当利得として返還請求することが
可能である（非有名人の人格権侵害では，不法行為による慰謝料請求に限られる。
要するに，非有名人の人格権には割当内容がないからである）。もちろん，侵害者
に故意・過失があれば不法行為による損害賠償請求権が発生し，（肖像権，氏名
権の財産的側面に対する）不法行為による損害賠償請求権と，侵害利得による
価格返還請求権は請求権競合の関係に立つことになる。このような人格権・プ
ライバシーの財産権的側面はパブリシティと呼ばれており，パブリシティには
割当内容があると考えられている[126]。一般的に割当内容のある権利といえる
には，権利侵害に対する差止め，権利の処分，担保設定などの可能性があるこ
とが前提となるが，そのすべてを備えていない場合でも（例えば，パブリシ
ティの権利に譲渡可能性，相続可能性があるかなどは，議論が分かれるであろう
が），割当内容を承認することは可能であろう。わが国の（裁）判例では，すで
に不法行為によってパブリシティに基づく損害賠償を認容するものは多数存在
するが（その嚆矢が，東京地判昭和51年 6 月29日判時817号23頁〔マーク・レスター事
件〕であり，最判平成24年 2 月 2 日民集66巻 2 号89頁〔ピンク・レディー事件〕など），
他方で不当利得による客観的価値の価格返還を認めたものは存在しないが，そ
れが排斥されるわけではないのはもちろんである。ただし，多くの場合にパブ

Ⅲ　知的財産権に類似した権利の保護

リシティの侵害では侵害者に故意・過失があるのが普通であろうから，不当利得による価格返還請求に意味があるのは，損害賠償請求権が時効消滅した場合などであろう。さらに，最近では，物にもパブリシティが認められるかが議論されているが，この問題をここで論じる必要はないであろう(127)。

　　2　その他に，いわゆる不正競争防止法に違反する行為によって利益を得た場合，例えば，他人の営業上の秘密の利用，混同惹起行為などでも不当利得によるサンクションが発生する余地も現在では，それを全面的にではなくとも肯定する考え方が有力となっている。これは，もちろん，重要な問題ではあるが，不当利得法自体の課題とはいえないと考える。このような権利の侵害に対してどのような保護が与えられるのかは，不当利得法が決定できることではなく，社会的な合意の形成に則して帰納的に決定されるべきものである。したがって，割当内容のある権利のメルクマールの定義はできても，何が割当内容を有する権利に当たるのかを決定するのは，不当利得法の守備範囲を超えることになり，知的財産法の課題というほかないであろう（要するに，具体的問題との関連でしか，有意味なことはいえないということである。これは，不法行為によるサンクションの対象を決定する評価の基準は，社会に対して開かれているのと同様の理である）(128)。

第3部　侵害利得　第7章　執行行為による利得

◆　第7章　◆　執行行為による利得

I　執行行為による利得の特殊性とその分類

　民事執行がなされると，競売によって執行債務者の財貨が買受人に移転し，執行債権者は競売代金から債権の満足を受けることで，財貨移動が生じる。しかし，民事執行の基礎となる債務名義による強制執行ないしは担保権の実行による結果と，実体法上の権利とが離齬している場合には，民事執行による財貨移転は法律上の原因を欠くことになり，そこでは不当利得返還請求権が発生することになる。以上のような民事執行による不当利得は，損失者（利得債権者）の給付の介在しない利得移動によるものであり，利得移動に国家機関の関与があるといえども侵害利得の一環である。もちろん，そこでの侵害の対象は有体物所有権，債権，担保権，知的財産権などであり，他の侵害利得の場合と変わりがあるわけではない。しかし，一般の侵害利得とは異なり，執行手続の手続内で損失者が異議を申し立てる権利が保障されていること（したがって，手続的な観点から，一定の失権効が考え得ること），不動産執行による競売に公信的効果が与えられること（民事執行への信頼の確保という観点）などの特殊性があり，他の場合と区別して論じておくのが相応しいと考えられる。ちなみに，四宮説は，民事執行による不当利得を，侵害利得ではなく給付利得もその一環とされる運動法型不当利得と分類している。その理由は，民事執行が債権・担保権の実現を目的とする点に，給付利得との連続性を見いだすからである。しかし，四宮説も執行行為による不当利得では給付利得の法理は適用とならず（例えば，執行の目的が双務契約上の債権の満足であっても同時履行の抗弁権は適用されないとしている），国家機関による強制的な権利実現だから，それが不当なら，とりあえず原状回復がはかられるべきであるとして，他の給付利得とは別異の扱いをしている[129]（他方で，衡平説に属する学説は，利得移動が利得者の行為による場合として，民事執行による利得を給付利得から切り離している[130]）。しかし，たとえ債権の実現がその目的であったとしても，民事執行による不当利得の効果では，非債弁済の不当利得に与えられる利得消滅の抗弁の可能性，双務契約の巻き戻しのルールなどの準用は，およそ観念できない。したがって，

288

これを給付利得を含む運動法型の不当利得と分類する実益はなく，四宮説の分類に賛成することはできない。しかし，四宮説の説く，民事執行による不当利得の特性（債務名義の存在，手続内での異議の可能性，競売の構造）の指摘，および双務契約の法理には服さないという実際の扱いという観点からは，四宮説も民事執行による不当利得を侵害利得と位置づけるのと実質的には変わりはないといえよう[131]。

Ⅱ　確定判決などの債務名義に基づいて債務者の財産に強制執行された場合

民事執行による不当利得が問題となる場合には様々なケースが含まれるが，まずは確定判決などに基づく強制執行が債務者の財産に対して行われた場合につき記述しておくべきであろう。

1　確定判決に基づいて（執行）債権者から（執行）債務者の財産に強制執行がなされた場合は，後に判決の確定した法律関係が誤りだったことが判明しても，再審の訴え（民訴338条）により確定判決の効力が奪われない限りは，判決に基づいてなされた強制執行の効力にも変更を生じない。したがって，執行債権者が強制執行で得たものも不当利得とはならない[132]。例えば，債務を弁済したにもかかわらず債権証書を回収しなかったために，債務の返還請求をされた訴訟で敗訴して二重弁済した者が，後に事情を明らかにしても弁済は不当利得として返還請求できないという判例（大判明治38年2月2日民録11輯102頁）がある。

ただし，他方で，判決が騙取され騙取判決に基づいて強制執行がされた場合は，執行債務者は再審の訴えによらず別訴で執行債権者に対して不法行為による損害賠償請求が可能だという判例（最判昭和44年7月8日民集23巻8号1407頁）がある[133][134]。

2　仮執行宣言付きの支払命令に異議を申し立てず確定した場合（大判明治33年3月10日民録6輯3巻51頁），訴訟上の和解が和解調書に記載されたとき（民訴267条），和解の合意が調停調書に記載されたとき（民調16条）も，確定判決と同一の効力があるかは別として，それらに基づいて強制執行がされたとき

第3部　侵害利得　第7章　執行行為による利得

でも不当利得は問題にならないであろう⁽¹³⁵⁾。

3　ただし，確定判決で権利関係が確定された後に生じた事由によって権利
関係が変更されれば，話は別である。確定判決の既判力の基準時は，第2審の
口頭弁論終結時だからである。例えば，判決後に弁済，消滅時効の完成，弁済
の猶予などがあった場合には，判決の効力が現在の権利関係には及ばないのは
当然である。ただし，債務名義に基づいて強制執行が申し立てられれば，執行
裁判所は実体的な請求権の存否に関わりなく執行を行う必要がある。したがっ
て，債務者から異議の訴えがなされなければ，執行行為は進行して債権者は満
足を受ける。その際に，強制執行の効果として，買受人は有効に競売目的物の
所有権を取得する。しかし，このような債権者の満足は法律上の原因のない利
得であるから，執行債務者は執行債権者に対して不当利得返還請求権を行使で
きる。要するに，他人の物の処分による侵害利得，他人の債権の回収による侵
害利得が，強制執行によって生じたにすぎない。さらに，執行債権者に故意・
過失があれば，執行債務者は不法行為による損害賠償請求も可能である⁽¹³⁶⁾。
具体的には，調停調書に基づいて債権を差し押さえたが，債権は調停条件の履
行によって消滅していた場合は，執行債務者の執行債権者に対する不法行為・
不当利得の訴えを認める判例（大判昭和7年10月26日民集11巻2043頁），公正証
書による債権の差押命令・転付命令が公正証書作成後に時効で消滅していると
して，債権譲渡の意思表示と第三債務者に対する通知を内容とする不当利得返
還請求を指示した判例（大判昭和15年12月20日民集19巻2215頁）などがある。た
だし，確定判決後に期限の猶予が合意されたにもかかわらず執行されたとき
は，執行から猶予を与えられた弁済期までの中間利息が不当利得となる（大判
昭和13年7月1日民集17巻1339頁）。

4　確定判決とは異なり，公正証書には証書に記載された権利関係の確定力
はない。したがって，公正証書の内容である権利がその記載の時から存在しな
かったときは，公正証書により執行された執行債務者は執行債権者に対して不
当利得返還請求できる（大判昭和8年6月28日新聞3581号8頁）。公正証書の作
成後に存在した権利が後に消滅したにもかかわらず執行された場合も，同様に
執行債務者が執行債権者に不当利得返還請求できるのも当然である（大判昭和
15年12月20日民集19巻2215頁）⁽¹³⁷⁾。

290

Ⅲ　確定判決などの債務名義に基づいて第三者の財産に強制執行が行われた場合

5　差押・転付命令が無効の場合，例えば，転付命令を得た債権についてすでに差押えがされていれば転付命令は無効であり，弁済を得た転付債権者は第三債務者に対して弁済を不当利得として返還しなくてはならないという判例（大判大正7年3月8日民録24輯391頁）がある[138]。

Ⅲ　確定判決などの債務名義に基づいて第三者の財産に強制執行が行われた場合

確定判決に基づいて強制執行された場合でも，執行債務者ではない第三者の財産が競売されたときは，原則として買受人は競売目的の権利を取得しない。したがって，たとえ執行債権者が売得金から配当を受けても，自己の権利を失うことのない第三者は執行債権者に対して不当利得返還請求権を取得しない。しかし，その場合でも第三者が執行債権者に不当利得返還請求をするのは，無権限処分の追認であり，第三者の自由であろう。

他方で，例えば，第三者から所有物返還請求された買受人は，競売による売買契約を解除して，まずは債務者に対して売買代金の返還を請求でき，債務者が無資力の場合は配当を受けた債権者に対して売買代金の返還を請求できる（568条）。568条の意味は，一応は債務者の債務の弁済効は問題とせず，第三者弁済による買受人からの債務者に対する求償権を認め，さらに債務者が無資力の場合は債務者の債務の弁済効を排除しうることになる。すなわち，競売制度の構造ゆえに買受人の返還請求を二段階に分けたものであるというのが，四宮説の同条の説明である[139]。

ただし，例外的に第三者が競売目的物の所有権を失う場合がある。すなわち，競売の対象が動産であれば買受人は善意取得（192条）するのが普通であろう。不動産でも第三者たる真の所有者が不真正の登記の作出に関与して，94条2項の適用ないしは類推適用で買受人に対して所有権を主張できない場合は，買受人は不動産の所有権を取得する。その場合は，第三者は配当を受けた執行債権者に対して不当利得返還請求が可能である。執行債権者は他人の物の処分によって利得しているからである[140]。

他方で，債権執行では第三者に属する債権を執行債務者の債権として差し押さえても，差押・転付命令は実体法上無効であり，執行債権者は債権を取得する余地はない（真の債権者は第三者異議の訴え〔民執38条〕を起こす必要すらな

第3部　侵害利得　第7章　執行行為による利得

い）。しかし，差押・転付命令は無効でも第三債務者の執行債権者に対する弁済が表見弁済受領権者に対する弁済（478条）として有効だとされれば，執行債権者は他人の債権の回収により利得したことになり，第三者（真の債権者）は執行債権者に対して不当利得返還請求できる[141]。

Ⅳ　債務者の財産への担保権が実行された場合

　以上で述べた確定判決などの債務名義に基づく強制執行とは異なり，担保権の実行としての競売では，担保権の基礎となる実体法上の権利について公的な機関がその存在を確認しているわけではない。だから，民事執行法の施行以前の競売法の下では，担保権に基づく競売が第三者の権利を対象に行われた場合のみならず，債務者の物が競売された場合でも（例外的に，動産の競売では買受人〔競落人〕が善意取得する場合は例外だが）買受人（競落人）は競売目的物の所有権を取得することはなかった。その場合には，568条の適用によって，清算がされることになる。しかし，民事執行法184条は「担保不動産競売における代金の納付による買受人の不動産の取得は，担保権の不存在又は消滅により妨げられない」と規定したので，強制競売の場合と同様に買受人の権利取得は公信的保護を受けることとなった（ただし，その根拠，および，例えば，担保権者自身が競落した場合，買受人が悪意の場合にも不動産取得を認めるかなど，同条の適用に関しては様々な議論がある）[142]。民事執行法184条が適用されて，買受人が不動産の所有権を取得すれば，担保権の設定された物権の所有者は配当受領者である担保権者に対して不当利得返還請求できるはずである。旧民事訴訟法下の裁判例で，第三者所有の動産に強制執行され，買受人が動産を善意取得した場合に，第三者は法律上の原因なく競売代金から弁済を受け不当利得した債権者に不当利得返還請求できるとした裁判例もある（東京高判昭和48年1月24日下民集24巻1＝4号42頁）。

　ただし，不当利得返還請求の相手方に関して学説は分かれている。具体的には，BがAを無権代理してA所有の土地に自己の債権者Cのために抵当権を設定し，抵当権が実行されて買受人D（C）が土地所有権を取得したというケースで，判例（最判昭和63年7月1日民集42巻6号477頁。ただし，具体的な事例では，抵当権者Cが自分で土地を買い受けており〔C＝D〕，民事執行法184条の解釈によっては，D（C）は所有権を取得できないはずのケースだった[143]。しかし，Aは

292

始めから C に対して不当利得返還請求しており，C の処分を追認したと理解できる事例である）は，A の C に対する不当利得返還請求を認めている。その結果，債権者 C の受けた弁済は無効となり，債務者 B に対する債権は消滅しなかったことになる。学説は，(ア) 判例と同様に，不動産所有者 A は買受人 D との関係で所有権を失ったにすぎず，不存在の抵当権に基づいて配当を受けたのだから，弁済効は発生せず，担保権者 C が不当利得の返還義務を負うという学説[144]，(イ) 買受人 D の所有権取得を前提とする担保権者 C の配当受領を法律上の原因がないというのは無理であり，債務者 B が（不法行為による損害賠償義務，ないしは）不当利得の返還義務を負うという学説[145]，(ウ) いわば物上保証人のような立場の旧所有者 A は，競売代金の交付を弁済として追認して債務者 B に不当利得返還請求することも，代金交付を適法な弁済として認めず債権が消滅しないことを前提に配当受領した担保権者 C に不当利得返還請求することもできる，と選択権を認める学説[146]に分かれている。しかし，抵当権者の債権者 C は，実体法上も有効な抵当権に基づいてはじめて不動産から優先弁済を受ける権利があるのであって，不存在の抵当権の実行で配当を受ける理由はない。民事執行法184条の買受人の保護によって所有者 A が所有権を失うことと，債権者 C への弁済の有効性とは全く別の問題である。だから，(イ)の学説を支持することはできない。当然のことながら，A が債権者 C に対して不当利得返還請求権を行使できるのは自明であり，(ア)の学説は全く適切である。その上で，問題は，(ウ)の学説が説くように，A は弁済を受けた債権者 C だけではなく，債務者 B に対しても選択的に不当利得返還請求できるのかである。通常は債務者 B は債権者 C よりも資力が乏しいであろうが，例外的に反対のケースでは，A にとってこの選択権は意味がある。ただし，A が B に対する不当利得返還請求権を選択すれば，C の B に対する債権は A によって第三者弁済された結果となり，C の B に対する債権を差し押さえた C の一般債権者 G の利益が害されることになる。しかし，本書では，他人の債務を自己の債務と錯誤して弁済した誤想弁済者(A)にも，債権者(C)に対する非債弁済の不当利得返還請求と，真の債務者(B)に対する不当利得返還請求（求償利得）の選択権が可能だと解する（後述，第5部　対第三者関係，第3章Ⅴ4を参照）。そうだとすれば，錯誤して他人の債務を弁済した誤想弁済者(A)が債権者(C)の一般債権者 G に優先するなら，自己の関与なく不存在の抵当権に基づいて競売された者には，それ以上の保護が与えられてしかるべきであろう。それ

第3部　侵害利得　第7章　執行行為による利得

ゆえ，Aに債務者Bに対する不当利得返還請求権という選択権を与えることは，決して無理とはいえないと考える。結論として，(ウ)の学説を支持したいと考える。

V　債務者以外の第三者の財産への担保権が実行された場合

例えば，BがA所有の不動産を偽造文書によって自己名義として，Cのために抵当権を設定し，抵当権が実行された場合，つまり第三者Aの所有物に対して抵当権が実行された場合も，原則として買受人Dは競売目的物の所有権を取得しないと解されている(147)。その際に，Aから所有物返還請求を受けた買受人Dは568条（の類推）により，まずは債務者Bに，Bが無資力なら抵当権者Cに対して代金の返還を請求できる。ただし，AがDに所有物返還請求することなく，Cに対して不当利得返還請求すれば，無権利者による処分の追認であろう。

もちろん，動産の競売では買受人は善意取得（192条）する可能性があり，不動産でも94条2項の適用ないしは類推適用で第三者が所有権を失うときは，第三者から配当を受けた担保権者に対して不当利得返還請求することになるのは，債務名義に基づく強制執行の場合と同じである。

VI　過誤配当がされた場合

1　民事執行において配当の順位・額について総債権者の合意が得られない場合には，実体法に則した配当がなされなければならない（民執85条2項）。しかし，配当表はしばしば実体法に合致しないことがある。その場合には，債権者は配当異議の訴え（民執89条以下）によって，配当表の更正を求めることが可能である。しかし，配当異議訴訟を怠って債権または優先権を持たない債権者が配当を受け，本来は（優先）弁済を受けるべき債権者，担保権者が過小な配当しか受けなかった場合に，債権者，担保権者は過大な配当を受けた債権者に対して不当利得返還請求ができるのかが問題となる。かつて，民事執行の手続きが民事訴訟法による債務名義に基づく強制執行（強制競売）と競売法による担保権の実行（任意競売）とに分かれていたときは，前者についてだけは「異議ヲ申立タテタル債権者前条ノ期間ヲ怠リタルトキト雖モ配当表ニ従ヒテ

294

配当ヲ受ケタル債権者ニ対シ訴ヲ以テ優先権ヲ主張スル権利ハ配当実施ノ為メ妨ケラルルコト無シ」という旧民事訴訟法634条の規定があり，同条の解釈および同条が任意競売にも準用できるのかという形で議論がされていた。しかし，現在の民事執行法はこの問題を実体法の問題だとして規定をおかなかったので，現在は実体法と民事執行法上の手続きを怠ったことによる失権効のあり方という形で議論されている。さらに，本来は自己に対する債権の範囲を超えて配当を受けた配当受領者に対して，債権者は配当異議訴訟を怠った場合でも，不当利得返還請求が可能なのかという問題がある[148]。

　2　実体法上は優先弁済権のある抵当権者は，不動産競売において配当異議の手続きを怠った場合でも，債権または担保権を有しないにもかかわらず配当を受けた債権者に対して，自己が配当を受けるべきであった額の不当利得返還請求が可能だというのが判例（最判平成3年3月22日民集45巻3号322頁，最判平成4年11月6日民集46巻8号2625頁）の考え方である。学説には，このような場合の担保権者からの不当利得返還請求に対して否定的な見解と肯定的な見解がある[149]。両者の立場の評価の分かれ目は，配当異議に参加しなかったことに失権効を認めるのか（だから，否定説も，適式な配当期日の呼び出しを受けず，配当手続きに関与できなかった場合は，例外であるとする[150]），実体法上は承認された担保権の優先弁済権をここでも尊重するのかという点にあると考えられる。したがって，民事執行法の手続的観点から失権効が基礎づけられない以上は，担保権者には過大な配当を受けた者に対する不当利得返還請求が許されてしかるべきであろう。そうだとすると，担保権に帰属する割当内容は配当手続でも尊重され，侵害利得が基礎づけられることになる。以上は抵当権・質権に関しては問題なく肯定されるが，一般先取特権者の不当利得返還請求の可否に関しては評価が分かれている[151]。しかし，一般先取特権といえども実体法上は優先弁済権が認められているのであるから，原則としては他の担保権と同様に解すべきだと考える。

　ちなみに，担保権者ではないが実体法上は優先弁済権が与えられた場合も，配当手続で弁済を受けられなかった場合は，配当を受けた者に対して不当利得返還請求が可能である。具体的には，抵当不動産の第三取得者の費用償還請求権（391条）への配当が，抵当権者に交付されたときは，第三取得者は抵当権者に対しても不当利得返還請求ができるとされた判例（最判昭和48年7月12日

第 3 部　侵害利得　第 7 章　執行行為による利得

民集27巻 7 号763頁。第三取得者の費用償還請求自体は費用利得であるが，優先弁済
を受けられるはずの法的地位の侵害という観点からは，抵当権者への配当は一種の
侵害利得に当たるといえよう）がある。

　　3　担保権とは反対に，一般債権者が配当期日に配当異議の申出をしなかっ
た場合には，過大な配当を受けた債権者に対する不当利得返還請求を退けるの
が判例（最判平成10年 3 月26日民集52巻 2 号513頁）の立場である。ここでも学説
には一般債権者からの不当利得返還請求に対して，肯定的な見解と否定的な見
解，および，手続的要請をどう評価するのかによって折衷的な考え方があ
る(152)。しかし，担保権者の場合とは異なり，一般債権者では，配当異議を申
し立てなかったことによる失権効をどう考えるのかということ以外に，一般債
権者には実体法上も一定割合の弁済受領権が割り当てられているのかがそもそ
も疑問である。ところが，債権者平等に反する弁済に対しては，（破産手続を介
在させる以外では）詐害行為取消権（424条の 3 ）によらなければ訂正できない
というのが，実体法の評価である。したがって，配当異議の訴えの懈怠による
失権効が認められないにとどまらず，それどころか債権者平等による一定の割
当が一般債権者に与えられているとでも考えない限りは，肯定説の立場は貫徹
できないであろう(153)。結論として，判例ないしは否定説を支持すべきだと考
える。
　　ちなみに，先順位の抵当権に対抗できないため競売手続において抹消された
所有権の仮登記権利者は，所有権を取得していたときであっても，その仮登記
の後に登記を経由し配当受領した後順位の抵当権者に対しては，不当利得返還
請求できないというのが判例（最判昭和63年12月 1 日民集42巻10号719頁）であ
る。仮登記には仮登記のままでは実体法上も対抗力はないから，所有権の仮登
記権利者は後順位の抵当権者に対しても優先して代価を受領する権限がないか
らであるというのが，その理由である。

　　4　以上の担保権者，一般債権者とは別に，本来の配当額を超えた配当を受
けた担保権者，債権者に対しては，債務者は常に不当利得返還請求権を行使で
きる（大判大正 4 年 6 月12日民録21輯924頁）。ただし，債権者は自己の債権で債
務者からの不当利得返還請求権と相殺することは可能であろう。したがって，
一般債権者は独自に不当利得返還請求権の行使は許されなくとも，配当を受け

296

た担保権者，債権者が債権を持たないときは，債務者の不当利得返還請求権を代位行使して（423条）自己の権利を実現できることになる[154]。

　過誤配当に類似するのが，破産法104条の適用による超過配当がされた場合の配当受領した債権者に対する求償権者の不当利得返還請求という問題である。破産法104条は，破産宣告後に一部の代位弁済があったときでも，債権者の破産開始時の現存額での債権と代位弁済した求償権者の求償権への二重配当を防止し，求償権に対する債権者の債権を優先するために，求償権者の破産手続への参加を排除した上で，破産開始時の債権額で債権者の破産手続への参加を認めるから，債権者には代位弁済で消滅した実体法上の債権額以上の超過配当が発生する可能性がある。これに対して，判例（最判平成29年9月12日民集71巻7号1073頁）は，破産法104条1項，2項は配当の基礎となる債権額と実体法上の債権額の乖離を認めており，債権者に超過配当が発生することを前提に，求償権者は債権者に超過配当を不当利得返還請求できるのかは別の問題だとしている[155]。

第3部　侵害利得　第8章　準事務管理

◆ 第8章 ◆　準事務管理

I　侵害者の利益の剥奪のための法制度

　これまで述べてきた，他人の権利を無権限で侵害した場合のサンクションである侵害利得およびそれに関係する法制度の効果を要約すると，以下のようになる。①割当内容を持った財貨が侵害されたときは，故意・過失の有無に関わらず，（例外的に，原物返還が可能な場合もあるが）侵害者は財貨の客観的価値（市場価格）を返還する義務を負う。その際に，善意の侵害者には利得消滅を抗弁できる可能性もある（703条）。利得消滅の抗弁の前提は，侵害者が侵害による利得移動に法律上の原因がないことを知らず，訴訟係属していないことである（704条）。②侵害者に故意・過失があれば，不法行為責任が成立する（709条）。不法行為による損害賠償請求権は，侵害利得の返還請求権と請求権競合の関係に立つ。加えて，③知的財産権の領域では，特別法が不法行為による損害賠償として，侵害者が取得した「利益」の返還を命じる規定をおいている。

　したがって，以上（①②③）の限りでは，知的財産権の侵害の場合を除いて，侵害者から侵害によって得た「利益」の返還を請求する法制度は存在しないことになる。そうすると，一般的には侵害に対するサンクションは，侵害利得による「客観的価値」の返還および不法行為に基づく「損害」賠償の2つに限られる。しかし，侵害者は他人の権利を侵害して，客観的価値（市場価格）を超える「利益」をあげる場合もある。例えば，「故意」で他人の動産を無権限で処分して，市場価格以上の売得金を得たような場合である。このような場合に，超過利益を取得したのは侵害者の才覚・努力，ないしは，偶然の僥倖の成果だと割り切る考え方もないではない。しかし，侵害者に侵害行為による利益の保有を許せば，侵害行為を助長する恐れもある。そこで，侵害者の利益を剥奪することで，違法な行為に対するサンクションを科し，かつ権利者を保護するという法制度が必要であると考えられている[(156)]。

298

II　準事務管理とは何か

　以上のような要請に応える法制度として，ドイツ法では民法典に準事務管理の規定をおいている（ドイツ民法687条2項）。かつては，例えば，他人の物の無権限処分は事務管理か不当利得の守備範囲かが争われていた時代もあった[157]。つまり，利他的意思は事務管理の要件とされていなかった。しかし，現在では，事務管理の成立には，（義務なく，本人の推定的な意思と利益に合致するという方法で，という要件以外に），他人の事務を管理するという利他的意思が必要である[158]。利他的意思を欠いて他人の事務を処理したときは，(ア) 他人の事務を自己の事務と誤信していたとき，および，(イ) 他人の事務を他人の事務と知った上で，自己の事務として事務処理する場合とがある。前者の場合（誤想事務管理）には，事務管理の規定は適用されず（ドイツ民法687条1項），その結果として不法行為ないしは不当利得の規定が適用される。後者では，本人は事務管理の規定によって，侵害者に対して事務管理者に対するのと同様の（計算報告・引渡し）請求をすることが可能であり，その際には，本人も侵害者に対して不当利得返還の義務を負うとされている（ドイツ民法687条2項）。この後者が，準事務管理（unechte Geschäftsführung ohne Auftrag）である。ただし，準事務管理は他人の権利領域への干渉である侵害行為の違法性を阻却するという真正事務管理とは全く異なり，違法な侵害行為に対するサンクションであるから，僭称事務管理（Geschäftsanmaßung）と呼ばれることもある。つまり，準事務管理ないしは僭称事務管理は，故意の侵害行為に対するサンクションであるから，（真正）事務管理ではないことは明らかであり，要するにその効果を借用したにすぎない。だから，本来はこういった規定が，不法行為による損害賠償の一環なのか，不当利得の一環なのかは，必ずしも判然としない[159]。しかし，侵害利得の効果は客観的価値の返還とされ，かつ不法行為による損害賠償から制裁的要素を排除するドイツ法では，侵害者に対するサンクションの役割は準事務管理に委ねられている（だから，例えば，著名人の人格権を侵害することで雑誌などが売り上げを伸ばした場合は，準事務管理による利益の剥奪が相応しいなどと提唱されたりもする[160]）。

　他方で，わが国では準事務管理に関する法規定を欠くので，判例にも実質的には準事務管理を認めたものも存在する（大判大正7年12月19日民録24輯2367頁。共有船舶を無断で処分した共有者に対する他の共有者の共有持分割合での売得

第3部　侵害利得　第8章　準事務管理

金の返還請求を701条〔事務管理での委任の規定の準用〕，646条〔受任者の受領物の引渡義務〕に基づいて認めた事例）などと説かれるに止まっている[161]。

Ⅲ　準事務管理に関する学説

わが国では，かつてのドイツ法学全盛時代に事務管理の規定（701条，645条，646条）の類推適用によって，準事務管理を認めるべきことが提唱された（鳩山，末川）[162]。しかし，その後の学説は，(ア) 事務に他人性があれば事務管理が成立すると説いて，実質的に故意の侵害の場合に（準）事務管理を認めながら，準事務管理を否定したり（小池）[163]，(イ) 不当な利得を公平に清算する制度である不当利得の要件として損失は不要であるが，反対に侵害者といえども利益を上げるには才覚・考案・労力・機会（幸運）が寄与しているから，利益の剥奪は妥当ではないとするもの（石田文次郎）[164]，(ウ) 不法行為の効果として「当該僭称事務管理行為が一般にそれだけの利益を生ずるものであれば，本人にもそれだけの損害を生じたものとみるべきである」と考えて，不法行為法に利益剥奪を委ねるもの（我妻）[165]があり，準事務管理に対して消極的だった。(エ) ただし，(ウ)の学説は，本人の追認によって事務管理が成立する，本人からの利益の返還の請求は追認と解されるべきであるとして，実質的には事務管理を認めていた[166]（最近では，加藤雅信説が，同様に本人による追認の構成を支持している[167]）。

しかし，その後に，準事務管理を正面から認める学説も多数となってきたが，その根拠としては2つに分かれていた。第1は，商法が信任関係（fiduciary relationship）の成立する者の間で認めている競業避止義務に基づく介入権（商法555条など）を一般化して準事務管理を承認するもの（平田春二）[168]であり，第2が，他人の権利領域を侵害する者に対する不法行為的な制裁（サンクション）の延長として，準事務管理を位置づけるものである（川村，広中，好美など）[169]。しかし，前者に対しては，介入権は信任関係が存在するという特殊な局面で機能するものであり，全く信任関係を基礎づける契約関係がないところに類推するのは無理であるという評価が一般的である。反対に，後者はいうまでもなくドイツの類型論の影響の下にある学説であり，準事務管理を承認するもののなかでは，これが一般的だと考えられる[170][171]。

以上のような学説をどう評価するのかだが，当たり前のことだが，評価の基

準は，実質的に悪意の侵害者に対して利益の返還を認めるのが妥当なのかという評価と，それをどう法律構成するのかという問題に尽きるであろう。さらに，学説は主に知的財産権の保護を念頭において議論していたことは銘記されるべきであろう。他人の物の売却などとは異なり，知的財産権の侵害では，侵害者は自身の生産設備を用いたり，自己の才覚で市場を発見したりし，加えて，特許権などの侵害では侵害者は部分的に他人の特許権を使用している場合がある。だから，侵害者のあげた利益の剥奪が必ずしも衡平だとは断言できないであろう（知的財産権に関する特別法の損害賠償の規定の解釈は，こういった問題の解決もその課題としている）。しかし，他人の物を故意に売却したようなケースでは，侵害による利益の剥奪を肯定することが，侵害の予防，侵害者に対する制裁という観点からは衡平であるとも考えられる（このような衡平感覚が比較法的にも共通の承認を受けていることを，好美論文は説いている[172]）。さらに，侵害者に対する制裁を正面から認めるなら，信任関係に基礎をおく介入権を類推するよりも，準事務管理のほうがよりわかりやすい制度であろう。先にも見たように，権利者からの追認によって準事務管理と同様の効果を招来できるという学説もあるが，故意の侵害の場合に限って利益の剥奪を実現させるのだから，やはり準事務管理の承認が適切ではないかと考える[173]。ただし，最近の利益の剥奪を説く学説では，利他的意思を事務管理の基礎と考えるために，準事務管理は擬制に過ぎるという理由で積極的には評価されていないようである[174]。さらに，準事務管理を認めることのメリットは，侵害者（事務管理者）に対して，事務の計算・報告義務を課すことが可能な点にあり，被害者が証明責任を負担する不法行為より被害者に有利だと考えられていた。しかし，現在では，民事訴訟で一般に証拠提出命令などの制度が整備され，知的財産権に関する特別法でも，過失の推定，書類の提出義務（例えば，特許法103条，105条）などの立証の軽減が図られている。したがって，少なくとも知的財産権の保護に関しては，不法行為と準事務管理の相違は相対化されていると考えることも可能であろう。

IV　準事務管理で保護される権利

準事務管理で保護される権利は，不法行為による損害賠償請求が基礎づけられる権利，つまり，絶対権およびそれと同視される権利だと解されてい

第3部　侵害利得　第8章　準事務管理

る[175]。具体的には，他人の物（動産・不動産）の処分による売却代金，他人の物の賃貸借による賃料などである。ただし，他人の物の費消，添付による侵害，他人の物の使用・収益では，利益の返還は観念できない。第三者から対価を取得する他人物の処分の場合とは違って，他人物の費消・使用などでは，費消した物・物の使用それ自体が利益であると評価されるからである。それとの対比では，法律行為（売買契約）による他人の所有権の侵害では，他人の物の換金化によって利益を上げていると考えられるからである[176]。

　他人の金銭を利用した場合，例えば，横領した他人の金銭で投機を企てて利益を上げた場合は，利益の返還は認められないと解すべきであろう。なぜなら，金銭には高度の代替性があり，たとえ特定された金銭でも，他人の金銭の換金化によって利益が得られたわけではない。つまり，金銭の横領自体が利益だと考えられるからである。仮に，金銭の利用についても利益の返還が認められるなら，他人物の売却代金を使用して投企して得た利益までも，物の所有者が返還請求できることになりかねないであろう[177]。

　加えて，準事務管理による利益の返還は知的財産権の侵害の場合にも承認されるべきであろう。知的財産権の侵害でも，例えば，特許権の無断使用それ自体では利益はもたらされないのであり，製品を第三者に販売（処分）することで始めて利益が得られると考えられるからである。ただし，知的財産権の侵害では，侵害者の過失には推定規定がおかれており（特許法103条），知的財産権の特性に即した利益の返還も含んだ損害賠償請求権の内容の具体的な規定（特許法102条）があり，その限りで準事務管理の制度の必要性は乏しいとも考えられる[178]。

　他方で，介入権の規定による利益の返還は，それをどの程度の信任関係にまで類推できるのか（例えば，一手販売の契約に反して他の卸売商と取引した小売店，競業避止義務を負った労働者など）も含めて，介入権の課題であり，準事務管理とは別の問題領域であろう。

V　準事務管理の要件・効果

1　準事務管理の要件

（客観的な）他人の事務を，他人の事務と知りながら（故意。ただし，重過失

V 準事務管理の要件・効果

でも同様とする学説（四宮）もある[179]，自己のためにする意思を持って処理することである。つまり，侵害者が他人の権利であると知りながら（故意），あえて他人の権利を侵害した場合である。

2 準事務管理の効果

権利者は侵害利得による価格返還請求，不法行為による損害賠償請求権を行使するか，準事務管理により侵害者の責任を追及するのかの選択権を有する。その上で，後者の可能性を選択すると，権利者と侵害者の間の関係に，事務管理の規定が類推適用される。

その結果，侵害者は，(ア) 本人の意思・利益に合致するよう事務管理する義務（697条類推），(イ) 継続管理の義務（700条類推），(ウ) 管理開始の通知義務（699条類推），(エ) 計算・報告義務（701条による645条の準用の類推），(オ) 事務処理によって取得したものの引渡・移転義務（701条による646条の準用の類推）などの義務を負うことになる。ただし，準事務管理の性質からは，計算・報告義務と引渡・移転義務だけが重要なことは当然であろう。

反対に，権利者は侵害者に対して，有益費用の償還の義務を負う。ただし，その償還の範囲は，本人の意思に反し本人の利益に合致しない事務管理がなされた場合と同様に，不当利得による現存利得の返還義務を負うことになる（702条3項類推）[180]。以上の現存利得の返還義務の性質は，支出利得である（支出利得に関しては，「第4部 支出利得」を参照）。

第3部　侵害利得

第3部（注）

（1）前掲第1部注(27) Wilburg, S.49.

（2）四宮71頁，184頁以下。

（3）四宮72頁の注（1），前掲第2部注(73)松本408頁以下，鈴木724頁以下，加藤（事務）128頁以下，吉川慎一「不当利得」藤原弘道・松山恒昭編『民事要件事実講座4（民法Ⅱ）』（青林書院・2007年）121頁以下，138頁。

（4）大久保ほか20頁は，侵害の態様を，(ⅰ)受益者（侵害者）の行為，(ⅱ)事件，(ⅲ)第三者の行為と分類しており，適切だと考えられる。

（5）松坂142頁，四宮189頁。

（6）四宮189頁。

（7）以上は，わが国での不法行為と不当利得の関係については，そのまま妥当するといえる。ただし，ドイツ法では，債権は絶対権ではないから，無権限者による債権の回収のケースでは，債権者は無権限の弁済受領者に対して，不法行為による損害賠償請求はできず，不当利得返還請求だけが可能である。したがって，このケースは，通説ではもっぱら不当利得法の適用領域となる。

（8）侵害利得の全体像に関しては，川角由和「侵害利得請求権論の到達点と課題」ジュリ1428号14頁以下を参照。

（9）このような侵害利得の性格に関しては，特に，川角63頁以下を参照。

（10）例えば，川村泰啓『商品交換法の体系Ⅰ──私的所有と契約の法的保護のメカニズム（増補版）』（勁草書房・1982年）45頁以下を参照。

（11）例えば，四宮289頁，川角73頁以下，好美清光「Ⅲ 不当利得の類型論」私法48号34頁以下，40頁，藤原正則「侵害不当利得法の現状──代償請求と利益の返還（Gewinnherausgabe）」北法44巻6号170頁以下，澤井19頁以下，大久保ほか49頁以下などを参照。

（12）例えば，松坂（全集）75頁。

（13）以上のような外部経済の内部化という問題意識から，不当利得について論じるものとして，成田博「フリーライダー（Free Rider）論」東北法学7号167頁以下がある。

（14）四宮189頁を参照。

（15）シュルツの紹介として，松坂（全集）61頁を参照。

（16）松坂（全集）61頁。

（17）Ulrich Löwenheim, Bereicherungsrecht, 2.Aufl., Beck, 1997, S.81. その他では，例えば，Medicus, S.497は，違法性説と割当内容説を対比して，著名な女優の家庭医が女優の疾病を公表したときは，損害賠償の問題は生じても，不当利得は問題外だと考えるのが妥当だという例をあげている。さらに，四宮189頁の注（1）のヤコブスの違法性説の批判，(ア)保護法規違反・良俗違反により取得した利益の返還を認めることは，不当利得を不法行為に接近せしめる，(イ)侵害によって得た利益の帰属の根拠づけを欠く，も参照。

（18）以上のような違法性説の位置づけに関しては，前掲注(11)藤原172頁以下。

（19）例えば，前掲注(17) Löwenheim, S.84; Esser/Weyers, S.400を参照。さらに，松坂（全集）142頁，四宮189頁，田村善之『不正競争法概説（第2版）』（有斐閣・2003年）

190頁以下，366頁など。

(20) 以上を不正競争に基づく利益の獲得に関して検討したものとして，大久保邦彦「不正競争に基づく不当利得責任」阪大法学71巻5号1195頁以下が有益である。

(21) 以上に関して，Schäfer, S.2638f., 藤原（Schäfer）515頁を参照。

(22) 川角172頁，同「近代的所有権の基本的性格と物権的請求権との関係——その序論的考察（1）（2）」九大法学50巻61頁以下，51巻27頁以下，特に，（2）63頁以下を参照。

(23) Esser/Weyers, S.401.

(24) Münch, 3.Aufl., §812 Rn.213ff. [Manfred Lieb].

(25) ただし，何が割当内容を有する権利となるのかという問題に関するドイツの議論の紹介と検討が，村田大樹「侵害利得論における『割当内容をもつ権利』の判断構造」同志社60巻7号611頁以下。

(26) 川村泰啓「『所有』関係の場で機能する不当利得制度（4）」判評124号100頁以下，103頁。四宮75頁の注（2），185頁は，「通常は価格償還」だとしている。

(27) 好美清光「Ⅲ　不当利得の類型論」私法48号34頁以下，44頁は失念株の引渡し請求が可能と解すれば，侵害利得の効果は原物返還だと指摘している。さらに，大久保ほか37頁は，失念株のケース（例えば，最判平成19年3月8日民集61巻2号479頁）では，株券の売却前は，新株式として交付された株券の返還が可能であるとする他に，478条で弁済が効力を有するときでも，弁済されたものが有体物なら，所有物返還請求と侵害利得による原物返還の請求が可能だと例示している。

(28) 四宮185頁以下。

(29) 加藤（体系）346頁以下，加藤（事務）132頁以下。

(30) 四宮185頁以下。

(31) 加藤（事務）128頁以下132頁。加藤（体系）348頁以下も参照。

(32) 加藤（体系）361頁以下，加藤（事務）132頁以下。

(33) 前掲第2部注（271）Rengier，および，前掲第2部注（280）Flessnerなど。その嚆矢はフレスナーであり，Flessner, S.112ff., S.162は，契約責任および契約外責任による損害負担の基準である，当事者双方の利得の起因への関与・過責，その発生領域に則した損害の分配，損害の種類，利益と損失との結合，当事者の負担能力，不当利得を発生させる規範の意味と射程という複合的要素によって，利得消滅の成否が決定されるとしている。

(34) カナーリスは，損害賠償の要素で利得消滅の成否を説明しようとするフレスナーの学説（前掲注（33）を参照）は，ドイツの現行法に反していると評している。Larenz/Canaris, S.308f.。

(35) 動的システムについては，山本敬三「民法における動的システム論の検討——法的評価の構造と方法に関する序論的考察」論叢138巻1・2・3号208頁以下がその包括的な紹介・検討である。ちなみに，複合的なファクターの綜合による動的な利得消滅の決定を説くフレスナー（前掲注（33））は，動的システムの代表的な支持者である。さらに，蛇足かもしれないが，ドイツの法律学の全体的文脈の中での動的システムの意味に関しては，藤原正則「法ドグマーティクの伝統と発展——ドイツ法学方法論覚え書き」瀬川信久編『私法学の再構成』（北大図書刊行会・1999年）35頁以下，フランツ・ビドリンスキー（藤原正則訳）「私法の法発見における原理と体系」北法49巻6号177頁以下も参照。

(36) 例えば，四宮82頁以下，185頁，好美（下）24頁，近江58頁。ただし，侵害利得の効

第3部　侵害利得

果が客観的価値（市場価格）とは限らないという主張として，村田大樹「侵害利得における返還内容の多様性」同志社56巻5号355頁以下を参照。

(37) 四宮186頁は，価格返還義務を負う場合は，それが成立する時点で返還義務の範囲は確定するのを原則としているから，結論としては同じであろう。

(38) 不法行為による損害賠償請求権と（侵害利得の）不当利得返還請求権関係については，例えば，我妻（講義）1007頁以下，松坂（全集）68頁を参照。不当利得返還請求権と他の請求権の関係について一般的には，四宮56頁の注（2）を参照。

(39) 川村泰啓「『所有』関係の場で機能する不当利得制度(13)」判評144号2頁以下。

(40) 四宮187頁注（1）。

(41) 以上の侵害利得の執行法上の優先も含めて，擬制信託の法理に関しては，松岡久和「アメリカ法における追及の法理と特定性——違法な金銭混和事例を中心に」林良平先生献呈論文集刊行委員会『現代における物権法と債権法の交錯』（有斐閣・1998年）357頁以下を参照。さらに，同様の方向性を追求している，松岡久和「債権的価値帰属権についての予備的考察」龍社16号68頁以下，松岡久和「ベールの『価値追及』について」龍谷法学22巻2号1頁以下も参照。

(42) 破産の際の代償的取戻権については，例えば，伊藤眞『破産法・民事再生法（第5版）』（有斐閣・2022年）467頁以下を参照。

(43) 鈴木766頁以下の価値のヴィンディカチオの批判も参照。価値のヴィンディカチオ（価値のr.v.）に関しては，金銭騙取の不当利得に関する第5部の記述を参照。ただし，松岡久和『担保物権法』（日本評論社・2017年）399頁以下の物権から債権への「格下げ問題」に関する極めて説得力のある記述も参照。

(44) 我妻（講義）1010頁以下，松坂（全集）151頁以下，四宮193頁。

(45) この判例は，しばしば準事務管理を承認した判例だとして引証されている。例えば，広中388頁を参照。

(46) 例えば，加藤一郎『不法行為（増補版）』（有斐閣・1974年）107頁，四宮和夫『事務管理・不当利得・不法行為（下）』（青林書院・1985年）576頁，幾代通・徳本伸一『不法行為法』（有斐閣・1993年）67頁注（1）。

(47) 我妻（講義）1011頁，四宮193頁以下，松坂（全集）152頁以下，新版注民(18)287頁以下［三宅正男］。

(48) 同判例の意義に関しては，藤原正則「判批」北法63巻3号149頁以下を参照。

(49) 以上のドイツ法の状況に関しては，藤原正則「売却代金の返還請求・他人物の無権限処分者の価値賠償義務」岡伸浩他編『高齢社会における民法・信託法の展開（新井誠先生古稀記念論文集）』（日本評論社・2021年）138頁以下，154頁以下を参照。

(50) 無権利者の処分に対する売却代金の返還に関する判例・学説については，四宮195頁以下の注（2），および，前掲注(49)藤原141頁以下を参照。

(51) 例えば，四宮82頁，好美清光「Ⅲ　不当利得の類型論」私法48号34頁以下，43頁，近江58頁，大久保ほか28頁（ただし，侵害利得の効果として客観的価値の返還を説く），内田597頁。

(52) 鳩山804頁，末弘993頁。

(53) 川村泰啓「『所有』関係の場で機能する不当利得制度（5）（6）」（5）判評125号2頁以下，4頁以下，（6）判評126号2頁以下，6頁，松坂（全集）155頁。我妻1087頁以下は，処分者が処分により売却代金を取得した当時の目的物の時価の返還義務を負い，時価より安価に処分したときでも，その不足分は，処分者が財産管理を誤ったも

第3部（注）

のだから，処分者の不利益に帰するが，制限行為能力者の場合は例外だとしている。

(54) 新版注民(18)282頁以下［三宅正男］。

(55) 澤井64頁。

(56) 潮見330頁以下，特に，332頁。

(57) 以上に関しては，例えば，Staudinger (2007), §818 Rn.25 [Stephan Lorenz]。結果的に客観的価値と売却価格の接近を説いている。さらに，前掲注(49)藤原165頁以下を参照。

(58) Larenz/Canaris, S.277f. を参照。

(59) 前掲注(49)藤原166頁を参照。

(60) 我妻（講義）1085頁以下，松坂（全集）233頁以下，谷口（研究）386頁以下。最近の学説では，平野40頁以下，41頁は，控除説を支持して，直接の侵害者（盗人）Bに対する損害賠償請求または悪意の不当利得返還請求で満足すべきだとする。

(61) 川村泰啓「返還さるべき利得の範囲（4）」判評65号8頁，広中410頁，四宮189頁，190頁注（4）（ただし，大審院のケースでは，Cに過失があったから，高松高判とは一応は事案が異なるとする），好美（下）30頁以下，大久保ほか29頁，澤井64頁，内田599頁など。中馬義直「盗品，遺失物等の売買に伴う不当利得の返還」谷口還暦（1）16頁以下〔不控除説〕も参照。

(62) 以上のドイツ法の状況に関しては，藤原正則「無権限者による他人の物の処分と他人の債権の取立による不当利得──他人の権利領域への無権利者による干渉に対する反動的請求（1）（2）（3）（4）」北法59巻2号565頁以下，3号1219頁以下，4号1707頁以下，5号2309頁以下，特に，（1）582頁以下を参照。より簡潔な記述は，前掲注(48)藤原170頁以下を参照。

(63) 武川幸嗣「他人物処分における所有者保護に関する一考察」名法254号153頁以下を参照。さらに，前掲注(62)藤原（3）1755頁以下の紹介するスイスの判例（BGE71 II 90）も参照。

(64) 簡単ではあるが，前掲注(62)藤原（1）574頁以下を参照。磯村（論考）37頁以下，特に，38頁を参照。ただし，大久保ほか19頁は，所有物返還請求権が行使されたときは対価抗弁はできないこと，その例外が規定されているのが194条の代価弁償であることを理由に，対価抗弁を否定している。これは，文言解釈からは全く妥当な結論であると考える。

(65) 柚木馨『判例物権法総論』（有斐閣・1955年）361頁以下，舟橋諄一『物権法』（有斐閣・1960年）257頁，新版注民（7）207頁〔好美清光〕。

(66) 鈴木禄弥「即時取得」『総合判例研究叢書 民法（6）』（有斐閣・1957年）59頁以下。

(67) この判例の評価の背後にあるのは，我妻栄『物権法（民法講義II）』（岩波書店・1952年）140頁の「然し，この特則（193条・194条）は，近代法の理想から見れば，必ずしも適当なものではない。盗品又は遺失物に限って公信力を弱くすべき理由もなく，また，盗品又は遺失物に限って原所有者の静的安全を保護すべき理由がそれほど強いものでもない。」という動的安全の強調ではないのかと推測する。

(68) 例えば，池田恒男「判批」判タ1046号67頁以下，好美清光「判批」民商124巻4＝5号723頁以下。文言解釈からは，判例を批判する学説が妥当というしかない。だから，この判例はいわゆる判例による法形成（Rechtsfortbildung）と評する他ないと考える。さらに，判例を支持する学説なども含めて，新注民（5）217頁以下［藤澤治奈］を参照。

307

第3部　侵害利得

　　同判例に関してコメントすると，判例を支持する見解で，占有者に所有権が帰属するからという理由で，所有権の所在で使用利益・果実の帰属を決定しようという方向性は誤っていると考える。例えば，売買契約と同時に所有権は買主に移転するが（176条），引渡しまでは果実収取権は売主に止まる（575条）。つまり，所有権の所在から果実収取権を当然に基礎づけることはできない。同判例の解釈では，果実収取権は189条2項ではなく，194条の解釈で決定されることになる。だから，所有権の所在からすべての問題を演繹的に解決することはできず，その意味で，物権変動での所有権の移転時期を論じること自体に意味はないという鈴木(祿弥)説は妥当であろう（194条に関しては，鈴木祿弥『物権法講義（第5版）』（創文社・2007年）217頁の「2年が経過するまでの間の所有権の所在を問うことは無意味というべきであり」期間内に原所有者が回復請求しなければ終局的に所有権は占有者に帰属し，回復請求して占有取得すれば終局的に原所有者に帰属する，という記述を参照）。付言すると，所有権の帰属を当事者間で論じることは無意味であり，対第三者関係では194条の局面では，所有権は原所有者に帰属すると解すべきだと考える。その理由は，占有者への差押え，破産手続が開始されたときでも，原所有者には第三者異議の訴え（民執38条），取戻権（破産62条）が認められてしかるべきだと考えるからである。

(69)　新版注民(7)226頁［好美清光］は，代価弁償に利息を含まないことと関連させて理解すべきだと指摘している。つまり，前掲注(68)好美よりも判例に歩み寄った理解を示している。

(70)　我妻栄・有泉亨『新訂物権法』（岩波書店・1983年）227頁以下，我妻（講義）1011頁以下，松坂（全集）99頁，好美（下）28頁，前掲注(68)鈴木216頁など。大久保ほか75頁以下，76頁は，Bの無資力などで，AのBに対する請求権が満足を得られない限度で，AのCに対する不当利得返還請求が成立するとする。近江幸治『物権法（第3版）』（成文堂・2006年）153頁以下，169頁は，贈与は取引行為ではなく，それゆえ，192条の適用の要件を具備せず，そもそも善意取得する余地がないとする。

(71)　前掲注(65)舟橋248頁以下，槇悌次『物権法概論』（有斐閣・1984年）130頁。佐久間毅『民法の基礎2（第3版）』（有斐閣・2019年）148頁は，例えば，ドイツ民法816条1項後段のような明文の規定がない限り，即時取得を認めながら返還義務を説くのは無理だとしている。

(72)　四宮196頁注(3)。

(73)　例えば，新注民(5)147頁［藤澤治奈］を参照。

(74)　前掲注(65)舟橋249頁割注，四宮238頁，239頁注(1)。

(75)　川村泰啓「返還さるべき利得の範囲(4)」判評65号37頁，「不当利得返還請求の諸類型(1)」判評76号89頁以下。

(76)　この問題については，ドイツ法も含めて，藤原正則「他人の物への担保設定による不当利得」森泉章編『著作権法と民法の現代的課題（半田正夫先生古稀記念論集）』（法学書院・2003年）684頁以下を参照。

(77)　堀内仁「実務家のための金融判決紹介」手形298号42頁以下，43頁，手形300号45頁以下，46頁，本田純一「合意解除後の根抵当権の利用と不当利得」判時972号161頁以下，特に，川上正俊「金融判例研究報告」金法929号18頁以下。ただし，小杉茂雄「下級審民事判例研究」西南15巻2号127頁以下は，本件では損失を欠くという理由で請求を棄却してもよいとする。

(78)　滝澤（実務）258頁は，抵当権設定登記の流用のようなケースではないから請求棄却

は妥当とするが，288頁以下では，所有者の損失まで否定した判断には検討の余地があるのでは，とも指摘している。

(79) 以下で記述する，所有者・占有者関係の規定と不当利得との関係については，花本広志「物から生じる収益と不当利得（1）（2）（3）」判タ705号45頁以下，707号39頁以下，708号34頁以下に極めて詳細かつ要を得た記述がある。わが国の学説についても，花本論文を参照されたい。この問題に関する従来のわが国の学説が分かりにくかった理由は，「これは，判例および我妻説には，契約の清算という観点が欠けているためであり，谷口説および類型論には，189条の存在意義への考慮が不足しているからであるように思われる」という記述（（1）46頁）に尽きていると考えられる。本書の記述も，ほぼ全面的に花本論文に依拠している。付言すると，花本（3）45頁は，善意占有者の果実収取権（189条1項）を善意取得（192条）との連続性から，善意・無過失と解している。説得力のある考え方だが，本書では判断を留保して，一応は文言どおりに記述することとする。油納健一「不当利得と善意占有者の果実収取権 ——『使用利益』の問題を中心に」龍谷法学32巻4号118頁以下，清水元「果実収取権と不当利得」中央ロー・ジャーナル8巻4号91頁以下も参照。学説については，田中整爾「善意占有者の返還義務と不当利得」谷口古稀（2）91頁以下が要約した記述を与えていた。さらに，細部では不一致が多い学説状況に関しては，新注民（5）87頁以下［金子敬明］を参照。

(80) 全体的で簡略化された記述としては，藤原正則『物権法〈物権法・担保物権法〉』（新世社・2022年）110頁以下，千葉恵美子他『物権法（第4版）』（有斐閣・2022年）188頁以下［藤原正則］を参照。

(81) 前掲注(70)我妻・有泉493頁，川井『民法概論2・物権』（有斐閣・1997年）141頁以下を参照。星野英一『民法概論Ⅱ・第1分冊』（良書普及会・1973年）108頁は，善意占有者の果実返還義務がないことにつき，近代のどの民法にも同様の規定が存在すると指摘しているが，特にその根拠を説明せず，不当利得の規定との調整は今後の課題だとしている。

(82) 以下の所有者・占有者関係の位置づけ，解釈論に関しても，前掲注(79)花本論文を参照。

(83) Ernst von Caemmerer, Leistungsrückgewähr bei gutgläubigen Erwerb, Caemmerer, S.308, Anm.42の「果実に限定された善意取得の拡張の可能性が存在する」を参照。

(84) 新注民（5）90頁［金子敬明］，前掲注(8)川角18頁を参照。

(85) König (Tatbestände), S.158ff., 前掲注(62)藤原（1）579頁，582頁以下を参照。

(86) 我妻の占有の不当利得については，前掲第2部注(18)を参照。ただし，フランス法の問題視角から我妻説を再評価する，齋藤（諸法理）1頁以下も参照。

(87) 前掲注(79)花本（3）45頁を参照。

(88) 最近の裁判例（高松地判平成30年5月15日金判1551号36頁）で，無効となった遺産分割で取得した不動産の賃料を取得していた共同相続人に対して他の共同相続人が，賃料（果実）を不当利得として返還請求した事案で，（当事者がそのような主張をしたからであろうが）本権の有無に疑いを持っている占有者は190条1項にいう悪意の占有者に当たるとして，賃料の返還請求を認めたものがある。これも，本来は所有者・占有者関係の規定の適用の余地はなく，給付利得の問題であろう。同判決の評釈，油納健一「判批」リマークス60号18頁以下，および，同判決の控訴審（高松高判平成31年2月28日金法2130号72頁）の評釈，川淳一「判批」リマークス62号18頁以下

第 3 部　侵害利得

がある。油納評釈は，問題を190条 1 項の占有者の意味から論じているが，川評釈は給付利得の問題だと指摘しており（20頁），適切だと考える。つまり，同判決は，190条 1 項による悪意の占有者の認定によって189条以下を給付利得のケースに適用することを回避している例だと考えられる。

(89)　四宮192頁以下，我妻(講義)1006頁以下では，事実行為による（侵害）利得に当たる。

(90)　我妻(講義)1007頁以下は，利得が利得者の事実行為によって生じる場合には，多くは同時に不法行為も成立する。その際に，不法行為による損害賠償請求権が時効消滅した場合，責任能力のないことで成立しない場合に，不当利得返還請求権がどのような影響を受けるのかを論じている。結論は，請求権競合に関してどのような立場をとろうと，不当利得返還請求権は影響を受けないと解すべきだとしている。その理由は，利得者の違法な行為による利得を保有させるのは，不当利得制度の趣旨に反するからである。これは，不法行為によって被害者の負担で利益を受けた加害者は，不法行為による損害賠償請求権が時効消滅したときも，不当利得返還の義務を負うと規定するドイツ民法852条と類似した考慮であろう。

(91)　四宮186頁。

(92)　我妻(講義)1007頁，四宮192頁以下。

(93)　もちろん，利得保有を認める合意があれば，不当利得返還請求は排除される。例えば，内縁の夫婦が同居・共同事業に使用していた共有不動産に関して，一方が死亡した場合の他方の無償での使用を定めた合意が成立していたと認められた事例がある（最判平成10年 2 月26日民集52巻 1 号255頁）。ただし，こういったケースは共同相続に関して問題になる場合が多いが，その解決は当然のことながら不当利得法ではなく相続法の課題である。その立法的解決が，配偶者短期居住権（1037条）である。
　　共同相続人間の使用利益の返還に関する指摘だが，共有物は単独所有物と同様には第三者に賃貸できないから，損失額，利得額を賃料相当額より安価にすべきという法制審議会での議論に対する，侵害者（単独占有者）の他の共有者の持分の侵害に対する救済を劣化させるから，客観的市場価格の返還が妥当と指摘する，松岡久和「共有物を使用する共有者と他の共有者との関係」潮見佳男他編『詳解 改正民法・改正不登法・相続土地国庫帰属法』（商事法務・2023年）47頁以下，63頁，67頁も参照。

(94)　以上の侵害によって惹起された，侵害者と財貨帰属者の間のリスク分配に関する基本的な考え方については，川角169頁以下を参照。

(95)　前掲第 2 部注(9)五十川を参照。

(96)　ハンブルグの駐車場に関する連邦通常裁判所の判決理由，BGBZ21, 319を参照。

(97)　この問題に関しては，白羽祐三「留置権・同時履行の抗弁権と不当利得」谷口還暦(1)97頁以下，中島一郎「建物（造作）買取請求権後の土地・建物の占有利用」谷口還暦(1)114頁以下がある。

(98)　前掲注(97)白羽108頁以下。

(99)　我妻(講義)1009頁，四宮192頁など。

(100)　前掲注(97)中島124頁以下。

(101)　例えば，松坂(全集)152頁注(3)(156頁)。滝澤(実務)218頁以下も参照。

(102)　この問題に関しては，藤原正則「他人物の不適法な賃貸借と転貸借 ―― 所有者の賃貸人，転貸人に対する不当利得返還請求」藤原正則・池田清治・曽野裕夫・遠山純弘・林誠司編『時効・民事法制度の新展開（松久三四彦先生古稀記念）』(信山社・

第3部（注）

2022年）503頁以下，507頁以下を参照。

（103）前掲注(102)藤原511頁以下を参照。

（104）以上の整理については，四宮201頁以下を参照。

（105）以上の判例の評釈として，瀬川信久「判批」判評249号13頁以下がある。高橋智也「判批」百選（第9版）頁以下も参照。

（106）この問題に関しては，大久保ほか23頁に極めて要領よく整理されている。

（107）前掲第2部注(40)梅247頁以下，前掲第2部注(31)平井191頁，前掲第2部注(31)前田452頁を参照。

（108）旧注民(12)110頁以下［澤井裕］。小野秀誠『債権総論』（信山社・2013年）291頁も参照。

（109）前掲第2部注(33)を参照。

（110）前掲第2部注(31)平井129頁，我妻栄『新訂・債権総論』（岩波書店・1964年）281頁，潮見佳男『新債権総論Ⅱ』（信山社・2017年）などであり，判例を支持するものは，於保不二雄『債権総論（新版）』（有斐閣・1972年）358頁だけである。ただし，於保359頁注(18)は，重ねて真の債権者に弁済したときは，真の債権者に対する弁済が有効となるとしている。しかし，最初の弁済が確定的に有効なら，真の債権者に対する弁済は非債弁済ではないかと考える。

（111）我妻(講義)1037頁，松坂(全集)165頁，四宮199頁。

（112）以上の問題に関しては，前掲注(62)藤原（2）1261頁以下，（3）1709頁以下，（4）2337頁以下を参照。

（113）我妻(講義)1037頁，松坂(全集)165頁，四宮199頁。

（114）以上のような知的財産権の保護に関する問題に関しては，田村善之『機能的知的財産法の理論』（信山社・1996年）205頁以下を参照。さらに，著作権侵害を具体例として，知的財産権の保護に関する不法行為，不当利得，準事務管理などの法制度を包括的に検討している潮見佳男「著作権侵害を理由とする損害賠償・利得返還と民法法理」論叢156巻5・6号216頁以下も参照。

（115）例えば，四宮190頁注（3）を参照。なお，知的財産権の側から見た不法行為による3種類の損害算定の方法に関しては，田村善之『知的財産権と損害賠償（第3版）』（弘文堂・2023年）89頁以下，206頁以下を参照。

（116）四宮190頁注（3），好美清光「準事務管理の再評価——不当利得法等の検討をつうじて」谷口還暦（3）371頁以下，413頁，松坂155頁，159頁注(19)を参照。さらに，知的財産権の侵害に対する不法行為と不当利得の関係に関してドイツの通説的な学説を紹介し検討するものとして，花本広志「無体財産権侵害における実施料相当額の損害賠償と不当利得——ロルフ・ザック『無体財産権法の体系におけライセンス・アナロジー』の紹介を中心として」獨協法学54号169頁以下がある。

（117）前掲注(114)田村211頁以下，前掲注(115)田村41頁以下を参照。

（118）前掲注(116)好美412頁以下を参照。

（119）前掲注(114)田村221頁以下，前掲注(115)田村206頁以下を参照。

（120）例えば，前掲注(114)田村221頁以下，沖野眞已「損害賠償額の算定——特許権侵害の場合」法教219号58頁以下を参照。

（121）増井和夫・田村善之『特許判例ガイド（第4版）』（有斐閣・2012年）426頁以下を参照。田村善之『知的財産法（第5版）』（有斐閣・2010年）325頁は，このことを「法が特許権者に帰属すべきであるとして排他的に割り当てている市場機会の利用可

311

第3部　侵害利得

能性が侵害者に移転していることが，法の趣旨（＝割当内容）に違反するものとして特許権者に返還を要する利得だとみなされるのだから，一般に喪失する市場機会の利用可能性の対価として支払われる実施料を参照して不当利得額を算定することは合理的であると評価することができよう」と肯定的評価を与えている。前掲注(115)田村264頁以下はより詳細である。

(122)　前掲注(121)増井・田村426頁，325頁（ただし，債権法改正前の旧166条1項を前提とする）。改正後に関しては，例えば，角田政芳・辰巳直彦『知的財産法（第9版）』（有斐閣・2020年）180頁（特許権），441頁以下（著作権）。

(123)　以上の法改正の意義および内容に関しては，田村善之「損害賠償に関する特許法の改正について」知財管理49巻3号329頁以下を参照。

(124)　前掲注(115)田村433頁以下，前掲注(122)角田・辰巳179頁を参照。加えて，現行特許法の損害賠償請求に関して，田村善之・時井真・酒迎明洋『プラクティス知的財産法Ⅰ特許法（第2版）』（信山社・2024年）194頁以下を参照。

(125)　長野史寛（ⅰ）「知的財産権侵害における不当利得返還請求——侵害利得と不法行為が交錯する一場面」論叢180巻5・6号622頁以下，同（ⅱ）「いわゆる『利益吐き出し』と民法法理——侵害利得の可能性と限界を中心に」民商157巻1号88頁以下は，特に，知的財産権の侵害に関して侵害者の利益の吐き出しの可能性を検討するものであり，しかも，侵害利得によるサンクションの方向性を探る論考である。つまり，不法行為による利益吐き出しは，不法行為の効果として通説的な差額説（Differenztheorie）に反する，準事務管理は仮託の理論であるから，利益吐き出しを法律構成するのに不適切である（（ⅱ）92頁以下）。他方で，割当内容を持った権利の保護の手段である侵害利得の効果が客観的価値の償還であるという理由はなく（ドイツ法に関して，（ⅰ）632頁以下，わが国に関して，（ⅰ）639頁以下），割当内容は権利の種類によって異なり，特に，利用成果の割当，処分成果の割当という角度から問題を検討している（（ⅱ）99頁以下）。さらに，利益吐き出しに関する近時の論考として，橋本伸「『利益吐き出し』原状回復に関する理論的考察（1）～（5）」北法69巻5号1462頁以下，69巻6号1734頁以下，70巻6号1101頁以下，71巻3号561頁以下，71巻5号1215頁以下，72巻6号1787頁以下がある。以上のような論考に関して，積極的な評価をする能力は欠くが，若干のコメントをしておきたい。

　　出発点として，公開市場で取引される財貨では，利得，損失は，市場価格＝客観的価値と考えるしかない。例えば，公開市場で取引される上場株式では，市場価格と利益，利得，損害，損失の間に乖離はない（だから，例えば，失念株の処分では，不当利得返還請求の対象は議論の余地なく売却代金である。最判平成19年3月8日民集61巻2号479頁。その反面で，価格返還の算定基準時に議論が集中することになる）。他方で，有体物でも不代替的な物（典型が，美術作品）では，一回処分されれば，その価値（割当内容）は消滅する。つまり，客観的価値といっても，少なくとも市場，競売などをつうじて売却されれば，現実には，処分価格を手掛かりに客観的価値を探求するほかない。だから，幾つかの学説は，売却価格は客観的価値の反証可能な推定だとしている。代替物でも，市場は複線的で段階的ではあるが（例えば，卸売りと小売り），やはり売却価格は客観的価値の推定と考えるほかない。以上は法律行為によって価値実現される例だが，有体物では添付，消費されたときは，その算定方法は様々だろうが，物の市場価格（客観的価値）としかいいようがない。ただし，先にも他人の物の処分で言及したように，客観的価値が実在するわけではないから，処分価格は

客観的価値の推定であり，客観的価値は処分後の事情も考慮して，具体的に事後的な算定によるしかない。

　他方で，知的財産権（など）の財貨は，通常は，知的財産自体の処分ではなく，知的財産権の使用による組成物の販売（処分）によって侵害される。だから，知的財産権は処分されるのではなく，使用され，一回ではなく複数回の侵害が可能である。さらに，知的財産権の侵害は，市場機会利用の可能性の侵害という形で現実化する。その結果，不法行為による損害賠償では複数（３種類）の計算方法が必要となり，その侵害に対して不当利得によって「同様の」サンクションを科すとすれば，不当利得の効果論も複数の可能性が用意されるべきだということになると考えることも可能であろう。

　ただし，利益吐き出しに関する法律構成には，複数の可能性が考えられ，知的財産権などの権利を視野に入れれば，規範的損害論を前提とする現行法の不法行為によるサンクションは当然のこととして，知的財産の使用を排他的な他人の事務の管理として擬制的に事務管理と性質決定することも，元来は事務管理は利他的意思を必要としない制度だったのだから，十分に可能ではないか。さらに，少なくとも善意・無過失の侵害者に利益吐き出しというサンクションを科すのでなければ，不法行為，準事務管理という制度は不当利得より優位性があるのではないかと考える。しかも，その制度の系譜からは(準)事務管理は「準契約的な性質」((i)668頁以下)とは最も親和性があるともいえると考えることも可能であろう。

　さらに，大久保邦彦「不正競争に基づく不当利得責任」阪大法学71巻５号1195頁以下，1213頁以下の長野論考（長野(i)，長野史寛『不法行為責任内容論序説』（有斐閣・2017年））の具体的な検討も参照。

(126)　例えば，花本広志「人格権の財産的価値——パブリシティ価値の保護に関する総論的考察」獨協法学45号241頁以下，249頁，前掲注(122)角田・辰巳445頁以下を参照。

(127)　以上のようなパブリシティをめぐる問題に関しては，前掲注(126)花本，新版注民(18)594頁以下，「パブリシティの権利と不当利得」[阿部浩二]，田村善之『ライブ講義知的財産法』（弘文堂・2012年）532頁以下，新注民(15)547頁以下[水野謙]を参照。

(128)　例えば，現段階では否定的な田村善之『不正競争法概説（第２版）』（有斐閣・2003年）190頁以下，全面的に肯定する方向性の諏訪野大「不正競争と不当利得」法学政治学論究53号197頁以下，さらに，不正競争防止法違反行為による不当利得に則して，割当内容に関して検討する，前掲注(125)大久保を参照。

(129)　四宮102頁以下，特に，103頁。

(130)　例えば，我妻(講義)1027頁以下，松坂(全集)161頁以下。

(131)　例えば，松岡久和「過誤配当と不当利得」林良平・甲斐道太郎編『谷口知平先生追悼論文集Ⅱ（契約法）』（信山社・1993年）521頁以下，531頁は，基本的には侵害利得の問題だと指摘している。さらに，以上の民事執行と他人の財貨の侵害に関しては，清水108頁以下に，侵害利得の問題として取り上げたまとまった記述がある。

(132)　我妻(講義)1028頁以下，松坂(全集)161頁，四宮103頁の注（１）。

(133)　以上の問題については，谷口(研究)559頁以下，および，上田徹一郎「騙取判決の既判力と不当利得」谷口還暦（３）26頁以下を参照。ただし，例えば，伊藤眞『民事訴訟法（第７版）』（有斐閣・2020年）264頁注(41)，541頁も参照。判決の不当取得に関する判例・学説に関しては，本間靖規「判決の不当取得」新堂幸司監修『実務民事訴訟講座［第３期］（第６巻）』（日本評論社・2013年）219頁以下を参照。

第3部　侵害利得

(134) ただし，再審の訴えで判決が取り消されたときは話が別であろう。例えば，一貫して実体法上は誤った判決による弁済も非債弁済の不当利得にはならないとするドイツ法でも，再審の訴えで判決が取り消されたときは，弁済は目的消滅の不当利得（codictio ob causam finitam）として返還請求が可能であり，これは既判力の喪失によるものと解されている。Reuter/Martinek, S.131を参照。

(135) 我妻（講義）1028頁以下，四宮103頁の注（１）。

(136) 我妻（講義）1028頁以下，松坂（全集）161頁，四宮103頁の注（１）。

(137) 我妻（講義）1029頁以下，四宮104頁の注（２）。

(138) 四宮104頁の注（２）。ただし，「その後の判例によれば，第三債務者の弁済は，転付命令が無効であっても，準占有者〔表見受領権者〕（478条）に対する弁済として有効とされ，」第三債務者の執行債権者に対する「不当利得返還請求は否定されることになる（大判昭和12年10月18日民集16巻1525頁）」とも指摘している。さらに，優先する差押債権者に対しては，481条が適用されて第三債務者は弁済の有効性を主張できないから（最判昭和40年11月19日民集19巻８号1986頁）二重弁済を強いられることになる。その結果，差押債権者に弁済したときは，第三債務者は転付命令に基づいて弁済を受けた債権者に不当利得返還請求できるというのが判例の考え方である。

(139) 四宮106頁の注（１）。竹下守夫「判批」判タ690号48頁以下，49頁も参照。

(140) 我妻（講義）1029頁，四宮106頁の注（１），前掲注(139)竹下49頁。

(141) 前掲注(139)竹下49頁。

(142) このような問題に関しては，鈴木忠一・三ケ月章編『注解民事執行法（５）』（第一法規・1985年）247頁以下［高橋宏志］，香川保一監修『注解民事執行法（８）』（金財・1995年）120頁以下，134頁以下［富越和厚］，中野貞一郎・下村正明『民事執行法（改訂版）』（青林書院・2021年）378頁以下を参照。

(143) 例えば，伊藤眞他編『条解民事執行法（第２版）』（弘文堂・2022年）1727頁［山木戸勇一郎］を参照。

(144) 例えば，山田二郎「金融判例研究会報告」金法1215号11頁以下，14頁，前掲注(142)富越142頁，前掲注(139)竹下52頁以下，前掲注(142)高橋248頁，前掲注(142)中野・下村381頁注（１），四宮106頁注（４）。

(145) 土田哲也「判例セレクト」法教101号別冊21頁。

(146) 加藤雅信「昭和63年重判」ジュリ935号71頁以下，73頁。

(147) 前掲注(139)竹下50頁以下，前掲注(143)山木戸1728頁以下を参照。

(148) 旧法下の問題については，山木戸克己「任意競売と配当手続──任意競売における配当と不当利得」谷口還暦（３）285頁以下を参照。なお，過誤配当と不当利得に関しては，類型論の立場から包括的な検討を行い，判例の考え方を支持しているのが，前掲注(131)松岡論文である。

(149) 否定説として，例えば，前掲注(142)中野・下村580頁以下，香川保一監修『注釈民事執行法（４）』（金財・1983年）355頁［近藤崇晴］など。肯定説として，栗田隆「配当異議の申出をしなかった債権者と不当利得返還請求権」金法1288号４頁以下，８頁以下，前掲注(131)松岡532頁以下，田原睦夫「不当な配当と債権者の不当利得返還請求」金法1298号15頁以下，19頁など。ただし，栗田説は，不当配当が担保権者の怠慢または行為に基づくときは，担保権者も不当利得返還請求はできないとしている。だから，手続的要請をどう評価するのかで様々なヴァリエーションがあることになる。

(150) 例えば，前掲注(142)中野・下村581頁。

第 3 部（注）

（151） 前掲注(149)田原19頁，前掲注(131)松岡534頁は，肯定的に解している。反対
　　が，前掲注(149)近藤356頁。

（152） 否定説としては，前掲注(149)近藤354頁，前掲注(142)中野・下村580頁以下，浦
　　野雄幸『条解民事執行法』（商事法務・1985年）415頁以下などの多数説である。肯定
　　説として，石川明「配当異議と不当利得」金法992号 6 頁以下， 8 頁以下。
　　　その他の学説に対する評価も含めて，詳細は，前掲注(131)松岡，および，全体的
　　な概観として，前掲注(143)伊藤編930頁以下［水元宏典］も参照。

（153） 前掲注(131)松岡533頁，前掲注(152)水元931頁。

（154） 前掲注(142)中野・下村583頁，前掲注(149)近藤358頁以下，前掲注(143)水元932
　　頁以下。

（155） 例えば，伊藤眞『破産法・民事再生法（第 5 版）』（有斐閣・2022年）312頁以下
　　を参照。その後に，平成29年最判の考え方を具体化して，超過配当を受けた債権者は
　　超過配当を劣後的破産債権の弁済に充てることはできず，一部代位弁済した物上保証
　　人は超過配当を不当利得返還請求できるとした裁判例（大阪高判令和元年 8 月29日金
　　法2129号66頁）がある（判例評釈として，藤原正則「判批」金法2145号48頁以下）。
　　斉藤毅「判批」平成29年度判解(民)386頁以下，397頁以下も参照。

（156） 例えば，四宮43頁を参照。さらに，準事務管理制度を認めるか否かとは別に，特
　　に，知的財産権（および，それに類似する権利）の分野での利益の剥奪（吐き出し）
　　を説く学説が多いことは間違いないであろう。例えば，前掲注(125)長野(ⅰ)(ⅱ)論考，
　　前掲注(125)橋本論考などを参照。

（157） 例えば，Schäfer, S.2626，藤原(Schäfer)512頁以下を参照。

（158） ただし，かつては，利他的意思は事務管理の要件ではなかった。例えば，（本書
　　の付録に付した）ザクセン王国民法1339条の事務管理の規定を参照。事務管理制度の
　　生成に関しては，新注民(15) 2 頁以下［平田健治］を参照。

（159） König (Gutachten), S.1557，藤原(Gutachten)418頁を参照。

（160） 例えば，不法行為法の制裁の機能という見地からドイツでの人格権侵害による利
　　益の吐き出しについて論じるのが，窪田充見「ドイツにおける人格権侵害を理由とす
　　る損害賠償請求権の役割」ジュリ1199号33頁以下。ただし，人格権侵害に関する損害
　　賠償請求が高額となることに関しては，著名人のパブリシティの商業化の問題ではな
　　いかと考える。藤原正則「利益吐き出し責任――ドイツの一般人格権の侵害の事例に
　　則して」藤岡康宏編『民法理論と企業法制』（日本評論社・2009年）171頁以下，特
　　に，186頁以下。

（161） 例えば，鳩山779頁注（ 1 ）。

（162） 鳩山777頁以下，末川博「準事務管理」民商 4 巻 1 号16頁以下，26頁以下。

（163） 小池隆一『準契約及事務管理の研究』（清水書店・1935年）286頁以下，289頁以
　　下。同書の書評として，山崎俊彦「小池隆一『準契約及事務管理の研究』〔1935年・清
　　水書店〕」加藤雅信編集代表『民法学説百年史』（三省堂・1995年）532頁以下がある。

（164） 石田文次郎「不当利得における『損失』に就いて」論叢37巻 4 号 1 頁以下，17頁
　　以下。

（165） 我妻(講義)927頁以下。

（166） 我妻(講義)925頁。ただし，物の処分のような場合以外，例えば，特許権・商標
　　権侵害の場合には，侵害行為は法律行為ではないから，かなり技巧的な説明にならざ
　　るを得ない，という指摘もある。前掲注(116)好美429頁。さらに，事務管理者が管理

315

第3部　侵害利得

意思を欠くという瑕疵は，管理者側のことだから，事務管理の追認によっては治癒しないと指摘するのが，四宮41頁。

(167) 加藤(事務)41頁以下，43頁以下。松坂(全集)49頁も参照。

(168) 平田春二「所謂準事務管理について」名法3巻2号29頁以下，特に64頁以下。

(169) 川村泰啓『商品交換法の体系Ⅰ（増補版）』（勁草書房・1982年）114頁，同「返還さるべき利得の範囲（4）」判評65号31頁，広中387頁，前掲注(116)好美，同「不当利得の類型論」私法48号34頁以下，43頁。

(170) 四宮44頁の注（3）を参照。

(171) 前掲注(116)好美381頁以下。以上の準事務管理に関する議論を利益の剥奪という視点から整理したものとして，前掲注(114)潮見266頁以下，前掲注(125)橋本（1）44頁以下を参照。

(172) 前掲注(116)好美381頁以下。

(173) 他人の事務を自己の事務として管理するという準事務管理に当たるケースでは，追認の可能性に関して疑問が残ると考えられる。これに関しては，四宮41頁，新注民(15)36頁［平田］，および，能見善久・加藤新太郎編『論点体系・判例民法7（第3版）』（第一法規・2019年）424頁以下［藤原正則］を参照。さらに，判例（最判平成23年10月18日民集65巻7号2899頁）は，無権代理ではなく無権限処分者の名前での処分を追認しても，権利者に無権限処分者の債権債務が帰属することはないとしている。

(174) 例えば，前掲注(125)長野(ⅱ)265頁。真正事務管理を前提とすれば準事務管理は「仮託」であり，侵害者の吐き出した利得の権利者への帰属の理由を説明できないと指摘している。しかし，これは決定的な理由とはならないのではないかと考える。その理由は，「仮託」＝フィクションに関しては，極論すれば法律構成は全てフィクションであり，あたかもそうであるかのように見做すことだからである。さらに，「事務の他人性」が肯定されれば，これを受任者による受領物の引渡義務と構成することは全く当然と考えることができるからである。しかも，長野(ⅰ)688頁以下は，利益の返還を不当利得の準契約的要素によって基礎づけているが，これと同様の機能を準委任である（準）事務管理で説明することも十分に可能であろう。

(175) 例えば，Münch, 5.Aufl., §687, Rn.19ff. [Hans Hermann Seiler] を参照。したがって，例えば，無権利者が他人の債務の弁済を受けて債権が消滅したときでも，債権者は無権利者に対して不法行為または準事務管理による責任を問うことはできない。ただし，不当利得の規定（ドイツ民法816条2項）による価格返還の請求が可能である。ただし，これに対しては，不法行為による損害倍書も可能だという有力な反対説がある。例えば，Larenz/Canaris, S.397f. を参照。

(176) 前掲注(116)好美393頁以下，395頁以下。

(177) 前掲注(116)好美396頁以下。

(178) 以上の準事務管理制度に関しては，それに対する否定的評価も含めて，新注民(15)39頁以下［平田健治］，および，大塚直・前田陽一・佐久間毅『民法6』（有斐閣・2023年）19頁以下［佐久間毅］も参照。

(179) 四宮43頁。ちなみに，立法論としては，ケーニッヒは準事務管理を利益（Gewinn）の剥奪の制度と位置づけた上で，侵害利得の一環として規定をおくという法律案の考え方を提示しているが，その要件として故意だけではなく重過失による侵害も含めている。König (Gutachten) S.1554ff., 藤原 (Gutachten)416頁以下を参照。

(180) 以上の要件・効果に関しては，例えば，鳩山777頁以下，澤井21頁以下を参照。

第4部　支出利得

◆ 第1章 ◆　支出利得の意義

I　支出利得とは何か

　給付利得および侵害利得と並ぶ，不当利得の第3の類型が支出利得である。すなわち，自己の金銭・物・労務が他人（利得者）に帰属するような方法で，損失者が自ら利得移動を引き起こした場合である。具体的には，支出利得とは，他人の（主には金銭）「債務の弁済」と他人の物に対する「費用の支出」の2つの場合である。

II　給付利得との区別

　支出利得でも給付利得と同様に，不当利得返還請求権は，損失者が意識して支出した出捐の回復を目的としている。しかし，給付利得での「給付」とは，通常のケースでは「債務の弁済のための出捐」であり，例外的には，目的不到達の不当利得での給付者と受領者の間で合意した「受領者に一定の行為を行わせるという目的達成のための出捐」である（以上の2つのケースを包摂するために，類型論が「給付」を「債務の弁済のための出捐」ではなく「意識した目的指向的な他人の財貨の増大」と定義していることは前述した）。だから，債務の弁済または合意された目的の達成のために，他人の財貨を増大させる目的で出捐がなされるのが給付利得である。そこで，債務が始めから存在しなかった場合（非債弁済の不当利得），債務が後に消滅した場合（目的消滅の不当利得），債務が不法な原因に基づく場合（不法原因給付）ないしは，目的が達成されなかった場

317

第4部　支出利得　第1章　支出利得の意義

合（目的不到達の不当利得）に，給付者（損失者）の給付受領者（利得者）に対する出捐の返還請求が問題となる。他方で，支出利得では，支出者（損失者）は，それと意識してか錯誤してかは別として，債務の弁済のための出捐（給付）を行っているわけでもなく，他人に一定の行為を行わせるという目的のために出捐しているわけでもない。他人の債務の弁済では，弁済者（損失者）は債権者に対しては（債務者の）債務の弁済のために給付しているが，求償利得の当事者である債務者（利得者）に対して給付しているわけではない。したがって，意識して出捐は行ってはいるが，給付はしていないというのが，支出利得と給付利得の区別の基準である[1]。

Ⅲ　侵害利得との区別

　給付なしに利得移動が発生したという点では，支出利得も侵害利得と共通のメルクマールを有している。だから，類型論のような不当利得の類型を知らない衡平説も，「給付による利得」と「給付によらない利得」を区別して，侵害利得と支出利得を併せて分類していた。さらに，類型論も給付利得との対比で侵害利得と支出利得を「非給付利得（Nichtleistungskondiktionen）」という形で括っている。例えば，添付による所有権の取得があったときは，添付は侵害利得または支出利得のいずれの不当利得類型をも基礎づける可能性がある。具体的には，(i) 他人の動産を無権限で自己の建物に付合させて動産所有権を取得した場合（侵害利得），および，(ii) 他人の建物に自己所有の動産を付合させて動産所有権を失った場合（支出利得〔費用利得〕）である。しかし，(i)の侵害利得で問題となるのは，所有権ないしは割当内容を持った権利の権利者に排他的に帰属する権利の保護であり，不法行為と同様に財貨保護の役割を果たすのが侵害利得である。だから，不法行為とは異なり侵害者の故意・過失を前提とはしないが，侵害利得による不当利得返還請求を基礎づけるのは無権限での他人の財貨の侵害行為である。他方で，(ii)の支出利得（費用利得）の例では，問題の焦点は，無権限での侵害に対する損失者の保護ではなく，他人の権利領域への干渉による「押しつけられた利得（aufgedrängte Bereicherung）」からの利得者の保護である[2]。

　すなわち，支出利得の制度目的は，財貨保護に対する不法行為法の補完ではなく，事務管理による有益費用の償還請求権（702条1項）の補完である。しか

も，支出利得の利得者は，たとえ利得はあっても，本来は負担する必要のない
負担に当たる利得の求償に応じる必要はない。したがって，給付利得を「財貨
運動法」，侵害利得を「財貨帰属法」ということとの対比で，支出利得は「負
担帰属法」と呼ばれている。

Ⅳ　事務管理との区別

　以上で述べたことからも明らかなとおり，事務管理という法制度がどのよう
な場合に成立するのかで，支出利得の適用領域が決まってくることになる。具
体的には，他人の事務処理が本人の意思と利益に適合しない場合は事務管理が
成立せず，有益費用の償還請求による事務管理者の支出額ではなく，不当利得
によってだけ本人の現存利得の返還請求が可能となる（702条3項）。事務管理
者が自己の事務と錯誤して他人の事務を管理した場合でも，事務管理は成立し
ないから（通説）[3]，ここでの本人の利得も不当利得によってだけ返還請求が
可能である（今ひとつ，他人の事務を自己のために行うのは，先に記述した「準事
務管理」である。ただし，ここでも本人の利得は，不当利得によって返還請求され
ることになる〔702条3項の類推〕）。つまり，支出利得は，事務管理の補完のた
めの法制度ないしは「水増しされた法形式」であるといえる。
　さらに，具体的な局面に応じた法規定が支出利得では数多く存在する（つま
り，一般不当利得法の形成以前に，個別の法律関係の補完として形成されてきてい
る）。例えば，保証人の求償権に関する規定（459条～465条）や，占有者・賃借
人の費用償還請求権（196条，608条）などである。支出利得の効果を考えるに
は，こういった実定法上の法規定との整合性が常に意識されるべきであろう。
とりあえず一般的には，第一義的には事務管理の規定との整合性ないしは類推
が重要であろう。具体的には，支出利得の返還請求の額は，有益費用償還請求
権（702条1項）の額，つまり，損失者の支出額を超えるべきではない。さら
に，事務管理者の本人への通知義務（699条）も類推の余地があると考えられ
る。加えて，返還義務の内容を決定するにあたっては，利得者（本人）の意思
と主観的な利益が尊重されてしかるべきであろう。

第4部　支出利得　第2章　求償利得

◆ 第2章 ◆　求 償 利 得

I　求償利得と費用利得との違い

　求償利得の対象となるほとんどの事例は，他人の金銭債務の弁済による求償である。他方で，費用とは，物に対する支出（債務の履行を目的としない任意の出捐）である。しかし，例えば，賃借人AがBから賃借したB所有の建物を修繕した場合は，Aの修理は費用（必要費）であると同時に，Bの債務の弁済でもある。家屋の賃貸人Bは，原則として賃貸家屋の修繕の義務を負っているからである（606条1項本文）。したがって，物の所有者が物の修理義務を法律上または契約上負っているときは，物に支出した費用の回復は費用利得であるとともに，支出利得でもあると考える余地もあるようにも思われる。もっとも，賃借人Aの修繕（費用支出）によって賃貸人Bの債務からの解放がされたわけではなく，単に賃貸人Bの家屋を修繕する義務が金銭債務に変わったにすぎないと考えれば，以上は費用利得の事例であり，支出利得の例ではない。しかし，正確には，賃借人Aの費用の支出は，Aによる賃貸人Bの事務管理である。そうだとすると，他人の債務の弁済によって，他人が債務から解放された場合が，支出利得の守備範囲だということになる(4)。その結果は，支出利得では原則として，利得移動に関与するのは常に三当事者だという結論におちつく。すなわち，AがBの債務をBの債権者Cに弁済して，Aが弁済受領者Cではなく第三者たる債務者Bに債務からの解放の補償を請求するのが，支出利得の原則的な形態である(5)。

　他方で，C所有の不動産をBから買い受けた善意の自主占有者Aが不動産に費用支出した場合は，Aは物の所有者Cに対して費用償還を請求できる（196条）。同じ例で，仮に，Cから所有物返還請求されたAが売主Bに対して支出した費用の償還を求めるなら，それは債務不履行に基づく損害賠償請求であろう（564条）。つまり，費用の支出者と物の所有者の二当事者が利得移動に関与するのが，費用利得である。結論としては，出捐の当事者ではなく，出捐による債務の解放という利得を得た第三者に対して，出捐者が出捐による負担の移転を求めるのが求償利得だということになる。

320

Ⅱ　他人の債務の弁済による求償権

1　他人の債務の弁済による求償権の発生の根拠

　他人の債務が弁済されたときでも，法律が独自の求償権を規定しているか，事務管理の要件を満たすときは，求償利得は問題にならない。他人の債務の弁済による求償権を法規定が定めているのは，以下のような場合である[6]。

（1）弁済者は自身も債務を負うが，その負担が利得者と同順位ないしは劣後する場合

　連帯債務者，保証人の保証債務の弁済などは，一面では自己の債務の弁済であるが，他面では他人の債務の弁済である。その求償権は，連帯債務者では442条，委託を受けた保証人は459条が，委託のない保証人では462条が定めている。さらに，使用者責任が成立した場合に，第三者に対して損害賠償義務を履行した使用者の被用者に対する求償（715条3項）も同様である。共同不法行為者の他の共同不法行為者に対する求償権も，直接にそれを定めた規定はないが，（債権法改正によって）求償に関しては442条が適用される[7]。

（2）弁済者は債務を負わないが，自己の権利を保持するために弁済する場合

　物上保証人は債務は負わないが，弁済しなければ自己に帰属する所有物の所有権を失う。抵当権付の不動産の第三取得者の抵当債務の弁済も同様である。ここでも，物上保証人に関しては，351条（質権），372条（抵当権への351条の準用）が求償権を規定しており，抵当権付の不動産の第三取得者の求償権には351条が準用される（最判昭和42年9月29日民集21巻7号2034頁。ただし，委託による物上保証人でも，委託保証人の事前求償権に関する460条は適用されないというのが判例〔最判平成2年12月18日民集44巻9号1686頁〕である）。

（3）受任者の有益費用償還請求権

　受任者が委任事務処理によって第三者に対して負担した債務を弁済したときは，受任者には委任者に対する有益費用償還請求権（650条）が帰属する。委託を受けた保証人の弁済による求償権も，同様の性質を有している（459条，442条2項）。連帯債務者相互間の求償権も実質的には同じであろう（442条）。

（4）事務管理者の有益費用償還請求権

　事務管理の要件を備えた場合は，事務管理者には本人に対する有益費用償還

第4部　支出利得　第2章　求償利得

請求権が成立する（702条1項，2項）。

2　他人の債務の弁済による求償権の内容

　求償権の根拠は以上のとおりであるが，その内容（範囲）は契約（委任），事務管理，不当利得（求償利得）のいずれかに分類できる。その具体例を示すなら，以下のようになる。

　（1）委託を受けた保証人の求償権の範囲は，免責を受けた日以後の法定利息および避けることのできない費用，その他の損害の賠償を請求できる（459条2項，442条2項）。以上の求償権の範囲は，受任者の有益費用償還請求権の範囲（650条）と一致する。

　（2）委託を受けない保証人の弁済が主債務者の意思に反しないときは，弁済の当時に主債務者が債務から解放された限度で求償権が成立する（462条1項，459条の2第1項）。弁済の時点で主債務者が債務から解放された限度で，事務管理が成立するからである。

　（3）委託を受けない保証人の弁済が主債務者の意思に反していたときは，（求償請求時の）主債務者の現存利得の限度で求償権が成立する（462条2項）。つまり，主債務者の現存利得（求償利得）に求償権を制限することで，主債務者を利得の押しつけから保護したのが，462条2項の規定であろう。つまり，その性質は不当利得で，かつ求償利得である[8]。

Ⅲ　求償利得の要件

　他人の債務を弁済した場合にも，求償権に関して具体的な法規定が存在するか，事務管理が成立すれば，求償利得による返還請求権は発生しない。したがって，求償利得の要件は，以下のようになる[9]。

　1　損失者（弁済者）は他人の債務を弁済する意思で弁済しなければならない。そうでなければ，第三者弁済の要件（474条）は具備されず，債務は消滅せず，したがって，債務者には利得（債務からの解放）は生じないからである。

　ただし，707条は他人の債務を自己の債務と錯誤して弁済した誤想弁済者Aに，弁済受領者B（債権者）が善意で証書を滅失・損傷するか，担保を放棄するか，あるいは時効で債権を失ったときは，弁済受領者Bに対する非債弁済

322

の不当利得を排除する代わりに，真の債務者Ｃに対して不当利得返還請求権（求償利得）を行使できると規定している。つまり，弁済者Ａには他人の債務を弁済する意思はないから，本来は第三者弁済の効果が生じないケースで，債務者Ｃに対する求償権を発生させている。しかし，同条の規定するケースでは，債権者Ｂが誤想弁済者Ａの（非債）弁済に法律上の原因があると信頼したために，債権者Ｂの真の債務者Ｃに対する債権の行使が困難または不可能となった，つまり利得消滅の抗弁が成立している。その結果として，利得債権者Ｂの利得消滅の代償として，（Ｃに対する）債権者かつ（Ａに対する）利得債務者Ｂの真の債務者Ｃに対する債権をＡに移転させたのが，707条の規定である。つまり，利得債権者Ａの利得債務者Ｂに対する代償請求権の行使を介さず，Ａに直接にＣに対する債権を帰属させ，その結果としてＢに対する他の債権者ＧとＡとの競合が回避される点に，同条の意味がある[(10)]。ただし，以上の707条の要件が存在しない場合，つまり，債権者の権利行使が困難にはなっていない場合にも，誤想弁済者は債権者または債務者に対して選択的に不当利得返還請求権を行使できるのかという，誤想弁済者の選択権の可否については，「第5部 対第三者関係」で取り上げることとする。

　　2　弁済の対象である債権は，有効に成立・存続している必要がある。債務が存在しない場合は，同様に債務者の債務からの解放もあり得ないからである。もちろん，債務が存在しない場合は，弁済者は弁済受領者に対して非債弁済の不当利得の返還請求が可能である。

　　3　以上の1，2の要件を満足させる場合でも，他人の債務の弁済による求償権が他の法規定（特に，事務管理）または契約によって規律されていれば，求償利得の適用対象とはならない。他の法規定，契約によって求償権が定められていれば，債務の解放を受けた債務者はすでに求償の義務を負っており，債務の解放は不当利得とはならないからである。したがって，具体的な求償権を定める法規定・合意がないときに始めて，703条による求償利得が問題となる。その意味では，他人の債務の弁済が契約上の債務履行であるときは契約が，事務管理が成立する場合は事務管理が，債務の弁済の法律上の原因になっているということになる。具体例として，旧法下の事案であるが，母親を扶養した子が兄弟に扶養料の半額を請求したのを退けた原審判決を破棄差し戻しし

第 4 部　支出利得　第 2 章　求償利得

た判例（最判昭和26年 2 月13日民集 5 巻 3 号47頁）がある。ただし，例えば，委託を受けない保証人が主債務者の意思に反して弁済した場合の求償権に関しては規定（462条 2 項）があるが，効果は主債務者の現存利得であり，その実質は不当利得（求償利得）である。

IV　求償利得の効果

　債務の弁済によって債務者が利得するのは債務からの解放であるから，求償利得では原物返還はおよそ観念できない。したがって，求償利得の効果は常に価格返還である。さらに，求償利得では，利得者の善意・悪意は返還義務の範囲に影響を及ぼすことはない。他人の債務の弁済は，原則として他人の権利領域への干渉であり，第三者が自己の債務を弁済していることを利得者が知っていたことは，求償利得の効果には無意味だからである[11]。

　求償利得の効果論の重点は，利得債務者の「押しつけ利得」からの保護である。ここで押しつけ利得を防止するための考え方は， 2 つに分かれる。すなわち，第 1 は，給付利得・侵害利得とは異なって，求償利得では「利得」を損失者の出捐ではなく，利得者の債務からの解放であると考えることである。そうすると，例えば，弁済された債務が消滅時効にかかっていたときは，弁済自体は有効であるかが，消滅時効を援用した債務者には債務の解放をもたらさない。したがって，債務者には利得がなく，求償利得も成立しないことになる。第 2 は，求償利得でも損失者の出捐を利得と考えるが，利得者の不利益（押しつけ利得）を利得消滅の抗弁で考慮することである。ここでは，弁済された債務の消滅時効と債務者の時効の援用は，利得消滅を意味することになる。確かに，原物返還に代わる価格返還の内容を客観的価値の返還と解する類型論の立場からは，後者の方向が整合的であるようにも考えられる。しかし，ここでは悪意の利得者にも利得消滅の抗弁が許されることは当然であり，類型論は一貫した方向性を貫徹することはできないとも考えられる。他方で，以上の債務の消滅時効の完成という事実の主張・立証責任は，利得債務者が負担すべきものである。そう考えると，債務からの解放が利得だといっても，損失者（弁済者）の出捐額以下での支出利得の成立する事情，例えば，債権者に対する債務者の反対債権の存在は，利得債務者が抗弁する必要がある。要するに，支出利得は，給付利得，侵害利得とは，その発生根拠，補完する法制度が異なること

Ⅳ　求償利得の効果

を正面から承認した上で，支出利得の効果を論ずべきことになる。

　そこで，類型論の始めの方針に戻って，その考え方に忠実なアプローチとは，個々の不当利得類型の補完する法制度からの類推，および，補完される法制度との評価矛盾の回避である。そこで，求償利得の機能に注目すると，債権者からの債権譲渡を受けるという手段に依らず，債務の弁済効を介在させて，直接に債権者から「譲渡された債権」の履行を債務者に対して請求できるのが，求償利得の意味である。したがって，債権譲渡によって債務者は不利益を受けてはならないという意味での債権譲渡での債務者保護の規定は，支出利得にも類推すべきことになる。しかも，求償利得で損失者（弁済者）が取得するのは，原債権ではなく求償権であるから，債務者保護の要請は債権譲渡以下になる理由はない。したがって，(ア)（利得）債務者は債権譲渡に関する468条の類推で，訴訟係属となる以前の債権者に対する一切の抗弁事由を利得債権者（弁済者）に対抗できる。(イ)しかも，そのことは求償権が成立した後でも同様であり，例えば，債務者は弁済後に取得した債権者に対する反対債権で相殺できる（462条2項を参照）。(ウ)原債権が時効消滅した場合は，求償権の行使に対しても，原債権の消滅時効で抗弁できることになる。もっとも，以上の債権譲渡の類推は，（求償利得も不当利得の一環であるから）利得債務者の利得消滅の抗弁と構成しても，問題の解決自体は全く変わらないといえる(12)。

　ちなみに，ドイツ法では支出利得での利得の押しつけ（der aufgedrängte Rückgriff）の防止の一環として，次のような事例が議論の対象とされていた。すなわち，AはCの土地を買収したいと考えていたが，CはAの申込みに応じない。そこで，AはCの債権者BにCの債務を弁済してCに対する求償権を取得し，Cの土地に強制執行して土地の競売を企てた。以上の事例で，Aの利得の押しつけを問題とし，非債弁済の不当利得に関する（705条に当たる）ドイツ民法814条を類推して，CはAの強制執行を排除できるという学説も存在した。しかし，非債弁済の不当利得に関する705条が求償利得に類推できるか否かは別として（自分も債務を負担する連帯債務者，保証人ではなく，事務管理者も他人の債務を弁済するときは，債務のないことに錯誤はないから，類推は無理であろう），以上の局面でCを保護する必要はないというのが，多数の学説の結論である。というのは，譲渡禁止の特約のあるとき以外は，債権は債務者の関与なしで譲渡が可能であり（ドイツ民法398条，399条），債務者は債権者の交代を計算しておくべきだったからである。したがって，Cが譲渡禁止の特約をB

325

第4部　支出利得　第2章　求償利得

と締結していた場合に，Aが譲渡禁止の特約を回避する目的で債務を弁済した場合に限って，CはAの強制執行を排除できると解するのがせいぜいである[13]。わが国では，第三者弁済が債務者の意思に反することを知らなかったとき，という例外はあるが，正当な利益を有しない者は債務者の意思に反して弁済できないとされており（474条2項），この点では利得の押しつけに対する防止はよりましだと考えられる。

◆ 第 3 章 ◆ 費 用 利 得

I 費用利得に関する規律

1 契約による費用支出（給付）と事務管理による費用支出

費用とは，物に関して支出された出捐である。しかし，物に費用が支出されても，費用の支出を義務づける契約上の義務があれば，費用は給付である。例えば，賃貸借契約で建物の修理費用に関しては賃借人が負担する合意があれば，賃借人による建物の修繕は賃借人の賃貸人に対する債務の履行，すなわち給付である。650条（委任），665条（寄託）が適用される限りでは，そこでの費用は委任ないしは寄託契約上の給付である。さらに，以上のような合意がない場合は，その使用・収益に必要な限りで，賃貸建物の修繕は賃貸人の義務（606条1項）であるから，賃借人による修繕（607条の2）は賃貸人のための事務管理（702条）であろう[14]。したがって，費用利得は費用の支出が給付でもなく，かつ事務管理が成立しない場合に始めて問題となる[15]。

2 費用償還請求権に関する規定

ところで，費用償還に関する規定は，民法の様々な箇所におかれている。そういった規定も大別すると，自主占有者と他主占有者の費用償還請求に分かれる。具体的には，前者は391条（抵当不動産の第三取得者），583条2項（買戻し），後者は299条（留置権），595条（使用貸借），608条（賃貸借），両者に関係するのが196条である。以上の規定は，使用借主の必要費の負担を定める規定（595条1項）以外では，基本的には所有者・占有者関係（189条～191条，196条）での占有者の費用償還請求権を規定した196条の区別に従った費用償還を指示している。すなわち，必要費は支出額（の全額）の返還を，有益費は所有者（利得者）が支出額と増価額（現存利得）のうちから償還すべき額を選択できる。かつ，有益費の償還には，善意の不適法占有者，競売代金から弁済を受ける抵当不動産の第三取得者を例外として，裁判所は相当の期限を付すことがで

第4部　支出利得　第3章　費用利得

きる，という準則である。さらに，賃貸人は賃借物の修繕義務を負うから，賃借人は必要費を支出すれば「直ちにその償還を請求することができる（608条1項）」（つまり，賃借人による賃貸人の事務管理だから，支出と同時に履行期が到来する）が，それ以外では必要費も所有者が物を回復してから始めて請求が可能となる（196条）[16]。だから，わが国の民法の規定は，必要費についても原則として物の回復時から所有者は償還の義務を負い，それに加えて，有益費では支出額と増価額のうちの安価な方の選択を認め，しかも，期限の付与によって所有者に価値実現の猶予を認める限りでは，押しつけ利得の防止を行っているといえる。

　加えて，添付による所有権の移転が損失者によって行われた場合は，そこでの償金請求（248条）の性質は費用利得である。ただし，ここでの償金請求の規定は，添付による増価を補償なしで保有できるわけではないことを確認しただけにすぎない。したがって，費用の支出が添付によって生じていても，248条は不当利得の内容に特別な意味を当てるものではなく，費用利得の一般的な準則に則して効果が規定されることになる[17]。

　さらに，以上の規定の適用が考えられない費用利得の例が，例えば，AがBの家の塀を勝手に塗装したとか，農家Dに隣接する農家Cが自分の農地と誤信して，Dの農地にも農薬を散布したというような，占有者ではない者が費用支出したというケースである。したがって，占有者ではない者の費用支出に事務管理が適用されないケースが（事実として，上記の例では，AのBに対する事務管理は成立しない場合が多いであろうし，CはDに対する事務管理意思はないから，誤想事務管理であり不当利得だけが問題となる），固有の費用償還請求権の問題だということになる。もちろん，そのような場合は実際上は希であり，単なる教室設例にすぎないといえなくもないが，費用利得の準則で問題解決するほかないであろう。しかし，占有者の費用償還請求権には，上記した押しつけ利得の防止策が用意されているが，占有者ではない者の費用償還請求に関してはそうではない。したがって，占有者ではない者の費用償還請求権に所有者・占有者関係の規定を類推しないなら，占有者ではない者は占有者より費用利得に関しては有利に扱われることになってしまいかねない。それゆえ，費用利得での「押しつけ利得の防止」に関しては，少なくとも所有者・占有者関係の規定が類推されるべきであろう[18]。

II　費用利得の要件

以上で述べたことからも，費用利得の要件は以下のようになる。

1　他人の財産に費用が支出されたが，費用が給付ではないことは，当然の前提である。費用の支出が添付による場合も同様である。費用支出は物に対する出捐であるが，物以外の財産に対する出捐も，あえて費用利得から括り出す必要はないであろう。

2　費用の支出者が他人の財産を自己の財産と錯誤していても，他人の財産と知っていても，費用利得は成立する。他人の財産を自己の財産と錯誤して費用を支出した場合は，事務管理は成立せず（誤想事務管理），不当利得の問題となる。他人の債務を自己の債務と錯誤して弁済すれば，弁済効は発生せず，債権者に対する非債弁済の不当利得が成立する。しかし，費用利得では，費用支出した対象の所有者に対する費用利得が成立することになる。

3　費用の支出が，事務管理の要件を満たさないことは，その要件である。費用の支出が事務管理となれば，出捐のリスクは本人が負担することになり，支出額が有益費用償還の対象となる。したがって，その意味で事務管理は費用利得の法律上の原因だということになる。

4　支出された費用に対して，財産の所有者が妨害排除請求権を有しないことも，費用利得の要件である。例えば，建物の賃借人が賃貸人の同意なしに建物を増築したときは，たとえ増築部分が独立の建物としての要件を備えず建物に付合した場合でも，賃貸人は賃借人に対して増築部分の収去を請求できると解すべきであろう。したがって，まずは費用利得では，収去義務の有無が精査されるべきであろう[19]。

III　費用利得の効果

すでに何度も指摘したとおり，費用利得の最大の課題は「押しつけ利得（aufgedrängte Bereicherung）」からの利得債務者の保護である。費用利得では原物返還は収去義務を意味するから，不当利得としては価格返還だけが問題となる。したがって，支出された費用の客観的価値または支出額の返還が認められるなら，費用利得は損失者から利得者への取引強制につながる恐れがある。仮に，利得者が費用を支出する予定であったとしても，費用を何時に支出するの

第4部　支出利得　第3章　費用利得

かは，利得者の自由だったはずである。しかも，利得者は費用償還に応じるためには，場合によっては自己の他の財産を処分しなければならない可能性すらある。つまり，事務管理すら成立しない場合に，支出された費用の償還を認めること自体が，利得者の財産管理権・処分権の侵害につながる危険性をはらんでいるといえるからである。

　ちなみに，わが国では土地・建物は別個の不動産であり，建物が土地に付合することはないが，諸外国での押しつけ利得の典型例は土地への建物の付合である（言い換えると，わが国では押しつけ利得の防止は諸外国ほどにはシリアスな問題ではないといえよう）。その際に，原則としては事務管理を認めないアメリカ法に見るように，正当な自己の利益の追求のため，または，錯誤による場合以外は，費用支出者を「お節介な干渉者（officious Intermeddler）」として費用の償還を認めない立場も存在する。つまり，要件ですでに押し付け利得を排除していることになる[20]。反対に，事務管理を認めるドイツ法では，利得の押しつけの解決を費用利得の効果論で行っている。その際に，ドイツ法では様々な提案があり，議論は錯綜している。しかし，一般的に承認を得ているといえる基準線は，以下のようになる。すなわち，(i) 費用利得は，利得移動時ではなく，物の所有者が物を回復するか，物の価値上昇から利益を受けた時が，利得の算定基準時となる。(ii) さらに，利得を算定する際も，費用の客観的価値ではなく，費用が利得者の主観的な財産計画に照らして価値実現できる限度でだけ，利得の返還を承認すべきである（ただし，これを利得の算定とするのか，利得消滅の抗弁と構成するのかという問題はある[21]）。(iii) 加えて，以上のようにして算定した価格返還の額が，損失者の支出よりも高額な場合は，支出額が返還義務の限度となるとされている。なぜなら，費用利得は事務管理の弱められた形態（事務管理が成立しない場合に，事務管理を補完する制度）だから，事務管理の費用償還請求以上の効果を付与すべきではないからである[22]。以上の限りで，費用利得の効果論は，わが国でもそのままに参照可能だと考えられる。そういった観点からは，有益費の償還請求の規定（例えば，608条2項ただし書）が，裁判所は利得者（例えば，賃貸人）の請求によって償還に猶予を与えることができるとしているのは，利得者に価値実現の猶予を与えたものであり，類推が可能と考えられる。

　ところで，費用利得の効果を，このように利得者の主観的な財産計画に照らして価値実現できる限度であると解することは，利得者の「出費の節約」が利

Ⅲ 費用利得の効果

得であるとすることに他ならない。そうすると，費用利得での利得の捉え方
は，類型論が一度は批判した，利得移動が生じた結果と利得移動がなかった場
合との「利得債務者の財産上の差額」が利得であるという衡平説の立場である
とも考えられる。さらに，以上のような価格返還のあり方は，利得移動したも
のの客観的価値ではなく，利得者の主観的な財産計画を基準とするという意味
で主観的価値説に依拠しているともいえる。それゆえ，類型論の立場から，こ
ういった価値返還の考え方について一応の説明をしておく必要があろう。

◆ 第4章 ◆ 主観的価値と客観的価値

　すでに指摘したとおり，通説的な類型論は価格返還の対象は，出発点としては「利得移動したもの」の客観的価値（市場価格）であると解している。その上で，利得債務者の返還義務を具体的に決定するに当たっては，「利得消滅の抗弁」による「現存利得」への返還義務の縮減によって調整を加える。反対に，悪意の侵害者に対する客観的価値以上の返還義務を基礎づけるには，不当利得ではなく準事務管理という不当利得以外の法制度を用意している。ところが，先に侵害利得で見た要件論でも割当内容説に反対する「違法性説」とは異なり，もっぱら効果論から価格返還義務の価値を利得債務者の財産計画に則して具体的・個別的に（konkret-individuell）算定すべきだという学説が，ドイツ法には存在する。すなわち，「主観的価値説（die Lehre vom subjktiven Wertbegriff）」である。他方で，通説的な学説は，客観的価値（objektiver Wertbegriff），つまり，利得移動したものの市場価値（Verkehrswert）の価格返還をすべきだとしている。だから，主観的価値説は，侵害利得での利益（Gewinn）の返還を肯定する考え方，および，費用利得の局面では，一定の説得力を持っていることになる。それゆえ，通説的な類型論の立場の補強という意味でも，ここで主観的価値説について言及しておくべきであろう。ちなみに，主観的価値説に属する学説でも，全ての不当利得類型で主観的価値説を唱えるものと，給付利得を除いて原則として侵害利得，支出利得だけに主観的価値を制限するものがある。しかし，給付利得でも価格返還を主観的に算定しようという立場は，ドイツ民法の明示的な立法者意思に反し，説得力に乏しいと考えられており，ここでは後者の考え方を取り上げるだけで足りるであろう[23]。

　主観的価値説の骨格となる主張は，(ア) 一方で，利得債務者は「利得したもの」以外にも，収益・代位物の返還義務を負うが，他方で，善意の利得債務者には利得消滅の抗弁が認められる。(イ) しかし，「不当利得返還請求権は利得移動がなかったときよりも，利得債務者を貧しくしてはならない」という不当利得の最高次の原則は，いずれの場合にも貫徹されている。(ウ) したがって，不当利得での価格返還（Wertersatz）は，利得債務者の財産上の差額に則して主観的・具体的に算定される必要がある。だから，例えば，他人の物の使用による

侵害利得の例では，侵害者の利得は「出費の節約」である。㈢加えて，㈡に
もみるように，利得債権者が利得債務者の下での利得消滅（損失の危険）を甘
受しなければならないなら，反対に利得債権者は利得債務者の取得した利益の
返還（利得の機会）も請求できるはずである。すなわち，利得移動に関する
「損失の危険」と「利得の機会」とは，バランスがとれていなくてはならな
い。㈣以上のように考えると，不法行為は債権者（被害者）の「損失の填補」
を目的とするが，不当利得は債務者（利得者）の「利益の剥奪」を目指してい
る。つまり，両者は同一のものが鏡に映ったように左右対称のシンメトリック
な形相をなしており，不当利得は不法行為の反対形相である。㈤ただし，他
人の物を無権限で処分した悪意の侵害者が，市場価格（客観的価値）以下の利
益（売得金）しか取得できなかったときでも客観的価値の返還義務を負うの
は，自己の行為に矛盾する主張は許されないという意味での信義則の適用によ
り，市場価格以下の利益しか上げられなかったという主張が排除されるからだ
ということになる。その結果，例えば，他人の物の処分による侵害利得では，
利得者に則した主観的・具体的な利得として（市場価格より高額な）売却代金
が返還の対象となる。さらに，求償利得では，利得債務者の主観的利得である
「出費の節約」が利得であるとされる。費用利得でも利得債務者の主観的な財
産計画を顧慮した「出費の節約」が利得であるということになる。だから，主
観的価値説の論者は，その反面で費用利得の効果は損失者の支出額には制限さ
れないとも説いている。すなわち，利得債権者（損失者）は利得債務者の下で
の損失の危険も負担するなら，利得の機会も与えられてしかるべきだ，という
のである[24]。

　以上のような主観的価値説の主張のうちの侵害利得での考え方の当否に関し
ては，すでに侵害利得に関する記述で検討ずみであると考える。他人の物の処
分の事例でも，通例では処分価格を客観的価値と考えるほかはないから，主観
的価値説と客観的価値説との違いは相対化される。ただし，一言しておけば，
主観的価値説が，悪意の利得者が主観的価値（出費の節約）ではなく客観的価
値（市場価格）の価格返還の義務を負うことを基礎づけるために，信義則を持
ち出すのは，いかにも技巧的であろう。他方で，支出利得での主観的価値説の
主張は，確かに肯繁にあたっているようにも思われる。ただし，支出利得に
限っては，以上の主観的価値説の主張と，客観的価値説を返還義務の出発点と
する通説的は類型論の考え方は，必ずしも矛盾するものではない。というの

第4部　支出利得　第4章　主観的価値と客観的価値

は，類型論の考え方を今一度整理してみると，次のようになる。すなわち，非
債弁済の不当利得では，弁済者（損失者）の錯誤が利得移動の原因だから，弁
済受領に法律上の原因があると信頼した弁済受領者（利得者）は，利得移動と
因果関係がある限りで，原則として利得消滅の抗弁を主張できる。双務契約の
巻き戻しでは，契約当事者は反対給付の取得を目的として給付している限り
で，相手方から受領した反対給付が偶然に滅失・損傷しても利得消滅の抗弁は
成立しない。例外が，契約を無効・取消しとした無効・取消規範が，異なった
評価を与えている場合だけである。侵害利得では，侵害者は善意の場合でも，
その侵害行為によって利得移動が生じている。だから，自己の侵害行為によっ
て利得移動を惹起した侵害者は，財貨の客観的価値の返還義務を負担するのが
原則であろう。他方で，支出利得では，利得移動は，利得債権者（損失者）自
身の行為，ないしは，他人（利得者）の権利領域への干渉によって生じてい
る。だから，利得移動から生じた損失が，原則として利得債権者に帰責される
のは当然であろう。以上のような利得移動に関する危険の分配（利得消滅）
を，各々の不当利得が補完する不当利得以外の法制度の評価との整合性を考慮
することで与えていこうというのが，類型論の方向性である。それと対比する
と，例えば，侵害利得で善意の侵害者（例えば，他人の物の無権限処分者）の返
還義務を即座に現存利得と解する主観的価値説は，十分な説得力を欠いている
と考える。さらに，事務管理を補完する支出利得，特に，費用利得では，利得
債務者の主観的ないしは具体的な財産計画を顧慮して返還義務を決定するとい
うのは，類型論の考え方に抵触するどころか，かえって整合的である。具体的
な返還義務の内容を，主観的価値説では出費の節約と評価するが，客観的価値
説では利得消滅の抗弁で判断するのかという点が異なっているにすぎない。た
だし，本来の利得消滅の抗弁が前提とする非債弁済の不当利得では，利得移動
が生じた後の事情が利得消滅となるが，費用利得では利得移動の始めから利得
消滅が生じている場合があるという点では異なっている。しかし，本来は利得
消滅の抗弁は非債弁済の不当利得の準則であり，他では類推されているにすぎ
ないと考えるなら，この違いは問題とするには足りない。かえって，利得の機
会と損失の危険のバランスという「独自の評価」から，損失者の支出額を超え
る利得者の費用利得の返還義務を認める主観的価値説は，事務管理法との評価
の整合性を保つことは困難であろう。以上で述べたことからは，支出利得・費
用利得でも類型論の考え方は適切であると考える[25]。

第 4 部（注）

（1）澤井75頁以下，四宮203頁，前掲第3部注(178)『民法6』81頁以下〔佐久間〕も参照。

（2）四宮203頁以下，潮見371頁以下など参照。

（3）我妻（全集）10頁，松坂（全集）24頁，四宮17頁など。

（4）四宮202頁。

（5）以下の求償利得に関して，渡邊力『求償権の基本構造・統一的求償制度の展望』（関西学院大学出版会・2006年）は，求償利得に関するドイツ法，日本法での問題を包括的に検討した研究である。

（6）四宮57頁の注（1）も参照。

（7）潮見佳男『民法（債権関係）改正法の概要』（きんざい・2017年）112頁以下，118頁を参照。

（8）以上の保証債務と求償権の性質に関しては，潮見佳男『新債権総論II』（信山社・2017年）698頁以下の記述も参照。

（9）四宮305頁以下も参照。

(10)　ドイツ法について記述する，我妻1131頁も参照。707条を利得消滅の抗弁という視角から検討したものとして，笹川明道「他人の債務の誤想弁済における弁済受領者の利得消滅——民法707条1項と民法703条との関係について」法政研究72巻3号853頁以下。ただし，同論文の注(40)についてコメントすると，707条は利得消滅の成立を定めた規定であるとともに，代位物の請求として債権者Bの真の債務者Cに対する債権の譲渡を求める代わりに，当然に真の債務者Cに対する債権を弁済者Aに移転させて，Bの一般債権者Gとの競合を封じた点にも意味があると考える。

(11)　ただし，四宮208頁は，「債務からの解放という『受けたる利益』の本体部分に関しては『利得の消滅』は生じない」ことを前提として，善意の利得者には利得消滅の抗弁が認められるとしている。つまり，利得債務者が悪意に変わるまでは，債権者に対抗できる抗弁は無制限に利得債権者（弁済者）にも対抗できるというのである。しかし，債権譲渡の場合ですら通知があるまでは，債務者の債権者に対する抗弁は譲受人に無制限に対抗できるのだから，このような制度的措置を欠く場合は，現実に求償権の行使を受けるまでは，債務者は抗弁を対抗できると解すべきだと考える。その結果，例えば，債務者が債権者への反対債権で相殺した場合は，利得債権者（弁済者）の求償利得は債権者に対する非債弁済の不当利得に転化することになる。

(12)　以上のような債権譲渡の規定の類推に関しては，四宮208頁，前掲第3部注(27)好美44頁を参照。

(13)　以上の問題に関しては，Medicus, S.655f. を参照。

(14)　ただし，608条を不当利得，事務管理として説明する学説があり，前者が多数であることは，新版注民(15)234頁［渡辺洋三・原田純孝］を参照。しかし，必要費は事務管理で有益費は不当利得（費用利得）と考えるのが妥当であろう。

(15)　四宮202頁以下。

(16)　費用償還請求権の発生時，履行期などに関しては，佐久間毅『民法の基礎2・物権法（第3版）』（有斐閣・2023年）310頁以下，新注民(5)275頁以下，277頁以下

第4部　支出利得

　　　［金子敬明］を参照。
(17) ただし，ドイツ法では，占有者の費用所管請求権を定める所有者・占有者関係の
　　　規定では，悪意の占有者は有益費の償還ができないため〔ドイツ民法996条〕，その制
　　　限のない添付での償金請求権〔ドイツ民法951条〕との関係が激しく争われている。
　　　ドイツ法での費用償還請求権に関しては，平田5頁以下を参照。
(18) 四宮207頁は，費用利得償還型については，原告・被告が所有者・占有者関係に立
　　　たない者であることが必要であるとしている。さらに，この場合には，民法の規定
　　　（196条）は損失者は占有者，利得者は所有者という関係を前提とするが，ここではそ
　　　うではなく，負担帰属の法則一般だから，民法の規定に拘泥する必要はない，と指摘
　　　している。240頁の注(1)。
(19) 以上の区別と242条（不動産の付合）の適用に関して，瀬川信久『不動産附合法の
　　　研究』（有斐閣・1981年）325頁以下を参照。
(20) この点については，前掲第1部注(9)土田49頁以下，51頁以下を参照。
(21) 四宮204頁の注(1)は，費用利得償還型での利得の押しつけの防止としては，(α)
　　　成立要件で原告（利得債権者）の支出が被告（利得債務者）の負担すべきものである
　　　ことを要求する方法，および，(β)効果の面で，被告の返還義務を現存利得に限定す
　　　る方法がある。(i) 民法の規定は，原告（占有者），被告（所有者）という関係を前提
　　　としているが，非占有者の費用利得では，そのような関係を前提としない負担帰属の
　　　法則一般であり，民法の規定に拘泥する必要はない。(ii) 仮に，βによっても，現存
　　　利得への縮減＝利得の消滅が出費の節約で排除されるから，被告は償還義務を負うこ
　　　とになる。だから，むしろ成立段階で，負担帰属の法則の中に「利得の押しつけの防
　　　止」を含めるのが妥当とする。その上で，52頁の注(1)では，負担帰属の法則とは，
　　　「本人が予定するか社会観念上本人の支出が期待される費用を超えてまで，返還すべ
　　　き利得を他人（受益者）に押しつけるべきではない」と指摘している。つまり，本人
　　　の財産計画に従った支出が利得となるという考え方である。
　　　　他方で，例えば，Schäfer, S.2702は，価値概念を客観的に解すべきだから，主観的
　　　価値は妥当ではなく，利得消滅という効果の側面からの制限を支持している。藤原
　　　(Schäfer)526頁も参照。
　　　　以上の押しつけ利得に関する立法論としては König (Gutachten) S.1524（法律案第3
　　　条の2，本書の「付録」を参照），S.1564ff.，藤原(Gutachten)424頁以下を参照。
(22) 例えば，Medicus, S.624ff. を参照。
(23) 以上の主観的価値説に関しては，川角149頁以下，前掲第2部注(223)藤原177頁以
　　　下を参照。
(24) 典型例として，Koppensteiner/Kramer, S.153ff.，および，S.169ff. の要約を参照。
(25) 以上の主観的価値説と客観的価値説との優劣に関しても，川角154頁以下，前掲第
　　　2部注(223)藤原177頁以下を参照。

第5部　対第三者関係

◆ 第1章 ◆　不当利得法における対第三者関係の意義

　法律上の原因のない利得移動に関与するのが，損失者・利得者の二当事者である場合は，不当利得返還請求権の原告・被告を決定するに際して，特に困難な問題は生じない。損失者が原告（利得債権者）で，利得者が被告（利得債務者）になるというのは，自明の理だからである。しかし，三当事者以上の者が利得移動に関与している場合は，誰と誰の間に不当利得が成立するのか，つまり不当利得返還請求権の当事者（原告・被告）規定が問われることになる。これが，不当利得法における三当事者関係（Dreipersonenverhältnis），三角関係（Dreieckverhältnis），あるいは，多当事者関係（Mehrpersonenverhältnis）などと呼ばれている問題である。ただし，ここでの課題は，結局は財貨移動に関与する第三者との関係が問われているという点，および，三当事者以上の四当事者が利得移動に関与する場合もあることから，本書では不当利得法における対第三者関係（Drittbeziehung）という名称を使用することとした。

　もっとも，対第三者関係で困難な問題が発生するのは，多くは給付利得の場合のはずである。というのは，侵害利得では，利得移動に複数の人間が関与する場合でも，その財貨から利得した侵害者が利得者であるにすぎない。例えば，Aの動産を窃取したBがその動産でCの建物を修理して，Cが付合によって動産の所有権を取得した場合には，AはCに対して侵害利得による請求が可能である（248条）。CはAの動産所有権を付合によって利得しているからである。他人の債務の弁済が問題となる求償利得では，始めから債権者，債務者，および，弁済者の三当事者が利得移動に関与している。しかし，第三者による債務の弁済によって，債務の解放を受けた者（債務者）が利得債務者

337

第5部　対第三者関係　第1章　不当利得法における対第三者関係の意義

（利得者）であり，弁済者が利得債権者（損失者）であるのは，自明のことだからである。他方で，給付利得に多数の当事者が関与してくると，話はそう簡単ではない。例えば，買主Ａが売主Ｂの指示に従って，売買代金をＢの債権者Ｃに支払った場合は，事実上の利得移動はＡ・Ｃ間で生じている。しかし，Ａ・Ｂ間の売買契約が無効だった場合に，Ａの給付利得がＢではなくＣにだけ指示されるというのは，明らかに不当であろう。ＡのＣへの売買代金の交付はＢの指示に従ったものであり，弁済の相手方がＣでもＤでもＡにとっては無関係なことだからである。さらに，以上の例でＢ・Ｃ間の債務が不存在だった場合の，給付関係の当事者は誰かという問題でも，やはり事実的な利得移動の過程は問題解決の手掛かりにはならない。したがって，以上のような給付利得に多数当事者が関与する事例では，利得移動（給付）の効果帰属を評価して給付利得の当事者を決定しなければならず，しかも，多数当事者が関与する事例には，実に様々なバリエーションがあり得るからである。だから，不当利得法での対第三者関係とは，そのほとんどが給付利得の問題である。

　さらに，不当利得法における対第三者関係の規律は，分業化された商品供給・労務の給付・現金を介さない弁済取引（例えば，銀行振込）などの取引が進展するとともに，その重要性を増してきている。というのは，こういった分業化され匿名化された連鎖する契約関係の一つが挫折した，つまり，連鎖する契約の無効・取消しも含めて，給付者の予定したように取引が決済されなかった場合に，そこでの財貨移動を回復するための法的な手段が不当利得法に他ならないからである。しかも，以上のような連鎖する契約関係の1つが挫折した場合には，契約に関与した当事者は自身の直接の契約相手方以外の第三者からの履行・清算請求から免れたいと考えるであろう。なぜなら，匿名化された取引の一環に参加する自分の契約相手方以外の第三者からの財貨追及にさらされることになれば，法取引の計算可能性は大いに損なわれるからである。しかも，給付利得だけでなく侵害利得の局面でも，取引の安全，計算可能性が要求されているのが，現代の商品交換の現状であろう。その結果，不当利得は挫折した商品交換が利用する法制度を補完するという形で，以上のような取引上の要請に応える機能を担っていることになる[1]。

　ところで，従来から不当利得における対第三者関係は，特にドイツ法では民法（私法）学上の難問の1つであるとされてきた。というのは，次のような理由によると考えられる。例えば，契約法でも通常の場合に想定されているのは

338

二当事者間の法律関係であり，三当事者間の権利・義務関係が取り上げられることは比較的希である。もちろん，最初から三当事者が関与する第三者のためにする契約，債権譲渡は例外である。しかし，その場合でも，財貨移動を基礎づける個々の法律関係が挫折した場合に関しては，必ずしも，そこでの問題が意識して議論されていたというわけではない。したがって，給付利得の対第三者関係では，不当利得法が補完すべき法制度でも十分な議論がされていない場合が間々ある。反対に，対第三者関係に関する判然とした方針があるはずの（第三者に対する絶対効がその重要な特性である）所有権を補完する侵害利得でも，所有権法では認められていない第三者に対する取引の安全を，（その結論としての妥当性は別として）不当利得法のドグマ（理論）を操作して拡大していこうという試みが繰り返しなされており，そのために不当利得法の見通しが悪くなっている場合がある。さらに，ドイツ法では，かつて因果関係の直接性の理論，現在では給付概念という単一の定式の要件の操作によって，全ての対第三者関係の問題を解決しようとしている。ところが，後述するとおり，対第三者関係の規律は，しばしば実質的な評価基準に戻ってその解決を考える必要のある様々な問題を含んでいる。以上のような事情が相まって，ドイツ法での不当利得法の対第三者関係の理論的な整理は相当に錯綜した状況にあり，ドイツ法の影響下で発展してきたわが国の学説も多少ともそういった問題を共有しているといえる。

　以上に加えて，不当利得法の補完的機能という点からも，強調しておきたいのが，不当利得以外の他の法制度が対第三者関係に対してどのような規律の方針を採用しているのかによって，不当利得法での対第三者関係の規律の方向性も決定されるという理である。例えば，物権変動で無因原則を採用するドイツ法と，そうではないわが国とでは，第三者の取引の安全の付与の仕方あるいは評価基準には相応の隔たりがある。つまり，前者の下では，たとえ契約が無効・取消しとなっても契約による所有権の移転があった場合には，原則として契約相手方に対する債権的な不当利得返還請求権（給付利得）だけが原所有者（給付者）に与えられた所有権（財貨）の回復手段である。したがって，契約関係の第三者である転得者に対する原所有者の所有権による直接請求は，はじめから封じられている。不当利得の対第三者関係の規律のための道具立てである，因果関係の直接性，給付関係のいずれも，こういったドイツ法での財貨移転の挫折を補完するためにできあがってきた理論である。すなわち，契約の履

第5部　対第三者関係　第1章　不当利得法における対第三者関係の意義

行・清算請求は契約の当事者間でだけ行われるべきだというのが，その背後にある評価である。反対に，わが国では，契約が無効・取消しとなれば，原所有者は契約関係の第三者である転得者に対しても所有権に基づく直接の返還請求が可能である。その結果，契約関係の清算（給付利得）と財貨の回復ないしは追及（所有物返還請求権）は，第三者が関与するところでは原則として分裂している。第三者が原所有者の直接請求を排除するためには，動産では善意取得（192条），不動産では93条2項，94条2項，95条4項，96条3項，177条の準用，545条1項ただし書などの具体的な規定，法理による他はない。したがって，対第三者関係で原所有者の財貨の追及，ないしは，直接請求を排除する際に，決定的な重要性を持っているのは，契約関係の存在ではなく，第三者の側の権利取得事由ないしは抗弁事由，つまり，第三者の法律上の原因の有無であろう。すなわち，その限りで，契約関係が始めから第三者への追及を遮断するのか，それとも第三者の側の権利取得・抗弁が直接請求を切断するのかという点で，両者の対第三者関係の規律の前提となる「範型（問題の設定・解決のための基本となる認識パターンないしは方向性）」が異なっていると考えられるからである。もっとも，以上は有体物所有権が関与する場合であって，文字どおりの有体物所有権が観念できない金銭ないしは始めから所有権の成立しない労務が給付対象となった場合は，無因原則の存在は意味を持たないのではないか，とも考えられる。しかし，いわゆる金銭騙取の不当利得の事例で，わが国の判例は，かつては因果関係の直接性を議論してきたが，現在では因果関係は「社会観念（通念）上の因果関係」で足りるとして，第三者の「法律上の原因」の存否で直接請求の成否を判断するに至っている（最判昭和49年9月26日民集28巻6号1243頁）。さらに，いわゆる転用物訴権に関する判例も，因果関係は直接であると判示したり（最判昭和45年7月16日民集24巻7号909頁），あるいは，因果関係に言及せず，もっぱら第三者の法律上の原因を問題としている（最判平成7年9月19日民集49巻8号2805頁）。もちろん，以上は金銭騙取の不当利得や転用物訴権という限られた問題領域での判例理論ではあり，かつ学説による判例の評価も一様ではない。しかし，上述した判例理論の存在は，原所有者の直接請求を契約関係の存在によって排除せず，第三者の権利取得・抗弁で財貨追及を切断するという，対第三者関係の規律のあり方の範型を提示していると考えることも可能であろう。しかも，特に被騙取者の第三者に対する騙取金銭の追及，転用物訴権のいずれをも認めないドイツ法との対比では，上述した範型

の違いが際立ってくることになる。したがって，以上の金銭騙取，転用物訴権を不当利得の問題に組み込んでいくのか否かで，不当利得の対第三者関係の構造の考え方は相当に異なったものとなる可能性があることは，即座に見て取れる理であろう[2]。

　以上のような理由から，以下では，まずドイツ法での因果関係の直接性，給付関係の意味を，そこでの実質的な評価とともに明らかにする。その上で，ドイツ法との違いを意識しながら，わが国での対第三者関係の規律に関する方向性を提示するのが適切であろう[3]。

第5部 対第三者関係 第2章 対第三者関係の規律の基本的視角

◆ 第2章 ◆ 対第三者関係の規律の基本的視角

I ドイツ法での対第三者関係の規律

1 因果関係の直接性・給付関係の意味とその限界

まずは最もプリミティブな給付連鎖の事例に即して，ドイツ法での対第三者関係の規律のための基本的な理論の意味を示すこととしよう。

【ケース1】① AはBに自己所有の動産を売却して引き渡し，その動産をBがさらにCに売却して引渡しも済ませました。ところが，A・B間の売買契約は，意思の不合致ないしは方式違背で無効だった。

② ①と同様に売買契約が連続したが，AがBの詐欺を理由にA・B間の売買契約を取り消した場合。

③ ①でAの意思無能力が原因で，A・B間の売買契約が無効だった場合。

④ ①でA・B間の売買契約もB・C間の売買契約も，二重に無効だった場合。

以上のように売買などで給付が単純に（給付の基礎となる2つの契約が相互に無関係に）連続してなされた事例を，ドイツ法では「給付連鎖（Leistungskette）」と呼んでいる。その際に，A・B間の売買契約（債務負担行為）が無効・取消しとなっても，所有権移転の合意（処分行為）は原則として有効である。したがって，売買目的物の所有権は売主Aに復帰せず買主Bに止まり，第三者Cは所有者Bから有効に所有権を取得する。その結果として，A・B間の売買契約の無効・取消原因に対する善意・悪意に関わらず，Cは常に所有権を取得する。仮に，動産がCに転売されずBの占有下にあった場合も，AがBから所有権を回復するためには，債権的な（給付）不当利得返還請求権による他はない（言い換えると，無因原則と不当利得返還請求権はコインの両面のような関係にある）。しかし，①では，動産はCに売却されて引渡しも終わっており，原物返還は不能であり，Aの請求はBに対する価格返還に限られることになる。

ところが，仮にAが所有権に基づいてではなく，不当利得返還請求権に

342

よってCから動産の返還を請求できるとすれば，無因原則の与えた第三者に対する取引の安全は全くその意味を失ってしまうことになる。そこで，以上の物権法上の準則を不当利得の局面でも覆滅さないために，かつてのドイツの判例・学説は不当利得の成立要件に利得と損失の「因果関係の直接性（unmittelbare Vermögensverschiebung）を要求した。つまり，CはBから所有権を取得したのであり，CはAの損失で利得したわけではないから，Aの損失とCの利得との間には直接の因果関係はないということになる（A・C間の利得移動の因果関係は，間接的な〔mittelbar〕因果関係にすぎない）。以上と同様の結論を，類型論は給付関係によって基礎づける。すなわち，AはBに給付しており，さらにBはCに給付している。だから，A・B間およびB・C間には各々に給付関係が存在し，給付利得は給付関係の当事者間でだけ成立する。Aは給付関係を飛び越えて，侵害利得によって第三者Cに直接請求することはできない（これを，給付関係の優先の原則（der Grundsatz des Vorrangs der Leistungsbeziehung）という[4]）。結論として，以上では，AのBに対する給付利得だけが問題となる。例外的に，B・C間の利得移動が無償で，かつ，BがAに対して利得消滅の抗弁を主張できる場合に限っては，AはBを飛び越してCに対して直接の不当利得返還請求権（Durchgriffskondiktion）を行使できる（ドイツ民法822条）。ただし，無償転得者に対する直接請求が可能となる前提は，（その妥当性は，疑問視することも可能であろうが）Cへの無償の出捐によって善意のBの利得消滅が成立し，AのBに対する給付利得の請求が排除されることである。それ以外の場合には，ドイツ法では契約による財貨移動があったときは，契約当事者A・B間でだけ清算が行われ，転得者Cは原所有者Aからの直接請求にさらされることはない。

　加えて，無因原則との関係で重要なのは，Bの一般債権者Gの利益である。A・B間の契約は無効でも，Bが所有権を取得したBの下にある物を差し押さえたBの一般債権者Gは，その物から弁済を受けることができる。その限りでは，物の原所有者AとBの一般債権者Gは，平等の扱いを受ける。ちなみに，無償転得者CへのAの直接請求が成立する局面では，AはCに対して詐害行為取消権を行使できる可能性のあるBの一般債権者Gに優先する結果となるが，この点に関しては，要件が異なるから特に問題とされていない。だから，例外的にではあるが，第三者の取引の安全が度外視できる局面では，結果的には給付者Aが給付受領者Bの一般債権者Gに優先して財貨を回復で

第5部　対第三者関係　第2章　対第三者関係の規律の基本的視角

きる可能性があることになる。

　以上の理は，A・B間，B・C間の売買契約のいずれもが無効となった場合（④），いわゆる二重欠缺のケース（Doppelmangelfall）でも全く変わらない。ここでも，A・B間およびB・C間の各々の給付関係に則した，AのBに対する給付利得およびBのCに対する給付利得が成立し，AのCに対する直接請求は排除される。争いがあるのは，AのBに対する不当利得返還請求権の対象が，Bに対する価格返還か，BのCに対する給付利得かという点だけである（後述）。さらに，債権者平等の原則の意味が明らかになるのが，この二重無効の事例であろう。というのは，仮にAのCに対する直接請求が認められれば，Cが無資力の場合は，Aは給付相手方Bではなく第三者Cの無資力の危険を負担することになるが，Bが無資力でCに資力があれば，Aは結果的にBの一般債権者Gに優先して弁済を受ける結果になるからである。

　他方で，②のようにAがBの詐欺を理由に契約を取り消せば，A・B間の売買契約（債務負担行為〔Verpflichtungsgeschäft〕）のみならず，A・B間の所有権移転の合意（処分行為〔Verfügngsgeschäft〕）も取り消されたことになる（これを，瑕疵の同一性〔Fehleridentität〕という(5)）。この場合は，Aは所有物返還請求権によって，Cから動産の返還を請求できる。だから，CがAの返還請求を退けるには，動産を善意取得（ドイツ民法932条）する他ない。さらに，③ではAは意思無能力だから，（ドイツの通説では）Aの給付した動産は占有離脱物と見做されるから，Cは善意取得できず（ドイツ民法935条），AはCに対して所有物返還請求できることになる(6)(7)。

　以上をまとめると，次のようになる。物権変動に無因原則（Abstraktionsprinzip）を採用するドイツ法では，債権契約（債務負担行為）のみならず物権行為（処分行為）も無効となる場合を除けば，対第三者関係は債権的な請求（給付利得）のあり方だけを考えれば，契約関係の当事者間での財貨移動の清算という結論に到達する。すなわち，給付者（原所有者）Aは給付受領者Bに対してだけ，債権的な給付利得の請求が可能である。その結果として，転得者Cに対する「取引の安全」と，給付受領者Bの一般債権者Gと給付者Aとの「債権者平等」が実現される。しかも，忘れてはならないのが，A・B間の売買契約の無効・取消原因に関するCの善意・悪意を問わずに，Cは有効に所有権を取得することである。以上の理を不当利得法のレベルで保証しているのが，因果関係の直接性ないしは給付関係に従った回復のドグマである。つま

344

り，所有権，不当利得のいずれによっても，Cは自己の契約相手方B以外の第三者からの直接請求にさらされることはない。ただし，例外として，Cが無償取得し，加えて，BがAに対して利得消滅を主張できる場合に限ってだが，AのCに対する直接の不当利得返還請求権が認められている。以上のような取引の安全が転得者Cに付与されるのは，ドイツ法で物権変動に無因原則が採用されているからに他ならない。それゆえ，後述するカナーリスは，こういった局面で第三者Cに与えられる信頼保護を「無因的信頼保護」ないしは「積極的信頼保護」と命名している。他方で，ドイツ法でも債権行為のみならず物権行為も無効になると，債権的なレベルだけでは問題は解決できない。この場合には，債権者平等は後退し，かつ転得者Cは原所有者Aからの所有権を介しての直接請求（所有物返還請求）にさらされる。CがAの請求を拒むためには，自身の財貨取得の原因を必要とする。具体的には，動産の善意取得（ドイツ民法932条）または登記の公信力による不動産の善意取得（ドイツ民法892条）による無権利者からの権利取得原因である。しかも，通常はこのような権利取得が認められるのは，善意・有償で財貨を取得した第三者に対してである[8]。カナーリスの用語では，これは「具体的信頼保護」ないしは「消極的信頼保護」とネーミングされている。

　したがって，ドイツ法での給付利得の対第三者関係の規律の範型の骨格は，物権変動での無因原則を背景とした「無因的信頼保護」と「債権者平等」である。しかも，給付連鎖の事例では，因果関係の直接性，給付関係のいずれもが，以上の要請を基礎づける理論としての役割を十分果たしていることも確認できるであろう。第三者に対する直接請求は，所有権ないしは侵害利得を介してだけ可能であり，かつ給付利得にとっては外在的現象として位置づけられることになる。

　【ケース2】　動産の売主Aは，買主Bの指示に従って，動産をBからの動産の買主である第三者Cに引き渡した。ところが，A・B間の売買契約は意思の不合致，方式違背で無効だった。

　以上のように，AからBへの引渡し，BからCへの引渡しというプロセスを省略して，Bの指示によって直接にAからCに引渡しがなされる場合を，ドイツ法では「短縮された給付（abgekürzte Leistung）」と呼んでいる。要するに，給付連鎖の場合とは異なり，Bを経由せず直接にCに引渡しが行われる

第5部　対第三者関係　第2章　対第三者関係の規律の基本的視角

のが，短縮された給付である。したがって，A・B間ないしはB・C間の売買契約に瑕疵があった場合の不当利得還請求のあり方は，短縮された給付でも給付連鎖の場合と原理的には全く違いはないはずである。

　しかし，A・B間の売買契約に瑕疵があった場合に，AはCに対して不当利得返還請求はできないという結論を導き出すためには，因果関係の直接性という理論は必ずしも説得力があるとはいえない。現実の財貨移動は，Aから直接にCに対して行われているからである。もちろん，所有権の移転は，A・B間およびB・C間で各々生じている。CはBの損失で利得したのであり，Aの損失で利得したのではない。だから，A・C間の利得移動には直接の因果関係がないと説明することも，もちろん可能である。しかし，例えば，売買の対象が不動産で，（公証費用，および，登記費用の節約のために）AからCへと登記が移転されたときは，A・C間で所有権の移転があったことになるのが，登記を所有権移転の成立要件とするドイツ法の帰結である。そうなると，確かに，CはAの損失で利得したといえないこともなく，因果関係の直接性による説明は困難または少なくとも分かりにくいことは確かであろう。

　これに対して，類型論は給付関係の確定によって，A・B間，およびB・C間の給付利得を基礎づける。すなわち，短縮された給付では，確かに，AはBの指示でCに動産を引き渡してはいる。しかし，この引渡しがBがCに所有権を移転するためか，それとも動産をCに寄託するためなのかは，Aには判然としない。AはBに対する売買契約上の債務を履行するために，Bの指示に従ってCに動産を引き渡したにすぎない。しかし，給付とは「意識した目的指向的な他人の財貨の増大」である。AがCに動産を引き渡した目的は，Bへの債務履行つまりBの財貨を増大させるためである。したがって，AはCには単に財貨を「出捐（Zuwendung）」したにすぎず，AはBに「給付（Leistung）」している。他方で，BはAに指示してCに出捐させることで，Cに対する債務を履行している。だから，Aの出捐によって，BはCに「給付」している。AはBの指示に従い，Bに給付する目的でCに出捐したにすぎず，Cとの関係ではAはBの単なる「給付媒介者（Leistungsvermittler）」であるに止まる。したがって，Aの出捐はCとの関係では法的には無意味であり，Bとの関係で始めて給付とみなされる。要するに，給付の「目的（Zweck）」によって給付関係を確定し，給付関係に従った不当利得返還請求権（給付利得）の当事者規定を行うのが，類型論の提案である。だから，類型論は短縮された給付で

346

のＡのＣに対する出捐の中に，ＡのＢに対する給付とＢのＣに対する給付という二様の目的性を発見し，その目的に従った出捐の効果帰属によって，不当利得返還請求権のあり方を決定している。以上の類型論の給付概念による根拠づけは，結果は同じでも，因果関係の直接性よりも，説明として間違いなくわかりやすく，かつ操作可能性も高いといえる。したがって，その限りで，類型論の用意する解釈学上のドグマは，衡平説のそれよりも優位性があると評価できよう[9]。

　しかし，給付概念も万能ではない。例えば，以上の給付連鎖および短縮された給付の事例で，Ａ・Ｂ間のみならずＢ・Ｃ間の売買契約も無効となったときに（二重無効の事例），ＢがＣから給付を回復していない場合には，Ａの給付利得による請求の対象はＢのＣに対する給付利得ではないのかという考え方も成立しうる。もちろん，実質的に考えれば，それではＡはＣの無資力を負担する結果となり，明らかに不当である。Ａが契約したのはＢであり，それゆえＢの無資力を負担するのは致し方ない。しかし，ＢがＡに対してＣに出捐せよと指示するか，Ｄに出捐せよと指示するのかは，Ａにとっては全く無関係な事情である。したがって，Ａの給付利得の対象をＢのＣに対する給付利得（これを「不当利得の不当利得（Kondiktion der Kondiktion）」という）とするのは，結論として妥当ではない。しかし，給付概念それ自体からは，以上の結論を正当化する基準を導き出すことはできない。

【ケース３】① Ａ銀行に口座を持つＢの依頼（指図）で，同様にＡ銀行に口座を持つＣの口座にＡ銀行は入金の記帳をした。ところが，後にＢの口座には，振込のための資金が不足していることが判明した。

　② ＢはＡに対する債権をＣに譲渡し，ＡはＣに弁済した。ところが，Ａ・Ｂ間の債権は実際には存在していなかった。

　③ Ｂから商品を買い受けたＡは，売買代金をＢではなくＣに支払う旨をＢと合意し，Ｃは受益の意思表示をした。ＡはＣに売買代金を支払ったが，Ａ・Ｂ間の売買契約は無効だった。

　以上の①銀行振込（指図）の事例では，Ａ・Ｂ間の契約関係（補償関係）およびＢ・Ｃ間の契約関係（対価関係）上の２つの債務を満足させるために，ＡからＣへの財貨移動がなされている。しかし，事実的な財貨移動とは別に，給付関係はＡ・Ｂ間およびＢ・Ｃ間に生じているというのが，類型論の説明であ

第5部　対第三者関係　第2章　対第三者関係の規律の基本的視角

る。AのCへの出捐はAのBに対する債務の弁済のために行われており，AはCに出捐することでBに給付しているからである。さらに，BはAに指図することでCに給付しており，AはCとの関係ではBの給付媒介者にすぎない。そうなると，A・B間での契約関係（補償関係）に瑕疵のある①では，A・B間での清算が行われることになる。だから，給付の目的性を考慮すれば，指図では契約関係と給付関係との間に分裂は生じない。つまり，契約関係の清算は契約関係の当事者間で行うという評価と，給付関係による給付利得の当事者決定の間には離齬は生じない。その意味で，指図事例の清算は，先の短縮された給付と原理的には変わらない。しかし，上記の②では，債務者Aは新債権者Cに対する債務の弁済のために給付しているが，債務者Aの債務は本来は旧債権者Bとの契約関係から生じたものである。したがって，ここでは指図の事例とは異なり，契約関係の清算と給付関係が分裂することになる。すなわち，契約関係の清算は契約の当事者間だけで行うという原則と，給付関係による給付利得の当事者の決定が分裂する。③の第三者のためにする契約でも，諾約者Aは要約者Bに対する契約上の債務のみならず，第三者Cに対する債務を弁済する目的で給付している。したがって，ここでは契約関係と給付関係とが乖離するのみならず，二重の給付関係が成立している。その結果，②③では，契約関係の清算を優先するのか，給付関係の清算を優先するのかが争われている。したがって，契約関係と給付関係が分裂する場合，給付関係が複数成立する場合は，給付関係の本来の射程からは外れる問題だということになる[10]。だから，給付利得の事例に関しても，給付概念だけでは問題解決の基準は判然としない。ただし，第三者Cに可及的に無因的信頼保護を与えようというドイツ法での見解は，契約関係上の清算に給付者Aの給付利得を制限する傾向にあるといえる（後述）。

【ケース4】①　建築資材商Aは請負人Bに，建築資材を（延長された）所有権留保を合意して売却した。その建築資材を使用してBはCの建物を修理し，Cは付合によって建築資材の所有権を取得した。

②　Cは請負人Bに建物の新築を依頼し，Bに請負代金も支払った。BはCの建物に取り付けるべき電気設備を，Cの名前でAから買い受けて，Aが配達した設備を使用して工事し，電気設備はCの建物に付合した。

以上の①②ともに，Cは付合によって建築資材，電気設備の所有権を取得し

348

ているから，本来はAのCに対する侵害利得の請求が成立するはずである。
ところが，①ではA・B間の給付関係（ないしは，B・C間の給付関係）に対し
て，A・C間の侵害利得は補充的であるというテーゼ（侵害利得の補充性）に
よって，AのCに対する侵害利得（直接請求）を排除しようという考え方があ
る。また，②では，給付関係は給付者Aではなく給付受領者Cの視角から決
定すべきであり（受領者視角説），給付関係はB・C間に成立するとして，やは
りAの直接請求（侵害利得）を退けようとする考え方がある（その上で，AのC
に対する侵害利得の請求は，侵害利得の補充性によって退けることになる）。もちろ
ん，反対の考え方はあり，①ではCは善意取得の類推によって動産所有権を
取得するという説（「侵害利得の補充性」を否定する立場），②では給付者Aの視
角から給付関係をA・C間に認めた上で，Cは利得消滅の抗弁によってAの
直接請求を遮断できるという学説（給付者視角説）がある。しかし，以上の侵
害利得の補充性，受領者視角説の理論から見て取れるのは，給付概念の操作に
よって本来はその守備範囲以外の問題までも解決しようとするドイツ法のドグ
マである。しかも，そこで実質的に追求されているのは，契約によって財貨取
得した第三者Cに可及的に無因的信頼保護を与えようという指向性である。
というのも，以上の侵害利得の補充性を肯定するか否か，受領者視界説か給付
者視界説かという2つの考え方の実質的な違いは，善意（・有償）の第三者C
だけがAの直接請求（侵害利得）を遮断しうるのが妥当かという評価だからで
ある。つまり，この局面でも侵害利得の補充性が肯定されれば，第三者Cは
善意・悪意とは無関係に原所有者Aの直接請求を免れることになる。だか
ら，ここではドイツ法では侵害利得の局面でも，無因的信頼保護の付与が取引
の安全の範型とされていることが確認できる。ただし，侵害利得の事例にまで
給付概念を操作することで解決を与えようとすることで，給付関係による当事
者決定の基準は極めて錯綜し，分かりにくくなっていることに間違いはない。

2　実質的な評価基準と給付概念の有用性

　以上のような理由から，ドイツ法では，カナーリス（Claus-Wilhelm Canaris）
は給付概念（Leistungsbegriff）による問題解決を批判するとともに，不当利得法
での対第三者関係の規律に関する構想と実質的な評価基準を提示している。以
下では，カナーリスの見解を紹介することとしよう[11]。

349

第5部　対第三者関係　第2章　対第三者関係の規律の基本的視角

　カナーリスの出発点は，不当利得法は単に法技術的な債権関係の巻き戻し・財貨の回復の機能を果たしているから，そこでの実質的な評価基準は不当利得法それ自体からは明らかにならない場合がしばしばである。したがって，他の法制度との整合性を考慮して，不当利得法での評価基準が考案されなければならないという認識である[12]。

　カナーリスは，まず有体物所有権が財貨移動の対象となるかどうかによって，物権的な対第三者関係と債権的な対第三者関係とを区別する。前者は，給付連鎖，短縮された給付の事例でも給付対象が有体物であった場合【ケース1】【ケース2】，および，侵害利得の事例【ケース4】であり，後者は，例えば，指図に代表される現金を介在させない弁済取引などの給付利得の事例【ケース3】である。しかし，物権的な対第三者関係での準則は，債権的な対第三者関係にも通用するというのが，カナーリスの結論である。そういった観点から，カナーリスは，給付連鎖を例として，そこでの財貨移動の瑕疵が物権的か債権的かという点に注目する。具体的には，A・B・Cと動産売買が連鎖したときに，A・B間の契約が意思の不合致，方式違背で無効となった場合は，財貨移動の瑕疵は債権的であり，AがBの詐欺を理由に売買契約のみならず所有権移転の合意も取り消した場合，Aの意思無能力で売買契約が無効の場合は（瑕疵の同一性），物権行為も無効となるから財貨移動の瑕疵は物権的である。その結果として，瑕疵が債権的な場合は，財貨移動を基礎づける契約関係（原因関係）の当事者間での給付利得が指示され，自己の契約相手方Bを飛び越しての第三者Cに対するAの直接請求（Durchgriff）は排除される。その結果，始めから所有権，不当利得のいずれによっても，Aからの直接請求にさらされることのない第三者Cは，A・B間の契約の無効・取消原因に対する善意・悪意に関わらず，自己の契約相手方Bとの契約に基づいて給付された物の所有権を取得する。このような取引の安全が第三者に付与されるのは，物権変動での無因原則のゆえである。そこで，カナーリスは，この場合に第三者に与えられる取引の安全を，「無因的信頼保護（abstrakter Vertrauensschutz）」ないしは「積極的信頼保護（positiver Vertrauensschutz）」と命名している。反対に，瑕疵が物権的な場合は，Aは第三者Cに対しても所有物返還請求権を行使して直接請求できる。したがって，第三者CがAの直接請求を遮断できるか否かは，無権利者からの権利取得を物権法がどの程度で認めているのかに依存する。具体的には，瑕疵の原因がBの詐欺の場合は，Cは動産を善意取得できるが，A

350

の意思無能力では，Aが給付した物は占有離脱物と見做されるからCが善意取得する余地はない。したがって，財貨移動の瑕疵が物権的なら，原所有者Aの直接請求が成立し，第三者Cが直接請求を遮断するためには，無権利者Bからの権利取得の法理を必要とする。しかも，こういった無権利者からの権利取得は善意・有償の第三者に与えられるから，ここでの取引の安全をカナーリスは「具体的信頼保護（konkreter Vertrauensschutz）」ないしは「消極的信頼保護（negativer Vertrauensschutz）」と命名している。ところで，以上の例は所有物返還請求権が関係しているから，不当利得法にとっては外在的な問題であるといえないこともない。しかし，瑕疵が物権的か債権的かという違いは，物権的な対第三者関係では決定的な意味を持つ以上に，債権的な対第三者関係，つまり，不当利得法上の対第三者関係でも基準としての役割を果たすというのが，カナーリスの考え方である[13]。

　債権的な対第三者関係，つまり，銀行振込，小切手による支払いなどでは，全ての問題は債権法のレベルで解決できるはずだというのが，カナーリスの出発点である。したがって，例えば，顧客Bの指図に基づいて銀行AがCの口座への振込を行ったが，CのBに対する債権は存在していなかった場合は，B・C間の契約関係（原因関係）に則した清算を行うことだけで足りるから，AのCに対する直接請求は排除され，B・C間の給付利得だけが問題となる。ところが，Bの指図に基づいてではあっても，銀行AがCに二重振込をしたような場合は，財貨移動を顧客Bに帰責する契機は存在しない。したがって，財貨移動の瑕疵は物権的であり，AのCに対する直接請求が成立する。Cに与えられる取引の安全は具体的・消極的な信頼保護であり，それを不当利得法のレベルで実現させるのは，善意の給付受領者に与えられる利得消滅の抗弁である。すなわち，物権的な対第三者関係での無因的信頼保護と具体的信頼保護との区別は，財貨移動での帰責性の有無に応じて債権的な対第三者関係にも通用することになるというのである[14]。

　対第三者関係の全体の規律に，カナーリスが与える見取り図の大枠は以上のとおりである。加えて，カナーリスは，財貨移動に債権的な瑕疵がある場合の給付利得の当事者規定は，「給付関係」ではなく「契約関係（原因関係）」に則して行われるべきであり，かつ以下のような実質的な評価基準によって調整されるべきだと指摘している。すなわち，(ア) 瑕疵のある契約関係（原因関係）の当事者は，自己の契約相手方に対する抗弁を主張することを認められるべき

第5部　対第三者関係　第2章　対第三者関係の規律の基本的視角

である。(イ) 反対に，第三者との契約関係に基づく抗弁を，契約相手方に主張することは許されるべきではない。(ウ) 契約相手方以外の者の無資力の危険を負担させられるのは，妥当ではない。(エ) 契約関係（原因関係）の有効性に関しては，契約関係の当事者間でだけ争わせるべきであり，第三者との間では問題にすべきではないというのが，訴訟上も適切な役割分担である[15]。

　以上で紹介したカナーリスの提案が，手形・小切手法での物的抗弁と人的抗弁の区別を意識していることには疑いがないであろう。つまり，財貨移動に物権的な瑕疵があれば直接請求が成立し（第三者からの請求も拒みうる「物的抗弁」），瑕疵が債権的なら当事者間での清算（原因関係の当事者〔契約相手方〕にだけ主張できる「人的抗弁」）が指示される。瑕疵が物権的か債権的かは，瑕疵の重大さないしは給付者への帰責性に依存する。前者では，第三者は権利外観の法理（無権利者からの権利取得，および，利得消滅の抗弁）により保護され，後者では，無因原則ゆえに第三者は無因的信頼保護を受けるというのが，カナーリスの構想の骨格だからである。ただし，物権的瑕疵と債権的瑕疵を区別することで，無因原則の及ばない局面までも給付利得の清算の構想に組み込み，かつ物権法的および債権法的な対第三者関係を物権的瑕疵と債権的瑕疵との連続性で捉えることによって，給付利得，侵害利得の双方を含む全体的な構想を示したというのが，カナーリスの学説の意味であろう。さらに，利得消滅の抗弁を権利外観の法理で基礎づけ，善意取得，登記の公信力などの法制度との連続性の下に位置づけたのも，カナーリスの大きな功績であろう。

　しかし，ほとんどの具体的な問題の解決では，給付関係に依拠する通説的な類型論もカナーリスと結論を同じくしている。しかも，カナーリスの説く契約関係（原因関係）の当事者が給付利得の当事者となるのか，給付関係が給付利得の当事者となるのかという対立は，実は見かけほどには大きな違いをもたらさない。というのは，例えば，先に指図の事例でも見たとおり，契約関係（原因関係）に則した清算を行うべき場合（【ケース3】①）では，通説的な類型論は，当事者の意思，法律関係の性質によって，「出捐」を契約関係に帰属させる。つまり，出捐の目的を考慮して，給付関係を決定する。だから，ここでは事実としての「出捐」を契約関係（原因関係）に則した清算に指示するために，通説的な類型論は給付概念を利用しているといえる。他方で，契約関係に則した当事者決定ができない場合，例えば，銀行Aが二重に振込を行った場合には，もちろん，契約関係が存在せず給付が行われたA・C間での清算が指

示される。しかし，その場合にはカナーリスの分類では，給付関係に従ったわけではなく，瑕疵の物権性ゆえに直接請求（非給付利得）が成立する局面であると説明されるからである[16]。特に，カナーリスが提示している給付利得での実質的な評価基準は，給付関係の決定の中に内在している方向性であろう。なぜなら，無因原則を補完するのが給付関係による当事者決定である限りで，カナーリスの説く実質的な評価基準もそれと矛盾するものではないはずだからである。だから，契約関係（原因関係）を出発点としても給付関係によっても，個別的な問題解決では大差はなくなる。かえって，原則的なアプローチの仕方よりも，具体的な法律関係をどう評価するのかで，個別的な結論が左右されるというのが本当のところである。ただし，特に債権者が複数となる場面は，給付概念が最初は予定していなかった当事者決定の局面である。だから，そこでの実質的な評価基準を明らかにして，問題解決の方向性を示したのは，やはりカナーリスの功績だといえる。しかし，そのような局面では，個別の法律関係の評価からも，必ずしも一義的な問題解決がもたらされるわけではない。したがって，給付概念の限界を意識していれば，給付関係を通じての当事者決定は，法的判断を簡略化する機能を担いうるドグマ（理論）たりうると評価されているといえよう[17]。

II　わが国での問題解決の方向性

わが国の学説では，客観的帰属理論によって補充された給付関係を基準に給付利得の当事者を決定するという立場に立つ四宮説を例外として，衡平説，類型論のいずれの立場も，ドイツ法の紹介を除けば，対第三者関係に関して包括的かつ厳密な規律の方針を提示したものはなかった。四宮説は，ドイツ法を叩き台として検討し，わが国での対第三者関係の規律の方針を提案している。

その概要は以下のとおりである。つまり，三者不当利得の給付利得の当事者決定基準に関しては，それを誤ってなされた給付の巻き戻しと考える「給付関係理論」と，誤って実行された契約の清算と捉える「契約関係＝原因関係理論」が対立している。しかし，(ア) 誤ってなされた給付の巻き戻しは，給付受領者から給付者に対してなされるべきであり，給付関係は当事者決定に不可欠の基準である。(イ) ただし，給付の巻き戻しも財貨移動を基礎づけた契約関係の清算であり，契約関係の清算は，①契約相手方からの同時履行の抗弁に服す

第5部　対第三者関係　第2章　対第三者関係の規律の基本的視角

ること，契約相手方の無資力の危険を負担すべきこと（四宮説にいう「契約関係自律性の原則」），②第三者は自分と関係のない契約の無効の影響から自由であること（四宮説の「三角関係における無因の原則」）を要求する。つまり，(イ) は，カナーリスの説く実質的な評価基準の再構成に由来するから，契約関係の清算を重視する契約関係理論である。(ウ) ただし，問題となっている制度の機能，関係当事者の意思ないし利益状況から，給付関係は，現実の給付のない当事者間（契約関係の当事者間）に効果帰属することを認めることができる（四宮説にいう「客観的帰属理論」）。例えば，指図人 B に帰責できる指図が存在したときは，被指図人 A と指図受益者 C の給付関係は，被指図人 A の指図人 B への給付関係，指図人 B の指図受益者 C への給付関係に効果帰属する。しかし，それでも給付関係と契約関係が分裂する場合は，給付関係を基準とするほかはない[18]。(エ) ただし，以上の原則には例外があり，①契約関係自律性の原則も絶対ではなく，当事者がそれを放棄したと考えられる場合があり[19]，さらに，（その要件では）給付関係で当事者が決定される結果，各々の局面の具体的な不当利得の効果で，契約関係自律性の要請が実現される場合もある[20]。②給付利得による当事者決定も，物権法上の原則と衝突する場合は，物権の債権への優先ゆえに，侵害利得が成立する。したがって，「物権行為の有因性」ゆえに，債権譲渡が無効なら原則として当事者間には給付利得とともに侵害利得が成立し，第三者との間では所有物返還請求権ないしは侵害利得が成立する。ただし，三角関係の特定の局面（例えば，指図）では，物権行為の有因的構成が否定されて，無因性が認められる場合がある。③無償転得人に対する給付者の直接請求権の成立する場合がある（身代り関係）。④背信的・同体的取得者（ワラ人形を利用した第三者）に対する直接請求が存在する[21]，というのである。

　つまり，給付関係を出発点として給付利得の当事者を決定し，その限界を複合的な要素によって修正するというのが，四宮説の問題への基本的なアプローチの仕方である。その意味で，四宮説はドイツの通説的な類型論と軌を一にするものであるといえる。しかし，他方で，わが国の物権変動の有因性ゆえに給付の対象が有体物の場合は，ドイツ法よりも所有物返還請求権，侵害利得の範囲は広くなるとも指摘している。ただし，例外的に，銀行振込（指図事例）のように，財貨移動の当事者があえて現金を介在させない弁済取引を選択したような場合は，給付されたものの所有権の所在を考慮せず，給付の清算が行われ

るべきだというのが，四宮説の考え方である。加えて，四宮説はドイツ法と同様に原則として転用物訴権を否定するが，他方で，四宮説は価値のヴィンディカチオ（金銭の価値返還請求権）ないしは侵害利得の構成によって，いわゆる金銭騙取の不当利得でも被騙取者の第三者に対する直接請求を肯定している。したがって，ドイツ法の通説的な類型論を，様々な観点でわが国の物権変動の有因原則に則して修正したというのが，四宮説の考え方であると評価しておくことは許されると考える。

　以上のようなドイツ法および四宮説の対第三者関係の規律の方向性を前提として，本書では，次のような方針で対第三者関係を記述することしたい。第1に，給付利得と侵害利得とで対第三者関係を分けて考えるべきであろう。というのは，給付利得に関しては，所有物返還請求権と給付利得の返還請求権が競合することはあっても，給付関係に従った当事者決定は意味を有している。これに対して，侵害利得では第三者が給付を介して利得していても，そこでの給付関係は当事者決定の基準にはならないはずだからである。第2は，給付利得の事例でも，給付されたものが有体物所有権である限りで，原則として契約関係の当事者間では給付利得が，第三者との関係では所有物返還請求権，侵害利得が成立する。つまり，給付利得による財貨の回復を契約の清算に従属させているドイツ法とは異なり，わが国では給付対象が有体物の場合は，「契約関係の清算」と「財貨の追及」は分裂することになる。したがって，ドイツ法で給付利得による直接請求が排除される場合でも，わが国では所有物返還請求権，侵害利得の請求が可能であり，対第三者関係で重要な意味を持つのは，第三者の権利取得，抗弁事由だということになる。しかし，第3に，以上の有体物所有権が介在する場合は，本来は所有権の問題で不当利得の問題ではないとも考えられるから，有体物所有権が介在する場合以外は，ドイツ法とほぼ同様に給付利得の当事者決定が可能なのかという問題がある。しかし，そうだとすると，文字どおりの有体物ではない金銭・労務が給付された，金銭騙取の不当利得，転用物訴権の事例は，不当利得法の枠外に閉め出されるか，第三者の追及は否定されるべきことになるはずである。他方で，金銭騙取の不当利得，転用物訴権を不当利得の中に取り込むなら，わが国の判例・通説を前提とすれば，ここでも給付関係の清算と財貨の追及は分裂する。したがって，第三者との関係では，給付関係は必ずしも決定的な意味を持っておらず，第三者の法律上の原因が第三者に対する追及を切断する役割を果たすことになる。両者の方向性

第5部　対第三者関係　第2章　対第三者関係の規律の基本的視角

の基礎となっているのは，先に記述したように，第三者に対する無因的信頼保護の付与を範型とするドイツ法と，第三者への財貨追及を前提として第三者の権利取得事由で追及を切断するわが国の法制度との範型の違いである。前者と後者の大きな違いは，契約の清算と財貨追及が分裂する場合にも，前者は利得債務者を1人に絞り込んでいくことになるが，後者では契約関係の相手方への契約関係の清算以外にも，第三者に対する財貨の追及を認めて，第三者の権利取得事由ないしは抗弁事由で追及を切断するという点にあると考える。結論を先取りするなら，本書は，わが国の不当利得法では両者の立場が，現在では混在または拮抗していると考える。類型論を説くわが国の学説も，金銭騙取の不当利得に関する判例の結論を承認した上で，ドイツの類型論と矛盾しないために，金銭の価値所有権による第三者追及を提案したり（四宮説），制限的にではあるが転用物訴権を承認するものが多数だからである。以下では，個別の事案類型を検討した上で，最後に不当利得法の対第三者関係の規律に関する本書の立場を提示することとしよう。

356

◆ 第3章 ◆ 給付利得の事例

Ⅰ 給付の連鎖

【ケース1】① A所有の動産ないしは不動産がA・B・Cと転々譲渡され，引渡し，移転登記も終わった後に，A・B間の売買契約が無効・取消しとなった場合の，Aの返還請求のあり方。

② 注文者Cとの請負契約に基づいて，請負人BがAから買い受けた動産でCの建物を修理し，Cが付合によって動産所有権を取得したが，A・B間の売買契約が無効だった場合。

③ ①で，A・Bのみならず，B・C間の売買契約も無効だった場合（二重無効）のAの返還請求のあり方。

1 まず，給付利得に関してだけ考えると，①では，AはBに対する給付利得に指示されるというのが，給付利得という法制度の帰結である。しかも，BはCに動産を譲渡しており，原物返還は不能だから，Aの給付利得はBに対する価格返還を目的とすることになる。

しかし，物権変動の有因原則ゆえに，Aは第三者Cに対しても所有物返還請求権（侵害利得）を行使できるのが原則である。AがCから目的物の返還を受ければ，CはBに追奪担保責任（561条）を追及し，BはAに対して代金の返還を請求する。Cが善意の占有者だったときは，Cから返還を受けられない使用利益・果実の返還（189条1項）を，AはBに請求することになる。Bの代金（および，その利息）の返還請求とAの使用利得・果実の返還請求とは，相殺が可能であろう。Cが悪意の占有者の場合は，AはCから使用利益・果実の返還を受けることも可能である（190条）。その結果，後者の場合には，AのBに対する給付利得は問題とならず，BのAに対する売買代金の返還を求める給付利得だけが残されることになる。ただし，AがCから目的物の返還を受けない間は，Bの代金返還請求に対してAは物の返還との同時履行を主張することが可能であろう。

反対に，Cが動産を善意取得した場合は，（あるいは，売買の目的物が不動産

第5部 対第三者関係 第3章 給付利得の事例

で，93条2項，94条2項〔の類推〕，95条4項，96条3項，177条の準用などで，A
がA・B間の譲渡の無効を主張できないか，対抗要件を具備しないために，Cに所有
権を主張できなくなった場合は，）AはBに対する給付利得，しかも，価格返還
に制限されることとなる。ただし，ここでも，Bの代金の返還請求権とAの
価格返還の請求権とは原則として相殺可能であろう[22]。

2　②の場合も，①と事態は全く変わらないはずである。しかし，例えば，
好美説は動産が原物としてCの下に存在する場合(①)と，付合によって原物
返還が不能となった場合(②)とを分けて，後者ではAはCに対して侵害利得
の請求はできず，Bへの給付利得に制限されると説いている。その理由は，A
はBとの契約の危険を負担すべきだという理と，AのCに対する債権が金銭
債権になっているという事情である[23]。言い換えると，添付によって原物返
還が不能となったときは，侵害利得は給付利得に対して補充的であるというの
が，好美説の考え方であろう。松坂説も，無権利者の有効な処分によって所有
者がその所有権を失うのか（善意取得の場合），あるいは純粋に事実的な利益を
もたらす方法で失うのか（添付の場合）は問題ではないとして，好美説と同様
の結論を支持していいる[24]。だから，添付による原物返還の不能の場合に
は，物権法によっては与えられない取引の安全，しかも，無因的取引の安全を
承認しようというのが，以上の学説の帰結であろう。他方で，四宮説は，物権
的効力は契約関係自律性の原則に優先するはずだとして，AのCに対する侵
害利得の請求を認めている[25]。

3　③の二重無効の事例でも，Aの給付利得，所有物返還請求権のあり方に
関しては，①と全く変わらないように見える。しかし，ここでは2つの問題
が，新たに生じることになる。第1は，Cが善意取得した場合，または，Aが
A・B間の契約の無効をCに主張できない場合（例えば，96条3項の適用される
場合）は，本来はCは有効に所有権を取得できるはずである。しかし，B・C
間の売買契約が無効でCが所有権を取得できない場合のA・C間の関係とい
う問題である。第2は，Aの給付利得はBに対する価格返還ではなく，B・C
間の給付利得を対象とするのではないか，という問題である。
　第1の問題に関しては，先述したように，善意取得の可否に関して議論があ
り，有効な譲渡契約を欠いても善意の第三者Cは自身の契約相手方（無権限処

分者）Bに対する抗弁を所有者Aに対しても主張できるという考え方（川村説）と，原因行為（譲渡契約）が無効な場合は善意取得は成立しないという考え方（通説）がある[26]。この問題に関して，図式的に整理すれば，債権行為と物権行為とを意識的に分離し（無因原則），後者の効力として所有権が移転すると考えるドイツ法では，原因関係（譲渡契約）の無効によっては第三者の所有権の取得は左右されないとされている。反対に，両者を有因的（因果的）に関係させるわが国では，第三者の所有権の取得を認めないのが一般的な見解であるといえる[27]。もっとも，後者の立場は，無権代理による無効，無能力による取消し，錯誤による取消し（この学説の議論の時点では，無効）を一括して扱い，仮に善意取得が成立すれば，以上のような規定の意味がなくなるというのが，その根拠である[28]。確かに，善意取得はBの占有に対する信頼を保護するものであり，Bの代理権に対する信頼を保護するものではない。無権代理に関しては表見代理が存在するから，代理取引での取引の安全は表見代理の成否に係っているといえる。しかし，B・C間の譲渡契約自体が無効の場合には，Bの占有ゆえのBの処分権に対するCの信頼は保護されてしかるべきであろう。したがって，CはBに対しては代金返還と引換にではあるが，物を返還する必要があるが，Aに対してもBに対する同時履行関係を主張するという形で，善意取得による取引の安全が与えられると解すべきであろう。その結果は，CにBの債務を弁済したAは，Bへの求償権とBからの代金の返還請求とを相殺することが可能となる。

　第2の問題に関しては，四宮説は立ち入った考察を加えて，AのBに対する給付利得はB・C間の給付利得を目的とする，つまり，四宮説にいう二重不当利得を認めることが妥当であると結論づけている。ただし，以上とともに，AはBないしCに対して所有物返還請求権を行使できるというのが，四宮説の前提である。四宮説の論拠は多岐にわたるが，(ア)原物返還の原則からは，Aを価格返還に指示するより，二重不当利得が相応しい。(イ)契約関係自律性の原則からは，二重不当利得はAにB・Cに対して二度の訴訟提起を強いることになり，かつAにCの無資力の危険を負担させる点，CはBへの抗弁を対抗できず，BもCへの抗弁をCに対抗できなくなる点で不当のようにも見える。しかし，善意のBにも価格返還の義務を強いるのは703条の趣旨からは疑問であり，かつ債権譲渡に関する改正前468条2項（468条1項）の類推でCはBに対する抗弁をAに対抗できる。(ウ)Bが善意の場合は利得消滅によっ

第5部　対第三者関係　第3章　給付利得の事例

て，Ｂの返還義務はＢの代位物（Ｃへの給付利得）に転化している，というものである。その結果，四宮説は，Ｂが善意の場合は二重不当利得，Ｂが悪意の場合は選択的に価格返還の請求が可能であるとしている[29]。以上に関しては，本書では次のように考える。まず，四宮説も前提とするように，ＡがＣに対しても所有物返還請求ができるなら，Ａは必ずしも給付利得でＣに対して原物返還を求める必要はない。加えて，ＣのＢに対する抗弁のＡへの対抗を認める根拠は，ＡはＢ・Ｃ間の給付利得返還請求権に代位するからであろうが，その前提はＣへの出捐による善意のＢの利得消滅である。しかし，非債弁済の不当利得の場合とは異なり，ここでＢの利得消滅を認めるのは妥当ではない。だから，こういった局面で，ＣのＢに対する抗弁がＡに対抗できると考えるには，Ｂ・Ｃ間の原因関係が無効でも善意取得などの権利取得事由を，Ａに対する抗弁としてＣに主張することを認める以外にはないと考える。したがって，ＡはＢに対して原物返還を請求できるとともに，Ｃに対しては所有物返還請求（ないしは，侵害利得）が可能であるが，Ｂの原物返還が不能なときは価格返還を求める以外はないと解すべきであろう。

　4　以上の給付連鎖での問題解決は，短縮された給付でも同様に当てはまると考える。例えば，ＡがＢに動産を売却し，Ｂの指示でＢではなく，Ｂからの転得者ＣにＡが動産を引き渡した場合である。その際に，Ａ・Ｂ間の売買契約が無効でも，ＣはＡからの引渡しによっても動産を善意取得（192条）できると解すべきであろう。Ｂの指示によってＡが動産をＣに引き渡す限りで，Ｂの占有ないしはＢの処分権に対するＣの信頼の基礎は存在すると考えられるからである。その他の第三者保護の規定（94条2項，96条3項など）の適用に関しても同様であろう。

II　振込取引（指図）[30]

【ケース2】① Ａ銀行に口座を持つＢは，Ｃに対する債務を弁済するために，自己の口座からＣのＡ銀行の口座への振込を委託した。ＡはＢの指図に従って振込を実施したが，後にＢの口座は資金不足であったことが判明した。
　② 同様に，Ｂの指図でＡは振込を実施したが，ＣのＢに対する債権はＢの弁済によってすでに消滅していた。

③ Ｂから100万円の振込を依頼されたＡ銀行が，行員の過誤で200万円を振り込んでしまった場合。

④ ＢがＣへの振込を依頼するつもりで，振込用紙にはＤと誤記して振込が実施された場合。

⑤ Ｂが振込を自身の制限行為能力を理由に取り消した場合。

1 振込取引の意義

ドイツ民法783条には指図の定義があり，「金銭，有価証券その他の代替物を第三者に給付すべき旨を他人に指図する証書を第三者に交付したときは，その第三者は，自己の名前で被指図人から給付を取り立てる権限を有する。被指図人は，指図人の計算で指図受益者に給付する権限を有する」とされている。つまり，最終的に給付を受領する者に対して書面による授権が与えられるのが，指図（Anweisung）という制度である。だから，指図証書が交付される手形・小切手による弁済は指図である。上記の例のように，Ａ銀行に口座を有するＢが，その預金をＣのＡ銀行の口座に振り込むようＡに委託した場合も，広義の指図に当たる。さらに，ドイツ法では，動産の買主Ｂが売主Ａに，Ｂからの買主（転得者）Ｃに動産を直接引き渡すよう指示した場合（短縮された給付）も指図の一環だとされている[31]。

他方で，わが国の民法には指図に関する定義はないが，上記の定義によれば，小切手，為替手形の交付は指図であろう。しかも，手形・小切手の振り出しは，原因関係とは無因の債務を負担する約束だから，ドイツ法での指図とパラレルな議論が成立するであろう。反対に，わが国では有体物が給付された場合は，先に給付連鎖の事例で見たとおり，物権変動の有因原則ゆえに，給付関係は対第三者関係での問題解決の手がかりにはならない。買主Ｂの指図で売主Ａが，Ｂからの買主Ｃに直接に動産を引き渡した短縮された給付の事例でも，その理は変わらない。Ａ・Ｂ間の売買契約が無効・取消しとなれば，Ａは給付関係の第三者Ｃに対しても所有物返還請求権を行使できるからである。したがって，指図での対第三者関係の対象となる取引は，わが国では限られた場合であろう。しかし，わが国でも，例えば銀行振込は，指図での給付利得を考えるには相応しい事例であろう。というのは，銀行振込では，例えば，Ａ銀行に口座を持つ振込依頼人Ｂが，その債権者ＣのＡ銀行の口座に自己の口座

第5部　対第三者関係　第3章　給付利得の事例

から振り込みするよう A 銀行に依頼し，振込が行われたが，B の A 銀行の口座には残額が不足していたという場合に，A 銀行が振り替えた金銭を直接 C に返還請求できるというのは，振込取引を利用した関係当事者の期待に反するであろう。なぜなら，C の口座に振り込まれた金銭が，B が A 銀行に持参したものであろうと，B の口座から振り込まれたものであろうと，さらにその際に B の口座が資金不足であろうと，C にとっては無関係だからである。A にとっても，B が C の口座に振り込めと指図するか，D の口座にであろうが，同様に無関係なことだからである。だから，原則として，A は B とだけ資金移動の決済を行い，C は B とだけ決済しようというのが，口座振替での当事者の意思である。したがって，仮に金銭に所有権ないしは帰属割当が観念できるとしても，金銭の追及力を排除するのが，銀行振込での当事者の意思に合致している。こういった現金を介さない弁済取引に参加した者は，金銭の有体物性を排除することに合意していると考えるべきであろう。その結果として，ここではドイツ法での指図に関する規律が，わが国でもほとんどパラレルに議論できる局面だということができる。

2　指図取引の構造（給付と出捐）

　以下では，銀行振込を念頭において，指図に関する対第三者関係を整理することとする。A 銀行に口座を持つ B が，その預金口座から A 銀行の C の口座に振り込むよう A 銀行に指図し，A が振込を実行したとする。以上のような振込の基礎となる契約関係（原因関係）は，指図人 B と被指図人 A との間の原因関係，および，指図人 B と指図受益者 C との原因関係であり，前者を補償関係（Deckungsverhältnis）ないしは資金関係，後者を対価関係（Valutaverhältnis）と呼ぶのが普通である。他方で，A・C 間には原因関係は存在せず，事実上の金銭の交付である出捐関係（Zuwendungsverhältnis）が存在するだけである。以上の原因関係に瑕疵がなく振込が行われたときは，A から C への事実上の資金移動によって，B・C 間の対価関係上の請求権（例えば，B が C に負っている債務）は消滅し，A・B 間の補償関係上の請求権（B の口座からの引き落とし）も消滅する。すなわち，A は B の給付媒介者として C に出捐することで B に給付し，B は A の出捐によって C に給付しているというのが，類型論の説明である。つまり，A・C 間の事実上の利得移動（出捐）とは別に，A は B に対

362

する債務の弁済のためにＣに出捐することでＢに給付し，ＢはＡの出捐によってＣに給付している。したがって，Ａ・Ｂ間およびＢ・Ｃ間に，各々の給付関係が成立する[32]。このことは，Ａが指図を引き受けることで，ＣがＡに対しても給付請求権を取得した場合（いわゆる「引き受けられた指図」）でも，事態は変わらない。ＣのＡに対する請求権は，以上の指図によるＡ・Ｂ間の給付による利得移動のための単なる手段にすぎないからである[33]。

3 原因関係（補償関係・対価関係）の瑕疵

したがって，以上のＡ・Ｂ間の補償関係，Ｂ・Ｃ間の対価関係に瑕疵があった場合でも，各々の給付関係に従った給付利得が成立する。もちろん，以上の理を，指図の「無因性」，すなわち，Ａ・Ｃ間の財貨移動によるＡ・Ｂ間およびＢ・Ｃ間の給付関係への効果帰属が，補償関係，対価関係の瑕疵の影響を受けないことで説明することは可能であろう[34]。

（1）補償関係の瑕疵

その結果，例えば，Ａ銀行のＢの口座が資金不足であったとき，つまり補償関係に瑕疵があるときも，被指図人Ａは指図受益者Ｃに対して直接請求することはできず，指図人Ｂに対してだけ履行請求が可能である[35]。これを給付概念で説明すると，ＡはＣに出捐しているが，Ｂに給付している。したがって，ＡのＣに対する給付利得は成立しない。ＢはＣに給付しているから，ＣはＡではなくＢの損失で利得しており，ＡのＣに対する非給付利得は成立しない，ということになる。大判昭和15年12月16日民集19巻2337頁は，山林の売主Ｂが買主Ａに売買代金の一部（手付金）を，（山林の購入資金の融資を受けた）債権者Ｃの口座に振り込ませたが，Ｂが山林の引渡しをしないので，ＡがＡ・Ｂ間の契約を解除したケースだが，ＡのＣに対する返還請求を退けて，傍論でＡ・Ｂ間の返還請求を肯定している（解除に関する事案だが，不当利得返還請求に関しても同じであろう）。

さらに，大判大正13年７月23日新聞2297号15頁では，Ｂが偽造株式を担保にＡ銀行から融資を受け，自己の債権者Ｃ銀行に金銭を交付させた事例だが，（Ａ・Ｂ間の）消費貸借契約が錯誤無効でも，金銭の所有権の移転は物権契約によるから所有権移転の合意には影響しないとして，ＡのＣに対する不当利得返還請求を退けている。つまり，理由づけはともかく，結論としては補償関係

363

第5部　対第三者関係　第3章　給付利得の事例

の当事者間（A・B間）での清算を肯定している。

　仮に，補償関係の欠缺の場合に，AのCに対する直接請求を認めたとしても，B・C間の対価関係（例えば，CのBに対する債権）がAに対しても法律上の原因となると考えるなら，Cの取引の安全は十分に守られたことになる。さらに，その際に，（現実には希であろうが，）A・B間の財貨移動（補償関係）の瑕疵についてCが悪意の場合にも，B・C間の対価関係がCの法律上の原因となると考えるなら，結果的にCには無因的信頼保護が与えられたのと同様の結果となる。ただし，以上のような抗弁を認めるなら，AはCとB・C間の契約関係（有効にB・C間の債権が成立しているのか否かなど）について争うことを強要なくされることになる。しかし，このようなA・C間の清算方法は，振込取引という取引形態とは折り合わないであろう。

（2）対価関係の瑕疵

　反対に，BはCへの弁済を目的としてAにCへの振込を委託したが，B・C間の債務が不存在だった場合，つまり，対価関係に瑕疵があるときは，指図人Bは被指図人Aには返還請求できず，指図受益者Cに対して給付利得の返還請求が可能である(36)。ここで，被指図人Aは指図人Bに給付する代わりに，指図受益者Cに出捐したにすぎず，A・B間の補償関係に瑕疵はない。だから，給付利得がB・C間にだけ成立すべきことは自明であろう。最判昭和28年6月16日民集7巻6号629頁は，C（未成年者）からBに不動産が売却され，A（軍需省）が代金を第三者弁済したが，その後に（Cの母親が親族会の同意を得ておらず）Cが売買契約を取り消して，Bに不動産の返還を請求したというケースである。そこで，Bが不動産と代金の返還との同時履行を主張し，その前提として，BのCに対する不当利得返還請求の可否が問題とされた。Cは代金の不当利得の返還の相手方は契約相手方Bではなく，金銭を第三者弁済してCに交付したAだと主張したが，「第三者弁済の場合特別な事情なき限り債務者は弁済者に対して弁済者の支払った額だけの債務を負担する等何等かの相当の補償関係に立つものである」として，対価関係内での清算を指示している(37)。今ひとつ，平成8年4月26日民集50巻5号1267頁は，Bが銀行Aに委託してDに対する債務の弁済のために振り込みしようとしたが，振込相手をCと誤記して（錯誤），Aの他の支店に口座を有するCに振込が行われた。そこで，Cの債権者GがCの口座の預金債権を差し押え，Bが第三者異議の訴え（民執38条）を提起したケースである。争点は，（ⅰ）誤振込（対価関係の欠如）

によっても預金債権は成立するか，(ⅱ) 第三者異議の訴えは可能かだが，最高裁は，(ⅰ) を肯定し，(ⅱ) を否定して，B は C に対して不当利得返還請求権を有するに止まるとしている。だから，対価関係の瑕疵では，対価関係の当事者B・C 間で清算されるべきことは当然の前提とされている。

（3）二重欠缺の場合

補償関係，対価関係のいずれにも瑕疵がある二重無効の場合も，以上の理に変わりはないはずである。つまり，A・B（補償関係）間，B・C（対価関係）間の給付利得が成立することになる。しかし，ここでは，学説の見解は分かれている。

① A・C 間の直接請求を認めるもの

このような学説に共通するのは，(ア) A には損失があり，C には利得があるが，補償関係・対価関係も欠如するから B には利得も損失もないという考え方である[38]。さらに，(イ) 補償関係，対価関係の存在が C の利得保有を正当化するのだから，A は C に直接請求が可能だとするもの[39]，(ア)(イ) に加えて，(ウ) 2 つの請求権を認めるのは迂遠であり，(エ) 不当利得とは「その状態において『公平』的観点から不当な利得を排除すること」を理由に直接請求を肯定する見解がある[40]。

② A・B 間，B・C 間の 2 つの給付利得を指示するもの

他方で，補償関係，対価関係に則した清算，つまり，A・B 間，B・C 間の2 つの給付利得を指示する学説の論拠は，(ア) A が自身で選択した契約相手方B ではなく，第三者 C の無資力を負担することになるのは不当，つまり，給付の相手方は B であり，C は出捐の相手方にすぎない。(イ) (ア)を前提とすれば，A の C に対する直接請求を認めて，契約相手方 B の無資力の付け回しを第三者 C に転嫁するのは不当。(ウ) A・C 間の直接請求を肯定すれば，B の一般債権者 G との関係で A に不当な優先弁済権が与えられるである[41]。ただし，同じく 2 つの給付利得を指示する学説でも四宮説は，給付連鎖の二重無効の事例で，A の B に対する給付利得の対象は B・C 間の給付利得だとしたのと同様の理由で，ここでも同様の結論を支持している。すなわち，B が善意の場合は，A の給付利得は B・C 間の給付利得を対象とし，B が悪意の場合には Aは B に対する価格返還という選択肢があるとしている[42]。しかし，先にも述べたとおり，以上の議論は，A に B のみならず C の無資力の危険を負担させるもので，妥当ではないと考える。それにもかかわらず，四宮説が二重不当利

365

第 5 部　対第三者関係　第 3 章　給付利得の事例

得の構成を支持するのは，善意の B は利得消滅して，B・C 間の給付利得に転化している（四宮説のいう「身代わり関係」）と考えるからである。しかし，何度も繰り返したように，非債弁済の不当利得とは異なり，ここでは B の C への給付によって即座に B の利得消滅を肯定すべきではない。したがって，A・B 間の給付利得と B・C 間の給付利得が各々成立すると解すべきであろう[43]。

　判例（最判平成10年 5 月26日民集52巻 4 号985頁）では，第三者 D の強迫を受けた B が，D の紹介する A と消費貸借契約を締結し，D の指示で借入金は B ではなく C に交付すると A に依頼（指図）したケースで，B が A・B 間の消費貸借を第三者 D の強迫を理由に取り消したときは，(a)「甲(B)は，特段の事情のない限り，乙(A)の丙(C)に対する右給付により，その価額に相当する利益を得たものとみるのが相当である。…甲を信頼しその求めに応じた乙は必ずしも常に甲丙間の事情の詳細に通じているわけではないので，このような乙に甲丙間の関係の内容及び乙の給付により甲の受けた利益につき主張立証を求めることは乙に困難を強いるのみならず，甲が乙から給付を受けた上で更にこれを丙に給付したことが明らかな場合と比較したとき，両者の取扱いを異にすることは衡平に反する」として，A・C 間の直接請求を否定している。ただし，同判例は，その後で，(b)「本件の場合，前記事実関係によれば，Y(B)と Z 社(C)の間には事前に何らの法律上又は事実上の関係はなく，Y は，A(D)の強迫を受けて，ただ指示されるままに本件消費貸借契約を締結させられた上，貸付金を Z 社の右口座へ振り込むよう X(A)に指示したというのであるから，先にいう特段の事情があった場合に該当することは明らかであって，Y は，右振込みによって何らの利益を受けなかったというべきである」と判示して A・C の直接請求を肯定している。確かに，本判決の「Y は，A の強迫を受けて，ただ指示されるままに…」という説示からは，X(A)の給付を Y(B)に帰責できない，つまり，Y(B)の指図が欠如していたかのように理解できないことはない。そうだとすれば，被指図人 Y(A)の給付利得（非弁済の不当利得）の相手方は指図受益者 C だということになる。しかし，同判決が B・C 間の対価関係に関して「事前に何らの法律上又は事実上の関係はなく」という事情を特段の事情と評価して，二重欠缺のケースで一般的に直接請求を肯定したのなら，本書の立場からは支持できない[44]。他方で，二重欠缺での直接請求を原則として否定した上（上記(a)）で，特段の事情を認めて，A・C 間の請求を認めたのであれば，本判決の説示からは「特段の事由」が何かは判然としない[45]。したがっ

366

Ⅱ　振込取引（指図）

て，二重欠缺の事例を前提に判示した本判決の(a)の説示は妥当であろうが，(b)に関しては事例判例と評価しておくのが安全ではないと考える[46]。

　付言すると，二重欠缺の場合に，AのCに対する直接請求を認めれば，AはBの一般債権者Gに対して優先権を与えられたのと同様の結果となる。しかも，AのBに対する給付利得ではなくCに対する直接請求が特に意味を持つのが，Bが無資力のケースである。このようなケースで，AのCに対する直接請求を肯定することは，金銭の給付者Aに受領者Bの一般債権者Gに対する執行法上の優先権を与えないと解している判例（昭和39年1月24日判時365号26頁）に抵触する契機があることは銘記すべきであろう。したがって，騙取金銭による弁済という限られた局面以外では，金銭の追及力を認めない本書の考え方では（後述），直接請求を否定すべきことになる。

4　指図の欠如

　問題は，指図それ自体が欠如している場合，ないしは，指図人Bに指図が帰責できない場合である。

（1）指図の欠如

　例えば，指図人Bが被指図人Aに対して指図受益者Cの口座への振込を指図したにもかかわらず，AがDの口座に振り込んだ場合は，Bの指図そのものが欠如している。したがって，Aの出捐はB・C間の対価関係に効果帰属することはなく，A・B間およびB・C間の給付関係は始めから成立していない。その結果，AはCに対する直接請求に指示されることになる[47]。AがBからCへの振込の指図を受けたが，二重振込をした場合も同様である。振込委託の偽造・変造，無権代理も，やはり同様に指図そのものが欠如していると考えるべきであろう[48]。

　ちなみに，AのCに対する直接請求は，一種の非債弁済の不当利得であるから給付利得と分類するものと，A・B間およびB・C間の給付関係を経由していないという意味で非給付利得と分類するものに，ドイツ法では考え方が分かれている。しかし，ここで直接請求をどう性質決定しても，具体的な法効果が変わるわけではない。

（2）指図の意思表示の瑕疵

　以上に対して，指図の意思表示に瑕疵があったときの不当利得のあり方に関

367

第5部 対第三者関係 第3章 給付利得の事例

しては，問題が複雑である。もちろん，振込が実行される以前に，振込指図を適時に撤回していたときは，始めから有効な指図のなかったときと基本的には同視されるべきであろう。さらに，指図人Bが被指図人Aの詐欺，強迫によって振り込み指図した場合も同様であろう。その結果，Bが指図の無効を主張すれば，AはCに対する不当利得返還請求に指示されることになる。

　しかし，振込が行われた後に，指図人Bが無能力，錯誤，第三者の詐欺・強迫による振込指図の意思表示の無効・取消しを主張した場合は，その原因によって評価が分かれてしかるべきである[49]。つまり，Aの出捐がB・C間の対価関係上の給付に効果帰属することを，Bに帰責できるのか否かという問題である。もちろん，Bが第三者の詐欺によってAに振込指図した場合は，善意のAは96条2項によってBの取消しの効果を免れることができる。反対に，Bが意思無能力者，制限行為能力者の場合は，無能力者保護の要請ゆえに，Bの指図の無効・取消しはAの出捐のB・C間への効果帰属を妨げると考えるべきである。仮に，そこでB・C間の効果帰属を肯定しても，BはAからの委任による費用償還請求ないしは支出利得の請求に対して，利得消滅を主張して（121条の2第3項），代位物であるB・C間の給付利得をAに譲渡すれば足りると解することは可能であろう。制限行為能力者保護の規定の保護目的が，Bに意思表示のリスクをBに負担させないという評価を指示しているからである。反対に，指図人Bの錯誤，例えば，BがCの口座への振込を依頼するつもりでA銀行の振込依頼書にDと誤記し，AがDの口座に振込を行った場合は，AではなくBがDに対して非債弁済の不当利得返還請求が成立するというのが，判例（最判平成8年4月26日民集50巻5号1267頁）である。さらに，先述した二重欠缺に関する判例（最判平成10年5月26日民集52巻4号985頁）でも，第三者の強迫による指図をBが取り消したときは（96条1項，96条2項の反対解釈），原則はBのCに対する対価関係での給付利得が指示されている。もちろん，どのような場合に，指図人Bに指図が帰責されるのかというのは，指図の種類（銀行振込，手形・小切手など）および瑕疵の種類によって評価されるべきものであろう。手形・小切手でも，どのような瑕疵が物的抗弁，人的抗弁事由となるのかに関してはその限界にグレーゾーンがある。したがって，それぞれの取引形態に応じて，瑕疵がどう評価されるのかは，判例・学説による法形成の課題であろう。

Ⅱ　振込取引（指図）

（3）直接請求に対する指図受益者の抗弁

　今ひとつの問題が，指図人に指図を帰責する契機が存在せず，被指図人A
からの直接請求がなされた場合の指図受益者Cの取引の安全のあり方であ
る。その可能性としては，2つ考え得る。第1は，CはB・C間の対価関係が
有効な場合はAに対しても利得を保有する法律上の原因を取得するという可
能性であり，第2は，Cは弁済受領に法律上の原因があると信頼した場合に
限って，利得消滅の抗弁を主張できるという可能性である。第1の考え方が認
められれば，例えば，買主Bが売主Cへの売買代金債務の半額の振り込みを
Aに委託したが，Aが全額を振り込んでしまった場合は，CはAの直接請求
に対して給付受領には法律上の原因があると主張できることになる。ただし，
Bに帰責できる指図が存在しないことに悪意のCに対しては，以上の対価抗
弁を認める必要があるのかは疑問の余地がある。第2の考え方では，Cは振込
に法律上の原因があると信頼して，善意で弁済受領した場合にだけ，利得消滅
の抗弁によって保護される。ドイツ法では，第2の考え方による解決が一般的
には支持されている。その上で，Cの利得消滅の抗弁が認められた場合には，
結果的にはAはBのCに対する債務を弁済したことになり，AはBに対して
求償利得の請求が可能となる。ただし，AはBからB・C間の対価関係上の抗
弁の主張を受け，かつBの無資力の危険も負担することにはなる。しかし，A
が錯誤して振込を行ったか，Bの無能力または制限行為能力による無効・取消
しが認められる局面では，そのような負担をAに負わせるのは不当とはいえ
ないであろう[50]。第1の可能性を肯定しても，AはBのCに対する債務を弁
済したことになり，Bに対して求償利得の主張が可能である[51]。以上の2つ
の可能性のどちらを選択するのかは，法政策的な問題であり，将来の判例によ
る法形成に委ねるほかないと考える。

5　誤振込と関連する問題

（1）誤振込による預金債権の成立

　BがCに対する債務を弁済するために，自分が口座を有するA銀行（仕向銀
行）に，E銀行（被仕向銀行）のCの口座への振込を委託するつもりで，振込
先をE銀行に口座を有するDと誤記して，AがDに振込を行ったとき（誤振
込）は，B・D間の対価関係の欠缺の例であり，B・D間での非債弁済の不当

369

第5部　対第三者関係　第3章　給付利得の事例

利得による清算が問題となる。その際に，Ｄの債権者ＧがＤの預金債権を差し押さえたため，Ｂが第三者異議の訴え（民執38条）を提起したケースで，判例（最判平成8年4月26日民集50巻5号1267頁）は，振込依頼人Ｂから受取人Ｄの銀行Ｅの普通預金口座に振込があったときは，ＢとＤの間の振込の原因となる法律関係（対価関係）の存否とは無関係に，Ｄ・Ｅの間に預金契約が成立するから，ＢはＤに対して不当利得返還請求が可能であるにすぎず，預金債権の譲渡を妨げる権利を有するわけではないと判示した。その理由は，「振込みは，銀行間及び銀行支店舗間の送金手続を通して安全，安価，迅速に資金を移動する手段であって，多数かつ多額の資金移動を円滑に処理するため銀行が各資金移動の原因となる法律関係の存否，内容等を関知することなくこれを遂行する仕組みがとられている」からだとしている。ただし，相当数の学説は，誤振込によっても預金債権が成立するという判例の考え方に対して批判的である[52]。その実質的な評価は，誤振込というウィンドフォール（棚ぼた）から満足を受ける受取人Ｄの債権者Ｇより誤振込した振込依頼人Ｂの保護を優先すべきだという評価である。ただし，原因関係のない誤振込でも預金債権が成立すると解するのなら，ＢのＤに対する非債弁済の不当利得に執行法上の優先権を付与するのでなければ，Ｄの債権者Ｇの差押えを排除するのは困難であろう[53]。

　ただし，誤振込であることを知って預金の引き出しを行った受取人Ｄに詐欺罪を適用した最決平成15年3月12日刑集57巻3号322頁があり，同決定の調査官解説では「普通預金契約に基づき継続的な預金取引を行っている者として」受取人は誤振込を「知った場合には，…銀行に告知すべき信義則上の義務があると解される」としている[54]。他方で，預金通帳と印鑑を窃取された被害者である夫Ｂの承諾を得て，Ｂの口座から振り込まれた自己の普通預金口座から払戻請求をしたＤに対しては，最判平成20年10月10日民集62巻9号2361頁は，振込依頼人と受取人の間に原因関係がなく，受取人が不当利得の返還義務を負担しているだけでは，受取人の被仕向銀行に対する誤振込の預金払戻請求は権利濫用には当たらず，当該の金銭を不正に取得するための行為であり，詐欺等の犯罪の一環の場合など，これを認めることが著しく正義に反するなどの特段の事情があれば，権利濫用に当たると判示している[55]。

（2）誤振込による預金債権の成立と金融機関からの相殺の効力

　今ひとつ誤振込との関係で問題となったのが，誤振込によって成立した預金

債権に対して受取人への貸金債権で被仕向銀行がおこなった相殺の効力である。裁判例は，例えば，誤振込の当日に振込依頼人Ｂが仕向銀行Ａと被仕向銀行Ｅに対して組戻し（逆振込）を依頼したが，Ｅが受取人Ｄに対する貸金債権で預金債権と相殺したようなケースでは，相殺の効力を否定して，振込依頼人Ｂの被仕向銀行Ｅに対する不当利得返還請求を認容している（例えば，東京地判平成17年９月26日判タ1198号214頁は，振込取引制度を運営する金融機関としての義務違反だとしている）。他方で，相殺以前に組戻しの依頼がなかったケースでは，相殺の効力を肯定する（例えば，名古屋地岡崎支判平成26年８月７日金商1468号34頁）。つまり，以上の裁判例は，被仕向銀行Ｅが誤振込に悪意のときは，Ｅの振込依頼人Ｂに対する義務違反を根拠に不当利得返還請求を認めている。振込依頼人と仕向銀行は直接の契約関係の当事者だが，振込依頼人と被仕向銀行との間には契約関係は存在しない。だから，一元的な目的（振込取引）のために契約関係が連鎖している場合に，直接の契約関係にない者の間にも，信義則上の配慮義務が肯定されていることになる。

　学説には，相殺の効力を肯定するものと否定するものがある。ただし，前者でも，振込依頼人は被仕向銀行に対しても同時に振込を依頼しているとして被仕向銀行の依頼人に対する義務を示唆し，被仕向銀行の義務違反を指摘して，振込依頼人からの損害賠償請求の余地を肯定している[56][57]。否定説は，誤振込した金銭に対する振込依頼人の物権的追及を認めることで相殺の効力を否定する。その根拠は，(i) 金銭騙取の不当利得の判例（最判昭和49年９月26日民集28巻６号1243頁）の類推[58]，(ii) 転用物訴権の判例（最判平成７年９月19日民集49巻８号2805頁）の応用[59]，(iii) 誤振込した金銭の物権的価値返還請求権（価値のレイ・ヴィンディカチオ〔r.v.〕）による追及[60]，(iv) 被仕向銀行による信託的な金銭の保管義務への違反[61]などである。ただし，このような学説に対しても批判がある。(i) の騙取金銭の不当利得の類推に対しては，有体物である金銭では，有価証券の善意取得との類比で善意・無重過失要件が正当化できるが，善意取得制度のない預金取引で主観的要件をどのように根拠づけるかは難問だと指摘されている[62]。(ii) の転用物訴権の判例理論の応用でも，転用物訴権の判例（最判昭和45年７月16日民集24巻７号909頁，最判平成７年９月19日民集49巻８号2805頁）は，先履行義務を負い，給付した動産の所有権も付合で失う請負人の債権担保手段が問題になったケースであり，しかも，判例理論では第三者の無償取得が転用物訴権の肯定の前提だから，反対債権での相殺を無償取得

と評価することは困難であろう。(iii)の金銭の追及力（価値のr.v.）の構成も，判例は騙取された金銭に対する第三者異議の訴えを認めないから，わが国の実定法上の法形式として承認されているかは不明である。しかも，金銭騙取の不当利得は，騙取または横領という財貨移動の瑕疵の重大なケースを前提とするから，錯誤による弁済の追及でも同様に考え得るかは大いに疑問であろう(63)。(iv)の信託も，「信託がどのような場合に成立するかについては明確な基準があるわけではなく，信託法理を用いるにしても，振込依頼人を受益者とする信託が成立するかどうかに不安があり，実務的には採用しがたい」という指摘もある(64)。つまり，金銭の追及力によって相殺の効力を否定するのは，十分な説得力を持たないと考える。

だから，結論として，被仕向銀行による相殺の効力が否定される根拠は，一定の経済目的（安全，迅速，安価な送金手段）のために一元的に組織され運営される振込システムの構成員としての被仕向銀行の義務違反であると考える。裁判例が被仕向銀行による相殺を「振込制度における被仕向金融機関としては不誠実な対応であったといわざるを得ない」などと判示するのは，このような義務違反を前提としていると理解するのが妥当であろう。その結果，一方では受取人の一般債権者との関係では，受取人への預金の帰属を肯定しながら，他方で，被仕向銀行との関係では，これを否定して，振込依頼人への帰属を肯定するから，一方で相殺の効力を否定しながら，預金債権が復活するのではなく，振込依頼人の被仕向銀行に対する不当利得返還請求権が基礎づけられるというのが裁判例の考え方であろう(65)。

III 債 権 譲 渡

【ケース3】 BはAに対する売掛代金債権をCに譲渡して，Aに通知した。AはCに債務を弁済したが，後にA・B間の売買契約は無効で，Bの債権は存在しなかったことが判明した。

1 補償関係の瑕疵

債権譲渡を構成する法律関係に瑕疵があった場合も，三当事者間の不当利得返還請求のあり方が問われることになる。すなわち，上記のように，B・A間

の債権が存在しなかった場合には，債務者Aの不当利得返還請求は，譲渡人B（旧債権者）を相手にすべきか，譲受人C（新債権者）を相手とすべきかが問題となる。つまり，このケースでは，給付連鎖の事例とは異なり，AはCに給付しており（A・C間の給付関係），A・B間の原因関係とA・C間の給付関係が分裂しているからである。その結果，考え方は分かれている。

　原因関係を重視して，旧債権者Bが債務者Aの給付利得の当事者であるという考え方は，債権譲渡と指図との連続性を根拠としている。すなわち，債権譲渡に関して存在する原因関係は，A・B間の原因関係（補償関係）とB・C間の原因関係（対価関係）であり，AのCへの給付によって，A・B間のみならずB・C間の原因関係の決済も一回で行われる。つまり，短縮された給付と変わりはない。しかも，指図であろうと債権譲渡であろうと，AがBの指示によってCに出捐したことに変わりはない。指図ではA・B間の補償関係の瑕疵は，指図人Bと被指図人Aとの給付利得によってだけ決済されるべきものであった。しかも，AがCに対する給付利得に指示されれば，Aは自身が契約相手方として選択したわけでもない第三者Cの無資力の危険を負担し，かつ，Cから利得消滅の抗弁を主張される可能性がある。AがBと契約したときには，AはBの資力の調査ができたから，AがBの無資力を負担するのは致し方ない。しかし，それとは無関係なCの無資力をAが負担させられるのは，決して妥当とはいえない。債務者Aの全く関与しないB・C間の債権譲渡によって，Aの法的地位が劣化させられてはならないというのが，A・B間の給付利得を支持する説の論拠である[66]。さらに，以上のように解すると，債権の譲受人Cには無因的信頼保護が与えられることも，以上の学説の狙いであろう。

　反対に，新債権者Cに対する給付利得を指示する見解は，債権譲渡によって債権は譲渡人Bから譲受人Cへと移転しており，給付関係はA・C間にしか認められない。債権譲渡による債務者Aの地位の劣化に関しては，債権譲渡の規定（旧債権者に対する抗弁の新債権者への対抗，468条）によって十分に顧慮されているとする[67]。わが国では，四宮説は債務者Aの新債権者Cに対する給付利得を指示している。その理由は，㋐債権譲渡によって債権者は交替しており，債権譲渡人Bから債権譲受人Cへの財貨移動は，債務者A，旧債権者Bにおける財貨移動と同質ではない。これを給付の巻き戻しに際して，C・B・Aという形で等質化してしまうことは関係当事者の債権譲渡に対して

第5部　対第三者関係　第3章　給付利得の事例

懐くイメージに反する。だから、給付関係は、A・C間に止まると考えざるを得ない。つまり、譲渡通知を受けた債務者Aの給付の意思は、旧債権者Bではなく新債権者Cに給付しているということである。(イ) A・B間の契約の瑕疵による債権の不存在の場合には、Cが譲渡を受けた債権も不存在だから、それに基づくAの給付も原則として無効となり、AはCに対して所有物返還請求権を有するから、給付利得も同様の当事者に指示されるべきであるという考慮である。ただし、四宮説は、債務者Aの地位を弱体化させないために、(ウ) A・B間の契約無効を理由とする旧債権者Bからの給付利得の返還請求に対しては、AはCに対する不当利得で同時履行関係を主張できる（468条1項の類推）。(エ) Cが無資力の場合は、Aは補充的にBにも給付利得の返還請求ができるとしている(68)(69)。

　つまり、両者の違いは、債権譲渡による債務者の地位の劣化をどの程度で防止するのかという考慮の具体化、およびA・B間の契約関係の第三者である譲受人Cに与えられる信頼保護のあり方への評価の違いに由来すると考えられる。そこで契約関係の清算は契約当事者間で行われるべきだという要請を重視するなら、A・C間ではなくA・B間の給付利得が指示されるべきであろう。債権譲渡によってもA・B間の契約関係は消滅したわけではないから、契約関係の清算がその当事者間に残るのは当然であろう。しかも、債務者Aは債権者Bとの契約関係は選択しているが、自らの関与なしで行われた債権譲渡によって、契約相手方B以外のCの無資力の危険を負担させられるのは、妥当ではないからである。もちろん、通常のケースでは、債権の譲渡人Bよりも譲受人Cの方が資力があるのが普通ではあろうが、常にそうだとは限らないし、かつそういった事実上の考慮が清算の基準となるべきでもない。したがって、AのBに対する給付利得が認められてしかるべきであろう。ただし、以上は、給付利得の債務者が常に1人でなければならないと考えた場合の結論である。

　しかし、不当利得による清算のあり方以前に債権譲渡という法制度について考えると、債務者Aは本来は譲受人Cに対しても譲渡人Bに対する抗弁を対抗できるはずであった（468条1項）。債権法改正前の旧468条1項は、異議を留めない承諾という制度を用意して、債権譲渡に対する承諾に一種の公信力を付与していた(70)。しかし、現行法では、このような債権譲渡に関する取引の安全は認められていない。加えて、AのCへの弁済は非債弁済にほかなら

ず，不存在の債権からの弁済を受けたのであるから，譲受人ＣがＡから非債
弁済の不当利得の返還請求を受けるのは致し方ないであろう。加えて，給付が
有体物なら，ＡはＣに対して所有物返還請求することも可能であろう。しか
も，少なくともわが国では，譲受人Ｃに対して無因的信頼保護を与えるべき
だという評価は考えられない。したがって，契約関係の清算である給付利得
と，財貨の追及である所有物返還請求権ないしは非債弁済の不当利得の返還請
求権とが分裂することを前提とするなら，債権者Ａは譲受人Ｃに対しても非
債弁済の不当利得の返還請求が可能である解さざるを得ない[71]。その結果，
債務者Ａから給付利得または所有物返還請求を受けた譲受人Ｃは，譲渡人Ｂ
に対して責任を追及することになる。ただし，例えば，Ａ・Ｂ間の売買契約が
虚偽表示で無効だったときは，Ａ・Ｂ間の意思表示の第三者である譲受人Ｃ
は，意思表示の規定（94条２項）によって権利取得すると解すべきであろ
う[72]。だから，債務者は意思表示の規定の適用または利得消滅の抗弁によっ
て保護されることになると考える。

　結論として，給付利得の債権者が常に１人だと考えると，債務者Ａの給付
利得は譲渡人Ｂに指示されるべきであろう。反対に，契約の清算と財貨追及
の分裂を前提とするなら，債務者Ａは債権者Ｂに対しては契約関係の巻き戻
しとしての給付利得を，譲受人Ｃに対しては非債弁済の不当利得を請求でき
るということになる。ちなみに，四宮説も，債務者Ａの地位の劣化を防止す
るために，Ａに対するＢからの（契約の無効を理由とする）給付利得に対し
て，ＡのＣへの不当利得返還請求権での同時履行関係を認め，かつＣが無資
力の場合は補充的にＢに対して不当利得返還請求が可能だとしている点で
は，実は後者とほぼ同一の結論に至っていると考える[73]。

　裁判例には，ＢのＡに対する損害保険の保険金請求権に質権を設定して保
険金の弁済を受けたＣに対して，Ｂ（譲渡人）が保険事故を故意に惹起したこ
とを理由とする，ＡのＣ（譲受人）に対する不当利得返還請求を認容したもの
（大阪高判昭和40年６月22日判時430号35頁）[74]，同様に保険詐欺で支払われた保
険金の保険金請求権の質権者Ｃに対する請求を前提としたもの（札幌高判昭和
59年９月27日判タ542号221頁）がある。さらに，Ｂの年金請求権への質権者Ｃ
に対するＡ(国)からの年金の過払分の返還請求が，ＣにはＡ・Ｂ間の関係に関
して調査することなどできないなどの具体的事情に照らして認められないとし
た判例（最判平成６年２月８日民集48巻２号123頁）がある[75]。これは，本書の

第5部　対第三者関係　第3章　給付利得の事例

考え方からは，一応はAのCに対する請求の成立を前提に，Cの法律上の原因の存在または利得消滅の抗弁を認めたものと理解できる。つまり，（裁）判例は，AのCに対する直接請求を認めていると考えられる。

2　債務者の弁済が譲渡人に帰責できない場合

他方で，債務者Aが譲受人Cに二重払いした場合などは，AはCだけを相手として給付利得（非債弁済の不当利得）の返還請求が可能なのは自明であろう。要するに，二重払いはAの錯誤による非債弁済にすぎないからである。

3　対価関係の瑕疵

B・C間の債権譲渡に瑕疵がある場合は，まずは譲渡人B，譲受人Cとの間の給付利得が指示されるのは当然である。その際は，譲受人Cから債務者Aに対して譲渡の無効またはBへの債権譲渡の通知を行うこと（原物返還）が，返還義務の内容であろう。債務者AがすでにCに弁済していた場合は，通例では債務者Aは表見受領権者への弁済（478条）として免責されるであろう。その結果，譲受人Cの返還義務は，譲渡人Bへの価格返還義務となる。

4　二重欠缺の場合

債務が不存在で債権譲渡も無効の場合も，先に1，3で述べた清算のルールが当てはまる。したがって，A・B間の給付利得，B・C間の給付利得が成立するか，あるいは，A・B間の給付利得およびA・C間の非債弁済の不当利得，B・C間の給付利得を認めることになると考える。

IV　第三者のためにする契約

【ケース4】① A・B間で，B所有の動産を売買する契約が締結された。その際に，BはAに売買代金を自分にではなく，自身が債務を負担するCに対して支払うよう依頼し，A・B間で合意がされ，Cは受益の意思表示をした。

② BはA保険会社と，自分の配偶者Cを受取人とする死亡生命保険契約を

締結した。後にBが死亡したと考えたA保険会社は，Cに保険金を支払ったが，Bは生存していることが判明した。

1　第三者のためにする契約

　第三者のためにする契約とは，上記のように，売主B（要約者）が買主A（諾約者）に売買代金を自己に支払う（給付する）代わりに，自己の債権者C（第三者）に支払う旨をAと合意した場合，あるいは，保険契約者B（要約者）がC（第三者）を保険金受取人として保険会社A（諾約者）と死亡生命保険契約を締結した場合などである（537条1項）。すなわち，契約相手方A（諾約者）からの給付を自分B（要約者）が受領してC（第三者）に給付する代わりに，相手方Aから第三者Cに直接に給付を行わせる合意であり，そのために第三者Cに諾約者Aに対する直接の履行請求権を帰属させるものである。つまり，A・B間の契約上の法効果の一部（履行請求権）を，第三者に帰属させる契約上の付款が第三者のためにする契約である[(76)]。

　A・B間の第三者のためにする契約によって，自身の関与なしで第三者CはA・B間の契約上の債権（履行請求権）を取得する。要約者Bは諾約者Aに対する履行請求権を留保するが，その目的は第三者Cへの給付の実現のためである。ただし，第三者Cの請求権は要約者Bと諾約者Aの間の契約（補償関係）によって発生するので，第三者Cの請求権の効力は諾約者A・要約者B間の補償関係の効力に依存している。したがって，例えば，要約者Bが諾約者Aとの契約の無効・取消しを主張した場合は，第三者Cの履行請求権も消滅せざるを得ない。要約者Bが契約を解除することも可能と解すべきであろうし，その場合も第三者Cの履行請求権は消滅する[(77)]。他方で，要約者Bと第三者Cの間の法律関係（対価関係）は，A・B間の法律関係（補償関係）とは無関係である。その結果として，B・C間の対価関係上の瑕疵は，第三者Cの諾約者Aに対する履行請求権の取得に影響をもたらさないものと解されている[(78)]。

2　補償関係の瑕疵

　第三者のためにする契約は以上のような構造を持っているが，その補償関係

377

に瑕疵があった場合の清算のあり方は，困難な問題を提起している。というのは，第三者のためにする契約では，諾約者Aは要約者Bと第三者Cという二人の債権者を有しており，したがって，二様の給付関係が発生するからである。その結果，A・B間の補償関係に瑕疵があるときは，給付関係によって当事者を決定することはできず，実質的な評価基準に戻って判断するほかない。その際に，第三者のためにする契約では，第三者Cは指図の場合とは異なり独自の請求権を持っているという側面を重視すると，指図での補償関係の第三者である指図受益者よりも第三者Cの地位が劣化してはならないと考えられる。したがって，諾約者Aの第三者Cへの給付利得を指示する少数説は別として，ドイツの通説は諾約者Aの給付利得の相手方は要約者Bだと解している(79)。ただし，その場合でも，要約者Bから第三者Cへの利得移動が第三者Cの生活保障を目的とするなど無償の場合【ケース4】②では，死亡生命保険契約での要約者（保険契約者）Bと第三者（受取人）Cの対価関係は，死因贈与である）は，諾約者Aは第三者Cに返還請求できるという点が強調されている（給付受領者Bの利得消滅を前提とする，無償転得者への給付利得の補充的拡張，ドイツ民法822条)(80)。さらに，例外的に，第三者Cの法的地位が完全にA・B間の補償関係に従属していた場合（例えば，A・Bが売買契約を締結し，その際に売主Bを代理したCに買主Aが委託手数料を払うと，A・B間の契約で合意した場合）には，諾約者AのCに対する直接請求を指示する見解がある(81)。したがって，第三者のためにする契約を一元的に考えるのは誤りで，個別の契約内容に即して問題処理すべきだという学説も存在する(82)。

　以上とは反対に，四宮説は，(ア) 要約者Bの諾約者Aに対する履行請求権は，第三者Cへの給付を求めるための手段的性格を持つにすぎない。だから，A・C間の給付によって同時にA・B間の給付関係を認める必要はない。(イ) A・Bともに第三者のためにする契約によって，A・B間の双務契約から生じる一方的債権を分離して第三者Cに与えたものであり，巻き戻しに際しても双務契約の法理を放棄したものと考えられるから，その間での清算を認めるために，A・B間の給付利得を認める必要はない。(ウ) 補償関係に瑕疵があるときは，C・A間の債権も不存在となり，有因的構成の下ではAの給付も無効であって，原則としてAのCに対する所有物返還請求権ないしは侵害利得が成立する。この点でも，A・C間の給付利得の成立を認める方向に傾かせるという理由で，A・C間の給付利得を指示している。さらに，四宮説は，債権譲

渡の場合とは異なり，第三者のためにする契約では，要約者Ｂも諾約者Ａも
双務契約の法理を自ら放棄したのであるから，㈔Ｃが無資力の場合にも，Ａ
は補充的にＢに給付利得の請求はできない。㈺ＣもＡからの請求に対して
Ｂ・Ａ間のＢの抗弁をＡに主張できないとしている(83)。だから，四宮説は第
三者のためにする契約で，要約者Ｂ・諾約者ＡがＢの履行請求権を双務契約
から分離したこと，その結果として第三者Ｃの履行請求権が独立性を持った
という側面を清算において重視しているといえる。さらに，四宮説も原則とし
て不当利得の返還義務者を１人にするという指向性を持っており，そのために
給付利得を所有物返還請求権と一致させようとしているといわざるを得ないで
あろう。

　さらに，大久保説は，第三者のためにする契約での補償関係の瑕疵を，２つ
の場合に分けて考えている。第１は，給付過程の簡略化のために第三者のため
にする契約が利用される場合は，その機能が類似する指図事例との均衡から，
指図事例の指図受益者より第三者Ｃの地位が劣化するからとして，諾約者Ａ
の要約者Ｂに対する給付利得を指示している。第２に，Ａ・Ｂ間の契約から生
じる債権を第三者Ｃに取得させることに第三者のためにする契約の眼目があ
るとき，例えば，第三者を受取人指定した生命保険契約の場合には，債権譲渡
との類似性から，諾約者Ｂの履行請求権は手段的性格を有するにすぎないと
して，諾約者Ａの第三者Ｃに対する給付利得を指示している(84)。

　以上のドイツの通説と四宮説の違いは，第三者のためにする契約で第三者Ｃ
の地位がどの程度に強化されたことになるのか，さらに第三者に無因的信頼保
護を与えるべきか否かという評価の違いに由来すると考えられる。ここでも債
権譲渡と同様に，第三者のためにする契約の性質から出発すると，まず諾約者
ＡはＡ・Ｂ間の補償関係上の抗弁を第三者Ｃにも対抗できる（539条）。した
がって，少なくとも四宮説のいうような意味では，諾約者ＡはＡ・Ｂ間の補
償関係上の双務契約の法理を放棄したとは考えられない。だから，補償関係が
無効，取消しとなったときは，諾約者Ａの要約者Ｂに対する契約の巻き戻し
を求める給付利得が成立するのは，むしろ当然の理といわざるを得ないであろ
う。つまり，第一義的には，諾約者Ａの給付利得は要約者Ｂに向けられるべ
きであろう(85)。さらに，Ｂ・Ｃ間の財貨移動が無償であった場合には，（詳し
くは後述するが）ドイツ民法（ないしは，四宮説）のようにＢが善意で利得消滅
を主張できる場合に限らず，Ｂが無資力にすぎない場合にも，ＡはＣに返還

379

第 5 部　対第三者関係　第 3 章　給付利得の事例

請求できると解すべきだと考える（第 7 章 II を参照）。

　以上は，給付利得では利得債務者は常に 1 人だと考えた場合の結論である。しかし，同時に第三者 C の履行請求権は補償関係に依存するから，補償関係が無効・取消しとなったときは，第三者 C の給付受領も法律上の原因を欠くことにならざるを得ないであろう。したがって，諾約者 A は第三者 C に対しても非債弁済の不当利得の返還請求が可能であろう。さらに，諾約者 A が給付したものが有体物なら，A は C に対して所有物返還請求ないしは侵害利得の請求ができるのは当然である。すなわち，結果的には，債権譲渡の場合と同様に，契約関係と財貨追及の分裂を認めて，契約の巻き戻しを求める契約当事者 A・B 間での給付利得と，第三者 C に対する非債弁済の不当利得が，給付者 A には帰属することになると解する余地があると考える。ただし，第三者のためにする契約では，第三者保護の規定（94 条 2 項，96 条 3 項など）は適用にならないと解されている[86]。したがって，給付者 A からの非債弁済の不当利得から第三者 C の取引の安全を守るのは，利得消滅の抗弁に限られることになる。以上の限りでは，債権譲渡とは異なって，第三者のためにする契約では，第三者 C は要約者 B との独自の契約に基づいて諾約者 A に対する給付請求権を取得したわけではないから，債権譲渡と同様の取引の安全は与えられないことになる。

　したがって，結論としては，債務者が常に 1 人だと考えるなら，諾約者 A の給付利得は要約者 B に指示され，契約の清算と財貨追及の分裂を容認するなら，諾約者 A は要約者 B に対しては契約の巻き戻しとしての給付利得を，第三者 C に対しては非債弁済の不当利得ないしは所有物返還請求権を行使できることになる。

3　対価関係の瑕疵

　補償関係の瑕疵とは別に，第三者のためにする契約での B・C 間の対価関係上の瑕疵の存在は，第三者 C の履行請求の成否には影響しない。B・C 間の対価関係の存在は，第三者のためにする契約の内容とはならないからである。したがって，A との関係では C は利得保有に法律上の原因があり，B の C に対する給付利得によって清算が行われるにすぎない[87]。具体的には，A の給付前なら A に対する債権の返還請求であり，A の給付後は給付の返還請求であ

380

る[88]。

4　二重欠缺の場合

　補償関係・対価関係の二重欠缺の場合でも，以上の 2，3 で述べた理由で，
A は第一義的には B への給付利得に指示され，B・C 間では給付利得が成立す
ることになる。ただし，給付関係と財貨追及の分裂を容認するなら，有体物を
給付した場合以外でも，A は C に対して非債弁済の不当利得が可能であるこ
ととになる。ただし，二重欠缺で一般的に A の C に対する直接請求を肯定
し，ここでも直接請求を指示する学説も存在する[89]。

　以上の債権譲渡，第三者のためにする契約での A の財貨追及の余地を認め
ることは，指図での二重欠缺の場合とは結論が矛盾するとも考えられる。しか
し，指図では，振込取引の当事者が金銭の有体物性を排除して無因的な取引関
係を選択しているからであり，指図での清算のあり方が債権譲渡，第三者のた
めにする契約での考え方に抵触するものではないと考える。

V　他人の債務の弁済

1　債務者の委託がある場合

（1）対価関係の瑕疵

　第三者 A が債務者 B の委託を受けて，もちろん第三者弁済の要件（474条）
を満足させて債権者 C に B の債務を弁済したが，B・C 間の債務（対価関係）
が存在しなかった場合の清算については，B・C 間の給付利得に指示されるべ
きことでは見解の一致があり[90]，判例（最判昭和28年 6 月16日民集 7 巻 6 号629
頁）も同旨である。その理由は，B・C 間の対価関係の瑕疵に関しては，A は
全く知る余地がない。さらに，A の C への弁済は，A 自身が決定したのでは
なく，債務者 B が決定しているからである。仮に，A の給付利得が C に指示
されれば，A は C の無資力を負担することになり不当である。したがって，A
の弁済は B の事務処理契約上の履行として有効に B に効果帰属し，A は B に
対して事務処理契約上の請求権を持つことになる。だから，対価関係上の瑕疵
が補償関係に影響しないという点で，債務者の委託による他人の債務の弁済は

381

指図に酷似しているとドイツ法では説かれている[91]。

（2）補償関係の瑕疵

　他方で，第三者弁済を基礎づける第三者Aと債務者Bの委託契約（補償関係）に瑕疵があったときは，第三者Aの給付利得は債務者Bに指示されることになる。第三者AはBとの事務処理解約に基づいて給付したのであり，契約相手方Bに契約の巻き戻しを請求できるのは当然だからである。以上の結論に関しては，学説上も一致がある[92]。

　しかし，ここでも財貨の追及と契約関係が分裂することを認めるなら，第三者Aは債権者Cに対しても非債弁済の不当利得返還請求が可能だと考える余地がある。第三者弁済を基礎づける第三者Aと債務者Bとの委託関係が無効なら，債権者Cの弁済受領は法律上の原因を欠くことになると考えざるを得ないからである。しかも，Aが給付したものが有体物の場合は，A・B間の給付利得が指示されても，債権者Cに対する所有物返還請求権を排除することはできない。ただし，弁済されたものが金銭だった場合は，B・C間の関係では有効な弁済を得た債権者Cは第三者Aに対しても法律上の原因を有すると解すべきであろう。判例（大判昭和15年12月16日民集19巻2337頁）は，売買契約の手付金を売主BではなくBの債権者Cの銀行口座に振り込んだ買主Aは，手付金の返還請求をCではなくBにすべきだとしているが，その理由はCはBからの債務の弁済を受けたから利得はないからだと判示している。つまり，Cの弁済受領には法律上の原因があるということになる。

2　債務者の委託のない場合

（1）対価関係の瑕疵

　以上とは反対に，第三者Aが債務者Bの委託なしで，第三者弁済の要件を満足させて債権者Cに弁済したが，B・C間の債権は存在しなかったときは，Aの給付利得（非債弁済の不当利得）はCに指示される以外には考えられない[93]。さらに，Aが給付したものが有体物の場合は，AはCに対して所有物返還請求権ないしは侵害利得の請求権を有する。第三者Aは債務者B・債権者Cの間の対価関係上の債務の弁済を目的として給付している，つまりBの財貨を増大させようとしているという点を重視すれば，ここでも指図事例との共通性を見て取ることもできる。しかし，債務者Bの委託がないのだから，

第三者Aの出捐をB・C間の対価関係上の給付に帰属させる契機は全く存在しない。したがって，指図事例との類比で考えるなら，指図が始めから欠如している場合と同様に扱われるべきだからである。すなわち，補償関係，対価関係の各々の給付関係を経由して給付の清算を行うべき基礎が，全く欠如しているということになる。ただし，ここでも債権者CがAからの給付を善意で受領して債務者Bに反対給付を行った場合は，CはAからの請求に対して利得消滅を抗弁できると考えられる。その結果，AはBに対する求償利得に指示されることになる。四宮説は，CがAの給付の有効性を信頼してBに反対給付を行い，その返還請求がBの無資力によって減価した場合は，CはAに対して善意の受益者（703条）として信頼損害の賠償を請求が可能であり，さらに，CはBへの反対給付の返還請求権によって，Aからの返還請求に対して同時履行関係を主張できる（四宮説にいう「筋ちがい抗弁」。つまり，AのCに対する請求に対して，Cが第三者Bとの契約上の抗弁を主張することである）としている[94]。しかし，以上のようなCの信頼損害の賠償請求，筋ちがい抗弁とは，利得消滅の抗弁に他ならないであろう。

（2）補償関係の瑕疵

さらに，第三者A・債務者B間に補償関係の存在することは，指図とは異なり第三者弁済にとっては必要ではない。したがって，第三者弁済が効力を持つ限りで，第三者Aは債務者Bに対して事務管理または求償利得によって求償権を取得することになる[95]。

3 保証債務の弁済

（1）保証契約が無効の場合

主債務者Bの保証人Aが債権者Cに保証債務を弁済したが，保証債務が無効だった場合は，保証人AはA・C間の保証契約（原因関係）による債務を給付したのであり，原因関係と給付関係は一致している。だから，保証人Aは債権者Cに対して給付利得の返還請求が可能である[96]。ただし，A・C間の保証契約は無効だが，C・B間の債権が有効に存在する場合は，Aは後にCに対する無効の弁済を追完してB・C間の債務の弁済効を生ぜしめて，Bに求償権を行使することが認められてしかるべきであろう[97]。さらに，Bに対する求償権の実現を，B・C間の債権の第三者弁済の追認の条件とすることも可能

第 5 部　対第三者関係　第 3 章　給付利得の事例

と解すべきであろう。

　主債務者 B の委託によって保証人 A が債権者 C と保証契約を締結したが，B・A 間の委託契約に瑕疵がある場合も，委託契約は保証契約の動機にすぎないと解されているから，委託契約の瑕疵は保証契約の有効性とは無関係である。したがって，保証人 A の保証債務の履行は有効であり，保証人 A・債権者 C の間での給付利得が問題になることはない(98)。

（2）対価関係の瑕疵

　主債務を発生させる契約が無効であれば，保証債務は主債務への付従性ゆえに同様に無効となる。その際に，保証人 A が主債務者 B の委託によらず保証人となった場合は，保証人 A は債権者 C に対する給付利得に指示される(99)。

　他方で，保証人 A が主債務者 B の委託で保証人となった場合は，保証人 A は主債務者 B に対して委託契約上の費用償還請求（650条）が可能であり，その結果として，A の給付は B・C 間に効果帰属し，主債務者 B の債権者 C に対する給付利得の返還請求が成立すると解すべきであろう(100)。

4　錯誤による他人の債務の弁済

　他人の債務を自身の債務と錯誤して他人の債権者に弁済した場合は，弁済は第三者弁済の要件を備えず，原則として他人の債務を消滅させることはない。したがって，誤想弁済者 A は弁済を受けた債権者 C に対して非債弁済の不当利得返還請求できる。ただし，非債弁済の不当利得で述べたとおり，707条 1項は，弁済を受けた債権者 C が弁済の有効性を信頼して，証書を滅失，損傷したり，担保を放棄した場合，または，債権が時効消滅した場合には，誤想弁済者 A は債権者 C に非債弁済の不当利得返還請求ができないと規定している。すなわち，誤想弁済者 A の返還請求権を封じる形で，弁済受領した債権者 C の利得消滅の抗弁（703条）を定型化したのが，同条の規定だといえる。さらに，債権者 C への非債弁済の不当利得の返還請求が排除されたときは，誤想弁済者 A は債務者 B に対する求償利得に指示されると，同条 2 項は規定している。したがって，707条は債権者 C の利得消滅による代償の移転，つまり，債務者 B に対する債権の債権者 C からの譲渡を待たず，代償が誤想弁済者 A に帰属することを定めた規定だと理解することもできる。

　同条に加えて，四宮説は，C が A の給付を受領しうると信じて B に反対給

付を行い，（錯誤を理由とする）その反対給付の返還請求権がＢの無資力などに
よって減価した場合には，ＣはＡに対して信頼損害としてその補償を請求で
きるとしている。四宮説によれば，その信頼損害の賠償の根拠は，誤想弁済の
多くは弁済者Ａの調査義務の怠りが原因で，Ａの領域に起因しているから，Ａ
がその損害を負担してしかるべきだという理である[101]。しかし，四宮説の説
く信頼損害の賠償義務の根拠は，Ｃが利得消滅の抗弁（703条，現存利得）を主
張できる典型的なケースであり，Ａからの返還請求に対しては，Ｃは利得消滅
の抗弁を主張して，Ｂに対する反対給付の請求権（代償）を譲渡すれば足りる
と考えることができる。

　今ひとつの問題が，誤想弁済者Ａは707条の要件が備わった場合，ないし
は，債権者Ｃが利得消滅を主張できる場合以外でも，後にＡが追完して自己
の債務の弁済をＢ・Ｃ間の債務の弁済としての効果を主張することが認められ
るのかである。つまり，誤想弁済者Ａの債権者Ｃに対する非債弁済の不当利
得と債務者Ｂに対する求償利得との選択権の可否である。わが国の707条のよ
うな規定を持たないドイツ法では，考え方が分かれている[102]。反対説の論拠
は，このような選択権は債権者・債務者の意思に反して第三者が弁済すること
を禁じている規定（ドイツ民法267条2項：債務者が異議を唱えたときは，債権者
は給付を拒絶できる）の趣旨に抵触すること，およびＣのＢに対する債権を差
し押さえたＣの一般債権者Ｇがいる場合にその差押えが無に帰することにな
るからである。したがって，誤想弁済者Ａは第三者弁済の合意を得るか，債
権者Ｃから債権譲渡を受けよというのが，以上の学説の帰結である[103]。それ
に対して，選択権に賛成する立場の論拠は，以下のとおりである。反対説のよ
うに解すると，弁済者Ａの心理状態によって，つまり誤想弁済なら債権者
Ｃ，第三者弁済なら債務者Ｂと請求の相手方が変わってくる。しかし，誤想弁
済の典型例である，自分が交通事故の加害者の可能性があると考えた者の被害
者に対する弁済のようなケースでは，弁済者は自分に損害賠償責任があるのか
否かに疑念を持ちながら弁済しており，弁済者Ａの心理状態自体が不安定で
ある。したがって，二者択一的な心理状態の証明は困難であり，（誤想）弁済
者Ａの選択権を認めた方が事態は簡明だからである[104]。四宮説も，ドイツの
学説を引用しながら，第三者弁済の要件の具備を前提として，債権者Ｃが無
資力の場合に実益がある点を指摘して，選択的な追完を支持している[105]。以
上に関しては，債権者Ｃの一般債権者Ｇの利益を第一義的に考えるなら，否

第5部　対第三者関係　第3章　給付利得の事例

定説に理があるとも考えられる。しかし，わが国の707条が，債権者Cの権利行使が困難になったという限られた局面に関してではあるが，債権者Cからの債権譲渡を受けず誤想弁済者Aへの代償の帰属を認めている点からは，少なくとも同条は誤想弁済者Aの利益を債権者Cの一般債権者Gの利益に優先させているといえる。そういった観点からは，事態の簡明性を優先して，誤想弁済者Aの選択権を支持すべきであると考える[106]。

5　給付者に関する錯誤（給付者あるいは受領者の視角からの給付関係の決定）

【ケース5】Cは請負人Bに建物の新築を依頼し，Bに請負代金も支払った。BはAの建物に取り付けるべき電気設備を，Cの名前でAから買い受けて，Aが配達した資材を使用して工事し，電気設備はCの建物に付合した。

以上のケースで，ドイツの判例は，給付受領者Cの視角から給付関係はA・B間およびB・C間に成立するとして，AのCに対する給付利得の請求を退け，かつA・C間での侵害利得はA・B間の給付関係に対して補充的であるという理由で，AのCに対する侵害利得の請求も退けた。すなわち，(i) 給付者AのイメージからA・C間に給付関係が認定されるのではなく，(ii) 給付受領者CのイメージからB・C間に給付関係が認定されるとした[107]。(i) の考え方を給付者視角説（Lehre der Leistenderhorizont），(ii) を受領者視角説（Lehre der Empfängerhorizont）という。(i) では，CはAからの給付受領に法律上の原因があると信頼してBに出捐した場合は，CはAに対して利得消滅の抗弁を主張することによって，Aの請求を退けることができる。つまり，給付受領者Cに与えられるのは，具体的な信頼保護である。それに対して，(ii) では，始めからAはBへの給付利得に指示され，結果的に第三者Cは無因的信頼保護を与えられることになる[108]。したがって，ここでの対立は，分業化され匿名化された建築過程ないしは取引過程での第三者保護のあり方に対する評価の違いであると考えることができる。ただし，侵害利得の補充性を支持しないカナーリスは，以上のケースでも物権法の準則と受領者視角説とは整合している必要があるとして，Cの動産の善意取得の可能性を確認している。その結論

386

は，AがBの指示に従ってCに動産を引き渡す「短縮された給付」との類比から，AをBの給付媒介者と同様の存在であるとし，かつCがAをBの給付媒介者と考えたのは，AがBの代理権を確認しなかったがゆえであるから，Aには帰責性があるという理由で，Cの善意取得の可能性を肯定している(109)。

わが国では四宮説が，錯誤による他人の債務の弁済の問題の一環として，この問題を論じている。四宮説は，このケースでのAの出捐の基礎的法律関係はB・C間の債務であるが，その債務に対応するAの出捐の関係づけが欠落しているから，A・C間の給付利得を肯定すべきだとしている。ただし，Cが善意の場合には，707条の適用を肯定すべきであり，かつAはA・C間の契約の成立を精査せず，さらにCへの出捐に際して自己の給付であることを明らかにしなかったのであるから，Bの無資力の危険を負担させられてしかるべきであるとしている(110)。したがって，四宮説の考え方は，基本的に給付者視角説であるが，Cが善意の場合には，受領者視角説と同様の結論に至っているといえる。ドイツ法の受領者視角説とは違って，四宮説が善意のCだけをBの無資力の危険から解放するのは，第三者Cに可及的に無因的信頼保護を与えるという対第三者関係の規律の範型をドイツ法とは共有していないからであろう。

以上の問題に関しては，次のように考える。まず無権代理人Bと契約した相手方Aの本人Cに対する給付は，無権代理人Bと本人Aの間の債務の弁済には効果帰属しないはずである。したがって，AのCに対する給付利得（非債弁済の不当利得）が成立するはずである。その場合にCの取引の安全を守るのは，利得消滅の抗弁，あるいは，カナーリスの説くように動産の善意取得であろう。ただし，Aの給付が動産なら善意取得が成立するが，労務の給付に関しては善意の受領者に取引の安全を与えるのは利得消滅の抗弁であろう。その意味で，四宮説，カナーリスの考え方は，受領者Cに具体的な取引の安全を与えることである。他方で，受領者視角説ないしはドイツの判例の考え方は，分業化された建築請負でのエンドユーザーである注文者Cに無因的信頼保護を与えることである。だから，受領者視角説は，他の法制度では与えられない取引の安全を，不当利得の理論によって実現しているのだと考えるべきであろう。

第5部　対第三者関係　第4章　侵害利得の事例

◆ 第4章 ◆　侵害利得の事例

I　侵害利得での対第三者関係

　侵害利得では本来は，給付利得のような対第三者関係の問題は存在しないはずである。というのは，確かに，第3章で見たように，給付利得では給付関係，受領者視角説などの方法によって，不当利得の清算を可及的に契約関係の当事者に制限しようという方向性が，ドイツ法でもわが国の学説でも追求されていた。しかし，排他的な帰属割当が予め決定されている財貨の回復手段である侵害利得では，有体物所有権が介在する限りでは，第三者に対しても財貨の追及力が及ぶことを承認せざるを得ないはずだからである。したがって，第三者に善意取得などの無権者からの権利取得が認められるか，所有権が有体物の性格を失った場合以外は，追及力が存続するというのが，物権法の原則であろう。しかし，侵害利得の分野でも不当利得のドグマ（理論）を操作することで，物権法では認められていないはずの取引の安全を第三者に与えていこうというのが，ドイツの判例・学説の傾向であり，わが国の学説にも影響を及ぼしている。さらに，わが国でも194条の解釈によって，原所有者の所有物返還請求（回復請求権）が行使された場合には認められない第三者の取引の安全を与えるという判例（最判昭和26年11月27日民集5巻13号775頁），189条2項の文言に反する法形成を実現させた判例（最判平成12年6月27日民集54巻5号1737頁）も存在する。しかし，何度も繰り返すように，不当利得法は他の法制度を補完する機能を担っており，本来は，他の法制度の準則を変更する法制度でも，他の法制度にはない実質的な評価基準を付け加える法制度でもないはずである。仮に，そういった機能を不当利得法が果たしている場合は，その根拠が不当利得法以外の実質的な評価基準によるものであることを明示しておくべきであろう。以下では，そういった視点からドイツ法での議論を紹介し，類似するわが国の問題を検討することとしよう。

388

II 侵害利得の補充性

【ケース6】① 建築資材商Ａは請負人Ｂに建築資材を（延長された）所有権留保で売却し，Ｂはその資材で注文者Ｃの建物を修繕し，Ｃは付合によって建築資材の所有権を取得した。ＢがＡに売買代金の支払いを（ないしは，売買代金債権を譲渡）しないときは，Ａは侵害利得によって，Ｃに対して建築資材の価格返還を請求できるのか。

② ＢはＡから窃取した牛を食肉加工場Ｃに売却し，Ｃは牛を製品化し，加工によって牛の所有権を取得した。ＡはＣに対して侵害利得の請求が可能か。

【ケース6】①では，（延長された）所有権留保という法形式が承認されている限りでは，Ａの動産の所有権を付合によって取得したＣに対して，Ａは侵害利得の請求が可能なはずである。ところが，ドイツの判例は，ＡのＣに対する侵害利得の請求を排除し，ＡをＢに対する売買契約上の請求権に制限した。Ａ・Ｂ間の給付関係に対してＡ・Ｃの侵害利得は補充的であるというのが，その理由である（いわゆる「侵害利得の補充性〔Subsidiarität der Eingriffskondiktion〕）。ところが，②では，Ｂ・Ｃ間の給付関係でＡ・Ｃ間の侵害利得を排除すると，その結論は盗品・遺失物は善意取得できないという物権法上の準則（ドイツ民法935条1項）と抵触することになる。したがって，②では，判例もＡのＣに対する侵害利得の請求を認めている。もちろん，Ａの価格返還の侵害利得の請求に対して，ＣはＢに支払った代金を利得消滅として主張することはできない。結論として，侵害利得の補充性は，「Ａ・Ｂ間の給付関係に対して，Ａ・Ｃ間の侵害利得は補充的である」という定式に落ち着くこととなる(111)。

ただし，もちろんドイツでも反対の考え方もあり，①では，善意取得を類推してＡの侵害利得からＣを保護すべきだとしている。なぜなら，Ｂが動産（建築資材）をＣに売却してＣが善意取得し，その後に動産がＣの建物に付合した場合と，ＢがＣの建物に付合させた場合とで結論が変わるのは不当だからである。したがって，侵害利得の補充性を承認するか否かは，結局は第三者Ｃに対するＡの直接請求（侵害利得）を始めから排除するのか，それとも善意取得を介してだけ排除するのかという評価の違いに帰着する。その際に，侵害利得の補充性を支持する考え方が，Ａ・Ｂ間の無効な売買契約からの動産の転

得者Ｃが，無因原則ゆえに動産の所有権を取得するというケースとの連続性で，かつ，第三者Ｃの取引の安全をもっぱら無因的信頼保護の視角から考えていることには，疑問の余地はないであろう。もちろん，Ａ・Ｂ間の売買契約は無効でも，無因原則ゆえに所有権はＢに移転している場合と，①のようにＡが所有権を留保している場合とは，同一視できないはずである。しかし，侵害利得の補充性は，占有離脱物では原所有者の所有権は善意取得によっても失われないというドイツの物権法の評価とは矛盾しない限りで，給付によって財貨取得した第三者Ｃに無因的信頼保護を可及的に拡大していくための試みであろう。

　わが国でも，先に見たように，好美説，松坂説は，Ａ・Ｂ間の動産の売買契約は無効だが，請負人Ｂの注文者ＣがＡの売却した動産を付合によって取得したというケースで，ＡのＣに対する侵害利得の請求を排除している。その理由は，好美説では，(ア) ＡはＢとの契約の危険を負担すべきだ。(イ) ＡのＣに対する債権は金銭債権になっているから，原物返還の場合とは区別されるべきだであり(112)，松坂説では，(ウ) Ｃが善意取得しようと付合によって所有権を取得しようと，権利者Ａにとっては変わりはないはずだというものである(113)。したがって，添付によって原物返還が不能となった場合には，物権法によっては与えられない取引の安全，しかも，無因的信頼保護を創設しようというのが，以上の学説の帰結であろう。つまり，わが国では物権変動の無因原則は存在しないから，原物返還が可能な場合は除外されるという，ドイツ法よりは後退した形ではあるが，侵害利得の補充性を実質的には承認したことになる。他方で，四宮説は，物権の債権への優越的地位と侵害利得の補充性とは折り合わず，さらに以上のようなケースでは善意取得の準用が可能だから，侵害利得の補充性を認める必要はないとしている(114)。四宮説のいうように，物権の債権への優越性ゆえに侵害利得の補充性を基礎づけることは困難であるし，かつ，わが国では第三者に無因的信頼保護を積極的に拡大する方向性を支持すべき明確な根拠も見いだしがたいと考える。したがって，侵害利得の補充性は，わが国では採用できない解釈上の準則であろう。

Ⅲ　わが国での類似する問題

　以上の侵害利得の補充性という問題も，先に紹介した給付関係を給付者・受

領者のいずれの視角から決定するのかという問題と同様に，分業化され匿名化された建築請負の過程で，契約上の給付が帰属した第三者に対してどのような取引の安全が与えられるのか，あるいは，原所有者にどの程度の財貨の追及を許すのかという問題の一環である。わが国では建築資材の所有権留保の効力が，以上のような形で争われたことはない。しかし，建築請負で請負人Bが売主Aから購入した動産を使用して注文者Cの建物の工事を行ったというケースで，動産の売主Aは動産売買の先取特権（321条）でBのCに対する請負代金債権に物上代位（304条）できるのかという問題で，原所有者Aの財貨追及の可能性が問われている。判例（最判平成10年12月18日民集52巻9号2024頁）は，「動産の売主は，原則として，請負人が注文者に対して有する請負代金債権に対して，動産売買の先取特権に基づく物上代位権を行使することはできないが，請負代金に占める当該動産の価格の割合や請負契約における請負人の債務内容等に照らして請負代金債権の全部又は一部を右動産の転売による代金債権と同視するに足りる特段の事情がある場合には，右部分の請負代金債権に対して右物上代位権を行使できると解するのが相当である」（具体的事案でも結論は肯定）として，売買代金債権と請負代金債権の価値同一性を基準として，動産売主Aの請負代金債権への物上代位を認めている。したがって，以上の限りでは，侵害利得の補充性をいうまでもなく，第三者の取引の安全は守られているが，他方で，動産の買主Bの一般債権者Gとの関係では，売主AはBの一般債権者Gに優先するから，Aの財貨追及をBに対する契約上の履行請求権に制限する侵害利得の補充性とは異なっているといえる（ただし，ドイツ法では，動産売買の先取特権は存在しないが，延長された所有権留保が類似の機能を果たしている）。

　さらに，判例（最判昭和54年1月25日民集33巻1号26頁）では，以下のような事案が問題となった。まず注文者Cと元請人Bが建物の建築工事の請負契約を締結し，Bは下請人Aに工事を請け負わせた。Aは工事を施工したが，Bから請負代金が支払われないため，建物の棟上げ，屋根の工事までは行ったが，屋根瓦も葺かず荒壁も塗らないままで工事を停止していた。その後，C・Bは請負契約を合意解除して，CはDと請負契約を締結して，Dが建物を完成させた。その結果，CとAの間で完成建物の所有権の帰属が争われることになった。その際に，Aが工事を済ませた状態では，Aの工事は不動産としては建物の段階には至らない建前だったが，Aの主張では，Dの工事の進行とと

第5部 対第三者関係 第4章 侵害利得の事例

もに工事は建物の段階に至り、動産の付合に関する243条の適用で主たる動産の所有者Aが建物所有権を取得するというものだった。しかし、最高裁は、243条ではなく、加工の規定である246条2項が適用され、Aの工事よりDの残工事の価格が高額だったところから、D、すなわち、注文者Cが建物の所有権を取得するとした。つまり、このケースでは、下請人Aの工事による建築物が建物ではなく動産である建前の段階に止まっていたから、加工の規定の適用で問題を解決したことになる（ただし、Aには建物所有権の帰属ではなく、Cに対する直接の不当利得返還請求〔転用物訴権〕による財貨追及の可能性は残っている）。

さらに、判例（最判平成5年10月19日民集47巻8号5061頁）で問題とされたのは、次のような事案だった。すなわち、建物の建築の請負契約が注文者Cと元請人Bの間で締結されたが、Bは下請人Aに一括下請に供し、下請人Aは工事の3割弱を施工したが、Bから請負代金の支払いは一切受けていなかった。ところが、B・C間の請負契約はBの倒産を契機に解除され、Cは残工事を他の請負人Dに施工させて、建物を完成させた。その際に、B・C間には注文者Cは工事の途中でも契約を解除でき、工事の出来形部分は注文者Cに帰属するという合意があった。原審（大阪高判昭和63年11月29日判タ695号219頁）は、工事の出来形部分の所有権がAに帰属することを前提に、Dの残工事によりAの出来形部分は加工の規定（246条2項）でDが、さらにはCが所有権を取得したから、AはCに対して添付による償金請求（248条）が可能だと判示した。これに対して、最高裁は、「建物建築工事を元請負人から一括請負の形で請け負う下請負契約は、その性質上元請負契約の存在及び内容を前提とし、元請負人の債務を履行することを目的とするものであるから、下請負人は、注文者との関係では、元請負人のいわば履行補助者的立場に立つものにすぎず、注文者のためにする建物建築工事に関して、元請負人と異なる権利関係を主張しうる立場にはない」として、注文者Cの出来形部分の所有権の取得を認めて、AのCに対する償金請求（侵害利得）も退けている。つまり、下請負契約の性格から、注文者Cと元請人Bとの特約の効力が契約外の第三者である下請人Aにも及ぶというのが、最高裁の考え方である。仮に、契約上の合意の効力が契約外の第三者に及ぶという、契約の相対効に反する準則によらないで、以上の事件で注文者Cを保護しようというなら、無権利者BからのCの所有権取得を認める論理が考案されなければならないはずである。ところ

が，動産の善意取得とは異なって，以上のような場合に（Aの工事が不動産に
まで至っていたケースを考えると）不動産に関して無権利者からの権利取得を基
礎づけ得る理論は用意されていない。その結果，下請人Aの工事に関する物
権的な追及の可能性を排除することで，分業化した建築工事の過程での第三者
である注文者Cに取引の安全を与えようというのが，最高裁のロジックであ
るといえよう[115]。したがって，ドイツ法の侵害利得の補充性の原則とは異な
り，最高裁は不当利得の理論によらず他の法制度の解釈で問題を解決している
ということになる。

第5部　対第三者関係　第6章　転用物訴権

◆ 第5章 ◆ 金銭騙取の不当利得

I　金銭騙取の不当利得の意義と大審院の判例

【ケース7】　① BはCに対して消費貸借上の債務を負担していたが、Bは
その債務の弁済のために、偽造の株券を担保にしてAを欺罔して借用した金
銭を、Cに対する債務の弁済に充てた（自己債務弁済型）。

　② BはAの代理人と称してCから金銭を借用し、同様にCの代理人と称し
てAから借財し、Aから交付された金銭で、Cに弁済した（二重騙取型）。

　③ BはCの代理人と称してAから借財し、Aから交付された金銭でCのD
に対する債務を弁済した（第三者受益型）[116]。

　以上のケースでは、いずれもBはAから騙取した金銭でBのCに対する債
務またはCのDに対する債務を弁済しており、AのCに対する不当利得返還
請求の成否が問題となっている。不当利得法における対第三者関係に関する問
題で、これまでわが国の判例・学説上もっとも議論されたのが、以上の金銭騙
取による不当利得であろう。もっとも、考えようによっては、それは当然のこ
とである。というのも、わが国はドイツ法とは異なり、物権変動で無因原則を
採用していないから、有体物が財貨移動する限りでは、契約外の第三者に対し
ても所有物返還請求権が行使できるから、（原物返還が不能となったときを除い
て）原則としては不当利得返還請求権のあり方は問題にはならない。したがっ
て、有体物と同様の所有権が観念できない金銭の騙取事例、さらには有体物所
有権の成立がおよそ考えられない労務などの財貨が移動した場合（後に述べ
る、いわゆる転用物訴権）が、第三者に対する不当利得の典型例となるのは、
極めて自然な現象であろう。上記の【ケース7】の事例は、金銭騙取の不当利
得の典型的な事案類型を示したものである。しかし、その類型を問わず、大審
院は、(ｱ) AがBに対して交付した金銭は混同してBの所有物となるから、C
に対する請求は成立しない（大判昭和2年7月4日新聞2734号15頁など）、(ｲ) 被
騙取者Aから弁済受領者Cへの財貨移動の間に中間者（騙取者）Bが入ってい
るから、A・C間の利得移動には直接の因果関係がない（大判大正8年10月20日

394

民録25輯1890頁など），㈡ CはBに対する債権の弁済として金銭を受領している
から，Cの利得には法律上の原因がある（大判昭和10年2月7日民集14巻196
頁など），㈢ 第三者Cは善意・無過失だから192条が適用されて，金銭所有権
を取得する（大判昭和13年11月12日民集17巻2205頁など）などの理由づけで，金
銭騙取の不当利得の事例に規律を与えてきた。すなわち，基本的には大審院の
判例は金銭を有体物の延長線上で理解し，その上でBの下での混同によるA
の金銭の所有権の喪失，第三者Cの善意取得，騙取者Bから債務の弁済を受
けたことによる第三者Cの法律上の原因の存在によって被騙取者AのCに対
する直接請求を切断するか，あるいは，因果関係の直接性を理由に中間者B
（騙取者）の介在によって因果関係の直接性を欠くことになるとしていた。つ
まり，第三者に対する直接請求を排除すべき根拠づけが，大審院のリーズニン
グにはすべて出そろっているといえる。しかし，以上のA・C間の直接請求を
退ける大審院の判例の根拠づけの相互の関係は，判然とはしない。しかも，他
方で，Cが金銭を善意取得しても，即座にAの不当利得返還請求権が排除さ
れるわけではないとした判例（大判昭和10年3月12日民集14巻467頁など）なども
あり，大審院の判例を整合性をもって理解することは困難だとも評されてい
る[117]。

Ⅱ　学説の批判と最高裁の判例

　以上のような大審院の判例に対しては2つの相互に矛盾する方向から学説の
批判がなされた。第1は，金銭の高度の流通性と，それが支払手段であること
を強調する見解である。すなわち，金銭に所有権を認めれば，その流通が阻害
されるから，金銭においては「占有」は即「所有」であり，公信の原則（192
条以下）の適用の余地すらない。だから，騙取金銭の所有権は混同を介さず即
座に騙取者に帰属するというのである[118]。その結果は，被騙取者Aを騙取者
Bに対する請求に制限し，第三者Cの取引の安全を守ることにつながる。第
2は，我妻説を中心とする学説の判例理論の批判である。すなわち，騙取者B
の下で金銭が混同し，Bが金銭の所有権を取得することで，因果関係の直接性
が欠如して，被騙取者Aの不当利得返還請求が挫折するのは不当である。利
得と損失の間の因果関係は，広く社会観念上，被騙取者Bが騙取者Aの金銭
で第三者Cの利益を図ったと認められることで十分である（社会観念〔通念〕

第5部　対第三者関係　第6章　転用物訴権

上の因果関係）。つまり，Aから金銭を騙取したからこそ，BはCに弁済できたという因果関係である。その上で，我妻説は，AのCに対する直接請求の制限を，Cの法律上の原因の存否に求め，初めはCが善意・無過失ないしは善意でBから弁済受領すればCの利得には法律上の原因があるとしたが(119)，後に改説してCが悪意・重過失の場合にだけ法律上の原因が欠如するとした(120)。その他でも，谷口説は，因果関係の有無で第三者Cに対するAの直接請求を排除することに反対し，A・C間の過責の衡量およびBの資力，弁済の意欲などを総合的に判断して請求の可否を決定すべきだとしている(121)。松坂説も，社会観念上の因果関係は最後の受益者が利得を取得すること（B・C間の財貨移動）が，客観的に見て最初の行為の計画通りの展開の結果として二個の行為の間に目的による関連が認められることだとしている(122)。要するに，因果関係には重点はおかれず，それ以外の要素で第三者に対する請求の可否を決定しようという方向性では以上の学説は一致している。

　その結果，最高裁は当初は，金銭所有権は占有とともに移転すると判示して，金銭の受寄者への所有権帰属を認めて横領罪の成立を否定し（最判昭和29年11月5日刑集8巻11号1675頁），さらに騙取した金銭への騙取者Bの一般債権者Gの差押えに対する被騙取者Aの第三者異議の訴え（民執38条）を退けた（昭和39年1月24日判時365号26頁）(123)。しかし，その後に先に述べた我妻説に則した形で，第三者Cは騙取者Bに対する債権の弁済として金銭を善意で受領したから法律上の原因があり，被騙取者Aの第三者Cに対する請求は排除されるという判決（最判昭和42年3月31日民集21巻2号475頁）があり，さらに，改説後の我妻説に従って最判昭和42年判決の趣旨を明確化させた判例（最判昭和49年9月26日民集28巻6号1243頁）は，「およそ不当利得の制度は，ある人の財産的利益が法律上の原因ないし正当な理由を欠く場合に，法律が，公平の理念に基づいて，利得者にその利益の返還義務を負担させるものであるが，いま甲が，乙から金銭を騙取又は横領して，その金銭で自己の債権者丙に対する債務を弁済した場合に，乙の丙に対する不当利得返還請求が認められるかどうかについて考えるに，騙取又は横領された金銭の所有権が丙に移転するまでの間そのまま乙の手中にとどまる場合にだけ，乙の損失と丙の利得との間に因果関係があるとすべきではなく，甲が騙取又は横領した金銭をそのまま丙の利益に使用しようと，あるいはこれを自己の金銭と混同させ又は両替し，あるいは銀行に預入れ，あるいはその一部を他の目的のため費消した後その費消した分を

別途工面した金銭によって補塡する等してから，丙のために使用しようと，社会通念上乙の金銭で丙の利益をはかったと認められるだけの連結がある場合には，なお不当利得の成立に必要な因果関係があるものと解すべきであり，また，丙が甲から右の金銭を受領するにつき悪意又は重大な過失がある場合には，丙の右金銭の取得は，被騙取者又は横領者たる乙に対する関係においては，法律上の原因がなく，不当利得となるものと解するのが相当である」と判示した。つまり，騙取または横領された金銭が騙取（・横領）者Bの下で一定程度の特定性を保ったままで第三者Cに弁済され，かつ第三者CがBから交付された金銭が騙取または横領されたものであることに悪意・重過失がある場合は，被騙取者AはCに対して直接の不当利得返還請求が可能だというのである。しかも，金銭の特定性は，Aからの騙取または横領があればこそCに弁済できたという程度で足りる。こういった程度の，Aからの騙取とCへの弁済の関係を，判例は「社会通念上の因果関係」と呼び，かつ悪意・重過失のある第三者CはAに対して「法律上の原因」を有しないと表現している。以上の昭和49年の最高裁判例は現在でも金銭騙取の不当利得の事例でのリーディング・ケースとされており，類型論に依拠する学説も，この判例を前提として，判例の結論をどのように理論的に説明するのかで議論しているというのが現状である。

Ⅲ　金銭騙取の不当利得に関する主な学説とその評価

　以上の昭和49年の最高裁判例と我妻説および衡平説の学説（谷口説，松坂説）以外の学説には，最高裁判例と同様に，第三者の善意・無重過失のような主観的態様を考慮して被騙取者の請求の可否を決するものと，そうではないものがあり，かつ前者でも被騙取者の請求の根拠を価値のヴィンディカチオ（r.v.）に求めるものと，不当利得法以外の詐害行為取消権・債権者代位権に依拠するものがある。さらには，第三者の騙取者との関係から，第三者を不法行為者と考えるのが妥当だという考え方も存在する。以下では，その中から上述の幾つかの方向性を示す代表的な学説を見ておくこととしよう。

（1）川 村 説
　川村説は【ケース7】①（自己債務弁済型），②（二重騙取型）では，第三者Cの主観的態様を問題とするまでもなく，AのCに対する直接請求の成立自

体を否定し，③（第三者受益型）ではＡのＣに対する直接請求（侵害利得）を認めている。というのは，川村説の理解では，騙取は被騙取者Ａ・騙取者Ｂ間の合意の契機を欠くから，騙取金銭に対してはＡの私的所有が存続する。しかし，他方で，川村説によると「金銭所有権の法理は金銭のうえの私的所有の法的保護と取引の安全との無矛盾な統一として把握されねばならない」から，ＢがＣに対する債務を弁済した①②では，ＡのＣに対する直接請求は排除される。Ａの直接請求を認めたのでは，Ｂから債務の弁済を受けたＣの取引の安全が損なわれるからである。それに対して，③のＢがＣのＤに対する債務を弁済した場合には，Ｃはいずれにせよ Ｂから求償権の行使を受けるから，ＡのＣに対する直接請求を認めても，Ｃの取引の安全は損なわれない。したがって，Ａの騙取金銭に対する私的所有は存続し，Ｂの一般債権者に優先する形でＣに侵害利得の請求ができることになる[124]。すなわち，川村説では，Ａ・Ｂ間の利得移動は合意の契機を欠くから，つまり，給付が介在していないから，Ａの私的所有は侵害利得の形で存続するが，金銭の場合は有体物とは異なり，Ｂから騙取金銭で弁済を受けたＣは無因的信頼保護に価する。しかし，川村説では，侵害利得には執行法上の優先権が与えられるべきだから，騙取金銭による弁済がＢのＣに対する求償請求権という形で存続しているときは，被騙取者Ａは騙取者Ｂの一般債権者Ｇに優先して，ＢのＣに対する求償権がＡのＣに対する直接請求（侵害利得）という形でＡに帰属するということになる。だから，川村説の前提は，自己の債権の弁済を受けた第三者Ｃの主観的態様は問題外だという点で，昭和49年最判を前提としない議論でもあり，しかも年代も旧く，以下で紹介する学説と同列に論じうるのかは相当に疑問であろう。

（2）清水(誠)説

清水説は，貨幣の機能の発展段階を，まずは金銭が「物」として取り扱われる第１段階，次に金銭が物から離れて「価値標章」として授受される第２段階，最後には金銭が金銭という有体物としてですら用いられなくなる「金銭価値支配」の第３段階に区別する。その上で，金銭価値支配の観点からは，被騙取者Ａは第三者Ｃとの関係では騙取者Ｂの一般債権者にすぎないとされる。したがって，騙取金銭に特定性があっても，ＡはＢから金銭を債務の弁済として受領したＣに対しては，その善意・悪意にかかわらず返還請求できないとされている。ただし，例外的にＢ・Ｃが共謀しており，Ｂ・Ｃ間の弁済が価

値標章としての金銭の授受とはいえない場合には，AのCに対する直接請求
が成立するとされている[125]。つまり，川村説とは異なり，被騙取者Aの侵害
利得を一般債権者の金銭債権に格下げした上で，騙取者Bと第三者（弁済受領
者）Cの共謀があるときは，Aの直接請求を認めてBの一般債権者Gに優先
するというのが，清水説だと理解できる[126]。

（3）四 宮 説

　四宮説の問題意識は，金銭を「物」として捉える立場も「価値」にすぎない
と考える立場も，いずれも一面的であり，両者を総合する必要があるという認
識である。四宮説によれば，金銭の価値帰属者が，価値帰属を変更する有効な
意思に基づかず，金銭の占有を失った場合には，占有者には金銭の物所有権は
帰属するが，価値帰属者には価値所有権が存続する。というのは，金銭は物で
あると同時に価値であるが，価値についても帰属割当を考えることができるか
らである。その結果，価値帰属の変更の合意なしで占有を失った価値帰属者
は，金銭の「価値所有権に基づく返還請求権」（価値のヴィンディカチオ〔rei
vindicatio=r.v.〕）を行使できる。ただし，金銭はその高度の代替性ゆえに，物理
的同一性にとらわれずに，例えば両替された金銭・帳簿上の金銭にも価値同一
性がある限りで第三者にも追及可能だが，他方でその流通手段としての性格ゆ
えに第三者の取引の安全も強度に保障される必要がある。したがって，騙取金
銭は被騙取者Aの下にとどまる価値所有権と，騙取者Bに移転する物所有権
に分裂し，AはBはもちろん，悪意・重過失ある第三者Cに対しても価値の
ヴィンディカチオによる追及が可能であり，しかもその際にはBおよびCの
一般債権者Gに対しても第三者異議の訴え（民執38条）および破産では取戻権
（破産62条）の行使が可能となる。被騙取者Aの価値のヴィンディカチオによ
る追及の切断のための第三者Cの善意取得の前提が，善意・無過失ではなく
悪意・重過失のないことであるのは，有価証券の善意取得（手形16条2項，小
切手21条）の要件とのバランスである。

　さらに，四宮説では，以上の価値のヴィンディカチオの成立と不当利得返還
請求権とは矛盾しないとされている。というのは，被騙取者Aの第三者Cに
対する不当利得返還請求権は，価値のヴィンディカチオの代償たる侵害利得だ
からである。そこで，騙取者Bが第三者CのDに対する債務を第三者弁済し
た場合（第三者受益型）は，債務の弁済を受けたDが金銭を善意取得すればA
の価値のヴィンディカチオによる追及は切断されるが，その代償たるB・C間

第 5 部　対第三者関係　第 6 章　転用物訴権

の求償権を目的とする A の侵害利得は存続するとされている(127)。

（4）好美説

　好美説も価値のヴィンディカチオという四宮説の提案を支持するが，騙取者 B に対しては被騙取者 A の給付利得の成立のみを認め，第三者 C に対してだけ物権的な価値のヴィンディカチオが行使されるとする。ただし，その際に，第三者受益型では第三者 C の債務の弁済を受けた D が善意取得すれば，A の価値のヴィンディカチオは切断され代償（B の C に対する求償権）への侵害利得が成立するという四宮説とは異なり，好美説は第三者 C の無償取得ゆえに騙取者 B と同じく給付利得の返還義務を負うとされている。今ひとつ重要なのは，好美説が，第三者の主観的態様（悪意・重過失のないこと）を法律上の原因の存否に組み込む最高裁判例の考え方は，類型論と矛盾すると指摘することである。というのは，類型論では，法律上の原因の有無は給付利得では契約の無効・取消し，侵害利得では権利者に帰属する割当内容の侵害の有無によって客観的に決定されるはずだからである。したがって，昭和42年最判，昭和49年最判のような方向性は，第三者 C の主観的態様を善意取得の要件として理解できる，つまり，価値のヴィンディカチオの構成によってだけ説明できるとされている(128)。だから，好美説は，A・B 間の利得移動は騙取といえども給付であり，給付利得による第三者 C への追及は C の無償取得の場合に限られること，その際は，第三者 C の善意・悪意は無関係だということ，および，A の侵害利得の成否も侵害者の善意・悪意は（請求の範囲は別として）その成否を決するものではないという理を前提に，第三者追及は価値のヴィンディカチオによるほかないと考えていることになる。

（5）加藤(雅信)説

　加藤説は，金銭騙取の事例を不当利得法の枠外の問題だと位置づける。その理由は，以下のとおりである。すなわち，金銭は高度の代替性を有しているから，たとえ B の C に対する弁済が A から騙取した金銭で行われ，しかも，それを C が知っていても，B が A に弁済する資力を有していれば，C には何も問題はないはずである。そう考えると，昭和49年最判のいう C の悪意とは，B が A から騙取した金銭で弁済したことではなく，C に弁済すれば B は無資力となるという事実に対する悪意であり，ひいては B の A に対する詐害の意思を知っていることだと考えるべきだからである。そうすると，判例にいう悪意は改正前424条（詐害行為取消権〔改正後424条の 3〕）の要件に吸収されると，

Ⅲ　金銭騙取の不当利得に関する主な学説とその評価

加藤説は指摘する。その上で，加藤説は，金銭騙取の事例の解決に，債権の第三者効（債権者代位権，詐害行為取消権）による解決と価値のヴィンディカチオによる解決という２つの可能性を提示している。つまり，金銭騙取の不当利得を不当利得の外に括りだした上での債権法的解決と物権法的解決の提示である。両者の区分は，価値のヴィンディカチオは騙取金銭が特定性を保っている場合に限って成立するのに対して，債権者代位権，詐害行為取消権は金銭の価値の同一性を要件とはしない点にある。しかし，いずれの場合も，その前提は，騙取者Ｂが無資力なことである。というのも，騙取者Ｂに資力がある限りでは，被騙取者Ａも第三者Ｃに請求する必要はない上に，Ｂから弁済を受けた第三者Ｃが騙取金であることに悪意であっても，それを問題視する契機は存在しないからである。その結果，加藤説の理解では，最判昭和49年判決にいう第三者Ｃの悪意とは，騙取者Ｂの被騙取者Ａに対する弁済が不可能となることを知っている場合であり，要するに詐害行為取消権（改正前424条）にいう「詐害の意思」に他ならないとされる。したがって，自己債務弁済型および二重騙取型では，判例理論によればＢ・Ｃが通謀して弁済した場合に，ＡはＣに対して詐害行為取消権を行使できる（ＢのＣへの債務の弁済が詐害行為となる要件は，債権法改正で424条の３で具体化されている）。第三者受益型では，ＡはＢのＣに対する求償権を代位行使（423条）できることになる。さらに，加藤説では，価値のヴィンディカチオの要件も，詐害行為取消権と同様に騙取者Ｂが無資力で，かつそのことを第三者Ｃが知っていることが必要だとされている。その理由は，価値のヴィンディカチオといえども，その行使の態様は金銭債権の行使と酷似しているから，第三者に対する請求は同程度の制限される必要があるからである(129)。

　ただし，以上の加藤説による債権者代位権，詐害行為取消権による判例の説明に関しては，判例の客観的理解としては妥当ではないという好美説の批判がある。つまり，被騙取者Ａの第三者Ｃに対する債権者代位権，詐害行為取消権の行使では，Ａは騙取者Ｂの一般債権者Ｇと競合することになる。加えて，債権者代位権の場合は，ＣはＢに対する反対債権でＡの請求権との相殺が可能である。さらに，詐害行為取消権の要件である債務者（騙取者）Ｂの無資力が，判例（最判昭和49年９月26日民集28巻６号1243頁）で要求されているのかは疑問である。第三者Ｃの悪意の対象も，昭和49年最判ではＡ・Ｂ間の金銭の騙取・横領であるはずだが，詐害行為取消権では債務者Ｂの無資力であ

第5部　対第三者関係　第6章　転用物訴権

り，かつ判例のいう第三者Cの悪意・重過失と第三者Cの詐害の意思とでは異なっているなどである[130]。

（6）第三者受益型以外を不法行為による解決に委ねる学説（清水元説）

清水説は，以上の学説，価値のヴィンディカチオ（四宮，好美），詐害行為取消権（加藤），川村説の問題点を検討した上で，自己債務弁済型（，二重騙取型）では原則として不当利得の成立を否定すべきであり，第三者Cが悪意・重過失の場合は不法行為的救済（債権侵害）によるべきであり，第三者受益型ではBはCに対する求償権を取得し，弁済者代位によってCの債権者DがCに対して有する一切の債権がBに移転するが，このBの権利（求償権およびその担保としての代位弁済の権利）の移転をAはBに請求できると解している[131]。

以上が騙取金銭の不当利得に関する主な学説であり，それ以外の学説は，多少ともこれらの学説のいずれかを支持するものであるといえる[132]。

このような学説・判例を前提として問題を考えると，次のようになる。

まず，上述したように，加藤説の債権者代位権，詐害行為取消権による被騙取者Aの第三者Cへの請求の根拠づけは，判例理論を離れての解釈論としての妥当性は別として[133]，判例理論の客観的理解とはいえないと考える。しかし，金銭騙取の事例を給付利得の一環だと考え，かつ有体物以外には財貨の追及力は認めがたいという前提に立つなら，加藤説はあり得る解釈論の提示であることは間違いはない。そうだとすると，我妻説および現在の判例理論は，金銭騙取の事例は侵害利得の一例と考えているか，あるいは給付利得でも金銭に財貨追及力を承認していることになる。

以上との連続で，金銭騙取の内容が問題である。判例では金銭騙取の不当利得の事例とは，騙取・横領の場合が前提とされており，例えば，A・B間の消費貸借が無効だったり，AがBに非債弁済した場合は，当然に金銭騙取には含まれない。他方で，金銭の価値のヴィンディカチオを説く学説は，価値の帰属割当を変更する合意に基づかず金銭の物所有権が移転したときは，価値返還請求権（価値のヴィンディカチオ）が成立するとしているから，金銭の価値返還請求権の射程は広くなる。例えば，AがBに非債弁済した金銭で，BがCに対する債務を弁済したときも，AはCに対して価値返還請求権を行使できる。そうすると，Aの非債弁済に悪意のCは，Aに対して金銭の返還義務を負うことになるが，これが妥当とは考えられない。このケースでは，Bの債権者CはAに対しても原則として金銭の保有の法律上の原因があると解すべき

であろう。例外的に，AがCに対して返還請求が可能なケースは，Aの詐害行為取消権の行使が可能な場合であろう。

　他方で，金銭騙取の不当利得とは，騙取，横領と並列されるように，占有離脱に等しい瑕疵の重大な金銭の移転であろう。そのようなケースに限って，しかも，金銭の高度の流通性，弁済手段としての性格に鑑みて，騙取・横領に悪意・重過失の弁済受領者CにはAは不当利得返還請求が可能だというのが判例理論である。これに対して，好美説は，被騙取者Aの騙取者Bに対する返還請求を給付利得だと理解した上で，Aの給付利得では給付の当事者A・B間での清算が原則であり，AのBに対する給付利得の拡張としてAの第三者Cへの請求を理解するためには，第三者Cの善意・悪意は視野に入らないと指摘している(134)。他方で，第三者受益型に即してではあるが，四宮説は価値のヴィンディカチオと侵害利得の請求は矛盾しないとしている。例えば，A所有の動産を無権利者BがCに処分して，Cが善意取得したときは，Aの所有物返還請求権はCの善意取得（192条）で切断されるが，同様に侵害利得もCの財貨取得の法律上の原因で切断されると考えることも可能であろう。だから，所有物返還請求権と同様に侵害利得も，妨害者・侵害者の主観的態様とは無関係に成立するが，第三者の法律上の原因で切断されると理解する余地もある。そうすると，侵害利得の成否ではなく，その切断には第三者Cの善意・無過失が要件だから，侵害利得の切断に第三者の主観的態様が問題になっているということになる。したがって，好美説の批判は必ずしも妥当しないと考える。

　その上で，価値のヴィンディカチオに関してであるが，上述したように，金銭の追及力としては価値のヴィンディカチオの射程は不必要に広いと考えられるが，仮に，それを肯定するにしても，有体動産と同様の執行法・破産法上の優先権を価値帰属者にどのように与えるのかは，具体的には不明確である(135)。しかし，価値のヴィンディカチオを承認するか否かとは別に，被騙取者Aの第三者Cに対する直接請求を侵害利得と構成して，弁済手段，流通性に鑑みて，第三者の善意取得の要件を手形小切手と同様に，第三者Cに悪意・重過失がないことと解することは十分に可能であると考える。

　その際に，追及の前提として，金銭の一定程度の特定性，つまり，価値のヴィンディカチオでは「価値の同一性」，判例・我妻説では「社会通念（観念）上の因果関係」が要求されているが，その内容は，騙取（・横領）者Bは被騙取（・横領）者Aから騙取または横領したがゆえに，第三者Cに債務を弁済で

きたという連関であろう。その上で，Ａ・Ｂ間の給付関係の瑕疵ゆえに，Ｂが
Ａから騙取（・横領）した金銭の回復は，一方でＡ・Ｂ間の契約関係の回復を
求める給付利得と，他方でＡ・Ｃ間の財貨回復を追及する侵害利得に分裂して
いることになる。これは占有離脱にも等しい騙取・横領という瑕疵の重大さを
考慮すれば，決して不自然ではない。その上で，侵害利得に執行法上，破産法
上の優先権を与えることが妥当かは，以上の請求のあり方とは別の問題である
と考えることができる。本書の立場は，侵害利得の執行法上の優先に関して懐
疑的であるが（「第３部 第３章Ⅲ 侵害利得の効果 5 侵害利得の執行法上の優遇の
可能性」），この問題はいずれにせよ将来の課題であろう。

　以上をような考え方に基づいて結論をまとめると，次のようになる。被騙取
者（，被横領者）Ａは騙取者（，横領者）Ｂから弁済を受けた第三者Ｃに対し
ても，騙取（・横領）金と弁済金の価値同一性，我妻説，判例の表現では「社
会観念（または，通念）上の因果関係」の存続を条件として，侵害利得の請求
が可能である。価値同一性ないしは社会観念上の因果関係とは，騙取・横領さ
れたＡの金銭が，騙取・横領者Ｂの金銭と混同し，両替され，銀行に預金さ
れ，費消した金銭が補填されたりするなどしても，ＡがＢから騙取・横領し
たがゆえに第三者Ｃに弁済できたという関係があれば足りることを意味す
る。ただし，第三者Ｃが騙取・横領に関して悪意・重過失がなければ，金銭
の流通性および弁済手段としての特性に鑑みて，弁済受領に法律上の原因があ
ると解すべきである（手形16条２項，小切手21条。さらに，指図証券の善意取得に
関する520条の５の類推）。ただし，騙取者Ｂが第三者ＣのＤに対する債務を弁
済してＢ・Ｃ間に求償権が発生する場合（第三者受益型）では，ＡのＢに対す
る求償権に対する不当利得返還請求権が，ＡのＢに対する不当利得返還請求
の対象として並存することになるのは，以上とは別の問題である。そのような
理解の下で，前述した我妻説および昭和49年最判の判例理論を支持することに
なる(136)(137)。

　ちなみに，以上の金銭騙取の事例との関連で指摘しておくと，(ア) 価値の
ヴィンディカチオという考え方は，四宮説がハリー・ウェスターマン（Harry
Westermann）の学説もヒントに考案したものであるが(138)，ドイツ法ではほと
んど支持されていない(139)。(イ) ただし，ドイツ法でも，第三者Ｃが騙取者Ｂ
と共謀してＡの被騙取金銭から弁済を受けたような場合は，Ａの追及に対し
て不法行為により利得したＣは屈するほかないと考えられている(140)。要する

に，ドイツ法とわが国では，原則と例外が反対になっているということであろう。

第5部　対第三者関係　第6章　転用物訴権

◆ 第6章 ◆ 転用物訴権

I　転用物訴権の意義

【ケース8】① 請負人AはBの依頼でBの持ち込んできたブルドーザーを修理したが，請負代金の弁済を受けずにBにブルドーザーを返還した。ところが，このブルドーザーはBの所有ではなく，BがCから賃借したものだった。他方で，無資力のBが賃料を支払わないので，Cは賃貸借契約を解除して，Bからブルドーザーを引き揚げた。そこで，支払い能力のないBではなくCに対して，Aはブルドーザーの修理代金相当額を不当利得として返還請求した。ただし，B・C間では，賃料が市場価格よりも安価に設定されたことの見返りとして，修理代金はBが負担するという特約が結ばれていた（最判昭和45年7月16日民集24巻7号909頁の事例・ブルドーザー事件）。

② 請負人Aは雑居ビルの賃借人Bの依頼で，雑居ビルに大改装を施した。ところが，Bから請負代金全額の弁済を受けない間に，賃貸人CはBの無断転貸を理由にBとのビルの賃貸借契約を解除し，Bは行方不明になった。そこで，AはCに対して未払いの残工事代金相当額を不当利得として返還請求した。ただし，B・C間では，Bは賃借にあたって権利金の支払いを免除されるが，賃借ビルの改装・修理代金はBが負担すると特約で合意されていた（最判平成7年9月19日民集49巻8号2805頁の事例）。

転用物訴権とは，「契約上の給付が契約の相手方のみならず第三者の利益となった場合に，給付をなした契約当事者がその第三者に対して不当利得返還請求すること」などと定義されている[141]。要するに，契約上の給付が第三者に帰属した場合に，契約相手方に対する履行請求権があるにも関わらず，第三者に対しても移転した財貨の追及が可能かという問題である。したがって，以上の転用物訴権の定義を文字どおり解すると，転用物訴権の守備範囲は非常に広くならざるを得ない。例えば，ある工場で働いている労働者Aが使用者Bから賃金の支払いを受けなかった場合に，自分の作成した製品をBから購入した卸売商（買主）Cに対して不当利得返還請求した場合，動産の売主Vが買主

406

Ｉ　転用物訴権の意義

Ｋからの転得者Ｄに対して代金相当額の不当利得の返還請求をした場合も，転用物訴権の例だということになりかねない。しかし，以上のような場合には，労働者Ａの使用者Ｂに対する債権は雇用関係の先取特権（308条），動産の売主Ｖの買主Ｋに対する売買代金債権は動産売買の先取特権（321条）という形で，債務者Ｂ，Ｋに対する単なる履行請求権以上の保障を与えられており，しかも，後者ではＫのＤに対する売買代金債権に物上代位（321条，304条）するという方法で，第三者Ｄに対して支払いを求めることも可能である。したがって，このような実定法上の法制度，規定を離れて，一般的に転用物訴権が問題とされているわけではなく，自ずから転用物訴権の行使が可能な範囲は限定されていると考えるのが適切であろう(142)。しかも，これは転用物訴権といえども不当利得法上の法形式だから，不当利得以外の法制度に権利保護の欠缺がある場合の補完の手段であり，その適用領域が制限されるのは，むしろ当然の理だと考えることも可能であろう。ただし，以下では，そのような具体的な転用物訴権による権利保護の欠缺の補充の機能の全体的な意義づけは最終的な検討に委ねることとして，とりあえずはわが国の最高裁判例で具体的に転用物訴権が問題となったケースを前提として，この問題を論じておくこととしたい。

　先に見た金銭騙取の不当利得と並んで転用物訴権も，わが国の不当利得の対第三者関係では従来から最もよく論じられたテーマである。ただし，金銭騙取の不当利得とは違って，転用物訴権には長い歴史がある。すなわち，転用物訴権は，直接代理が認められず，家長にだけ債務負担能力（権利能力）が承認されていたローマ法の時代に（しかも，例えば，多くは大土地所有者で実質的には商業活動も営んでいた元老院議員には商売が禁止されていた），家長Ｃの権力に服する債務負担能力のない家子または奴隷Ｂが第三者Ａから取得したものを家長Ｃの利益のために使用した場合に，第三者Ａから家長Ｃに対する（附帯性）訴権(143)が認められたことに由来する。このような契約外の第三者に対する履行請求の拡張である訴権が，転用物訴権（actio de in rem verso）である。ただし，転用物訴権は，法律上の原因の欠如をメルクマールとする不当利得返還訴権（condictio）が現存利得への請求の縮減を認めないのとは異なり，その効果は現存利得だった(144)。ドイツ法でも19世紀の普通法の時代には一定の範囲で転用物訴権は承認されており，ドレスデン草案，ドイツ民法の準備草案には事務管理として具体的な規定（ドレスデン草案767条，ドイツ民法準備草案245条）

407

第5部 対第三者関係 第6章 転用物訴権

も提案されていたが，ドイツ民法典は意識して転用物訴権（Versionsklage）を排除している[145]。フランス法でも，判例は一旦は転用物訴権（action de in rem verso）を広範に承認したが，後にはその範囲を制限しているというのが現状である[146]。わが国では旧くから於保不二雄，磯村哲の歴史研究が存在し[147]，幾つかの下級審裁判例では転用物訴権を肯定したものもあったが[148][149]，昭和45年の最高裁判例で上記の【ケース8】①の事案が登場して始めて，具体的に解釈学上の問題として本格的に取り上げられたというのが実際であろう。しかも，わが国ではちょうどその時期にドイツの類型論の紹介・普及が一般化していたために，転用物訴権に肯定的な衡平説に対する批判の好個の例として，主に類型論の立場の学説によって取り上げられたテーマだといえる。以下では，まず転用物訴権に関する本格的な議論の出発点となった昭和45年の最高裁判例を紹介した上で，学説を整理し，平成7年の最高裁判例を見た後に，転用物訴権に関する本書の立場を提示することとする。

Ⅱ　昭和45年最高裁判決と衡平説

上記の【ケース8】①での事実関係を前提として，1審判決・原審判決は，Aの損害はBの倒産による修理代金の回収不能によるものであり，Aの損害とCの受益には社会通念上の因果関係も存在しないと判示して，Aの請求を棄却したのに対して，最高裁はブルドーザーを修理した請負人Aの賃貸人Cに対する不当利得返還請求を認容した（最判昭和45年7月16日民集24巻7号909頁）。その理由は，「本件ブルドーザーの修理は，一面において，Aにこれに要した財産および労務の提供に相当する損失を生ぜしめ，他面において，Cに右に相当する利益を生ぜしめたもので，Cの利得とAの損失の間に直接の因果関係ありとすることができるのであって，本件において，Aのした給付（修理）を受領した者がCではなくBであることは，右の損失および利得の間に直接の因果関係を認めることの妨げとなるものではない。ただ，右の修理はBの依頼によるものであり，したがって，AはBに対して修理代金債権を取得するから，右修理によりCの受ける利得はいちおうBの財産に由来することとなり，AはCに対して右利得の返還請求権を有しないのを原則とする（自然損耗に対する修理の場合を含めて，その代金をBにおいて負担する旨の特約があるときは，BもCに対して不当利得返還請求権を有しない）が，Bの無資力のため，

408

右修理代金の全部または一部が無価値であるときは，その限度において，Ｃの受けた利得はＡの財産および労務に由来したものということができ，Ａは，右修理（損失）によりＣの受けた利得を，Ｂに対する修理代金債権が無価値である限度において，不当利得として，Ｃに返還を請求できるものと解するのが相当である（修理費用をＢにおいて負担する旨の特約がＢとＣの間に存在したとしても，ＡからＣに対する不当利得返還請求の妨げとなるものではない）。」というものであった。

　すなわち，例えば，Ｂが所有するブルドーザーをＡが修理した後に，修理代金未払いの間に，ＢがＣにブルドーザーを売却したような場合は別として（その場合は，Ａは修理した目的物のブルドーザーに対して動産保存の先取特権〔320条〕を取得するが，第三者Ｃにブルドーザーが売却し引き渡された場合には先取特権の効力は及ばなくなる〔333条〕），少なくともＣがＢに賃貸するブルドーザーをＡが修繕したときは，Ａの損失とＣの利得との間には「直接の因果関係」がある。さらに，その場合でもＡはＢとの契約関係（請負契約）ゆえに，一応はＢに対して契約上の請求が可能なのが原則である。しかし，Ｂが無資力でＡのＢに対する債権が事実上無価値な限りで，ＣはＡの損失において利得したといえる。しかも，Ｂ・Ｃ間で賃借物（ブルドーザー）の修理代金はＢが負担するという合意は，Ａに対しては意味を持たないというのが，昭和45年最判の考え方である。

　以上のような判例の背後にあるのは，金銭騙取の不当利得を念頭に形成された判例理論および衡平説と呼ばれる学説（我妻，谷口，松坂説）の考え方であろう。つまり，金銭騙取の不当利得で中間者（騙取者）Ｂが存在し，しかも，Ｂの下で金銭が混同して原権利者（被騙取者）Ａの金銭所有権が失われても，社会観念上の（騙取があったからこそ，弁済が可能となったという）因果関係が存在すれば，Ａの第三者Ｃに対する不当利得返還請求が可能である。その上で，第三者Ｃの権利取得態様を考慮して，Ａの直接請求（財貨追及）の可否を決定すれば足りるという考え方である。つまり，実質的な利得移動に従って，Ａは契約相手方Ｂを飛び越えて第三者Ｃに対して追及が可能であり，かつそれは財貨に一定の特定性が保たれていれば，有体物所有権を介さなくとも追及は可能であるという思考図式である。だから，我妻説，谷口説，松坂説は，転用物訴権に対して一般的な形で，あるいは昭和45年最判に対しても肯定的な態度を示している[150]。以上のような学説の背景ないしはその骨格となっている

第5部　対第三者関係　第6章　転用物訴権

のは，何度も繰り返すとおり，第三者Cに可及的に無因的信頼保護を与えようというドイツ法の考え方とは異なる，原権利者Aの財貨追及を一旦は認めた上で第三者Cに具体的信頼保護を与えようというわが国の対第三者関係の規律の範型であろう。

Ⅲ　昭和45年最判に対する類型論の学説の批判と平成7年最判

1　類型論による昭和45年最判の批判

ところが，以上の昭和45年最判に対して，ドイツ法の類型論の影響を受けたわが国の学説はこぞって批判を浴びせた。すなわち，因果関係の直接性は，本来は契約外の第三者に対する直接請求を制限するための概念であるにもかかわらず，判例はこれを全く異なった意味で理解している。その結果，因果関係の直接性は具体的な内容を持たないものとなった。ドイツ法では，立法者が明示的に転用物訴権を退けている。そのための解釈学上の概念が，因果関係の直接性である。昭和45年最判は，AのCに対する直接請求を認めることで，（安価な賃料の代償に修理費用B負担と合意して，）Bとの間で利得移動の決済を済ませた第三者Cに二重の経済的負担を負わせたなどなどである(151)。さらに，以上との関連で，金銭騙取の不当利得に関する昭和49年最判も批判の対象となり，社会通念上の因果関係は漠然としており限界がはっきりせず，法律上の原因も明確な内容が与えられていないなどとされ(152)，先に見た価値のヴィンディカチオや債権者代位権，詐害行為取消権による法律構成が提唱されたりもした。

2　学説による転用物訴権の法律構成

もっとも，昭和45年最判を批判するわが国の学説でも，ドイツ法と同様に全面的に転用物訴権を退けるものは必ずしも多くはなく，一定の制限付きでこれを承認するものが多い。以下では，転用物訴権を否定する学説も含めて，わが国の転用物訴権に関する典型的な学説を見ておくこととしよう。

（1）三　宅　説

契約外の第三者に対する直接の不当利得返還請求は認めないというドイツ法ないしはドイツの類型論の評価を前提として，AのCに対する請求のあり方

410

を提案するのが，三宅説である。すなわち，三宅説は，転用物訴権に，本人Ｃの事務処理者ＢのＣに対する代弁済請求権（650条2項，702条2項）を，Ｂと契約した契約相手方Ａが直接に行使するという法律構成を与えている。つまり，先の昭和45年最判を例にとれば，賃貸人Ｃと賃借人Ｂとの間にはＣ所有のブルドーザーの修理という事務処理関係（委任，または，事務管理）が存在すると考えることができる。したがって，Ｂとの契約相手方Ａは，委任または事務管理による事務処理者Ｂが本人Ｃに対して有する代弁済請求権を，直接に行使することが許されてよいはずだというのが，三宅説の主張の骨格である。このように考えれば，ＡはＢに対する契約上の履行請求の延長として，契約外の第三者Ｃに対しても請求が可能となる。しかも，代弁済請求権は本人Ｃに事務処理者Ｂの契約相手方Ａに直接に支払えというＢの権利だから，Ｂの一般債権者Ｇが代弁済請求権を差押えても，請求できるのはＡに支払えということに尽きるから，ＡはＢの一般債権者Ｇに優先して弁済を受けることになる。もっとも，本人ＣはＡではなく事務処理者Ｂに支払うのも自由だから，Ｂ・Ｃ間で決済されればＡの請求は無に帰することとなる[153]。ただし，三宅説および判例（最判昭和47年12月22日民集26巻10号1991頁）では，本人Ｃは事務処理者Ｂに対する反対債権でＢのＣに対する代弁済請求権と相殺できないと解されているから，その限度ではＢ・Ｃ間の決済は封じられていることになる。後述するが，以上の三宅説は，三宅説もそのことを明言するとおり，転用物訴権を事務管理を基礎に構成しようというフォン・トゥールの学説を継承するものである（後述）。

（2）加藤（雅信）説

先にも述べたとおり，加藤説は自己の学説に類型論とは違った位置づけを与えているが，転用物訴権に関しても類型論の学説と評価の視点の多くを共有している。しかし，第三者Ｃが無償取得した場合には，Ａ・Ｂ間の契約によるＡの契約上のリスクを絶対視せず，Ｂの無資力を要件として，ＡのＣに対する直接請求（転用物訴権）を肯定している。しかも，転用物訴権に関して委曲を尽くした議論を展開し，かつ，後に見るように平成7年最判に大きな影響を与えている。

加藤説は，金銭騙取の不当利得と同様に，ここでも二様の法律構成を用意している。1つは，三宅説に倣った，事務処理関係の本人Ｃに対する事務処理者Ｂの代弁済請求権（650条2項，702条2項）のＢの契約相手方Ｃによる行使

第5部 対第三者関係 第6章 転用物訴権

であるが，三宅説がその直接行使を説くのに対して，加藤説はＡはＢに対して債権を有するから債権者代位権（423条）によって代弁済請求権を行使すれば足りるとしている。

今ひとつが，転用物訴権はいわば「法の欠缺」の補充であると位置づけ，転用物訴権に関する利益状況を分析した上での加藤説による解釈論である。すなわち，加藤説は転用物訴権に意味があるのは中間者Ｂが無資力の場合であると限定した上で，その行使される局面を３つに分けて問題を考える。具体的には，(i)Ｃの利得保有に対応する債権をＢがＣに対して有しているが，その決済がいまだＢ・Ｃ間でされていない場合，(ii)Ｂ・Ｃ間での利得移動が「Ｂ・Ｃ間の関係全体からみて有償」の場合，(iii)Ｂ・Ｃ間の利得移動が無償の場合である。その上で，(i)では，ＡのＣに対する直接請求はＢの一般債権者ＧによるＢ・Ｃ間の債権の差押えの可能性を奪うことになるから，Ａに一種の優先弁済権を与えたことになるが，Ａの優先権の根拠はないから，「債権者平等の原則」に反することになり不当である。(ii)では，転用物訴権を肯定すれば，ＣはＢと財貨移動について決済したにも関わらず，Ａから再度の決済を求められ「二重の経済的負担」を負うから適切ではないとする。つまり，Ｃの「取引の安全」の保障である。他方で，(iii)の場合に限っては，無償で利得した第三者Ｃと損失を被ったＡとの利益衡量から，Ａの転用物訴権は承認されてもよい。その理由は，無償取得者には取引の安全は必要ではないし，ドイツ民法にも無償転得者に給付利得を拡張する規定（ドイツ民法822条）が存在することが参考にされてもよいからである。ただし，ドイツ民法822条は，Ａ・Ｂ間の契約が無効で，善意のＢがＣに無償で出捐したがゆえにＢにはＡに対する利得消滅の抗弁が成立する場合に適用されるが，Ａ・Ｂ間の契約が有効でも利益状況に変わりはなく，無償転得者Ｃを保護する必要はないからである。以上が，加藤説が限定された範囲で転用物訴権を肯定する論証の過程である[154]。だから，加藤説は，転用物訴権の限定承認説などとネーミングされている。

注目すべきは，加藤説が，(ii)で，ＣがＢに対して利得移動に対応する対価を支払ったことではなく，Ｂ・Ｃ間の利得移動が「Ｂ・Ｃ間の関係全体からみて有償」としていることである。これは，昭和45年最判の事例で，Ｂ・Ｃ間の賃貸借契約では，賃貸人Ｃが賃借人Ｂに対して費用償還請求（608条）に応じたのではなく，賃料は安価とするが，ブルドーザーの修理費用は賃借人Ｂの負担とするという合意があったこととの関係で，このような表現が選ばれたの

ではないのかと推測する。つまり，正確な意味で，Bの支出した修理費用に対する等価的な対価支払いがされないときでも，B・C間の決済の合意に対価関係が存在すれば，そこでのB・C間の合意にはAは容喙できないということを意味する。ただし，我妻説が指摘するように，昭和45年最判のケースでは，「Bの注文と倒産（その間約二ヶ月），CのBからの引き揚げ（倒産直後）引き上げと処分（回収後約三ヶ月）の間隔の短いことなど諸般の事情」[155]があった。つまり，Bの賃料が安価だったとはいえ，Bが賃貸借契約に基づいてブルドーザーを使用していた期間が短い場合には，全体としては有償だが，等価的な算術計算では有償とはいえないことになる。これに対して，昭和45年最判では，修理費用B負担の特約が存在しても，AのCに対する請求の妨げにはならないとされていた。加えて，同最高裁判決の差戻審（福岡高判昭和47年6月15日判時692号52頁）でも，B・C間の賃貸借が合意された時にはブルドーザーはかなり損耗しており，修理を要することが予見されていたこと，修理費用が過度に高額なら賃料を更に安価にする了解もあったと認定されている[156]。したがって，修理代金負担と安価な賃料が，正確に有償であるかは疑問だとも考えられる。ただし，この問題は，平成7年最判に言及した後に検討することとする。

（3）鈴 木 説

鈴木説は，昭和45年最判を前提として，加藤説を支持して，同判決の事案では，B・C間の安価な賃料と引換の修理費用B負担の特約があるから，転用物訴権を肯定すれば，Cに二重払いを強いるから不当であるとする。ただし，転用物訴権を肯定するか否かに関して，Aの保護の必要性と対立するのは，Bの一般債権者Gの利益であるとも指摘している。その上で，賃借人が「必要費を支出したときは」（608条1項）を，Bが現実にAに修理代金を支払ったのちはじめて，BはCに対してその償還を請求できると解した上で，Bが未払いの間はBはAに対して代弁済請求権（650条2項）を有するにすぎないから，CはBに支払っても債務を免れず，Bの一般債権者Gが代弁済請求権を差し押さえることは無意味であるとして，Aの保護を肯定している。ただし，これを不当利得返還請求の一環というべきかは，詮索の実益がないともコメントしている[157]。だから，鈴木説は，Bの一般債権者Gに対するAの優先権を不当利得法以外の法制度によって認めていることになる。

（4）好 美 説

類型論を積極的に提唱し，しかも，比較的ドイツ法での類型論に忠実な見解

413

第5部　対第三者関係　第6章　転用物訴権

をとる好美説は，転用物訴権が肯定される範囲を極めて制限している。すなわち，AにはBとの契約の危険を転用物訴権によってCに転嫁する理由はない。しかも，転用物訴権では，A・B間の契約は有効であり，これが不当利得の問題であるか否かも疑わしいとしている。昭和45年最判の事例では，Aは賃借人Bの賃貸人Cに対する費用償還請求権（608条）に対して債権者代位権を行使したり，B・C間の債権を差し押さえるのが本筋だとも指摘する。ただし，無償でB・C間で利得移動したときは，政策的判断でAの直接請求を認めても差し支えない。しかし，昭和45年最判のケースでは，B・C間の賃料が相場より安価な代わりにBが修理費用を負担するという合意があり，Aの直接請求はCに修理代金の二重払いを強いることになるというのである[158]。つまり，好美説は，一応は限定承認説であるが，転用物訴権そのものに対して相当に懐疑的である。これに対して，以下の学説は転用物訴権の否定説である。

（5）四宮説

四宮説は，転用物訴権を全面的に否定すべきものだとする。その理由は，第1に，A・B間の契約が有効な場合には，Aの請求は契約相手方Bに向ける以外は考えられない。第2に，第三者Cは無償とはいえ，有効な権利取得をしている。だから，Aが契約相手方Bの無資力の危険を負担すべきだという「契約関係自律性の原則」を変更する余地はない。例外的に，A・B間の契約が無効で，しかも，Cが無償取得したがゆえに，善意のBの利得消滅の抗弁が認められて，AのBに対する給付利得の行使が不能となったときに限って，Bに代わってCが返還義務を負う（四宮説にいう「身代わり関係」）とされている[159]。これは，結論として，A・B間の契約が有効な場合には，AのCに対する直接請求（転用物訴権）を否定し，A・B間の契約が無効，かつ，善意のBがCへの出捐で利得消滅の抗弁を主張できる場合に限って，AのCへの請求を認めるというドイツ民法822条と同様の結論である。

さらに，例えば，広中説は，AはCに対する留置権で修理代金債権を確保できるから，B・C間の利得移動が無償の場合でも，Aの負担すべき「通常の契約危険」を考慮すれば，転用物訴権は否定されるべきだと指摘していた（契約時の修理費用負担の特約が存在せず，BがCに対して修理費用を免除したときは，詐害行為取消権を示唆している）[160]。北川説も，B・C間の利得移動が無償の場合でも転用物訴権を認めれば，本来は無償のCの財貨取得が有償となり，B・C間の契約関係にAが介入するのは不当だとして，転用物訴権を全面

414

Ⅲ 昭和 45 年最判に対する類型論の学説の批判と平成 7 年最判

的に否定する[161]。

3　平成 7 年最判とその後の学説

（1）平成 7 年最判

　以上のような学説の批判があったためか，最高裁は平成 7 年最判（最判平成 7 年 9 月19日民集49巻 8 号2805頁）で転用物訴権の成立する範囲を明確に限定する判断を示した（これは，実質的には判例変更だと考えられるが，昭和45年最判の判決理由中の判断を厳密に考えると，判例変更ではないという評価も可能ではある）[162]。すなわち，上記の【ケース 8】②の事実関係を前提として，「A が建物賃借人 B との間の請負契約に基づき右建物の修繕工事をしたところ，その後 B が無資力になったため，A の B に対する請負代金債権の全部又は一部が無価値である場合において，右建物の所有者 C が法律上の原因なくして右修繕工事に要した財産及び労務の提供に相当する利益を受けたということができるのは，C と B との間の賃貸借契約を全体としてみて，C が対価関係なしに右利益を受けたときに限られるものと解するのが相当である。けだし，C が B との賃貸借契約において何らかの形で右利益に相応する出捐ないし負担をしたときは，C の受けた右利益は法律上の原因に基づくものというべきであり，A が C に対して右利益につき不当利得としてその返還を請求することができるとするのは，C に二重の負担を強いる結果となるからである。…本件建物の所有者である C が A のした本件工事により受けた利益は，本件建物を営業用建物として賃貸するに際し通常であれば賃借人である B から得ることができた権利金の支払を免除したという負担に相応するものというべきであって，法律上の原因なくして受けたものということはできず，これは…本件賃貸借契約が B の債務不履行を理由に解除されたことによっても異なるものではない。」と判示した。

　すなわち，賃借人 B の委託で建物を工事した請負人 A の建物の賃借人 B に対する債権が B の無資力ゆえに無価値である限りでは，とりあえずは建物所有者（賃貸人）C は A の負担において利得しているといえる。しかし，B・C 間の利得移動が有償で行われていれば，C は B に対して利得の法律上の原因を持つ。したがって，A の C に対する直接請求（転用物訴権）が成立するのは，B・C 間の利得移動が無償の場合だけだというのである。平成 7 年判決を

415

第5部　対第三者関係　第6章　転用物訴権

卒然と読めば，上述した加藤説が判例の基礎となっていることは判然としている。特に，「CとBとの間の賃貸借契約を《全体としてみて》，Cが対価関係なしに右利益を受けたときに限られる」という部分は，CがBに対して算術的に正確に等価的な出捐をしておらず，B・C間の決済の合意に対価的関係が存在すれば，Cには法律上の原因があるとしていることからは，加藤説の影響を明確に見て取ることができると考える(163)。つまり，転用物訴権につき判例はいわゆる限定承認説で収束したものということができよう。

（2）平成7年最判後の学説

以上の平成7年最判以後は，（本書も含めて）学説は限定承認説に左袒するものも多いが(164)，否定説も相当に有力である。

① 内田（貴）説

内田説は，B・C間の利得移動が無償の場合には転用物訴権を肯定するのは，無償であれCには法律上の原因があり，Cの正当な期待を裏切ると批判する。しかも，B・C間の利得移動の有償性の判断は容易ではないと注意を促し，例えば，平成7年最判のケースでは，建物の賃貸人Cが賃借人Bの権利金の支払いを免除する代わりに，Bが建物の改修費を負担するという合意がされていたが，権利金より改修費は格段に高いと推測されると指摘する。それゆえ，「利益に相当する負担」という基準は曖昧だから，転用物訴権は否定されるべきだとしている。

その上で，不当利得法以外のAのCに対する請求の可能性を検討して，BのCに対する費用償還請求権（608条）は現実にAに弁済するまでは行使できないから，Aが無資力のBの費用償還請求権を代位行使することはできないが，702条2項の準用する650条2項の代弁済請求権の代位行使が可能であるとする。さらに，Cの利得が無償の場合，例えば，Bが代弁済請求権を放棄したときは，Aは詐害行為取消権で放棄を取り消すことができるいう方法を提案している(165)。

② 磯村（保）説

磯村説は，無償の善意取得の場合とも比較して，CがBから無償取得したときでも，Aの直接請求を認めれば，Cは売買契約を締結させられたのに等しい結果となるとして，転用物訴権を否定している(166)。

油納説も，(i) AはBと契約した以上は，Bの無資力を負担するのは当然であり（契約関係自律性の原則），(ii) CはBと合意して無償取得したのだから，C

416

の利得には法律上の原因があるとして，全面的に否定説を支持している。さらに，村田説も転用物訴権に対して極めて懐疑的である。その理由は，後述するように，わが国で転用物訴権が問題となった(裁)判例は，請負人の先取特権が成立しない場合に，その欠缺補充をしたのが，限定承認説，ないしは，判例理論だという考え方に対する批判である。つまり，現行法の認めない担保法を前提に，請負人に財貨追及効を認めるのは困難ではないかという指摘である(167)。

ただし，注目したいのが，限定承認説を支持しながら，B・C間の利得移動が無償の場合に，転用物訴権という不当利得以外の法律構成で，AのBの一般債権者Gに対する優先を説くものも多いことである。例えば，(i) 646条2項（受任者の権利移転義務）を類推して，AにBのCに対する費用償還請求権の移転を求める方法，(ii) 608条1項の費用償還請求権は修理代金を支払ってはじめて成立すると解して，BがAに修理代金を未払いの場合には，650条2項を類推適用して，代弁済請求権をAに代位行使させるという鈴木説を支持し，(iii) 423条を転用して，AのCに対する直接請求を認めるとする平野説がある(168)。これは，上記した鈴木説と軌を一にする考え方で，澤井説も，（不動産）保存の先取特権（327条，330条）の趣旨にも合致するとして，鈴木説を支持している(169)。さらに，内田説も転用物訴権という法形式は否定するが，BのCに対する代弁済請求権の代位行使という方法で，Bの一般債権者Gに対するAの優先の余地，および，BがCに対する費用償還請求権を放棄したときは詐害行為取消の可能性を説いている。そうすると，転用物訴権を全く否定する磯村説，油納説などは別として，多くの学説は，判例と同様に，無償取得者Cの要保護性の欠如は承認しているものと考えられる。加えて，B・C間に事務処理関係が存在すれば，Bとの契約相手方AにBの一般債権者Gへの優先を肯定するものがあることにも留意しておくべきであろう(170)。

IV　実質的な問題と不当利得法の構造

1　3つの転用物訴権

以上の判例・学説を前提として，以下では幾つかの角度から転用物訴権のあり方を検討したい。まずは，系譜的，および，比較法的な考察である。転用物訴権の由来は，ローマ法で債務負担能力のない家子・奴隷(B)と契約した給付

第5部　対第三者関係　第6章　転用物訴権

者(A)が，その給付が契約外の第三者である家長(C)の利益となった限りで，その返還を請求する附帯性訴権だった。だから，その前提は，契約相手方に債務負担能力のないこと，および，直接代理の制度が認められていないことであり，そのような場合に法の欠缺を補充するのが転用物訴権だったといえる。ところが，その後に中世では転用物訴権は以上のような制約から乖離して一般的な財貨追及の手段となったこともあったが[171]，近世に至って，転用物訴権は3つの法律構成に分化してきた。第1が，事務管理構成であり，中間者Bと第三者Cの間の事務処理関係に注目して，第三者Cを本人，中間者Bを事務処理者と考えた上で，給付者AをBとの契約相手方と構成するという考え方である。第2が，不当利得構成であり，そこでは，給付者Aの第三者Cに対する財貨追及を前提として，第三者Cは自分の契約相手方である中間者Bに対する法律上の原因を給付者Aに対しても主張できるという考え方である。第3が，転用物訴権を認めず，A・B間，B・C間の給付関係内の清算に問題を解消するという方法である[172]。具体的には，第1の構成である，事務処理者Bの本人Cに対する代弁済請求権の契約相手方Aによる行使という構成を転用物訴権に与える三宅説は，転用物訴権を事務管理の一環とした普通法の考え方を承継した19世紀のオーストリアの私法学者であるアンドレアス・フォン・トゥール（Andreas von Tuhr）の学説を基礎にしている[173]。第2の構成が，フランス法の転用物訴権であり，わが国の学説では限定承認説がこれにあたる。第3が，ドイツ民法の方針であり，わが国の学説では四宮説などの否定説がその具体例である。転用物訴権を事務管理ではなく不当利得として構成すると，利得者Cは中間者Bとの契約関係を損失者Aに対する法律上の原因として主張することで，利得者Cの取引の安全が守られることになる。ところが，財貨移動の当事者間に法律上の原因がない場合が不当利得であるという，非債弁済の不当利得をモデルとしたいわゆるコンディクチオ体系によって不当利得が構成されると，A・B間およびB・C間の各々に法律上の原因が存在する転用物訴権ないしは給付連鎖の場合は，A・B間およびB・C間での清算が指示されることになる。しかも，物権変動で無因原則が採用され，かつ物権と債権の峻別が進んでくるドイツ法では，第三者に対する財貨追及（価値返還）の請求は徐々に承認されなくなってくる。シェファー（Schäfer）によれば，ドイツの法史で，転用物訴権にとどめを刺したのがパンデクテン法学であるが，その理由は，(i) 物権法での無因原則の承認，(ii) 制限行為能力者の範囲の限

定，(ⅲ) 直接代理の承認があげられている[174]。そういった傾向の中で，ドイツ法に残されたのは，Ａ・Ｂ間およびＢ・Ｃ間のそれぞれの法律上の原因（causa）の存在とは関係しない，事務管理構成の転用物訴権だった。ドイツ民法に先行するドレスデン草案767条，ドイツ民法準備草案245条でも事務管理構成の転用物訴権が規定されていたが，ドイツ民法の起草者は事務管理の一環として転用物訴権に言及し，Ｂ・Ｃ間の債権の譲渡を受けなくてもＡがＣに直接に権利行使できること，および，Ｂ・Ｃ間の財貨移動が無償だった場合のＡの財貨の回復の余地に，事務管理構成の転用物訴権の意味を認めている。しかし，前者は複雑な法律関係を惹起する上に，Ａに完全な救済を与えるものではなく，後者は不当利得とはいえないし，特異で異常な場合であるとして，転用物訴権を拒絶した[175]。さらに，このような立法者の決定に忠実に，給付連鎖の二重無効の事例でも，ドイツ法では徐々に給付者Ａの第三者Ｃに対する直接請求を認めなくなってきた[176]。仮に，第三者ＣがＢ・Ｃ間の法律上の原因をＡにも主張できるという形でＣの取引の安全が守られるというなら，Ｂ・Ｃ間の契約が無効な場合は，ＡはＣに対しても財貨追及が可能だと考えることも可能であろう。しかし，Ａ・Ｂ間およびＢ・Ｃ間の各々の法律上の原因の欠如を問題にすべきだというのが，コンディクツィオ体系の不当利得の考え方である。しかも，このような個々の契約関係を経由しての清算は，契約相手方Ｂの一般債権者Ｇと給付者Ａとの債権者平等も保障している。したがって，反対に物権変動で無因原則を採用せず，契約当事者間での清算を指向していないフランス法では，その制限に腐心しているといえども，転用物訴権は命脈を保つことになる。つまり，先に見たわが国の学説でも，以上のドイツ法と符節を併せるなら，四宮説のように，Ａ・Ｂ間の契約が有効な場合には，Ａの契約相手方Ｂへの履行請求以外の第三者Ｃへの直接請求は排除されるはずである。Ａ・Ｂ間の契約が無効でも，原則として第三者Ｃへの追及はできないから，ましてやＡ・Ｂ間の契約が有効な場合の直接請求は論外である。反対に，判例や加藤説のようにＢ・Ｃ間の対価関係ないしは第三者Ｃの法律上の原因の存在を問題にするのは，Ａ・Ｂ間の契約関係にＡの履行・清算請求を制限するというドイツ法の給付利得の評価とは，判断形式が異なっているか，少なくとも原則と例外が反対になっているといわざるを得ない[177]。そうなると，ここでも他の対第三者関係と同様に，契約関係の清算（ただし，転用物訴権では清算ではなく履行請求だが）と財貨の追及とが分裂していることになる。ただし，転用物訴権

第 5 部　対第三者関係　第 6 章　転用物訴権

で問題となっているのは，給付対象が請負契約による仕事であり，原則として
第三者追及が可能な有体物所有権でも金銭ですらないという事実である。そう
すると，Ａの請負契約による給付に，財貨追及の可能な契機を発見するほかな
いというのが，転用物訴権での問題だと考えることも可能であろう。

2　請負人の債権担保という実質的な問題

　そうすると，第 2 の問題は，判例で転用物訴権として取り上げられた問題の
実質的な評価である。先にも述べたとおり，転用物訴権の定義どおりＡのＢ
に対する契約上の給付が第三者Ｃの利益になった場合に，常に転用物訴権が
問題となるわけではない。例えば，Ａ・Ｂ間の(不)動産売買が無効の場合は，
ＡはＢからの転得者Ｃに対しても所有権に基づいて返還請求が可能である。
Ａ・Ｂ間の動産売買が有効でも，Ａは契約相手方Ｂ以外の転得者Ｃに対して
も，転売代金債権への動産売買の先取特権（321条）による物上代位（304条）
という形での追及が可能である。これがわが国の現行の実定法の評価である。
しかし，わが国の判例で，転用物訴権として取り上げられたのは，Ａ・Ｂ間の
請負契約による給付が第三者Ｃの利益となった場合という，限られた事案類
型だった。昭和45年最判，平成 7 年最判だけではなく，転用物訴権が問題とさ
れた下級審の裁判例でも請負人Ａの第三者Ｃに対する請求が問題となってい
る(178)。つまり，請負代金債権の回収の手段が，ここで問われている実質的な
問題である。そこで，以下では，主にドイツ法との対比で，そこでの実質的な
問題の所在を明らかにしたい。
　まず，昭和45年最判の事案は，もちろんドイツ法では不当利得の問題として
取り上げられることはない。しかし，同様のケースで，請負人Ａが契約相手
方Ｂへの履行請求だけに指示されれば足りるとは，ドイツ法でも考えてはい
ない。その理由は，請負契約では，売買契約などとは異なり，仕事の完成まで
には一定の時間を要する。売買のように売買目的物の引渡しと代金支払いの同
時履行は，請負契約では不可能である。つまり，注文者が先履行するか，請負
人が先履行するかである。注文者が先履行すれば，請負人の仕事の完成は保障
されないから，請負人は仕事の完成に関しては先履行義務を負っている（ドイ
ツ民法641条）。加えて，請負人が仕事を完成させても注文者が請負代金を支払
わず，請負人が解除しても，給付対象は仕事（労務）だから金銭請求できるに

420

止まる。同時に有体物（動産）が給付されたときでも，多くは注文者の動産または不動産に付合しているから，有体物としての返還請求は不能である。つまり，請負人は，請負契約の性質上，先履行による注文者の無資力の危険を負担することになる。言い換えると，契約の性質上，請負人には注文者の無資力の危険を負担することが強要されている。そこで，ドイツ民法では，この契約の危険に対処するために，請負人には動産修理による目的物への法定質権が認められている（ドイツ民法647条〔請負人の質権〕：それを作成又は修理のために占有したときは，契約による自己の債権に関して，請負人は作成又は修理した注文者の動産に対して質権を有する）。だから，動産の賃借人Ｂと動産を修理する契約をした請負人Ａの，契約外の第三者である賃貸人Ｃに対する直接請求を認めるドイツ法での最もわかりやすい方法は，動産の上に成立した法定質権の主張である。しかし，動産を修理する請負契約はＡ・Ｂ間で締結されているから，注文者Ｂではなく第三者Ｃの所有物には法定質権は成立しない。そこで，Ａの法定質権の取得のために２つの法律構成が提案されている。１つは，法定質権の善意取得であり，２つは（わが国の事案でもそうだったが，ドイツ法でも）Ｂ・Ｃ間では（賃料が安価とされる見返りに）修理費用は賃借人Ｂ負担と合意されるのが通例だから，Ｃの修理施工への同意からＣのＢに対する（Ｂの名前で契約するが，その効果はＣに及ぶ）授権（Ermächtigung）を読み取ることである。しかし，そのいずれの可能性も判例・通説は認めていない。その理由は，前者では，契約質権の善意取得を規定したドイツ民法1207条は法定質権には準用しないという立法過程での否定的な議論と，Ａ・Ｂ間の請負契約の締結と目的物の引渡しは善意取得の前提である処分行為ではなく債務負担行為だという理由である。後者に対しては，ドイツ法では債務負担授権（Verpflichtungsermächtigung）は認められず，処分授権（Verfügungsermächtigung）だけが承認されているが，Ａ・Ｂ間の請負契約の締結は処分行為ではないからである。しかし，他方で，判例および多くの学説は，占有者の費用償還請求権（ドイツ民法994条以下）によって，目的物の占有を取得した占有者（請負人）Ａの動産の所有者，例えば，賃貸車両の賃貸人Ｃに対する直接請求を認めている。もっとも，Ａが代金支払いを受けずに任意に目的物を注文者Ｂに返還したときは，Ａの費用償還請求権は消滅すると解されている。ただし，このようなＡの権利の制限は，法定質権の制度趣旨から与えられている。例えば，ドイツ法では動産売買の先取特権が認められていないように，わが国の先取特権とは異なる法定質権

421

第5部　対第三者関係　第6章　転用物訴権

という制度設計にも見るように，動産に関する法定担保権を占有という公示手段と結びつけることで，取引の安全を保障しようというのが，ドイツ法の方針だからである。もっとも，現実の取引では，動産を修理する請負人A，例えば，自動車修理工場は，修理契約を締結する際に，約款で請負目的物に契約質権を設定し，それを善意取得することで問題を解決しているようである(179)。ドイツ法では，以上の問題の実質を，請負人の「先履行義務」に相応した担保手段のあり方と理解しているが，このことと転用物訴権の可否との関係に関しては，必ずしも判然とした解答は与えられていない(180)。何度も繰り返すように，こういった第三者に対する契約上の請求権の拡張を，ドイツ法は不当利得の問題として取り込みうるような構造にはなっていないからである。ただし，実質的な問題解決は，不当利得法以外の法制度（占有者の費用償還請求権）ないしは予防法学（契約質権の設定と善意取得）によって与えられている。

　今ひとつの平成7年最判の事案は，建築請負人の債権担保という問題であり，ドイツ法では民法典の施行以前から100年以上の長きにわたって議論されてきたテーマである。ドイツ法では，建物は土地に付合して土地の構成部分となり一体の不動産となる。したがって，土地所有者Bが土地にCのために抵当権を設定した後に，Aに建物の建築工事を施工させれば，抵当権者CはBの土地に付合したAの工事（建物）からも優先弁済を受けることになる。だから，例えば，価格100のB所有の土地に200の被担保債権の抵当権がCのために設定され，Aが価格100の建物を建築すれば，抵当権者Cは過剰な与信をすべて回収できるが，施工した建物（土地）は請負人Aの債権回収の手段とはならず，注文者Bの無資力の危険を負担することを余儀なくされる。したがって，請負人の先履行義務と付合による所有権の喪失に見合った担保権の付与が，ここでの問題である。19世紀の終わりから20世紀初頭は，（当時は，ヨーロッパの後進地域であった）ドイツ，オーストリア，スイスなどでは建築ブームがおこり，Cが土地価格を大幅に超える抵当権をB所有の土地に設定し，Aによる建築工事が完成した後に抵当権を実行して競売にかける（建物は土地に付合し，土地・建物は一体の不動産だから，土地の抵当権は建物の価格も把握している）という，いわゆる「建築詐欺（Bauschwindel）」が流行した。これに対してスイス法では建築請負人Aの法定抵当権の設定は工事完成後でも可能とし，しかも先行するCの土地抵当権が工事開始前の注文者Bの土地価格以上の担保価値を把握している限りで，AのCに対する損害賠償請求を認めるに

Ⅳ　実質的な問題と不当利得法の構造

至った。さらに，法定抵当権の設定は，下請人Ｄにも可能である。ちなみに，以上の法定抵当権の制度趣旨は，転用物訴権の制度化だと説明されている。他方で，ドイツ法では建築請負人Ａの保全抵当権（ドイツ民法648条〔建築請負人の保全抵当権〕）は，工事開始前に登記する必要があり（しかし，通例では，注文者との力関係からは工事開始前の登記は無理である），土地所有者である注文者に対してだけ請求が可能，しかも，保全抵当権は順位の原則に服し，先行抵当権には劣後するとされていた。しかし，いろいろと紆余曲折があった後，1993年に注文者に対して工事開始前に担保供与を請求する建築請負人の権利を認める規定（ドイツ民法648a条〔建築請負人の担保〕）が新たに創設された。下請人には元請人の担保に再担保を受けることで，同様の債権確保の可能性が与えられている。このような問題解決は，契約当事者間での清算を原則とするドイツ法の行き方に即したものだといえよう(181)。反対に，下請人Ａの元請人Ｂではなく注文者Ｃに対する不当利得返還請求，請負人Ａの注文者Ｂではなく土地所有者Ｃへの請求は，ドイツでは転用物訴権の典型例とされている。

　以上の先履行義務を負った請負人の債権担保という実質的な問題は，日本法でも共通の課題であろう。しかし，日本法でも動産保存の先取特権（320条）には善意取得の規定が準用されないから（319条参照），注文者が賃借人の場合には成立せず(182)，また不動産保存の先取特権（337条），不動産工事の先取特権（338条）は，注文者が不動産の所有者の場合でも，注文者と請負人の現実の力関係，事前の登記を要求するなどの難点ゆえに，ほとんど利用されず，注文者が所有しない不動産には設定できないために，以上の実質的な問題が昭和45年最判，平成7年最判で転用物訴権の成否という形で顕在化したといえよう。しかも，請負人の先履行義務は，完成建物の所有権の帰属をめぐってだけ議論されていたことも，ここでの問題の実質を見えにくくしている要因であろう。いずれにせよ，これらの課題に解決を与えるのは，ドイツ民法648a条の立法に至るまでの経緯を見ても，非常に困難であろう。ただし，ドイツ法では，契約内の清算という原則を守るために，動産の修理請負では，占有者の費用償還請求権という契約外の第三者への請求の例外を認める判例，あるいは，予防法学（修理目的物への質権の設定）によって（しかも，その際は，賃貸借の契約当事者Ｂ・Ｃ間で修理費用を賃借人Ｂとする合意があっても，Ａの直接請求または質権の取得とは無関係である），不動産では請負契約の当事者間での担保請求

423

という当事者の清算を優先させる方法で，解決が与えられている。

　以上で見たようにわが国で転用物訴権が問題となったケースは，昭和45年最判，平成7年最判，および，下級審裁判例でも，そのほとんどが請負人の債権担保という問題の，例えば，ドイツ法での解決と対比すれば，それを具体的に受け止める法制度が存在しないため，法の欠缺補充が問題になったものである。その上で，不当利得法による欠缺補充を認めたということは，しかも，給付者Ａにｂの一般債権者Ｇとは異なり，債権者代位権，詐害行為取消権以外の形で第三者Ｃに対する直接請求が認められるのは，移転した財貨のＡへの帰属性を観念しなければ説明できないであろう。四宮説の指摘するように，Ａ・Ｂ間の契約が有効なら給付された財貨は本来はＢに帰属しており，ＡはＢの一般債権者にすぎないはずだからである。つまり，金銭騙取の不当利得で価値のヴィンディカチオが提唱されたように，転用物訴権も価値の追及が有体物所有権を介在させないで承認されたケースだということになる。その評価の背後に存在するのは，請負契約での財貨移動に対して請負人の一定の優先弁済権を認める実定法に内在する評価だと考える[183]。

3　今後の課題

　以上を前提にわが国の問題に関して考えると，例えば，ドイツ法では動産を修理した請負人Ａは，賃借人（注文者）Ｂと賃貸人（動産所有者）Ｃとの修理費用はＢ負担とするという形での決済にも関わらず，Ｃに対して費用償還請求権を行使できると解されている。だから，この点に注目して，Ａによる修理以前のＣ・Ｂ間の賃貸借の期間，および，Ａの修理後Ｂ・Ｃ間の賃貸借契約が解除されて，ＣからＤにブルドーザーが売却されるまでの期間がいずれも短かったことを考慮すれば，請負人Ａの賃貸人Ｃに対する請求を認容した昭和45年最判は妥当だという評価もあり得ると考える。また，それが適時に登記された場合ではあるが，不動産工事の先取特権，不動産保存の先取特権は先行抵当権にも優先するという規定（339条）の趣旨（転用物訴権を具体化した規定であろう）を重視して，さらに先に言及した建築詐欺との類似性を見いだすなら，平成7年最判の事例でも，Ｂ・Ｃ間の清算の妥当性を精査する余地があるということになる。平成7年最判は，先にも加藤説に関して紹介したようにＢ・Ｃ間の利得移動が「Ｂ・Ｃ間の関係全体からみて有償」かという視角からＢ・Ｃ

間の利得移動の有償性を評価しており，算術的な等価関係を要求していない。これに対して，好美説は，平成 7 年最判のケースに対して，B・C 間の賃貸借の期間が 3 年だったことから B は「3 年契約で営業利益をあげるつもりで5180万円もの改修をして 1 ヶ月足らずで解除され，Y(C)がその利益は引きついでいる…。一般論だが，X(A)との関係での Y(C)の利得の不当性ないし『法律上の原因』は，本判決のように A(B)・Y(C) 間の当初の契約ではなく，その実態に即して判断されるべきではなかろうか」と B・C 間の財貨移動の全体としての有償性に疑問を提起している[184]。しかも，これは転用物訴権を否定する立場である内田説も同様の指摘をしている（もっとも，そのことを理由に，対価性の不明確さゆえに，内田説は転用物訴権を否定している）[185]。現に，平成 7 年最判の第 1 審（京都地判平成 2 年 2 月28日民集49巻 8 号2815頁）は，B・C の賃貸借契約が昭和57年 2 月 1 日に期間 3 年で締結され，A・B 間の請負契約の締結が同年11月初め，工事の引渡しが同年12月初め，B・C 間の賃貸借契約の解除が同年12月24日であり，B が現実に賃借建物を使用した期間が極めて短かったために B・C 間の利得移動が無償だと考えている。これに対して，調査官解説では，権利金の免除と短い期間の賃料とを比較すべきではなく，権利金は場所的利益の対価で賃借人の債務不履行解除の場合には返還させるべきではないこと，および，B は C の解除後即座に建物を明け渡さず，C の建物明渡しを求める B に対する訴訟が確定したのが昭和59年 5 月28日であることを理由に，「B・C 間の関係全体からみて有償」だと判断している。ただし，同時に，C のB に対するどのような出捐があれば「対価関係」として十分かは将来の判例の課題だとも指摘している[186]。したがって，これからの転用物訴権の課題は，B・C 間の利得移動の有償性の評価にかかることになると考える[187]。

　さらに，今ひとつは，転用物訴権による請求が認められた場合の C の利得の返還義務の範囲である。これには，A・B 間の契約上の請求権の額を上限とした上で，C の利得消滅の抗弁が認められるべきであろう[188]。例えば，A が修理した動産を B が使用することで減価したような場合である。裁判例では，この減価を考慮して，工事の時点での目的物の価格に A の請負代金を加えたものから，修理で増価した目的物の価格中の増価分の割合を算定し，例えば，C が D に目的物を処分したときは，処分時の価格に，修理による増価分の割合を乗じて，現存利得を算定したものなどがある[189]。

　今ひとつ付言するなら，不当利得構成ではなく，C・B 間の契約に事務処理

第5部　対第三者関係　第6章　転用物訴権

関係を認めた上で，BのCに対する代弁債請求権をAが（代位または直接）行使するという法律構成（事務管理構成）が可能なら，AはBの一般債権者Gに優先する契機を認めることもできる。つまり，不当利得構成では，Aの債権的な不当利得返還請求権が，Bの一般債権者Gに優先することは困難であろうが，事務管理構成では，事務の他人性（修理はBの事務ではなく，Cの事務）を前提にして，これが肯定されることになる。しかも，現実に転用物訴権が問題とされたわが国の（裁）判例の背後には，請負人の先取特権制度の法の欠缺が認められるとすれば，これは説得力のない考え方とはいえないと考える。ただし，以上に記した問題は，将来の判例・学説の課題であろう。

I　対第三者関係の規律の全体的な構造

◆ 第7章 ◆ 対第三者関係の全体的構造

I　対第三者関係の規律の全体的な構造

　以上の考察に基づいて，最後に不当利得法における対第三者関係の規律に関する本書の立場を提示しておきたい。

　先にも指摘したように，わが国での対第三者関係の不当利得は，契約相手方への清算に財貨追及を従属させようという方向性と，両者の分裂を前提として財貨の追及を第三者の法律上の原因で切断しようという方向性が混在，拮抗しているといえる[190]。その後者の例が，金銭騙取の不当利得での判例理論，価値のヴィンディカチオを説く学説であり，制限的ではあるが転用物訴権を認める判例・学説である。反対に，前者の方向性を追求するなら，有体物所有権が給付の対象となった場合を除けば，給付利得は原則として契約相手方にだけ制限されるべきものであろう。そう考えるなら，金銭騙取の不当利得の事例は，弁済受領した悪意・重過失のある第三者に不法行為者として損害賠償を義務づけるか，不法行為による第三者の不当利得には給付利得といえども拡張されるといった構成が相応しいと考えられる。あるいは，加藤説の説くように，債権者代位権，詐害行為取消権の行使と構成するのが適切であろう。さらに，転用物訴権では，実質的な問題を解決すべき法制度，法形式が用意されるべきであり，有効な契約に基づく給付の第三者追及を不当利得の枠内に収めることは困難であるとも考えられる。

　他方で，わが国の不当利得法では，給付利得でも契約関係の清算と財貨の追及が分裂せざるを得ないと考えるなら，対第三者関係の法律構成は以上とは異なってくることになる。もちろん，銀行振込のようにその取引に関与する関係当事者が，例外的に契約相手方に履行・清算請求を制限することに合意していたと考えられる場合は別である。しかし，給付連鎖，短縮された給付の場合に，給付されたものが有体物だった場合は，給付者が第三者に所有物返還請求できるのは自明である。これが，物権法で無因原則を採用するドイツ法の給付利得制度と，わが国の法制度との大きな違いである。したがって，例えば，短縮された給付でも，金銭，労務が第三者に帰属したときは，給付者の第三者追

第5部　対第三者関係　第7章　対第三者関係の全体的構造

及が挫折するのは給付利得の制度ゆえではなく，第三者が法律上の原因を有している
からだと考えることも可能である。さらに，第三者のためにする契約や
債権譲渡のように，契約関係と給付関係が分裂する場合は，財貨移動の原因と
なる契約当事者間（要約者・諾約者，旧債権者・新債権者）の補償関係に瑕疵が
あったときは，契約関係の当事者間での給付利得とともに，給付関係の当事者
間では非債弁済の不当利得が成立すると考えざるを得ない。しかも，この場合
は，有体物のみならず，金銭，労務が給付された場合も，給付当事者間の非債
弁済の不当利得が問題となる。債権譲渡および第三者のためにする契約では，
ドイツ法でも給付利得の相手方の決定に関して学説の対立があることも想起さ
れて然るべきであろう。こういった場合には，ドイツ法でも財貨の回復と契約
の清算の間に分裂が生じるが，給付があった場合は，利得債務者は単一である
べきだ，しかも，可及的に第三者に無因的信頼保護を与えようというのが，こ
こでのドイツ法での議論の焦点である。他方で，以上のような場合にも，わが
国では第三者の法律上の原因の存否が，給付者の財貨追及を排除するための道
具立てである。その際に，利得消滅の抗弁以外に，何が第三者の法律上の原因
となるのかは，判例・学説による法形成の課題であろう。したがって，いずれ
の場合にも，第三者に対する給付者の財貨追及を切断するには，第三者の権利
取得事由ないしは利得消滅の抗弁の成否を考える他はない。結論として，わが
国では，契約関係の当事者間での清算を実現させるだけの給付関係の確定と同
時に，財貨追及の制限のためには，移転した財貨の性質と第三者の法律上の原
因の評価にも重点がかかることになる。さらに，金銭騙取の不当利得，転用物
訴権での判例理論，および限定承認説からは，ここでも第三者の法律上の原因
が決定的な役割を果たしていることが見て取れる。金銭騙取の不当利得での第
三者は悪意・重過失の場合を除いては，被騙取者の直接請求を排除でき，転用
物訴権では第三者は中間者との対価関係の存在だけで給付者の請求を排除でき
るというのが，判例理論である。したがって，有体物以外でも一定の財貨追及
が観念できる場合が存在し，かつ第三者の法律上の原因も移転した財貨の性質
によって個別的に評価されていることになる。ただし，非債弁済とはいえ任意
に弁済された金銭に関しては，追及力が認められる余地はないであろう。

　他方で，侵害利得では第三者の法律上の原因となるのは，本来は無権利者か
らの権利取得を認める法制度以外には存在しないはずである。したがって，侵
害利得の補充性を採用するのでない限りは，第三者の取引の安全は不当利得以

外の法制度によって実現される他ないと考えられる。だから，物権変動に無因原則を採用して，第三者に無因的信頼保護を与えることが対第三者関係の規律の範型となっているドイツ法とは異なり，結果的に侵害利得の補充性を承認するわが国の学説も，その根拠は給付関係の優先ではなく，権利者の第三者に対する請求が金銭債権という形をとっていることに求めていた。ただし，以上は，分業化された建築業界でのエンドユーザー（注文者）に対する取引の安全を与える判例（平成5年10月19日民集47巻8号5061頁），194条の解釈を通じての動産の取引の安全を拡大する判例（平成12年6月27日民集54巻51737頁）などの判例による法形成に反対する趣旨ではもちろんない。

以上をまとめると，なぜ給付者は財貨追及できるのかというのが，ドイツ法での対第三者関係の規律の範型だが，なぜ追及を切断できるのかというのが，わが国での対第三者関係の規律の範型だと考えることもできる。そこから，ドイツ法では原則として第三者には無因的信頼保護が与えられ，給付者と給付受領者の債権者との債権者平等も実現される。他方で，わが国ではドイツ法とは異なり，給付関係による清算と財貨追及が分裂する可能性を承認すべきであろう。その結果，わが国では法律上の原因の評価をつうじて第三者には具体的信頼保護が与えられ，第三者の法律上の原因は移転した財貨の性質，および，財貨移動の瑕疵に応じて，個別的に評価されることになる。さらには，給付受領者の一般債権者と給付者の債権者平等の原則も，給付者の追及に対して後退する局面もあり得る，というのが本書の考え方である[191]。

II　無償取得者への請求の拡張

以上との関連で，無償転得者に対する給付者の請求についても言及しておくべきであろう。ドイツ民法822条には，AがBに法律上の原因なく給付したものを，善意のBが第三者Cに無償で譲渡した場合には，AはCに対して給付の返還を請求することができるという規定が存在する。さらに，ドイツ民法816条1項第2文は，無権利者Bが権利者Aに対しても有効に目的物を第三者Cに処分したが，B・C間の処分が無償の場合には，AはCに不当利得返還請求が可能だと定めている。後者（816条1項2文）は，例えば，動産の無償の善意取得者Cは，原所有者Aに対する返還義務を免れないという規定である。もちろん，その根拠は有償の権利取得とは異なり，無償取得者は取引の安全と

第5部　対第三者関係　第7章　対第三者関係の全体的構造

は無縁だということである。ここでの叙述で問題になるのは，前者の給付利得
の第三者への拡張だが（無償の善意取得に関しては，第3部第4章Ⅱ5を参照），
先ず明らかにしておくべきなのが，同条はドイツ法では事実上は死文に近いと
評されていることである[192]。というのは，同条の適用の前提は，給付受領者
Bが善意で第三者Cに無償譲渡（贈与）することで，Bの返還義務が利得消滅
（ドイツ民法818条3項）により排除されていることである。したがって，B・C
間の利得移動が無償でも，Bが悪意の場合は利得消滅しないから，Aの請求の
相手方はBに限られ，Cへの追及はできない。Bが無資力，捕捉不可能な場合
も同様である。わが国の学説では，同様に考えているのが，四宮説であ
る[193]。だたし，この規定によれば，Aから非債弁済を受けた善意のBがC
に贈与すれば，Aの請求はCに及び，他方で，Aから財貨を詐取した悪意の
BがCに贈与すれば，Aの請求は却ってBに制限されることは，ドイツ法で
も不都合だとは考えられている。したがって，同条をBが無資力，捕捉不能
な場合にも類推適用すべきだという見解も存在する[194]。ただし，ドイツ法で
は利得債務者を1人に制限することが原則だから，判例・通説は同条の文言を
尊重している。しかし，先にも見たように，わが国の対第三者関係では，給付
者Aは必ずしも契約相手方Bへの請求に制限されず，第三者Cに対しても財
貨追及が可能な場合が存在すると考えるべきであろう。だから，以上のような
ドイツ法の議論とは別に，わが国では無償取得した第三者Cには法律上の原
因がないと考えておけば足りるということになる。さらに，ドイツ法に関して
も，給付者Aの第三者Cへの追及が可能な場合に関しては，Bの一般債権者
GへのAの優先に関しては，問題にされていない。かえって，Aの請求は第
三者Cへの直接請求だから，侵害利得の一環であるという見解も存在す
る[195]。つまり，第三者Cに無因的信頼保護を与えるために，給付利得によっ
て契約当事者間での清算を優先するドイツ法でも，例外的に第三者保護の必要
がない場合には，財貨の追及という側面が顕在化してくるのではないかと考え
る。このように考えると，実定法の規定を欠くわが国では，かえって，無償取
得した第三者Cへの給付者Aの財貨追及を承認することは，決して無理では
ないし，妥当であろう。しかも，判例がA・B間の契約関係が有効な転用物訴
権でも，給付者Aの無償取得者Cに対する直接請求を認めているのであるか
ら，Bの無資力の場合も含めて，A・B間の契約関係が無効の場合には当然に
同様の請求が成立すると解すべきであろう[196]。

第5部（注）

（1）以上のような分業化された社会の中での不当利得法における対第三者関係の位置づけについては，川村泰啓「不当利得における因果関係」柚木馨他編『判例演習・債権法2』（有斐閣・1964年）128頁以下，132頁以下，König (Tatbestände) S.179f. を参照。同様の観点からの複数の契約の連鎖した取引に関する研究として，椿寿夫博士の一連の（共同）研究の成果，(i) 椿寿夫・中舎寛樹編『多角的法律関係の研究』（日本評論社・2012年），(ii) 椿寿夫編著『三角・多角取引と民法法理の深化』（商事法務・2016年），(iii) 中舎寛樹ほか「多角・三角取引と民法」NBL 1080号4頁以下など，中舎寛樹『多数当事者間契約の研究』（日本評論社・2019年）がある。多角的法律関係と不当利得に関しては，(i) 151頁以下の藤原正則「不当利得の清算と多角的法律関係」を参照。

（2）以上のような不当利得が補完する他の法制度の性格による対第三者関係の理解の仕方に関しては，藤原正則「わが国における転用物訴権のあり方」『不当利得法と担保物権法の交錯』（成文堂・1997年）141頁以下，193頁以下を参照。

（3）ドイツ法での不当利得法の対第三者関係に関するわが国での紹介は多数に上るが，その中でも特に，四宮和夫「給付利得の当事者決定基準——三者不当利得の場合」四宮（論集）143頁以下，廣瀬克巨「三角関係における給付利得——ドイツ類型論の一断面（1）（2）」比較法雑誌15巻1号1頁以下，2号1頁以下，和田隆夫「ドイツにおける不当利得法上の給付概念」判タ551号160頁以下，平田健治「ドイツにおける三当事者不当利得論の近時の展開——判例における給付概念の相対化」平田199頁以下が特に詳細である。さらに，瀧久範「三角関係型不当利得における事実上の受領者の保護——『財産移転の対価関係 Valutaverhältnis への効果帰属』の観点から（1）（2）（3）」論叢163巻4号104頁以下，165巻4号117頁以下，166巻1号146頁以下は，給付者の第三者に対する直接請求が排除される根拠（「基礎事情」）の検討という視角からドイツ法の理論を検討したものである。

（4）ここでは，CはAではなくBの給付によって利得しており，Aの損失で利得しているのではない。だから，Cは，「その（給付の）他の方法によって」もAの損失で利得しているわけではない。その結果，ドイツ民法812条1項の文言からも，（何者からであろうと）目的物を給付によって取得した者は，給付者の損失で「その他の方法によって」または給付者以外の者の損失によって利得することはないという「給付関係の優先の原則」を帰結することができる，とされている。Medicus/Lorenz, , S.447.

（5）ドイツ法でも，例えば，行為能力の制限のある場合，詐欺・強迫による意思表示（契約）の取消しの場合は，契約（債務負担行為）のみならず物権行為（処分行為）も無効となる（「瑕疵の同一性〔Fehleridentität〕」）。その結果，給付者は第三者に対して所有物返還請求権の行使が可能となり，給付利得の問題ではなくなる。しかし，この場合には，不当利得ではなく，善意取得（ドイツ民法932条），登記の公信力（ドイツ民法892条）の問題となるから，不当利得で論じられることはない。瑕疵の同一性に関しては，例えば，Fritz Baur/Rolf Stürner, Lehrbuch des Sachenrechts, 16. Aufl., Beck, 1992, S.46, ヴォルフ／ヴェーレンホーファー（大場浩之他訳）『ドイツ物権法』（成文堂・2016年）82頁以下，85頁以下を参照。

第5部　対第三者関係

（6）前掲注（5）Baur/Stürner, S.532f., および，前掲注（5）ヴォルフ／ヴェーレンホーファー133頁を参照。

（7）以上の給付連鎖の具体例【ケース1】および，そこでの説明に関しては，基本的には Larenz/Canaris, S.200f. の記述に依拠している。

（8）善意取得の要件は，動産では善意・無重過失（ドイツ民法932条2項「動産が譲渡人に帰属しないことを，譲受人が知るか，又は重過失で知らなかったときは，譲受人は善意ではない」），不動産では善意（ドイツ民法892条，893条）であり，かつ，動産の善意取得の場合とは異なり，重過失も問題にはならない。例えば，前掲注（5）Baur/Stürner, S.226f. を参照。

（9）以上の短縮された給付の具体例【ケース2】および，そこでの説明に関しても，基本的には Laenz/Canaris, S.201ff. の記述に依拠している。

（10）Medicus, S.479f. を参照。

（11）カナーリスが不当利得の対第三者関係に関してまとまった記述を与えたものとしては，Claus-Wilhelm Canaris, Der Bereicherungsausgleich im Dreipersonenverhältnis, Festschrift für Karl Larenz zum 70. Geburtstag, Beck, 1973, S.799ff.; ders., Der Bereicherungsausgleich im bargeldlosen Zahlungsverkehr, WM 1980, S.357ff., および，Larenz/Canaris, S.197ff. があるが，思考図式も整理されており，かつまとまりもよいので，最後のものから引用する。なお，カナーリスの紹介として，山田（研究）323頁以下，カナーリスの三当事者不当利得に関する理論の全体的な紹介として，平田208頁以下，および，最初にカナーリスの論考を詳細かつ批判的に検討した四宮（論集）171頁以下も参照。

（12）Larenz/Canaris, S.199.

（13）Larenz/Canaris, S.200ff., S.223, S.248.

（14）Larenz/Canaris, S.223ff.

（15）Larenz/Canaris, S.247f.

（16）例えば，Medicus/Lorenz, S.451では，指図が指図人（B）に帰責できないとき，例えば，被指図人（A）である金融機関の二重振込のケースでの A の指図受益者（C）に対する直接請求を非給付利得の一環であるとして，「出捐不当利得（Zuwendungskondition）」とネーミングしている。つまり，A は B に給付する意思を持っていたが，B に帰責できないから，「給付」ではなく，しかも，財貨移動を惹起したのは A だから，「出捐」とでも命名する他ないからであろう。

（17）例えば，Medicus, S.479f. を参照。

（18）上記の「I　ドイツ法での対第三者関係の規律」【ケース3】を参照。

（19）四宮235頁は，第三者のためにする契約で，諾約者 A と要約者 B の間の補償関係に瑕疵があった場合には，A の不当利得返還請求は第三者 C に向けられるべきであると解している。したがって，契約関係自律性の原則からは，A・B 間の給付利得が成立するはずであり，例外と位置づけられている（234頁）。

（20）例えば，不存在の他人 B の債務を委託のない保証人 A が債権者 C に弁済したときは，A の非債弁済の不当利得返還請求の相手方は C のはずだが，C が善意で弁済受領して B に反対給付したが，その返還に向けられた請求権が B の無資力によって無価値となったときは，C は A に対して信頼損害の補償を請求できるとされる（四宮218頁）。その結果，C は契約相手方 B の無資力のリスクを第三者 A に転嫁できる。しかし，A は B に保証債務の給付をしたときと同様に，A・B 間の給付利得に指示される

432

第 5 部（注）

というのが，四宮説の説明である。四宮212頁の注（1）の具体例。

(21) 四宮210頁以下，四宮（論集）166頁以下。196頁以下，229頁以下の要約も参照。

(22) 四宮213頁以下，四宮（論集）200頁以下も参照。

(23) 好美（下）27頁以下，特に，28頁。

(24) 松坂（全集）167頁以下，特に，168頁。

(25) 四宮240頁以下，四宮（論集）227頁以下，232頁。

(26)「第3部 第4章Ⅱ6」を参照。さらに，この問題に関しては，Ernst von Caemmerer, Leistungsrückgewähr bei gutgläubigem Erwerb, Caemmerer, S.295ff., S.306ff. を参照。

(27) そのような思考図式の典型が，例えば，前掲第3部注(70)我妻・有泉220頁，227頁以下，我妻（講義）1012頁以下，および，四宮239頁。ただし，四宮は，Aの処分授権に基づいてBがCにA所有の動産を自己の名前で処分したが，B・C間の売買契約が無効だったときは，Aの所有物返還請求権または侵害利得の請求に対して，CはBに対する抗弁権を対抗できるとする。236頁以下，237頁。しかし，Bの無権限の処分では，AはBに第三者への処分を容認したわけではないから，抗弁の主張はできないと解している。反対に，川村泰啓「返還さるべき利得の範囲（4）」判評65号27頁以下，37頁は，物権変動で有因原則が採用されるか無因原則かとは関係なく，取引の安全に関する法政策的な評価が問題を決定すべきだと指摘している。

(28) 前掲第3部注(70)我妻・有泉220頁。

(29) 四宮85頁の注（5），214頁，四宮（論集）178頁以下，200頁。

(30) 指図ないしは銀行での振込取引に関しては，ドイツ法での議論も含めて，後藤紀一『振込・指図の法理と支払取引』（信山社・1986年）の包括的な研究がある。以下の問題については，特に，9頁以下を参照。さらに，四宮228頁以下，岩原紳作『電子決済と法』（有斐閣・2003年），安達三季生「振込の全体構造（1）〜（4）」法学志林106巻2号1頁以下，3号23頁以下，4号103頁以下，107巻1頁以下。振込に関する歴史的な検討として，隅谷史人『独仏指図の法理論・資金移動取引の基礎理論』（慶應義塾大学出版会・2016年）がある。

(31) Medicus, S.469f. を参照。四宮232頁注（1）も参照。

(32) 四宮228頁以下，四宮（論集）214頁以下。

(33) 四宮231頁以下，四宮（論集）215頁，217頁。

(34) 四宮230頁以下，四宮（論集）216頁以下。

(35) 四宮230頁，231頁，四宮（論集）216頁以下，好美（下）26頁，大久保ほか65頁，潮見353頁，近江80頁，新注民(15)150頁以下［藤原正則］。

(36) 四宮231頁以下，四宮（論集）215頁，217頁，澤井47頁，大久保ほか65頁，平野95頁，潮見353頁，近江80頁，新注民(15)150頁以下［藤原正則］。

(37) ただし，四宮219頁は，この判例を，債務者の委託のある第三者弁済のケースと位置づけ，202頁注（2）は，指図と委託による他人の債務の弁済の区別を検討している。ただし，本文との関係では，いずれにしても結論は同じであろう。

(38) 鈴木771頁，松坂（全集）94頁。

(39) 加藤（体系）491頁以下。A・B間，B・C間の連鎖した有体物の売買の二重欠缺を例示して，金銭の返還請求でも同じだとしている。492頁。

(40) 近江79頁。

(41) 特に，澤井49頁，潮見352頁以下を参照。

(42) 四宮231頁。

433

第5部　対第三者関係

(43) 澤井96頁，新注民(15)151頁［藤原正則］，大久保ほか65頁，潮見352頁以下，353頁。ドイツの学説も二重欠缺の事例では直接請求を認めるか否かで考え方が分かれていたが，現在では直接請求を否定する考え方が通説である。例えば，前掲注(30)後藤171頁以下，Staudinger (2007)，§812, Rn.54ff. [Stephan Lorenz] を参照。

(44) 例えば，平野98頁以下は，本判決を二重欠缺のケースと位置づけた上で，判例はA・C間の直接請求を認めるようだが，Bに利得は存在しており，「被害者救済のための便宜的判決のように思われる」（99頁）と判例を批判している。他方で，近江79頁は，本判決を補償関係の欠缺の事例だと位置づけて，本判決の(a)の説示を肯定的に評価している。

(45) 本判決の原審では，第三者Dに強迫されていたBは，Dに指定されたAの事務所でやくざ風の男数名がいるなかで融資の説明を受け，融資のためにBの父親所有の物件への抵当権の設定を依頼された司法書士が，Bの父親にAなどから融資を受けるとB家が潰れて夜逃げする他なくなるなどと注意したなどの事情が認定されている（民集52巻4号1028頁以下）。その場合は，DA間の共謀を疑う余地があり，Aは自己の送金のBへの効果帰属を主張できないであろう。もっとも，原審は，AのBに対する給付利得を認容している。以上の特段の事情に関しては，考え得る可能性としては，(i) B（指図人）の指図が法的または事実上欠如している場合。例えば，B（指図人）が制限行為能力者の場合，(ii) および，A（被指図人）が二重にC（指図受益者）に送金した場合，(iii) A（被指図人）・D（強迫者）の共謀があった場合などであろうが，小野秀誠「判批」金判1070号54頁以下，藤原正則「判批」民法判例百選Ⅱ（第8版）164頁以下，165頁を参照。

(46) 瀧久範「判批」百選Ⅱ（第9版）146頁以下，146頁以下は，「本判決では，誘引および補償関係に瑕疵があり，かつ，対価関係も存在しなかったので，Yが利得調整に巻き込まれないとした結論に異論はない」とするが，二重欠缺のケースでA・C間の直接請求を「異論なく」肯定するなら疑問だと考える。本判決の評釈は多数だが，以上との関係も含めて，平田285頁以下の本判決の判批も参照。さらに，同判例に関しては，潮見佳男「『第三者への給付』と不当利得 —— 補償関係当事者への効果帰属モデルの一断面(上)(下)」金法1539号24頁以下，1540号26頁以下も参照。

(47) 四宮231頁，四宮（論集）177頁以下，218頁，好美(下)26頁，新注民(15)151頁［藤原正則］。

(48) 好美(下)26頁，前掲注(30)後藤152頁，四宮232頁，四宮（論集）178頁，218頁。

(49) 前掲注(30)後藤150頁以下を参照。

(50) 例えば，König (Gutachten), S.1586，藤原 (Gutachten)436頁を参照。

(51) 以上のような考え方とは別に，三角関係不当利得（対第三者関係）を，対価関係への効果帰属の可否，および，それを構成する基礎事情という観点から問題を検討する瀧説は，指図が有効性を欠く場合（例えば，適時の撤回），被指図人Aの給付は対価関係上の事務処理と考えられるから，対価関係が有効なら第三者弁済の効果が生じて，A・C間の直接請求は遮断されると解している。前掲注(3)瀧(2)125頁以下，(3)155頁。ただし，本書の考え方では，有効な対価関係が指図受益者Cの法律上の原因となるという理解である。

(52) 例えば，前掲注(30)岩原313頁以下を参照。普通預金口座の性質から最判平成8年を支持するのが，森田宏樹「振込取引の法的構造 —— 『誤振込』事例の再検討」中田裕康・道垣内弘人編『金融取引と民法法理』（有斐閣・2000年）123頁以下。

434

第5部（注）

(53) わが国とは異なり公示を重視しないアメリカ法での問題に関して一般的には，松岡久和「アメリカ法における追及の法理と特殊性——違法な金銭混和事例を中心に」林良平先生献呈論文集刊行委員会『現代における物権法と債権法の交錯（林良平先生献呈論文集）』（有斐閣・1998年）357頁以下，イギリス法での非債弁済の不当利得の返還請求の執行上の優先に関しては，橋本伸「イギリス原状回復法における弁済者の優先的保護（1）（2）」北法65巻5号1365頁以下，6号1753頁以下を参照。

(54) 平成15年度判解（刑）112頁以下，132頁［宮崎英一］。

(55) 同判例に関しては，松岡久和「判批」平成20年度重判77頁以下，岩原紳作「判批」百選Ⅱ（第8版）146頁以下，西内康人「判批」百選Ⅱ（第9版）128頁以下を参照。

(56) 柴崎暁「判批」金商1241号49頁以下，53頁，深川裕佳「判批」リマークス52号42頁以下，44頁以下。

(57) ただし，神田秀樹・森田宏樹・神作裕之編『金融法概説』（有斐閣・2016年）204頁以下，208頁［岡本雅弘］は，被仕向銀行が悪意の場合でも一般的には相殺の効力を肯定し，場合によっては権利濫用で相殺は無効となり，振込依頼人は債権者代位権で被仕向銀行に預金の払戻請求をするか，債務名義を得て預金を差し押さえることが可能だが，それに止まると指摘している。

(58) 例えば，菅野佳夫「判批」判タ1152号109頁，佐々木修「判批」銀法21・640号28頁以下，30頁以下。

(59) 例えば，岡本雅弘「誤振込と被仕向銀行の相殺（実務の指針）」金法1746号1746号4頁以下，5頁。

(60) 例えば，中舎寛樹「預金取引における物権と債権の交錯」平野祐之・長坂純・有賀恵美子編『現代民事法の課題（新美育文先生還暦記念）』（信山社・2009年）253頁以下，276頁以下。

(61) 大村敦志『もうひとつの基本民法Ⅱ』（有斐閣・2007年）145頁。

(62) 松岡久和「判批」金法1748号11頁以下，14頁。

(63) 鎌形史子「判批」銀法21・649号32頁以下，36頁以下。

(64) 渡邊博巳「判批」金法1763号40頁以下，46頁。本多正樹「誤振込と被仕向銀行の相殺——名古屋地判平16・4・12に関連して（上）（下）」金法1733号37頁以下，1734号48頁以下，（上）42頁以下の記述も参照。

(65) 藤原正則「判批」金法2049号15頁以下。さらに，ドイツ法との比較での問題の検討は，藤原正則「誤振込による預金債権と被仕向銀行の受取人に対する貸金債権による相殺——特に，ドイツのネット契約論との関係で」大塚龍児先生古稀記念論文集刊行委員会編『民商法の課題と展望（大塚龍児先生古稀記念）』（信山社・2018年）487頁以下。

　　以上との関係で，振込取引，第三者与信売買，フランチャイズ，ジャスト・イン・タイムなど現代的取引をネット契約と整理した上で，契約結合の観点から問題を考察するのがドイツのネット契約論である。そのような理解からは，振込取引という一元的な経済目的を追求するネットの構成員である被仕向銀行による相殺は，結合義務違反と位置づけられることになる。このようなドイツでのネット契約論に関しては，藤原正則「ネットワーク取引——ドイツでのネット契約論」椿寿夫編著『三角・多角取引と民法理論の深化』（商事法務〔別冊 NBL161号〕・2016年）130頁以下，グンター・トイブナー（藤原正則訳）『結合契約としてのネットワーク』（信山社・2016年）を参照。

第 5 部　対第三者関係

(66) 例えば，Larenz/Canaris, S.237ff.

(67) 例えば，Medicus, S.478f.

(68) 四宮206頁以下，四宮（論集）180頁以下。

(69) 大久保ほか66頁以下は，以上に加えて，(オ) 不当利得の可能性まで考慮して契約相手方を決定するという蓋然性は低い。それなら，債権の譲渡制限の意思表示（466条2項，3項）での対応が可能。(カ) 訴訟告知（民訴53条）で対処が可能である。さらに，債権譲渡に関する468条1項は，債務者Aと新債権者Cとの間でA（債務者）・B（旧債権者）間の対価関係について争わせることを前提としている。(キ) 121条の2は，原状回復義務者を「給付を受けた者」としている，などという理由を付加している。その上で，給付受領者（新債権者C）に対する債務者Aの直接請求を否定する積極的な理由は見当たらないとしている。ただし，直接請求を原則として肯定するか否定するかに関わらず，「その基本的な当事者決定基準は貫徹されず，別の原理による修正を受けうる。…多数当事者間の不当利得の問題は，一方の説によって一刀両断に解決されるのではなく，緻密な原理衡量および他の諸事例との比較検討をまって，はじめてその結論が導かれる。」とも指摘している。67頁以下。

(70) 例えば，我妻栄『新訂・債権総論』（岩波書店・1964年）516頁，518頁以下，537頁以下，最判昭和42年10月27日民集21巻8号2161頁を参照。ただし，異議を止めない承諾を禁反言として説明する池田説（池田真朗『債権譲渡の研究（増補2版）』（弘文堂・2004年）416頁以下），債務の処分授権と説明する安達説（安達三季生「指名債権譲渡における債務者の異議を留めない承諾（1）〜（3）」法学志林59巻3・4号，60巻1号，61巻2号，安達三季生『債権総論講義（新訂第3版）』（信山社・1996年）237頁以下があった。

(71) 安達三季生「存在しない債権の譲受人への弁済と所謂る三者不当利得論」森泉章他編『続現代民法学の基本問題』（第一法規・1993年）169頁以下，183頁以下も，債務者が債権の不存在・無効を知らずに譲受人に弁済した場合は，譲受人，および，債務者の追認（事後的な異議なき承諾）によって譲渡人の双方に対して返還請求できるとしている。

(72) このような第三者保護の規定，例えば，94条2項，96条3項，545条1項ただし書などでの第三者の範囲に関しては争いがあるが，94条2項に関しては，新版注民（3）310頁〔稲本洋之助〕を参照。

(73) 四宮227頁。

(74) 判決では，まず，A（債務者）の返還請求の相手方として，譲渡人B（第1説）または譲受人C（第2説）が考えられると指摘して，第2説を支持するとする。その上で，第2説では，善意のCの利得消滅の抗弁を封じるために「保険者に支払義務がないことが判明したときは，保険金を速やかに返還する」という保険金支払時にAC間で合意された特約の有効性を認めている。判時430号37頁以下。

(75) 本判決の調査官解説では，債務者Aの譲受人Cに対する請求を棄却した理由は，「明示はされていないが，信義則ないし条理によって不当利得返還請求を制限すべきものとしたものと思われる」と指摘している。平成6年度判解（民），87頁以下，99頁〔大橋弘〕。その結果，Aは譲渡人Bに対して給付利得の返還を請求することになる。

(76) 我妻栄『債権各論・上巻（民法講義V1）』（岩波書店・1954年）113頁以下，新版注民（13）〔増補版〕696頁以下〔中馬義直・新堂明子〕を参照。

(77) 前掲注（76）我妻123頁。

第5部（注）

(78) 四宮234頁，四宮（論集）220頁以下。
(79) このようなドイツの学説の概観は，例えば，Reuter/Martinek, S.478f. を参照。
(80) 例えば，Larenz/Canaris, S.241; Medicus, S.474.
(81) 例えば，Medicus, S.474f.
(82) Reuter/Martinek, S.480ff.
(83) 四宮235頁以下，四宮（論集）181頁以下，221頁。
(84) 大久保ほか68頁。
(85) 鈴木759頁も同旨。
(86) 前掲注(42)我妻123頁，前掲注(76)新版注民(13)〔増補版〕791頁［中馬義直・新堂明
    子］。
(87) 四宮234頁，四宮（論集）220頁以下，大久保ほか69頁，近江78頁。
(88) 大久保ほか69頁。
(89) 鈴木759頁以下，771頁以下。
(90) 四宮219頁，四宮（論集）204頁，好美（下）26頁，澤井47頁，鈴木762頁，大久保ほか
    69頁，近江80頁。
(91) 例えば，Larenz/Canaris, S.242. さらに，四宮219頁も参照。
(92) 四宮217頁，四宮（論集）203頁，好美（下）26頁，鈴木762頁，近江80頁。
(93) 四宮217頁，四宮（論集）183頁以下，203頁，好美（下）26頁，大久保ほか69頁，近江
    79頁以下。
(94) 四宮216頁以下，218頁，四宮（論集）183頁以下，203頁，
(95) 四宮217頁，四宮（論集）203頁。
(96) 四宮220頁，四宮（論集）206頁，大久保ほか69頁。
(97) 四宮220頁，四宮（論集）206頁の注（1），大久保ほか69頁以下。
(98) 四宮221頁。
(99) 四宮221頁，四宮（論集）206頁，大久保ほか70頁。
(100) 四宮221頁，四宮（論集）206頁，大久保ほか70頁。
(101) 四宮222頁以下，四宮（論集）208頁。
(102) この問題に関しては，渡邊力『求償権の基本構造──統一的求償権制度の展望』
    （関西大学出版会・2006年）193頁以下にドイツの判例・学説の紹介・検討を含めた詳
    細な論考がある。
(103) 例えば，Staudinger (1999), §812 Rn.59ff. [Werner Lorenz]; Münch, 3.Aufl., §812
    Rn.76f. [Manfred Lieb]。
(104) Ernst von Caemmerer, Irrtümliche Zahlung fremder Schulden, Caemmerer, S.336ff.,
    S.348ff.; König (Gutachten) S.1557f., 藤原（Gutachten）423頁以下を参照。
(105) 四宮223頁，四宮（論集）208頁。
(106) 前掲注(102)渡邊212頁は，707条2項による誤想弁済者Aの債務者Cへの請求
    は，同条1項の債権者(B)保護の結果であり，誤想弁済者Aの一般的な選択権は弁済
    者保護を目的とするから，707条の存在がわが国で一般的に選択権を支持する理由に
    はならないと指摘している。これは，一般債権者Gの利益を重視すれば，もっとも
    な考え方であろう。
(107) 具体的な判例は，BGHZ40, 272だが，以上での給付関係の決定に関しては，前掲
    注（3）和田172頁以下，四宮（論集）208頁以下，前掲注（2）藤原176頁以下を参照。
(108) 前掲注（2）藤原175頁以下を参照。

437

第 5 部　対第三者関係

(109)　Larenz/Canaris, S.217ff.

(110)　四宮223頁以下，四宮(論集)208頁以下。

(111)　具体的な判例は，①BGHZ56,228，②BGHZ55,176だが，以上の侵害利得の補充性に関しては，前掲注(3)廣瀬(1)24頁以下，前掲注(2)藤原175頁以下を参照。

(112)　好美(下)27頁以下，特に28頁。

(113)　松坂(全集)167頁以下，特に168頁。

(114)　四宮240頁以下，四宮(論集)227頁以下，232頁。

(115)　以上のようなエンド・ユーザーたる注文者の保護のあり方という視点は，例えば，平成5年判解(民)(下)[大橋弘]895頁以下，903頁，905頁以下にもはっきりと見て取ることができる。

(116)　第三者受益型と自己債務弁済型，二重騙取型との違いに関しては，平田健治「金銭騙取事例における第三者弁済型の位置づけ」平田377頁以下を参照。

(117)　例えば，加藤(体系)654頁，磯村保「騙取金銭による弁済と不当利得」『金融法の課題と展望(石田喜久夫・西原道雄・高木多喜男先生還暦記念論文集)〔下〕』(日本評論社・1990年)251頁以下，275頁以下を参照。

(118)　末川博「貨幣とその所有権」大阪市大経営学雑誌1巻2号53頁以下，川島武宜『所有権法の理論』(岩波書店・1949年)197頁以下。

(119)　我妻栄「債権法(事務管理・不当利得)」末弘厳太郎編集代表『現代法学全集・第34巻』(日本評論社・1930年)37頁「この者の善意無過失なる限り完全な辯済となり法律上の原因を備ふるものと解する」。我妻(全集)46頁以下，48頁「甲が乙から騙取した金銭をそのまま丙の債務の弁済に充てようが，一度銀行に預けようが，両替しようが，混同しようが，とにかく，社會観念上乙の金銭で丙の債務を辨済したのだと認められるだけの事実上の連絡ある場合には，その金銭の所有権の帰属には関係なく，乙の損失と甲の利得との間には因果関係ありといふことになる。」51頁以下「丁が辨済として受領した金銭を本来乙の利益に帰すべきものなることを知らずに受領したときは法律上の原因を持つものと解して然るべきだと思ふ。蓋し金銭の所有権を形式的に問題とするときはそれが法律上騙取者甲の所有に帰した以上甲から丁に交付せられるに當り，これについて即時取得といふことも考える餘地なきに至る筈であるけれども，金銭について實質的に乙に帰すべきものが丁に交付されたと見るときは丁がこの事実を知らざる以上，——即時取得の趣旨に基づき——これを受領するにつき法律上の原因を備へるものと解するのを妥當とするからである。」

(120)　我妻(講義)1022頁以下。

(121)　谷口(研究)230頁以下。

(122)　松坂(利得論)255頁以下，松坂(全集)85頁以下，98頁。

(123)　金銭の所有権に関しては，佐伯仁志・道垣内弘人「寄託された金銭」『刑法と民法の対話』(有斐閣・2001年)1頁以下を参照。

(124)　川村泰啓「所有関係の場で機能する不当利得制度(1)(2)」判評117号99頁以下，105頁以下，判評120号100頁以下，102頁以下。

(125)　清水誠「騙取された金銭をめぐる法律関係——金銭債権研究の一素材として」都立大学法学会雑誌24巻1号69頁以下。

(126)　川村説がBがCのDに対する債務を弁済した場合に直接請求を認めるという考え方は，以下で記述する加藤説の債権者代位権の提案につながるし，清水説のB・C共謀の場合に直接請求を認めるという考え方は，加藤説の詐害行為取消権の提案につ

第 5 部（注）

ながっている，つまり現在的意味を持つと考えることも可能であろう。

(127) 四宮和夫「物権的価値返還請求権について」四宮（論集）97頁以下，112頁以下，四宮201頁の注（1），77頁以下，197頁以下，243頁以下。なお，四宮説は，上記の論文では，有効な帰属割当の変更の合意に基づいて金銭が第三者に移転した場合は，価値のヴィンディカチオの追及も及ばなくなるとしていたが，後に改説して，本文のように考えている。その理由は，(i) 悪意または重過失の第三者は保護に値しないこと，(ii) 有価証券の善意取得の規定（手形16条2項，小切手21条，平成29年改正前商519条）の存在，(iii) 信託受益権の追及力，(iv) 判例（最判昭和49年9月26日民集28巻6号1243頁）の動向によるとしている，四宮78頁の注（1）。

(128) 好美清光「騙取金銭による弁済について――不当利得類型論の視点から」一橋論叢95巻1号12頁以下。

(129) 加藤（体系）654頁以下，663頁以下，加藤（事務）166頁以下，171頁以下。

(130) 前掲注(127)好美26頁以下。潮見387頁以下も参照。

(131) 清水95頁以下，100頁。

(132) (i) 広中406頁は，被騙取者Aの金銭の価値所有権による追及を支持した上で，詐害行為取消権との類似性から，弁済受領者Cが騙取者Bが弁済により無資力となることを知っていたことを要件として，Aが弁済行為を知った時から2年で消滅時効にかかる（426条の類推）という構成を提案している。

　(ii) 鈴木766頁以下は，価値のヴィンディカチオ，詐害行為構成を批判した上で，昭和49年最判を支持して，弁済受領者Cが悪意・重過失の場合の被騙取者Aの不当利得返還請求を指示している。

　(iii) 澤井74頁は，昭和42年最判，昭和49年最判を紹介した上で，騙取者Bに資力がある場合には被騙取者Aの第三者Cに対する請求を認めるべきではない旨を説き，AのCに対する請求を詐害行為取消権の要件を充たす場合に限定することで実現できると指摘する。その上で，Aの責任財産保全とは違った見地，つまり，AC間の公平論からAのCに対する「直接の不当利得返還請求を肯定すべき場合もありうるかもしれない」としている。

　(iv) 内田581頁以下は，詐害行為取消権と価値返還請求権（レイ・ヴィンディカチオ）を比較・検討した上で，詐害行為取消権の構成を支持している（586頁）。

　(v) 近江70頁以下は，損失と受益の間の相当的「因果関係」を前提として，第三者（弁済受領者）Cが悪意・重過失の場合は，受益が社会的相当性を欠くから，被騙取者Aは直接請求が可能だとして，鈴木説を支持している。

　(vi) 平野59頁以下，62頁は，詐害行為取消権（424条の3第1項）の問題と位置づけ，さらに，騙取金と知っての弁済受領を債権侵害の不法行為と考えることも可能と指摘する。さらに，第三者受益型では，清水元説（求償権・原債権への不当利得返還請求）を支持している。

　(vii) 大久保ほか76頁以下は，判例理論，および，物権的価値返還権，詐害行為取消権・債権者代位権，不法行為構成を紹介するに止めている。前掲第3部注(178)『民法6』95頁以下［佐久間毅］も，同様に判例理論と価値所有権説，詐害行為取消権を紹介している。

　さらに，金銭騙取の不当利得に関する学説を包括的に検討したものとして，平田健治「『金銭騙取による弁済と不当利得』覚え書き」平田357頁以下を参照。

(133) 前掲注(132)の学説（内田，平野）を参照。さらに，前掲注(117)磯村269頁は，

439

第 5 部　対第三者関係

価値のヴィンディカチオとの対比で，金銭の回復請求には物権的な保護は相応しくない
から，解釈論としては債権者代位権，詐害行為取消権を説く加藤説を支持したいと
している。

(134)　前掲注(128)好美23頁。

(135)　鈴木767頁の価値のヴィンディカチオ（金銭についての rei vindicatio〔＝所有物返
還請求権〕）の批判も参照。ただし，肯定的な評価である，石田穣『物権法』（信山
社・2008年）72頁以下も参照。

(136)　被騙取者の（直接）請求を類型論の考え方として侵害利得として位置づける，潮
見377頁以下を参照。

(137)　平田健治「『騙取金銭による弁済と不当利得』覚え書き」平田357頁以下も参照。

(138)　四宮(論集)199頁の「注（2）H.Westermann, Sachenrecht, 5. Aufl., 1973 §30Ⅴ参照」
を参照。ただし，四宮説は，英米法の擬制信託（constructive trust），衡平法上の先取
特権（equitable lien）という財貨追及の制度も参照した上での解釈論の提案でもある
（192頁以下）。

(139)　例えば，Dieter Medicus, Ansprüche aufs Geld, JuS1983, S.897ff.

(140)　例えば，König (Tatbestände) S.205f. を参照。「詐欺者および犯罪の共犯者は，取引
の安全の保護という観点を盾にとることはできない。このような者は，『契約相手方』
の無資力のリスクを負担すべきだと犠牲者に反論できない。このような例外的な直接
請求は，第三者は善意とはいえないから，重過失にも拡張することが考慮されるべき
である。このことは，ドイツ民法932条2項〔重過失者は，善意とは見做されないと
いう，動産の善意取得に関する規定〕の評価にも合致するであろう。給付者が契約相
手方との関係で法律上の原因なく給付したことを重過失によって知らなかった者は，
取引の安全を要求することはできない。」(S.206)。

(141)　例えば，加藤(体系)703頁を参照。

(142)　藤原正則「三面関係の不当利得 —— 転用物訴権」内田貴・大村敦志編『民法の争
点』（ジュリ増刊・2007年）264頁以下も参照。

(143)　附帯性訴権ないしは附加的性質の訴権（actio adiecticae qualitatis）に関しては，
例えば，原田慶吉『ローマ法（改訂版）』（有斐閣・1949年）216頁以下を参照。

(144)　ローマ法での転用物訴権に関しては，吉野悟「第4節・ローマ法 —— ローマ法律
家の判断モデルとその社会的合目的性」川島武宜編『法社会学講座9』（岩波書店・
1973年）146頁以下を参照。わかりやすい記述である，齋藤(諸法理)253頁以下も参照。

(145)　ドイツ法に関しては，磯村(論考)114頁以下，加藤(体系)774頁以下。

(146)　フランス法に関しては，関口晃「不当利得法における因果関係」谷口古稀（3）25
頁以下，67頁以下，加藤(体系)740頁以下。転用物訴権を認めた判決として知られる
ブーディエ判決以前と以後のフランス法に関しても，齋藤(諸法理)269頁以下，332頁
以下が決定的な研究である。

(147)　於保不二雄「転用物訴権について」於保不二雄『財産管理権論序説』（有信堂・
1995年（昭和29年版復刻））169頁以下，磯村哲「不当利得・事務管理・転用物訴権の
関連と分化」磯村(論考)111頁以下。

(148)　昭和45年最判以前の下級審裁判例で転用物訴権に関して判断したものとしては，
以下のものがあった。

　　① 東京地判昭和30年10月18日下民集6巻10号2194頁

　　Ｃから建物を賃借してキャバレーを営業していたＢが，請負人Ａに賃借建物の修

440

理・改造を委託し，Aは工事を完成させてBに引き渡した。しかし，Bは請負代金を支払わず営業も廃止した。CB間の賃貸借契約では，「営業の諸経費，公租公課，店内施設及びその改造等は一切Bの負担において支弁し，営業上の損益はすべてBの収支となり，Cは何等営業上の危険を負担せず終始定額の収益を得ることを契約の本体とする」という合意があった。判決は，AのCに対する不当利得返還請求に関しては，Aは請負契約によりBに対して債権を有しており，Aは工事施工によって何等の損失を受けておらず，事実上Bの支払不能（又は債務不履行）により損失が生じているだけであり（工事による価値増加で）Cが利益を受けたために生じたのではないとして，Aの不当利得返還請求を棄却した。

② 東京簡判昭和33年6月30日判時161号22頁

BはCより変電所工事を請け負い，その一部のブロック積み工事をAに委託した。Aは工事を完成させたが，Bから代金の支払いを受けなかったため，工事をBに引き渡さなかった。他方で，Cは残工事を他の請負人Dに注文して完成させた。判決は，AのCに対する不当利得返還請求を認容した。ブロック工事（建築物）は敷地・建物への付合でCが所有権を取得したが，Aは工事をBに引き渡さずブロック工事の所有権を有していたが，Cはブロック建築物がAの所有であることを知った上で，Dに請け負わせてその所有権を取得したからである。

③ 東京地判昭和45年6月15日判時610号62頁

Cはビルの建築工事をBに請け負わせ，Bは工事の一部である鉄骨骨組についてAと請負契約を締結した。Aは工事を完成させたがBが代金を支払わないので引渡しをしなかったが，CはDに請け負わせて工事を完成させた。判決は，AのCに対する不当利得返還請求を認容したが，その理由は，鉄骨工事の所有権はAが有しており，CはビルへのつけでAから無断でA所有の鉄骨工事に手をつけないよう通告を受けたにもかかわらず，Bと清算した上で鉄骨工事の所有権を取得したからである。

(149) 昭和45年最判の後の裁判例が，

④ 福岡高判昭和47年6月15日判時692号52頁（最判昭和45年7月16日民集24巻7号909頁の差戻審）

Bは無資力でAの修理代金債権は全額が無価値であり，修理代金相当額をCは利得しているとされた。ただし，修理後の使用でブルドーザーは減価しているとして，賃貸直前の時価（180万円）＋修理代金（約51万円）＝約231万円が，Bの使用で減額して，CからDへの処分価格170万円で売却されているから，処分価格に含まれた修理代金（51万円）の修理後の価値（231万円）に占める割合で計算し，Bの修理によるCの現存利得は約38万円だとされた。

⑤ 大阪高判昭和52年7月29日判時878号76頁

BはCの被相続人Dから土地を所有権留保で買い受けたが，その際にBは売買代金の完済以前にその土地に宅地造成できるが，Bの責めに帰すべき事由で売買契約が解除されたときは，土地につき生じた利益は無償でDに帰属すると合意されていた。AはBから宅地造成工事を請け負い，請負代金の完済以前に土地を引き渡したが，Bが倒産し，土地がCに引き渡されたので，AはCに対して不当利得返還請求した。Aの請求は棄却されたが，その理由は，B・C間の合意はそのままではAに対抗できないが，AはBの無資力を十分に知悉しながら漫然と工事を続行したから請負代金債権の回収不能の危険を負担すべきであり，その結果A・BはCに対しては同一

441

第5部　対第三者関係

の立場に立つから，B・C間の合意はAに対しても法律上の原因となるというものだった。

⑥　東京地判昭和56年4月8日判時1019号101頁

　店舗の賃借人BはAに店舗の新装工事を請け負わせ，Aは工事を完成させたが，代金未払いなので店舗内の制作物の所有権を留保した。Bは倒産して，賃貸人Cと賃貸借契約を合意解除してAの制作物を引き渡した。その後，Cは新たに店舗の賃貸借契約をDと締結し，Aの工事で付合でCに帰属したものの他に制作物もDに売却して，Dは制作物の所有権を善意取得した。Aの不当利得返還請求は認容されたが，その理由は，Cは本件制作物を付合又は売却により利得したが，利得を保有する特段の事情がなければ，利得は法律上の原因を欠くとされたからである。

⑦　東京地判昭和59年12月27日判時1172号74頁

　BはCから中古ブルドーザーを所有権留保で買い受けて使用していたが，Aにブルドーザーの修理を依頼した。Bは請負代金を支払わず倒産したが，Cはブルドーザーの引渡しを受け，Dに売却していた。そこで，AがCに対して修理代金相当額の不当利得返還請求をした。Aの請求は一部が認容された。その理由は，BがAからブルドーザーを受領した後も使用し続けブルドーザーは減価しているから，C・B間の売却価格380万円＋Aの修理代金180万円＝560万円のうちの，CからDへの処分時の価格150万円×（180万円／560万円＝32％）の割合で算定し，150万円の32％＝48万円が現存利得だとしている。

　以上の最判昭和49年判決の以前と以後の裁判例ではすべて請負人Aの注文者Bではなく第三者Cに対する不当利得返還請求が問題となっており，注文者Bが未払いの請負代金を請負人Aが，Bの賃貸人C，ないしは，Bに所有権留保で目的物を売却した売主Cに請求している。転用物訴権を否定した①ではAのBに対する債権が事実上無価値なだけで，Aの損失とCの利得に因果関係がないとされており，⑤では，B・C間の合意はそのままではAに対抗できないが，AはBの無資力を十分に知悉しながら漫然と工事を続行したから請負代金債権の回収不能の危険を負担すべきであり，その結果A・BはCに対しては同一の立場に立つとされている。以上は，請負契約の目的物に対する請負人Aの所有権の取得が問題にはならないケースだった。他方で，②③⑥では，Aが制作物の所有権を留保していたことが，AのCに対する請求が認容される根拠となっている。つまり，Aの契約上の給付が契約相手方Bだけではなく，契約外の第三者Cの利益となったときでも，物権的な追及が可能か否かで結論が変わっていることになる。

　ところが，本書では，侵害利得の事例として取り上げた最判平成5年10月19日民集47巻8号5061頁は，工事が完成建物（不動産）には至っていない出来形部分の所有権は下請人Aに帰属している事案であるが，下請人Aは元請人Bの履行補助者的立場に立つから，元請人Bと違った権利関係を主張できるものではないという理由で，Aの請求が退けられている。つまり，物権的な建築物の帰属は，②③⑥と同じだが，Aが下請人であるという理由で，中間者である元請人Bと注文者Aとの対価的関係をCに対する法律上の原因としていることになる。

(150)（i）我妻（講義）1040頁以下。昭和45年最判に対して，「Bの倒産をAB間の修理契約が無効な場合と同視することにもなるが，修理による価値の増加の割合，Bの注文と倒産（その間約二ヶ月），Cの引き揚げ（倒産直後）と処分（引き揚げ後約三ヶ月）の間隔の短いことなど諸般の事情を考慮したものとして是認することができる（修理

第5部（注）

という事実が，一面Aの損失，他面Cの利得を生じたことも強調されている）。」（引
用中，本文での記述にあわせてAとCを反対の表記とした）とする。

　　(ii) 谷口(研究)223頁の「外見上は丙が利得者であるが實質的には乙が利得者である
如き關係が丙乙間に存する場合に於ける損失者甲より乙に對する不當利得の返還請求の
訴，即ちヘーデマンのいう Bereicherung durch Strohmänner［藁人形を通じての利得］
或はいわゆる Versionsklage［転用物訴權］に相當する判例事案は餘り見當らない。併
し次の判例事案はその適例の一つと謂へよう。」（［　］内は筆者が補充した）という
記述，および，234頁以下は漠たる記述だが転用物訴権を認めていると考えられる。

　　(iii) 松坂(利得論)253頁。転用物訴権を一般的に認めることはできないとしながら，
農地の小作人(B)への肥料供給者(A)の土地所有者(C)に対する直接請求を肯定すべき
ものとしている（これは，転用物訴権を肯定したフランスの判決として著名ないわゆ
るブーディエ判決の事例である）。さらに，松坂(全集)94頁は，昭和45年最判を肯定
的に引証している。

(151) 加藤(体系)704頁以下，加藤(事務)214頁以下，広中406頁，好美(下)28頁以下，
　　前掲注(146)関口晃83頁以下など。

(152) 広中402頁以下，前掲注(146)関口35頁など。

(153) 三宅正男「事務管理者の行為の本人に対する効力」谷口還暦（3）338頁以下，新
　　版注民(18)294頁以下，302頁以下［三宅正男］。

(154) 加藤(体系)713頁以下，加藤(事務)217頁以下。

(155) 我妻(講義)1041頁。

(156) 判時692号55頁，56頁。

(157) 鈴木禄弥『債権法講義』（創文社・1980年）462頁以下，464頁。以上の鈴木説の
　　考え方は，鈴木768頁以下でも同じである。

(158) 好美(下)28頁以下。

(159) 四宮242頁以下，四宮(論集)193頁以下，228頁以下。

(160) 広中405頁以下。

(161) 北川善太郎『債権各論』（有斐閣・1993年）215頁は，Cには法律上の原因があ
　　り，B・C間の財貨移動が無償でも，転用物訴権を認めれば，AがB・C間の契約関
　　係に介入して，Cに有償取得させた結果となり不当だとする。北川善太郎『債権各論
　　（第3版）』（有斐閣・2003年）227頁以下も同じ。

(162) 学説上は，平成7年最判は昭和45年最判の実質的変更だと評価するものが多い。
　　例えば，加藤(大系)114頁は，昭和45年判決をB・C間の利得移動が無償の場合に限
　　定したものだと指摘している。松岡久和「判批」百選（第8版）160頁以下，161頁，
　　平田188頁（「判批」185頁以下），大久保ほか72頁，近江76頁，平野71頁など。藤原
　　(前版)383頁も参照。ただし，例外として，油納健一「判批」百選Ⅱ（第9版）142頁
　　以下，143頁は判例変更ではないとする立場（以下の田中豊調査官の判解）に左袒し
　　ている。

　　　ただし，実務では，判例変更ではないとする考え方が優勢のようである。平成7年
　　度判解(民)(下)900頁以下，913頁以下［田中豊］は，(i) 昭和45年最判は，Aの損失
　　とCの利得の間に因果関係がないとしてAの請求を棄却した原審を破棄して，直接
　　の因果関係があるとしているにすぎない。他方で，平成7年最判は，B・C間の利得
　　移動が無償の場合に限って転用物訴権を肯定したものであり，両者は抵触しない。
　　(ii) 昭和45年最判の，修理費用をBが負担する特約があっても，AのCに対する請求

443

第5部　対第三者関係

の妨げにはならない，という判示部分は，そのことで直ちにＣに法律上の原因がある
わけではないという趣旨であり，転用物訴権を即座に肯定したものではない。(iii) 昭
和45年最判が，Ｂ・Ｃ間で修理費用Ｂ負担の特約があるときまで転用物訴権を肯定し
たという理解は妥当ではなく，この特約は差戻審で始めて事実認定されたとしてい
る。さらに，例えば，田中秀幸「転用物訴権」伊藤滋夫編『民事要件事実講座４』
（青林書院・2007年）168頁以下，174頁も参照。

(163) ただし，平成７年最判の理由づけは，加藤説とは同じではなく，例えば，Ｂ・Ｃ
間にＢの反対債権があるときでも，Ｂの一般債権者Ｇの利益を損なうから転用物訴
権を認めないとしているのではなく，その場合には，債権者代位権に問題解決を委ね
る趣旨だと指摘する，平成７年度判解（民）（下）912頁以下［田中豊］も参照。

(164) 例えば，近江75頁，大久保ほか70頁以下，74頁以下，前掲注(162)松岡160頁。平
野69頁は，限定承認説を支持するとしている。

(165) 内田589頁以下，592頁以下。

(166) 磯村保「判批」平成７年度重判70頁。

(167) 前掲注(162)油納143頁。村田大樹「転用物訴権と財貨秩序 —— 類型論の下での受
容可能性」深谷格・西内祐介編著『大改正時代の民法学』（成文堂・2017年）501頁以
下。さらに，転用物訴権に対して全体として懐疑的な，川角496頁注（８）も参照。

(168) 平野64頁以下，68頁以下。

(169) 澤井77頁以下，79頁。

(170) ここで，安達三季生「試論 先取り特権の概念による『価値のレイ・ビンディカ
チオ，騙取金銭による弁済，預金の帰属者，転用物訴権および直接訴権など』の構成
（１）（２）」志林110巻３号149頁以下，４号217頁以下について言及してくべきであろ
う。同論文は，相手方に信用供与するという意思がない場合，および，具体的に先取
特権の成立が認められる場合に，相手方の財産に混入した自己の財産が一定の特定性
を保っている限りで，価値追及が可能であり，それには債権に対する先取特権の行使
が認められるという構想を具体化したものである。先取特権制度の抽象化による価値
追及の一般原理の探求という壮大な試みである。

(171) 藤原(Schäfer)518頁。詳しくは，Schäfer, S.2654f. を参照。

(172) Berthold Kupisch, Die Versionsklage, Ihre Entwicklung von der gemeinrechtlichen Theorie
des 17. Jahrhunderts bis zum Österreichischen Allgemeninen Bürgerlichen Gesetzbuch, Win-
ter, 1965を参照。その要約である，前掲注（２）藤原214頁以下の注(17)を参照。

(173) トゥールの転用物訴権論に関しては，前掲注(153)三宅・谷口還暦（３）356頁以
下，および，平田健治「フォン・トゥールの『転用物訴権論』について」平田75頁以
下の詳細な紹介と検討を参照。

(174) Schäfer, S.2657, 藤原(Schäfer)518頁を参照。

(175) 前掲注（２）藤原37頁の注(40)のドイツ民法理由書（Motive）の該当部分の翻訳を
参照。

(176) König (Gutachten) S.1583, 藤原(Gutachten)434頁以下を参照。

(177) だから，例えば，加藤(体系)491頁以下は，二重欠缺の事例ではＡのＣに対する
直接請求を肯定している。

(178) 前掲注(148)(149)の裁判例を参照。

(179) 以上に関しては，藤原正則「多当事者関係における不当利得法の一考察 —— 注文
者が動産所有者ではない場合の請負人の法的地位」および「わが国における『転用物

訴権』のあり方」前掲注（2）藤原1頁以下，141頁以下を参照。

　　　さらに，ここでの費用償還請求権に関しては，山田幸二「ドイツ民法典における不適法占有者の費用償還請求権について」商論37巻3号1頁以下，清水元「費用償還請求権に関する基礎的考察──三者関係を中心として（1）（2）」民商97巻6号757頁以下，98巻1号49頁以下，平田健治「ドイツ法における請負人修理事例が日本法に与える示唆・その評価」平田143頁以下も参照。

（180）ただし，例えば，Caemmerer, Bereicherung, S.247f. には，転用物訴権（Versions-anspruch）を論じた部分で，契約相手方だけに請求せよとの原則は，債権者が自己の占有した物に給付を使用した場合は，正当な制限を受ける。これは，占有した物を担保とみなし，しかも，契約相手方だけでなく，所有者が第三者のときでも，第三者に対しても主張できるという至極当然の考え方（natürliche Anschauung）であると指摘する。その上で，請負人の法的質権（ドイツ民法647条）の善意取得，および，費用償還請求権による契約外の第三者への請求を例示し，一種の転用物訴権だと指摘している。

（181）藤原正則「建築請負人の債権担保に関する考察──スイス法，ドイツ法を手掛かりに，転用物（verso in rem）の視角から」前掲注（2）藤原203頁以下。ドイツ民法648a条に関しては，田村耕一「ドイツにおける建築請負債権担保に関する動向と一考察」熊本法学109号1頁以下も参照。

（182）中島玉吉『民法釈義巻之二物権法下』（金刺芳流堂・1916年）704頁は，321条1項（現行法では，320条）の文言は「其の動産の上に」（現行法では，「その動産について」）だから，債務者以外の第三者の所有物にも成立すると解するが，通説・判例の考え方ではない。新注民（6）292頁［今尾真］を参照。

（183）担保法秩序との関係で法の欠缺を示唆し，転用物訴権の成立の可能性を検討する，前掲注（162）松岡160頁以下も参照。

（184）好美清光「判批」リマークス14号56頁以下，59頁。「本件事案は，Y（C）の不当利得を全面的に否定するほどの対価関係がありといえるか，疑問がある。A（B）はY（C）にひっかけられた，との感もしなくはない。」と指摘している。（引用部分を括弧（　）内で本文の表記に合わせた）。さらに，AのCに対する直接請求が，中間者B（A）の一般債権者Gを害するという学説の評価に対しても，「X（A）の出費による価値増加分（だけ）をX（A）が優先的に返還請求しうるものとするのは，動産保存（民320条）や不動産の保存・工事（民326条・327条）の先取特権の精神の延長線上にある。むしろ，逆に，その価値増加に何ら寄与していない一般債権者が──破産手続等によることなく──これに割り込むことこそ問題ではなかろうか。」と指摘している。本書の考え方では，問題の実質として好美説の指摘は妥当だが，無償の利得以外では，それを不当利得構成ではなく，例えば，中間者（B）と利得者（A）の事務処理関係に注目する可能性もあると考える（後述）。

（185）内田592頁。

（186）平成7年度判解（民）（下）915頁以下［田中豊］。

（187）平成7年最判以後の裁判例として，広島地三次支判平成11年11月26日判タ1015号281頁がある。AはBとの請負契約に基づき敷地造成，建物建築の工事を完成させたが，Bは請負代金を支払わず，工事対象の不動産をC₁（学校法人），C₂（社会福祉法人）に贈与した上で，破産宣告を受けた。そこで，AはC₁，C₂に対して不当利得返還請求したというケースである。判決は，「利得に『法律上の原因』があるか否か

第5部　対第三者関係

は，その法律関係（契約関係）の性質，目的，社会的類型に従い，利得に社会的相当
性ないし合理性があるのか否かという観点から判断すべきとするのが」平成7年最判
の趣旨とした上で，社会福祉法人の社会的目的から営利目的を有しない第三者に関し
ては，経済的な対価関係を必要とはしないとして，Aの請求を退けている。つまり，
平成7年最判の対価関係を，第三者Cが社会福祉法人である場合には，無償行為でも
足りるとして，制限解釈していることになる。

　　　以上の判決に対しては，加藤雅信「判批」判タ1068号100頁以下の批判的な検討が
ある。加藤評釈の指摘するように（101頁），本件は「建築詐欺」に類するような事案
であると考える。前掲注(162)田中秀幸「Y₁(C₁)及びY₂(C₂)において当該寄付ない
し贈与がされる契機・原因となる出捐ないし負担があったというのであれば，転用物
訴権の成立を否定することになるが，そうでなければ，転用物訴権の成立を肯定する
余地もあったのではないかと考えられる」(180頁) というコメントも参照。同判決の
考え方の遠因となっているのは，平成7年最判が，「B・C間の関係全体からみて有
償」という基準を採用したことであろう。

(188) A・B間で合意した修理代金は客観的価値から乖離した主観的価値だから，費用
　　償還請求権に準じて，必要費，有益費という客観的基準で利得を算定すべきだと指摘
　　する，清水129頁以下も参照。ただし，清水説は，転用物訴権を占有者の費用償還請
　　求権（196条）の延長線上で考えている（130頁以下）。

(189) 東京地判昭和59年12月27日判時1172号74頁。前掲注(149)を参照。

(190) 例えば，加藤説では，金銭騙取の不当利得で，(ⅰ)価値のヴィンディカチオとい
　　う財貨追及と(ⅱ)債権者代位権，詐害行為取消権という契約上の清算の延長が，転用
　　物訴権でも(ⅰ)制限肯定説と(ⅱ)事務管理構成が併存していることは，本書の考え方
　　からは，その象徴的な現象だと考える。他方で，金銭騙取で，債権者代位権，詐害行
　　為取消権を，転用物訴権では不当利得としては否定説を支持し，代弁済請求権（650
　　条2項）を中心に問題解決を提案する内田説は，契約関係内に財貨追及を制限すると
　　いう指向性を有していると考えられる。

(191) このような本書の考え方の基礎となっている，前掲注(2)藤原に対しては，平田
　　健治「書評・藤原正則著・不当利得法と担保物権法の交錯（平成9年・成文堂）」民
　　商117巻2号332頁以下の批判的な検討がある。平田書評は，給付関係が存在するとき
　　は，原則は切断であり追及は例外であるとし，例えば，金銭騙取の不当利得はあくま
　　で契約関係自律性の原則の例外であるとされている。今ひとつ，前掲第1部注(2)川
　　角533頁以下，および，川角497頁以下も参照。以上との関係で，吉田邦彦「藤原正則
　　『不当利得法と担保物権法の交錯』」ジュリ1110号18頁以下の書評も参照。

(192) König (Gutachten), S.1584, 藤原(Gutachten)437頁以下を参照。

(193) 四宮121頁以下，特に，122頁の注(1)。

(194) 例えば，Larenz/Canaris, S.195f.; Dieter Medicus, Schuldrecht Ⅱ, 12.Aufl., Beck,
　　S.334; Koppensteiner/Kramer, S.23など。ただし，ドイツ法ではあくまで給付受領者に
　　代えて，第三者に補充的責任を負わせようというのであり，両者の責任の並存を認め
　　るわけではない（四宮説にいう「身代わり関係」）。立法論としても，König(Gutachten)
　　S.1585も，並存的な返還義務を認めるのは現行法と隔たりすぎているという理由で，
　　立法提案としても補充的責任を提案している。藤原(Gutachten)438頁も参照。

(195) 例えば，Larenz/Canaris, S.195。ただし，Koppensteiner/Kramer, S.23は，同条の理
　　論的な整理はほとんど実際的な意味はないとしている。

(196) 同旨が，大久保ほか75頁以下。

第6部　不当利得の消滅時効

◆ 第1章 ◆　不当利得返還請求権の消滅時効

I　不当利得の消滅時効の期間

　一般的な不当利得返還請求権に関しては，時効期間に関する特別な規定は存在しない。したがって，不当利得の消滅時効の期間には，一般的な債権の消滅時効に関する規定（166条1項）が適用される。判例（大判大正15年3月3日新聞2599号14頁，最判昭和55年1月24日民集34巻1号61頁）は，不当利得返還請求権にも債権の消滅時効（改正前167条1項〔10年〕）が適用されるとしている。2017年の債権法改正後は，債権の消滅時効の期間は，(i) 債権者が権利行使の可能なことを知った時から5年（166条1項1号），(ii) 権利行使が可能な時から10年（同2号）とされた。

II　給付利得に関して

　債権法改正前は，幾つかの短期時効の規定（改正前170条，171条〔3年〕，172条，173条〔2年〕，174条〔1年〕）が存在した。そこで，不当利得は他の法制度を補完するものであるから，不当利得返還請求権（給付不当利得）もその基礎となる債権の短期時効に服するのが妥当だという考え方があった[1][2]。同様に，商事時効（改正前の商法522条〔5年〕）が，商事債権に関する不当利得返還請求権には適用されるべきであるとも説かれていた。ただし，判例（大判昭和10年10月29日新聞3909号15頁，最判昭和55年1月24日民集34巻1号61頁，最判平成3年4月26日判時1389号145頁）は民事時効（改正前167条1項〔10年〕）を適用し

447

第 6 部　不当利得の消滅時効　第 1 章　不当利得返還請求権の消滅時効

ていた[3]。しかし，債権法改正で短期時効および商事時効は廃止され，166条の時効期間に一元化されたから，以上の問題は解消されたことになる。

　ただし，現在も問題として残っているのが，取消権（126条）の消滅時効期間との関係である。つまり，契約が無効ならそれを知った時から 5 年，知らなかったときは，給付時（不当利得返還請求権の発生時）から10年の消滅時効期間が適用される。ところが，他方で，取消権を行使したときは，取消権の消滅時効期間（ 5 年または20年）から 5 年（166条 1 項 1 号）の不当利得返還請求権の時効期間が進行するのか，取消権の時効期間に制限されるのかという問題である。判例（大判昭和12年 5 月28日民集16巻903頁）は，取消権の行使から不当利得の返還請求権の消滅時効期間（改正前167条 1 項〔10年〕）が進行すると解している。さらに，判例（最判昭和55年 1 月24日民集34巻 1 号61頁）は解除権の行使に関しても同様に解している。他方で，学説には給付利得の返還請求権も取消権の消滅時効期間に服すべきだと解するものが多い[4]。ただし，この問題も，取消権を行使した後は，給付利得の返還請求権も 5 年（166条 1 項 1 号）で時効消滅するから，問題のシリアスさは減殺されている。法律関係の早期の決済の要請を重要視するならともかく，契約の取り消しによって権利状態は確認されていたと考えて，判例の考え方を支持したい。

Ⅲ　侵害利得に関して

　不法行為による損害買収請求権には， 3 年の短期の時効期間が規定されている（724条 1 号）。しかし，給付利得には短期消滅時効の期間を適用すべきだと説いていた四宮説も，侵害利得に関しては，不法行為の 3 年の短期時効（改正前724条前段，改正後〔現行〕724条 1 号）を適用しようとは考えていない[5]。特に，不法行為によって加害者が利益を取得したときは， 3 年の時効が完成しても，不当利得返還請求が可能であることの意味は大きい。したがって，166条 1 項の時効期間が適用されると解することに問題はないと考える[6]。

IV 支出利得に関して

1 求償利得

例えば，本人の意思に反して保証人となった者が，保証債務を弁済したときは，主たる債務者は現存利得の返還義務を負うにとどまる（462条2項）。つまり，保証人からの求償の請求時に，原債権の消滅時効が完成していたときは，債権の時効消滅を本人は利得消滅として主張できる。これは，押しつけ利得の防止の要請である。だから，求償利得では，消滅時効の問題は，利得消滅の抗弁ないしは現存利得の考え方で解決されていると考える[7]。

2 費用利得

費用償還請求権に関しては，個別の法律関係についての規定が存在する。例えば，608条は賃借人の賃貸人に対する費用償還請求権を規定している。その中で，同条1項の必要費の償還請求権は，賃借人の事務管理による費用償還請求権だが，同条2項の有益費の償還請求権は費用利得の規定である[8]。ただし，いずれの請求も賃貸人が賃借物の返還を受けた時から1年以内に請求する必要がある（622条，600条）。他方で，占有者の費用償還請求権（196条）に関しては，「占有者が占有物を返還する場合は」請求できるのだから，占有物の返還時から5年の消滅時効（166条1項1号）にかかると考えられる。それ以外の規定（299条〔留置権者〕，319条〔抵当不動産の第三取得者〕など）に関しても同様であろう。

449

第6部　不当利得の消滅時効　第2章　消滅時効の起算点

◆ 第2章 ◆　消滅時効の起算点

　消滅時効の起算点は，不当利得返還請求権の発生時である（大判昭和12年9月17日民集16巻1435頁）。ただし，現在は消滅時効で客観的起算点と主観的起算点が区別されているから，これは消滅時効の客観的起算点に関する判例だということになる[9]。ただし，例えば，利息制限法違反の制限超過利息の返還請求に関しては，過払金充当合意を含む基本契約に基づく金銭消費貸借取引では，取引継続中は過払金充当合意が権利行使の法律上の障害となるから，特段の事情がない限り，取引終了時が客観的起算点となるという判例（最判平成21年1月22日民集63巻1号247頁）がある。

　主観的起算点に関して，どのような場合に利得債権者が知っていたと解されるのかは，これからの判例・学説の課題であろう[10]。

450

第6部（注）

（1）例えば，四宮97頁を参照。

（2）ドイツでの債権法改正に関する鑑定意見でも，König(Gutachten)は，給付利得，侵害利得，支出利得の各々に関して，その補完する契約，不法行為，事務管理という法制度に則して，異なった時効期間に服させるという提案を行っていた。ただし，将来的に時効法の改正に符節を合わせて，今一度考え直されるべきだと指摘していた（「付録」の法律案を参照）。König (Gutachten), S.1549, S,1564, S.1577, 藤原(Gutachten) 412頁，420頁，428頁を参照。

ドイツでの時効法の改正も視野に入れた，不当利得法の消滅時効に関する議論の紹介・検討，および，わが国での判例・学説の批判的な検討が，大木康「不当利得返還請求権の消滅時効」大木康『時効理論の再構築』（成文堂・2000年）137頁以下である。

（3）ただし，最判昭和55年1月24日民集34巻1号61頁は，利息制限法違反の制限超過利息に関するものであり，債権の民事的な色彩が商事時効の制度趣旨を上回ったケースであるとも指摘されていた。さらに，支払われた損害保険金の不当利得返還請求に対して，改正前商法522条の商事時効を適用する裁判例もあった。例えば，大阪地判昭和63年8月26日判時1314号123頁。ただし，この昭和63年大阪地判を批判して，民事時効の適用を説くものとして，松久三四彦「判批」松久三四彦『時効判例の研究』（信山社・2015年）405頁以下も参照。

（4）例えば，四宮97頁。この問題に関しては，新版注民（4）535頁以下〔奥田昌道・金山直樹〕を参照。

（5）四宮和夫『請求権競合論』（一粒社・1978年）189頁。

（6）ここで，ドイツ民法852条，853条に言及しておくべきであろう。不当利得返還請求権は，ドイツ民法195条（通常の消滅時効の期間〔3年〕），199条（通常の消滅時効期間の進行，最長期間〔10年または30年〕）の通常の消滅時効にかかる，その例外が，852条，853条である。852条は，「賠償義務者が，不法行為によって被害者の損失で何かを取得したときは，不法行為により発生した損害賠償請求権の時効が完成した後も，不当利得の返還に関する規定により義務を負う。この請求権は，侵害行為の実行又はそれ以外の損害を惹起する事件から30年以内に成立したこととは無関係に，その発生から10年で時効消滅する。」，853条は「自身の不法行為によって被害者に対する債権を取得した者に対しては，債権の廃棄を求める請求権が時効消滅したときも，被害者は債務の履行を拒絶できる。」と規定して，不法行為による加害者の利得を防止している。

（7）「第4部 支出利得 第2章 求償利得 Ⅳ 求償利得の効果」を参照。

（8）「第4部 支出利得 第2章 求償利得 Ⅰ 求償利得と費用利得との違い」を参照。

（9）四宮99頁は，これを (ｱ) 利得債権者は不当利得返還請求権が発生したら，何時でも請求が可能，(ｲ) 除斥期間の定めがない不当利得で，権利の発生を知った時から起算するのでは，消滅時効が完成しなくなるという理由で根拠づけていたが，同時に，権利発生の事実を知らないのに時効期間が進行するのは不公平な結果が発生する可能性があるとして，立法論としては不法行為に関する改正前724条のような規定を設けることが望ましいとも指摘していた。さらに，谷口（研究）592頁以下も参照。この立

451

第 6 部　不当利得の消滅時効

　　法論は，債権法改正で実現されたと考えられる。

（10）不法行為に関する724条の解釈が参考になると指摘するのが，大久保ほか48頁。

付　録

目　次

1　明治23年公布民法
　　〔旧民法〕財産取得編 (*453*)
2　フランス民法
　　〔2016年改正前〕(*455*)
3　フランス民法
　　〔2016年改正後〕(*457*)
4　スイス旧債務法 (*460*)
5　スイス債務法 (*461*)
6　オーストリア民法 (*463*)
7　プロイセン一般ラント法 (*466*)
8　バイエルン王国一般民法草案
　　(1801年/1809年) (*474*)

9　ヘッセン大公国民法草案
　　(1842年/1853年) (*476*)
10　バイエルン王国民法草案
　　(1861年/1864年) (*482*)
11　ザクセン王国民法 (*490*)
12　ドレスデン草案 (*496*)
13　ドイツ民法準備草案 (*503*)
14　ドイツ民法第1草案 (*509*)
15　ドイツ民法第2草案 (*513*)
16　現行ドイツ民法 (*515*)
17　ケーニッヒの法律案 (*519*)
18　共通参照枠案〔DCFR〕(*522*)

*　　　*　　　*

1　**明治23年公布民法〔旧民法〕財産取得編** （編集代表我妻栄『旧法令集』（有斐閣・1968年，平成11年初版13刷）所収。ただし，各条の見出しは筆者が付した。）

第295条【債務の発生原因】
　義務ハ左ノ諸件ヨリ生ス
　第一　合意
　第二　不当ノ利得
　第三　不正ノ損害
　第四　法律ノ規定
第361条【不当の利得の発生する場合】
　① 何人ニテモ有意ト無意ト又錯誤ト故意トヲ問ハス正当ノ原因ナクシテ他人ノ財産ニ付キ利ヲ得タル者ハ其不当ノ利得ノ取戻ヲ受ク
　② 此ノ規定ハ下ノ区別ニ従ヒ主トシテ左ノ諸件ニ之ヲ適用ス
　第一　他人ノ事務ノ管理
　第二　負担ナクシテ弁済シタル物及ヒ虚妄若クハ不法ノ原因ノ為メ又ハ成就セス若クハ消滅シタル原因ノ為メニ供与シタル物ノ領受
　第三　遺贈其他遺言ノ負担ヲ付シタル相続ノ受諾

453

付　録

　　第四　他人ノ物ノ添付ヨリ又ハ他人ノ労務ヨリ生スル所有物ノ増加
　　第五　他人ノ物ノ占有者カ不法ニ収取シタル果実，産出物其他ノ利益及ヒ之ニ反
　　　　シテ占有者カ其占有物ニ加ヘタル改良但第一九四条乃至一九八条ニ規定シタ
　　　　ル区別ニ従フ

第362条【事務管理による不在者等の財産管理】

① 不在者其他ノ人ノ財産ニ患害アリト見ユルトキ合意上，法律上又ハ裁判上ノ委
　任ナク好意ヲ以テ其事務ヲ管理スル者ハ本主ノノ財産ヨリ収メタル利益ヲ返還
　シ且其管理ノ際自己ノ名ニテ取得シタル権利及ヒ訴権ヲ本主ニ移転スル責アリ

② 右管理者ハ本主又ハ其相続人カ自ラ管理ヲ為シ得ルニ至ルマテ其管理ヲ継続ス
　ル責アリ

③ 又右管理者ハ過失又ハ懈怠ニ因リテ本主ニ加ヘタル損害ノ責ニ任ス但管理者カ
　其管理ニ任スルニ至レル事情ヲ斟酌スルコト要ス

第363条【管理者の費用償還請求権】

① 本主ハ管理者カ管理ノ為ニ出シタル必要又ハ有益ナル費用ヲ賠償シ及ヒ管理者
　カ其管理ノ為ニ自身ニ負担シタル義務ヲ免レシメ又ハ其担保ヲ為スコトヲ要ス

② 若シ本主ノ意思ニ反シ管理ヲ為シタルトキハ管理者ハ出訴ノ日ニ於テ存在スル
　費用又ハ約務ノ有益ノ限度ニ非サレハ賠償ヲ受クルコトヲ得ス

第364条〔非債弁済による不当利得〕

　債権者ニ非スシテ弁済ヲ受ケタル者ハ其善意ト悪意ト又弁済者ノ錯誤ト故意ト
ヲ問ハス訴ヲ受ケタル日ニ於テ現ニ己レヲ利シタルモノノ取戻ヲ受ク

第365条【他人の債務の誤想弁済】

① 弁済ヲ受ケタル者カ債権者ナルモ債務者ニ非サル者ヨリ之ヲ受ケタルトキハ弁済
　者カ錯誤ニテ弁済ヲ為シタルトキニ非サレハ取戻ヲ許サス

② 債権者カ弁済ヲ受ケタル為ニ善意ニテ債権証書ヲ毀滅セシトキモ亦其取戻ヲ許
　サス

③ 右二箇ノ場合ニ於テ弁済者カ事務管理ノ訴権ニ依リ又ハ代位弁済ノ規則ニ依リ
　真ノ債務者ニ対シテ有スル求償権ヲ妨ケス

第366条【本旨弁済ではない弁済・期限前の弁済】

① 真ノ債務者ヨリ真ノ債権者ニ弁済ヲ為シタル場合ニ在テハ債務者カ其負担シタ
　ル物ニ異ナル性質ノ物又ハ自己ニ属セサル物ヲ錯誤ニ因リ弁済トシテ与ヘタル
　トキニ非サレハ其取戻ヲ許サス

② 或ハ期限ニ先タチテ弁済ヲ為シ或ハ弁済ヲ実行ス可キ場所外ニ於テ弁済ヲ為シ
　或ハ諾約シタル物ニ異ナル品質，品格若クハ価格ノ物ヲ以テ弁済ヲ為シタルト
　キモ亦其取戻ヲ許サス但当事者ノ一方ノ錯誤ニ出テタルトキハ其一方ハ為メニ
　受ケタル損失ヲ他ノ一方ノ得タル利益ノ割合ニ応シテ賠償セシムルコトヲ妨ケ
　ス

第367条【不法原因給付】

① 第三六一条第二号ニ掲ケタル供与ニシテ弁済ノ性質ヲ有セサルモノニモ亦第三

付　録

六四条ノ規定ヲ適用ス

② 然レトモ不法ノ原因ノ為メ供与シタル物又ハ有価物ハ其原因カ之ヲ供与シタル者ノ方ニ於テ不法ナルトキハ其取戻ヲ許サス

第368条【悪意の利得者の返還義務】

第三六一条第二号ニ掲ケタル供与ヲ悪意ニテ領受シタル者ハ訴ヲ受ケタル日ニ於テ其不当ニ己レヲ利シタルモノノ他尚ホ左ノ物ヲ返還ス可シ

第一　元本ヲ領受セシ時ヨリノ法律上ノ利息

第二　収取ヲ怠リ又ハ消費シタル特定物ノ果実及ヒ産出物

第三　自己ノ過失若ハ懈怠ニ因リ物ノ価額ノ喪失又ハ減少ノ償金縦令其喪失又ハ減少カ意外ノ事実又ハ不可抗力ニ因ルモ其物カ供与者ノ方ニ在ルニ於テハ此損害ヲ受ケサル可カリシトキハ亦同シ

第369条【給付物の第三者への譲渡】

① 不当ニ領受シタル物カ不動産ニシテ且之ヲ第三者ニ譲渡シタルトキハ初ノ引渡人ハ其選択ヲ以テ或ハ第三所持者ニ対シテ其不動産ノ回復ヲ訴ヘ或ハ領受者ニ対シテ其代金ノ取戻ヲ訴フルコトヲ得

② 善意ナル領受者ニ対シテハ単ニ不動産ノ譲渡代金ヲ取戻シ又ハ其代金ニ関スル訴権ヲ要求シ悪意ナル領受者ニ対シテハ其代金ヲ評価ニテ取戻スコトヲモ得

2　フランス民法〔2016年改正前〕（田中周友等『仏蘭西民法Ⅲ・財産取得法（2）』（有斐閣・復刻版1988年）。ただし，漢字を常用漢字に改め，各条の見出しは筆者が付した。）

第4章　合意ナクシテ成立スル義務

第1370条【契約外の債権発生原因】

一定ノ義務ハ義務ヲ負フ者，義務ヲ負フ者ノ相手方何レノ側ニ如何ナル合意モ介入スルコトナクシテ成立ス。

一ハ専ラ法律ノ権威ヨリ生ジ，他ハ義務ヲ負フ者自ラノ行為ヨリ生ズ。

前者ハ相隣所有者間ノ義務若ハ附託セラレタル職務ヲ拒絶シ得ザル後見人及其ノ他財産管理人ノ義務ノ如ク意思ニ基カズシテ成立スルモノヲ謂フ。

義務ヲ負フ者自身ノ行為ヨリ生ズル義務ハ或ハ準契約ヨリ生ジ或ハ不法行為若ハ準不法行為ヨリ生ズ；之レ本章ノ内容ヲ成スモノトス。

第1節　準契約

第1371条【準契約】

準契約トハ，人ノ純粋ニ有意的ナル行為ニシテ，第三者ニ対スル何等カノ義務及時トシテハ，当事者双方ノ相互ノ義務ノ生ズルモノヲ謂フ。

第1372条【管理継続義務】

意思ニ基キ他人ノ事務ヲ管理シタルトキハ，所有者其ノ管理ヲ知ルト知ラザルトヲ問ハズ，管理者ハ其ノ始メタル管理ヲ継続シ且所有者自ラ其レニ備エ得ルニ

455

付　録

至ル迄其レヲ完成スベキ黙示ノ約束ヲ契約スルモノトス；其ノ者ハ其ノ事務ノ総
テノ附随事務ニ付テモ亦責ヲ負フコトヲ要ス。
　　事務管理者ハ所有者ガ與ヘタルベキ明示又ハ委任ヨリ生ズル如キ総テノ義務ニ
服ス。

第1373条【本人の死亡】
　　事務管理者ハ本人ガ事務ノ完了以前ニ死亡シタルトキト雖モ，相続人ガ其ノ指
図ヲ為スコトヲ得ルニ至ル迄，事務ヲ継続スル義務ヲ負フ。

第1374条【管理者の義務】
　　事務管理者ハ事務管理ニ付善良ナル家長ノ総テノ注意ヲ用フルコトヲ要ス。
　　然リト雖モ，事務ヲ引受クルニ至リタル事情ニ従ヒ，判事ハ事務管理者ノ故意
過失ヨリ生ズベキ損害賠償ヲ軽減スルコトヲ得。

第1375条【本人の義務】
　　其ノ事務ノ善良ナル管理ヲ受ケタル本人ハ，其ノ名ニ於テ事務管理者ガ締結シ
タル約束ヲ履行シ，其ノ為シタル自身ノ総テノ約束ニ付賠償シ，其ノ支出シタル
有益若ハ必要ナル費用ノ総テヲ償還スルコトヲ要ス。

第1376条【非債弁済による不当利得】
　　当然支払ヲ受クベキニ非ザル物ヲ錯誤ニヨリ若ハ故意ニ受領シタル者ハ，不当
ニ交付シタル者ニ其レヲ返還スル義務ヲ負フ。

第1377条【他人の債務の誤想弁済】
　　錯誤ニ因リテ債務者ナリト信ジタル者，債務ノ弁済ヲ為シタルトキハ，債権者
ニ対シ返還請求権ヲ有ス。
　　然レドモ，此ノ権利ハ債権者ガ支払ヲ受ケタルノ故ニ其ノ証書ヲ廃棄シタル場
合ニ於テハ消滅ス，但シ弁済者ヨリ真ノ債務者ニ対スル求償権ノ行使ヲ妨ゲズ。

第1378条【悪意の非債弁済の受領者の責任】
　　受領シタル者ニ悪意アリシトキハ，元本ノミナラズ弁済ノ日ヨリノ利息若ハ果
実ヲ返還スル義務ヲ負フ。

第1379条【返還義務の内容】
　　不当ニ受領セラレタル物ガ不動産若ハ有体動産ナルトキハ，受領者ハ，其レガ
存在スルトキハ原物ヲ以テ，其レガ過失ニヨリテ滅失又ハ毀損シタルトキハ其価
格ヲ，返還スル義務ヲ負フ；悪意ヲ以テ受領シタルトキハ偶然ノ事故ニ因ル滅失
ニ付テモ其ノ責ニ任ズ。

第1380条【善意の給付受領者が給付物を売却した場合の返還義務の範囲】
　　善意ヲ以テ受領シタル者，其ノ物ヲ売却シタルトキハ，売却代金ヲ返還スルヲ
以テ足ル。

第1381条【費用償還請求】
　　物ノ返還ヲ受ケタル者ハ，悪意ノ占有者ニ対スルトキト雖モ，物ノ保存ノ為支
出セラレタル必要且有益ノ費用ノ全部ヲ計算スルコトヲ要ス。

付　　録

> 3　フランス民法〔2016年改正後〕（荻野奈緒・馬場圭太・斉藤由起・山城一真
> 訳「フランス債務法改正オルドンナンス（2016年2月10日のオルドンナンス第131号）
> による民法典の改正」同志社法学69巻1号（2017年）279頁以下。第1352の4条は，
> 齋藤哲志『フランス法における返還請求の諸法理』（有斐閣・2016年）554頁。ただ
> し，項の番号を付し，見出しは筆者が付した。）

第3小章　その他の債権発生原因

第1300条【準契約－事務管理・非債弁済・不当利得】

　①準契約は，専ら意思的な行為であって，そこから権利なく利益を得た者の約務，及び，時として行為者の他人に対する約務を生じさせる。

　②この少章が規律する準契約は，事務管理，非債弁済及び不当利得である。

第1節　事務管理

第1301条【事務管理】

　他人の事務を，義務なく，その事務の本人の知らない間に又は本人に反対されることなく，自発的かつ有益に管理した者は，その管理にかかる法律行為及び事実行為の遂行にあたり，受任者の債務をすべて負う。

第1301条の1【管理者の義務】

　①　管理者は，事務管理にあたり，合理人としてのあらゆる注意を払らわなければならない。管理者は，事務管理の本人又はその承継人が自ら管理にあたることができるまで，管理を継続しなければならない。

　②　裁判官は，管理者のフォート又は不注意を理由として事務管理の本人に支払われるべき補償金を，状況に応じて減額することができる。

第1301条の2【本人の義務】

　①　その事務を有益に管理された本人は，管理者が本人の利益のために契約した約務を履行しなければならない。

　②　その本人は，管理者に対し，本人の利益のためにされた支出を償還し，管理者が管理によって被った損害を補償する。

　③　管理者が前払した金額は，支払の日から利息を生じる。

第1301条の3【事務管理の追認】

　本人による管理の追認は，委任に値する。

第1301条の4【事務の他人性】

　①　他人の事務を引き受けることについて管理者が自ら利益を有することは，事務管理に関する準則の適用を妨げない。

　②　この場合，約務の負担，支出及び損害は，共通の事務についてそれぞれの利益に比例して分配される。

第1301条の5【不当利得の規定の準用】

　管理者の行為が，事務管理の要件を満たさないがその事務の本人の利益になった場合には，本人は，不当利得に関する準則に従って，管理者に補償しなければ

457

付　録

ならない。

第2節　非債弁済
第1302条【非債弁済の不当利得】
① 弁済はすべて，債務を前提とする。支払われるべきでないのに受領されたものは，原状回復されなければならない。

② 原状回復は，任意に支払われた自然債務については，認められない。

第1302条の1【非債弁済の受領者の責任】
自己に支払われるべきではないものを錯誤によって，又は故意に受領した者は，不当な受領の相手方にそれを原状回復しなければならない。

第1302条の2【他人の債務の誤想弁済】
① 他人の債務を錯誤によって，又は強制されて弁済した者は，債権者に対して原状回復を求めて提訴することができる。ただし，この権利は，債権者が，弁済の後に，その証書を破棄し，又はその債権を担保していた担保を放棄した場合には，消滅する。

② 原状回復は，錯誤によって債務を弁済された者に対しても，請求することができる。

第1302条の3【原状回復】
① 原状回復は，第1352条から第1352の9条までに定める準則に服する。

② 原状回復は，弁済がフォートに起因する場合には，縮減することができる。

第3節　不当利得
第1303条【転用物訴権・不当利得】
事務管理及び非債弁済の場合以外に，他人を害して不当な利得を得た者は，それにより損失を被った者に対して，利得と損失の価値のうちより低い方と同額の補償金を支払う義務を負う。

第1303条の1
利得は，損失者による債務の実現にも，損失者の恵与の意図にも起因しないときは，不当である。

第1303条の2
① 損失が，損失者が自らの利益のためにした行為に起因する場合には，補償は認められない。

② 裁判官は，損失が損失者のフォートに起因する場合には，補償を減額することができる。

第1303条の3
損失者が別の訴権を有するとき，又は当該訴権が時効その他の法的障害に直面しているときは，損失者は，不当利得に基づく訴権を有しない。

第1303条の4
支出の日において認められる損失，及び，請求の日において残存している利得

付　録

は，判決の日において評価される。利得者が悪意の場合は，支払われるべき補償
金はこれら二つの価値のうち高い方と同額である。

第4章　第5節　原状回復

第1352条

金銭以外の物の原状回復は，現物によってされ，それが不可能なときは，原状
回復の日に評価される価値によってされる。

第1352条の1

物を原状回復する者は，その価値を減少させた毀損及び損傷について責任を負
う。ただし，その者が善意であり，かつ，その毀損または損傷がその者のフォー
トによらない場合は，その限りでない。

第1352条の2

① 善意で物を受領した後にそれを売却した者は，売買代金のみを原状回復する義
　務を負う。

② その者が悪意で物を受領していた場合には，原状回復の日の価値が売買代金を
　上回るときは，その価値を原状回復する義務を負う。

第1352条の3

① 原状回復は，果実及びその物がもたらした使用収益の価値を含む。

② 使用収益の価値は，裁判官により，裁判の日において評価される。

③ 反対の約定があるときを除き，果実の原状回復は，果実が現物で存在しない場
　合には，その債務の弁済の日の物の状況に応じて，償還の日に評価される価値
　によってされる。

第1352条の4

解放されていない未成年者，または，保護を受けている成年者が義務づけられ
る返還は，その者が無効とされた行為から得た利益に応じて減額される。

第1352条の5

原状回復の金額を定める際には，物の保存に必要な費用，及び，原状回復の日
において評価される増価の限度で，その価値を増加させた費用が，原状回復義務
者のために考慮される。

第1352条の6

金銭の原状回復は，法定利率による利息及び受領者のもとに支払われた税金を
含む。

第1352条の7

悪意の受領者は，弁済の時から，利息，収取した果実又は使用利益の価値の原
状回復義務を負う。善意の受領者は，請求の日からしかそれらの原状回復義務を
負わない。

第1352条の8

役務提供の原状回復は，価値によってされる。その価値は，役務提供が供給さ
れた日において評価される。

459

付　録

第1352条の9
　　債務の弁済のために設定された担保は，当然に，原状回復債務に及ぶ。ただ
し，保証人は，期限の利益を失わない。

> ### 4　スイス旧債務法（見出しも，H. Hafner (Herausgeber), Das Schweizerische Obligationenrecht mit Anmerkungen und Sachregister, Art. Institut Orell Fuessli. Verlag, 1905を訳出した。）

第1部　債務の発生
第3章　不当利得（Ungerechtfertigte Bereicherung）
第70条【不当利得の一般条項】
　　適法な原因なく他人の財産から利得した者は，返還の義務を負う。
第71条【非債弁済・目的不到達・目的消滅の不当利得】
　　以上の返還の義務を負うのは，如何なる原因もなく，又は実現しなかった原
因，或いは後に消滅した原因に基づいて他人から出捐を受けた者である。
第72条【非債弁済の不当利得】
　① 非債弁済が任意になされたときは，弁済者が債務に関して錯誤していたことを
　　証明できたときにだけ，返還請求が認められる。
　② 時効消滅した債務が弁済されたとき，又は道徳上の義務の履行として給付され
　　たときは，返還請求は排除される。
第73条【不当利得返還請求の効果】
　① 受領者が返還請求時に利得している限度，乃至は受領者が悪意で利得を処分し
　　ている限りで，返還請求は可能である。
　② 受領者が受領の時に既に善意ではないときには，受領者は給付の総ての賠償を
　　する責を負う。
第74条【受領者の反対請求】
　① 受領者は必要費及び有益費の償還を請求できる。但し，有益費に関しては，受
　　領者が給付受領した時に善意でなかったときは，償還の時の増価額の限度で償
　　還請求が可能である。
　② 原告がその価格返還を選択せず，かつ損害なく収去できるときは，原告は物の
　　美化の為だけに支出したものを収去できる。
第75条【不法原因給付】
　　違法乃至は良俗に反する結果をもたらす目的で給付されたものは，返還請求で
きない。

第18章　事務管理（Geschäftsführung ohne Auftrag）
第469条【概念，注意深く事務処理すべき事務管理者の義務】
　　委任なしで他人のために事務を遂行した者，つまり，事務管理者は，他人，つ
まり，本人の利益と推定される意思に合致するように，引き受けた事務を遂行す

付　録

る必要がある。

第470条【事務管理者の責任】

① 事務管理者は総ての過失に関して責任を負う。ただし，事務管理者が本人の急迫の損害を防止するために行為したときは，その責任は寛容に評価されるべきである。

② 事務管理者が，明言された又は認識可能な本人の意思に反して事務管理を引き受けたときは，それが自身の介入なしでも発生したであろうことを，事務管理者が証明しない限り，事務管理者は偶然に関しても責任を負う。

第471条【契約締結能力のない者】

事務管理者が，契約による義務を負担する能力がないときは，事務管理によって，利得を受けた限度で，又は，悪意で利得を譲渡したときにだけ責任を負う。ただし，それ以上の不法行為による責任に関しては，その限りではない。

第472条【本人の権利・義務．１．本人の利益のための事務管理による】

① 本人の利益のために事務管理の引き受けが必要だったときは，本人は，必要又は有益で関係に適切な費用の総てを，利息も含めて償還し，同様の程度で，事務管理者を引き受けた債務から解放する義務を負う。

② 適切な注意を払って行為した事務管理者は，意図した結果が実現しなかったときでも，前項の請求権を有する。

③ 事務管理者に対する費用が償還される必要がないときは，事務管理者は，第74条２項の意味での収去権を有する。

第473条【２．その他の理由による】

① 事務管理が本人の利益を考慮して引き受けられたのではないときでも，本人は自分の事務の管理に由来する利益を取得する権限を有する。

② 事務管理者に対する補償，および，免責に関しては，本人は利得した限度で義務を負う。

第474条【３．事務管理の追認による】

本人が事務管理を追認したときは，委任に関する規定が適用される。

5　スイス債務法（現行法，見出しも，Peter Gauch (Herausgeber), Schweizerisches Zivilgesetzbuch mit Obligationenrecht, 42.Aufl.,Schulthess Polygraphischer Verlag, 1998を訳出した。）

第１編　総則的規定
第１章　債務の発生
第３節　不当利得による発生
第62条【不当利得の一般条項】

① 不当な方法で他人の財産から利得した者は，利得を返還する義務を負う。

② 前項の義務が発生するのは，特に，有効な原因なしに，又は実現しなかった乃

付　　録

至は後に欠落した原因に基づいて出捐を受領した者である。

第63条【非債弁済による不当利得】

① 債務がないにも関わらず任意に弁済した者は，債務の存在を錯誤したと証明できた場合にだけ，給付の返還を請求できる。

② 時効消滅した債務又は徳義上の義務の履行のための弁済は，返還請求できない。

③ 債務徴収法及び破産法が適用される場合は，非債弁済の不当利得の返還請求は留保される。

第64条【返還義務の範囲】

受領者が返還請求がなされた時に利得していないことを証明した場合には，返還請求は排除される。但し，受領者が利得を譲渡し，かつ譲渡時に善意ではなかったとき，又は返還を予期すべきであったときは，この限りではない。

第65条【費用償還請求権】

受領者は必要費及び有益費の返還を請求できる。但し，有益費に関しては，受領者が受領の際に善意でなかったときは，返還時に増価が現存する限りで返還請求が可能である。

第66条【不法原因給付】

違法な又は不道徳な結果を引き起こす意図で与えられたものは，返還請求できない。

第67条【不当利得返還請求権の時効】

① 被害者が返還請求の存在を知ったときから１年で，不当利得の返還請求権は時効消滅する。請求権の成立から10年を経過したときも同様である。

② 利得が被害者に対する請求権の場合は，不当利得返還請求権が時効消滅したときも，被害者はその履行を拒絶できる。

第２編　個別の契約関係
第14章　事　務　管　理

第419条【A．本人の地位．Ⅰ．事務管理の方法】

他人の委託なく他人のために事務管理した者は，本人の利益と推定される本人の意思に合致するように，引き受けた事務を処理する義務を負う。

第420条【Ⅱ．一般的な事務管理者の責任】

① 事務管理者は，総ての過失に対して責任を負う。

② 事務管理者が本人の急迫の損害を防止するために行為したときは，その責任は寛容に評価されるべきである。

③ 事務管理者が，明示された又は認識可能な本人の意思に反して事務管理を引き受け，かつ，事務管理を禁じることが良俗違反でも違法でもないときは，それが自身の介入なしでも発生したであろうことを，事務管理者が証明しない限り，事務管理者は偶然に関しても責任を負う。

第421条【Ⅲ．契約締結能力のない事務管理者の責任】

① 事務管理者が，契約による義務を負担する能力がないときは，事務管理によっ

付　録

て，利得を受けた限度で，又は，悪意で利得を譲渡したときにだけ責任を負う。

② ただし，それ以上の不法行為による責任に関しては，この限りではない。

第422条【B．本人の地位．Ⅰ．本人の利益のための事務管理】

① 本人の利益のために事務管理の引き受けが必要だったときは，本人は，必要又は有益で関係に適切な費用の総てを，利息も含めて償還し，同様の程度で，引き受けた債務から事務管理者を解放し，裁判官の裁量によって，それ以外の損害に対しても賠償する義務を負う。

② 適切な注意を払って行為した事務管理者は，意図した結果が実現しなかったときでも，前項の請求権を有する。

③ 事務管理者に対する費用が償還される必要がないときは，事務管理者は，不当利得に関する規定によって収去権を有する。

第423条【Ⅱ．事務管理者の利益のための事務管理】

① 事務管理が本人の利益を考慮して引き受けられなかったときは，それにもかかわらず，本人は自分の事務の管理に由来する利益を取得する権限を有する。

② 事務管理者に対する補償，および，免責に関しては，本人は利得した限度で義務を負う（第64条）。

第424条【Ⅲ．事務管理の追認】

本人が事務管理を追認したときは，委任に関する規定が適用される。

6　オーストリア民法（Allgmeines Bürgerliches Gesetzbuch, 7.Aufl., bearbeitet von Dr.Franz Mohr (Bundesministerium für Justiz), Verlag Orca, 2000から訳出した。ただし，各条の見出しは，筆者が付し，条文の中の〔　〕は筆者が付加した。)

第2編　物に関する法
第22章　代理及びその他の種類の事務管理

［事務管理］
第1035条

明示又は黙示の契約，裁判所や法律によって，権能を与えられていない者は，原則として，他人の事務に容喙することは許されない。それでも，他人の事務に不当に干渉した者は，その結果の総てに関して責任を負う。

［緊急の場合］
第1036条

要請がないにもかかわらず，他人の目前に迫る損害を防止するために配慮した者には，事務処理された者は，必要かつ目的に合致する支出を償還する義務を負う。故意・過失なく事務処理の成果がなかったとしても，同様である（第403条〔他人の動産の救助による権利〕）。

［又は，他人の利益のために］

付　録

第1037条
　　他人の利益の促進のためだけを目的に，他人の事務を引き受けようという者は，他人の同意を取り付ける必要がある。ただし，この措置を事務管理者が怠りはしたが，その者の負担による事務処理が，他人の明確で重要な利益につながったときは，他人は事務処理した者に支出した費用の償還をする必要がある。

第1038条
　　ただし，重要で明確な利益が認められないとき，又は，事務管理者が専断的に他人の物の重要な改造を行って，他人が従前に使用していた目的では物を使用できなくなったときは，他人は補償する義務はない。以上に止まらず，他人は，事務管理者に対して自分の負担で物の原状回復を，又は，原状回復が不能なら，完全な賠償を提供するよう請求できる。

第1039条
　　委任なしで他人の事務を引き受けた者は，最後まで事務を継続し，受任者と同様に正確な計算書を提出する必要がある。

［他人の意思に反して］
第1040条
　　所有者の有効に表示された意思に反して他人の事務に干渉した，又は，そのような事務処理への干渉によって適法な受任者を妨害した者は，それによって発生した損害及び逸失利益を賠償する責任を負うに止まらず，その原物での回復が不能な限りで，支出した費用も失う。

［他人の利益のための物の利用］
第1041条【有益費用償還請求権（転用物訴権）】
　　事務処理関係なしで物が他人の利益のために利用されたときは，物の所有者は原物返還または原物返還が不能な場合は，利用の成果が無に帰していたときでも，物の利用時の価値の返還を請求できる。

第1042条
　　法律によって支出すべきだった費用を支出した者は，その償還を請求する権利を有する。

第1043条
　　緊急時に，自身または他人の大きな損害を防止するために，自分の所有権を犠牲にした者に対しては，それによって利益を得た総ての者は，適切な賠償をする義務を負う。本条の海難への適用は，海事法の対象となる。

第1044条
　　戦争損害の分担は，その所轄官庁に関する特別な規定によって定められる。

第26章　労務供給契約
4　不法な目的のための給付
第1174条【不法原因給付】

① 不能又は不法な行為を惹起させるために，それと意識して与えられたものは，返還請求することができない。どの限度で，国庫が没収の権限を有するのかは，公法上の法令が定める。不法行為の防止のために，不法行為を犯そうとする者に，何かが与えられたときは，返還請求権が発生する。
② 禁止された遊戯のために与えられた消費貸借は，返還請求できない。（連邦法律公報1916／69）

第3編　人と物に関する共通の規定
第3章　権利・義務の消滅
第1431条【非債弁済による不当利得】
　給付に対する請求権が存在しないにも関わらず，給付者の錯誤で物又は行為の給付を受けた者は，それが給付者の法律上の錯誤によるものであっても，原則として前者の場合は物を，後者の場合は行為の成果に適切な報酬を返還する義務を負う。
第1432条【非債弁済による返還請求の排除】
　ただし，時効消滅した債務又は方式違背だけを理由とする無効な債務又は取立の訴権だけを法規が禁ずる債務の弁済は，自分が債務を負っていないと知って弁済したときと同様に，返還請求できない。
第1433条【制限能力者等の例外】
　前条の規定は，制限能力者又は自己の所有物に関して自由な処分権を持たない者には，適用されない。
第1434条【期限前の弁済等】
　請求権の内容が未だ特定していないとき，又は履行が条件に係っているときも，弁済の返還請求は可能である。特定し条件に係っていない債務の弁済は，期限が到来していないときも，返還請求できない。
第1435条【目的消滅の不当利得】
　弁済時に存在した債務の履行として与えられた物も，それを保有する原因が消滅したときは，受領者に対してその返還を請求できる。
第1436条【選択債権】
　自己の選択により二つの物のうちの一つを給付する義務を負う者が，錯誤により双方を給付したときは，どちらの物の返還を請求するのかを選択できる。
第1437条【悪意の受益者】
　非債弁済の受領者は，弁済者の錯誤を知っているか否か，又は周囲の状況から予測できるか否かによって，善意又は悪意の占有者とみなされる。
第1447条【特定物が滅失した場合の返還義務】
　特定物が偶然に総て滅失したときは，その価値を返還する義務も含めて，総ての債務が消滅する。以上の原則は，義務の履行又は債務の弁済が他の偶然によって不能となったときにも，当てはまる。以上総ての場合に，債務者は義務の履行のために保有したものを，善意の占有者と同じく，但し，相手方の損害から利益

465

付　録

を上げないやり方で，返還する義務を負う。

7　プロイセン一般ラント法（Allgemeines Gesetzbuch für die Preussischen Staaten, Teil Ⅰ, Titel 12-23, 100 Jahre Bürgerliches Gesetzbuch, Vorkodifikatorisches Recht 1, Keip Verlag, 2002の復刻版から訳出した。ただし，条文の【　】の見出しは筆者が付した。）

第 1 部
第13章　第三者による物の所有権と権利の取得について
第 2 節　委任のない他人の事務の引受について

［原則］
第228条
　　原則として，他人の委任なく，又は，委任以外の特別な法律の規定によって付与された権利なしには，何人も，他人の事務に干渉する権限を有しない。
第229条
　　他人の事務に干渉した者は，その者のかかわった所有者及び第三者に対して責任を負う。
第230条
　　ただし，何人も，他人の物又は行為の利益を，特別な権利なしで自己のものとすること，つまり，他人の損失で利得することは許されない。

［他人の委任なしで他人の事務を有益に処理した者の権利］
第231条
　　つまり，代理権なく他人により処理された事務によって，現実の利益を享受した者は，取得した利得の限度で，他人に補償をする必要がある。
第232条
　　他人の支出，又は，それに対して，通例では他人に支払いがされる行為によって，自分の財産が保存，増価，又は，改良されたときは，その者は利得したものとみなされる。
第233条
　　他人がそのような行為によって，もともとその義務があった給付をしたときは，その利益のために費用が支出された者は，未だ利得したとはみなされない。

［事務処理が，急迫の損害を防止するために行われた場合］
第234条
　　理性的で明白な根拠に基づいて，急迫の損害の防止のために，他人の事務を処理した者は，所有者が事務処理を追認すると期待する権限を有する。
第235条
　　追認がないときでも，それにもかかわらず，所有者は，損害の回避のために有

付　　録

益に支出された費用に対して責任を負う。

第236条

　このことは，管理者の過責がないにもかかわらず，その後に物が滅失したとき
でも，同様である。

第237条

　もっぱら急迫の損害の防止のために他人の事務を引き受けた者は，事務処理に
際して重過失に対してだけ責任を負う。

［事務処理が利益の増大のために行われた場合］

第238条

　委任なしで，他人の利益の増大のためだけに，他人の事務を引き受けた者は，
追認を求める必要がある。

第239条

　追認が明示的で制限なく行われたときは，本人と管理者の間には，本人と代理
人の間の権利義務が発生する。

第240条

　自分の事務を処理された者が，追認を拒むときは，管理による利益も放棄する
必要がある。

第241条

　本人が利益を取得したときは，利益が委任なしで行われた管理によることの本
人の知不知に関わらず，本人は，事務管理者に対して，利益の限度で，損害と費
用を補償する必要がある。

第242条

　委任なしで事務処理を受けた者が，利益を放棄したときは，管理者は物の原状
を回復して，所有者に損害を賠償する必要がある。

第243条

　物の原状回復が不可能で，かつ，所有者が事務管理で取得した利益が損失より
明らかに大きいときは，所有者は両者を相殺すべきである。

第244条

　ただし，利益の損失への優越が明らかではないときは，所有者は，自己の計算
で事務のすべてを引き受けた上で，管理者に対して補償を請求できる。

第245条

　委任なく，所有者の利益を増加させるという意図だけで，他人の事務を処理し
た者は，事務処理に際して，軽度の過誤に関しても責任を負う。

第246条

　以上の規定の適用に関しては，委任なく事務の管理を受けた者が，不在だった
か否かは無関係である。

第247条

　委任なく自己の事務の管理を受けた者が，管理を管理の前又は管理の最中に知

467

付　　録

り，かつ，事務の終了の前に知った後に，即座に異議を唱えなかったときは，その者は事務自体を追認する必要がある。

第248条

ただし，本人は，現実に利益が増加した限度で，管理者に対して責任を負う。

［他人の意思に反する事務管理について］

第249条

他人の明示的な禁止に反して，他人の事務を引き受けた者は，他人の権利を侵害しており，その干渉がなければ発生しなかったであろう偶然の損害についても，すべて補償する必要がある。

第250条

その者は，所有者に対して，事務への勝手な干渉によって，所有者が失った利益に関しても責任を負う。

第251条

ただし，所有者が，自身の禁止に反して管理された事務から発生した利益を取得しようとするときは，この場合にも，第241条の規定が適用される。

第252条

不在又は管理のできない所有者が，事務の管理を他人に委ねたこと，及び，この委任の遂行への授権を自分が妨害したことを知っていた者は，現実に発生した損害に止まらず，逸失利益に関しても責任を負う。

［管理者と所有者の間の清算］

第253条

以上の原則に従って，他人の事務への干渉により，他人に対して損害賠償義務を負う者は，同時に他人に与えた利益と相殺する権限を有する。

第254条

以上の原則により，委任なしで引き受けた他人の事務処理に対して報酬を請求できる権限を有する者は，事務処理により自分が取得した利益を報酬と相殺する必要がある。

第255条

そのような事務に支出した費用は，そこから発生した収益との関係に従って，両当事者に分配される。

第256条

他人の事務を処理した者は，自身の行為，収入，支出に関して，正確な計算書を提出する必要がある。

［管理者の義務の継続期間］

第257条

所有者が予め知ることなく，他人の事務を処理した者は，所有者が通知を受けて他の処分を適切だとしたときでなければ，事務の終了まで管理を継続する必要

付　　録

がある。

［他人の，かつ，自分の事務の共同処理について］

第258条

　　自分の事務と同時に，かつ，自分の事務を契機としてだけ，他人の事務を管理
した者は，それにもかかわらず，他人の事務に関しては，上記の原則で評価され
る。

第259条

　　ただし，自分の事務と他人の事務が，一方なしでは他方の事務の処理ができな
いという結合関係にあったときは，管理者と所有者の関係は，契約なしで成立し
た組合の準則により決定される（第17章，第１節）。

第260条

　　ただし，以上の場合でも，事務管理を受けた者は，自身の受けた利益以上の責
任を負わない。

第261条

　　その者の事務を引き受けたと信じた人に関する行為者の錯誤は，事務自体との
関係，及び，その法効果を変じない。

第３節　有益費用（nützliche Verwendunge）について

［原則］

第262条【有益費用償還請求権（転用物訴権）】

　　その者の財産が他人の利益に使用された者は，その財産の原物の返還を請求す
るか，その価値に対して補償を請求することができる。

第１部，第16章　権利と債務の消滅の方法について

［錯誤で給付された弁済の返還請求について］

第166条

　　ただし，存在すると思われたが，現実には存在しなかった債務，つまり，錯誤
によって，債務を弁済したときは，以下の詳細な規定に従って，返還請求が可能
である。

第167条

　　受領者が詐欺的に弁済者に惹起したすべての錯誤は，弁済者に返還請求の権限
を与える。

第168条

　　確定期限の定められた債務の期限前の弁済では，錯誤を理由に，返還請求も中
間利息の賠償も求めることはできない。

第169条

　　不確定期限の付された債務の期限前の弁済では，弁済者が，不確定期限を基礎
づける出来事の発生自体に関して，返還請求を基礎づける錯誤に陥っていたとき

469

付　録

に限って，返還請求が可能である。

第170条

　一方の無能力ゆえに法律上は拘束力のない行為によって，能力を回復する以前に支払われたものは，無能力者が自身の利益のために使用することを義務づけられない限度で，返還請求できる。

第171条

　無能力者が，弁済の義務を負っているが利息のない債務を期限前に弁済したときは，中間利息の返還を受領者に請求できる。

第172条

　禁止法規の明文に違反した行為による弁済を，弁済者が返還請求することはできない。

第173条

　ただし，国庫は，受領者から禁止された利益を没収する権利を有する。

第174条

　弁済者が法律によって債務を負担することのできない人だったときは，それ自体，不法な行為によって給付された弁済の返還を請求することができる。

第175条

　ただし，自身が犯罪に関与した者は，その犯罪によって弁済が行われたときは，受領者と同様に，国庫に対して犯罪の責任を負う。

第176条

　法律に則した方式を欠くという理由だけで拘束力のない行為による弁済は，法律上の規定を知らなかったという理由では，決して返還請求はできない。

第177条

　口頭の契約によって給付された支払いで合法なものは，当該の箇所で詳細に規定する（第5節，155条以下）。

第178条

　前条までに規定する以外の場合で，留保なしで給付された弁済が，撤回されたときは，以下の要件が必要である。

　1）弁済者には，単なる徳義上といえども債務がなかったこと。

　2）受領者がそれに対して全く権利を持たない利益を弁済によって取得したこと。

　3）弁済が現実に錯誤によって行われたこと。

第179条

　弁済者に関して，完全ではなくとも弁済の義務があったときは，返還請求権は発生しない。現行の法律ゆえに，弁済者の意思に反して弁済はさせられなかっただろうときも同じである。

第180条

　受領者が弁済により，自身に現実に帰属していたものを取得したときは，受領者は返還の義務を負わない。弁済者ではなく，第三者が受領者に弁済すべきだっ

470

付　　録

たときも同じである。
第181条
　　最終的に，それ以外の点で第178条が規定する要件が存在するが，弁済が現実に
錯誤によってされたことが，証明されなかったか，それ以外でも，状況から明確
に看取されなかったときは，行為は，弁済ではなく，贈与の準則によって評価さ
れる。
第182条
　　それを基礎として弁済が給付された契約，終意処分，又は，判決が，後に有効
ではないとされたときは，弁済は錯誤によって行われたものとみなされる。
第183条
　　ただし，前条の場合でも，弁済者が返還請求できるのは，第178条の他の２つの
要件が具備されたときである。
第184条
　　それを理由に弁済が給付された契約，終意処分，又は，判決が，現行法の規定
する特定の方式を欠くという理由で取り消され，その理由だけで，その無効の表
示が求められたときは，契約等による給付の返還請求はできない（第178条）。
第185条
　　他人の債務をそれと知って弁済した者は，自身が弁済の義務がないという理由
では，弁済したものの返還を請求することはできない。
第186条
　　ただし，無能力が原因で弁済義務を引き受けた弁済者が，自分のためにした弁
済は，返還請求が可能である。その限りでは，無能力ゆえに他人のために給付し
た弁済に関しても，同様の返還請求が発生する。
第187条
　　債務者自身が弁済の返還請求の権限を有するであろう限度では，能力者も他人
のためにした弁済の返還を請求することができる。
第188条
　　婚姻中に夫の承認なく給付した弁済を，離婚後に返還請求する妻の権利は，以
上の原則に従って決定される。
第189条
　　請求する権利のない物を，しかも，そのことを知って，弁済を受けるか，それ
以外で，債務の弁済として受領した者は，受領した物に関して，悪意の占有者と
しての責任を負う。
第190条
　　自身が錯誤に陥った者は，善意の占有者と見なされる。
第191条
　　一部だけは妥当な債務の弁済に代えて全額の弁済のために物を弁済した者は，
過払いした部分の返還の権限があったときでも，物自体の返還を請求することは

471

付　　録

できない。

第192条

　　複数の物のなかから1つ又は他の1つだけを弁済する義務のある者は，返還請求で受領者に選択権を与える必要がある。

第193条

　　弁済を請求する権利がない金銭又は金銭以外の代替物を弁済として受領した者は，消費貸借の返還請求権が発生したときと同様の責任を負う。

第194条

　　弁済受領者が弁済を請求する権利がないと知っていたときは，受領の日から，許された限度で最高額の利子率で支払う必要がある。

第195条

　　弁済受領者自身も錯誤に陥っていたときは，遅延損害金を，訴状の送達の日から支払う必要がある。

第196条

　　存在しなかった債務の弁済が行為だったときで，通例では給付者が賃金支払いを受けるときは，給付者が給付した弁済の撤回権を有したであろう事情があれば，給付者は賃金を請求することができる。

第197条

　　錯誤によって他人に行為を給付した者は，他人が給付を受ける権利がないと知っており，かつ，行為自体が評価可能であるという事情があれば，報酬を請求できる。

第198条

　　自分のためでなくもっぱら第三者のために弁済した者は，第三者に対してだけ返還請求できる。ただし，受領者が詐欺的に振る舞ったとき，又は，受領者の委任の限界を超えたときは，この限りではない。

［それを目的とした出来事が発生しなかった場合の給付された弁済の返還請求について］

第199条

　　締結された契約により相手方に何かを与えるか又は給付したが，相手方からの契約の履行を受けなかった者の有する権利に関しては，当該の箇所で規定される（第5節，第360条以下）。

第200条

　　契約以外の場合で，受領者によって履行されるべき目的を顧慮して，何かが与えられるか，又は，給付されたときは，受領者は原則として，その目的を履行するか，又は，受領したものを返還する必要がある。

第201条

　　受領者の責任で，目的が達成されなかったときは，受領者の責任が発生した時から，与えられた物又は金額によって，悪意の占有者の責任又は利息を付す義務

付　　録

を負う。

第202条

　　目的の履行が，受領者の責任ではなく，単に偶然に不能となったときは，受領したものが自身の利益となった限度で，受領者は供与者に対して責任を負う。

第203条

　　供与者の関与で目的が達成されなかったときは，受領者は供与者に対して，受領したものから現に利得している限度で責任を負う。

第204条

　　ただし，前条の場合に，受領者が供与者に対して利益の給付を請求するときは，受領者は受領したものから利益を控除する必要がある。

［不法な目的での弁済について］

第205条

　　不法な目的のために与えられたものは，国庫だけが返還請求できる。

第206条

　　良俗に反する目的のために与えられたものに関しても，その目的，及び，目的の非難可能性を，受領者も知っていたときは，前条と同様である。

第207条

　　供与者に違法な方法で強要されたものは，供与者に返還される必要がある。

第208条

　　収益と利息に関しては，第189条，第194条の規定が適用される。

第209条

　　どの限度で強要された契約が有効か，及び，それによって与えられたものが返還請求できるのかは，当該の箇所で規定する（第4節，第31条以下）。

第210条

　　公的職務にある者に，その者が職務を行使するか，又は，行使しないことの対価として，法律で認められていない報酬を自発的に与えた者は，その報酬の返還を請求することはできない。

第211条

　　前条の場合には，自発的に与えられた，又は，確定的に提供された報酬は，国庫に帰属する。

第212条

　　ただし，受領者の行為によって，以上のような供与に誘導された者は，供与を第207条，第208条の規定に従って返還請求できる。

　＊以上の他にも，例えば，無権限者の処分に関しては，所有者の追及の箇所に規定があり，費用利得，求償利得に関しても，個別の規定がある。

第1部　第13章

付　録

［所有権による追及］
第28条

　　他人の物の善意の取得者が，その物を，善意で転売したときは，所有者が他の
方法で完全な賠償を受けられない場合には，売却によって取得した利益（Vorteil）
を，所有者に引き渡す必要がある。

8　バイエルン王国一般民法草案（1808年/1809年）（Allgemeines Bürgerlichen
Gestzbuch für das Königreich Baiern, Entwurf von 1808-1809, herausgegeben und
mit einer Leitung versehen von Werner Schubert, Nachdruck 1986, Keip verlagか
ら訳出した。）

第4部
第1章　契約なしで発生する特別な法律関係
第1450条

① 一定の法律関係は，義務を負う者，又は，その者に対して義務づけられる者の
側の契約なしでも成立する。

② 以上の特別な法律関係は，義務を負う者の側の不法行為（不法行為による債
務）によって，又は，何らの権利も義務も発生させない，特別な法律関係と結
びついた民法の命令によって，成立する。

③ 後者に属するのが，例えば，相隣者間の債務，又は，その者に委任された職務
を拒絶できない後見人及び管理人の債務である。

④ 直接に法律から発生する法律関係は，主に，準不法行為と準契約の2つの亜種
である。

第1節　準契約
第1451条

　　準契約とは，それによって，第三者に対する債務，時として，複数の人の相互
的な債務を発生させ，契約の原則によって判断される，人間の自発的な行為であ
る。

Ⅰ　事務管理（negotiorum gestio）
第1452条

① 他人の事務を管理する意思で，又は，その意思なしで，他人の事務を管理した
者（事務管理者〔negotiorum gestor〕）は，所有者自身が事務処理できる状態にな
るまでは，黙示的に，開始した事務を継続し，終了させる義務を負う。

② 管理者は，事務所有者（本人〔Principal〕）の明示的な代理権が管理者に課した
であろうすべての債務を引き受ける。

第1453条

　　管理者は，事務の終了前に所有者が死亡したときでも，所有者の相続人が事務

付　録

の管理を受け継ぐことが可能となるまで，事務を継続する義務を負う。

第1454条

① 管理者は，事務管理に際しては，善良な家長の注意義務［善管注意義務］を負う。

② ただし，事務管理者が事務を引き受けることを決定した事情によっては，過誤又は不注意を原因とする利益の弁済のための管理者の債務を，裁判官は軽減する権限を有する。

第1455条

その事務を十分に管理された所有者は，事務管理者が自分の名前で引き受けた債務を履行し，管理者が負担したすべての人的債務を賠償し，管理者に対して，すべての有益費又は必要費の償還をする必要がある。

Ⅱ　錯誤による非債弁済

第1456条

自分に債務がないものを受領した者は，その事実だけで，受領したものを返還する義務を負う。

第1457条

① 自身が債務があると錯誤して非債弁済した者は，支払ったものを受領者に対して返還請求する権限を有する。

② 他人の債務を自身の債務と錯誤して弁済し，錯誤によって債権者から受領した債務証書を破棄した者は，債権者に対してではなく，真の債務者に対してだけ返還請求できる。

③ 同様に，第三者に対してその義務を負っていると誤信して，第三者の債務を弁済した者は，債権者ではなく，第三者の事務管理者として，第三者だけから弁済の返還を請求できる。

第1458条

法の不知によって非債弁済した者は，返還の請求はできない。

第1459条

① 例えば，時効の完成した，又は，除斥期間に係った自然債務，民法上は訴求できない債務に基づいて，債務を弁済した者は，返還請求できない。

② 前項の規定は，民法上禁止された行為，無効の行為，既判力のある判決によって廃棄された行為，又は，存在しないと表示された行為に基づく弁済には適用されない。

第1460条

受領者が善意でないときは，受領したもの，および，弁済の日からの利息又は収益の返還義務を負う。

第1461条

故意・過失なく給付されたものが，動産又は不動産のときは，受領者は，原物で，又は，給付されたものが受領者の過失で滅失，又は，損傷したときは，その

475

付　録

価値を返還する義務を負う。受領者が善意ではなく受領したときは，偶然の滅失による損失に関しても責任を負う。

第1462条

　善意で受領した物を売却した受領者は，売却代金の返還義務を負うに止まる。

第1463条

　物の返還を受けた者は，悪意の占有者に対しても，物の保存のために支出した必要費，有益費を償還する必要がある。

第1464条

① 非債弁済に関する原則は，ある者が，その義務があると誤信して，債務を引き受けたか，現実に存在する債務から他人を解放したときにも，適用される。

② 以上の錯誤の効果は，前者では，引き受けた債務の復活，後者では，消滅した債務の復活である。

第1465条

① 債務がないと知って債務を弁済した者は，弁済したものの返還を請求できない。

② それが禁止された，又は，良俗に違反する行為によることを知って弁済されたものは，供与者の側にだけ，又は，受領者の側，及び，供与者の側に，不法又は害意があると考えられるときには，返還請求はできない。

③ 人の無能力，認識の欠如，又は，方式違背で訴求できないものは，債務のないことを知って弁済したことが，確認の効力を持つ場合又は放棄を意味する場合を除いて，返還請求できる。

9　ヘッセン大公国民法草案（1842年/1853年）（Bürgerliches Gestzbuch für das das Großherzogthum Hessen, Entwürfe und Motive (1842-1853), Bd.5, neuherausgegeben und eingeleitet von Wernr Schubert, Keip Verlag, 1986の復刻版から訳出した）

第２編　具体的な債務に関して（債権各論）

第３章　他人の事務管理から発生する債務

第５節　委任のない他人の事務の管理に関して（Von der Führung fremder Geschäfte ohne Auftrag）

第346条

① 委任のない，又は，法律上若しくは裁判官の授権のない他人の事務処理は，原則として，何人にも許されない。

② 前項のような事務管理が以下の目的を有するときは，例外として許される。

　　１）急迫の，本人の財産を明白に脅かす危険の防止のために行われるか，

　　２）本人に財産上の利益を与えるために行われたとき。

第347条

　事務管理者は，委任なしで事務管理を始めたという事実だけで，本人に対して

付　録

義務を負う。
第348条
　　本人から事務管理をやめるよう通知を受けるまでは，事務管理者は，事務の終
　了まで自分の負担する注意（第1編第142条［善管注意義務］）を払って，それが
　可能な状況にある限りで，主要な事務だけでなく，それと切り離すことができな
　い附随事務も継続する義務を負う。
第349条
　　事務管理者は，本人に，事務管理の総てに関して計算書を提出し，かつ，事務
　処理の過程で本人のために取得した，又は，受領したものの総てを引き渡す必要
　がある。事務管理者には，第282条［受任者の受領時からの利息返還義務］の規定
　も適用される。
第350条
　① 第346条の場合に，有効に表示された本人の意思に反して，本人の事務に干渉
　　した者，又は，本人が適法に選任した代理人を，本人から委任された事務処理
　　に関して本人の意思に反して干渉することで妨害した者は，それによって本人
　　の被った損害及び逸失利益の総てに対して責任を負う。
　② 前項の者には，支出した費用に関して，第4章第30条の役権に規定された限度
　　で，収去権だけが帰属する。
第351条
　　複数の者が共同で委任なく他人の事務を管理したときは，事務管理に関して本
　人に対して共同で責任を負う。
第352条
　① 許された事務管理（第346条）に関して，事務管理者が本人に対して請求権を
　　取得する意図で他人の事務を管理したときに限って，本人は事務管理者に対し
　　て義務を負担する。
　② 前項の意図に関しては，疑わしい場合は，反対の意図が推定される。
第353条
　　本人の財産に明白な損害を与える急迫の危険の防止が事務管理の目的だったと
　きは，意図された成果が達成されず，又は，事務管理者の過責なく成果の達成が
　されなかった場合でも，本人は，以上の目的のために負担した債務から事務管理
　者を解放し，必要かつ目的に合致した支出を，利子も含めて，補償する義務を負
　う。
第354条
　　本人の財産上の利益のためにだけ，事務管理が引き受けられたときは，事務管
　理によって利益を取得したときに，その限度で，本人は事務管理者に対して責任
　を負う。
第355条
　① 第354条の場合に，本人が利益を断念し，目的物を従前の状態に復すことが可

477

付　　録

能なときは，事務管理者は自分の負担で原状回復し，本人に賠償する必要がある。

② 目的物の原状回復が不能であり，本人の利益が本人に発生する不利益を明確に上回る場合は，本人は事務を追認する必要がある。ただし，利益が不利益を明確には上回らないときは，本人は，事務管理者が自分の負担で総ての事務を引き受け，賠償するよう要求することができる。

第356条

事務管理のための労務に対する報酬を，事務管理者は請求できない。

第357条

① その人のために事務を管理しようと意図した人を事務管理者が錯誤したときでも，第346条から第356条の規定は適用される。

② ただし，事務管理者が自分の事務を管理すると信じて，第三者の事務を管理したときは，第640条の規定を除いて，本人は事務管理者に対して事務管理を根拠として義務を負わない。反対に，事務管理者は本人に対して，前条までの規定の基準で事務管理による責任を負う。

第358条

① 何人かが，自分の事務とともに，かつ，自分の事務を管理する際に，要請を受けず他人の事務を管理したときは，それにもかかわらず，その者は，他人の事務を顧慮して，事務管理者と見なされる。

② ただし，他人の事務と自分の事務が，一方なしでは他方が管理できない関係にあるときは，本人と事務管理者の関係は，契約なしで成立した共有の規定（第407条以下）によって評価される。

第359条

① 本人が事務管理者の管理した事務を追認したときは，本人が代理人に対して責任を負うように，本人は事務管理者に対して責任を負う。

② 事務管理者が第三者と締結した法律行為を，本人が追認したときも，授権者と同じく，第三者を訴えることができ，第三者に訴えられることになる。

第7章　債権の担保，及び，疑義のある法的請求権の確定のための契約からの債務に関して

第8節　他人の損失による利得からの債務に関して（Von den Verbindlichkeiten aus Kosten eines Anderen）

第640条

ある者の損失で発生した他人の財貨の増大に法律上の原因がないにも関わらず，ある者の財産から何かが他人の財産となったときは，利得者は，他に詳細な法規定がないときは，訴えの時の現存利得の限度で，返還，つまり，補償の義務を負う。

第641条

その法的義務があると錯誤して，他人に弁済した者は，次条以下の要件の下で

478

付　　録

返還請求できる。

第642条

　　始めから法的に認められた債務が存在しなかったとき，存在した債務が既に消滅していたとき，又は，債務に停止条件が付され，かつ，条件が成就していなかったときは，弁済は返還請求できる。

第643条

　　条件付きではなく，未だ履行期が到来していなかった債務の弁済は，返還請求できない。

第644条

　　弁済者が，事実の錯誤によって，又は，法規定の錯誤によって，法的義務が存在すると考えたのかとは無関係に，弁済は返還請求できる。

第645条

　　これに対して，弁済に法的義務のないことを知って他人に弁済したときは，弁済者は贈与者と見なされ，贈与自体が無効か違法なときに限って，返還請求が可能である。

第646条

①　他人の債務を他人の債務と知って弁済した者は，弁済者は受領者に債務を負っていなかったという理由で，受領者に対して弁済の返還を請求することはできない。

②　弁済者が，債務者に代わって弁済する義務があると誤信していたときも，同様である。この場合には，弁済者には，その者のために弁済した者に対する求償権が帰属するに止まる。ただし，受領者が弁済者の錯誤を知っていたときは，この限りではない。

第647条

　　種類物の給付義務を負う者が，特定物の給付義務を負うと誤信して，特定物を給付したときは，弁済者は，本来の債務の履行と引き換えで，給付したものの返還を請求できる。

第648条

　　2つのうち1つを給付すべき選択債務を負っていた者が，錯誤で2つを弁済したときは，2つのうちのいずれかの目的物の返還を請求できる。ただし，その間に，2つのうちの1つが偶然に滅失し，かつ，受領者が偶然に対して責任を負わないときは，この限りではない。

第649条

①　一定額の金銭を支払う債務があったが，債務者が錯誤で，金銭の代わりに他の目的物を給付したときは，債務者は金銭債務の履行と引き換えで目的物の返還を請求できる。

②　これに対して，一定額の金銭の支払い義務があると誤信して，債権者と考えた者に，一定の価格で他の目的物を譲渡し，かつ，債権者の勘定で，誤信した金

479

付　　録

銭債務を弁済した者は，譲渡した目的物の返還はできず，差引勘定した価額の
返還を請求できるに止まる。
③ ただし，真の債権者だと誤信していた受領者には，価額ではなく，受領した目
的物を原物で返還する権利がある。

第650条
① 自身で，又は，その者の委任と名前で，存在しない債務を錯誤で弁済した者だ
けが，返還請求の権利を有する。
② 自身で，又は，その者の委任と名前で，存在しない債務の弁済を受領した者に
対してだけ，返還請求が可能である。
③ 事務管理者が，給付又は給付受領して，本人の弁済又は受領の追認がなかった
ときは，返還請求権は，事務管理者にだけ帰属し，事務管理者に対してだけ可
能である。

第651条
① １つの連帯債務に対して，複数の連帯債務者が，異なった時期に，しかも，全
員が満額を弁済したときは，後に錯誤で弁指した債務者は，自分の弁済の返還
を請求できる。
② ただし，連帯債務者が同時に弁済したときは，各債務者は，自分の負担部分を
超えた限度に限って，返還請求が可能である。

第652条
① 被告が，弁済受領を自白しながら，原告が法律上の義務なく弁済したことだけ
を否認するときは，原告は債務がなかったことを証明する必要がある。
② 債務がなかったことが証明されたときは，反対の証明があるまでは，原則は錯
誤して弁済したと推定される。

第653条
① 被告が弁済受領を否認したときは，原告は弁済のあったことを証明する必要が
ある。
② 前項の証明がされたときは，被告は，原告が被告に対して弁済の義務を法律上
負うことを証明しない限り，返還の義務を負う。

第654条
① 被告は，錯誤によって自身に給付された目的物を，すべての従物とともに返還
する責任を負う。
② 返還すべき目的物が代替物のときは，同種，同量，同品質の物で返還される必
要がある。

第655条
① 被告が返還すべき目的物を売却したときは，原告に対して，目的物の売却額，
及び，従物を返還する責任を負う。
② 被告が善意ではないか，又は，返還請求の訴えの告知があった後に，売却が行
われたときは，被告は，特別に高額な価額の賠償の義務も負担する。

付　録

③ 売却が避けがたかったときは，原告は係争物の売却額の返還を請求できるにとどまる。ただし，被告が，売却の不可避性，又は，高額の売却ができなかったことに，自身で責任があるときは，この限りではない。

第656条

① 目的物が被告の故意・過失によって滅失又は損傷したときは，受領者が善意又は悪意の占有者なのかによって，所有権に関する第3章19条第1項，及び，第21条第1項の規定が適用される。

② 弁済者の錯誤を知っていたか否かで，被告は善意又は悪意の占有者とみなされる。

第657条

収益，必要費，有益費，冗費の償還の義務に関しては，本章でも，所有権に関する第3章第20条，第21条，第22条，及び，第23条の規定が適用される。

第658条

法的義務があると誤信して，他人に物の使用を委ねた，又は，報酬を受け得る労務を給付した者は，物自体に関する権利要求の追及とは別に，使用の譲渡，ないしは，給付した労務に対して，給付時の通常の賃料，報酬を請求できる。

第659条

① 双務契約の事例ではなく，一定の許可された将来の状況が発生するという明示又は黙示の前提の下で，何かが供与されたときは，その状況が，受領者の故意・過失又は偶然によって発生しなかった場合には，法律が例外を定めていない限りで，供与者は，供与したものを第654条から第657条の基準で受領者に対して返還請求できる。

② 供与者が示した前提の下で債務が免除されたときも，前項の規定が適用される。この場合に，免除者は，債務の復活を請求できる。

第660条

① 債務が存在するとして物が供与されたが，物を保持する法律上の原因が消滅していたときは，供与者は受領者に対して返還を請求できる。

② 特に，他人に寄託した物が失われたことに対して，他人から賠償を取得した者は，後に損害が消滅したときは，賠償を返還する義務を負う。

第8章　特に，不法行為による債務に関して

第678条

違法な暴力又は強迫によって，物あるいは権利の供与，譲渡，放棄，又は，債務の引き受けを強要された者は，暴力，強迫を行った者に対して，従物，その者が収取した収益，及び，強要された者が収取したであろう収益とともに，物の返還を求める権利，又は，放棄した権利の回復，供与した権利の破棄，引き受けた債務からの解放，及び，強要された者が，暴力又は強迫によって，財産について被った損害のすべての賠償を求める権利を有する。

第680条

481

付　録

　　不法又は醜悪な行為を行わないこと，又は，既に法的義務を負っている行為を
　行うことの対価として，何かを供与させた者は，供与者自身が醜悪さと無関係な
　限りで，供与の目的が達成されたか否かに関わらず，受領したものを供与者に返
　還する義務を負う。

第681条

　　これに対して，受領者が不法又は醜悪な行為を行うか，受領者が法的義務を
　負っている行為を行わないことを目的として供与がされたときは，供与者には返
　還請求権は帰属しない。

第682条

　　第680条の場合に，受領者は，すべての従物，及び，収取した果実を含めて，受
　領したものを返還するか，又は，その賠償をする義務を負い，供与者に対して
　は，自身の支出した必要費の償還だけを請求できる。

第683条

　　第681条の場合に，供与者が返還請求できない受領したものが，どの限度で没収
　されるのかは，刑法が規定する。

10　バイエルン王国民法草案（1861年/1864年）（Entwurf eines Bürgerlichen
Gestzbuchs für das Königreich Bayern 1861-1864, Neudruck privatrechtlicher Kodi-
fikationen und Entwüfe des 19. Jahrhunderts, Bd.3, Scientia, 1973から訳出した。）

第2編　債務関係法（1861年）

第2章　債務関係各論

第17節　事務管理（Geschäftsführung ohne Auftrag）

第734条

　　他人の委任，法律，又は，官庁の命令による授権なく，他人の事務を管理した
　ときは（事務管理），次条以下の規定が例外を定めていない限り，事務管理者は委
　任による事務処理をしたときと同様の責任を負う。

第735条

　　本人の停止の指示がない限り，事務管理者は自身で開始した事務を最後まで完
　了する義務を負う。

第736条

　　事務管理者が，緊急時に，本人の急迫の損害を防止する意図で，本人のために
　行為したときは，事務管理者は悪意又は重過失に対してだけ責任を負う。

第737条

① 本人の禁止に反して，或いは，受任者を排除して事務処理をしたとき，又は，
　緊急の必要なく本人の通常の営業に合致しない事務処理を行ったときは，事務
　管理者は偶然に関しても責任を負う。

② 事務管理者が法律で義務づけられた本人の義務を履行し，それによって公共の

付　　録

利益の緊急の危難を防止したときは，本人の禁止は前項の効果を有しない。

第738条

① 事務管理者が，第740条から第742条以外の場合に，本人の物を改造したとき
は，本人は改造前の状態の回復を請求できる。

② 本人が改造によって損害を被ったときは，原状回復に加えて損害賠償の請求が
可能である。

第739条

複数の者が委任なく他人の事務を管理したときは，その者は本人に対して連帯
して責任を負う。

第740条

① 本人が事務管理を追認したときは，本人は事務管理者に対して委任者と同様の
責任を負う。

② 本人が事務管理から利益を得たときは，追認に等しい。

③ 本人の追認がなかったときは，事務管理者の補償請求は第741条から第744条の
規定に従う。

第741条

① 本人の緊急の不利益を防止するために，事務管理者が出費を行ったときは，出
費が効果を上げなかったか，一旦は効果を上げても成果がなかったときでも，
出費が目的に合致しており，かつ，当該の状況と関係，及び，本人の通常の行
動様式に照して適切だった限りで，事務管理者は本人に補償を請求できる。

② 前項と同様の基準で，事務管理者は，前項の目的で負担した債務からの解放を
本人に対して請求できる。

第742条

事務管理者が，本人の利益のために本人に代わって，本人の財産管理を行った
か，又は，本人に属する営利行為を継続したときは，第741条の基準で，管理又は
事業行為の目的で支出した費用の償還，及び，同様の目的で引き受けた債務から
の解放を請求できる。

第743条

① 第740条及び第741条の規定する事例以外で，事務管理者が支出した費用の償還
と引き受けた債務の解放を請求したときは，本人が事務管理で利益を受けてい
る限度で請求権を有する。

② 本人の義務のある債務の履行は，履行それ自体又は履行の時に本人の利益が害
されない場合に限って，利得として考慮に値する。

③ 事務管理者が本人の物に費用を支出したときは，事務管理者は収去権だけを有
する。

第744条

本人の禁止に反して又は本人から委託を受けた者を排除して，事務管理者が事
務を管理したときは，本人の追認がなければ，総ての場合に，事務管理者は収去

483

付　　録

の権利だけを有する。

第745条

通常は賃金又は報酬が与えられる労務を，事務管理者が供与したときは，事務管理者は第741条から第743条までの要件の下で，官庁の規定がないときは，例えば地域の慣行を考慮して裁判官が定める労務の報酬を請求できる。

第746条

① 事務管理による事務管理者の総ての請求権は，追認があったときでも，その事務の引き受けを規定する官庁の委任があったとき，又は，本人に対して請求する意図なく事務を管理したときは，排除される。

② それが事務管理者の人格又は当該の状況から明確に判明しないときは，前項の意図は，本人が証明する必要がある。

第747条

事務管理者が本人を錯誤したときでも，事務管理の法的効果が変更されることはない。

第748条

① 事務管理者が第三者に属す事務を自己の事務と錯誤したときは，事務管理者は前条の規定の基準で本人に対して責任を負う。

② 本人は事務管理によって利得した限度でだけ，事務管理者に対して責任を負う。

第749条

委任なく他人の事務を自分の事務とともに管理した者は，他人の事務に関しては，事務管理者とみなされる。

第750条【転用物訴権】

① 事務管理者が第三者と締結した契約の結果として，第三者の財産の損失において，本人が利得したときは，第三者は，自身の選択で，事務管理者に対する請求権を行使するか，又は，本人に対して事務管理によって事務管理者に帰属する訴の譲渡を事務管理者に対して請求できる。

② 一方の請求権を主張したときは，それによって第三者が満足を受けた限度に限って，他方の請求権は排除される。

第751条

① 専断的に第三者の物を他人の利益のために使用したときでも，第750条の規定は適用される。

② 官庁の指示に基づいて，公共の危険がある場合に，前項の事態が発生したときは，特別な法律上の規定がある場合を除いて，物を使用された所有者は，当該の地方自治体に対して補償を求める請求権を有する。

③ 前項の地方自治体は，危険を故意・過失で発生させた者に対する求償権を有するが，求償が許されないか又は功を奏さなかったときは，その者の利益のために物が使用された者に対して求償権を有する。後者の者は，第741条の規定の基準で，かつ，危険への関与の程度に応じて責任を負う。

付　録

第752条

本人が事務管理者が第三者と締結した法律行為を追認したときは（第740条第1項，第2項），追認によって，本人は授権者と同様に第三者を訴求することができ，かつ，第三者から訴求されうる。

第24節　不当利得による債務（Verbindlichkeiten aus unberechtigter Bereicherung）
第902条

① 何者かが他人の財産の損失において法律上の原因のない利得を取得したときは，特別な法律上の規定がないときは，以下の規定の基準で，受領者に対する返還請求が成立する。

② 利得とは，所有権又は所有権以外の権利の移転だけでなく，債務の引き受け又は免除，物権の設定，物権の放棄，及び，金銭化できる労務の給付である。

1）債務の存在の錯誤による弁済
第903条

法律上の義務があると誤信して，他人に，債務の弁済のために給付した者は，第904条から第924条の規定に従って，受領者に対して給付の返還を請求できる。

第904条

錯誤した債務が全く存在しなかったか，効力がなかったか，又は，給付時に消滅していたときだけでなく，その取消可能性を知らず取り消しうる債務行為，又は，条件付き債務の条件成就を錯誤して履行されたときも，返還請求は基礎づけられる。

第905条

条件付きではないが，期限未到来の，又は，時効消滅した債務が弁済されたときは，返還請求はできない。

第906条

① 第1部第99条（履行の有無にかかわらない贈与の有効要件としての公正証書）の規定を除いて，法律上規定された特別な方式を遵守して負担した片務的な債務契約が履行されたときは，返還請求権は消滅する。

② 債務契約が双務契約のときは，第17条2項の規定（方式違背だが履行された契約では，方式を追完するか，給付を返還すべきである）が基準となる。

第907条

法律上の義務の存在の前提が，事実の錯誤によるか法律の錯誤によるかとは無関係に，給付は返還請求できる。

第908条

法律上の義務のないことを知って行った給付は，第936条の規定を除いて，贈与とみなされる。

第909条

① 他人の債務と知った上で弁済した者は，自身が受領者に債務を負っていないと

485

付　　録

いう理由で，給付したものを受領者に返還請求できない。

② 受領者が錯誤を知っていたときは別として，給付者が債務者に代わって履行する義務があると誤信していたときも，同様である。

第910条

① 債務者が自身の選択で2つの目的物のうち1つを給付すべきときは，錯誤で同時に2つを給付したときは，債務者の選択で2つのうちの1つの返還請求が可能である。

② 物の1つが受領者の占有から離れ，かつ，受領者が第918条の規定の基準で責任を負うときは，債務者は自身の選択で現存する物又は適切な補償を請求することができる。受領者が返還の責任を負わないときは，請求権は消滅する。

第911条

債務者が，錯誤して，自身が債務を負う対象以外の目的物を給付したときは，現実に債務を負った目的物との引き替えでだけ，その目的物の返還を請求できる。

第912条

被告が，返還請求されている給付を原告から受領したことを否認したが，それが被告に給付されたときは，原告が被告に対して給付の法的義務を負っていたことを，被告が証明できない限り，被告は受領したものを返還する必要がある。

第913条

① 被告が給付の受領を自白したが，原告の給付義務を主張するときは，原告は，債務のないことを証明する必要がある。

② 債務の不存在が証明されたか，被告が債務の不存在を自白したときは，双方の個人的な関係から原告が贈与の意思を持っていたという反対の証明がされるまでは，原告の錯誤が推定される。

第914条

錯誤して給付された弁済の受領者は，受領した財産上の利益（Vermögensvorteil）を弁済者に返還する必要がある。

第915条

① 代替物の返還は，同種，同量，同品質の物によって行われる必要がある。

② 弁済された金銭には，受領者が債務のないことを知っていた場合に限って，利息が請求できる。

第916条

不代替物の所有権が譲渡されたときは，受領者は，増加及び従物とともに物を譲渡人に返還し，物から収取した果実を返還する必要がある。

第917条

① 物が偶然に滅失したときは，第918条の規定を除いて，返還義務は消滅する。

② 受領者が自由な行為によって物の返還を不能にしたときも，同様である。ただし，受領者は，返還時に利益が受領者の財産に現存する限りで，自由な行為によって取得した利益を返還する必要がある。

付　　録

第918条
① 不代替物の受領に際して，受領者が債務のないことを知っていたときは，自身の行為によって受領した物の返還を不能にしたときだけでなく，物が弁済者の占有下にあっても，偶然に滅失したであろうことを証明できない限り，物が偶然に滅失したときも物の完全な価格返還の義務を負う。
② 受領者が物の受領に際して善意だったが，後に債務の不存在を知ったか，返還請求の訴えを告知された後に，自由な行為によって物の返還を不能としたときも，同様である。

第919条
物の受領者が，物に支出した費用に関しては，費用の支出時に，受領者が債務の不存在を知って悪意だったか，そうでなかったかによって，……条の規定（所有物返還請求）が準用される。

第920条
① 他人に，物の占有，使用，又は，収益が譲渡されたときは，受領者は譲渡人に物を返還し，物の譲渡によって取得した利益を返還する必要がある。
② 物に対する受領者の責任，及び，物への費用による受領者の請求は，物の引渡しによって受領者と譲渡人の意図した法律関係に則して決定される。
③ 第918条と第919条の規定は，前2項の場合にも適用される。

第921条
物権が設定又は消滅させられたときは，物権の消滅又は設定，及び，設定又は消滅によって受領者が取得した利益の返還が請求できる。

第922条
金銭化できる労務が報酬なしで給付されたときは，給付時の通常の価格で労務の報酬が請求できる。

第923条
① 債務を負担した者は，債務の免除，及び，債務に関して作成された証書の返還，又は，効力がないことの意思表示を請求できる。
② 他人の債務を引受けたときは，従前の債務者に対する債務の解放の請求が基礎づけられる。ただし，債権者が錯誤を知っていたときは，債権者に対しても免除の請求が可能である。

第924条
債務が免除されたときは，債務の復活は，免除の結果として債務者の取得した利益の返還に限って請求が可能である。

２）前提の不発生による返還請求
第925条
① 将来の一定の結果又は法効果を，明示又は黙示に合意したという前提の下で，自分の財産の損失によって，利益を出捐した者は，結果又は法効果が発生しなかったときは，第933条と第934条の規定する場合を除いて，支出した出捐を，

付　　録

　第926条から第932条の基準に従って返還請求できる。

② 受領者の責任で，又は，それ以外の理由で，前提が実現されないときには，返
　還請求権が発生する。

③ 双務契約の結果として当事者の一方が行った給付が返還請求されたときは，第
　926条，第932条の規定も適用される。

第926条

　その時期に関しては正確に規定されていない受領者の将来の行為を前提として
出捐がされたときは，具体的な状況からは受領者が行為を行いうる期間が経過し
た後は，返還請求が基礎づけられる。

第927条

　前提の発生が，取引の本性と目的によれば，出捐者の恣意を免れていたが，後
に，出捐者によって阻止されたときは，前提は実現したと見なされる。前提が，
受領者から第三者に行われるべき給付であり，かつ，第三者が給付を妨害した
か，又は，拒絶したときも，同様である。

第928条

　受領者は，出捐によって取得した財産上の利益を，第914条，及び，第915条第
1項，第920条から第924条，更に，第929条，及び，第930条の基準で返還する必
要がある。

第929条

① 給付の目的物が不代替物であり，受領者がその物を処分して物の返還を不能に
　したとき，又は，受領者が注意深い管理と監視の注意義務を怠って，それを取
　得した時の状態で物を返還することができないときは，受領者は物の完全な賠
　償の責任を負う。

② 受領した物の果実収取が目的とされていたときは，受領者は収取を怠った果実
　の返還の義務を負う。

第930条

① 受領者は，費用が必要費であるか，又は，費用が物の価値を増加させていると
　きは，物に支出した費用の償還を請求できる。

② 費用の償還が実現されるまでは，受領者は物を留置できる。

③ 前提の不発生を知った後，又は，返還請求の訴の告知を受けた後に，受領者が
　受領した物に費用を支出したときは，費用が必要費の限りで，受領者は費用の
　償還を請求できる。それ以外の費用に関しては，受領者は収去権を有するに止
　まる。

第931条

　給付の保持が，受領者に分かる方法で，特別な前提の実現に係らしめていたこ
との証明の他にも，前提が実現しなかったことを証明することで，返還請求の訴
が基礎づけられる。

第932条

受領された目的物が，受領者が前提の実現しないことを知る以前に，出捐者の指定に従って，費消されていたときは，返還請求は消滅する。目的物が不代替物であり，偶然に減失していたときも，同様である。

3）非難すべき受領による返還請求

第933条

① 何人かが，違法で良俗に反する，又は，公序に反する行為を控えるために，財産上の出捐を受領したときは，出捐の目的が達成されたか否かにかかわらず，出捐者は，受領者から出捐の返還を請求できる。

② 出捐者が出捐によって自身も法律違反を犯しているときは，返還請求権は消滅する。

第934条

違法で良俗に反する，又は，公序に反する行為，又は，義務の不履行を促すか促進する目的で，出捐がされたときは，債権者には返還請求権は帰属しない。債権者が目的を達成したか否かは無関係である。

第935条

① 第933条第1項の場合に，受領者は，出捐により取得した財産上の利益を，第914条，915条第1項，第920条から第924条，及び，第929条の基準で償還する義務を負う。

② 受領者が物に支出した費用を，受領者は，費用が必要費である限度で，出捐者に償還を請求できる。それ以外の費用に関しては，受領者は収去権を有するに止まる。

4）その他の原因による返還請求

第936条

法律で禁止された取引，又は，取消可能性の根拠が確定する前に，取り消しうる取引を契機として，他人に出捐した者は，出捐時に取引が有効でないこと，又は，取引の取消可能性を知っていたときでも，出捐の返還を請求できる。

第937条

出捐時には出捐の法律上の原因が存在したが，後に脱落したときも，他人に対して行った出捐の返還は許容される。

第938条

① 第936条，及び，第937条の場合には，返還請求の目的物，及び，場合によっては，反対請求は，第914条から第916条，第919条から第924条の基準で評価されるべきである。ただし，第937条の場合には，出捐の法律上の原因が消滅した時から，果実は償還されるべきである。

② 受領者が，利得の法律上の原因の欠缺又は脱落を知ったか，又は，返還請求の訴が送達された後に，受領者が，自由な行為によって受領した物の返還を不能にしたときには，物の完全な価値の給付が基礎づけられる。

付　録

第939条

　　第936条から第938条に基づいて返還請求を主張する者は，法律上の原因の欠缺又は脱落を証明する必要がある。

第940条

　　他人の行為によって，第三者の財産上の損失において利得した者に対しては，返還の請求は，第750条の要件の下でだけ発生する。

11　ザクセン王国民法（Bürgeliches Gesetzbuch für das Königreich Sachsen von 1863/1865, Neudrucke privatrechtlicher Kodifikationen und Entwürfe des 19. Jahrhunderts, Bd.4, Bürgerliches Gestzbuch für das Königreich Sachsen, Scientia, 1973から訳出した。）

第3編　債　権　法
第2章　債権の様々な種類
第1節　契約と契約に類似した関係による債権
XVIII　事　務　管　理

第1339条

　　委任が存在しない，或いは，委任が有効ではないとき，又は，委任が存在するが，本人から委任されたのではない，或いは，事務管理者に委任されたのではないときは，委任なく事務が管理されたことになる。事務管理者が，委任がなかったことを知っていたか，委任があったと錯誤していたかで，違いはない。

第1340条

　　すでに管理された事務の追認は，事務管理者が事務管理の規定によって，追認者が委任による事務管理の規定によって評価される効力を有する。管理の始まった事務が追認されたときは，事務の継続の委任と見なされる。

第1341条

　　事務管理者が他人の事務だけを管理していると考えて，自分の事務も管理したときは，事務が他人の事務である限りで，事務管理が存在する。

第1342条

　　何人かが自分の事務を管理すると考えて他人の事務を管理したときは，事務を管理された者は，確かに，本人の権利を取得するが，自身が利得している限度で，事務を管理した者に対して責任を負う。

第1343条

　　事務管理者が事務管理の際に本人を錯誤したとき，又は，複数の本人が存在するときに，1人又は個々人のためにだけ行為しようと考えたときは，事務管理がされた者が本人とみなされる。

第1344条

　　ある人の個々の事務，あらゆる種類と範囲の事務，事務の全部に関して，事務

付　　録

管理は可能である。

第1345条

　　事務管理者は，事務管理に際しては，管理者の知る本人の現実の意思，或いは
推定的意思に従って，又は，そこから推認できる手がかりが存在しないときは，
事物の本性と本人との関係に従って行為する必要がある。

第1346条

　　事務管理者は，自身が開始した事務を終了させ，かつ，従前の事務と重要な関
係がある新たな事務も引き受ける義務を負う。

第1347条

　　本人と事務管理者は，その故意・過失に関して，第728条，第729条［債権関係
の当事者の注意義務に関する規定］によって責任を負う。本人の禁止に反して行
為したときは，事務管理者は偶然に関しても責任を負う。

第1348条

　　受任者が事務処理で受領したものの返還，事務処理に関する計算報告，自分が
消費した金銭への利息支払い義務に関する第1310条から第1312条［委任］の規定
は，事務管理者にも適用される。債務者が債権者の財産の管理に関与したとき
は，自分の債務を適時に支払い，かつ，それを怠ったときは，金銭債務では，年
利5％の利息を支払う必要がある。

第1349条

　　事務管理者が行為無能力者又は制限行為能力者のときは，特段の理由でそれ以
上に義務が加重されていないときは，自分が利得している限りで，事務管理によ
る責任を負う。

第1350条

　　共同で事務管理を引き受けた複数の事務管理者は，連帯債務者として責任を負
う。

第1351条

　　事務管理による請求権は，行為無能力者又は制限行為能力者の本人も有する。

第1352条

　　事務管理及び事務管理で支出した費用に関して，事務管理者が第1345条，1346
条の規定で責任を負うときは，第1314条，第1315条で委任者に対して請求できる
ように，支出した費用の償還，支出の利息，及び，引き受けた債務からの解放
を，事務管理者は請求できる。それ以外の場合は，事務管理者は，本人の利得の
限度で請求権を有し，支出した費用に関して収去権を有するにとどまる。

第1353条

　　事務管理者が，支出によって本人に贈与しようという意図で行為したとき，無
償で事務処理しようと望んだ第三者を排除したとき，又は，自分の費用で事務管
理する義務を負っていたときは，事務管理者は費用償還請求権を有しない。

491

付　　録

第1354条

　　両親又は直系尊属が直系卑属に，直系尊属が両親又は直系尊属に，又は，兄弟姉妹がその兄弟姉妹に扶養を与えたときは，疑わしい場合は，贈与の意図でなされたとみなす。

第1355条

　　本人が事務管理を禁じたときは，事務管理者の費用償還請求権は，事務管理者が禁止を知った時から消滅する。ただし，事務管理者が，本人の国家，地方公共団体に対する公法上の義務を履行したとき，本人が扶養義務を負う者に対する扶養を与えたとき，又は，その費用を本人が支弁すべき遺体の埋葬を行ったときは，本人が事務管理を禁じたときでも，事務管理者は費用の償還を請求できる。

第1356条

　　自分の利益のために事務を管理した者は，それによって本人が利得した限度でだけ償還の請求権を有する。

第1357条

　　費用支出が他人の利益となっただけでは，償還請求権は発生しないが，他人が費用を追認したときは，この限りではない。

第1358条

　　それ自体はその者のために行為した者の事務ではない事務，又は，事務管理者の意思によってだけ本人が決定される事務では，その事務が本人の事務とみなされるのは，本人が追認したときに限られ，かつ，その条件の下でだけ，事務管理者は費用償還請求の権限を有する。

第3節　様々な理由による債権

Ⅰ　非債弁済による返還請求

第1519条

　　給付の義務のないものを，他人に給付した者は，給付の義務があると錯誤していたときは，受領者から給付したものの返還を請求できる。

第1520条

　　受領者が全く給付受領権を有しなかったのか，又は，給付前に給付受領権が消滅していたのかは，無関係である。受領者が給付の後に給付受領権を取得したときは，給付されたものを非債弁済として返還請求することはできない。

第1521条

　　期限前の弁済というだけの理由では，返還請求はできないが，条件付きの債務が条件成就前に弁済されたときは，返還請求が可能である。

第1522条

　　時効消滅した債務を弁済した者は，給付したものの返還を請求できない。

第1523条

　　返還請求の要件は，給付者が，事実に関してであろうと法律に関してであろうと，債務の存在に関して錯誤していたことである。

付　　録

第1524条

　何人かが，他人を権利者と錯誤して，権利者として他人に給付したとき，同様に，何人かが，債務がないにもかかわらず，自身を債務者と錯誤して，他人に対して義務のある給付を行ったときも，返還請求が可能である。

第1525条

　何人かが，債務の目的物の代わりに，それとは異なった目的物を，種類物の代わりに，特定物を，又は，選択債務の代わりに，債務を負った目的物の１つを，その給付義務を負っていると錯誤して，給付したときは，その者は，給付したものの返還を請求できる。複数の目的物の選択権が帰属する者が，その全て，又は，選択的な債務を負うものの複数を給付したときは，その者は，返還請求するものの選択権を有する。

第1526条

　非債弁済の請求権は，債務なく給付された目的物の返還請求に及ぶ。

第1527条

　所有権移転のために給付した物が返還請求の目的物であるときは，善意の受領者は，目的物からの増価（Zuwachs）の現存するものを返還する必要がある。受領者が，物を売却または消費したときは，返還時に利得の存する限度で責任を負う。物から取得した果実の償還の義務，同様に，物に支出した費用の償還の権利に関しても，所有権の訴えに関する規定が適用される。

第1528条

　悪意の受領者には，窃取に関する規定が適用される。

第1529条

　物の使用が譲渡されたとき，又は，労務が給付されたときは，受領者の需要があるときに限り，受領者の需要に合致して，使用または労務に供されたであろうものの償還を請求できる。

第1530条

　物に関する権利が設定されて，債務の引き受けがされたときは，その債務からの解放，及び，そのために作成された証書の返還，又は，それ以外の担保の返還を請求することができる。

第1531条

　債務が放棄されたときは，放棄以前の債務が復活する。交付された受領証は，返還されるべきである。

第1532条

　債務なしで支払った利息の返還請求権は，支払いから３年で時効消滅する。

第1533条

　非債弁済を理由に訴求された被告が，給付を否定するときは，原告は給付だけを証明する必要があり，かつ，給付が証明されたときは，被告が反対の証明をするまでは，給付の権利が存在しないこと，及び，給付に際しての錯誤の存在が認

付　　録

定される。

Ⅱ　将来の出来事を前提とする給付の返還請求

第1534条

　　明示的な，又は，ある関係から将来の出来事が発生するという前提の下で，何かを給付した者は，その出来事が発生しなかったときは，受領者から給付したものの返還を請求できる。

第1535条

　　給付は拘束力のある債務関係の結果であってはならず，贈与とみなされてはならない。

第1536条

　　給付したものの返還請求権は，出来事の不発生が決定した時に発生する。出来事の不発生の原因が，受益者の責任でも，偶然によるものであろうとも無関係である。前提が受領者のなすべき給付の場合には，給付が受領者の責任とは無関係に不能となったときは，返還請求は排除される。前提とされた出来事が，始めから不能なときは，供与者が不能を知らなかったときに限って，返還請求が発生する。

第1537条

　　供与者が出来事の発生を妨害したときは，供与者は給付の返還を請求することができない。ただし，出来事の発生を妨害する権利が，供与者に帰属するときは，この限りではない。

第1538条

　　将来の出来事を原因とする給付されたものの返還に関する受領者の義務は，第1526条から第1531条の規定によって評価される。取得したものの一定の利用，又は，給付に関する受領者の義務が定められており，それゆえに，受領者が何らかの支出をしたり，損失を被った場合は，受領者は，支出，若しくは，損失の補償を請求するか，又は，受領したものからその価額を控除することができる。

第1539条

　　返還請求する者は，自分の給付がある出来事の発生に係っていたこと，及び，それが発生しなかったことを証明する必要がある。個別の事情によって，出来事の発生を阻止する権利が，返還請求する者に与えられていたときは，返還請求する者は後者の証明を免れる。

Ⅲ　不道徳又は不法な給付の返還請求

第1540条

　　ある者が，将来の出来事のために，良俗に反する方法で受領したときは，その出来事が発生したか否かにかかわらず，供与者は，供与自体が良俗に反するのでなければ，返還請求が可能である。

第1541条

受領者に法規又は良俗に反する行為を行わせないため，又は，いずれにせよ受領者が法的義務を負っている行為を行わせるために，何かが給付されたときは，受領者の側の良俗違反が認定される。

第1542条
犯罪の発見と告訴のための報酬の受領は，良俗に違反するとは見なされない。ただし，報酬を受けた者が，犯罪を犯しているか，関与しているときは，その限りではない。

第1543条
受領者も供与者もともに，又は，供与者だけが，良俗違反のときは，返還請求は排除される。

第1544条
受領者に，法規或いは良俗に違反する行為を行わせるため，又は，法的義務のある行為を止めさせるために，又は，法規或いは良俗に反する行為を促進するために，供与者が何かを給付したとき，又は，特に，犯罪者が自身の犯罪を告発させないか発見させないために何かを与えたときは，供与者の側の良俗違反が存在する。

第1545条
自身が違法な行為を犯すことで他人の財産から何かを取得した者に対しては，他人は取得されたものの返還を請求できる。

第1546条
良俗違反又は違法な原因による返還請求には，第1526条から第1531条の規定が適用される。

Ⅳ　法律上の原因の欠如による返還請求

第1547条
何らの原因なく，無効又は取り消された取引のために，又は，不能の目的のために，何かが給付されたときは，供与者は給付されたものを受領者から返還請求する権利を有する。

第1548条
返還を求める同様の権利を有するのは，一時的で再び消滅した目的のために，何かを給付した者である。特に，自身に委ねられた物が占有離脱した者が，第三者に損害賠償を給付したときは，損害が後に消滅したときは，その限りで返還請求できる。

第1549条
その者の財産から，他人が偶然に何かを取得したか，代理人が法律上の原因なく何かを給付したときは，その者は，返還の請求が可能である。

第1550条
第1547条から第1549条の場合の返還請求には，第1526条から1543条の規定が適用される。

付　録

> **12　ドレスデン草案**（Dresdener Entwurf eines allgemeinen deutschen Gesetzes über Schuldverhältnisse von 1866, Herausgeber von Bernhard Francke, 1973, Scientia Verlag Aalen から訳出した。ただし，条文の【 】の見出しは筆者が付した。）

第2編　債 権 各 論
第4章　他人の事務処理による債務関係
第1節　委　任
第2節　指　図
第3節　問　屋
第4節　寄　託
第5節　事務管理（Geschäftsführung ohne Auftrag）
第754条

　　何人かが，本人，法律，又は，官庁からの委託なく，他人の事務の管理を引き受けたときは，その者（事務管理者）は他人（本人）に対して，引き受けた事務を，事務の性質，推定される本人の意思，当該の事情，及び，本人の利益に最も合致した方法で処理し，事務と避けがたく関連したことを含めて，完了させる義務を負う。

第755条

　　本人の急迫の損害を防止するために，事務管理者が事務を処理したときは，事務管理者は悪意または重大な過失に対してだけ責任を負う。それ以外の場合は，軽過失に対しても責任を負い，事務処理に関する本人の禁止にもかかわらず事務処理したとき，又は，緊急の必要性がないにもかかわらず，本人の通常の営業に合致しない行為を行ったときは，偶然についても責任を負う。

第756条

① 事務管理者は，事務処理に関して本人に計算報告を提出し，本人に，事務処理の結果として取得又は受領したものの全てを報告する義務を負う。事務管理者が，本人の金銭を自分の利益のために使用したとき，又は，金銭の引渡し或いは利子つきの投資を怠ったときは，第700条［受任者の金銭消費などに関する責任］の規定が適用される。

② 事務管理者が，第三者に対する債権を，自分の名前で，ただし，債権を本人に帰属させる意図で取得したときは，債権は本人に移転する。

第757条

　　事務管理者が契約により義務を負担する能力がないか，又は，その能力が制限されているときは，事務管理者の義務がそれ以上となる特段の理由がない場合には，利得している限度で，事務処理によって責任を負う。

第758条

　　複数の者が共同で他人の事務を処理したときは，その者らは連帯債務者としての責任を負う。

付　録

第759条

　　事務管理者が，自分の事務を処理すると信じて他人の事務を処理したとき，事
務処理に当たって本人を錯誤したとき，又は，複数の本人が存在するが，その全
てのために事務処理する意図を有していなかったときは，それにもかかわらず，
その事務を処理した者に対して，事務管理者としての責任を負う。他人の事務を
処理するだけだと信じて，同時に自身の事務を処理した者も，同様の責任を負
う。他人の事務と自身の事務処理が，一方の事務処理が他方のそれと分離できな
いように結合していたときは，本人と事務管理者の間の法律関係は，組合による
債務関係に関する規定によって判断される。

第760条

　　事務管理者が，第754条の規定に従って，その処理を怠れば本人に財産上の損害
又はそれ以外の不利益が発生せざるをえない事務を処理したときは，意図した効
果が発生せず，又は，事務管理者の故意・過失なく実現しなかった場合であって
も，本人は事務管理者が引き受けた債務から事務管理者を解放し，かつ，それが
必要で有益であり，当該の状況に適切な費用である限りで，全ての費用を，費用
の利息も含めて償還する義務を負う。

第761条

　　事務管理者が，第760条に規定する以外の方法で，特に，緊急性なしで本人に負
担を負わせる他人の事務を処理したか，又は，自身の利益のためだけに，或い
は，自身の事務だけを処理すると信じて，他人の事務を処理したときは，本人
は，利益を受けている限度で，事務管理者に対して償還の義務を負う。

第762条

①　事務管理者が必要費，有益費以外の費用を支出したときは，事務管理者には収
　去権だけが帰属する。

②　第761条の場合に，事務管理者が物を改造したときは，事務管理者は，改造前
　の状態を回復し，改造が本人に損害を与える限りで，本人に対して賠償する義
　務を負う。

第763条

　　事務管理者が，本人に贈与する意図で，費用或いは出費を支出したとき，事務
を無償で処理する用意がある他人を，それ以前に自分の事務処理で排除したと
き，又は，自身で事務処理する義務を負っていたときは，事務管理者には本人に
対する費用の償還請求権は帰属しない。

第764条

　　両親又は直系尊属が，その直系卑属に，又は，後者が前者に扶養を与えたとき
は，疑わしい場合は，贈与の意図だったとみなされる。

第765条

　　本人が事務処理を禁止していた場合に，禁止を事務管理者が知って費用又は出
費を支出したときは，事務管理者の費用又は支出の償還を求める権利は排除され

497

付　録

る。ただし，公法の規定によれば本人が国家或いは地方公共団体に対して負担すべき義務を事務管理者が履行したとき，又は，本人が扶養の義務を負う者に扶養を与えたか，本人が負担すべき葬儀費用を支払ったときは，この限りではない。

第766条

本人が事務管理者の処理した事務を追認したときは，追認までの事務との関係では，事務管理者は委任のない事務管理者と見なされる。ただし，本人は事務管理者に対して，委任者の受任者に対すると同様の責任を負う。

第767条【転用物訴権】

事務管理者が自身で第三者と締結した行為の結果として，何かが第三者の財産から本人の利益に使用されたときは，本人が事務管理者の行為を追認せず，自身に義務があると承認もしなかったときでも，使用が財貨の増大か支出の節約となったのかで違いなく，本人が利益を受けている限度で，本人は第三者に対して償還の義務を負う。

第768条

ある者が，委任なく他人のために，それ自体は他人の事務ではない事務を処理したときは，他人がその事務を追認した場合に限って他人は本人とみなされ，かつ，その要件の下でだけで，事務管理者が本人に対して費用償還請求権を有する。

第8章　不当利得による債務関係 （Schuldverhältnisse aus ungehöriger Bereicherung）
第1節　錯誤による非債弁済の返還請求
第976条

自分が法的義務があると誤信して他人に何かを給付した者は，錯誤が許されうるか又は許されないか，事実に関するか法規定に関する錯誤かに関わらず，給付したものを返還請求できる。状況から，義務が存在しない場合でも給付を望んでいたことが判明するのではない限りで，法的な義務の存在に疑念をもっていたが，その義務の履行として給付がされたときも同様である。

第977条

① 債務が始めから存在しなかったとき，又は，給仕時には取り消されていたときは，返還請求が可能である。債務が条件付きで，かつ，条件が成就していなかったときも同様である。

② 条件付きではない債務の履行のための履行期前の給付，時効に係った債務の履行のための給付は，返還請求できず，しかも，後者の場合には，時効の完成を債務者が知っていたか否かで違いはない。同様に，受領者が給付の後に給付に対する権利を取得したときも，返還請求は排除される。

第978条

① 給付が，債務者以外の者によって，又は，債権者以外の者に対して，自身が債務者だと，又は，他の者が債権者だと誤信して行われたときは，返還請求できる。

② 第三者に給付する代わりに，第三者の債権者に給付する必要があると誤信し

付　　録

て，第三者の債権者に給付した者は，受領者に対して返還請求できないが，受領者が給付者の錯誤を知っていたときはこの限りではない。

第979条

　　債務者が債権者に対して，債務を負っていた物に代わって，それ以外の物を，又は，種類物である物に代わって，特定物，あるいは，選択によって決定される物の場合にその1つを，その物の給付義務を負っていたと誤信して給付したときは，給付した物の返還を請求できる。選択権のある債務者が，選択によって債務を負う複数の物のすべて又は1つを給付したときは，債務者は返還を求める物を選択できる。

第980条

　　債務者が，自身の債務額を錯誤して，債務額を超える価値の不代替物を，弁済に代えて債権者に給付したときは，債権者は，その物のすべてを，ただし，債権の全額の弁済の受領と同時履行で返還する義務を負う。

第981条

　　受領者が給付の受領時に善意の場合は，返還請求の訴え提起時に利得している限度で責任を負う。

第982条

①　物が給付されたときは，物から生じたもの，従物，果実を，それが訴えの提起時に現存している限りで，返還する必要がある。受領者は，必要費の償還を請求できる。有益費によって物の返還時に物の価値が増加している限度では，有益費についても同様である。冗費に関しては，受領者には収去権が帰属するだけである。

②　受領者が受領した物をすでに売却又は費消していたときは，受領者が物によって返還請求の訴えの提起時に利得している限度で，物の価値の返還の義務を負う。

第983条

　　物に権利が設定されたか，又は，権利が廃棄されていたときは，返還請求の権利者は，設定された権利の廃棄，又は，廃棄された権利の回復，及び，設定又は廃棄の結果として受領者の取得した利益の返還を請求できる。

第984条

　　債務を負担したときは，返還請求の権利者は，債務からの解放，及び，そのために発行された証書，又は，その他の担保供与の返還を請求できる。債務が免除されたときは，返還請求の権利者は，債務の回復，及び，債務者が免除の結果として取得した利益の返還を請求できる。

第985条

　　物の占有，使用，果実の収取が供与されたか，又は，通常は対価が支払われる労務が給付されたときは，返還請求の権利者は，受領者から，占有の返還，及び，受領者が占有，使用，又は，果実の収取，又は，労務によって取得した利益

付　録

の返還を請求できる。ただし，受領者が善意のときは，受領者の必要に応じて，占有，使用，果実の収取，又は，労務に支出したであろう価額の限度で責任を負う。

第986条

　物の受領者が受領時に悪意だったときは，第222条２項の規定が適用される。受領者が受領時に善意だったときも，その後に悪意となったときは，悪意となった時から，同様の責任を負う。

＊第１編第２章第２節「不法行為」

第222条

① 損害賠償義務を負う者は，被害者に対して，違法な行為によって被害者から奪われたもののすべてを，原物で返還する必要があり，滅失，損傷したものを，以前の状態に回復すべきであり，直接又は間接に惹起した損害を賠償すべきであり，違法な行為による加害によって奪われた利益を償還すべきである。

② 被害者が違法な行為によって物を奪われたときは，行為者は，受領時から金銭に利息を付して，その他の代替物は同種，同量，同品質の物で，及び，不代替物は，加害者が収取した，及び，被害者が収取したであろう不代替物から生じたもの，従物，及び，果実を返還する必要がある。物が偶然に滅失又は損傷したときも，加害者が，物が被害者が占有していても偶然に巻き込まれていたであろうことを証明しない限りは，同様である。加害者は，費用の償還の請求権を有しない。

③ 違法な行為の結果として何かが帰属した第三者に対しては，第三者が取得時に悪意であったときに限って，取得したものの返還を請求できる。

第987条

① 返還請求の権利者は，給付，及び，債務の存在を顧慮して給付したこと，同様に，債務が存在しなかったことを証明する必要がある。返還請求権の権利者が以上を証明したときは，反対の証明が提出されない限りで，返還請求の権利者は錯誤によって給付したと推定される。

② 被告が知っているにもかかわらず給付の受領を否認し，給付の受領が返還請求の権利者によって証明されたときは，受領者によって行われるべき反対の証明があるまでは，返還請求の権利者の債務は存在せず，かつ，返還請求権の権利者は債務の存在を錯誤して給付したと推定される。

第２節　前提の不発生による返還請求

第988条

　有償契約によって義務を負ったのではなく，許されうる理由から，明示的に表示されたか，又は，状況から明らかになる，将来の出来事が発生するという前提に基づいて，他人に何かを給付した者は，以上の出来事の発生しなかったとき

は，受領者に対して給付の返還を請求できる。

第989条

　供与した者が，前提とされた出来事の発生を違法に挫折させたとき，又は，前提とされた出来事が受領者の負担した給付であり，それが受領者の故意・過失なく不能となったとき，又は，前提とされた出来事が初めから事実として不能であり，かつ，それを供与者が知っていたときは，返還請求権は発生しない。

第990条

　返還請求の権利者は，一定の出来事の発生という前提で給付がされたこと，及び，一定の出来事が発生しなかったことを証明する必要がある。

第991条

　給付されたものの返還に関する受領者の債務は，第981条から第986条の規定によって評価される。

第992条

　受領者に受領した物の一定の種類の費用，又は，給付が義務づけられていたために，何かを支出するか給付したときは，支出又は給付したものの返還を請求するか，支出又は給付の額を控除することができる。

第3節　非難すべき受領による返還請求

第993条

① ある者が，将来の出来事のために，不道徳又は不名誉な原因に基づいて何かを受領したときは，供与者は，期待されていた出来事が発生したか否かを問わず，その者から，受領したものの返還を請求できる。

② 供与者も受領者も不道徳で不名誉な場合は，供与者は自分の出捐の返還を請求できず，自己に約されたことの履行を請求できない。

第994条

　受領者の側の不道徳又は不名誉な原因が存在するのは，特に，それによって法律又は良俗に反する行為を行わないようにするため，又は，それがなくとも法的義務を負っている行為を行わせるために，何かを受領した場合である。

第995条

　与供者の側の不道徳又は不名誉な原因が存在するのは，特に，それによって法律又は良俗に違反する行為を行わせるため，又は，法的な義務のある行為を行わせないため，又は，法律又は良俗に違反する行為を促すために，何かが給付された場合である。

第996条

　ある者が，その者の侵した違法な行為の結果，特に，乱暴かつ強圧的な約束の結果として，他人の財貨から何かを取得したとき，又は，悪意で他人の財産の果実から利益をあげたときは，その者は返還の義務を負う。

第997条

　不道徳又は不名誉な原因によって，又は，違法な行為の結果として物を取得し

付　録

た者は，第986条の規定の基準で返還の義務を負う。それ以外では，この場合には，第983条から第985条の規定が適用される。

第4節　原因のない保持による返還請求

第998条

その法的義務がないことを知っていたにも関わらず，他人に何かを給付した者は，給付時にその契約能力が制限されていたとき，又は，給付が法律上の禁止に違反しているときは，給付したものの返還を請求できる。

第999条

自分が債務を負うが，後に，取り消されて廃棄された契約に基づいて何かを給付した者は，給付したものの返還を請求できる。ただし，受領者が，給付時に契約能力が制限されていたときは，返還請求の訴え提起時に利得が現存する限りで責任を負う。

第1000条

ある者が，他人に，法的に不能な結果のために何かを給付したときは，その者は受領者に対して給付したものの返還を請求できる。

第1001条

他人がその物を回復することを正当化する契約があると考えて，ある者が他人に法律上の原因なく物を与えたが，他人は他の契約に基づいて物を受領したと考えたときは，供与者は給付したものの返還を請求できる。

第1002条

物が一時的な法律上の原因によって他人に給付されたが，その法律上の原因が後に脱落したときは，供与者は給付したものの返還を請求できる。特に，寄託物を紛失して他人に損害賠償をした者は，損害が後に回復されたときは，給付したものの返還を請求できる。

第1003条

他人の財貨から他人の意思によらず法律上の原因なく何かを取得した者は，始めから法律上の原因がなかったとき，又は，後に脱落したときであっても，取得したものを，それが帰属する者に返還する義務を負う。

第1004条

第998条から第1003条の場合の返還請求には，第981条から第986条の規定が適用される。

第1005条

他人の物を善意で自己の物と付合させ，物の所有者が所有権の訴えで返還請求できなくなったときは，自己の占有にある物によって利得している限度で，物の所有者に対して返還の義務を負う。

第1006条

ある者が他人の物を善意だが法律上の原因なく占有し，消費するか売却したときは，所有権の訴えで物の返還を請求できなくなった所有者は，その者が返還請

付　録

求の訴えの提起時に利得している限度で，物の価値の返還を請求できる。物を売却した場合に，売却者が反対給付を未だ受領していないときは，売却者の請求権は，従前の所有者に移転する。

> **13　ドイツ民法準備草案**（Werner Schubert (Herausgeber), Die Vorlage der Redaktoren für die erste Kommission zur Ausarbeitung des Entwurfs eines Bürgerlichen Gesetzbuches, Recht der Shuldverhältnisse, TEIL3, Besonderer Teil II, Verfasser：Franz Phillip von Kübel und Hilfsarbeiter, Walter de Gruyter, 1980 から訳出した。ただし，条文の【 】の見出しは筆者が付した。)

［不当利得による債務関係］
Ⅰ　非債弁済による給付の返還請求
第1条
　　他人に対して負担する法的債務の履行のためにあるものを他人に給付した者は，債務が存在しなかったときは，受領者から給付したものの返還を請求できる。給付時に債務の存在しなかったことを給付者が知っていたときは，返還請求は排除される。
第2条
① 債務が始めから成立していなかったとき，又は，給付時に消滅していたとき，同様に，債務が条件付きで条件が成就していなかったときも，返還請求が可能である。
② 債務を負ったものとして特定物を給付したが，その特定物ではなく，種類物，又は，債務者の選択によって給付されるべき物，あるいは，それ以外の物を給付すべき債務を負っていたときは，返還請求が可能である。選択権を有する債務者が，選択権のある複数の物の一つではなく，その物の全て，又は，そのなかの複数の物を債務を負うものとして給付したときは，どの給付物を返還請求するのかに関しては，債務者が選択権を有する。
第3条
　　特定の期限に履行期が到来する債務の履行として，その期限の到来する以前にあるものが給付されたときは，その給付の返還も中間利息の償還も請求することはできない。消滅時効の完成した債務の履行として給付されたものも，返還請求できない。受領者が給付後に給付請求権を取得したときも，同様である。
第4条
　　第三者の債務を履行するために，第三者の債権者に対して第三者のために給付したときは，債務が存在しないときも，受領者から給付の返還を請求することはできない。ただし，債務の存在しないこと，及び，給付者が第三者の債務を弁済する意図だったことを，債権者が知っていたときは，この限りではない。
第5条

503

付　　録

　　受領者が給付を受領した時に善意だったときは，受領者は返還請求権の訴訟係属時に利得がある限りで返還義務を負う。

第6条

① 物が給付されたときは，その物の現状で，請求権の訴訟係属時に現存する果実と共に返還される必要がある。それ以前に収取され現存しない果実，及び，物と共に移転した現存しない従物は，受領者は訴訟係属時に果実，及び，従物で利得している限りで返還する必要がある。

② 物に支出した費用に関しては，第……編（物権法）第185条第1項，第2項，第4項，第189条第1項，第2項1文，第190条に規定された所有物返還請求権に対して占有者に与えられる権利が，受領者に帰属する。

③ 受領者が受領物を既に売却，又は，消費したときは，返還請求権の訴訟係属時に受領物で利得していた限度で，受領者は価格返還の義務を負う。

第7条

　　債務者が特定額の債務の弁済のためにその額に相当する特定物を債権者に弁済に代えて給付したが，債務が給付より少額だったときは，現実の債務額の支払いと同時履行で物の総てを債権者に対して返還請求できる。

第8条

　　物に対する権利が設定，放棄されたとき，又は，そのような権利の設定が停止されたときは，返還請求権者は，物に設定された権利の放棄，又は，放棄された権利の回復，すなわち，後の権利の設定，及び，権利設定，放棄，又は，設定の停止により受領者が取得した利益の返還を請求できる。

第9条

　　債務を負担したときは，返還請求権者は，債務からの解放，債務負担のために作成された文書，又は，それ以外の担保手段の返還を請求できる。債務が免除されたときは，返還請求権者は，債務の回復，及び，免除の結果として債務者が取得した利益の返還を請求する権利を有する。

第10条

　　通常は対価が支払われるべき労務が給付されたときは，給付時に給付場所で請求できる報酬の請求が可能である。物が使用のために引き渡されたときは，請求権は，物の占有の返還，及び，使用の期間の物の使用に対する通常の価格に従った報酬に及ぶ。ただし，善意の受領者は，自身の必要に応じた，使用又は労務の受領により節約した額の限度で返還義務を負う。

第11条

　　物が占有又は収益のために引き渡されたときは，受領者に対する返還請求権者の請求権は，占有の返還，及び，受領者が占有又は収益により取得した利益の返還に及ぶ。

第12条

① 物の受領者が悪意のときは，受領者は受領した金銭を受領時からの利息を付し

付　録

て，金銭以外の種類物は同種の物を，同量，同品質で返還する義務を負う。不代替物はその現状で，かつ，受領者が取取した，及び，給付者が収取しただろう収益を含めて，受領者は返還する義務を負う。受領者が受領した物，及び，物と共に所有権移転した従物を売却したときは，受領者は売却によって生じた損害を賠償する義務を負う。物が偶然の事故で滅失又は損傷したときも，物が給付者の占有下にあっても事故に遭遇したであろうことを証明できない限りで，受領者は同様の返還義務を負う。物に支出した費用によって，悪意の受領者は，他人の事務を他人の事務と知って自己の事務として管理した者と同様の請求権を取得する。受領者が受領後に始めて悪意となったときも，受領者が悪意となった時以後は，同様の準則が適用される。

② 前項の３文，４文，及び，６文の規定は，債権の悪意の受領者に準用される。

第13条

債務のない利息を支払ったときは，その返還請求は，３年で時効消滅する。時効期間は，その都度で利息が支払われた年の最後の12月の経過と共に進行する。

Ⅱ　予定された将来の出来事の不発生による返還請求

第14条

双務契約によらず，適法な理由で，将来の出来事が発生するという，明示的に表示された，又は，事情から明らかになる前提の下で，他人にあるものを給付した者には，以上の出来事が発生しなかったときは，受領者から給付したものの返還を請求する権利がある。

第15条

供与者が前提とされた出来事の発生を違法に妨げたとき，又は，前提とされた出来事が受領者に課された給付であり，その給付が受領者の故意・過失によらず不能となったとき，又は，前提とされた出来事が始めから事実上不能で，かつ，供与者がそのことを知っていたときは，返還請求権は発生しない。

第16条

受領者の給付の返還義務は，第５条，第６条，第８条から第12条の規定によって決定される。

第17条

受領者が受領したものへの費用の支出，又は，給付を義務づけられていたために，受領者が費用を支出したり給付したときは，受領者は支出，又は，給付の返還を請求するか，又は，その価額を，受領したものの返還から控除する権利がある。

Ⅲ　非難されるべき受領による返還請求権

第18条

① 将来の結果のために道徳上非難されるべき原因で，あるものを受領した者に対しては，その結果が発生したか否かにかかわらず，供与者は返還を請求できる。

505

付　　録

② 交付も道徳上非難されるべきものだったときは，返還請求は発生しない。

第19条

　　受領者の側の道徳上非難されるべき原因が認められるのは，特に，法律或いは良俗に反する行為を行わない，又は，本来は法的に義務を負っている行為を行うために，あるものを受領したときである。

第20条

　　供与者の側の道徳上非難されるべき原因が認められるのは，特に，受領者に法律あるいは良俗に反する行為を行わせるため，又は，受領者が法的な義務を負う行為を行わせないため，又は，法律に違反する，もしくは，反道徳的な行為を促進するために，あるものを供与者が給付したときである。

第21条

　　自身の違法な行為，特に，暴力的に押し付けた約束の結果として，悪意で，他人の財産からあるものを取得した，又は，他人の財産の収益から利益を上げた者は，その返還の義務を負う。以上の規定は，違法な占有の侵奪にも準用される。

第22条

　　第18条から第21条の場合は，受領者は第8条から第12条の基準に従った返還義務を負う。

Ⅳ　無原因の利得の返還

第23条

　　行為無能力の間に，又は，法律上の禁止に違反して，他人にあるものを給付した者は，給付時に給付の法的な義務がないと知っていたときでも，受領者に対して返還を請求できる。

第24条

　　取消しうる契約，又は，一方的な約束の履行として給付した者は，後に契約が取消されたか，又は，約束が破棄されたときは，受領者から給付したものの返還を請求できる。

第25条

　　法的に不能の結果のために他人にあるものを給付した者は，受領者から給付したものの返還を請求できる。

第26条

　　給付後に消滅した一時的な法律上の原因により，又は，給付後に遡及的に無効となった原因により他人にあるものを給付した者は，給付したものを受領者から返還請求できる。特に，自分に寄託された物を失ったため他人に損害を賠償した者は，損害が後に消滅したときは，返還請求が可能である。

第27条

　　自分の意思によらず自分の財産が他人に帰属した者は，最初から法律上の原因がなかったか，又は，後に法律上の原因が消滅したときは，他人に対して返還を請求できる。

付　録

第28条

　　第23条から第27条の返還請求には，第5条，第6条，第8条から第12条の規定
　が適用される。

［事務管理］

第233条

　① 委任又は職務に基づかず，他人の事務を管理した者は，軽過失の場合にも本人
　　に対して責任を負う。ただし，管理者の介入がなければ本人を脅かす不利益の
　　防止のために，緊急事態で事務管理者が行為した場合はこの限りではない。そ
　　の場合には，事務管理者は故意又は重過失に限って責任を負う。

　② 本人の禁止に反して，第239条で許容された正当な事由なしで，事務管理者が
　　事務管理を行ったとき，又は，違法な意図で他人の事務を自己の事務として管
　　理したときは，事務管理者は偶然の事故に関しても責任を負う。ただし，事務
　　管理者の介入がなくても本人に偶然の事故が発生したと証明できたときは，こ
　　の限りではない。

第234条

　① 自分が開始した事務管理を，事務管理と不可欠の関係のあることの総てを含め
　　て，事務管理者は最後まで処理する義務を負う。事務管理者は，本人に事務管
　　理の計算書を提出し，事務管理によって取得したものの総てを返還する，特
　　に，自己の名前で取得した債権を譲渡する義務がある。

　② 事務管理者が本人の金銭を自己のために使用したときは，金銭の使用でそれ以
　　上の損害が発生したことを，本人が証明したときは別として，使用の時以降の
　　金利を支払う義務を負う。

第235条【誤想事務管理・準事務管理】

　① 他人の事務を管理した者が，本人から委任された，又は，事務管理の法的義務
　　があると誤信したことは，委任のない事務管理者の責任に影響しない。

　② 委任又は職務によらず，他人の事務を他人の事務と知って管理した者は，事務
　　の本人に対して，第233条と第234条の基準に従って，事務管理者としての責任
　　を負う。事務管理者が自己の利益のために行為しても，又は，本人である他人
　　の委任に基づくか，本人の利益のために行為しても，又は，本人を錯誤したと
　　きも，事務が複数の人のため，一人のため，又は，若干の人のためであって
　　も，又は，違法な意図で他人の事務を自分の事務として管理しても，責任を負
　　うことは同様である。

第236条

　　自分の事務を管理する意図，つまり，善意で他人の事務を管理した者は，事務
　管理によって利得した限りで，本人に対して責任を負う。

第237条

　　事務管理者が行為無能力者でも制限行為能力者でも，事務管理者の責任には影
　響しない。

507

付　録

第238条

　　委任及び職務によらず他人の事務を他人のために管理し，その際に，その状況
の下で，自分が了解できた本人の意思，それ以外の行動様式，及び，本人の関係
を尊重した上で推察すべき方法で行為し，本人が事態を知ったとしたら事務管理
を承認したであろうときは，本人は，その負担した債務から事務管理者を解放
し，事務管理者に費用と支出をその利子と共に償還し，通常は支払いを与える行
為に対して報酬を支払う義務を負う。以上は，目的とされた結果が事務管理者の
故意・過失なく達成されなかったときでも同様である。

第239条

　　事務管理が，公的利益の要請する本人の法的な義務の履行，又は，本人が扶養
義務を負う者に扶養を与えることだったときは，本人の禁止に反する事務管理で
あっても，第238条に規定する本人の事務管理者に対する債務が成立する。

第240条

　　事務管理者が本人を錯誤して行為したときも，その事務の関係する者は本人と
して第238条の基準に従って債務を負担する。

第241条

　　本人が行為無能力者又は制限行為能力者でも，本人の債務には影響しない。

第242条

①　委任，及び，職務に基づかず他人の事務を他人のために管理した者が，第238
　条の基準に従って行為したのでないときは，その事務管理を追認するか否か
　は，本人の意思による。

②　事務管理が本人によって追認されたときは，本人は第238条の場合と同様の方
　法で債務を負担する。

③　追認が行われなかったときは，事務管理によって本人の財産に何かが帰属した
　限度でだけ，事務管理者はその費用，支出の償還，及び，負担した債務からの
　解放を請求できる。事務管理者が本人のために有形的な施設に費用を支出した
　ときは，事務管理者は収去権を持つ。以前の状態を回復することに，本人が利
　益を有し，それによって損害が発生するときは，本人は損害賠償を請求できる。

第243条

　　事務管理者がそれと知って他人の事務を自己の事務として管理したときは，又
は，それを自己の事務として善意で管理したときは，その事務管理が関係する者
は，第242条で本人に保障された権利・義務を有する。事務が本来は複数の他人と
関係していたとき，及び，事務管理者が一人又は若干の人，及び，他人のために
行為することを望んでいなかったときも，本人に関しては，同様である。

第244条

①　他人のために費用及び出費を行い，その際に，他人に贈与を行う，又は，他人
　に対して法的又は好意による義務を履行する意図を持っていたときは，その者
　には費用及び出費の償還を請求する権利は帰属しない。

付　録

② 両親又は祖父母などが直系卑属に，又は，直系卑属が両親又は祖父母などに扶
　養を与えたときは，疑わしいときは，義務履行の意図だったとみなされる。

第245条【転用物訴権】

　　他人が授権なしで自分のために事務管理者として第三者と法律行為を締結し，
　かつ，追認はせず，第三者の財産から財産的利益を受けたが，その財産に関する
　権利を管理者に対して有しないときは，利得がある限りで第三者に対して責任を
　負う。

14　ドイツ民法第 1 草案（Benno Mugdan, Die gesammelten Materialien zum
Bürgerlichen Gesetzbuch für das Deutschen Reich, Bd. II , Berlin, 1899（ただし，
Scientia Verlag, 1979の復刻版から訳出した。））

第 2 編　債務関係の法
第 4 章　それ以外の原因による個々の債務関係

［不当利得］
第737条

① 債務の履行のために給付した者は，債務が存在しないときは，給付したものの
　返還を請求できる。

② 債務が初めから存在しないときも，後に消滅したときも，又は債務の履行を妨
　げる永久的抗弁が存在したときも，給付したものの返還が請求できることに変
　わりはない。

③ 給付が占有又は所持を目的とするときでも，同様に給付の返還請求が可能であ
　る。

④ 給付者が給付時に債務のないことを知っていたときは，返還請求は排除される。

第738条

　　給付が期限付債務の弁済のために期限前になされたときは，給付の返還を請求
　できない。中間利息も同様である。

第739条

① 給付されたものの性質上返還が不能か，又は受領者が訴訟係属時に給付された
　ものを返還できないときは，受領者は給付されたものの価格を返還しなければ
　ならない。

② 受領者が返還請求の訴訟係属時にもはや利得していない限りで，原物返還又は
　価格返還の義務は消滅する。

第740条

① 原物返還又は価格返還の義務は，受領者が給付されたものから取得したものに
　も及ぶ。

② 受領者が所有権を取得するために受領した物，又は処分時には存在した役権の
　売却を受けたときは，受領者の原物返還及び価格返還の義務は，所有者に対す

509

付　　録

る占有者の返還義務の規定がこれを定める。

③　受領者は訴訟係属以前に給付物に支出した費用の総ての償還と引換でだけ，給付物の返還義務を負う。但し，給付物からの果実によって利得していない限りで，受領者は費用の償還を請求できる。

第741条

①　受領者が給付受領時に，その履行のために給付された債務が存在しないこと，及び給付者の債務の不存在の錯誤を知っていたときは，受領者は不法行為による損害賠償の規定の基準によって，給付者に損害賠償の義務を負う。

②　受領者が前項にいう知見を給付受領後，但し，訴訟係属前に得たときは，訴訟係属時に代わって以上の知見を得た時点まで，第739条の規定が適用される。以上の場合には，その時点から，給付物・収益の返還義務，費用の償還，給付物の保存・保管に関して，訴訟係属の場合に関する第244条の規定が適用となる。

第742条

将来の出来事又は法的結果の発生を明示又は黙示の前提として給付した者は，その前提が発生しなかったときは，受領者から給付の返還を請求できる。

第743条

以下の場合には，返還請求は排除される。

１）給付の前提が，給付者が良俗又は公の秩序に反するような種類のものであったとき。

２）給付者がその法律行為の内容と矛盾したやり方で，前提の実現を妨げたとき。

３）初めから前提の実現が不能であり，かつ不能を給付者が知っていたとき。

第744条

給付されたものを返還する受領者の義務に関しては，第737条第３項及び第739条，第740条の規定が適用となる他に，履行の要件が存在せず，かつ給付者がこのことを知らないことを，受領者が給付受領の時に知っていたときは，第741条第１項の規定が適用され，受領者が受領後に以上の要件が備わっていなかったことを知ったか，又は知らされたときは，第747条第２項の規定が準用される。

第745条

後に欠落した法律上の原因に基づいて給付した者は，給付を受領者から返還請求できる。

第746条

①　仮執行宣言を付された判決に基づいて給付がされ，後に判決が破棄されたときは，返還請求は給付時から訴訟係属したものとみなされる。

②　給付がなされる基礎となった判決が，証書訴訟又は手形訴訟で権利を留保して判決されたとき，及び，攻撃防御方法を留保して判決されるか，又は，反対債権の存否の判断を留保して，反対債権の訴訟又は反対債権での相殺に関する弁論の分離の後に判決され，控訴審で破棄されたときは，前項と同様の責任が発生する。

510

付　　録

第747条
① 当該の法律行為の内容によれば，給付受領によって受領者が良俗又は公序に違反するときは，給付者は給付したものの返還を請求できる。
② 受領者は受領時から，その履行のための債務が存在しなかったことを受領者が給付の後に知ったときに適用される規定の定める返還義務を負う。
③ 給付によって給付者も良俗又は公序に違反するときは，返還請求は排除される。

第748条
① 意思又は法律上有効な意思に基づかず，自己の財産から他人に利得を与えた者は，利得に法律上の原因がないときは，他人に対してその返還を請求できる。
② 権利喪失を定めた規定に基づいて権利を喪失したときは，疑わしい場合は同条の規定が法律上の原因とみなされる。
③ 利得の返還義務に関しては，第737条第3項及び第739条，第740条並びに第741条第2項の規定が準用される。不法行為による損害賠償義務の規定は，以上によって適用を妨げられることはない。

［事務管理］
第749条
① 他人の委任なく又は職務に基づかず，他人のために事務を処理した者は，本人に対して故意または過失によって惹起した損害の賠償の責任を負う。
② 事務管理者は，特に，通常の家長の注意を払えば認識可能な本人の意思に反して行為したことで惹起した損害の賠償に関しても責任を負う。ただし，第755条の規定する要件が存在したときは，この限りではない。

第750条
　本人の身体または財産に関する急迫の危険を防止する目的で，事務管理者が行為したときは，事務管理者は故意又は重過失に関してだけ責任を負う。

第751条
　事務管理者は，本人に対して，事務管理に関する計算書を提出し，事務処理によって取得したものを返還する義務を負う。以上の義務に関しては，受任者の義務に関する規定が準用される。

第752条
　事務管理者が行為無能力者者又は制限行為能力者だったときは，不法行為の規定とは無関係に，事務管理者は，第748条第3項の規定の基準に従って，事務管理によって取得した利得の限度で返還の義務を負う。

第753条
① 本人が現実の状況を知っていたときは追認を得られたであろうやり方で，事務管理者が行為していたとみなされる限りでは，事務管理の意図していた結果が達成されなかったときでも，事務管理者は，本人の受任者と同様に，出費の償還と負担した債務からの解放を請求できる。
② 通常の家長が適切と認めるべきことは，本人が追認したものとみなされる。

511

付　録

第754条
① 事務管理者が請求権を取得する意思なく行為したときは，第753条の規定する
請求権は事務管理者には帰属しない。
② 両親或いは直系尊属がその直系卑属を，又は，直系卑属がその両親或いは直系
尊属を扶養したときは，両者の相互関係が疑わしい場合は，請求権を取得する
意思は欠如していたものとみなされる。

第755条
事務管理なしでは適切に履行されなかったであろう，公共の利益のために本人
に義務づけられた債務を事務管理者が履行したときは，本人の禁止に反して行為
したときでも，事務管理者には，第753条に規定された請求権が帰属する。事務管
理なしでは適切に履行されなかったであろう，本人が法律上義務を負う扶養を，
事務管理者が履行したときも，同様である。

第756条
第753条によって事務管理者に帰属する請求権には，本人の行為無能力又は制限
行為能力は影響しない。

第757条
事務管理者が本人を錯誤したときは，真の本人は，第749条から第756条の基準
で権利を有し義務を負う。

第758条
事務管理が第753条の要件に合致しないときは，事務管理者は，第742条から第
744条の基準に従って，利得の返還の請求権だけを有する。ただし，そのような事
務管理を本人が追認したときは，事務管理者は，第753条の規定する請求権を取得
するに止まらず，事務管理の欠如による損害賠償を求める本人の請求権からの解
放も請求できる。

第759条
事務管理者が事務管理を自身の利益又は第三者の利益のために決定していたと
きでも，第749条から第758条の規定の適用は排除されない。

第760条
第三者の委任で他人の事務を管理したときは，本人は事務管理者に，事務管理
者は本人に対して，義務を負わない。ただし，同時に，事務管理者が本人のため
に事務管理する意思を有していたときは，この限りではない。

第761条
① 第749条から第758条の規定は，以下の場合には適用されない。
　1）他人の事務を自分の事務と考えて管理したとき。
　2）他人の事務を違法に自分の事務として管理したとき。
② 前項第1号の場合には，不法行為による事務管理者の責任とは無関係に，第
748条第3項の基準に従って，事務管理者と本人は，事務管理によって事務管理
者又は本人に帰属した利得の返還義務を負う。

付　録

③ 前項第2号の場合には，事務管理者は，不法行為による責任に適用される規定に従って責任を負う。

15　ドイツ民法第2草案（Benno Mugdan, Die gesammelten Materialien zum Bürgerlichen Gesetzbuch für das Deutschen Reich, Bd. Ⅱ , Berlin, 1899（ただし，Scientia Verlag, 1979の復刻版から訳出した。ただし，条文の【 】の見出しは筆者が付した。））

［事務管理］
第608条
　　他人の委任なく又はその権限もない者は，本人の現実の又は推定的意思を考慮して，本人の利益が要請するように，事務を管理する必要がある。
第609条
　　事務管理の引き受けが本人の現実の又は推定的意思に抵触し，かつ，そのことを事務管理者が認識すべきときは，それ以外に故意・過失がなかったときでも，事務管理者は本人に対して，事務管理によって発生した損害を賠償する義務を負う。
第610条
　　事務管理がなければ，その履行が公的な利益である本人の義務，又は，本人の法律上の扶養義務が適時に履行できなかったであろうときは，事務管理に反対する本人の意思を顧慮する必要はない。
第611条
　　事務管理が本人を脅かす急迫の危険の防止を目的とするときは，事務管理者は故意と重過失に関してだけ責任を負う。
第612条
　　事務管理者は，それが可能なときは，遅滞なく，事務管理の引き受けを通知すべきであり，かつ，危険が発生する可能性がないときは，［延期が危険と結合していないときは，］本人の決定を待つべきである。それ以外では，事務管理者の義務には，受任者に適用される第597条から第599条の規定が準用される。
第613条
　　事務管理者が行為無能力者か制限行為能力者だったときは，事務管理者は不法行為による損害賠償，及び，不当利得に関する規定によってだけ責任を負う。
第614条
　　事務管理の引き受けが本人の利益及び現実の又は推定的意思に合致したときは，事務管理者は受任者と同じく出費の償還を請求できる。第610条の場合には，事務管理の引き受けが本人の意思に反するときでも，以上の請求権が事務管理者に帰属する。
第615条

513

付　録

　　第614条の要件が存在しないときは，本人は，事務管理によって取得したものを
不当利得の返還に関する規定に従って，事務管理者に返還する義務を負う。本人
が事務管理を追認したときは，第614条の規定する請求権が帰属する。

第616条

① 本人に償還を請求する意図を事務管理者が有しなかったときは，事務管理者に
　は請求権は帰属しない。

② 両親或いは直系尊属がその直系卑属を，又は，直系卑属がその両親或いは直系
　尊属を扶養したときは，両者の相互関係が疑わしい場合は，請求権を取得する
　意思は欠如していたものとみなされる

第617条

　　事務管理者が本人を錯誤したときは，真実の本人が権利を取得し義務を負う。

第618条

① 第608条から第617条の規定は，自分の事務と考えて他人の事務を管理したとき
　には適用されない。

② その権限がないと意識しながら，ある者が他人の事務を自分の事務として管理
　したときは，本人は第608条，第609条，第612条，第613条から発生する請求権
　を行使できる。本人がそれらの請求権を行使したときは，本人は事務管理者に
　第615条第1項によって義務を負う。

［不当利得］

第737条【一般条項】

① 他人の給付又はその他の方法により他人の損失において法律上の原因なく利得
　した者は，他人に利得を返還する義務を負う。法律上の原因が後に欠落したと
　き，又は法律行為の内容によって給付の目的とされた結果が発生しなかったと
　きにも，以上の返還義務が成立する。

② 債務の存在又は不存在に関する契約による承認も，給付とみなされる。

第738条

① 債務の履行のために給付がされたときは，その債務の履行を永久的に排除する
　抗弁が存在した場合にも，返還請求は成立する。

② 期限付債務が期限前に弁済されたときは，返還請求は排除される。中間利息の
　請求は認められない。

第739条

　　給付者が給付義務を負っていないことを知っていたとき，又は給付が道徳上の
義務乃至は徳義上の配慮に合致しているときは，債務の履行のために給付された
ものは返還請求できない。

第740条

　　結果の発生が初めから不能で，かつ給付者がそのことを知っていたとき，又は
給付者が結果の発生を信義に反して妨害したときは，給付の目的とされた結果の
不発生による返還請求は排除される。

付　録

第741条

　　給付の受領によって受領者が法律の禁止又は公序に反するように，給付の目的
が定められていたときは，受領者は給付の返還の義務を負う。給付者にも同様に
以上の違反が当てはまるときは，その限りではない。以上のような方法で，給付
が債務の負担であるときも，同様の返還義務が成立する。このような債務の履行
のために給付されたものは，返還請求できない。

第742条

　①　法律上の原因なく取得したものの返還義務は，収取した収益及び受領者が取得
　　した権利又は取得した物の滅失・損傷・侵奪によって得たものに及ぶ。

　②　取得したものの性質上又はその他の理由で受領者が原物返還することが不可能
　　なときは，受領者は価格返還の義務を負う。

　③　受領者がもはや利得していない限りで，原物返還又は価格返還の義務は排除さ
　　れる。

　④　訴訟係属とともに，受領者は一般の規定による責任を負う。

第743条

　①　受領者が受領時又は後に法律上の原因がないことを知ったときは，受領又は知
　　見を得た時から，返還請求がその時点から訴訟係属となったときと同様の返還
　　義務を負う。

　②　受領者が給付受領によって法律上の禁止又は公序に違反するときは，給付者は
　　給付受領時から前項の返還の義務を負う。

第744条

　①　法律行為の内容によればその達成が不確かと考えられる結果が給付の目的とさ
　　れ，その結果が発生しなかったときは，受領者は受領時から訴訟係属であった
　　と同様の返還義務を負う。その脱落が法律行為の内容によれば十分あり得ると
　　考えられた法律上の原因に基づいて給付がなされ，かつ法律上の原因が脱落し
　　たときは，受領者は以上と同様の義務を負う。

　②　受領者は結果の不達成又は法律上の原因の脱落を知ったときから，利息を支払
　　う義務を負う。以上の時に利得していない限りで，受領者は収益の返還義務を
　　負わない。

16　現行ドイツ民法

［事務管理］

第677条［事務管理者の義務］

　　他人の委任を受けず又はそれ以外の権限がないにもかかわらず，他人の事務を
管理した者は，本人の現実の意思又は推知することが可能な意思を顧慮した上
で，本人の利益に適合する方法でその事務を管理する必要がある。

第678条［本人の意思に反する事務管理］

付　　録

　事務管理の引き受けが本人の現実の意思又は推知することのできる意思に反し，かつ，そのことを事務管理者が知るべきだったときは，それ以外に関しては責めに帰すべき事由がなかったときでも，事務管理者は事務管理により生じた損害を賠償する義務を負う。

第679条［本人の反対の意思を考慮する必要性の欠如］

　事務管理なしでは，その履行が公益に合致する本人の義務，又は，本人の法定の扶養義務が適時に履行されなかったであろうときは，事務管理に反対する本人の意思を顧慮する必要はない。

第680条［緊急事務管理］

　事務管理の目的が本人の急迫の危険の防止を目的とするときは，事務管理者は故意及び重過失についてだけ責めに任ずる。

第681条［事務管理者の付随義務］

　事務管理者は事務の引き受けを遅滞なく本人に通知し，事務の引き受けの遅延が危険につながらないときは，本人の決定を待つ必要がある。その他の事務管理者の義務に関しては，第666条から668条の委任に関する規定が準用される。

第682条［事務管理者の能力の欠如］

　事務管理者が意思無能力又は制限行為能力のときは，不法行為による損害賠償及び不当利得の返還に関する規定によってだけ責めに任ずる。

第683条［費用償還請求］

　事務の引き受けが本人の利益及び本人の現実の意思又は推知することのできる意思に合致するときは，事務管理者は受任者と同様に支出した費用の償還の請求が可能である。第679条の場合には，事務の引き受けが本人の意思に反するときでも，事務管理者には以上の請求権が帰属する。

第684条［利得の返還］

　第683条の要件を欠くときは，事務管理によって取得したものの全てを，不当利得の返還に関する規定に従って，本人は事務管理者に返還する必要がある。本人が事務管理を追認したときは，事務管理者には第683条の規定する請求権が帰属する。

第685条［贈与意思］

① 事務管理者が本人に対して費用の償還を請求する意図を有さなかったときは，事務管理者に償還の請求権は帰属しない。

② 父母または祖父母がその卑属に対して，又は，後者が前者に対して扶養を与えたときは，疑わしい場合は，受領者に対して償還請求をする意図は欠如していたとみなされる。

第686条［本人に関する錯誤］

　事務管理者が本人が誰かを錯誤したときは，現実の本人は事務管理によって権利を取得し義務を負担する。

第687条［不真正事務管理］

付　録

① 他人の事務を自身の義務と信じて処理したときは，第677条から第686条の規定
は適用されない。

② その権限がないことを知っていたにも関わらず，他人の事務を自己の事務とし
て管理した者に対しては，本人は第677条，第678条，第681条，第682条による
請求権を行使できる。以上の請求権を本人が行使したときは，本人は事務管理
者に対して第684条１文によって義務を負う。

椿寿夫・右近健男編『注釈ドイツ不当利得・不法行為法』（三省堂・1990年）

［不当利得］

第812条［原則］

① 法律上の原因なく他人の給付又はその他の方法によってその他人の損失により
あるものを取得する者は，その他人に対して返還義務を負う。この義務は，法
律上の原因が後に消滅し又は法律行為の内容に従えば給付が目的とした結果が
生じない場合も，生じる。

② 債権関係の存否を契約によって承認することも，給付とみなす。

第813条［抗弁権に関わらずなされた履行］

① 債務の履行のために給付したものは，請求権の主張を継続的に妨げる抗弁権が
存在する場合にも，返還を請求することができる。第214条第２項の規定は，適
用を妨げない。

② 期限付債務を期限前に履行する場合は，返還請求権を行使することができな
い；中間利息の支払いを請求することはできない。

第814条［非債弁済，徳義上の義務］

給付者が給付につき義務を負っていないことを知っていた場合，又は給付が道
徳上の義務若しくは儀礼を考慮したものであった場合は，債務の履行のために給
付したものは，返還を請求することができない。

第815条［結果の不発生］

結果の発生が初めから不能であり，かつ，これを給付者が知っていた場合，又
は給付者が信義誠実に反して結果の発生を妨げた場合は，給付によって目的とし
た結果の不発生に基づく返還請求権は，行使することができない。

第816条［無権利者の処分］

① 無権利者が目的物について処分し，これが権利者に対して有効であるときに
は，無権利者は，処分によって取得したものを権利者に引き渡す義務を負う。
処分が無償で行われたときは，処分によって直接法律上の利益を得た者が同一
の義務を負う。

② 無権利者に対して給付を行い，これが権利者に対しても有効であるときは，無
権利者は，給付されたものを権利者に対して引き渡す義務を負う。

第817条［法律・良俗違反］

給付の目的によると受領者が給付の受領によって法律上の禁止又は善良の風俗

517

付　　録

に違反する場合，受領者は，返還の義務を負う。同様の場合に，そのような違反
が給付者にあるときは，返還請求権を行使することができない。ただし，給付が
債務負担であるときは，この限りではない；その債務の履行のために給付された
ものは，返還を請求することができない。

第818条［不当利得返還請求権の範囲］
　① 返還義務は，取得した収益，利得した権利に基づき受領者が取得したもの，又
　　は利得したものの滅失，損傷若しくは侵奪の代償として受領者が取得したもの
　　に及ぶ。
　② 利得したものの性質により返還が不能であるとき，又は受領者がその他の事由
　　により返還することができないときは，受領者は，その価額を賠償しなければ
　　ならない。
　③ 受領者は，利得が現存していない限度において，返還又は価額賠償の義務を免
　　れる。
　④ 訴訟係属が生じた後は，受領者は，一般原則により責めに任ずる。

第819条［悪意及び法律・良俗違反の場合の加重責任］
　① 受領者は，法律上の原因の欠如を受領の時に知っていたとき，又はその後に
　　知ったときは，受領の時又は悪意となった時から，返還請求権が訴訟係属を生
　　じたのと同様の返還義務を負う。
　② 受領者は，給付の受領により法律の禁止又は善良の風俗に反するときは，給付
　　の受領の時から，前項と同様の義務を負う。

第820条［結果の発生が不確実な場合の加重責任］
　① 給付の目的である結果の発生が法律行為の内容によれば不確実と認められる場
　　合において，その結果が発生しないときは，受領者は，返還請求権が受領の時
　　に訴訟係属を生じたのと同様の返還義務を負う。法律行為の内容によれば欠落
　　がありうると認められる法律上の原因に基づき給付を行い，かつ，その法律上
　　の原因が欠落する場合も，同様とする。
　② 受領者は，結果が発生しなかったこと又は法律上の原因が欠落したことを知っ
　　た時から，利息をつけなければならない；受領者は，返還の時に利得が現存し
　　ていない限度において，収益の返還義務を負わない。

第821条［不当利得の抗弁権］
　　法律上の原因なくして債務を負担した者は，債務の免責を求める請求権が消滅
時効にかかったときでも，履行を拒絶することができる。

第822条［第三者の返還義務］
　　受領者が取得したものを無償で第三者に出捐したときは，それにより受領者の
利得返還義務が排除される限りにおいて，第三者は，自己が法律上の原因なく債
権者から出捐を得たのと同様の返還義務を負う。

518

付　録

```
┌─────────────────────────────────────────────────────────┐
│ 17　ケーニッヒの法律案（法政大学ボアソナード現代法研究所『西ドイツ債務法 │
│　　　改正鑑定意見の研究』（日本評論社・1988年）に収録された，筆者の訳に若干手を加 │
│　　　えた。ケーニッヒの法律案については，第 1 部注⑭を参照。）              │
└─────────────────────────────────────────────────────────┘
```

第1条　給付利得
第1条の1　【要件】
① 現在又は将来の債務の履行のために他人に出捐した者は，債務の債権者と考え
た者（受領者）から，以下の場合には給付の返還請求ができる。
　a) 債務が不存在，不成立，又は後に消滅したとき。
　b) 債務の請求を永久に排除する抗弁権のあったとき。
② 以下の場合は，返還請求権は排除される。
　a) 倫理上の義務の履行として給付が為されたとき。
　b) 債務が消滅時効にかかっていたとき。
　c) 前項の要件の下においても，出捐をそのままにすることを給付者が望んだと
　　みなしうるとき，又は，
　d) 無効な債権契約の履行として給付されたものの返還請求が，契約を無効とし
　　た規範の保護目的に背馳するとき。
第1条の2　【目的不到達による不当利得】
① 債務履行のためではなく，ある行為を他人になさしめるという，他人にも了知
された目的で他人に出捐した者は，その行為がなされなかったときは，出捐を
返還請求できる。
② 以下の場合には，返還請求は排除される。
　a) 目的の達成が始めから不可能であり，かつ出捐者がそれを知っていたとき。
　b) 出捐者が信義誠実に反して，目的の達成を妨げたとき。
第1条の3　【強迫による出捐】
　債務履行のためではなく，強制又は強迫により他人に出捐した者は，出捐の返
還を請求できる。但し，受領者が出捐に対する請求権のあったことを証明したと
きは，この限りではない。
第1条の4　【効果・善意の利得者】
① 受領者が取得したもの，収得した収益，及び取得したものの滅失・損傷，又は
侵奪の対価として得たものは，返還請求できる。
② 取得したものの性質上原物返還の不能なとき，又は受領者がその他の理由で原
物返還をなし得ないときは，受領者は，通常の価値を返還する責を負う。価格
返還の成立した時が，価格算定の基準時となる。
③ 受領者が，費消，再譲渡，滅失，損傷，又はその他の理由で，取得したもの，
その価値のいずれをも利得していない限りで，返還義務は消滅する。
　　受領者が，取得に法律上の原因があると信頼して，支出をし，又は財産上の
不利益を被ったときは，受領者はその補償と引換給付で取得したものの返還の

付　　録

義務を負う。給付者が受領者の信頼を惹起しなかったとき，又は信頼の惹起が帰責され得ないときは，この限りではない。

返還の費用と危険は，給付者が負担する。

第1条の5 【効果・双務契約の場合】

① 無効な双務契約の回復の場合は，契約を無効とした規範の保護目的が認めるときだけ，受領者は第1条の4第3項の免責を主張できる。

契約が有効な場合に給付されたものの滅失・損傷が給付者の責に帰すべきであったときは，給付されたものの滅失・損傷により，受領者は常に返還義務を免れる。

② 両当事者の返還義務は，引換で履行される。以上の場合に，民法第320条，第322条が準用される。

第1条の6 【効果・悪意の受益者】

① 受領者が法律上の原因の欠缺を受領時に知っていたか，重過失によって知らなかったか，後に知ったとき，又は返還請求が訴訟係属になったときは，受領者は第1条の4第1項，第1条の5，及び以下の規定によって責を負う。

② 受領者が故意・過失により通常の用法によって収益を収めなかったときは，その賠償の義務を負う。受領者は金銭債務に利息を付さなければならない。取得したものにより得た利益は，返還されなければならない。

③ 故意・過失により給付されたものを滅失・損傷したときは，受領者は損害賠償の義務を負う。故意・過失のないときは，この義務を免れる。受領者は給付されたものに支出した必要費を，事務管理の規定により請求できる。以上の場合に，民法第995条が準用される。必要費以外の費用は，請求できない。

④ 債務者遅滞による責任は，以上の規定によってその適用を妨げられない。

第1条の7 【時効】

返還請求権は，請求権者が請求権のあることを知った時から2年，知らないときも10年で時効消滅する。

第2条　侵害利得

第2条の1 【要件・効果】

① 他人の同意なしで，他人の所有権，その他の権利，又は財産的価値のある法財産を，処分・費消・使用・付合・混和・加工，又はその他の方法で侵害した者は，権利者に通常の価値を返還する責を負う。

無効な処分がなされたときは，権利者は侵害者から，追認（民法第185条第2項2文）と引換で価格返還を請求できる。

② 侵害時が価格算定の基準時となる。処分が有償でなされたときは，それが権利者に有利な場合は，売得金は通常の価値に等しいと推定される。以上の推定に対する反証は可能である。

第2条の2 【無権利者への弁済】

無権利者に給付がなされ，それが権利者に対して有効なときは，無権利者は給

付　録

付されたものを権利者に返還する義務を負う。

第2条の3　【利得の消滅】

　　侵害者が重過失なくして権利のないことを知らないときは，返還請求が訴訟係属となった時に侵害者に利得がない限りで，侵害者の返還義務は消滅する。

　　売却した財産を取得するために支出した侵害者の出費は，利得の消滅とはならない。

第2条の4　【悪意・重過失の利得者】

　　侵害者が故意又は重過失により他人の権利を無視して他人の権利を侵害したときは，権利者は通常の価値を超す利益の返還を請求できる。

　　侵害者は他人の権利を行使して得た利益について，報告する義務を負う。

第2条の5　【時効】

　　請求権は，権利者が返還義務者を知ったときから3年，知らないときも30年で時効消滅する。

第3条　支出利得

第3条の1　【求償利得】

　　他人の債務と知って又は錯誤によって他人の債務を弁済した者は，訴訟係属時に他人が債務からの解放により利得している限りで，その支出の償還を他人に請求できる。

第3条の2　【費用利得】

　　他人の財産であることを知って又は錯誤により他人の財産に費用を支出した者は，他人が自己の財産計画に照らしても，その費用により利得している限りで，支出の償還を請求できる。債務者が自己の物を回復するか，又は回復していなくても物の価値上昇から利益を享けた時が，利得の算定の基準時となる。

　　請求権は以下の場合には，排除される。

　　a）請求の相手方が費用により生じた物の収去を請求でき，かつそうしたとき。

　　b）請求者が，計画した費用支出を適当な時期に請求の相手方に通知することを有責に怠ったとき。

　　c）費用を支出する以前に，請求の相手方が費用支出に異議を唱えたとき。

第3条の3　【時効】

　　請求権は10年で時効消滅する。

第4条　対第三者関係

第4条の1　【指図・第三者のためにする契約・債権譲渡】

　①　第1条の1の場合に，債権者だと考えた者の指図によって第三者に出捐した者は，債権者と考えた者に対して，その者に出捐したときと同様に，給付したものの返還請求ができる。

　　債権者と考えた者が，帰責さるべき方法で給付をなさしめたのでないときは，出捐者は第三者に対してだけ返還請求が可能である。

521

付　録

② 第1条の1の場合に，他人（要約者）との表見的な契約に基づいて受益者に出捐した者は（民法第328条），要約者だと考えた者に対して，その者に出捐したときと同様に，給付したものの返還を請求できる。

　　要約者と考えた者が，帰責さるべき方法で給付をなさしめたのでないときは，出捐者は受益者に対してだけ返還請求が可能である。

③ 第1条の1の場合に，債権譲渡により新債権者だと考えた者に出捐した者は，旧債権者と考えた者に対して，その者に出捐したときと同様に，給付したものの返還請求ができる。

　　旧債権者と考えた者が，帰責さるべき方法で給付をなさしめたのでないときは，出捐者は新債権者と考えた者に対してだけ返還請求が可能である。

④ 以上の場合に，第1条の4乃至第1条の7の規定が，準用される。

第4条の2 【第三者の返還義務】

　　第1条又は第4条の1の場合に，返還義務を負う受領者が，取得したものを無償で第三者に出捐し，かつ受領者から満足を受けられないときは，第三者は法律上の原因なくして出捐を債権者から取得したときと同様に，返還の義務を負う。

　　以上の場合に，第2条の3乃至は第2条の5の規定が，準用される。

第4条の3 【無権利者の無償の処分】

　　無権利者がものを無償で処分し，それが権利者に対して有効なときは，その処分によって直接に法律上の利益を得た者は，取得したものを権利者に返還する義務を負う。

　　以上の場合に，第2条の3乃至は第2条の5の規定が，準用される。

第5条　一般条項

　　第1条乃至第4条による以外の方法で，他人の損失により利得した者は，利得が不当なときは，取得したものを他人に返還する義務を負う。第1条乃至第4条で不当利得返還請求権の効果に当てられた規定は，ここで準用される。

18　共通参照枠案〔DCFR〕（Christian von Bar et al (eds.), Principles, Definitions and Modelrules of European Private Law - Draft Common Frame of Reference (DCFR), sellier., 2009 PP.413-420の「DCFR 不当利得法規定の暫定仮訳」不当利得法研究会〈訳〉，民商法雑誌140巻4・5号546頁以下）

第Ⅶ編　不 当 利 得
第1章　総　則
第Ⅶ編第1章第101条　基 本 原 則

(1) 他人の損失に帰因できる不当な利得を得た者は，その他人に利得を返還する義務を負う。

(2) この原則は，本編の以下の規定に合致する限りで適用する。

付　録

第2章　利得が不当である場合

第Ⅶ編第2章第101条　利得が不当である諸状況

(1) 利得は次の各号のいずれかの場合に該当するときを除き不当である。

　(a) 利得者が，損失者に対して，契約その他の法律行為，裁判所の命令又は法律の規定によりその利得を得る権利を有する場合

　(b) 損失者が，その損失につき任意に，かつ，錯誤なく同意した場合

(2) 前項(a)号の契約その他の法律行為，裁判所の命令又は法律上の規定が無効，取消しその他遡及的に無効となるときは，利得者は，それを根拠にその利得を得る権利を有しない。

(3) 前項の規定にかかわらず，法律の規定の趣旨が，利得者にその利得の価値を保有させるものであった場合に限り，利得者は，その法律の規定により，その利得を得る権利を有するものとみなす。

(4) 次の各号のすべての場合に該当するときも，利得は不当である。

　(a) 損失者が利得を与えたことが

　　(ⅰ) ある目的のためになされたがそれが実現しなかった場合，又は，

　　(ⅱ) 期待をもってなされたがそれが実現しなかった場合

　(b) 利得者が，その目的又は期待を知り，又は合理的にみて知ることを期待できた場合

　(c) 利得者が，そのような状況においてその利得を返還しなければならないことを承諾したか，合理的にみて承諾したとみなすことができる場合

第Ⅶ編第2章第102条　第三者に対する債務の履行

　第三者に対して損失者が負担している債務又は推定される債務を損失者が履行した結果として利得者が利得した場合において，次の各号のいずれかに該当するときは，利得は不当ではない。

　(a) 損失者が任意に履行したとき

　(b) 利得が債務を履行したことによる偶然の結果にすぎなかったとき

第Ⅶ編第2章第103条　任意の同意又は履行

(1) 損失者の同意が，無能力，詐欺，強制，強迫又は不当な搾取によってなされたときは，損失者の同意は，任意のものではない。

(2) 履行される債務が，無能力，詐欺，強制，強迫又は不当な搾取を理由として効力を失うときは，損失者の履行は，任意のものではない。

第3章　利得と損失

第Ⅶ編第3章第101条　利　得

(1) 次の各号のいずれかに該当する場合には，利得がある。

　(a) 財産の増加又は責任の減少

　(b) 役務の受領又は仕事の実行

　(c) 他人の財産の使用

523

付　　録

(2) 利得の存否及び範囲の決定には，利得者が利得と引換えに，又は利得の後に被った損失は考慮されない。

第Ⅶ編第3章第102条　損　失

(1) 次の各号のいずれかに該当する場合には，損失がある。
　(a) 財産の減少又は責任の増加
　(b) 役務の提供又は仕事の実行
　(c) 他人による財産の使用
(2) 損失の存否及び範囲の決定には，損失者が損失と引換えに，又は損失の後に得た利益は考慮されない。

第4章　帰　因　性

第Ⅶ編第4章第101条　帰因性の例

　利得は，特に次の各号の場合には，他人の損失に帰因できる。
　(a) その他人の財産が，その者により利得者に譲渡された場合
　(b) 役務の提供又は仕事の実行が，利得者のため，その他人により行われた場合
　(c) 利得者が，その他人の財産を使用した場合，特に，利得者が損失者の権利又は法律上保護された利益を侵害した場合
　(d) 利得者の財産が，その他人により改良された場合
　(e) 利得者が，その他人により責任を免れた場合

第Ⅶ編第4章第102条　仲　介　者

　法律行為の一方当事者が本人を間接に代理する権限を有する仲介者である場合には，当該法律行為又は当該法律行為に基づく債務の履行に由来する本人の利得又は損失は，仲介者の利得又は損失とみなされる。

第Ⅶ編第4章第103条　債権者ではない者に対しておこなわれた債務者の弁済：利得返還義務者が利得を善意でさらに移転した場合

(1) 債務者が利得者に利得を与え，その結果として損失者が債務者に対する同一又は類似の利得に関する権利を失ったときも，当該利得を，その損失者の損失へと帰因できる。
(2) 前項は，とりわけ，不当利得を損失者に返還すべき義務を負っている者が当該利得を第三者に移転し，かつ，債務者が第Ⅶ編第6章第101条（利得の消滅）のもとでの抗弁を有している場合に適用される。

第Ⅶ編第4章第104条　債権者でない者に対しておこなわれた債務者の弁済の追認

(1) 債務者が第三者に対する支払をして債務からの免責を得ようとしたときは，債権者は，この支払行為を追認することができる。
(2) 追認は，支払の範囲で債務者に対する債権者の権利を消滅させ，第三者の利得が債務者に対する債権者の権利の喪失に帰因できるとの効果を生じる。
(3) 債権者と第三者との関係において，追認は，債務者に対する債権者の権利が失

われることへの債権者の同意を意味するものではない。

(4) 本条は，非金銭債務の履行に準用される。

(5) 債務者の追認よりも前に倒産その他の清算の手続が債務者について開始していたときは，本条の適用は，他の準則によって排除されることがある。

第Ⅶ編第4章第105条　介入者の行為に由来する帰因

(1) 第三者が権限なく損失者の財産を使用したため，損失者が当該財産を侵奪され，それが利得者の利益となる場合にも，当該利得は他人［＝その損失者——訳者注，以下同じ］の損失に帰因できる。

(2) 第1項は，とりわけ，動産への介入又は動産の処分の結果として，法律行為又は法律規定のいずれに基づくかを問わず，損失者が当該動産の所有者でなくなり，利得者が所有者となる場合に適用される。

第Ⅶ編第5章第106条　介入者の行為の追認

(1) 財産について権利を有する者は，介入者が第三者との法律行為においてこの財産を処分しようとするか，又はその他の方法で使用するときは，その行為を追認することができる。

(2) 追認された行為は，有権代理人による法律行為と同じ効果を生じる。追認した者と介入者との間では，追認は介入者による財産の使用への同意にはあたらない。

第Ⅶ編第6章第107条　種類又は価値が同一ではない場合

利得と損失の種類又は価値が同一ではない場合であっても，利得は他人の損失に帰因できる。

第5章　利得の返還
第Ⅶ編第5章第101条　原物返還できる利得

(1) 利得が原物返還できる財産であるときは，利得者は損失者に対して，その財産を原物返還することにより，その利得を返還する。

(2) 利得者は，原物返還が利得者に不合理な努力又は費用をもたらすときは，その財産の原物返還に代えて，損失者に対してその金銭的価値を支払うことにより，その利得を返還することを選択できる。

(3) 利得者は，その財産の原物返還ができなくなっているときは，損失者に対してその金銭的価値を支払うことにより，その利得を返還する。

(4) 前項の規定にかかわらず，次の各号のいずれかの場合に該当するときは，利得者が［原物と］引換えに代償物を取得した限度で，その代償物が返還すべき利得となる。

　(a) 利得者が処分又は喪失の時点で善意で，かつ，そのような［代償物の返還の］選択をした場合

　(b) 利得者が処分又は喪失の時点で善意でなく，損失者がそのような［代償物の

付　　録

　　　返還の〕選択をし，かつ，その選択が衡平に反しない場合
(5) その利得が不当であるか不当なものとなる可能性があることを，利得者が知らず，かつ，合理的にみて知ることを期待できなかったときは，利得者は善意である。

第Ⅶ編第５章第102条　原物返還できない利得
(1) 利得が原物返還できる財産ではないときは，利得者は損失者にその金銭的価値を支払うことにより，その利得を返還する。
(2) 利得者は，次の各号のいずれかの場合に該当するときは，出費の節約以上の支払義務を負わない。
　(a) その利得に同意しなかった場合
　(b) 善意であった場合
(3) 前項の規定にかかわらず，その利得がそれに対する価格又は価値を固定する旨の合意の下に獲得されたものである場合において，その合意が価格の固定に影響しない理由で無効又は取り消しうるものとなったときは，利得者は少なくとも，その合意された額を支払う責任を負う。
(4) 前項の規定は，利得の金銭的価値を超えて責任を加重しない。

第Ⅶ編第５章第103条　利得の金銭的価値
(1) 利得の金銭的価値とは，提供者と受領者が真に合意に達する意図をもってその価格として適法に合意したであろう金額である。役務提供者の出費のうち，合意によればその受領者が償還することになったはずのものは，合意された価格の一部とみなす。
(2) 出費の節約とは，利得をしていなければ利得者が被ったであろう財産の減少又は責任の増大分である。

第Ⅶ編第５章第104条　利得の果実及び使用
(1) 利得の返還は，利得の果実及び使用に及ぶ。ただし，果実又は使用からもたらされる出費の節約が果実又は使用の価値より少なければ，利得の返還はその節約分にとどまる。
(2) 前項の規定にかかわらず，利得者が悪意で果実又は使用を取得するときは，たとえ出費の節約が果実又は使用の価値より少なくても，利得の返還は果実及び使用に及ぶ。

第６章　抗　弁
第Ⅶ編第６章第101条　利得の消滅
(1) 利得者は，利得の処分その他により不利益を被ると（利得の消滅），その限度で利得を返還する責任を負わない。ただし，利得者が利得を取得しなかったとしても不利益を被っていただろう場合には，この限りではない。
(2) 前項の規定にかかわらず，利得の消滅は，次の各号のいずれかの場合に該当す

るときは，その限度で考慮されない。

(a) 利得者が代償物を取得した場合

(b) 利得者が利得の消滅の時に善意でなかった場合

　ただし，次のいずれかの場合に該当するときはこの限りではない。

　(i) 利得が返還されていたとしても損失者もまた利益を失っていたであろう場合

　(ii) 利得者が利得の時に善意であり，利得を返還する義務の履行期が到来する前に利得の消滅が生じ，かつ，利得者の責めに帰すべきでない危険の実現から生じた場合

(c) 第Ⅶ編第5章第102条第3項（原物返還できない利得）が適用される場合

(3) 利得者が，第三者に対してした処分の結果，本条に基づいて損失者との関係で抗弁を有するときは，損失者がこの第三者に対して有する一切の権利は影響を受けない。

第Ⅶ編第6章第102条　第三者と善意でした法律行為

　利得者は，次の各号のいずれの場合にも該当するときも，その利得を返還する責任を負わない。

(a) 利得と引換えに第三者に別の利得をさせた場合

(b) その時にまだ善意であった場合

第Ⅶ編第6章第103条　不法性

　利得を生じさせた契約その他の法律行為が，基本的な原則（第Ⅱ編第7章第301条〔基本的な諸原則に反する契約〕）又は強行法規に反することにより，無効又は取り消されたときは，返還がその原則又は法規を支える目的に反する限りにおいて，利得者は，利得を返還する義務を負わない。

第7章　他の法的規律との関係

第Ⅶ編第7章第101条　不当利得以外の私法上の返還請求権

(1) 契約その他の法律行為によって取得された利得の法的効果は，他の規律が撤回，解消，価格の減額その他の事項について利得返還請求権を許容又は排除しているときは，それらの規律に服する。

(2) 本編は，利得返還請求権が有する物権的効力を対象としない。

(3) 本編は，契約その他の私法上の規定により発生するいかなる返還請求権にも影響を及ぼさない。

第Ⅶ編第7章第102条　債務の競合

(1) 損失者が，次の各号に掲げる請求権のいずれをも有している場合において，一方の請求権について満足を受けたときは，他方の請求権は同額で減少する。

(a) 本編に基づく不当利得返還請求権

(b) 次のいずれかの請求権

付　録

　　　(i) 損失の回復を求める請求権（利得者に対すると，第三者に対するとを問わない）
　　　(ii) 不当利得の結果として私法上の他の規定に基づいて生じる返還請求権
(2) 前項の規定は，ある者が損失者の財産を使用し，当該財産が他の者の利益となった場合において，本編に基づく次の各号の責任についても適用する。
　　(a) 当該財産の使用に関して，その使用者が損失者に対して負う責任
　　(b) 財産の増加に関して，その受益者が損失者に対して負う責任

第Ⅶ編第 7 章第103条　公法上の権利

　　本編は，自然人又は組織体が公法上の権限の行使により得喪した利得に本編が適用されるか否かを定めない。

事 項 索 引

あ 行

悪 意
  ——の証明責任 ……………………… 163
  ——の侵害者 …………………………… 244
  ——の弁済受領者 …………………… 153
  ——の利得者の損害賠償義務 ……… 166
  ——の利得者の返還義務 …………… 163
委託を受けない保証人の求償権 ……… 322
一般不当利得（法） ……………… 7, 11, 26
委任を受けた保証人の求償権 ………… 322
違法性説 ……………………………… 13, 26, 233
因果関係 ……………………………… 13, 228
  ——の直接性 ……………………… 343, 346,
                              395, 396, 409, 410
ヴィルブルグ ……………………………… 15
永久的抗弁 ………………………………… 61
営業権の侵害 …………………………… 235
延期的抗弁 ………………………………… 60
押しつけられた利得 ………… 20, 324, 329
お節介な干渉者 ………………………… 330
恩給担保と不法原因給付 ……………… 103

か 行

外国人への土地売買と不法原因給付
  …………………………………………… 103
解 除 …………………………… 19, 134, 169
解除規定と給付利得の調整 …………… 183
価格返還 ………………… 139, 163, 176, 243
  ——の算定基準時 …………… 142, 244
過誤配当と不当利得 …………………… 294
果実・収益の返還義務 … 143, 165, 191, 308
価値のヴィンディカチオ ……… 355, 400,
                        401, 402, 403, 404, 427
期限前の弁済 ……………………………… 70
帰属法的不当利得 …………… 29, 154, 240
客観的価値 ………… 141, 243, 249, 286, 332
求償利得 …………………………… 20, 320
給 付
  ——と法律行為 ……………………… 47
  ——の定義 …………………………… 44

  ——の目的 ………………………… 46, 346
給付概念 …………………………… 44, 339, 349
給付から蒙った損害 ……… 151, 166, 192
給付関係 ………… 47, 342, 346, 351, 354
給付者視角説 …………………… 349, 386
給付者に関する錯誤 …………………… 386
給付受領者が給付の取得に際して
  支払った出費 …………… 151, 165, 192
給付媒介者 ……………………………… 346
給付物の費消・加工・売却 … 147, 164
給付物の滅失・損傷 ……… 150, 163, 169
給付利得 ……………………………… 18, 41
  ——の対象 …………………………… 48
  ——の分類 ………………………… 42, 53
  ——の要件 …………………………… 42
給付連鎖 …………………………… 342, 357
強行法違反と不法原因給付 ……… 88, 93
強制執行と不当利得 …………………… 288
矯正法の不当利得 ………………… 29, 154
行態違法 ………………………………… 236
斤先堀契約と不法原因給付 ……… 93, 103
禁止規範の保護目的 ……… 65, 68, 91, 97
金銭化の独占 …………………… 237, 271
金銭騙取と債権者代位権 ……………… 402
金銭騙取と詐害行為取消権 …… 401, 402
金銭騙取の不当利得 ……… 30, 340, 355,
                          356, 394, 428
禁反言 ……………… 63, 67, 68, 69, 87
具体的信頼保護 …………………… 345, 351
クリーン・ハンズの原則 ………… 89, 124
経済統制法規への違反と不法原因給付
  …………………………………………… 93, 104
契約関係自律性の原則 … 354, 358, 359, 414
契約関係の清算 ………………… 355, 428
ケメラー ……………… 16, 27, 30, 31
原因関係（契約関係） ………… 351, 353
現存利得 ……… 4, 10, 13, 28, 67, 129
  ——の証明責任 …………………… 152
原物返還 ………… 133, 134, 238, 243
権利株売買と不法原因給付 ……… 93, 102
行為基礎 …………………………… 84, 86

529

事 項 索 引

公序良俗違反と不法原因 ……… 88, 92, 107
衡平説 … 13, 14, 15, 16, 25, 26, 126, 134, 408
抗弁権付きの債務の弁済と非債弁済の不当
　利得 ……………………………………… 60
婚姻の不成立と目的不到達の不当利得
　………………………………… 84, 85, 86
コンディクツィオ …………… 8, 11, 25, 27
コンディクティオ(コンディクツィオ)
　……………………………………… 6, 7

さ 行

財貨運動法 ………………… 19, 41, 319
財貨帰属法 ……………… 20, 228, 319
財貨の追及 …………… 355, 428, 430
債権者代位権の行使と不法原因給付
　……………………………………… 121
債権者平等の原則 ………… 344, 345, 412
債権譲渡 …………………… 130, 325, 372
財産隠匿行為と不法原因給付 …… 95, 107
財産上の決定 ………………… 175, 176
債務負担行為 …………………… 342, 344
詐害行為取消権と金銭騙取 …………… 401
詐害行為取消権の行使と不法原因給付
　……………………………………… 122
差額説 ………………… 28, 171, 172
詐欺・強迫による契約の取消し ……… 164,
　　　　　　　　　　　　　　　 181, 182
錯誤による他人の債務の弁済 …… 73, 384
錯誤の証明 ………… 5, 9, 63, 66, 71, 78
指　　図 …………………… 347, 360
三角関係 …………………… 22, 337
三当事者関係 …………………… 22, 337
始期付き債権 …………………… 70
資金関係 …………………… 362
事実上の双務関係 …………………… 174
事実的契約関係 …………………… 46, 271
事実による代償 …………………… 137
支出利得 ………………… 20, 317
　――と事務管理 …………………… 319
自然債務 …………………… 61
執行行為による不当利得　→強制執行と不
　当利得
氏名権・肖像権の侵害と不当利得 …… 286
社会観念(通念)上の因果関係 ……… 340,
　　　　　　　　　 395, 396, 397, 405

酌婦契約と不法原因給付 …………… 96, 109
射幸行為と不法原因給付 …………… 109
主観的価値 ……………… 141, 331, 332
縮減された善意取得(取引の安全)
　……………………………… 241, 263
出捐関係 …………………… 362
出費の節約 ………… 22, 49, 52, 271
取得時効 ………………… 229, 274, 276
受領者視角説 …………………… 349, 386
準契約 ………………… 8, 25, 165
準事務管理 ……… 18, 249, 298, 299, 306
消極的信頼保護 …………………… 345, 351
消極的増加(財産の) …………………… 52
状態違法 …………………… 236
消滅時効 …………………… 61
使用利益 ……… 144, 261, 270, 308
処分行為 …………………… 342, 344
所有者・占有者関係 ……… 196, 259,
　　　　　　　　　 265, 268, 270, 309
所有物返還請求権と不法原因給付
　……………………………… 113, 116
侵害に対して有償で同意を与える権限
　……………………………… 237, 271
侵害利得 ………………… 19, 227
　――の証明責任 …………………… 229
　――の対象 …………………… 230, 232
　――の補充性 … 265, 276, 349, 386, 390
　――の要件 …………………… 228
　人格権の侵害と―― …………………… 286
　知的財産権の侵害と―― …………… 230,
　　　　　　　　　 282, 283, 286
信頼損害 ……… 176, 187, 383, 385
スイス(旧)債務法 …………………… 5, 8
筋違い抗弁 …………………… 383
請求権競合 ………………… 136, 285, 298
積極的信頼保護 …………………… 345, 350
積極的増加(財産の) …………………… 50
善意取得 ………… 247, 259, 264, 274,
　　　　　　 275, 276, 340, 387, 390, 396
　――したが契約が無効・取り消された場
　　合 …………………… 258
善意占有者の果実収取権 ………… 262, 263
善意の占有者が占有物自体を費消した場合
　……………………………… 264, 268
善意の弁済受領者 ………… 10, 43, 57

530

事 項 索 引

占有の不当利得 ……………… *50, 196, 265*
相殺の抗弁 ……………………………… *62*
総体差額説 ……………………………… *14, 28*
双務契約の清算（巻き戻し）………… *58, 64,*
　　　　　　　　　　　　　　　131, 169
空の旅事件 ……………………………… *45, 52*
損　失 …………………………… *13, 42, 228*

た 行

対価関係 ………………………………… *362*
対価控除 ………………………………… *128, 252*
第三者の財産に強制執行が行われた場合
　………………………………………… *291*
第三者の財産への担保権の実行 ……… *294*
第三者のためにする契約 ……………… *376*
第三者弁済 ……… *60, 73, 75, 322, 326, 384, 385*
代償請求 ………………………………… *133, 136*
対第三者関係 ……………… *22, 337, 388, 427*
　　──と法律上の原因　→法律上の原因と
　　　対第三者関係
代弁済請求権 …………… *411, 412, 413, 418*
建物買取請求権 ………………………… *272, 273*
多当事者関係 …………………………… *22, 337*
他人の債権の回収による不当利得 …… *279*
他人の債務の弁済 ……………………… *321, 381*
他人の物に有効に担保設定した場合 … *259*
他人の物による弁済 …… *59, 69, 72, 78, 148*
他人の物の使用・収益 ………………… *269*
他人の物の処分による不当利得 ……… *247*
他人の物の賃貸借 ……………………… *274*
他人の物の費消 ………………………… *268*
他人物売買と給付利得 ………………… *51, 191*
短縮された給付 ………………………… *345*
停止条件付債権 ………………………… *70*
添付と不当利得 ………………………… *275, 390*
転用物訴権 ……………………… *7, 8, 31, 340,*
　　　　　　　　　341, 355, 356, 406, 428
ドイツ民法 ……………………… *4, 5, 8, 9, 133*
同時履行関係　→同時履行の抗弁権
同時履行の抗弁権 …… *60, 169, 177, 179, 184*
動的システム …………………………… *242, 305*
盗の不当利得 …………………………… *6, 131*
特許権の侵害と侵害利得 ……………… *284*
賭博開帳者への資金提供と不法原因給付
　………………………………………… *109*

取引の安全 …… *130, 264, 338, 344, 395, 412*
取引の計算可能性 ……………………… *338*

な 行

名板貸契約と不法原因給付 …………… *102*
二重欠缺　→二重無効
二重不当利得 …………………… *347, 359, 365*
二重無効 ……… *344, 347, 358, 365, 376, 381*
二請求権対立説 ………………………… *171, 175*

は 行

箱庭説 …………………………………… *29*
パブリシティと侵害利得 ……………… *286*
反射的な所有権取得 …………………… *114*
反対給付不当利得 ……………………… *176*
非給付利得 ……………………………… *21*
非債弁済の不当利得 …………… *4, 5, 7, 9,*
　　　　　　　　　　25, 53, 57, 131
　　──の証明責任（債務の不存在による）
　………………………………………… *66*
否認権の行使と不法原因給付 ………… *122*
表見受領権者への弁済 ………………… *279*
費用償還請求権に関する規定 ………… *327*
費用利得 ………………………………… *20, 327*
開かれた規定 …………………………… *150, 243*
付合と侵害利得 ………………… *275, 390, 391*
不正競争防止法に違反する行為と侵害利得
　………………………………………… *287*
不存在の債権の譲受人に対する弁済
　………………………………………… *373*
負担帰属法 ……………………………… *21, 319*
付遅滞（不当利得返還義務の）……… *168, 194*
不当配当と不当利得　→過誤配当と不当利
　得
不当利得 ………………………………… *3*
　　──と民事執行（強制執行）………… *288*
　　──の一般条項 …………… *3, 4, 5, 7, 10*
　　──の効果 ………………… *126, 132, 178,*
　　　　　　　　　238, 243, 324, 329
　　──の消滅時効 ……………………… *447*
　　──の不当利得 …………… *347, 359, 365*
　　──の要件 ………… *13, 42, 228, 322, 329*
　　──の類型化 ………………………… *16*
金銭騙取の── …… *30, 341, 356, 394, 428*
無償転得者に対する── …………… *429*

531

事項索引

無原因の —— ………… *6, 55, 170, 247*
不当利得返還請求権の補充性 ………… *40*
不法原因給付 ……………………… *55, 88*
　—— と詐害行為取消権の行使 ……… *122*
　—— と不法行為による損害賠償請求
　　　………………………… *117, 124*
　—— における給付 …………… *92, 96*
　—— における不法 ………………… *92*
　—— の証明責任 ………… *101, 123*
　—— を返還する合意 ……………… *118*
不法行為による損害賠償請求と不法原因給
　付 ………………………… *117, 124*
不法性の比較 ………………… *92, 95*
振込取引(指図) ……………………… *360*
ブルドーザー事件 ………………… *406*
返還の費用(不当利得の) ………… *152, 166*
弁済者の錯誤 ……… *4, 5, 9, 57, 62, 71, 73, 74*
騙取金銭による不当利得　→金銭騙取の不
　当利得
暴利行為と不法原因給付 ………… *99, 105*
法律行為による代償 ………………… *137*
法律上の原因(と対第三者関係) ……… *355,*
　　　　　　　369, 376, 382, 396,
　　397, 404, 416, 419, 429, 430
法律上の原因の欠如 ………… *3, 27, 52, 228*
補償関係 ………………………… *362*
保証債務の弁済 ……… *74, 321, 322, 383*

ま 行

民事執行と不当利得　→強制執行と不当利
　得
無因原則 ……………………… *17, 23, 26, 50,*
　　　　339, 342, 343, 359, 427
無因的信頼保護 ……………… *345, 350, 375,*
　　　　379, 387, 429, 430
無因的取引の安全　→無因的信頼保護

無原因の不当利得 ………… *6, 55, 170, 247*
無権利者
　—— の処分の追認 ………………… *249*
　—— の無償の処分 ………………… *257*
　—— の有効な処分 ………… *247, 258*
　—— への弁済 …………… *59, 279, 280*
無効・取消規範の保護目的 ………… *65,*
　　　　131, 170, 179
無償で占有取得した場合 ……………… *264*
無償転得者に対する不当利得 ……… *378, 429*
無償の善意取得者の返還義務 ………… *257*
妾関係の維持のための給付 …… *98, 108, 113*
目的消滅の不当利得 ………… *6, 54, 80*
目的不到達の不当利得 ………… *6, 7, 54, 81*

や 行

結納の返還請求 ………………………… *85*

ら 行

利益の剥奪(侵害行為による) ………… *298*
利　息 ……………… *144, 166, 191*
利息制限法 ……………… *68, 99, 105, 112*
利　得 ……………… *13, 14, 42, 228*
　—— の押しつけ　→押しつけられた利得
　—— の消滅 ………… *10, 79, 139, 147, 244*
　—— の不当性 ……………… *4, 16*
利得消滅の抗弁 ……… *63, 74, 131, 146,*
　　　244, 325, 334, 369, 385
利得消滅の主張・立証責任 …………… *152*
類　型 ……………… *15, 18, 40, 46, 196*
類型論 ………………… *15, 16, 23, 25,*
　　　32, 126, 252, 332, 346

わ 行

割当内容 ……………… *232, 235, 271*
割当内容説 ……………………… *233*

判 例 索 引
（年月日順）

大判明治32年2月14日民録5輯2巻56頁
………………………………… *107, 209*

大判明治33年3月10日民録6輯3巻51頁
……………………………………… *289*

大判明治34年3月28日民録7輯3巻88頁
……………………………………… *74*

大判明治34年4月5日刑録7輯4巻17頁
……………………………………… *125*

大判明治35年10月25日民録8輯9巻
134頁 ……………………………… *105*

大判明治36年1月23日民録9輯53頁 ··· *103*

大判明治36年5月12日民録9輯589頁 ·· *119*

大刑連判明治36年12月22日刑録9輯
1843頁 …………………………… *117*

大判明治37年5月31日民録10輯781頁 ·· *280*

大判明治37年9月27日民録10輯1181頁
……………………………………… *77*

大判明治38年2月2日民録11輯102頁 ·· *289*

大判明治38年11月30日民録11輯1730頁
………………………… *143, 247, 248, 250*

大判明治39年6月1日刑録12輯655頁 ·· *125*

大判明治39年10月11日民録12輯1236頁
………………………………… *146, 152*

大判明治39年12月24日民録12輯1708頁
……………………………………… *97*

大判明治40年2月8日民録13輯57頁 ····· *66*

大判明治41年5月9日民録14輯546頁
………………………………… *93, 102*

大判明治41年10月1日民録14輯937頁 ·· *269*

大判明治42年2月27日民録15輯171頁 ·· *108*

大判明治43年6月9日刑録16輯1125頁
……………………………………… *248*

大判明治43年7月4日民録16輯501頁 ·· *108*

大判明治43年10月10日民録16輯673頁 ··· *96*

大判明治44年2月16日民録17輯59頁 ··· *217*

大判明治44年11月27日民録17輯719頁 ··· *79*

大刑判大正3年4月11日刑録20輯525頁
……………………………………… *185*

大判大正3年6月15日民録20輯476頁
………………………………… *71, 72*

大判大正4年3月13日民録21輯371頁

……………………………… *143, 247, 248*

大判大正4年5月20日民録21輯730頁
………………………………… *264, 268*

大判大正4年6月12日民録21輯924頁
………………………………… *99, 296*

大判大正5年2月3日民録22輯35頁 ··· *103*

大判大正5年2月16日民録22輯134頁 ·· *140*

大判大正5年4月21日民録22輯796頁 ··· *80*

大判大正5年6月1日民録22輯1121頁
……………………………………… *107*

大判大正5年6月10日民録22輯1149頁
……………………………………… *180*

大判大正5年11月21日民録22輯2250頁
………………………………… *118, 121*

大判大正6年2月28日民録23輯292頁 ··· *85*

大判大正6年12月11日民録23輯2075頁
……………………………………… *67*

大判大正7年2月21日民録24輯272頁 ·· *144*

大判大正7年3月8日民録24輯391頁 ·· *291*

大判大正7年7月16日民録24輯1488頁
………………………………… *85, 86*

大判大正7年9月23日民録24輯1722頁
………………………………… *66, 206*

大判大正7年12月7日民録24輯2310頁
………………………………… *198, 279*

大判大正7年12月19日民録24輯2367頁
………………………………… *248, 299*

大判大正8年5月12日民録25輯855頁 ·· *215*

大判大正8年9月15日民録25輯1633頁
……………………………………… *93*

大判大正8年10月3日民録25輯1737頁
……………………………………… *248*

大判大正8年10月20日民録25輯1890頁
……………………………………… *394*

大判大正9年6月17日民録26輯911頁 ··· *96*

東京控判大正9年7月1日新聞1825号
17頁 ……………………………… *85*

大判大正10年9月20日民録27輯1583頁
……………………………………… *102*

大判大正10年9月29日民録27輯1774頁
……………………………………… *109*

533

判例索引

大判大正10年11月 8 日新聞1932号10頁
.... *159*

大判大正11年 6 月14日民集 1 巻310頁 ··· *80*

大判大正12年12月12日民集 2 巻668頁
.... *65, 109, 123*

大判大正13年 4 月 1 日新聞2272号19頁
.... *124*

大判大正13年 7 月23日新聞2297号15頁
.... *363*

大判大正14年 1 月20日民集 4 巻 1 頁 ··· *266*

大判大正15年 3 月 3 日新聞2598号14頁
.... *447*

大判大正15年 4 月20日民集 5 巻262頁 ·· *103*

大判大正15年 4 月21日民集 5 巻271頁 ·· *102*

大判大正15年 5 月28日民集 5 巻587頁 ·· *248*

大判昭和 2 年 7 月 4 日新聞2734号15頁
.... *394*

大判昭和 2 年12月26日新聞2806号15頁
.... *144, 185, 219*

大判昭和 3 年11月24日新聞2938号 9 頁
.... *85*

大判昭和 4 年10月26日民集 8 巻799頁 ·· *103*

大判昭和 5 年10月23日民集 9 巻993頁 ·· *180*

大判昭和 6 年 4 月22日民集10巻217頁
.... *75, 78*

大判昭和 6 年 5 月15日民集10巻327頁 ·· *122*

大判昭和 7 年 4 月23日民集11巻689頁 ··· *66*

大判昭和 7 年 5 月18日民集11巻1963頁
.... *264*

大判昭和 7 年10月26日民集11巻1920頁
.... *180*

大判昭和 7 年10月26日民集11巻2043頁
.... *290*

大判昭和 8 年 2 月23日新聞3531号 8 頁
.... *150*

大判昭和 8 年 3 月 3 日民集12巻309頁 ·· *134*

大判昭和 8 年 3 月29日民集12巻518頁 ··· *97*

大判昭和 8 年 6 月28日新聞3581号 8 頁
.... *290*

大判昭和 8 年10月24日民集12巻2580頁
.... *76*

大判昭和10年 2 月 7 日民集14巻196頁 ·· *395*

大判昭和10年 3 月12日民集14巻467頁 ·· *395*

大判昭和10年 5 月13日民集14巻876頁 ·· *272*

大判昭和10年10月 5 日民集14巻1965頁

.... *270*

大判昭和10年10月15日新聞3904号16頁
.... *85*

大判昭和10年10月29日新聞3909号15頁
.... *447*

大判昭和11年 1 月17日民集15巻101頁 ·· *257*

大判昭和11年 5 月26日民集15巻998頁 ·· *272*

大判昭和11年 6 月30日判決全集 3 輯 7 号
17頁 ·· *211*

大判昭和11年 7 月 8 日民集15巻1350頁
.... *142, 143, 212, 248, 250*

大判昭和11年11月21日新聞4080号10頁
.... *76*

大判昭和12年 5 月28日民集16巻903頁 ·· *448*

大判昭和12年 7 月 3 日民集16巻1089頁
.... *212, 250, 252*

大判昭和12年 9 月17日民集16巻1435頁
.... *450*

大判昭和12年10月18日民集16巻1525頁
.... *314*

大判昭和13年 3 月30日民集17巻578頁 ·· *109*

大判昭和13年 7 月 1 日民集17巻1339頁
.... *71, 290*

大判昭和13年 7 月11日判決全集 5 輯19号
6 頁 ·· *248*

大判昭和13年11月12日民集17巻2205頁
.... *395*

大判昭和13年12月17日新聞4377号14頁
.... *272*

大判昭和14年10月26日民集18巻1157頁
.... *180*

大判昭和15年 7 月 6 日民集19巻1142頁
.... *118, 124*

大判昭和15年12月16日民集19巻2337頁
.... *363, 382*

大判昭和15年12月20日民集19巻2215頁
.... *136, 238, 290*

大判昭和16年 2 月19日新聞4690号 6 頁
.... *140*

大判昭和16年 4 月19日新聞4707号11頁
.... *66*

大判昭和16年10月25日民集20巻1313頁
.... *134, 140*

大判昭和16年11月 5 日評論30巻民法
133頁 ·· *198*

判 例 索 引

大判昭和17年 5 月27日民集21巻604頁 ‥102
大判昭和17年11月20日新聞4815号17頁
　‥‥‥‥‥‥‥‥‥‥‥‥‥‥‥‥ 75
大判昭和18年 2 月18日民集22巻91頁 ‥272
大判昭和18年12月22日新聞4890号 3 頁
　‥‥‥‥‥‥‥‥‥‥‥‥‥‥‥ 140
最判昭和26年 2 月13日民集 5 巻 3 号47頁
　‥‥‥‥‥‥‥‥‥‥‥‥‥‥‥ 324
最判昭和26年11月27日民集 5 巻13号
　775頁 ‥‥‥‥‥‥‥ 255, 269, 388
最判昭和27年 3 月18日民集 6 巻 3 号
　325頁 ‥‥‥‥‥‥‥‥‥‥‥‥ 108
札幌高判昭和27年 5 月21日高民集 5 巻
　5 号194頁 ‥‥‥‥‥‥‥‥‥‥ 124
神戸地判昭和27年 5 月26日下民集 3 巻
　5 号686頁 ‥‥‥‥‥‥‥‥‥‥ 86
最判昭和28年 1 月22日民集 7 巻 1 号56頁
　‥‥‥‥‥‥‥‥‥‥‥‥‥‥‥ 119
最判昭和28年 5 月 8 日民集 7 巻 5 号
　561頁 ‥‥‥‥‥‥‥‥‥‥‥‥ 119
最判昭和28年 6 月16日民集 7 巻 6 号
　629頁 ‥‥‥‥‥‥ 180, 185, 364, 381
大阪地判昭和29年 3 月25日下民集 5 巻
　3 号419頁 ‥‥‥‥‥‥‥‥‥‥ 159
最判昭和29年 8 月31日民集 8 巻 8 号
　1557頁 ‥‥‥‥‥‥‥‥‥ 95, 107
最判昭和29年11月 5 日刑集 8 巻11号
　1675頁 ‥‥‥‥‥‥‥‥‥‥‥ 396
最判昭和30年 5 月13日民集 9 巻 6 号
　679頁 ‥‥‥‥‥‥‥‥‥‥‥‥ 162
最判昭和30年10月 7 日民集 9 巻11号
　1616頁 ‥‥‥‥‥‥‥‥‥ 96, 109
東京地判昭和30年10月18日下民集 6 巻
　10号2194頁 ‥‥‥‥‥‥‥‥‥ 440
最判昭和31年 1 月27日民集10巻 1 号 1 頁
　‥‥‥‥‥‥‥‥‥‥‥‥‥‥‥ 98
最判昭和31年 5 月18日民集10巻 2 号
　532頁 ‥‥‥‥‥‥‥‥‥‥‥‥ 104
最判昭和32年11月15日民集11巻12号
　1962頁 ‥‥‥‥‥‥‥‥‥ 68, 104
東京簡判昭和33年 6 月30日判時161号
　22頁 ‥‥‥‥‥‥‥‥‥‥‥‥‥ 441
最判昭和35年 3 月18日民集14巻 4 号
　483頁 ‥‥‥‥‥‥‥‥‥‥‥‥ 91
最判昭和35年 4 月14日民集14巻 5 号

849頁 ‥‥‥‥‥‥ 68, 104, 200, 207
最判昭和35年 5 月 6 日民集14巻 7 号
　1127頁 ‥‥‥‥‥‥‥‥‥ 67, 68
最判昭和35年 9 月16日民集14巻11号
　2209頁 ‥‥‥‥‥‥‥‥‥ 93, 104
最判昭和35年 9 月20日民集14巻11号
　2227頁 ‥‥‥‥‥‥‥‥‥‥‥ 272
最判昭和37年 3 月 8 日民集16巻 3 号
　500頁 ‥‥‥‥‥‥‥‥‥ 94, 104
最判昭和37年 5 月25日民集16巻 5 号
　1195頁 ‥‥‥‥‥‥‥‥‥‥‥ 119
最判昭和37年 6 月12日民集16巻 7 号
　1305頁 ‥‥‥‥‥‥‥‥‥ 95, 108
最判昭和37年 6 月19日裁判集61号251頁
　‥‥‥‥‥‥‥‥‥‥‥‥ 155, 216
高松高判昭和37年 6 月21日高民集15巻
　4 号296頁 ‥‥‥‥‥‥‥‥‥‥ 252
最判昭和38年12月24日民集17巻12号
　1720頁 ‥‥‥‥‥‥‥‥‥‥‥ 144
最判昭和39年 1 月23日民集18巻 1 号37頁
　‥‥‥‥‥‥‥‥‥‥‥‥‥‥‥ 91
最判昭和39年 1 月24日判時365号26頁
　‥‥‥‥‥‥‥‥‥‥‥‥ 367, 396
最判昭和39年 5 月26日民集18巻 4 号
　667頁 ‥‥‥‥‥‥‥‥‥‥‥‥ 98
最判昭和39年 9 月 4 日民集18巻 7 号
　1394頁 ‥‥‥‥‥‥‥‥‥‥‥ 85
最判昭和39年11月18日民集18巻 9 号
　1868頁 ‥‥‥‥‥‥‥‥‥‥‥ 68
最判昭和40年 3 月25日民集19巻 2 号
　497頁 ‥‥‥‥‥‥‥‥‥‥‥‥ 107
東京地判昭和40年 5 月10日下民集16巻
　5 号818頁 ‥‥‥‥‥‥‥‥‥‥ 113
大阪高判昭和40年 6 月22日判時430号
　35頁 ‥‥‥‥‥‥‥‥‥‥‥‥‥ 375
最判昭和40年11月19日民集19巻 8 号
　1986頁 ‥‥‥‥‥‥‥‥‥‥‥ 314
最判昭和40年12月17日民集19巻 9 号
　2178頁 ‥‥‥‥‥‥‥‥‥‥‥ 97
最判昭和40年12月21日民集19巻 9 号
　2221頁 ‥‥‥‥‥‥‥‥‥ 67, 68
最判昭和41年 4 月20日民集20巻 4 号
　702頁 ‥‥‥‥‥‥‥‥‥‥‥‥ 61
最判昭和41年 7 月28日民集20巻 6 号
　1265頁 ‥‥‥‥‥‥‥‥‥‥‥ 108

535

判例索引

最判昭和41年12月23日民集20巻10号
　2211頁 ……………………………… *137*
最判昭和42年 3 月31日民集21巻 2 号
　475頁 ……………………………… *396*
最判昭和42年 9 月29日民集21巻 7 号
　2034頁 ……………………………… *321*
最判昭和42年10月27日民集21巻 8 号
　2160頁 ……………………………*436*
最判昭和43年 4 月 2 日民集22巻 4 号
　733頁 ……………………………… *233*
最判昭和43年11月13日民集22巻12号
　2526頁 ………………………… *68, 106*
最判昭和44年 7 月 8 日民集23巻 8 号
　1407頁 ……………………………… *289*
最判昭和44年 9 月26日民集23巻 9 号
　1727頁 ………………………… *118, 125*
最判昭和44年11月25日民集23巻11号
　2137頁 ………………………… *68, 106*
最判昭和45年 3 月26日民集24巻 3 号
　151頁 ……………………………… *258*
東京地判昭和45年 6 月15日判時610号
　62頁 ……………………………… *441*
最判昭和45年 7 月16日民集24巻 7 号
　909頁 ……………… *340, 371, 406, 408*
最大判昭和45年10月21日民集24巻11号
　1560頁 ………………… *98, 108, 113, 116*
最判昭和46年 4 月 9 日民集25巻 3 号
　241頁 ……………………………… *67*
最判昭和46年 4 月 9 日民集25巻 3 号
　264頁 ……………………………… *97*
最判昭和46年10月28日民集25巻 7 号
　1069頁 ………………………… *98, 109*
最判昭和47年 4 月25日判時669号60頁 ‥ *110*
福岡高判昭和47年 6 月15日判時692号
　52頁 ………………………… *413, 441*
最判昭和47年 9 月 7 日民集26巻 7 号
　1327頁 ……………………………… *185*
最判昭和47年12月22日民集26巻10号
　1991頁 ……………………………… *411*
東京高判昭和48年 1 月24日下民集24巻
　1 ＝ 4 号42頁 ……………………… *292*
最判昭和48年 7 月12日民集27巻 7 号
　763頁 ……………………………… *295*
最判昭和49年 9 月26日民集28巻 6 号
　1243頁 …… *158, 340, 371, 396, 401, 439*

大阪高判昭和50年 1 月23日判時779号
　68頁 ……………………………… *110*
東京地判昭和50年 3 月26日判時792号
　59頁 ……………………………*110, 118*
大阪地判昭和50年 3 月28日判タ328号
　364頁 ……………………………… *159*
最判昭和50年 6 月27日金判485号20頁 ‥ *180*
最判昭和51年 2 月13日民集30巻 1 号 1 頁
　………………………… *51, 144, 191, 263*
東京地判昭和51年 6 月29日判時817号
　23頁 ……………………………… *286*
広島地判昭和52年 5 月30日判時883号
　74頁 ……………………………… *274*
大阪高判昭和52年 7 月29日判時878号
　76頁 ……………………………… *441*
最判昭和53年 2 月17日判タ360号143頁‥ *225*
最判昭和53年11月 2 日判時913号87頁 ‥‥ *77*
最判昭和54年 1 月25日民集33巻 1 号26頁
　………………………………… *277, 391*
東京高判昭和54年11月26日下民集30巻
　9 -11号640頁 …………………… *259*
最判昭和55年 1 月24日民集34巻 1 号61頁
　………………………… *447, 448, 451*
東京高判昭和55年 1 月30日判時957号
　43頁 ……………………………… *111*
東京地判昭和55年 7 月17日判時989号
　69頁 ……………………………… *110*
札幌地判昭和56年 3 月18日金判639号
　40頁 ……………………………… *180*
東京地判昭和56年 4 月 8 日判時1019号
　101頁 ……………………………… *442*
札幌高判昭和59年 9 月27日判タ542号
　221頁 ……………………………… *375*
福岡高宮崎支判昭和59年11月28日判タ
　549号205頁 ……………………… *185*
東京地判昭和59年12月27日判時1172号
　74頁 ………………………… *442, 446*
東京地判昭和61年 2 月24日判時1218号
　90頁 ……………………………… *94*
最判昭和61年 9 月 4 日判時1215号47頁
　………………………………… *110*
東京地判昭和61年10月30日判タ648号
　198頁 ……………………………… *185*
最判昭和62年 4 月16日判時1242号43頁
　………………………………… *75*

大阪地判昭和62年 4 月30日判時1246号
　36頁 ······························· *120*
東京地判昭和62年 8 月28日判時1277号
　135頁 ······························ *117*
最判昭和63年 7 月 1 日民集42巻 6 号
　477頁 ······························ *292*
大阪地判昭和63年 8 月26日判時1314号
　123頁 ······························ *451*
大阪高判昭和63年11月29日判夕695号
　219頁 ······························ *392*
最判昭和63年12月 1 日民集42巻10号
　719頁 ······························ *296*
京都地判平成 2 年 2 月28日民集49巻 8 号
　2815頁 ···························· *425*
最判平成 2 年12月18日民集44巻 9 号
　1686頁 ···························· *321*
仙台高判平成 3 年 2 月21日判時1404号
　85頁 ······························· *159*
最判平成 3 年 3 月22日民集45巻 3 号
　322頁 ························· *278, 295*
最判平成 3 年 4 月26日判時1389号145頁
　································· *447*
最判平成 3 年11月19日民集45巻 8 号
　1209頁 ······················· *149, 152*
最判平成 4 年11月 6 日民集46巻 8 号
　2625頁 ···························· *295*
東京地判平成 5 年 1 月25日判夕876号
　206頁 ························· *111, 209*
最判平成 5 年10月19日民集47巻 8 号
　5061頁 ·················· *392, 429, 442*
仙台高判平成 5 年12月16日判夕864号
　225頁 ······························ *180*
最判平成 6 年 2 月 8 日民集48巻 2 号
　123頁 ······························ *375*
東京高判平成 6 年 3 月15日判夕876号
　204頁 ························· *111, 209*
名古屋地判平成 6 年 5 月27日判夕878
　号235頁 ··························· *105*
最判平成 6 年 5 月31日民集48巻 4 号
　1029頁 ····························· *87*
最判平成 7 年 9 月19日民集49巻 8 号
　2805頁 ············· *258, 340, 371, 406, 415*
最判平成 8 年 4 月26日民集50巻 5 号
　1267頁 ························· *368, 370*
最判平成 9 年 4 月24日判時1618号48頁

　································· *125*
最判平成 9 年11月11日民集51巻10号
　4077頁 ···························· *115*
最判平成10年 2 月26日民集52巻 1 号
　255頁 ······························ *310*
最判平成10年 3 月26日民集52巻 2 号
　513頁 ······························ *296*
最判平成10年 5 月26日民集52巻 4 号
　985頁 ······························ *366*
最判平成10年12月18日民集52巻 9 号
　2024頁 ···························· *391*
広島地三次支判平成11年11月26日判夕
　1051号281頁 ······················· *445*
最判平成12年 4 月 7 日判時1713号50頁
　································· *269*
最判平成12年 6 月27日民集54巻 5 号
　1737頁 ··················· *255, 388, 429*
東京地判平成13年 2 月16日判夕1108号
　198頁 ······························ *200*
最判平成15年 3 月12日刑集57巻 3 号
　322頁 ······························ *370*
横浜地判平成16年 1 月29日判時1870号
　72頁 ······························· *156*
東京高判平成16年10月19日判時1882号
　33頁 ······························· *156*
最判平成16年10月26日判夕1169号155頁
　································· *281*
最判平成16年11月 5 日民集58巻 8 号
　1997頁 ····························· *80*
最判平成17年 7 月11日判時1911号97頁
　···························· *145, 279*
東京地判平成17年 9 月26日判夕1198号
　214頁 ······························ *371*
最判平成18年 1 月13日民集60巻 1 号 1 頁
　································· *160*
最判平成18年 1 月24日民集60巻 1 号
　319頁 ······························ *106*
長崎地島原支判平成18年 7 月21日判夕
　1220号211頁 ······················· *145*
最判平成18年12月21日判時1961号53頁
　································· *156*
最判平成19年 2 月13日民集61巻 1 号
　182頁 ······························ *218*
最判平成19年 3 月 8 日民集61巻 2 号
　479頁 ·········· *140, 211, 212, 250, 305, 312*

判 例 索 引

最判平成19年 7 月13日民集61巻 5 号
　1980頁 ···································· *106, 160*
最判平成20年 6 月10日民集62巻 6 号
　1488頁 ···································· *106, 112*
最判平成20年 6 月24日判時2014号68頁
　··· *106*
最判平成20年10月10日民集62巻 9 号
　2361頁 ·· *370*
最判平成21年 1 月22日民集63巻 1 号
　247頁 ·· *450*
最判平成21年 7 月10日民集63巻 6 号
　1170頁 ·· *160*
最判平成21年 7 月17日判時2056号61頁
　··· *185*
最判平成21年 9 月 4 日民集63巻 7 号
　1445頁 ·· *168*
最判平成21年11月 9 日民集63巻 9 号
　1987頁 ·· *168*
最判平成23年 2 月18日判時2109号50頁

　··· *281*
最判平成23年10月18日民集65巻 7 号
　2899頁 ···································· *249, 316*
東京地判平成24年 1 月27日金法1981号
　103頁 ·· *120*
最判平成24年 2 月 2 日民集66巻 2 号89頁
　··· *286*
名古屋地判岡崎支判平成26年 8 月 7 日金商
　1468号34頁 ······································ *371*
最判平成26年10月28日民集68巻 8 号
　1325頁 ·· *120*
最判平成29年 9 月12日民集71巻 7 号
　1073頁 ·· *297*
高松地判平成30年 5 月15日金判1551号
　36頁 ··· *309*
高松高判平成31年 2 月28日金法2130号
　72頁 ··· *309*
大阪高判令和元年 8 月29日金法2129号
　66頁 ··· *315*

条 文 索 引
（太字は，用語の内容を中心的に説明している箇所）

【民　法】

32条1項後段 ·················· *247*

90条 ········ *55, **90**, **91**, 93, 94, 95, 96, 97, 99,*
105, 107, 108, 109, 110, 114, 119, 122, 208

91条 ································· *91*

93条 ································ *193*

93条2項 ········ *247, 264, 276, 340, 358*

94条2項 ················ *247, 264, 276, 294,*
340, 358, 360, 375, 380

95条 ································ *193*

95条4項 ········ *247, 264, 276, 340, 358*

96条1項 ···················· *186, 368*

96条2項 ···························· *368*

96条3項 ········ *264, 276, 340, 358, 360, 380*

101条1項 ························ *162*

116条 ························ *249, 274*

121条の2 ··············· *41, 132, 170, 177,*
***178**, 179, 186, 191, 220*

121条の2第1項 ········· *4, 11, 132, 134,*
178, 180, 187, 190, 221

121条の2第2項 ············ *4, 178, 186,*
*188, **192**, 223, 224*

121条の2第3項 ········ *4, 19, 43, 132, 177,*
*178, **179**, 182, 188, 220*

126条 ···························· *448*

130条1項 ······················ *86, 87*

136条2項 ·························· *18*

144条 ···························· *262*

146条 ····························· *61*

162条 ···························· *229*

162条1項 ························ *262*

163条 ························ *229, 262*

166条 ···························· *448*

166条1項 ········ *20, 50, 135, 447, 448*

166条1項1号 ···· *20, 50, 244, 447, 448, 449*

166条1項2号 ········ *20, 50, 244, 447*

176条 ···························· *308*

177条 ···················· *264, 340, 358*

180条 ···························· *259*

187条 ···························· *259*

188条 ···························· *260*

189条 ········ *50, 143, 144, 154, 196, 239, 240,*
241, 260, 261, 264, 265, 268, 270, 309

189条1項 ······· *144, 244, 255, 262, 263, 264,*
309, 357

189条2項 ·················· *162, 256, 388*

190条 ···················· *143, 163, 357*

190条1項 ·············· *165, 262, 309, 310*

191条 ········ *50, 144, 154, 163, 196, 239, 240,*
241, 260, 261, 262, 264, 265, 268, 270

191条本文 ························ *252*

191条ただし書 ···················· *263*

192条 ········ *59, 162, 229, 243, **247**, 258, 260,*
264, 268, 274, 294, 340, 360, 395, 403

193条 ················· *144, 227, 248, 252,*
253, 254, 255, 256, 260, 307

194条 ······ *248, 252, 253, 254, 255, 256, 260,*
269, 307, 308, 388, 429

195条 ···························· *260*

196条 ··········· *3, 31, 144, 154, 165, 192,*
260, 266, 268, 319, 320, 327, 328, 449

196条1項 ························ *267*

196条1項本文 ···················· *267*

196条1項ただし書 ················ *267*

196条2項 ······················ *21, 267*

197条 ···························· *260*

200条 ···························· *197*

202条 ···························· *260*

203条 ···························· *259*

204条 ···························· *259*

206条 ········· *20, 228, 230, 234, 247, 269*

240条 ························ *274, 275*

242条 ···························· *336*

243条 ···························· *392*

246条2項 ···················· *277, 392*

248条 ·········· *3, 229, 275, 328, 392*

249条2項 ························ *269*

295条1項本文 ···················· *273*

295条2項 ························ *185*

297条1項 ························ *273*

298条2項ただし書 ················ *272*

299条 ·············· *224, 266, 327, 449*

条文索引

304条 ·················· *246, 391, 407, 420*	476条 ····························· *59, 148*
308条 ································· *407*	478条 ··············· *20, 60, 230, 274,*
319条 ···························· *423, 449*	*275, **279**, 292, 314, 376*
320条 ······················ *409, 423, 445*	479条 ···························· *279, 281*
321条 ·················· *246, 391, 407, 420*	481条 ································· *314*
326条 ································· *445*	487条 ·································· *80*
327条 ···························· *417, 445*	520条の5 ····························· *404*
330条 ································· *417*	533条 ················· *19, 60, 169, 179*
333条 ································· *409*	536条 ································· *174*
337条 ································· *423*	536条1項 ···························· *174*
338条 ································· *423*	536条2項 ···························· *174*
339条 ································· *424*	537条1項 ···························· *377*
351条 ································· *321*	539条 ································· *379*
372条 ································· *321*	545条1項本文 ················· *134, 178*
391条 ······················ *266, 295, 327*	545条1項ただし書 ·········· *264, 276, 340*
401条 ·································· *69*	545条2項 ···························· *179*
404条 ······························ *99, 112*	545条3項 ···························· *179*
412条3項 ···························· *168*	546条 ···················· *169, 179, 184*
413条の2第1項 ······················ *169*	548条 ································· *184*
415条 ································· *263*	550条 ······························ *98, 109*
422条の2 ··········· *137, 139, 211, 245*	561条 ···························· *263, 357*
423条 ······················ *401, 412, 417*	564条 ···························· *191, 320*
424条の3 ···························· *400*	565条 ································· *263*
424条の3第1項 ······················ *439*	568条 ···························· *291, 292*
426条 ································· *439*	575条 ······ *170, 191, 192, 256, 266, 272, 308*
442条 ································· *321*	583条2項 ······················ *266, 327*
442条2項 ···························· *322*	594条 ································· *263*
452条 ·································· *60*	595条 ···························· *266, 327*
453条 ·································· *60*	595条2項 ···························· *266*
459条 ···························· *319, 321*	600条 ································· *449*
459条2項 ························ *20, 322*	606条1項 ···························· *327*
459条の2第1項 ·················· *20, 322*	606条1項本文 ························ *320*
460条 ································· *321*	607条の2 ···························· *327*
462条 ································· *321*	608条 ···················· *266, 268, 319, 327,*
462条1項 ························ *20, 322*	*335, 412, 414, 416, 449*
462条2項 ··········· *4, 21, 322, 324, 449*	608条1項 ··············· *328, 413, 417, 449*
465条 ································· *319*	608条2項 ························ *21, 449*
466条2項 ···························· *436*	616条 ································· *263*
466条3項 ···························· *436*	622条 ································· *449*
468条1項 ··················· *129, 359, 374*	645条 ······················ *248, 300, 303*
474条 ······················ *60, 73, 75, 322*	646条 ···························· *300, 303*
474条1項 ····························· *18*	646条2項 ···························· *417*
474条2項 ···························· *326*	650条 ·············· *20, 321, 322, 327, 384*
474条2項ただし書 ···················· *75*	650条2項 ··········· *411, 413, 416, 417, 446*
475条 ·················· *59, 69, 72, 148, 197*	665条 ································· *327*

540

条文索引

697条 ·· *303*
699条 ·· *303, 319*
700条 ·· *303*
701条 ································ *248, 300, 303*
702条 ·· *327*
702条1項 ······················ *21, 318, 319, 322*
702条2項 ······································ *411, 416*
702条3項 ·························· *21, 73, 303, 319*
703条 ········ **3**, *4,* **5**, *11, 12, 13, 21, 30, 33, 34,*
　　　　　42, *50, 55, 57,* **63**, *65, 67, 73, 74,*
　　　　　123, 130, 132, 144, 146, 148, 149,
　　　　　153, 154, 155, 170, 177, 186, 188,
　　　　　189, 190, 196, 201, 215, 220, 221,
　　　228, 239, 240, 262, 265, 298, 323, 335, 385
704条 ·························· *3, 12, 30, 34, 50,*
　　　　　72, 132, 143, **153**, *154,*
　　　155, 156, 159, 160, 161, 162, 166,
　　　167, 168, 215, 217, 221, 240, 262, 298
704条前段 ······································ *153*
704条後段 ···························· *166, 167, 168*
705条 ···································· *12, 18, 34,*
　　　　　54, 55, **57**, **58**, **62**,
　　　　　　63, *64, 65,* **66**, **67**, *68,*
　　　　69, 70, 71, 72, 80, 84, 87, 88,
　　　104, 123, 134, 199, 200, 215, 325
706条 ···························· *12, 18, 57, 60,* **70**,
　　　　　71, **72**, *134, 200, 202*
707条 ·························· *12, 18, 54, 55, 57, 58,*
　　　　　60, **73**, **74**, *75, 76, 78, 79, 201,*
　　　202, 322, 323, 384, 385, 387, 437
707条1項 ············· *73, 75, 76, 201, 335, 384*
707条2項 ···························· *73, 79, 384, 437*
708条 ····················· *3, 12, 34, 55, 65,* **91**, *93, 94,*
　　　　95, 96, 98, 99, 104, 106, 108, 111
　　　116, 118, 119, 120, 123, 124, 125, 205, 208
708条本文 ······ *19, 53, 65,* **88**, **89**, **91**, *92, 93,*
　　　　　94, 95, 96, 97, 98, 99, 100, 101,
　　　102, 103, 104, 105, 107, 108, 109, 110,
　　　111, 112, 113, 114, **116**, *117, 118, 119,*
　　　120, 121, 122, 123, 124, 125, 206, 208, 209
708条ただし書 ········· *19, 41, 53, 65, 89, 95,*
　　　　　104, 117, **122**, *123, 124, 205*
709条 ···························· *19, 167, 227, 261, 262*
712条 ·· *100*
713条 ·· *100*

715条3項 ·· *321*
724条 ·· *78, 452*
724条1号 ···························· *20, 244, 448*
993条 ·· *266*
1037条 ·· *310*

【旧民法・財産篇】
361条1項 ·· *5*
361条2項 ·· *5*
361条2項2号 ···································· *153*
364条 ·· *5*
368条 ·· *153*
368条1号 ·· *168*
368条2号 ·· *168*
368条3号 ·· *167*

【債権法改正前民法】
95条本文 ·· *185*
121条 ·· *219*
121条ただし書 ···························· *132, 180*
167条1項 ········· *20, 159, 167, 447, 448*
170条 ·· *447*
171条 ·· *447*
172条 ·· *447*
173条 ·· *447*
174条 ·· *447*
404条 ·· *145, 218*
424条 ·· *401*
468条1項 ···································· *115, 374*
474条2項 ······································ *75, 201*
476条 ·· *69, 197*
478条 ·· *279*
534条 ·· *174*
536条 ·· *174*
536条1項 ·· *174*
536条2項 ·· *174*
548条 ·· *176*
548条1項 ·· *183*
548条2項 ·· *183*
724条前段 ································ *159, 448*

【民法以外】
・旧利息制限法
2条 ·· *105*
4条 ·· *105*

541

条 文 索 引

・利息制限法

1条 ………………………………… *158, 159*

1条1項 ………………………………… *160*

1条2項 ………………………………… *68, 106*

・出 資 法

5条2項 ………………………………… *106*

・貸金業法

18条 ………………………………… *160*

43条 ………………………………… *106*

43条1項 ……………………… *158, 159, 160*

・借 地 法

4条 ………………………………… *272*

10条 ……………………………… *272, 273*

・借地借家法

14条 ………………………………… *273*

・消費者契約法

4条 ………………………………… *180*

6条の2 ……………………… *177, 179, 180,*
181, 182, 192, 221

・動産債権譲渡特例法

4条1項 ………………………………… *280*

4条2項 ………………………………… *280*

・特 商 法

9条の3第5項 …………… *179, 181, 192*

・遺失物法

14条 ………………………………… *275*

・商 法

改正前514条 ……………………… *145, 217*

改正前519条 ………………………………… *439*

改正前522条 ………………………………… *447*

555条 ………………………………… *300*

・手 形 法

16条2項 …………… *242, 399, 404, 439*

77条 ………………………………… *242*

・小切手法

21条 …………………… *242, 399, 404, 439*

・特 許 法

102条 …………………… *284, 285, 286, 302*

103条 …………………… *284, 301, 302*

105条 ………………………………… *301*

・民 訴 法

267条 ………………………………… *289*

338条 ………………………………… *289*

・民事調停法

16条 ………………………………… *289*

・民事執行法

38条 … *245, 291, 308, 364, 370, 396, 399, 400*

53条 ………………………………… *436*

85条2項 ………………………………… *294*

89条 ………………………………… *294*

184条 ………………………………… *292*

・破 産 法

62条 ……………………………… *308, 399*

64条 ………………………………… *250*

64条1項 ……………………… *245, 246*

104条 ………………………………… *297*

104条1項 ………………………………… *297*

104条2項 ………………………………… *297*

・刑 法

96条の2 ………………………………… *108*

542

■ 著者紹介

藤 原 正 則　（ふじわら・まさのり）

1954年生まれ
1978年北海道大学法学部卒業，1986年度同法学研究科博士後期課程単位取得退学，小樽商科大学短期大学部講師・助教授，同商学部助教授，北海道大学法学研究科教授，北海道大学名誉教授(現在)。1997年3月博士(法学)

■ 主要著作・訳書

『不当利得法と担保物権法の交錯』（成文堂・1997年）
『物権法〈物権・担保物権〉』（新世社・2022年）
『民法Ⅱ 物権（第4版）』（共著）（有斐閣・2022年）
「法ドグマーティクの伝統と発展 —ドイツ法学方法論覚え書き」『私法学の再構築（北大法学部ライブラリー2）』（北大図書刊行会・1999年）
「無権限者による他人の物の処分と他人の債権の取立による不当利得(1)〜(4・完)」北大法学論集59巻2号〜5号（2008〜2009年）
「民法703条・704条」『新注釈民法(15)』（有斐閣・2017年）
「他人物売買・無権代理と相続」北大法学論集70巻3号（2019年）
グンター・トイブナー著(翻訳)『契約結合としてのネットワーク』（信山社・2016年）
ヴァイヤース＝ヴァント(共訳)『保険契約法』（成文堂・2007年）
Dreipersonenverhältnisse im japanischen Bereicherungsrecht aus rechtsvergleichender Sicht, Recht in Japan, Heft 12 (2000)
Bereicherung durch die unberechtigte Verfügung über fremde Sachen und unberechtigte Einziehung fremder Geldforderungen im japanischen Recht, Festschrift für Claus-Wilhelm Canaris zum 70. Geburtstag, Bd. Ⅱ, Beck (2007)
Erbenhaftung des Vertretenen, der den Vertreter ohne Vertretungsmacht beerbt, und des Vertreters ohne Vertretungs macht, der den Vertretenen beerbt, im japanischen Recht, Festschrift für Dieter Medicus zum 80. Geburtstag, Heymann (2009)
Case to Seek Return of Money Equivalent to Unjuste Enrichment—Actio de in rem verso, Business Law in Japan—Cases and Comments, Writings in Honour of Harald Baum, Kluwer (2012)

不当利得法（全訂第2版）　　　　　　　　　〈法律学の森〉

2002(平成14)年 2月20日　第1版第1刷発行
2024(令和 6)年11月30日　全訂第2版第1刷発行
2025(令和 7)年 1月30日　全訂第2版第2刷発行

著　者　藤　原　正　則
発行者　今　井　　貴
発行所　信山社出版株式会社
　　　　〒113-0033　東京都文京区本郷6-2-9-102
　　　　電　話　03(3818)1019
　　　　FAX　　 03(3818)0344

Printed in Japan

ⓒ藤原正則，2024．印刷・製本／藤原印刷
ISBN978-4-7972-2395-8 C3332 P572 022-050-030

JCOPY 〈(社)出版者著作権管理機構 委託出版物〉
本書の無断複写は著作権法上での例外を除き禁じられています。複写される場合は，そのつど事前に，(社)出版者著作権管理機構（電話03-5244-5088，FAX03-5244-5089，e-mail: info@jcopy.or.jp）の許諾を得てください。また，本書を代行業者等の第三者に依頼してスキャニング等の行為によりデジタル化することは，個人の家庭内利用であっても，一切認められておりません。

契約結合としてのネットワーク

ヴァーチャル空間の企業，フランチャイズ，ジャスト・イン・タイムの社会科学的，および，法的研究

グンター・トイブナー 著／藤原正則 訳

時効・民事法制度の新展開

松久三四彦先生古稀記念

藤原正則・池田清治・曽野裕夫・遠山純弘・林誠司 編

民商法の課題と展望

大塚龍児先生古稀記念

大塚龍児先生古稀記念論文集刊行委員会 編

【民法研究レクチャー・シリーズ】
不法行為法における法と社会

JR東海事件から考える

瀬川信久 著

信山社